Advanced Spanish Grammar

Advanced Spanish Grammar

A Self-Teaching Guide

Second Edition

Marcial Prado

John Wiley & Sons, Inc.
New York • Chichester • Weinheim • Brisbane • Singapore • Toronto

This text is printed on acid-free paper.

First edition, 1984.
Second edition, 1997.

Originally published as *More Practical Spanish Grammar,* 1984.

Library of Congress Cataloging-in-Publication Data

Prado, Marcial
Advanced Spanish grammar / Marcial Prado. —2nd ed.
p. cm. — (A self-teaching guide)
1st ed. published as: More practical Spanish grammar. c1984.
ISBN 0-471-13448-1 (pbk. : alk. paper)
1. Spanish language—Self-instruction. 2. Spanish language—Grammar. 3. Spanish language—Textbooks for foreign speakers—English. I. Prado, Marcial More practical Spanish grammar. II. Title. III. Series.
PC4112.5.P69 1997
468.2'421—dc20 97-18358

Printed in the United States of America

10 9 8 7 6 5 4 3 2 1

Índice

Preface

Advanced Spanish Grammar: A Self-Teaching Guide reinforces and extends the basic structures and vocabulary found in *Practical Spanish Grammar* or any other introductory Spanish course, and uses them as a foundation for entirely new language work. This programmed text-/workbook is designed for use as a self-teaching guide and allows you to progress at your own pace as you practice, master, and test yourself on the points covered in each lesson. *Advanced Spanish Grammar* may be used effectively in intermediate Spanish college courses along with any of the multiple texts for conversation and composition on the market.

When learning a language, you have to memorize new words in a context. To help you do this, a variety of situations and exercises (sentence completions, dialogue and story fill-ins, matching) reinforce your memorization while at the same time expanding your vocabulary.

This book uses a practical vocabulary and a practical linguistic approach to grammatical structures. This was one of the features of the first edition that received the most compliments. In this second edition we have tried to simplify and clarify even more those grammatical structures, and at the same time we have added certain important details missing in the first edition. Concise and clear grammatical explanations are followed by completion exercises for testing and reinforcing comprehension. This is a unique feature not found in any other Spanish textbook, and it is intended primarily to help the student understand the structure complexities rather than memorize patterns and rules. Challenging and practical activities complete the grammar sections.

Features Contained in Each of the Twenty-Six Lessons

- A vocabulary list of approximately thirty-five useful words and expressions used in the lesson. This list of words is accompanied by **NOTAS,** a new section in this second edition, with linguistic and cultural notes related to the material covered in the lesson. The vocabulary is followed by three or four exercises for practicing and reinforcing these words. One of them is either a dialogue or a real story.

- A grammar explanation followed by a question-answer activity and various completion exercises with some practical situations.
- A short ***¡ATENCIÓN!*** section focusing on problematic words and/or structures, which is also followed by one or more exercises.
- A test every six or seven lessons to test your own progress.

Answers to all the exercises and tests are provided for self-correction and evaluation in a key at the end of each group of six or seven lessons. Unlike other texts used in a second-year Spanish course, *Advanced Spanish Grammar* is written entirely in Spanish. This total immersion in the language provides a challenge for the learner and has been found to be the most effective means of learning a foreign language. You may find this difficult at first, but as you proceed through the book and notice your knowledge of Spanish increasing quickly, you will see the advantages of this method over others.

Since the entire text is written in Spanish, you are constantly using the structures and words you already know to learn new ones.

What's New in This Second Edition?

Grammatical structures don't change overnight in a language. For this reason, there are no drastic changes in the grammar explanations of this second edition. Basically there are three main changes:

- A new section named **NOTAS** after the vocabulary of each lesson, focusing on linguistic details, such as false cognates, and dialectal differences among Hispanic countries. As we may expect, Spanish changes quite a bit among the twenty countries using it as their official language. In these notes are details to identify Hispanics and their cultures. This is more and more important every day, especially in international business operations.
- Grammar explanations have been simplified and clarified, and at the same time they have been extended to include certain details that were missing in the first edition.
- More real situations have been added to the exercises and old ones updated.

Some Helpful Pointers for Using This Book

The programmed format of *Advanced Spanish Grammar* affords both a challenge and a means of self-evaluation. The following tips will help you to make the best use of this text:

1. Do the exercises one at a time, and check your answers right away. This immediate feedback is an important factor in your learning process and a feature of this approach to language learning.
2. Master all of the material before you proceed. If you miss three or more answers in an exercise, go back and review the vocabulary or grammar explanation.

3. Review the previous material before taking the test at the end of each group of lessons. About one-third of each of these tests is on vocabulary and the other two-thirds are on grammar. Your goal should be to score at least 80 percent, the equivalent to a B.

To the College Instructor

Advanced Spanish Grammar can be used in any intermediate college course. This programmed text can be used effectively in two ways:

1. *As a textbook* to be used concurrently with a reading or composition text. Most of these texts don't have grammar sections, and when they do, usually they are short and incomplete. With this text-/workbook you will be able to spend more time on conversation or writing—the objectives of most intermediate classes—without having to spend much time explaining grammar in class. A weekly check on how the students are doing with their grammar work with an emphasis on crucial points and exercises should be enough.
2. *As a supplementary workbook* for a course where the emphasis is on conversation, reading, or composition at a second- or third-year level. The grammar sections with their accompanying exercises should be helpful to students who need more practice.

Acknowledgments

I wish to thank Professor Arturo Jasso who first used the manuscript in his classes. I am thankful to my wife, Rita, who has been using the text for a decade, for her suggestions for this second edition. I also would like to express my appreciation to the Chancellor's Office of the California State University system for their support and for permitting me to take time to work on the project. My appreciation goes also to Judith N. McCarthy of John Wiley & Sons for her support and encouragement and to Generosa Gina Protano, of GGP Publishing, Inc., and staff for their hard work and perseverance in producing the book.

1 Un poco de todo (A Little of Everything)

el agua mineral	mineral water	**el macho**	male (*animal*)
el águila (*f.*)	eagle	**el mes**	month
el/la azúcar	sugar	**el/la mesero(a)**[2]	waiter (waitress)
el bisté, el bistec[1]	steak	**necesitar**	to need
caluroso(a)	hot	**pagar**	to pay
el/la camarero(a)[2]	waiter (waitress)	**pedir (i)**	to ask, request
la cerveza	beer	**peligroso(a)**	dangerous
la crema	cream	**el plato**[4]	dish, plate
la cuenta	bill, invoice	**el postre**	dessert
la ensalada	salad	**de postre**	for dessert
estar a dieta[3]	to be on a diet	**el pupitre**	desk
el filete	steak	**la red**	net
el flan	custard	**solamente, sólo**	only
el helado	ice cream	**trabajar**	to work
la hembra	female	**traer**	to bring
la leche	milk	**el traje**	suit
la lectura	reading	**recordar (ue)**	to remember
leer	to read	**el varón**	male (*human*)

NOTAS

1. *Bisté* viene de *beefsteak* y también se escribe **bistec** y **bisteque.** El plural es **bistés** en unos países y **bisteques** en otros, como Venezuela.
2. *Camarero(a)* es la palabra más común para *waiter* (*waitress*). En México y algunos países de Centroamérica se usa **mesero(a)**. Este tipo de trabajo fue siempre de hombres en el mundo de habla hispana, y solamente en la última década la mujer ha trabajado de **camarera** en Caracas o Madrid, por ejemplo. Lo contrario ha pasado

en los aviones (*airplanes*), donde siempre eran **aeromozas** o **azafatas** (*stewardesses*); hace pocos años, cuando los hombres entraron a este trabajo, se empezó a usar un nombre nuevo: **el / la auxiliar de vuelo.**

3. ***Estar a dieta*** es *to be on a diet*, pero en algunos países de habla hispana la palabra ***dieta*** tiene connotación negativa porque la gente asocia esta palabra con una orden médica. En otras palabras la gente sigue una **dieta** porque está enferma del estómago o porque tiene un nivel inadecuado de colesterol, por ejemplo. La compañía Coca-Cola introdujo su *Diet Coke* en España, pero no se vendía hasta que cambió a *Coca Light*.
4. ***Plato*** tiene doble significado: *dish*, comida o receta (*recipe*) que prepara el cocinero; y *plate*, el recipiente donde se sirve la comida: **La paella es el *plato* favorito de Valencia en España; ese *plato* está roto.**
5. En este libro usamos algunas abreviaturas comunes en el mundo de habla hispana: *Ud.* para ***usted***, *Uds.* para ***ustedes***. En España se usa *Vd.* y *Vds.* para ***usted / ustedes***. ***Estados Unidos*** se abrevia *EE UU* en España y *EU* en Hispanoamérica; los periódicos actualmente eliminan los puntos que antes se usaban después de la *E* y la *U*. *EJ* se usa para *Ejemplo* y *EJS* para *Ejemplos*.

PRACTIQUE EL VOCABULARIO

A. Subraye (*underline*) la palabra o expresión más adecuada para completar la oración.

1. José toma el café con crema y (agua mineral, helado, azúcar, cerveza).
2. ¡Camarero! Deseo una (crema, cerveza, leche, ensalada) de tomate.
3. María solamente va a comer (postre, cuenta, azúcar, agua mineral).
4. El helado y el / la (bisté, flan, ensalada, traje) tienen muchas calorías.
5. Después de comer en el restaurante pagamos (la cuenta, la cerveza, la leche, el varón).
6. La camarera (paga, trabaja, recuerda, trae) el menú a los clientes.
7. En el menú hay (azúcar, bisté, helado, leche) con papas fritas.
8. Estoy a dieta; sólo quiero café sin (helado, cuenta, flan, azúcar).
9. Voy a (pedir, trabajar, recordar, leer) un filete y una ensalada.
10. El / La (leche, cerveza, cuenta, águila) es blanca.
11. Tenemos que (pagar, recordar, ver, necesitar) el menú antes de pedir la comida.
12. El símbolo de EE UU es (el postre, el varón, el águila, el filete).

RESPUESTAS p. 70

B. Relacione cada palabra de la columna de la izquierda con el sinónimo, la definición o la frase de la otra columna.

1. ______ cuenta	A. ... de tomate
2. ______ flan	B. bistec
3. ______ ensalada	C. lista de platos y precios
4. ______ filete	D. bebida alcohólica
5. ______ azúcar	E. producto derivado de la leche
6. ______ crema	F. Trabaja en un restaurante.
7. ______ cerveza	G. El helado es una clase de...
8. ______ postre	H. Tomo el café con crema y...
9. ______ camarero	I. Yo voy a pagar la... hoy.
10. ______ menú	J. postre

RESPUESTAS p. 70

C. Conteste verdadero o falso (V / F).

1. ______ Si Ud. está a dieta necesita comer muchos postres.
2. ______ La mesera y el mesero trabajan en el restaurante.
3. ______ Es bueno para los niños tomar mucha leche.
4. ______ Los restaurantes tienen muchos pupitres para comer y estudiar.
5. ______ Un flan es mucho más caro que un filete.
6. ______ Los menores de edad no pueden tomar cerveza en Estados Unidos.
7. ______ Un macho es un animal; en cambio un varón es una persona.
8. ______ Una hembra puede ser un animal o una persona.
9. ______ El flan es una ensalada de verduras.
10. ______ El mes de febrero siempre tiene veintinueve días.
11. ______ Para jugar tenis necesitamos una raqueta, una pelota y una red.
12. ______ Diciembre es el mes más caluroso en Estados Unidos.

RESPUESTAS p. 70

D. *Dos amigos en un restaurante.* Complete la siguiente historia usando palabras del vocabulario.

José y Margarita van a comer a un restaurante italiano. Se sientan a una mesa y viene la (1) ______________ con el (2) ______________. Después de ver el menú, Margarita (3) ______________ un filete y una ensalada.

José también quiere un (4) _______________ con papas fritas, pero sin ensalada. De tomar piden dos (5) _______________ (*beers*) porque es un día caluroso. Después de unos minutos, la camarera les (6) _______________ el pedido a los dos amigos. Margarita no pide (7) _______________ porque está a dieta, pero José quiere (8) _______________ de chocolate. José paga la (9) _______________ a la camarera y le da una buena propina (*tip*), porque la (10) _______________ estuvo (*was*) deliciosa, y el servicio fue estupendo.

GRAMÁTICA El género y los artículos

I. **Género masculino y femenino.** Todos los nombres del idioma español, incluidos los nombres de las cosas, son masculinos o femeninos.

A. Los nombres que se refieren a **personas** y **animales** son masculinos si se refieren a un **varón** o **macho** (*male*), y son femeninos si se refieren a **mujeres** o **hembras** (*females*). En este caso el género distingue significados.

EJS: **un hombre / una mujer, un turista / una turista, un policía / una policía, un estudiante / una estudiante, un amante / una amante, un elefante / una elefanta, un médico / una médica, un presidente / una presidenta**

B. El género no significa nada en las **cosas.** Simplemente es una convención relativamente arbitraria. Desde el punto de vista gramatical es importante el género porque determina la concordancia entre artículo, sustantivo y adjetivo (no decimos "el casa blanco" sino "la casa blanca").

C. ¿Cómo determinar el género de los miles de nombres de cosas del español? —Las **últimas letras** del nombre son la única clave (*key*), aunque hay excepciones.

1. Son **masculinos** los nombres que terminan en las letras *L-O-N-E-R-S,* con pocas excepciones.

EJS: ***L:*** **un árbol /** ***O:*** **un libro /** ***N:*** **un flan /** ***E:*** **un filete /** ***R:*** **un color /** ***S:*** **un lunes**

2. Son femeninos los nombres que terminan en las letras *D-IÓN-Z-A,* con pocas excepciones.

EJS: ***D:*** **una pared /** ***IÓN:*** **una lección /** ***Z:*** **una vez / A: una cerveza**

D. Hay excepciones importantes a las dos reglas anteriores.

1. Son femeninos los siguientes nombres terminados en *E:* **la tarde, la noche, la suerte, la gente, la muerte.**

2. Son femeninos ***una mano, una crisis, una tesis.***
3. Son masculinos ***un día, un mapa, un lápiz, un avión, un camión,*** y muchos nombres terminados en *-**ma*** (un problema, el teorema, el dilema).

II. Artículos indefinidos. En inglés el artículo indefinido es *a/an*. En español son dos: **un,** masculino; y **una,** femenino.

A. Se usa ***un*** con nombres de varón y macho, no importa la última letra de la palabra. También se usa ***un*** con nombres de cosas que terminan en *L-O-N-E-R-S.*

EJS: **un papa** (*a pope*), **un papel, un flan, un lunes**

B. Se usa ***una*** con nombres de hembras, no importa la última letra de la palabra. También se usa ***una*** con nombres de cosas que terminan en *D-IÓN-Z-A.*

EJS: **una policía, una ciudad, una lección, una vez, una casa**

III. Artículos definidos. En inglés el artículo definido es *the*. En español son cuatro: dos masculinos, **el/los;** y dos femeninos, **la/las.**

A. Usamos *el/los* con nombres masculinos (*L-O-N-E-R-S*) y *la/las* con nombres femeninos (*D-IÓN-Z-A*).

EJS: **el flan, el filete, el inglés, el español, el martes**
la pared, la lección, la luz, la crema, la red

B. Las letras del alfabeto se consideran de género femenino: **la *a*, la *be*, la *ese*, la *hache*, la *ene*.**

C. Algunas profesiones tradicionalmente masculinas como **médico, abogado** (*lawyer*), **juez** (*judge*), **presidente,** están ocupadas por mujeres hoy día, lo cual ha obligado a cambios en la lengua. Hoy se usan ***médica, abogada, jueza, presidenta.***

IV. ¡Un caso especial! Si un nombre femenino empieza con */a/* tónica (*stressed*), se usa el artículo ***el*** en lugar de ***la,*** y el artículo ***un*** en lugar de ***una,*** cuando éste está inmediatamente delante del nombre. En la escritura la palabra puede empezar con ***a*** o con ***ha*** (recuerde que la letra ***hache*** no se pronuncia, por eso no cuenta fonéticamente). Curiosamente, una excepción a esta regla es el nombre de esta última letra (se dice «la hache», no «el hache»).

EJS: **el águila** (*eagle*), **el hada** (*fairy*), **el hambre** (*hunger*),
un alma, un ama (*housewife*), **un hacha** (*axe*)

PERO: **la gran ama de casa, la alfalfa, la almohada** (*pillow*),
una buena alma, una gran águila, una americana

En plural se conserva el artículo femenino: **las almas, las águilas, las hachas.**

V. **Contracciones.** Solamente existen dos contracciones en español.

A. Preposición ***a + el = al:*** **Voy *al* patio,** pero **Voy *a la* casa.**

B. Preposición ***de + el = del:*** **La casa *del* señor,** pero **La casa *de la* señora.** Observe que ***el*** es el artículo definido *the*, no el pronombre personal ***él*** (*he*).

EJS: **Le hablo *a él.*** (*I talk to him.*)
La casa *de él.* (*His house: "of him".*)

C. En español se hacen muchas contracciones «fonéticas», eliminando una de dos vocales iguales cuando van juntas, y también una de dos consonantes iguales cuando van juntas.

EJ: **La alfalfa está aquí** [lalfálfaestákí]: [a] + [a] = [a].

PRACTIQUE LA GRAMÁTICA

RESPUESTAS p. 70

1. Los dos artículos indefinidos del español son __________ / __________. Se traducen al inglés como __________.
2. Los cuatro artículos definidos son __________ / __________ / __________ / __________. Se traducen al inglés como __________.
3. Todos los nombres que se refieren a **varones** (*human males*) o **machos** (*animal males*) son de género ______________. Todos los nombres referidos a **hembras** (*females*) son de género ______________.
4. Hay muchos nombres como ***turista, policía, estudiante,*** que pueden referirse a ambos géneros. La única manera de saber si hablamos de un hombre o una mujer es el artículo definido __________ / __________, o el indefinido __________ / __________.
5. Aunque en algunos países de habla hispana todavía se dice **la médico, la juez,** en otros se dice ______________, ______________.
6. Los nombres de cosas que terminan en las letras ______________ son masculinos, y los nombres de cosas que terminan en las letras __________ son femeninos.
7. Si Ud. aplica esa regla a las palabras que no conoce, tiene una altísima probabilidad de estar en lo correcto. Por ejemplo, según la regla, ***caracol*** (*snail*) es ______________ porque termina en ***l,*** y ***hoz*** (*sickle*) es ______________ porque termina en ***z.***
8. Las excepciones incluyen palabras muy comunes como ***la mano*** y ***el día.*** Pero el grupo más grande de excepciones lo constituyen los nombres terminados en ***e: Filete*** es ______________, pero ***noche, tarde*** y ***leche*** son ______________.

9. Las dos únicas contracciones en español son __________ y __________.
La casa de Juan, ¿es la casa del o la casa de él? __________.

10. No decimos **la agua** sino **el agua** porque *agua* empieza con una *[a]* __________. ¿Cómo decimos, **el hambre** o **la hambre?** __________. Esto quiere decir que la hache (*h*) no cuenta para nada.

11. ¿Cómo decimos, **la americana** o **el americana?** __________. La razón es que la primera *[a]* de ***americana*** no tiene el __________ fonético.

12. ¿Cuál es la forma correcta, **del agua** o **de la agua?** __________.

13. No decimos **la casa de el camarero** sino **la casa** __________ **camarero.** Pero **La casa del camarero** es **La casa** __________ (*"of him" = his house*).

EJERCICIOS

RESPUESTAS p. 70

A. Complete con artículos indefinidos (*un/una*).

1. Quiero tomar __________ cerveza.
2. De postre voy a comer __________ flan.
3. Agosto es __________ mes muy caluroso.
4. Necesito comprarme __________ traje.
5. Este mes tengo __________ cuenta grande de teléfono.
6. Paco es __________ alma de Dios (*good and simple man*).
7. Pasamos por __________ crisis política.
8. Tengo __________ lápiz en __________ mano.
9. María es __________ policía muy valiente.
10. Voy a comer __________ filete y __________ ensalada.

RESPUESTAS p. 71

B. Complete las siguientes oraciones con artículos definidos o contracciones (*el, la, los, las, al, del*).

1. No tengo nada en __________ manos.
2. Mi pluma está en __________ pupitre.
3. La comida __________ restaurante mexicano es muy buena.
4. __________ postre tiene muchas calorías.
5. El símbolo de Estados Unidos es __________ águila.
6. La puerta __________ garaje está abierta.
7. __________ gente de Canadá habla inglés y francés.

8. ______________ arma que usó el criminal fue un revólver.
9. En español nunca pronunciamos ______________ hache (*the* h).
10. Vamos ______________ restaurante italiano para almorzar.
11. Antes de comer vemos ______________ menú.
12. No quiero cerveza; ______________ leche es mejor para mí.
13. Vamos ______________ cine a ver un documental.
14. Me gusta hablar ______________ problema de la contaminación ambiental.

RESPUESTAS p. 71

C. *¡Qué palabras tan raras!* Usted no tiene que conocer el significado de las siguientes palabras para saber si son masculinas o femeninas. Aplique la regla de *L-O-N-E-R-S* y *D-IÓN-Z-A* y escriba el artículo correcto delante del nombre.

1. ______ requiebre
2. ______ overol
3. ______ idiotez
4. ______ metate
5. ______ llavín
6. ______ incunable
7. ______ iniquidad
8. ______ jacal
9. ______ jornal
10. ______ julepe
11. ______ libación
12. ______ lote
13. ______ maletín
14. ______ paraguas
15. ______ solidez
16. ______ maizal
17. ______ juventud
18. ______ nenúfar
19. ______ obús
20. ______ parabrisas
21. ______ tentempié

¡ATENCIÓN! Nombres terminados en *-ma*

Los nombres que terminan en *-ma* son masculinos sólo si son de origen griego. Estudie la siguiente lista. Observe que en la última columna están los nombres femeninos.

el carisma charisma
el diagrama diagram
el dilema dilemma
el diploma diploma
el drama drama
el esquema outline, sketch
el estigma stigma
el fantasma phantom
el fonema phoneme
el idioma language
el lema motto
el morfema morpheme
el panorama panorama
el pentagrama pentagram
el poema poem
el problema problem
el programa program
el teorema theorem
el reuma arthritis
el síntoma symptom
el telegrama telegram
el tema theme
el alma (*f.*) soul
el ama (*f.*) housewife
el asma (*f.*) asthma
la broma joke
la cama bed
la cima top
la crema cream
la forma form, shape
la llama flame
la quema burning
la trama plot

RESPUESTAS p. 71

D. Complete las oraciones con una palabra de la lista anterior y su correspondiente artículo.

1. ¿Cuál es ________________ del candidato a la presidencia?
2. William Shakespeare escribió ________________ *Romeo y Julieta.*
3. Me gusta más dormir en ________________ que en el sofá.
4. Rubén Darío escribió much__ s ________________ modernistas.
5. El médico tiene que saber ________________ de la enfermedad.
6. ¿Toma usted el café con much__ ________________?
7. La *t* es ____________ en inglés y en español, pero no se pronuncia igual.
8. Desde la montaña se puede ver mejor ________________.
9. ¿Quién va a resolver ________________ del SIDA (*AIDS*)?
10. Si pones la mano en ________________ te vas a quemar (*burn*).
11. ¿Cuál es ________________ de este artículo que estás leyendo?
12. Me gusta mucho ________________ de esta clase de español.
13. José no puede respirar (*breathe*) bien; tiene much__ ________________.
14. Cuando Ud. tiene que decidir entre dos cosas, tiene ________________.
15. Los cristianos creen que ________________ no muere con el cuerpo.
16. Mi madre es un__ buen__ ________________ de casa.
17. Carlitos me hizo ________________, poniendo sal en mi café.
18. El español es ________________ de unos trescientos cincuenta millones de personas.
19. La mujer se preocupa más que el hombre de conservar ________________.
20. ¡Qué contento voy a estar cuando reciba ________________ de graduación!
21. El ingeniero tiene ________________ del puente que va a fabricar.
22. No me gustan ________________ de matemáticas.
23. Un buen líder debe tener ________________ para ganar la simpatía de la gente.
24. Desde ________________ de la montaña vemos un panorama fantástico.
25. Mandamos ________________ en vez de una carta porque llega más rápido.

2 Una buena cena
(A Good Supper)

a medianoche	at midnight	**hecho(a)**	done, made
a mediodía	at noon	**el hecho**[4]	fact
barato(a)	cheap	**el huevo**	egg
beber[1]	to drink	**el jamón**	ham
cambiar	to change	**la langosta**	lobster
caro(a)	expensive	**la lechuga**	lettuce
la cena[2]	supper	**el mar**	sea
cenar	to have supper	**oscuro(a)**	dark, obscure
el cerdo[3]	pig, pork	**el país**[5]	country
cortar	to cut, trim, mow	**el porcentaje**	percentage
los cubiertos	cutlery	**por ciento**	percent
la cuchara	spoon	**el puerco**[3]	pig, pork
el cuchillo	knife	**restar**	to subtract
el empleado	employee	**la sopa**	soup
en punto	sharp, on the dot	**sumar**	to add
freír (i)	to fry	**el tenedor**	fork
frito(a)	fried	**último(a)**	last
la fruta	fruit	**la vajilla**	tableware

NOTAS

1. ***Beber*** se traduce como *to drink* en general. ***Tomar*** se traduce como *to take* y *to drink*. En algunos países el significado de ***beber*** se limita a *to drink alcohol*—por ejemplo, en los países del Caribe; mientras que en otros, por ejemplo México, ***tomar*** es *to drink alcohol*. En consecuencia, *a drunk* es **un bebido** en unos países, mientras que en otros es **un tomado.** El término general es ***borracho(a)*** y la palabra más formal es ***ebrio(a)***.

2. La cena en los países de habla hispana es muy tarde, generalmente entre las ocho y las diez de la noche, más tarde en verano que en invierno. Hay que recordar que las oficinas y tiendas de muchos de estos países cierran a las siete ó las ocho de la noche, y por eso la cena es tarde. La comida principal del día es entre la una y las tres de la tarde. Se llama **almuerzo** en algunos países, pero en otros se llama **comida.** La **cena** es la última comida del día, y para muchas personas es muy ligera (*light*). La comida y la cena son dos eventos que los hispanoamericanos valoran mucho: es una reunión de familia, para charlar, comentar sobre los problemas familiares y chismear (*gossip*).
3. ***Cerdo*** se traduce como *pig* o *pork*. En español no se distingue entre el animal y la carne del animal. Sin embargo, la variedad de términos para llamar a este animal es extensa: **puerco, lechón, marrano, gocho, chancho, cochino.**
4. ***Hecho*** es un nombre masculino para *fact, action, deed,* pero ***hecho***(*a*) es también un participio del verbo ***hacer*** y significa *done* o *made*—por ejemplo, *made in USA* = **hecho en Estados Unidos.**
5. ***País*** significa solamente *country* en el sentido de *nation, people*. La palabra para *country* en el sentido de *countryside* es ***campo.***

PRACTIQUE LAS PALABRAS NUEVAS

RESPUESTAS p. 71

A. Repase el género de los nombres: los que terminan en las letras *L-O-N-E-R-S* son masculinos, y los que terminan en las letras *D-IÓN-Z-A*, femeninos. Escriba *el* o *la* delante de los nombres siguientes.

1. ____ mar	5. ____ leche	9. ____ cena	13. ____ mes
2. ____ jamón	6. ____ porcentaje	10. ____ azúcar	14. ____ tema
3. ____ país	7. ____ red	11. ____ postre	15. ____ cama
4. ____ llama	8. ____ tenedor	12. ____ mediodía	16. ____ tomate

RESPUESTAS p. 71

B. Complete las oraciones con una de las palabras o expresiones de la siguiente lista. Haga los ajustes necesarios.

caro(a)	cubiertos	en punto	mar	por ciento
cerdo	cuchara	fruta	medianoche	tenedor
cortar	empleado(a)	lechuga	país	último(a)

1. La cuchara, el cuchillo y el tenedor son ______________.
2. La camarera es una ______________ del restaurante.
3. México es un ______________ que está al sur de Estados Unidos.
4. Para tomar la sopa usamos una ______________.
5. Para comer huevos y jamón usamos el ______________ y el cuchillo.
6. La langosta vive en el ______________.

7. La banana (plátano) y el mango son dos ______________ tropicales.
8. La *r* es la ______________ letra de la palabra ***mar***.
9. Un Cádillac es más ______________ que una bicicleta.
10. Usamos el cuchillo para ______________ la carne.
11. Necesito llegar a la universidad a las dos ______________.
12. El día termina a la ______________.
13. Los bancos pagan el cinco ______________ de interés.
14. El jamón es un producto derivado del ______________.
15. Comemos ensalada de tomate y ______________.

RESPUESTAS p. 71

C. Conteste verdadero o falso (V/F).

1. ______ Para tomar la sopa usamos el cuchillo y el tenedor.
2. ______ El cerdo y el puerco son dos animales muy diferentes.
3. ______ Canadá es un país situado al norte de Estados Unidos.
4. ______ Es una idea generalizada que los ingleses nunca llegan a la hora en punto.
5. ______ Sumar y restar son dos operaciones matemáticas básicas.
6. ______ La langosta y el lechón son dos productos del mar.
7. ______ Un auto es más caro que un avión.
8. ______ La langosta es más barata que los huevos.
9. ______ Muchos vegetarianos comen huevos con jamón en el desayuno.
10. ______ El último mes del año no es enero sino diciembre.
11. ______ Los camareros se encargan de atender las mesas del restaurante.
12. ______ La lechuga y el mango son dos frutas tropicales.

RESPUESTAS p. 71

D. Complete las oraciones con una palabra o expresión del vocabulario de esta lección.

Mi madre siempre prepara la cena con amor. Mi hermana pone la mesa: (1) ______________ (*the dishes*) y los tres cubiertos: la cuchara, el tenedor y el (2) ______________. Cenamos a las nueve (3) ______________, como es costumbre en mi (4) ______________. Mi padre se sirve primero; luego se sirve mi (5) ______________; después mi hermana, y como yo soy el menor, tengo que servirme (6) ______________. A mi madre le gusta hablar de los precios en el mercado; según (*according to*) ella, los alimentos son cada día más (7) ______________. En cambio mi padre habla de política, de su trabajo y del (8) ______________ (*percentage*) que pagan en su banco. El postre siempre es (9) ______________ porque según mi madre tiene muchas vitaminas y pocas calorías. Nunca puedo disfrutar (*enjoy*) de mi postre favorito: (10) ¡______________ (*ice cream*)!

GRAMÁTICA La hora y los números

I. **¿Qué hora es?**

A. Para las horas exactas decimos:

Es la una. (*It's one o'clock.*)
Son las doce. (*It's twelve o'clock.*)
Son las seis. (*It's six o'clock.*)

B. Para los minutos, usamos ***y*** (+)/***menos*** (–):

Es la una y diez. (*It's 1:10.*)
Son las doce y cuarto. (*It's a quarter after twelve.*)
Son las doce y quince. (*It's 12:15.*)
Son las seis y media. (*It's half past six.*)
Son las seis y treinta. (*It's 6:30.*)
Son las siete menos diez. (*It's ten minutes to seven.*)
Son las siete menos cuarto. (*It's a quarter to seven.*)
Son las siete menos quince. (*It's fifteen minutes to seven.*)

C. ***De la mañana/de la tarde/de la noche:***

1. De la mañana = A.M. (desde la medianoche hasta el mediodía)
2. De la tarde = P.M. (desde el mediodía hasta las 6:59 P.M.)
3. De la noche = P.M. (desde las 7:00 P.M. hasta la medianoche)

D. Recuerde lo siguiente:

1. En México se pregunta la hora diciendo: **¿Qué horas son?** En el resto del mundo de habla hispana se usa **¿Qué hora es?** Observe que para responder sólo se usa la forma singular es con la **una.** Las otras horas son plurales: **Son las dos, las tres...**
2. En vez de P.M. usamos ***de la tarde*** y ***de la noche.*** Usamos ***de la tarde*** desde el mediodía hasta antes de las 7:00 P.M., y después se dice ***de la noche.***
3. Desde la medianoche hasta la salida del sol se puede usar ***de la mañana,*** pero también se puede decir ***de la madrugada.*** Para decir *sharp* se usa ***en punto.***

   EJ: **Son las tres *de la madrugada en punto.*** (*It's 3:00 A.M. sharp.*)

4. Para decir *at* con la hora usamos *a*, siempre con los artículos *la*/*las*.

EJS: **Trabajo *a la* una./Me levanto *a las* ocho.**

E. La *hora oficial* es un poco distinta de la coloquial. Se usa en televisión y radio durante los noticieros. También se usa en los horarios oficiales de trenes, aviones, clases universitarias, y entre los militares. El sistema oficial tiene veinticuatro horas y no utiliza ***de la mañana, de la tarde, de la noche, de la madrugada.***

EJS: **El accidente ocurrió *a las catorce horas y treinta minutos.*** = Oficial
El accidente ocurrió *a las dos y media de la tarde.* = Coloquial

En la hora oficial no se usa ***media*** sino ***treinta minutos***, ni ***cuarto*** sino ***quince minutos***. Note que los ***minutos*** se añaden usando ***y***, y nunca se restan de la siguiente hora.

EJ: **La conferencia es *a las quince horas y cuarenta y cinco minutos*** (*3:45 P.M.*).

II. **Los números**

A. Entre los números diez y treinta escribimos (y pronunciamos) una sola palabra, con un solo acento fonético (*stress*).

EJS: **(16) dieciséis/(18) dieciocho/(21) veintiún(uno)/(22) veintidós**
(23) veintitrés/(24) veinticuatro/(26) veintiséis/(28) veintiocho

B. Entre teinta y uno y noventa y nueve se escriben tres palabras: **(32) treinta y dos.** Recuerde que, cuando se usa como adjetivo, ***uno*** se convierte en ***un***, solo o formando otros números. Si el nombre que sigue es femenino, se usa ***una.***

EJS: ***treinta y un* libros, *treinta y una* casas, *veintiún* niños**

C. ***Ciento*** sólo se usa para números por arriba de ***cien*** (***100***), por ejemplo, ***ciento seis*** (***106***). Para traducir *one hundred per cent* usamos ***cien por cien, ciento por ciento*** o ***cien por ciento.*** Recuerde que para *one hundred* no se traduce *one*: **cien/ciento.**

EJS: **cien libros, ciento una casas, ciento veinte dólares**

D. Escribimos una sola palabra entre ciento y novecientos, y cuando se trata de adjetivos, cambiamos de género (-os/-as) con el nombre.

EJS: **doscientos huevos, doscientas langostas, quinientas casas**

E. *One thousand* se dice **mil,** y no se traduce la palabra *one*. ***Mil*** no cambia para el plural: ***2.000*** es ***dos mil, 10.000*** es ***diez mil*** y ***100.000*** es ***cien mil.*** Usamos la expresión ***miles de*** para indicar una cantidad muy grande, pero no exacta.

EJ: **Hay *miles de* personas en el estadio.**

F. *One million* se traduce como ***un millón.*** Cuando acompaña a un nombre, se le añade la preposición ***de.*** El plural de ***millón*** es ***millones*** y también necesita la preposición ***de*** cuando acompaña a un nombre.

EJ: ***dos millones de*** **cucharas** (*two million spoons*)

G. ***Un billón de*** sigue la misma regla que ***un millón de.*** Pero aquí el problema es de matemáticas porque **un billón** tiene doce ceros, mientras *one billion* sólo tiene nueve. En otras palabras, *one billion* equivale a **mil millones,** mientras **un billón** equivale a *one trillion.* Solamente Francia y Estados Unidos tienen el sistema de nueve ceros para *billion.* En otras palabras, *one billion* de EU no equivale a *one billion* en Inglaterra, sino a *one thousand million.*

PRACTIQUE LA GRAMÁTICA

RESPUESTAS p. 71

1. En el habla coloquial, la expresión A.M. se traduce como ______________.
2. La expresión P.M. tiene dos posibles traducciones: ______________ y ______________.
3. Usamos *son* para las doce horas del día excepto para ______________, que es singular.
4. Para decir la hora, *fifteen minutes* tiene dos traducciones: ______________ y ______________.
5. Para decir la hora, *thirty minutes* tiene dos traducciones: ______________ y ______________.
6. ¿Cómo se traduce *sharp* al hablar de la hora? ______________.
7. El *sistema oficial* no tiene doce horas sino ______________. Se usa en los noticieros de TV y de radio, en los horarios de trenes y ______________.
8. En la *hora oficial* no se usa la palabra ***media*** sino ______________.
9. Existen dos palabras para *one hundred* en español: ______________ y ______________.
10. Para los números por arriba de cien, usamos ______________, por ejemplo, para 106 decimos: ______________.
11. ¿Cuántas palabras escribimos para el número 16? ______________.
12. ¿Cuántas palabras escribimos para los números entre treinta y uno y noventa y nueve? ______________. ¿Cómo se dice *forty-one houses* en español? ______________.
13. No decimos **quinientos cucharas** sino ______________.
14. ¿Qué palabra no se traduce en *one thousand?* ______________. ¿Cómo se traduce *two thousand books?* ______________.

15. ¿Cómo se traduce al inglés ***miles de dólares***? ____________________
16. ¿Es correcto decir **dos millones dólares?** ____________________ ¿Qué falta? ____________________.
17. La traducción de *one billion* no es ***un billón*** sino ____________________.

EJERCICIOS

RESPUESTAS p. 72

A. Traduzca al español coloquial las siguientes horas y las demás expresiones con números.

1. It's 3:10 P.M. ____________________.
2. It's 2:15 A.M. ____________________.
3. It's 1:30 P.M. ____________________.
4. It's 10:45 A.M. ____________________.
5. It's 10:50 P.M. ____________________.
6. It's twenty to six. ____________________.
7. I work at three o'clock. ____________________.
8. At one sharp. ____________________.
9. Two hundred spoons. ____________________.
10. Three hundred forks. ____________________.
11. One hundred percent. a) ____________________ b) ____________________.
12. Five hundred no se escribe ***cincocientos*** sino ____________________.
13. At midnight. ____________________.
14. At noon (*noon time*). ____________________.
15. Two million dollars. ____________________.
16. Two billion dollars. ____________________.
17. Twenty-one books. ____________________.
18. Twenty-three houses. ____________________.
19. One hundred ten boys. ____________________.

RESPUESTAS p. 72

B. Escriba las siguientes horas en estilo oficial.

1. 8:00 A.M. ____________________.
2. 8:00 P.M. ____________________.

3. 3:30 P.M. ______________________________.
4. 4:45 A.M. ______________________________.
5. 12:15 A.M. ______________________________.

RESPUESTAS p. 72

C. *Mi rutina diaria.* Complete el siguiente horario (*schedule*) según lo que usted hace durante un día ordinario, no durante un fin de semana o un día de fiesta.

1. Hora de levantarme: ______________________________.
2. Hora del desayuno (*breakfast*): ______________________________.
3. Hora del baño (*shower, bath*): ______________________________.
4. Hora de salida para el trabajo o para la universidad: ______________.
5. Hora del almuerzo (*lunch*): ______________________________.
6. Hora de salida del trabajo o la universidad: ______________.
7. Hora de llegada a casa: ______________________________.
8. Hora de cenar: ______________________________.
9. Hora de acostarme: ______________________________.

¡ATENCIÓN! Más observaciones sobre los números

1. Note que ***por ciento*** son dos palabras, mientras que *percent* es una. ***Porcentaje*** (*percentage*) es una sola palabra y se escribe con ***j***.
2. Note que ***doscientos*** es una palabra, a diferencia de *two hundred*, que son dos palabras.
3. ***Una*** es el femenino de ***un*** y se usa también al formar el adjetivo numeral.

   EJ: **31 chicas = *treinta y una* chicas**

4. De ***cuarenta*** se deriva ***cuarentón*** (*cuarentona*), de ***cincuenta, cincuentón*** (***cincuentona***), etc., para expresar que una persona is *in his/her late forties, fifties,* and so on.

   EJ: **Mi tía Luisa es *cincuentona.*** (*My aunt Luisa is in her late fifties.*)

5. En inglés se usa el punto para separar los decimales, y la coma para los miles. En español es lo contrario: el punto es para los miles y la coma para los decimales.

   EJS: *I have $2.25 in my pocket.* = **Tengo 2,25 dólares en el bolsillo.**
   I need 25,000 dollars. = **Necesito 25.000 dólares.**

Sin embargo, en muchos países de habla hispana se utiliza el sistema norteamericano, tendencia que se ha acentuado con la transnacionalización de las economías. (Para la escritura de los números vea el Apéndice I, página 314.)

RESPUESTAS p. 72

D. Practique los números.

1. No se debe escribir ***diez y ocho,*** sino ______________________.
2. ***Porciento*** no está bien escrito. Debe ser ______________________.
3. ¿Cómo se escribe con números ***cinco mil?*** ______________________.
4. ¿Cómo se escribe con números ***un millón?*** ______________________.
5. ¿Cómo se dice *one billion* en español? ______________________.
6. ***Dos cientos*** no está bien escrito. Debe ser ______________________.
7. No decimos ***ochenta y un pesetas*** sino ______________________.
8. No decimos ***un mil dólares*** sino ______________________.
9. ¿Cómo se dice *thousands of books* en español? ______________________.
10. ¿Cómo se dice *in his late fifties*? ______________________.
11. ¿Cómo se dice *in her late forties*? ______________________.

3 Un desayuno especial
(A Special Breakfast)

aceptar	to accept	**el pan**[2]	bread, loaf
el arroz	rice	**la papa**[3] (*América*)	potato (*America*)
el brazo	arm	**la patata** (*España*)	potato (*Spain*)
correr	to run	**la pimienta**	pepper
la costumbre	custom, habit	**el pollo**	chicken
el crédito	credit	**preparar**	to prepare, cook
dar	to give	**la raíz** (*pl.* **raíces**)	root, stem
desayunar	to have breakfast	**rojo(a)**	red
el desayuno[1]	breakfast	**rosado(a)**	rosé, pink
el énfasis	emphasis	**la sal**	salt
el esquema	outline, sketch	**la servilleta**	napkin
limpio(a)	clean	**servir (i)**	to serve, work
el litro	liter (*2.2 pints*)	**la tarjeta**[4]	card
la mantequilla	butter	**la taza**[5]	cup
la margarina	margarine	**el tinto**	red wine
el mensaje	message	**el vaso**	drinking glass
la minuta (*España*)	menu (*Spain*)	**el vino**	wine

NOTAS

1. El **desayuno** en algunos países de habla hispana es muy ligero (*light*): jugo de frutas, café con leche, o café solo y algún tipo de pasteles (*pastries*), como pan dulce en México, medias lunas (*croissants*) en Argentina, churros en España, pan tostado con mantequilla o mermelada, etc. Es el llamado **desayuno continental.**
2. ***Pan*** en español significa *bread* como nombre no contable, y *loaf of bread* como nombre contable. EJ: **Compré dos panes.** (*I bought two loaves of bread.*)

3. La **papa** es original de Perú, donde existen innumerables variedades de este tubérculo. Europa no adoptó la **papa** como alimento popular hasta dos siglos después que los españoles la llevaron al continente. Sin embargo, actualmente es el vegetal que más se come en todas partes. En un restaurante europeo, muchos platos se sirven hoy con papas fritas.
4. ***Tarjeta*** significa *card* como en *credit card*, mientras que ***carta*** significa *playing card* y también *letter* como en *commercial letter*. Las tarjetas de crédito no son tan comunes en los países de habla hispana como en Estados Unidos, y los bancos y tiendas exigen una buena garantía antes de expedir una tarjeta de crédito.
5. Observe que ***taza*** es *cup*, mientras que ***copa*** es *drinking glass* (with a stem), como las que se usan para beber champán. ***Vaso*** se usa para *drinking glass* cuando es de fondo plano (*flat*).

PRACTIQUE LAS PALABRAS NUEVAS

A. Complete las oraciones con una palabra del vocabulario de esta lección.

1. Una __________________ de vino va bien con las pastas.
2. Hay vino blanco, tinto y __________________.
3. En Estados Unidos se usa mucho la __________________ de crédito.
4. Me gusta desayunar __________________ con mantequilla.
5. Bebemos la cerveza en un __________________.
6. Tomamos el café en una __________________.
7. Los restaurantes siempre tienen sal y __________________ en la mesa.
8. Las __________________ son conocidas en España como patatas.
9. En España, al menú se le llama __________________.
10. La mantequilla tiene más calorías que la __________________.
11. El arroz con __________________ es un plato popular en muchos países latinoamericanos.
12. El vino «rojo» también se llama __________________.
13. Una planta vive gracias a las __________________ que tiene en la tierra.
14. La última comida del día es la cena; la primera es el __________________.
15. En los restaurantes exclusivos, los camareros llevan una servilleta en el __________________.
16. Si Ud. repite sistemáticamente una acción, a ésta se le llama una __________________.
17. Muchos restaurantes __________________ tarjetas de crédito.

18. En Estados Unidos se usan galones, cuartos y pintas; en España y Latinoamérica se usan ____________.

RESPUESTAS p. 73

B. **Conteste verdadero o falso (V/F).**

1. ______ En Estados Unidos es muy popular comer pollo en el desayuno.
2. ______ La margarina es un producto vegetal, mientras que la mantequilla es un producto de origen animal.
3. ______ En Latinoamérica, en general, se comen bastantes platos con arroz.
4. ______ Los muchachos norteamericanos comen muchas papas fritas.
5. ______ Una persona de dieciséis años de edad puede beber vino legalmente en EU.
6. ______ Un litro es más que una pinta.
7. ______ Usamos la servilleta para limpiarnos la boca y las manos.
8. ______ El arroz con pollo es un plato muy popular en Estados Unidos.
9. ______ El desayuno es la última comida del día.
10. ______ Un desayuno norteamericano típico es huevos fritos con jamón.
11. ______ La papa se llama patata en España.
12. ______ Las rosas no solamente son rosadas; pueden ser de otros colores.

RESPUESTAS p. 73

C. ***Un desayuno especial en mi casa.* Complete la historia siguiente usando las palabras adecuadas.**

Mis padres nacieron (*were born*) en Argentina y luego emigraron a Estados Unidos. Mi hermana y yo hemos nacido aquí. Mi madre (1) ____________ (*cooks*) excelentes platos argentinos, pero también le gusta preparar algunos (2) ____________ (*dishes*) norteamericanos. Los domingos ella prepara un desayuno típicamente norteamericano. Mi hermana pone la mesa: los platos, los cubiertos y las (3) ____________. También pone las (4) ____________ para el café. Mi madre nos sirve (5) ____________ fritos con jamón o tocino, panqueques (*pancakes*), (6) ____________ fritas, ensalada, pan con (7) ____________ o margarina, y mermelada. A mí me gusta poner sal y (8) ____________ en las papas y en los huevos fritos. Mi hermana toma leche descremada sola (*nonfat*), pero a mí me gusta el (9) ____________ con leche. Algunos domingos bebemos champán (*champagne*) en unas (10) ____________ elegantes, pero el agua la tomamos siempre en unos (11) ____________ grandes. Pasamos mucho tiempo de sobremesa (*after-dinner chat*), charlando de todo: deportes, política, estudios, nuestros parientes en Argentina. Después mi padre y yo vemos el fútbol en televisión, pero a veces tenemos que lavar los (12) ______________ (*dishes*): ¡Otra costumbre muy norteamericana...!

GRAMÁTICA El presente de indicativo

I. **Verbos regulares.** Repase el siguiente esquema.

Sujeto	*habl ar*	*com er*	*viv ir*
yo	**habl o**	**com o**	**viv o**
tú	**habl as**	**com es**	**viv es**
él/ella/Ud.	**habl a**	**com e**	**viv e**
nosotros(as)	**habl amos**	**com emos**	**viv imos**
ellos/ellas/Uds.	**habl an**	**com en**	**viv en**

A. Hay tres clases de verbos en español, divididos según las terminaciones del infinitivo: **-ar, -er** o **-ir.** Cada una de las tres clases tiene su propio patrón de conjugación, aunque los verbos en **-er** e **-ir** tienen el mismo patrón en muchos casos.

B. Dividimos todas las formas verbales en dos partes.

1. RAÍZ (*STEM*) Alude al significado léxico del infinitivo.

   EJS: **habl-** (*talk*), **com-** (*eat*).

2. TERMINACIÓN Alude a los valores gramaticales de la palabra, como **tiempo** (presente, pasado, futuro) y **persona** (yo, tú, él).

   EJS: **-o** (***presente,*** yo), **-iste** (***pasado,*** **tú**).

II. **Usos del presente de indicativo.** El presente de indicativo se usa en los siguientes casos.

A. Una acción **en progreso** en el momento en que se habla. En inglés, como sabemos, es obligatorio usar la forma progresiva: *is eating*.

   EJ: **Juan *come* el pollo ahora.** (*Juan is eating the chicken now.*)

B. Una acción futura.

   EJ: **Mañana *salimos* para Miami.** (*Tomorrow we will leave/are leaving/leave for Miami.*)

C. Una costumbre o hábito.

EJ: **José *bebe* mucho vino.** (*José drinks a lot of wine.*)

III. **Verbos irregulares.** Observe la conjugación de los verbos **ser, estar, ir** y **dar.**

Sujeto	*s er*	*est ar*	*ir*	*d ar*
yo	s oy	est oy	v oy	d oy
tú	er es	est ás	v as	d as
él/ella/Ud.	es	est á	v a	d a
nosotros(as)	s omos	est amos	v amos	d amos
ellos/ellas/Uds.	s on	est án	v an	d an

A. Un verbo es irregular si **la raíz cambia** de una persona a otra o de un tiempo a otro, o bien toma una terminación que no es común a la mayoría de los verbos. Por ejemplo, **estoy** es irregular porque tiene una *y* después de la *-o*.

B. Todas las primeras personas de los verbos anteriores son irregulares porque tienen la terminación *-oy* en lugar de *-o*.

C. ***Ser*** es irregular porque cambia la **raíz** tres veces: s-, er-, es. ***Ir*** es el único verbo del español que no tiene raíz en el infinitivo, pero sí en el presente: v-.

NOTAS

1. En este libro no consideramos el pronombre **vosotros** (*you,* plural). Tampoco incluimos sus correspondientes formas verbales: **habláis, coméis, vivís.** La razón es que estas formas sólo se usan en España.
2. Tampoco consideramos el pronombre **vos** (*you*) que se usa en Argentina y Uruguay en lugar de **tú. Vos** se usa con formas verbales propias en el presente: **hablás, comés.**
3. Los pronombres sujetos **yo, tú, él,** etc., no se suelen usar en español, excepto para dar **énfasis y contraste.** La terminación del verbo es suficiente para indicar cuál es el sujeto.

   EJS: **En clase *hablamos* español.** (*We speak Spanish in class.*)
   En clase *nosotros hablamos* español. (*We speak Spanish in class.*)

   En algunos casos es necesario poner los pronombres de tercera persona para distinguir el género.

   EJ: **José y Juanita son amigos. *Ella* es norteamericana y *él*, mexicano.**
4. ***Usted/ustedes*** se usan más frecuentemente que los otros pronombres para expresar cortesía y respeto. El origen de ***usted*** es la expresión hoy en desuso ***vuestra merced*** (*your grace*).

PRACTIQUE LA GRAMÁTICA

RESPUESTAS p. 73

1. Para distinguir las tres clases de verbos usamos las terminaciones del infinitivo: __________, __________ o __________. Cada clase tiene terminaciones diferentes.
2. La parte del verbo que alude al significado es la __________, que también se llama **base** o **radical.**
3. La raíz de ***hablar*** es __________, la raíz de ***comer*** es __________; la raíz de ***estudiar*** es __________.
4. El morfema **-o** de ***hablo, como, vivo*** alude a dos valores gramaticales: a) presente de indicativo; b) ________________.
5. Todos los verbos, en todos los tiempos, tienen el morfema **-mos:** el significado de esta terminación es ______________.
6. La ***n*** de ***hablan*** se refiere a tres sujetos posibles: __________, __________ o __________.
7. Un verbo es irregular cuando cambia la __________ o la terminación es distinta a la usual.
8. Los verbos **dar, ser, estar, ir,** no tienen el morfema **-o** para el sujeto **yo,** sino que tienen el morfema ________________. Son verbos ________________.
9. El verbo **ir** no tiene raíz en el infinitivo, pero en el presente de indicativo la raíz es __________.
10. El verbo **estar** tiene acento en tres formas: __________, __________ y __________.
11. ***Jamón*** y ***están*** tienen acento escrito porque terminan en ***n*** y el acento fonético está en la última __________.
12. En español se omiten los pronombres de sujeto porque repiten la información de la ________________ del verbo.
13. En España el plural de ***tú*** es ______________. En cambio, en América el plural de ***tú*** es ______________.
14. En Argentina no se usa el pronombre **tú;** en su lugar se usa __________.
15. ***Tú corres mucho*** es más ______________ que ***corres mucho.***
16. Las dos maneras de abreviar la palabra ***usted*** son __________ y __________.
17. La conjugación de tercera persona singular se utiliza para tres pronombres: **él,** __________ y **usted.** Esto quiere decir que en muchos casos es necesario ponerlos para distinguir el sujeto de la oración.

EJERCICIOS

RESPUESTAS p. 73

A. **Complete las oraciones con la forma correcta del presente de indicativo.**

1. Sólo quiero un café porque __________ a dieta. (estar)
2. José no __________ vino sino cerveza. (beber)
3. ¿Por qué (tú) __________ el tenedor para comer la sopa? (usar)
4. Nosotros __________ un filete y una ensalada. (pedir)
5. Ellos __________ servilletas y platos. (necesitar)
6. Los camareros de este restaurante __________ muy amables. (ser)
7. Yo siempre __________ el café con azúcar pero sin crema. (tomar)
8. Ustedes __________ a comer arroz con pollo. (ir)
9. ¡Camarero! Mi amiga __________ un vaso de vino blanco. (desear)
10. María no __________ helado porque éste tiene muchas calorías. (comer)
11. La raíz de los verbos regulares no __________. (cambiar)
12. ¿De dónde __________ (tú), de Canadá o de Francia? (ser)
13. Yo siempre __________ cinco kilómetros por la mañana. (correr)
14. Carlos y yo __________ buenos postres. (preparar)
15. Ella __________ el bisté con el cuchillo. (cortar)
16. Mi amigo siempre __________ la cuenta del restaurante. (pagar)
17. ¿Por qué el camarero no nos __________ la cuenta? (dar)
18. En todas esas tiendas __________ tarjetas de crédito. (aceptar)
19. El plato más caro del restaurante __________ la langosta. (ser)
20. Nosotros siempre __________ a las nueve de la noche. (cenar)

RESPUESTAS p. 73

B. **Escriba los pronombres que corresponden a estas formas verbales.**

1. __________________ escribes
2. __________________ pagamos
3. __________________ está
4. __________________ eres
5. __________________ desean
6. __________________ corro
7. __________________ son
8. __________________ estoy
9. __________________ da
10. __________________ cenan
11. __________________ cortas
12. __________________ soy

RESPUESTAS p. 73

C. Separe las raíces de estos verbos.

1. correr ____________________
2. estudiar ____________________
3. desear ____________________
4. ver ____________________
5. leer ____________________
6. satisfacer ____________________
7. copiar ____________________
8. criar ____________________
9. crear ____________________
10. ir ____________________

¡ATENCIÓN! Oraciones interrogativas

En español existen dos tipos de preguntas: **pregunta general** (*yes-no question*) y **pregunta específica,** para saber quién, cómo, dónde y cuándo.

A. Usamos la **pregunta general** para confirmar cierta información. En realidad es una oración afirmativa o negativa común, pero en forma interrogativa. El sujeto puede ponerse antes o después del verbo.

EJS: **¿Es *usted* argentino? = ¿*Usted* es argentino?**
¿No es *usted* argentino? = ¿*Usted* no es argentino?

B. Es muy común añadir (*to add*) una pregunta a un enunciado (*statement*) para confirmar o asegurar la idea del enunciado. En inglés estas preguntas se llaman *tag questions*. Son **¿verdad?, ¿no es verdad?, ¿cierto?, ¿no es cierto?, ¿no?**

EJ: **María habla francés, *¿verdad?***

C. Usamos la **pregunta específica** para pedir información sobre el lugar, el modo, el tiempo, etc. Estas preguntas se formulan usando las siguientes palabras.

¿Adónde? *Where to?*
¿Cómo? *How?*
¿Cuál (cuáles)? *Which one (ones)?*
¿Cuándo? *When?*
¿Cuánto(a)? *How much?*
¿Cuántos(as)? *How many?*
¿De quién? *Whose?*
¿Dónde? *Where?*
¿Para qué? *What for?*
¿Por qué? *Why?*
¿Qué? *What?*
¿Quién(es)? *Who?*

1. ***¿A dónde?*** se puede escribir en una palabra o dos: ***¿adónde = a dónde?*** Sin embargo, la primera forma es preferida por la Real Academia Española.

2. Delante de un nombre se puede usar ***qué*** y ***cuál:*** en España se usa ***qué*** mientras que en América se usan los dos.

   EJ: **¿*Qué* libro prefieres? = ¿*Cuál* libro prefieres?**

3. No confunda ***por qué*** (*why*) con ***porque*** = (*because [of]*).

4. Recuerde que en español se colocan los signos de interrogación al principio (¿) y al final (?) de la pregunta.
5. Las palabras interrogativas siempre llevan acento escrito, sin importar si es **pregunta directa** (con los signos de interrogación) o **pregunta indirecta** con verbos como **saber, decir, preguntar,** y **comprender.**

   EJ: **Quiero saber *cómo* está tu familia.** (*I want to know how your family is.*)

RESPUESTAS p. 73

D. Complete las oraciones usando el equivalente en español de las palabras sugeridas en inglés. No se olvide de los acentos.

1. Elena está a dieta, ¿__________? (*right*)
2. ¿__________ camareros trabajan en este restaurante? (*how many*)
3. ¿__________ crema usas en el café? (*how much*)
4. ¿__________ estudia Pepe? (*where*)
5. El policía pregunta __________ ocurrió el accidente. (*where*)
6. ¿__________ se dice *napkin* en español? (*how*)
7. ¿__________ viajan ellos a Colombia? (*when*)
8. ¿__________ es el autor de *Don Quijote de la Mancha*? (*who*)
9. Isabel va a decir __________ es el mejor plato de este restaurante. (*which one*)
10. ¿__________ clase de vino desean tomar? (*what*)
11. ¿De __________ son ustedes, de Barcelona o Madrid? (*where*)
12. La raíz de los verbos regulares no cambia, ¿__________? (*isn't that right*)
13. ¿__________ es el carro verde? (*whose*)
14. ¿__________ compras mantequilla en vez de margarina? (*why*)
15. ¿__________ van los trabajadores después del trabajo? (*where*)

4 Mi restaurante favorito
(My Favorite Restaurant)

el aceite	oil	**el hablante**	speaker (*person*)
la aceituna	olive	**la hamburguesa**	hamburger
el ajo	garlic	**llorar**	to cry, weep
al ajillo	with a garlic sauce	**el marisco**	seafood
a la plancha[1]	on the grill	**moverse (ue)**	to move
almorzar (ue)	to eat lunch	**la oliva**[3]	olive
el almuerzo	lunch	**el olivo**	olive tree
añadir	to add	**el oyente**	listener
el caldo	broth	**prever**[4]	to foresee
el camarón (*América*)	shrimp (*America*)	**el punto de vista**	point of view
la carne	meat	**la res**	head of cattle
la cebolla	onion	**la carne de res**	beef
la cocina	kitchen, cuisine	**saber**	to know
cocinar	to cook	**salir**	to go out, leave
equivaler	to be equal to	**sobresalir**	to stand out, excel
la especia[2]	spice	**la vaca**	cow
la gamba (*España*)	shrimp (*Spain*)	**valer**	to be worth
		venir[5]	to come

NOTAS

1. ***Plancha*** significa varias cosas: *plate* (of metal), *iron* (the appliance), *grill*. En sentido figurado **una plancha** es *a blunder*. La expresión ***a la plancha*** significa *on the grill*.
2. ***Especia*** se usa en España para *spice*; en Hispanoamérica se usa ***especie***.
3. Observe que ***olivo*** es el árbol y ***oliva*** la fruta. Lo mismo sucede con ***manzano*** (*apple tree*) y ***manzana***, ***naranjo*** y ***naranja***, ***ciruelo*** (*plum tree*) y ***ciruela*** (*plum*). Sin embargo, ***aceituna*** es más común que ***oliva*** para *olive*.
4. No confunda ***prever*** con ***proveer***. ***Prever*** (*to foresee*) es un verbo compuesto en base al verbo **ver**, pero necesita acento en **tú prevés, él prevé, ellos prevén**. ***Proveer*** significa *to provide* y el presente es **proveo, provees, provee, proveemos, proveen.**

5. ***Venir*** significa *to come*, pero recuerde que *to come* también significa ***ir***. En español ***venir*** hace referencia a la acción de moverse hacia el hablante, mientras que ***ir*** significa alejarse del hablante. En cambio, en inglés *to come* hace referencia a la acción de moverse en las dos direcciones. Por ejemplo, la mamá le dice a su hijo, «*Come here* (Ven aquí)!» El niño responde, «*I'm coming, mom* (Ya voy, mamá)!»

PRACTIQUE LAS PALABRAS NUEVAS

RESPUESTAS p. 73

A. Identifique el género de las siguientes palabras, y escriba el artículo que corresponda.

1. ______ pan	7. ______ énfasis	13. ______ vista
2. ______ hablante	8. ______ arroz	14. ______ aceite
3. ______ consomé	9. ______ oliva	15. ______ esquema
4. ______ camarón	10. ______ carne	16. ______ oyente
5. ______ sal	11. ______ hamburguesa	17. ______ mensaje
6. ______ raíz	12. ______ res	18. ______ leche

RESPUESTAS p. 74

B. Relacione las dos columnas identificando la palabra que completa la frase o corresponde a la definición de la segunda columna.

1. ______ aceite	A. sopa ligera, consomé
2. ______ camarones	B. La langosta y el camarón son...
3. ______ almuerzo	C. La... hace llorar cuando se corta.
4. ______ carne	D. ver de antemano
5. ______ cebolla	E. ... de oliva
6. ______ caldo	F. ... de vaca, de puerco, de pollo, de res
7. ______ mariscos	G. Los... se llaman gambas en España.
8. ______ ajo	H. La comida de mediodía se llama...
9. ______ cocinar	I. sal, pimienta, ajo
10. ______ prever	J. comida preparada con carne de res, muy popular en Estados Unidos
11. ______ especia	
12. ______ hamburguesa	K. En Italia se come pasta con aceite y...
13. ______ olivo	L. preparar los alimentos
14. ______ equivale	M. Un dólar... a siete pesos y medio.
	N. El fruto del... es la aceituna.

RESPUESTAS p. 74

C. Escriba verdadero o falso (V/F).

1. ______ La langosta y la res son mariscos muy caros.
2. ______ Si Ud. tiene siete pies de estatura (*height*) se puede decir que usted sobresale entre otras personas.
3. ______ En España e Italia se usa mucho el aceite de oliva para cocinar.
4. ______ Los italianos usan poca cebolla y ajo para cocinar.
5. ______ En Estados Unidos se comen muchas hamburguesas.
6. ______ Un buen periodista provee información imparcialmente.
7. ______ El filete y las gambas son especias muy sabrosas.
8. ______ Un caldo es una sopa con muchos vegetales.
9. ______ En España se preparan varios platos al ajillo.
10. ______ La aceituna es un producto de la res.

RESPUESTAS p. 74

D. Complete las oraciones con una palabra del vocabulario o de las notas.

1. Un litro ______________ a 2,2 pintas.
2. Cuando corto cebollas no puedo evitar de ______________.
3. La langosta y el camarón son ______________ muy caros.
4. El autobús ______________ para Nueva York a las dos en punto.
5. ¿Sabe usted ______________ (*to cook*) hamburguesas?
6. Antes de invertir en la bolsa es bueno ______________ el comportamiento de la economía.
7. Cenamos por la noche y ______________ al mediodía.
8. El ______________ se usa para freír alimentos.
9. Los ranchos tienen muchas ______________.
10. Generalmente las hamburguesas se cocinan ______________.
11. En España se usa mucho la cebolla y el ______________ para cocinar.
12. Un plato típico de España es ______________ a la plancha.
13. Mi hermano no es muy buen estudiante, pero ______________ en los deportes.
14. Me gusta más la ______________ de vaca que la de cerdo.
15. Las personas no suelen hablar solas; un hablante siempre necesita un ______________.

GRAMÁTICA Verbos irregulares en presente de indicativo

A. Observe la conjugación de los verbos **tener, poner, venir** y **salir.**

Sujeto	*ten er*	*pon er*	*ven ir*	*sal ir*
yo	teng o	pong o	veng o	salg o
tú	tien es	pon es	vien es	sal es
él/ella/Ud.	tien e	pon e	vien e	sal e
nosotros(as)	ten emos	pon emos	ven imos	sal imos
ellos/ellas/Uds.	tien en	pon en	vien en	sal en

1. Todos estos verbos tienen una ***g*** en la raíz para el sujeto **yo: veng-, teng-, salg-, pong-.**
2. ***Tener*** tiene tres raíces en el presente: **teng-, ten-, tien-.** ***Venir*** también tiene tres raíces: **vene-, ven-, vien-.**
3. Los morfemas de tiempo-persona son los mismos que ya estudiamos para los verbos regulares como **comer: -o, -es, -e, -emos, -en.**

B. Aprenda ahora la conjugación de los verbos **hacer, decir, saber, ver** y **valer.**

Sujeto	*hac er*	*dec ir*	*sab er*	*v er*	*val er*
yo	hag o	dig o	s é	ve o	valg o
tú	hac es	dic es	sab es	v es	val es
él/ella/Ud.	hac e	dic e	sab e	v e	val e
nosotros(as)	hac emos	dec imos	sab emos	v emos	val emos
ellos/ellas/Uds.	hac en	dic en	sab en	v en	val en

1. ***Hacer*** es irregular en el presente porque la raíz cambia de ***hac-*** a ***hag-*** para la primera persona singular.
2. ***Decir*** tiene tres raíces: **dig-, dic-, dec-.**
3. ***Saber*** tiene una conjugación muy irregular para la primera persona singular: **sé.**
4. ***Ver*** es irregular en la primera persona singular: la raíz es **ve-** en lugar de **v-**. ***Prever*** es un compuesto de ***ver*** y sigue el mismo patrón de conjugación pero necesita acento escrito en **prevés, prevé, prevén.**
5. ***Valer*** y ***equivaler*** tienen una ***g*** en la raíz para la primera persona, como en **vengo, tengo, salgo.**

III. **Verbos compuestos.** Varios de los verbos anteriores tienen formas derivadas. Éstas sufren los mismos cambios irregulares que los verbos simples. Observe que muchos de estos verbos tienen una forma «cognada» en inglés.

Tener

abstener to abstain
contener to contain
detener to stop, detain
entretener to entertain
mantener to maintain
obtener to obtain
retener to retain
sostener to sustain

Poner

componer to compose, fix
descomponer to break, decompose
exponer to expose
imponer to impose
oponer to oppose
proponer to propose
suponer to suppose

Venir

convenir to agree, be convenient
intervenir to intervene
prevenir to prevent
provenir to originate

Salir

sobresalir to stand out

Hacer

deshacer to undo, melt
rehacer to redo
satisfacer to satisfy

Decir

bendecir to bless
contradecir to contradict
maldecir to curse

Ver

prever to foresee

Valer

equivaler to be equal to

PRACTIQUE LA GRAMÁTICA

RESPUESTAS p. 74

1. ***Tengo, salgo, pongo, valgo,*** son formas irregulares porque llevan ________ en la raíz.
2. ***Vienes*** es irregular porque la raíz del infinitivo cambia de ***ven-*** a ________.
3. ***Tener*** tiene tres raíces en el presente: ________, ________ y ________.
4. Las formas ***hacemos/decimos,*** ¿son regulares o irregulares? ________.
5. No se dice ***yo sabo*** sino ***yo*** ________ (*I know*).
6. ***Hag-*** es la raíz irregular del verbo ________, y ***dig-*** es la raíz irregular del verbo ________.
7. El verbo ***ver*** tiene dos raíces en el presente: ________ y ________.
8. El verbo ***prever*** (*to foresee*) es un compuesto de ***ver.*** ¿Cómo se traduce *They foresee...?* ________.
9. ***Satisfacer*** se deriva de ***hacer.*** ¿Cómo se traduce *I satisfy*? ________.

10. De *salir* se deriva ***sobresalir.*** ¿Cómo se traduce *I stand out*? ____________.
11. Si ***maldecir*** se deriva de ***decir,*** ¿cómo se traduce *I curse*? ____________.
12. **Proveer** (*to provide*) no se deriva de ***ver.*** ¿Cómo se traduce *We provide*? ____________.
13. De ***tener*** resulta ***obtener.*** ¿Cómo se traduce *I obtain...*? ____________.
14. De ***poner*** resulta ***componer*** (*compose, fix*). ¿Cómo se dice *I fix...*? ______.
15. De ***venir*** resulta ***prevenir.*** ¿Cómo se traduce *I prevent...*? ____________.

EJERCICIOS

RESPUESTAS p. 74

A. Complete las oraciones con las formas correctas del presente de los verbos entre paréntesis.

1. Mi hijo ________ dos idiomas, pero yo sólo ________ uno. (*to know*)
2. Mi esposa le ________ aceite y vinagre a la ensalada. (*to put*)
3. Yo ____________ que los camarones son buenos aquí. (*to suppose*)
4. Este cocinero siempre ____________ un caldo estupendo. (*to make*)
5. Los analistas políticos ____________ una derrota de la oposición en las elecciones. (*to foresee*)
6. El agua contaminada ____________ bacterias malas. (*to contain*)
7. Mi casa ____________ en todo el barrio. (*to stand out*)
8. Carmina, ¿cuándo ____________ a almorzar a mi casa? (*to come*)
9. Carmina contesta: «________ el sábado próximo». (*to go*)
10. Desde mi casa (yo) ________ las montañas nevadas. (*to see*)
11. Los policías ____________ a los criminales. (*to detain*)
12. Un buen padre ____________ a toda su familia. (*to maintain*)
13. La nieve (*snow*) se ____________ con el calor. (*to melt*)
14. Los mariscos ____________ mucho. (*to be worth*)
15. Cuando las cosas no van bien, ____________ mi suerte. (*to curse*)
16. La palabra *hacer* ____________ del latín *facere*. (*to come from*)
17. Tú siempre ____________ a tus amigos. (*to entertain*)
18. Yo ____________ de mi casa a las siete todos los días. (*to leave*)

RESPUESTAS p. 74

B. **Complete las oraciones con uno de los siguientes verbos compuestos.**

bendecir	equivaler	prever	sobresalir
contradecir	maldecir	proveer	ver

1. Los padres ________________ de comida y educación a sus hijos.
2. El dólar ________________ a siete pesos mexicanos.
3. El papa ________________ con la mano derecha a los visitantes del Vaticano.
4. Tú nunca estás de acuerdo con los demás; siempre ________________ a todo el mundo.
5. Mi tía no ________ bien con el ojo derecho, pero yo sí ____________ bien.
6. La torre (*tower*) de la iglesia ________________ por encima de las casas del pueblo.
7. Cuando no consigo lo que quiero, ________________ mi suerte.
8. Un buen líder ____________ los problemas antes de que surjan.

RESPUESTAS p. 74

C. **Complete las oraciones con uno de los verbos siguientes.**

convenir	prevenir	rehacer
deshacer	provenir	satisfacer

1. Si tengo mucha hambre, ________________ mi apetito con un helado.
2. La nieve se ________________ con el calor.
3. Debo ________________ mi composición porque tiene muchos errores.
4. La vaca y el caballo no ________________ de América sino de Europa.
5. Te ________________ este banco porque está cerca de tu casa.
6. El doctor ________________ la gripe con la vacuna.

RESPUESTAS p. 74

D. **Complete las oraciones con uno de los verbos siguientes.**

contener	mantener	retener
detener	obtener	sostener

1. Carlos ________________ que Texas es más grande que California.
2. El gobierno ________________ las carreteras (*roads*) en buenas condiciones.
3. Si yo ________________ una *A* en esta clase, voy a estar muy contento.
4. Si el criminal se escapa, la policía lo ________________.

5. Este vaso no ________________ vino sino cerveza.
6. Yo ________________ la respiración cuando hay mucho humo.

RESPUESTAS p. 74

E. Complete las oraciones con uno de los siguientes verbos compuestos derivados de ***poner.***

componer	disponer	imponer	proponer
descomponer	exponer	oponer	suponer

1. ¿Quién te ________________ el carro cuando el motor no funciona?
2. El congresista ________________ leyes (*laws*) para que sean discutidas en el Parlamento.
3. México y Venezuela ________________ de mucho petróleo.
4. El gobierno ________________ muchos impuestos (*taxes*) a los ciudadanos.
5. El profesor de gramática ________________ el verbo en raíz y terminación.
6. Muchas personas se ________________ a las armas nucleares.
7. El orador ________________ sus ideas a la audiencia.
8. No sé nada de química. (Yo) ________________ que Ud. tiene razón cuando habla de vitaminas y calorías.

¡ATENCIÓN! Nota sobre el género de los nombres

A. Por muchos años las mujeres estuvieron excluidas de varias profesiones: medicina, ingeniería, física, derecho (*law*). Hoy día la mujer ha podido incursionar en casi todos los campos y carreras. El vocabulario relativo a las profesiones y a las personas que las ejercen ha cambiado como consecuencia de dicho proceso, y actualmente se distiguen las profesiones u ocupaciones según el género. Dado que no podemos dar reglas absolutas sobre este tema, vamos a dar una lista de palabras que ya se usan en algunas regiones o países, pero que otros países todavía no adoptan.

el presidente / la presidenta	**el abogado / la abogada**
el médico / la médica	**el jefe / la jefa**
el diputado / la diputada	**el cliente / la clienta**
el decano / la decana (*dean*)	**el alcalde / la alcaldesa** (*mayor*)
el juez / la jueza (*judge*)	**el dependiente / la dependienta**
el cirujano / la cirujana	**el capitán / la capitana**
el general / la generala	**el bombero / la bombera** (*firefighter*)
el cantinero / la cantinera (*bartender*)	**el ministro / la ministra**

Sin embargo, muchos nombres de profesiones y ocupaciones, así como otras palabras usadas para ambos géneros, no han cambiado, al menos no todavía.

el estudiante / la estudiante	**el amante / la amante**
el cartero / la cartero	**el protestante / la protestante**
el chofer / la chofer	**el culpable / la culpable**
el paciente / la paciente	**el comandante / la comandante**
el soldado / la soldado	

Finalmente, las palabras usadas para ambos géneros que terminan en ***a*** probablemente nunca van a cambiar.

el turista / la turista	**el policía / la policía**
el novelista / la novelista	

B. Hay unos pocos nombres de cosas que son masculinos en unos países y femeninos en otros.

el azúcar / la azúcar	**el sartén / la sartén** (*frying pan*)
el mar / la mar	**el calor / la calor**
el radio / la radio	

RESPUESTAS p. 74

F. Complete las oraciones con la palabra sugerida en inglés.

1. La doctora Martínez es la ______________ de Filosofía y Letras. (*dean*)
2. Mi amigo es ________________ y su esposa es ________________. (*a lawyer / a doctor*)
3. En esta tienda tenemos más ________________ que ________________. (*female customers / male customers*)
4. No creo que la acusada sea ________________. (*guilty*)
5. Mi tía Luisa es ________________ en Los Ángeles. (*judge*)
6. Mi amiga es ________________ de limosina. (*driver*)
7. Violeta Chamorro fue elegida ________________ por el pueblo de Nicaragua. (*president*)
8. La ________________ de la ciudad tiene buenos proyectos. (*mayor*)
9. Isabel Allende es una de las mejores ________________ de Chile. (*novelist*)

10–11. En Estados Unidos hay muchas mujeres que son ________________ y también hay muchas ________________. (*firefighters / policewomen*)

12. Para preparar huevos fritos se necesita ________________. (*a frying pan*)

5 Vegetales y frutas
(Vegetables and Fruits)

agrio(a)	sour
el ají, el chile[1]	pepper
amarillo(a)	yellow
el champú	shampoo
el ciprés	cypress
el colibrí	hummingbird
la cucharada	tablespoonful
la cucharadita	teaspoonful
el dios	god
la diosa	goddess
dulce	sweet
enlatar	to can
freír (i)	to fry
la fresa	strawberry
fresco(a)	fresh, cool
el frijol	bean
jamás	never
el jugo (*América*)	juice (*America*)
la lata	can
dar la lata	to bother, pester
la legumbre[2]	vegetable
el limón	lemon
la limonada	lemonade
la manzana	apple
merendar (ie)	to eat a snack
ir de merienda al campo	to go on a picnic
morado(a)	purple
la naranja	orange
el pavo[3]	turkey
la pera	pear
el pimiento[1]	green pepper
el plátano, la banana	banana
el tocadiscos	record player
verde	green
la verdura[2]	vegetable, greens
el zumo (*España*)	juice (*Spain*)

NOTAS

1. ***Ají*** es la palabra que se usa en el Caribe y algunos países de Sudamérica para *green pepper*. En España y otros países se llama ***pimiento***. En México se usa ***chile***. En este país existe una variedad enorme de chiles, como el jalapeño, el poblano, el habanero, el cachucho, y casi todos son muy picantes (*hot, spicy*). Los platos mexicanos son picantes en general.
2. ***Legumbre*** se usa en España para *dry vegetables,* such as *beans, garbanzos, lentils.* En la mayoría de países de América se usa ***legumbre*** para *vegetables, greens*, mientras que en España y Perú se usa ***verduras*** para *vegetables.*

3. *Pavo* significa *turkey* y es la palabra más común para esta ave. En México se usa ***guajolote*** y también ***cócono;*** en Centroamérica se usa ***chompipe*** y en el Caribe, ***guanajo***.
4. Un error frecuente de muchos norteamericanos es pensar que toda la comida de los países hispanohablantes es picante (*hot*) porque la única comida que conocen es la mexicana, que ciertamente es muy picante. En algunos países de Sudamérica y en España la comida no es predominantemente picante.

PRACTIQUE EL VOCABULARIO

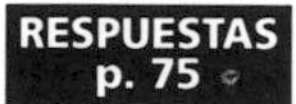

A. Seleccione la palabra que completa la oración y subráyela.

1. Por la mañana tomo jugo de (frijoles, naranja, leche, carne).
2. Una comida pequeña por la tarde es la (lata, pera, merienda, cucharada).
3. Me gusta comer verduras (frescas, dulces, azules, picantes).
4. En Florida y California se cultivan (manzanas, peras, latas, naranjas).
5. ¡Camarero!, quiero un sándwich de (frijoles, fresas, pavo, chile).
6. Una clase de fruta es (la cucharada, la merienda, el jugo, la pera).
7. Marta le pone un/una (cucharadita, frijol, verdura, zumo) de azúcar al café.
8. El mango y el/la (plátano, ají, fresa, frijol) son frutas tropicales.
9. Las frutas se conservan en (legumbre, lata, agrio, limonada).
10. En México se comen muchos/muchas (legumbres, jugos, frijoles, colibrís).

RESPUESTAS p. 75

B. Relacione las palabras de la primera columna con su correspondiente definición en la otra columna.

1. ______ naranja	**A.** frijoles o garbanzos
2. ______ pavo	**B.** bebida hecha de frutas
3. ______ lata	**C.** comida ligera
4. ______ jugo	**D.** Tiene vitamina C como el limón.
5. ______ manzana	**E.** cocinar con aceite
6. ______ legumbres	**F.** ave que se come en la fiesta de Acción de Gracias
7. ______ merienda	**G.** recipiente de metal
8. ______ freír	**H.** fruta roja, amarilla o verde
9. ______ tocadiscos	**I.** Se usa para poner música.

RESPUESTAS p. 75

C. Complete las oraciones con una palabra del vocabulario o las notas de esta lección.

1. El limón es una fruta que tiene sabor ______________.

2. Todas las mañanas bebo un vaso de ______________ de naranja.
3. La lechuga no es roja sino ______________ o blanca.
4. Los romanos y los griegos adoraban a muchos ______________.
5. La violeta es una flor de color ______________.
6. Yo sólo le pongo una ______________ de azúcar a mi café.
7. El ______________ es un árbol alto, recto, siempre verde.
8. Para lavarnos el cabello usamos ______________.
9. Me gustan los vegetales frescos, no los que están en ______________.
10. En México se llama *chile;* en el Caribe se llama ______________, y en España se llama ______________.
11. Necesitamos un ______________ para poner música.
12. El bebé siempre llora por la noche; nos ______________ hasta la madrugada.
13. Mi madre sabe ______________ muy bien los huevos rancheros.
14. En México se llama *guajolote*; en otros países se llama ______________.

RESPUESTAS p. 75

D. Conteste verdadero o falso (V/F).

1. ______ La fresa es una fruta dulce de color amarillo.
2. ______ Cuando uno va de merienda al campo, come en un restaurante.
3. ______ Jesús es el dios de los cristianos.
4. ______ Las legumbres enlatadas están siempre muy frescas.
5. ______ El pavo es un ave que no se puede comer.
6. ______ El colibrí es un pájaro que vuela muy lento.
7. ______ Las peras son de color verde, pardo o amarillo.
8. ______ Si Ud. está a dieta no debe comer muchos dulces.
9. ______ Una cucharada es más pequeña que una cucharadita.

GRAMÁTICA El plural de nombres y adjetivos • Las negaciones

I. **Plural de nombres y adjetivos.** ***Plural*** quiere decir dos o más personas, animales o cosas. ***Singular*** se refiere a una sola persona, animal o cosa. Los nombres y adjetivos siguen las mismas reglas de formación del plural.

A. Si la palabra termina en vocal, se añade ***s:*** **pavo/pavos, bueno/buenos.**

B. Si la palabra termina en consonante, se añade ***es:*** **frijol/frijoles, pan/panes.**

C. Si la palabra termina en *z*, se añade ***es***, pero antes cambiamos la *z* por ***c:*** **feliz / felices, vez / veces, luz / luces.**

D. Si un nombre termina en ***s*** en singular, hay dos reglas:

1. Se añade ***es*** si la última sílaba es tónica: **francés / franceses, dios / dioses, mes / meses, compás / compases.**
2. No cambia la palabra si la última sílaba es átona (*unstressed*): **lunes / lunes, crisis / crisis, tocadiscos / tocadiscos.**

E. El plural de las palabras que terminan en ***í*** o ***ú*** puede formarse de dos maneras:

1. Añadiendo *-es* (*clásico y formal*): **colibrí / colibríes, hindú / hindúes, ají /ajíes.**
2. Añadiendo -s, (*moderno y coloquial*): **champú / champús, esquí/ esquís, ají /ajís.**

F. Los nombres de persona no tienen plural en español (a diferencia del inglés, en que se añade *s*).

EJ: **los García** = *the Garcias*

II. **Negaciones.** Para construir una oración negativa, colocamos la palabra ***no*** delante del verbo.

EJS: **Juan estudia. / Juan *no* estudia** **Juan está bien. / Juan *no* está bien.**
Juan es médico. / Juan *no* es médico.

A. Repase los siguientes antónimos:

algo / nada	**siempre / jamás**
alguien / nadie	**siempre / nunca**
alguno (algún) / ninguno (ningún)	**también / tampoco**
con / sin	**... y (o)... / ni... ni...**

B. Las palabras negativas se utilizan para complementar una oración negativa, y van después del verbo. Sin embargo, también pueden ir delante del verbo, pero en este caso se omite ***no.***

EJS: **Juan no estudia nunca. / Juan nunca estudia. / Juan tampoco estudia.**

C. ***Ni*** es la negación de las conjunciones ***o*** e ***y***. Para usar ***ni*** se necesitan dos negaciones de la misma clase: dos nombres, dos verbos, dos adjetivos. Observe en el ejemplo siguiente que hay dos alternativas: ***no... ni... ni,*** o también ***no... ni.***

EJS: **Ella es alta y rubia.**
Ella *no* es *ni* alta *ni* rubia. = Ella *no* es alta *ni* rubia.
Juan y José estudian mucho.
***Ni* Juan *ni* José estudian mucho.**

D. ***Jamás*** y ***nunca*** significan *never*. ***Jamás*** es más enfático que ***nunca***. Las dos negaciones se pueden usar juntas (***nunca jamás***) para dar aun más énfasis a la negación.

EJ: **No quiero verte *nunca jamás*.**

E. **¡Doble y triple negación!** En español es frecuente la doble negación, y en algunos casos la triple negación. Una palabra siempre va delante del verbo, la otra va (o las otras van) detrás.

EJS: **Juan *no* estudia *nada*. = *Nada* estudia Juan.**
Juan *no* estudia *tampoco*. = Juan *tampoco* estudia.
Juan *no* estudia *nada nunca*. = Juan *nunca* estudia *nada*.

F. ***Ninguno*** y ***alguno*** cambian a ***ningún*** y ***algún*** delante del nombre masculino. ***Ninguno*** no se usa en plural.

EJ: **¿Llegó *algún* paquete para mí? —No, no llegó *ninguno*.**

G. Lo contrario de ***no*** es ***sí*** (¡con acento!), para responder a una pregunta general. Pero ***sí*** también se puede usar en una afirmación para enfatizar. En este caso significa *indeed, for sure, really*.

EJ: **Elena *sí* sabe japonés.** (*Helen really knows Japanese.*)

PRACTIQUE LA GRAMÁTICA

RESPUESTAS p. 75

1. Las reglas del plural para los nombres son las mismas para los __________.
2. Cuando un nombre termina en vocal, se forma el plural con una __________.
3. Cuando un nombre termina en consonante, se forma el plural con __________.
4. Si un nombre o adjetivo termina en *z*, se cambia la *z* por *c* y se añade __________ para el plural; por ejemplo, el plural de ***feliz*** es __________.
5. El plural de ***lunes*** no es ***lúneses*** sino __________, pero el plural de ***mes*** es __________. La razón es que la ***e*** de ***mes*** tiene acento fonético, es tónica. ¿Cuál es la sílaba tónica de ***lunes***? __________.
6. ***Dios*** tiene el acento fonético en la ***o***. ¿Cuál es el plural? __________.
7. ***Rubí*** tiene dos plurales correctos: a) __________ es la forma clásica, b) __________ es el plural moderno y coloquial.
8. El plural de ***automóvil*** no es ***automóvils*** sino __________.
9. ¿Cómo se traduce en español la expresión del inglés *the Garcias*? __________.
10. Lo contrario de ***alguna vez*** es __________.

11. ¿Cuál es más enfática, ***nunca*** o ***jamás***? __________. ¿En qué orden se usan cuando van juntas? __________.
12. Lo contrario de ***también*** es __________, y lo contrario de ***con*** es __________.
13. Lo contrario de ***nada*** es __________.
14. ¿Es correcto o incorrecto usar doble negación en español? __________.
15. Las negaciones ***no, nunca,*** etc., ¿van delante o detrás de los verbos ***ser, estar*** y ***haber***? __________. Por eso, *I am not a teacher* es __________ ***maestro.***
16. ¿Cuál es más enfático, ***Él nunca va*** o ***Él no va nunca***? __________.
17. ***Yo no digo algo*** es incorrecto. Debe ser ***Yo no*** __________.

EJERCICIOS

RESPUESTAS p. 75

A. Escriba el plural de estas expresiones.

1. el lápiz rojo __________
2. Feliz Navidad __________
3. el reloj inglés __________
4. la pared azul __________
5. el jueves próximo __________
6. el ají verde __________
7. el champú rosado __________
8. el compás musical __________

RESPUESTAS p. 75

B. Complete las oraciones siguientes.

1. Lo contrario de ***nadie*** es __________.
2. Lo contrario de ***tampoco*** es __________.
3. El plural de ***abrelatas*** es __________.
4. En inglés el plural de *corral* es *corrals*. En español el plural de ***corral*** es __________.
5. La negación de ***Quiero leche y jugo*** es ***No quiero*** __________.
6. El plural de ***hindú*** puede ser __________ o __________.
7. ¿Cómo se dice en español *I see nothing*? __________.

8. ¿Cómo se dice en español *I see nobody*? ______________________.
9. ¿Qué es lo contrario de ***con chiles***? ________________.
10. ¿Cuál es más enfático, ***Jamás como pavo*** o ***Nunca como pavo***? ______________________.
11. ¿Cómo se dice en inglés ***José sí toma leche***? ______________________.
12. No es correcto decir ***No veo los libros también.*** Debe ser ***No veo los libros*** ________________.

RESPUESTAS p. 75

C. Escriba la forma singular de las siguientes expresiones.

1. los bambús japoneses ______________________
2. las paredes azules ______________________
3. los otros lápices amarillos ______________________
4. los limones agrios ______________________
5. los tocadiscos modernos ______________________
6. dos panes franceses ______________________
7. los lunes próximos ______________________
8. dos esquís franceses ______________________
9. dos rubís muy caros ______________________
10. dos relojes ingleses ______________________

¡ATENCIÓN! Formas especiales del plural

1. Cuando hablamos de *Estados Unidos* como país, el nombre es singular y no lleva artículo.

   EJ: **Estados Unidos *es* un país grande.**

   Sin embargo, podemos considerar el nombre ***Estados Unidos*** como una suma de cincuenta estados; en este caso es plural y lleva el artículo ***los.*** Aun en este caso el verbo se puede poner en singular para concordar con el nombre que sigue.

   EJ: **Los Estados Unidos *son* (*es*) un país grande.**

2. Algunos nombres se usaban antes en plural solamente. Ahora se usan más en singular que en plural.

   alicates / alicate (*pliers*)
   calzones / calzón (*shorts, briefs*)
   calzoncillos / calzoncillo (*undershorts*)
   enaguas / enagua (*slip*)
   pantalones / pantalón (*trousers*)
   tijeras / tijera (*scissors*)

3. Algunos nombres cambian un poco de significado al pasar del singular al plural. En singular son nombres «no contables», mientras que en plural son «contables».

   agua (*water*)/**aguas** (*stream*)
   aire (*air*)/**aires** (*airs*)
   amor (*love*)/**amores** (*love affairs*)
   celo (*zeal*)/**celos** (*jealousy*)
   corte (*court*)/**Cortes** (*Parliament*)
   pan (*bread*)/**panes** (*loaves*)
   polvo (*dust*)/**polvos** (*powder*)
   vidrio (*glass*)/**vidrios** (*windowpanes*)

4. Algunos nombres se usan en plural aunque el concepto sea singular. Es el caso de la palabra ***bodas,*** que se usa en lugar de ***boda*** (*wedding*).

   EJ: **viaje de bodas** (*honeymoon trip*)

   Se dice también ***vacaciones*** en lugar de ***vacación,*** aunque sea un solo día.

   EJ: **Ayer tuvimos *vacaciones.***

5. Algunas formas compuestas, de nombres y pronombres, tienen el plural al medio de la palabra.

   cualquiera/cualesquiera (*anyone*)
   coche cama/coches camas (*sleeping car*)
   coche comedor/coches comedores (*dining car*)
   coche correo/coches correo (*mail car*)

NOTA

El artículo definido está desapareciendo paulatinamente delante de los nombres de países. Cada día se oye menos y se ve menos en periódicos y revistas. Éstos son los países que tradicionalmente tenían artículo y lo han perdido: la Argentina, el Brasil, el Perú, la China, el Japón, los Estados Unidos, el Ecuador. El único país que sí conserva el artículo es El Salvador.

RESPUESTAS p. 75

D. Complete las oraciones siguientes.

1. ¿Necesita *Estados Unidos* el artículo *los* siempre? ____________. Cuando se usa sin artículo se considera ____________, y el verbo va también en singular.
2. Decir ***Necesito las tijeras*** puede ser confuso porque puede hacer referencia a un par de tijeras, o a varios pares. Por eso en español moderno se usa más ____________ para indicar un solo par.
3. El plural de ***cualquiera*** es ____________, aunque se usa poco.
4. ***Pan*** significa *bread*; en cambio ***panes*** significa ____________.
5. ***Amor*** significa *love*; en cambio ***amores*** significa ____________.

6. *Polvo* significa *dust*; en cambio *polvos* significa ____________________.
7. No es lo mismo *tener celo* que *tener celos*. Esta última expresión significa *to be* ____________.
8. Cuando decimos *el agua del río* es posible que esa agua se mueva o no; pero si decimos *las aguas del río* esas aguas sí se ____________, pues estamos hablando de una corriente.
9. ¿Cómo se dice en inglés *los vidrios de la ventana*? ____________.
10. ¿Cuál se usa más hoy día, *pantalón* o *pantalones*? ____________.
11. ¿Qué se usa más hoy día, *Argentina* o *la Argentina*? ____________.
12. *Bodas de sangre* es un drama de Federico García Lorca, y se traduce *Blood Wedding*. ¿Cuántos matrimonios cree usted que se celebran en ese drama? ____________.

6 La paella: una buena receta
(Paella: A Good Recipe)

la almeja	clam	**hervir (ie)**	to boil
anaranjado	orange-colored	**el huevo**	egg
el apio	celery	**huevos duros**	hard-boiled eggs
asar	to roast	**huevos pasados por agua**	soft-boiled eggs
el azafrán	saffron	**huevos revueltos**	scrambled eggs
blando(a)	soft	**la oveja**	sheep
el cangrejo	crab	**la paella**[2]	paella
el champiñón, la seta	mushroom	**la pata**[3]	paw, foot, leg (*animal*)
la chuleta	chop, steak	**meter la pata**	to put one's foot in it
cocinado	cooked	**estirar la pata**	to kick the bucket
bien cocinado	well-done	**el pepino**	cucumber
poco cocinado	rare	**el pescado**[4]	fish
la col	cabbage	**la pierna**	leg (*of a person*)
la coliflor	cauliflower	**pierna de cordero**	leg of lamb
el cordero	lamb	**el queso**	cheese
duro(a)	hard, tough	**tierno(a)**	tender, soft
el frijol verde[1]	green bean	**el vinagre**	vinegar
la habichuela[1]	green bean	**la zanahoria**	carrot
hervido(a)	boiled		

NOTAS

1. *Frijol verde* se dice *ejote* en México y *habichuela* en España. En Argentina y Chile se llama *poroto verde* y también *perona.*
2. *Paella* es originalmente una palabra catalana y significa *olla* (*pot*). Es un plato de la costa del Mediterráneo, de pescadores (*fishermen*) que mezclaban «cielo (pollo), mar (mariscos) y tierra (puerco)». Hay muchas variedades de paella y no todas llevan los tres ingredientes anteriores, pero los mariscos son siempre el ingrediente principal.

3. *Pata* significa *paw, leg* de un animal; las personas tienen ***piernas,*** pero en las expresiones idiomáticas negativas, las personas tienen ***patas:*** por ejemplo, **estirar la pata** (*to die*), **meter la pata** (*to stick your foot in it*), **tener mala pata** (*to have bad luck*). En cambio, ***las patas*** del cerdo o del cordero se convierten en ***piernas*** cuando se cocinan.
4. En español distinguimos entre ***pescado,*** que es *fish* fuera del agua, y ***pez,*** que es *fish* dentro del agua del mar, río o lago. Por ejemplo, el salmón es ***un pez*** mientras está en el río, pero es ***un pescado*** en el supermercado.

PRACTIQUE LAS PALABRAS NUEVAS

RESPUESTAS p. 76

A. Relacione las palabras de la segunda columna con las frases de la primera.

1. ______ un plato español con muchos mariscos, pollo y arroz
2. ______ No me gusta la carne dura sino...
3. ______ vegetal largo, de color anaranjado
4. ______ vegetales de color verde
5. ______ Los frijoles verdes también se llaman...
6. ______ En España se llaman setas; en Hispanoamérica,...
7. ______ dos clases de mariscos
8. ______ Un cordero tiene cuatro patas, pero cocinamos una... de cordero.
9. ______ La madre del cordero es la...
10. ______ Generalmente decimos filete de vaca y... de puerco.
11. ______ un producto derivado del vino
12. ______ Cuando Ud. comete un error,...

A. champiñones
B. pierna
C. mete la pata
D. paella
E. oveja
F. blanda
G. chuleta
H. zanahoria
I. habichuelas
J. apio, pepino
K. vinagre
L. almeja, cangrejo

RESPUESTAS p. 76

B. Escriba *el* o *la,* según corresponda, delante de los nombres siguientes.

1. ______ frijol	6. ______ champú	11. ______ merienda
2. ______ col	7. ______ dios	12. ______ chile
3. ______ coliflor	8. ______ limón	13. ______ champiñón
4. ______ vinagre	9. ______ filete	14. ______ legumbre
5. ______ ciprés	10. ______ ají	15. ______ tocadiscos

RESPUESTAS p. 76

C. **Complete con una palabra del vocabulario o de las notas de esta lección.**

1. Me gustan las chuletas de cordero tiernas y bien ________________.
2. El ____________ es un producto derivado de la leche.
3. Me gusta la ensalada de lechuga y tomate con aceite de oliva y ________________.
4. Una manera idiomática de decir ***morir*** es ________________________.
5. La pimienta es negra; en cambio el ____________________ es rojo o verde.
6. Los huevos hervidos también se llaman ________________________.
7. No se dice ***huevos blandos*** sino ____________________________.
8. La almeja y el ____________________ son mariscos.
9. No cocinamos una pata de cordero sino una ____________________________.
10. Cuando Ud. comete un error decimos que ________________________.

RESPUESTAS p. 76

D. ***¿Quiere cocinar una buena paella?* Aquí tiene una receta (*recipe*) muy simple de preparar.**

PAELLA

Ingredientes:

Medio pollo, cortado en pedazos pequeños

Una libra de puerco, cortado en pedazos pequeños

6–8 almejas o mejillones (*mussels*)

3–4 patas de cangrejo

Una libra de camarones

Una cebolla mediana

Un pimiento

3–4 dientes de ajo

Un tomate grande

Una libra de frijoles verdes, cortados

3 tazas de arroz

Sal y pimienta al gusto

Unas hebras de azafrán (*A few threads of saffron*)

Preparación:

1. Dore (*brown*) bien el ________________ (*chicken*) con aceite de oliva, con fuego (*heat*) mediano. Póngalo aparte.
2. Dore bien el ____________________________ (*pork*) en el mismo aceite de oliva. Póngalo aparte.
3. Dore la cebolla, el ________________ (*pepper*) y el ajo en el mismo aceite.
4. Hierva (*boil*) las almejas, el ____________________ (*crab*) y los camarones. Guarde (*save*) el agua para cocinar el arroz.
5. Añada (*add*) el tomate, cortado en pedazos, y la libra de ________________ (*green beans*) a la mezcla de cebolla, azafrán, ajo y pimiento.

6. Puede añadir otros ______________________ (*vegetables*) como guisantes (*peas*).
7. Mezcle todo lo anterior: pollo, puerco, mariscos y vegetales. Añada seis ______________ (*cups*) del líquido de los mariscos y más agua si fuera necesario. Muy importante: siempre use doble cantidad de líquido que de arroz.
8. Ponga a fuego alto para que hierva. Cuando esté hirviendo, eche las tres tazas de ____________ (*rice*). Baje (*lower*) bien el fuego. Mezcle todo bien.
9. En treinta y cinco minutos la paella está lista, para diez personas muy hambrientas (*hungry*). Puede servirla con vino ______________ (*rosé*) o blanco, según su gusto.

NOTA

Una especia importante en la paella es el azafrán (*saffron*), pero es muy caro y muy difícil de encontrar. También se pueden añadir aceitunas cortadas. La paella siempre necesita algún marisco, pero no es necesario usar todos los ingredientes mencionados en la receta anterior.

GRAMÁTICA Cambios en la raíz en el presente de indicativo

Sujeto	*pens ar* (*to think*)	*volv er* (*to return*)	*jug ar* (*to play*)	*ped ir* (*to ask for*)
yo	**piens o**	**vuelv o**	**jueg o**	**pid o**
tú	**piens as**	**vuelv es**	**jueg as**	**pid es**
él/ella/Ud.	**piens a**	**vuelv e**	**jueg a**	**pid e**
nosotros(as)	**pens amos**	**volv emos**	**jug amos**	**ped imos**
ellos/ellas/Uds.	**piens an**	**vuelv en**	**jueg an**	**pid en**

1. La raíz ***pens-*** de ***pensar*** cambia a ***piens-*** en todas las personas excepto en ***pensamos***. Este cambio de ***e*** a ***ie*** se llama diptongación y ocurre cuando la ***e*** de la raíz es tónica.
2. La raíz ***volv-*** del verbo ***volver*** cambia a ***vuelv-***, es decir, la ***o*** se diptonga en ***ue*** cuando la ***o*** es tónica. Para ***jugar*** la ***u*** se diptonga en ***ue*** cuando la ***u*** es tónica.
3. Esta diptongación de ***e*** en ***ie*** y de ***o*** en ***ue*** ocurre también con adjetivos y nombres.

EJS: **setenta** **setecientos** **siete** **setiembre**
novedad (*novelty*) **nuevo** **renovar** **renuevo** **renuevas**

4. La *e* de ***pedir*** se transforma en ***i*** cuando la ***e*** es tónica: **pido, pides, pide, piden;** sin embargo, ***pedimos*** no cambia.
5. No todos los verbos que tienen ***e/o*** en la raíz diptongan o cambian esas vocales. Por ejemplo, ***comer*** no diptonga (no se dice ***yo cuemo***). Ud. tiene que aprender uno por uno los verbos que diptongan. En los vocabularios de cada lección se indica este cambio entre paréntesis (**ie, ue, i**).
   Aquí tiene una lista parcial de los verbos que sufren estos cambios en la raíz.

   a) **Diptongación de *[e]* en *[ie]***

   atender to help, assist
   comenzar to start
   consentir to consent, spoil
   convertir to convert
   defender to defend
   despertar to awaken
   despertarse to wake up
   divertirse to enjoy
   empezar to start
   entender to understand
   extender to extend
   mentir to lie
   nevar to snow
   perder to lose
   preferir to prefer
   presentir to foresee
   querer to wish, want, love
   referir to refer, tell
   sentar to seat
   sentarse to sit, sit down
   sentir to feel, be sorry
   sentirse to feel, be
   sugerir to suggest
   tender to extend, spread out

   b) **Diptongación de *[o]* en *[ue]***

   acordar to agree
   acordarse to remember
   cocer to cook, boil
   contar to count, tell
   demostrar to demonstrate
   descontar to discount
   devolver to give back, return
   doler to hurt
   dormir to sleep
   encontrar to find
   envolver to wrap
   llover to rain
   morder to bite
   morir to die
   mostrar to show
   oler to smell
   poder to be able to, can
   recordar to remember
   soler to be used to, be accustomed to
   volar to fly
   volver to return

   c) **Cambio de *[e]* en *[i]***

   conseguir to get
   despedir to dismiss
   despedirse to say good-bye
   freír to fry
   impedir to prevent
   medir to measure
   pedir to ask for
   perseguir to pursue
   proseguir to continue
   reír to laugh
   repetir to repeat
   seguir to follow
   servir to serve
   sonreír to smile
   vestir to dress

NOTAS

1. ***Atender*** no es *to attend* sino *to assist, pay attention to.*
2. ***Querer*** es *to want, wish,* con cosas y *to love* con personas: Quiero a mi tía.
3. ***Acordar*** es *to agree*, y el reflexivo ***acordarse*** es *to remember*.
4. ***Oler*** toma una *h* delante del diptongo ***ue***: **huelo, hueles, huele,** pero olemos.
5. ***Despedir*** es *to dismiss, fire someone,* pero el reflexivo ***despedirse*** es *to say good-bye.*
6. ***Jugar*** es *to play*, pero *to play music* es ***tocar.*** *To gamble* es ***jugar dinero.***

PRACTIQUE LA GRAMÁTICA

RESPUESTAS p. 76

1. ***Comienza*** (comenzar) es irregular porque la ______________ de la raíz diptonga en ______________. Esto ocurre porque la *e* es tónica.
2. ***Duermen*** (dormir) es irregular porque la ______________ de la raíz diptonga en ______________.
3. En **pensamos** (pensar) la ***e*** no diptonga en ***ie*** porque no es ______________.
4. El único verbo en que la ***u*** diptonga en ***ue*** es ***jugar.*** ¿Cómo se dice en español *The boys are playing*? ***Los niños*** ______________.
5. En español no jugamos la guitarra sino que ______________ la guitarra.
6. De ***vestir*** decimos ***yo me*** ______________, pero ***nosotros nos*** ______________.
7. Casi no existen en español palabras que empiezan con ***ue.*** No escribimos ***yo uelo*** sino ***yo*** ______________, pero ***nosotros*** ______________ no tiene ***h.***
8. ***Sentarse*** (*to sit*) y ***sentirse*** (*to feel*) son verbos de distinta clase. Los dos tienen la diptongación de ***e*** en ***ie,*** pero sus terminaciones son distintas. ¿Cómo se traduce *they sit/they feel*? ______________ / ______________.
9. ***Llover*** y ***nevar*** sólo se conjugan en la tercera persona singular. ¿Cómo se traduce *it rains/it snows*? ______________ / ______________.
10. Lo que cae cuando nieva se llama ***nieve,*** pero no decimos ***nievada*** (*snowfall*) sino ______________, porque la sílaba tónica de esta palabra derivada no es la ***e*** sino la ***a.***
11. Del verbo ***dormir*** se deriva la palabra para *sleeping room.* ¿Cuál es la forma correcta, ***duermitorio*** o ***dormitorio***? ______________.
12. ***Acordar*** significa *to agree.* ¿Cómo se dice *we agree/they agree*? ______________ / ______________.
13. **Freímos** (*We fry*) las papas, el pollo, etc. ¿Cómo se dice *I fry*? ______________. ¿Se pronuncia igual que ***frío*** de *cold*? ______________.
14. ***Divertirse*** es *to enjoy, have fun.* ¿Cómo se traduce *I enjoy/we enjoy*? ***Me*** ______________ / ***nos*** ______________.

15. *Servir, servicio, servilleta,* son palabras de la misma familia. ¿Cómo se dice *you* (informal) *serve fish*? ______________________.

16. ***Mentir*** es *to lie* y ***mentira*** es *a lie*. ¿Cómo se traduce *they lie/we don't lie*? *Ellos* ______________ /***Nosotros no*** ______________.

EJERCICIOS

RESPUESTAS p. 76

A. Complete cada oración con la forma correcta del presente de indicativo de los verbos que están en paréntesis.

1. Mi madre ______________ las chuletas de cerdo con pimientos. (*to serve*)
2. Creo que Carolina no se ______________ bien hoy. (*to feel*)
3. Ellos ______________ comer pavo en la fiesta de Acción de Gracias. (*to be used to*)
4. ¿A qué hora ______________ (tú) mañana? (*to return*)
5. Usted ______________ mucho a ajo y a cebolla. (*to smell*)
6. En las montañas de Colorado siempre ______________ mucho. (*to snow*)
7. En el desierto Mojave ______________ muy poco. (*to rain*)
8. Juan me ______________ que coma el puerco bien cocinado. (*to suggest*)
9. Cuando voy a Las Vegas sólo ______________ unos doscientos dólares. (*to gamble*)
10. Pepe y Antonia se ______________ mucho en sus vacaciones. (*to have fun*)
11. Carlitos ______________ mucho a su abuelita porque le da dulces. (*to love*)
12. Tú y yo no ______________ ir a la fiesta del martes. (*to be able to*)
13. Cuando como queso, siempre me ______________ el estómago. (*to hurt*)
14. Siempre me ______________ en la silla verde. (*to sit*)
15. Vamos al aeropuerto y nos ______________ de nuestro amigo. (*to say good-bye to*)
16. Julio toca la guitarra y ______________ béisbol. (*to play*)
17. Muchos políticos ______________ en la campaña electoral. (*to lie*)
18. Mi esposa ______________ las chuletas de puerco. (*to fry*)

19. Mi hijo ______________ ocho horas todas las noches. (*to sleep*)
20. ¿Por qué Ud. siempre ______________ a los clientes? (*to smile*)
21. La ensalada italiana se ______________ con aceite y vinagre. (*to serve*)
22. Carmen ______________ muy bien a los clientes del restaurante. (*to help*)
23. En este restaurante ______________ filetes de res muy tiernos. (*to serve*)
24. Joselito ______________ el champiñón, pero no lo come porque tiene mal sabor. (*to bite*)
25. Siempre te ______________ temprano y desayunas bien. (*to wake up*)

RESPUESTAS p. 76

B. Complete cada oración con la forma correcta del presente indicativo de los siguientes verbos.

conseguir	despertar	impedir	perder	reír
convertir	envolver	morir	perseguir	renovar
defender	extender	oler	preferir	volar

1. No me gusta el café; ______________ tomar té.
2. Mis padres ______________ de Chicago a Miami para visitarme.
3. Mi esposa ______________ bien los paquetes de Navidad, usando un papel especial.
4. California es un estado muy grande; se ______________ desde Oregon hasta México.
5. La policía ______________ al criminal por las calles hasta arrestarlo.
6. ¿A qué hora te ______________ los sábados?
7. Todo el mundo se ______________ cuando cuentas un chiste (*joke*).
8. Ellos ______________ la cocina de la casa porque estaba (*was*) muy vieja.
9. Nunca tengo suerte; siempre ______________ en la lotería.
10. Los militares ______________ el país en caso de una invasión extranjera.
11. Las rosas de mi jardín ______________ muy bien.
12. Si tú ______________ los boletos para el concierto, yo te acompaño.
13. Muchos niños pobres se ______________ de hambre en el mundo.
14. La nieve se ______________ en agua con el calor del sol.
15. El paraguas ______________ que nos mojemos.

¡ATENCIÓN! Siete verbos problemáticos

Es muy fácil confundir algunos verbos de esta lección, por eso vamos a repasar algunos verbos ya explicados, para luego practicar con ellos. Estudie con cuidado el significado de cada verbo antes de completar el ejercicio que sigue. Estos verbos suelen causar problemas porque tienen falsos cognados en inglés o porque forman parte de expresiones idiomáticas.

1. ***Jugar*** es solamente *to play games,* pero también se usa para *to gamble,* ***jugar dinero. Tocar*** es *to play music,* y además *to touch.*
2. ***Pedir*** significa *to ask for.* En cambio ***preguntar*** es *to ask* (*a question*). ***Pedir*** es también la palabra para *to beg, panhandle.*
3. ***Volver*** significa *to return* y también *to turn a part of the body.* Además ***volver a* + infinitivo** significa repetir una acción: *to do it again.* El reflexivo ***volverse*** significa *to turn around.*
4. ***Oler*** significa *to smell, to sniff out.* La expresión ***No olerle bien a uno*** significa *to smell fishy.*

   EJS: **Las rosas huelen bien.** (*Roses smell nice.*)
   El perro huele la carne. (*The dog sniffs out the meat.*)
   Ese asunto no me huele bien. (*That matter smells fishy to me.*)
5. ***Atender*** no es *to attend* sino *to assist, help, pay attention.* El inglés *to attend* se traduce como ***asistir,*** y *attendance* es ***asistencia.***

   EJS: **El médico atiende al enfermo.** (*The doctor assists the sick man.*)
   Ella asiste a la universidad. (*She attends the university.*)
6. ***Querer*** significa *to want something, to will* o *to love a person.* Como sustantivo, ***querido*** y ***querida*** se usan como sinónimos de ***amantes,*** es decir *lovers.*

   EJS: **Yo quiero un filete de res bien cocinado.** (*I want a well-done steak.*)
   La madre quiere mucho a sus hijos. (*The mother loves the children very much.*)
   Está casado, pero tiene una querida en secreto. (*He's a married man, but he has a lover in secret.*)
7. ***Acordarse*** de significa *to remember.* Cuando no es reflexivo ***acordar*** significa *to agree.*

   EJS: **No me acuerdo de tu número de teléfono.** (*I don't remember your telephone number.*)
   Los dos acuerdan verse otra vez. (*The two agree to see each other again.*)

C. Complete las siguientes oraciones con uno de los verbos que acabamos de repasar.

1. Los argentinos y brasileños ______________ muy bien al fútbol (*soccer*).
2. Voy a ______________ al empleado nuevo dónde vive.
3. Carlitos ______________ a la escuela primaria desde los cinco años.
4. Cerca del restaurante siempre ______________ (*to smell*) a papas fritas.
5. El médico ______________ a los enfermos en el hospital.
6. Cuando llamo a mi perro, siempre ______________ la cabeza y escucha.
7. Mariana sabe ______________ la guitarra y el piano.
8. Los abuelos siempre ______________ mucho a sus nietos (*grandchildren*).
9. Mi novia siempre se ______________ de la fecha de mi cumpleaños.
10. Quiero más café. Voy a ______________ una taza más.
11. Ese negocio parece sucio; no me ______________ bien.
12. El director y los empleados van a ______________ un contrato nuevo.
13. Los perros ______________ las huellas (*traces*) de las personas.
14. Los estudiantes que quieren aprender ______________ a clase todos los días.
15. En muchos estados de Estados Unidos es legal ______________ dinero en la lotería.

7 Bebidas

(Drinks and Refreshments)

el agua tónica	tonic water
el alcohol	alcohol
el antojito[1]	hors d'oeuvre
la bandeja[2]	tray
el bar	bar
la bebida	drink
el bocadillo	snack, sandwich
la bodega[3]	wine cellar
borracho(a)	drunk
el café con leche	hot milk with coffee
el/la cantinero(a)	bartender
la carta	letter (*mail*)
el/la cartero(a)	mail carrier
el champán, el champaña	champagne
el coctel[4]	cocktail
el coñá, el coñac	cognac, brandy
la copa	goblet, drink
copear	to have drinks
emborracharse	to get drunk
la gaseosa	soda
la ginebra	gin
el güisqui	whiskey, scotch
el jerez[5]	sherry
el licor	liquor
la licorería	liquor store
el refresco	soft drink
el ron	rum
la sangría[6]	wine cooler
seco(a)	dry
la tapa	hors d'oeuvre
el vermú	vermouth
el vodka	vodka

NOTAS

1. ***Antojito*** y ***botanas*** se usan en México para *hors d'oeuvre.* En España se usan ***tapas, pinchos, tentempié, bocadillos.*** La palabra formal es ***entremés.***
2. ***Bandeja*** es *tray.* En México se usa ***charola.***
3. ***Bodega*** significa *wine cellar, winery.* En muchos países de Hispanoamérica ***bodega*** es también una tienda pequeña que tiene un poco de todo, incluyendo comida.
4. ***Coctel*** se usa en Hispanoamérica y ***cóctel*** en España.
5. ***Jerez*** es una mezcla de muchos vinos y tiene alrededor de veinte grados de alcohol. Recibe ese nombre por ser originario de la ciudad de Jerez en el sur de España. La palabra inglesa *sherry* proviene de ***jerez*** cuando se escribía ***Xérez.***

6. *Sangría* significa *wine cooler.* La sangría se prepara mezclando vino tinto (*rojo*) con pedazos de frutas como naranja, manzana, limón y gaseosa (*soda*). Se sirve bien fría, con hielo y en una jarra (*pitcher*) de barro (*clay*), de porcelana o de vidrio.
7. La bebida nacional de España es el **vino,** especialmente el tinto. En las fiestas se toma **coñac** después de la comida, y el champán también es popular. En México se toma mucha **cerveza** y poco vino. También es popular el **tequila,** la bebida fuerte de México. Se fabrica del jugo del agave, una clase de cacto. En Perú la bebida nacional es el **pisco,** que resulta de la fermentación de la uva. En Colombia y Venezuela se toma **aguardiente** y cerveza. En todo el Caribe se bebe **ron,** fabricado de la caña de azúcar, y más cerveza que vino.

PRACTIQUE LAS PALABRAS NUEVAS

A. Complete las oraciones de la primera columna con la palabra apropiada de la segunda.

1. ______ El camarero lleva las bebidas en una...
2. ______ La señora que prepara las bebidas en un bar es la...
3. ______ La... es vino tinto con frutas, gaseosa y hielo.
4. ______ El vino puede ser dulce, semidulce y...
5. ______ Un vino original de Francia es el...
6. ______ Un vino original de España es el...
7. ______ El güisqui contiene más... que el vino y la cerveza.
8. ______ Los... no contienen alcohol.
9. ______ Los tragos preparados con varios licores se llaman...
10. ______ Los antojitos de México se llaman... en España.
11. ______ El lugar donde se hace y se conserva el vino es la...
12. ______ Si Ud. bebe demasiado licor se...

A. cocteles
B. alcohol
C. emborracha
D. bodega
E. bandeja
F. tapas
G. cantinera
H. champán
I. sangría
J. refrescos
K. seco
L. jerez

B. Conteste verdadero o falso (V/F).

1. ______ El vodka es la bebida nacional de Rusia.
2. ______ El ron es una bebida tropical que se hace de la caña de azúcar.
3. ______ Una tapa es un bocadillo grande.
4. ______ El qüisqui es una bebida muy dulce.

5. ______ La sangría se prepara con vino, gaseosa, frutas y se sirve bien fría.
6. ______ El Año Nuevo se celebra tomando coñá (coñac).
7. ______ Tomamos el café en una taza, y el champán en una copa.
8. ______ El ron tiene más alcohol que el jerez y el vermú.
9. ______ Es peligroso manejar si hemos tomado alcohol.
10. ______ El cartero prepara los cocteles en un bar o cantina.
11. ______ El español tomó la palabra ***coctel*** del inglés, y el inglés tomó la palabra *sherry* del español.
12. ______ La sangría se prepara con ron, vermú y vino dulce.

RESPUESTAS p. 77

C. Ud. sabe que de *carta* se deriva *cartero* y de *cantina, cantinero*. Escriba la palabra de la cual se deriva cada oficio.

1. relojero ______________________
2. panadero ______________________
3. lechero ______________________
4. vinatero ______________________
5. misionero ______________________
6. mesero ______________________
7. torero ______________________
8. vaquero ______________________
9. enfermero ______________________
10. portero ______________________

RESPUESTAS p. 77

D. *En una cantina mexicana.* Complete el diálogo entre el cantinero y un cliente habitual.

DON PACO: Buenas tardes, compadre.

CANTINERO: Buenas, don Paco, ¡Qué temprano llega esta tarde! ¿Qué le ______________________ (1. *serve*) hoy?

DON PACO: Lo de siempre. Mi ______________________ (2. *beer*) favorita.

CANTINERO: ¿Por qué no prueba otras ______________________ (3. *drinks*)?

DON PACO: Bueno; ¿y qué me ______________________ (4. *suggest*) Ud., compadre?

CANTINERO: Un buen ______________________ (5. *wine*) de la casa Peligro.

DON PACO: No, no; la casa de ese señor no me gusta.

CANTINERO: Peligro tiene ______________________ (6. *wineries*) famosas en España y en México.

DON PACO: ¿No tiene algo más exótico? ¿Eso que los ingleses llaman ______________________ (7. *whiskey*) o algo así?

CANTINERO: Bueno, aquí tiene una ______________ (8. *a little glass*) del mejor güisqui para probar.

DON PACO: (*Lo prueba.*) No, compadre; esto es demasiado ______________ (9. *strong*).

CANTINERO: ¿Le ______________ (10. *make*) una margarita?

DON PACO: No, no me menciones a ninguna muchacha, que me ______________ (11. *bring*) mala suerte.

CANTINERO: ¿No quiere algo dulce, como un ______________ (12. *sherry*)?

DON PACO: Eso sí. Será bueno para mi estómago, pero lo quiero bien ______________ (13. *cold*).

CANTINERO: ¡Aquí tiene una copita del ______________ (14. *best*) jerez de Peligro!

DON PACO: ¿Otra vez ese señor? No, no; ¡mejor me da mi cervecita de siempre!

GRAMÁTICA Más verbos irregulares en el presente de indicativo

Sujeto	***o ír*** (*to hear, listen*)	***tra er*** (*to bring*)	***conoc er*** (*to know*)	***hu ir*** (*to flee, escape*)
yo	oig o	traig o	conozc o	huy o
tú	oy es	tra es	conoc es	huy es
él/ella/Ud.	oy e	tra e	conoc e	huy e
nosotros(as)	o ímos	tra emos	conoc emos	hu imos
ellos/ellas/Uds.	oy en	tra en	conoc en	huy en

A. Note lo siguiente respecto de los verbos anteriores.

1. El verbo ***oír*** tiene tres raíces: ***oig-, oy-, o-***. Observe que la raíz regular de ***oír*** es ***o-*** y la única persona que la tiene es ***oímos***. (El acento es para romper el diptongo con la ***o***, es decir, separar en dos sílabas la ***o*** y la ***i***.)
2. ***Traer*** sólo es irregular en la primera persona, cambiando de ***tra-*** a ***traig-***. Para las demás personas la raíz es regular. El verbo ***caer*** (*to fall*) sigue el mismo patrón de ***traer***.

3. ***Conocer*** sólo es irregular en la primera persona: para esta raíz se añade el sonido *[k]*, que se escribe ***c***. El cambio a ***z*** de la ***c*** con sonido de *[s]* es una regla de ortografía.

4. ***Huir*** es irregular porque se añade una ***y*** en todas las personas excepto en ***huimos***.

B. La lista de verbos irregulares que siguen el patrón de los cuatro del cuadro anterior es considerable, especialmente los verbos terminados en ***-cer, -cir***.

1. Verbos terminados en *-cer, -cir*

aducir to adduce
amanecer to dawn
anochecer to grow *or* get dark
aparecer to appear
atardecer to grow dark, draw towards evening
conducir to drive
deducir to deduce, deduct
desaparecer to disappear
desconocer to not know
envejecer to grow old
establecer to establish
introducir to introduce
lucir to shine, dress up
nacer to be born
obedecer to obey
ofrecer to offer
parecerse to resemble
producir to produce
reconocer to recognize
reducir to reduce
renacer to be born again
reproducir to reproduce
seducir to seduce
traducir to translate

2. Verbos terminados en *-uir*

concluir to conclude
construir to build
destruir to destroy
diluir to dilute
huir to flee, escape
incluir to include
influir to influence
instruir to instruct
recluir to imprison

C. Diferencias entre ***saber*** y ***conocer***.

1. ***Conocer*** es *to know people.*

   EJ: **Conozco a tu hermana.**

2. ***Conocer*** es *to know places, cities, countries.*

   EJ: **Conozco bien Cuba.** (Con países y ciudades se suele omitir la preposición ***a***.)

3. ***Conocer*** es *to know a little bit, but not by heart.*

   EJ: **Conozco esa música, pero no me la sé.**

4. ***Saber*** es *to know facts.*

   EJ: **¿No sabes que hoy es lunes? Yo sé tu número de teléfono.**

5. ***Saber*** es *to know how*, pero no se traduce la palabra *how*.

   EJ: **¿Sabes esquiar?**

6. ***Saber*** es *to know well, to know by heart.*

   EJ: **Yo sé ese poema de memoria.**

NOTAS

1. Del verbo ***traer*** se derivan tres verbos compuestos: **distraer** (*to distract*), **atraer** (*to attract*) y **contraer** (*to contract*).
2. Del verbo ***caer*** se derivan dos verbos compuestos: **decaer** (*to decay*) y **recaer** (*to fall again*).
3. ***Cocer*** es irregular en España con cambio de ***o*** en ***ue***: **cuezo, cueces, cuece, cuecen.** En Hispanoamérica es regular por influencia del verbo ***coser*** (*to sew*), que se pronuncia igual: Cozo / coso (*I cook / I sew*).
4. Algunos verbos terminados en ***-cer, -cir,*** son regulares.

   esparcir (*to scatter*): esparzo, esparces, esparce, esparcimos, esparcen

   mecer: mezo, meces, mece, mecemos, mecen (De este verbo se deriva la palabra ***mecedora,*** *rocking chair.*)

   vencer: venzo, vences, vence, vencemos, vencen

PRACTIQUE LA GRAMÁTICA

RESPUESTAS p. 77

1. La raíz de ***oímos*** es ***o-***; en cambio la raíz de ***oigo*** es __________. La raíz de ***oyes*** es __________.
2. Observe que ***oímos*** tiene acento escrito; sirve para romper el diptongo ***o-í*** como en ***mío, día.*** ¿Necesita acento ***oigo***? __________.
3. ***Conozco*** es irregular porque añade el sonido [***k***] que corresponde a la letra __________.
4. Si de ***conocer*** decimos ***conozco,*** de ***obedecer*** (*obey*) decimos (***yo***) __________.
5. *To drive* es ***conducir*** en España; en América es ***manejar.*** ¿Cómo se dice en España *I am driving*? __________.
6. La raíz de ***huir*** es ***hu-,*** pero la raíz de ***huyen*** es: __________.
7. Todos los verbos terminados en ***-uir*** se conjugan añadiendo una ***y*** a la raíz. ¿Cómo se traduce *they conclude*? __________.
8. ***Construir*** significa *to build.* ¿Cómo se dice *you're building*? __________.
9. ***Caer*** y ***traer*** siguen el mismo patrón. ¿Cómo se traduce *I fall*? __________.
10. ***Distraer*** es un verbo compuesto derivado de ***traer.*** ¿Cómo se traduce *Your loud music is distracting me*? ***Tu música tan alta me*** __________.
11. ***Nacer*** significa *to be born* y es irregular como ***conocer.*** ¿Cómo se traduce *I was* («*am*») *born*? __________.
12. ***Saber*** y ***conocer*** significan *to know.* ¿Cuál de los dos usamos para *to know people*? __________. ¿Y para *to know facts*? __________.

13. Ud. __________ mi número de teléfono. (*to know*)
14. Ud. __________ Miami. (*to know*)
15. La *o* de ***cocer*** diptonga en ***ue*** en España. ¿Cómo se dice *I'm cooking the potatoes*? ***Yo*** __________ ***las patatas.*** En Hispanoamérica se dice ***Yo*** __________ ***las papas.***
16. ***Contraer matrimonio*** es la expresión formal para ***casarse.*** ¿Cómo se traduce *They get married next Sunday*? __________ ***matrimonio el sábado próximo.***

EJERCICIOS

RESPUESTAS p. 77

A. Complete las oraciones con la forma correcta del presente de indicativo de los verbos entre paréntesis.

1. El camarero me __________ una copa de jerez. (*to bring*)
2. (Yo) no __________ la bebida llamada margarita. (*to know*)
3. Algunas mujeres __________ con la mirada. (*to seduce*)
4. Rusia __________ mucho vodka y mucho petróleo. (*to produce*)
5. El criminal __________ de la policía. (*to flee, run away*)
6. Marta y yo __________ las noticias por la tarde. (*to listen*)
7. La guerra siempre __________ vidas inocentes. (*to destroy*)
8. ¿__________ Ud. la ciudad de Chicago? (*to know*)
9. ¿__________ Ud. que el ron es un bebida tropical? (*to know*)
10. La contaminación del aire __________ en nuestra salud. (*to influence*)
11. Si Ud. es buen cantinero, yo le __________ buen salario. (*to offer*)
12. El taxista __________ la velocidad antes de la señal de parar. (*to reduce*)
13. José __________ preparar una bebida que se llama sangría. (*to know*)
14. California __________ toda clase de vinos excelentes. (*to produce*)
15. (Yo) nunca __________ del inglés al español. (*to translate*)
16. Jorge, ¿por qué __________ en lo mejor de la fiesta? (*to disappear*)
17. Todos __________ que tienes razón. (*to recognize*)

18. El vino blanco ______________ bien con el pescado. (*to fall, go well*)
19. Las caras bonitas ______________ la atención de las personas. (*to attract*)
20. El cantinero ______________ las leyes (*laws*) del estado. (*to obey*)
21. La cocinera ______________ / ______________ las legumbres. (*to boil*)
22. Hábleme en voz alta, por favor; no ______________ bien. (*to hear*)

RESPUESTAS p. 77

B. Complete con la forma apropiada de los verbos *saber* o *conocer* en presente.

1. (Yo) no ______________ a tu padre, pero sí a tu hermana.
2. ¿______________ usted la ciudad de Buenos Aires?
3. Mi amiga ______________ mi número de teléfono.
4. Carlitos ya ______________ leer en español y en inglés.
5. José y su hermana ______________ seis idiomas diferentes.
6. Sí, todos ______________ que ese restaurante es caro.

RESPUESTAS p. 77

C. Complete las oraciones con uno de los siguientes verbos en presente.

cocer	construir	decaer	desconocer	establecer	mecer
conducir	coser	deducir	distraer	instruir	nacer

1. Todos los días ______________ alrededor de seiscientos bebés en Estados Unidos.
2. Los americanos manejan carros; los españoles ______________ coches.
3. Mi esposa ______________ las papas y los huevos.
4. Esa música tan alta me ______________ cuando estudio.
5. Si me dices que tienes mucha gripe, (yo) ______________ que no vendrás a clase.
6. Mis tíos ______________ una casa en el rancho que compraron.
7. Cuando el niño llora (*cries*), la mamá lo ______________.
8. Los García ______________ un negocio nuevo cada año.
9. Las abuelas ______________ la ropa mejor que sus nietas (*granddaughter*).
10. La maestra ______________ muy bien a los alumnos.
11. Las casas de playa ______________ mucho si no se cuidan.
12. Nunca he viajado a Colombia; ______________ ese país por completo.

¡ATENCIÓN! Verbos con preposiciones y sin ellas

A. Existen bastantes verbos en español que se usan con una preposición única, mientras sus correspondientes en inglés no llevan preposición o requieren una preposición muy diferente a la del español.

1. acabar de + *infinitivo* EJ: **Sonia acaba de llegar.** (*Sonia has just arrived.*)
2. acordarse de EJ: **Sonia se acuerda de mí.** (*Sonia remembers me.*)
3. asistir a EJ: **Sonia asiste a clase.** (*Sonia is attending class.*)
4. casarse con EJ: **Sonia se va a casar con José.** (*Sonia is going to marry José.*)
5. darse cuenta de EJ: **Sonia se dio cuenta de todo.** (*Sonia realized everything.*)
6. depender de EJ: **Sonia depende de José.** (*Sonia depends on José.*)
7. enamorarse de EJ: **Sonia se enamoró de José.** (*Sonia fell in love with José.*)
8. entrar a (*América*) EJ: **Sonia entró a casa.** (*Sonia entered her home.*)
9. entrar en (*España*) EJ: **Sonia entró en casa.** (*Sonia entered her home.*)
10. olvidarse de EJ: **Sonia no se olvidó de José.** (*Sonia didn't forget José.*)
11. pensar en EJ: **Sonia piensa en José.** (*Sonia is thinking about José.*)
12. tratar de + *infinitivo* EJ: **Sonia trata de sonreír.** (*Sonia is trying to smile.*)
13. volver a + *infinitivo* EJ: **Sonia volvió a verlo.** (*Sonia saw him again.*)

B. Hay otro grupo de verbos que no lleva preposiciones en español, mientras los verbos correspondientes del inglés sí la llevan.

1. buscar *to look for* EJ: **José busca trabajo.** (*José is looking for a job.*)
2. pedir *to ask for* EJ: **José pide un café.** (*José is asking for a coffee.*)
3. escuchar *to listen to* EJ: **José escucha la radio.** (*José is listening to the radio.*)

4. esperar *to wait for* EJ: **José espera el autobús.** (*José is waiting for the bus.*)

5. mirar *to look at* EJ: **José mira el cuadro.** (*José is looking at the picture.*)

RESPUESTAS p. 77

D. **Complete las oraciones en presente.**

1. Cuando voy en mi coche ______________ la radio. (*to listen to*)
2. Toda nuestra familia ______________ mi padre. (*to depend on*)
3. ¿Ud. ______________ la universidad del estado? (*to attend*)
4. El tren ______________ llegar a la estación. (*to have just…*)
5. María Dolores ______________ sus errores. (*to realize*)
6. Mi abuelita siempre se ______________ mí. (*to remember*)
7. ¿Qué va a ______________ usted de postre? (*to ask for, order*)
8. El cantinero ______________ hacer bien su trabajo. (*to try to*)
9. Juanito se ______________ todas las muchachas. (*to fall in love with*)
10. Lilian se ______________ Pedro el domingo. (*to marry*)
11. Elena siempre ______________ clase antes de la hora. (*to enter*)
12. Voy a ______________ escribir la composición. (*to write again*)
13. Mario ______________ pronto noticias buenas de su familia. (*to wait for*)
14. ¿Por qué Ud. se ______________ los verbos irregulares? (*to forget*)
15. Los Ponce ______________ una casa más grande. (*to look for*)
16. Los novios siempre ______________ el uno ______________ el otro. (*to think of*)

EXAMEN 1 LECCIONES 1–7

Parte I. Practique el vocabulario (36 puntos)

RESPUESTAS p. 78

A. Relacione las dos columnas.

1. ___ La carne de... es más cara que la de pollo.
2. ___ El símbolo de EU no es el dólar sino el...
3. ___ La paella se hace con pollo, cerdo, arroz y...
4. ___ La lechuga, el tomate y el... se usan para ensalada.
5. ___ La... es un vegetal blanco y redondo (*round*).
6. ___ Generalmente decimos filete de vaca y... de cordero.
7. ___ Los italianos y españoles cocinan mucho con cebolla y...
8. ___ Bebemos el café en una taza, y el champán en una...
9. ___ La sal y la pimienta son dos... universales.
10. ___ La mesa tiene cuatro patas; el hombre tiene dos...
11. ___ Por la mañana tomamos... de naranja o de tomate.
12. ___ Es tradicional comer pan tostado con... o mermelada.
13. ___ La primera comida del día no es la cena sino el...
14. ___ La comida del mediodía se llama el...
15. ___ Un plato hispano tradicional es el arroz con...
16. ___ Un postre hispano típico es el...
17. ___ Un producto derivado de la leche es el...
18. ___ La banana, la manzana y la... son frutas comunes.

A. chuleta
B. copa
C. especias
D. pollo
E. res
F. piernas
G. águila
H. mantequilla
I. coliflor
J. pera
K. queso
L. mariscos
M. ajo
N. flan
O. pepino
P. almuerzo
Q. desayuno
R. jugo

RESPUESTAS p. 78

B. **Complete con una palabra correcta.**

19. Los mariscos y el ______________ son productos del mar. (*fish*)
20. La ______________ es una verdura o legumbre de color anaranjado. (*carrot*)
21. En España se llaman **gambas.** En América se llaman ______________.
22. No quiero mi filete «duro» sino ______________.
23. En EU comemos ______________ en las fiesta de Acción de Gracias.
24. El limón, la manzana, el mango, la pera y la ______________ son frutas.
25. ***Polvo*** significa *dust;* en cambio ***polvos*** significa ______________.
26. Las legumbres y verduras se venden frescas y también en ______________.
27. Uno no habla solo. Un diálogo ocurre entre un hablante y un ___________.

C. Complete las oraciones con una de las expresiones siguientes sin repetirlas. Si la expresión incluye un verbo, use el presente de indicativo.

al ajillo	dar la lata	estirar la pata
a la plancha	el punto de vista	huevos pasados por agua
a mediodía	estar a dieta	ir de merienda
bien cocido	estar enamorado	meter la pata

28. Esta semana no puedo comer helado porque ________________.
29. No me gustan los huevos fritos ni los huevos duros; prefiero los ________________.
30. El bebé duerme bien por el día, pero por la noche nos ________________.
31. Creo que Carmen se va a casar pronto porque ella ________________ de Luis.
32. No quiero los camarones al ajillo; prefiero los camarones ________________.
33. Ese muchacho dice cosas tontas en clase. Cuando el profesor le pregunta algo, él siempre ________________.
34. Los días calurosos mi familia y yo ________________ al parque o a la playa.
35. Tú piensas que el español es fácil, pero ________________ del profesor es diferente.
36. Cuando una persona muere, decimos idiomáticamente que ________________.

Parte II. Practique la gramática (68 puntos)

A. Subraye (*underline*) la respuesta correcta.

1. Veinte menos cuatro son (diez y seis, dieziséis, deciséis, dieciséis).
2. Hay (*el, la, un, una*) caracol (*snail*) en esa lechuga.
3. La forma plural de ***compás*** es (compás, compases, compaces, compazes).
4. ¿Cómo se dice en español *It's 1:30 P.M.?* (Es la una y media de la mañana, Son la una y media de la tarde, Es la una y treinta de la tarde, Son la una y treinta de la mañana.)
5. Yo creo que esos perritos (son, estan, eres, están) bastante enfermos.
6. (La, El, Al, Un) vejez (*old age*) no es triste sino feliz.
7. El plural de ***sacapuntas*** (*pencil sharpener*) es (sacapuntase, sacapuntas, sacaspuntas, sacapuntases).
8. El plural de ***codorniz*** (*quail*) es (codornices, codornizes, codorniz, codornises).
9. El plural de ***colibrí*** (*hummingbird*) es doble: (colibrís, colibrises, colibríes, colibrices).

10. ¿Cómo decimos en español *It's 2:45 A.M.?* (Son las tres menos cuarto de la noche, Son las dos menos cuarto de la mañana, Son las tres menos quince de la mañana, Son las dos menos quince de la noche.)
11. María usa el carro de su amigo porque el carro (de la, de él, del, della) es más económico en gasolina.
12. Treinta menos siete son (veinte y tres, ventitrés, veintitrés, vintitrés).
13. **José no viene nunca** quiere decir que José no viene (alguna vez, jamás, tampoco, siempre).
14. Siempre que tú no dices la verdad, tú (mientas, mentiras, mentes, mientes).
15. Antes de llegar al STOP yo siempre (reduzo, reduzco, reduso, reduczo) la velocidad.
16. Cuando yo (compono, compueno, compuesto, compongo) música, no quiero ninguna distracción.
17. Ustedes (concluyen, conclúen, concluyan, concluen) que los verbos son fáciles.
18. Los políticos no (preveen, preven, prevén, prevéen) que vamos a tener inflación.
19. El número 110 para un cheque se escribe (cien y diez, ciento y diez, cien diez, ciento diez).
20. En las montañas de Colorado (nieva, nevada, nieve, neva) mucho en invierno.
21. Lo contrario de **come y bebe** es doble: (ni come ni bebe, no come y bebe, no come ni bebe, no come no bebe).
22. Yo siempre me (detieno, detengo, deteno, detiengo) en el STOP.
23. ¿Cómo se dice en español *two million dollars*? (Dos millón de dólares, Dos millón dólares, Dos millones dólares, Dos millones de dólares.)
24. Todas las flores del jardín (olen, huelen, uelen, holen) muy bien.
25. Cuando vamos a una fiesta, nos (divertemos, divertimos, diviertimos, diviertemos).
26. Yo no (sabo, conosco, conozco, sé) hablar ni italiano ni francés.
27. José va por la derecha y su esposa (sige, segue, sigue, sege) por la izquierda.
28. Todas las guerras (destrúen, destruyan, destruyen, destrúan) vidas inocentes.
29. Para no ponerme gordo, yo no (satisfazco, satisfazo, satisfaco, satisfago) mis deseos de comer.
30. El profesor no sabe (porque, por qué, porqué, por que) los estudiantes no estudian.

31. El origen (del, de él, de la, dela) alfalfa no es chino sino árabe.
32. Mi esposa siempre (cose, coce, cuece, cuese) las papas. (*¡¡Two answers!!*)
33. Las cuatro oraciones son correctas, pero ¿cuál es la más enfática? (Nunca bebe, Jamás bebe, No bebe nunca, No bebe jamás.)
34. El camarero (serva, sirva, sirve, sierve) el filete bien cocinado y caliente.
35. Los empleados (obediecen, obediesen, obedesen, obedecen) las órdenes del jefe.

RESPUESTAS p. 78

B. Escriba el artículo *el* o *la*, según corresponda, delante de los nombres.

36. _____ ron	40. _____ arroz	44. _____ tocadiscos
37. _____ azúcar	41. _____ ciprés	45. _____ árbol
38. _____ crema	42. _____ pared	46. _____ lección
39. _____ esquema	43. _____ vez	47. _____ mensaje

RESPUESTAS p. 78

C. Complete las oraciones con uno de los verbos indicados en el presente.

componer	convenir	entretener	prevenir
contener	deshacer	equivaler	sobresalir

48. Pienso que esta clase es buena y te __________ para tu futuro trabajo.
49. Un dólar __________ casi a ocho pesos mexicanos.
50. Juana es muy alta; siempre __________ entre sus amigas.
51. Esta copa no __________ jerez sino champán.
52. Mi padre __________ el carro cuando se malogra.
53. La medicina moderna __________ muchas enfermedades.
54. La nieve de las montañas se __________ con el calor.
55. Los Martínez __________ a mucha gente en las fiestas de Navidad.

RESPUESTAS p. 78

D. Escriba los siguientes números con palabras y traduzca también los nombres que están con los números.

56. *731 spoons* ______________________________
57. *2,001 cups* ______________________________
58. *22 percent* ______________________________

RESPUESTAS p. 78

E. Complete las oraciones con los verbos que se sugieren entre paréntesis. Use el presente de indicativo. No olvide las preposiciones necesarias.

59. Mi hermanito __________ la escuela primaria. (*attend*)
60. ¿Sabes que Julita se __________ Luis? (*marry*)
61. Este muchacho siempre __________ cosas tontas. (*ask*)

62. Ya sé que es un error; ahora me ______________ eso. (*realize*)
63. ¿Por qué ______________ usted otra cerveza? (*ask for*)
64. Mi mamá nunca se ______________ mi cumpleaños. (*forget*)
65. Ese estudiante ______________ aprender francés. (*try to*)
66. El médico ______________ muy bien a los enfermos. (*assist*)
67. Mario siempre se ______________ todas las chicas. (*fall in love*)
68. No te creo cuando dices que siempre te ______________ mí. (*remember*)

(La escala de notas está en la página 78.)

RESPUESTAS LECCIONES 1–7 Y EXAMEN 1

Lección 1

Practique el vocabulario

A. 1. azúcar 2. ensalada 3. postre 4. flan 5. la cuenta 6. trae 7. bisté 8. azúcar 9. pedir 10. leche 11. ver 12. el águila

B. 1. I 2. J 3. A 4. B 5. H 6. E 7. D 8. G 9. F 10. C

C. 1. F 2. V 3. V 4. F 5. F 6. V 7. V 8. V 9. F 10. F 11. V 12. F

D. 1. camarera 2. menú 3. pide 4. bisté/filete 5. cervezas 6. trae 7. postre 8. helado 9. cuenta 10. comida

Practique la gramática

1. un/una/*a*(*n*)
2. el/la/los/las/*the*
3. masculino/femenino
4. el/la/un/una
5. la médica/la jueza
6. L.O.N.E.R.S/D.IÓN.Z.A
7. masculino/femenino
8. masculino/femeninas
9. al/del/de él
10. tónica/el hambre
11. la americana/acento
12. del agua
13. del/de él

Ejercicios

A. 1. una 2. un 3. un 4. un 5. una 6. un 7. una 8. un/una 9. una 10. un/una

B. 1. las 2. el 3. del 4. el 5. el 6. del 7. la 8. el 9. la 10. al 11. el 12. la 13. al 14. del

C. 1. el 2. el 3. la 4. el 5. el 6. el 7. la 8. el 9. el 10. el 11. la 12. el 13. el 14. el/los 15. la 16. el 17. la 18. el 19. el 20. el/los 21. el

D. 1. el lema 2. el drama 3. la cama 4. o/poemas 5. los síntomas 6. a/crema 7. un fonema 8. el panorama 9. el problema 10. la llama 11. el tema 12. el programa 13. a/asma 14. un dilema 15. el alma 16. una buena ama 17. una broma 18. un idioma 19. la forma 20. el diploma 21. el esquema 22. los teoremas 23. carisma 24. la cima 25. un telegrama

Lección 2

Practique el vocabulario

A. 1. el 2. el 3. el 4. la 5. la 6. el 7. la 8. el 9. la 10. el/la 11. el 12. el 13. el 14. el 15. la 16. el

B. 1. cubiertos 2. empleada 3. país 4. cuchara 5. tenedor 6. mar 7. frutas 8. última 9. caro 10. cortar 11. en punto 12. medianoche 13. por ciento 14. cerdo 15. lechuga

C. 1. F 2. F 3. V 4. F 5. V 6. F 7. F 8. F 9. F 10. V 11. V 12. F

D. 1. los platos 2. cuchillo 3. en punto 4. país 5. madre 6. el último 7. caros 8. porcentaje 9. fruta 10. helado

Practique la gramática

1. de la mañana
2. de la tarde/de la noche
3. la una
4. cuarto/quince
5. media/treinta
6. en punto
7. 24/autobuses
8. treinta minutos
9. cien/ciento
10. ciento/ciento seis
11. una/dieciséis
12. tres/cuarenta y una casas
13. quinientas
14. one/dos mil libros
15. thousands of dollars
16. no/dos millones de $
17. mil millones

Ejercicios

A. 1. Son las tres y diez de la tarde
2. Son las dos y cuarto (quince) de la mañana
3. Es la una y media de la tarde.
4. Son las diez y cuarenta y cinco de la mañana/son las once menos cuarto (quince) de la mañana
5. Son las once menos diez de la noche/Son las diez y cincuenta de la noche
6. Son las seis menos veinte/Son las cinco y cuarenta/Son veinte para las seis
7. Trabajo a las tres
8. A la una en punto
9. Doscientas cucharas
10. Trescientos tenedores
11. a) Ciento por ciento
b) Cien por cien
12. quinientos
13. A medianoche
14. A mediodía
15. Dos millones de dólares
16. Dos mil millones de dólares
17. Veintiún libros
18. Veintitrés casas
19. Ciento diez muchachos

B. 1. Son las ocho horas
2. Son las veinte horas
3. Son las quince horas y treinta minutos
4. Son las cuatro horas y cuarenta y cinco minutos
5. Son las cero horas y quince minutos

C. (Respuestas individuales)

D. 1. dieciocho
2. por ciento
3. 5.000
4. 1.000.000
5. Mil millones
6. doscientos
7. ochenta y una pesetas
8. mil dólares
9. Miles de libros
10. Cincuentón
11. Cuarentona

Lección 3

Practique el vocabulario

A. 1. copa
2. rosado
3. tarjeta
4. pan
5. vaso
6. taza
7. pimienta
8. papas
9. minuta
10. margarina
11. pollo
12. tinto
13. raíces
14. desayuno
15. brazo
16. costumbre
17. aceptan
18. litros

B. 1. F 2. V 3. V 4. V 5. F 6. V 7. V 8. F 9. F 10. V 11. V 12. V

C. 1. cocina 2. platos 3. servilletas 4. tazas 5. huevos 6. papas 7. mantequilla 8. pimienta 9. café 10. copas 11. vasos 12. platos

Practique la gramática

1. -ar/-er/ ir
2. raíz
3. habl/com/estudi
4. yo (sujeto "I")
5. nosotros
6. ellos/ellas/Uds.
7. raíz
8. oy/irregulares
9. v-
10. estás/está/están
11. sílaba
12. terminación
13. vosotros/Uds.
14. vos
15. enfático
16. Ud./Vd.
17. ella

Ejercicios

A. 1. estoy 2. bebe 3. usas 4. pedimos 5. necesitan 6. son 7. tomo 8. van 9. desea 10. come 11. cambia 12. eres 13. corro 14. preparamos 15. corta 16. paga 17. da 18. aceptan 19. es 20. cenamos

B. 1. tú 2. nosotros/-as 3. él/ella/Ud. 4. tú 5. ellos/-as/Uds. 6. yo 7. ellos/-as/Uds. 8. yo 9. él/ella/Ud. 10. ellos/-as/Uds. 11. tú 12. yo

C. 1. corr- 2. estudi- 3. dese- 4. v- 5. le- 6. satisfac- 7. copi- 8. cri- 9. cre- 10. 0 (nada)

D. 1. verdad 2. cuántos 3. cuánta 4. dónde 5. dónde 6. cómo 7. cuándo 8. quién 9. cuál 10. qué/cuál 11. dónde 12. verdad 13. de quién 14. por qué 15. adónde/a dónde

Lección 4

Practique el vocabulario

A. 1. el 2. el/la 3. el 4. el 5. la 6. la 7. el 8. el 9. la 10. la 11. la 12. la 13. la 14. el 15. el 16. el/la 17. el 18. la

B. 1. E 3. H 5. C 7. B 9. L 11. I 13. N
2. G 4. F 6. A 8. K 10. D 12. J 14. M

C. 1. F 2. V 3. V 4. F 5. V 6. V 7. F 8. F 9. V 10. F

D. 1. equivale 2. llorar 3. mariscos 4. sale 5. cocinar/preparar 6. prever 7. almorzamos 8. aceite 9. reses/vacas 10. a la plancha 11. ajo 12. gambas 13. sobresale 14. carne 15. oyente

Practique la gramática

1. g
2. vien-
3. ten-/tien-/teng-
4. regulares
5. sé
6. hacer/decir
7. ve-/v-
8. prevén
9. satisfago
10. sobresalgo
11. maldigo
12. proveemos
13. obtengo
14. compongo
15. prevengo

Ejercicios

A. 1. sabe/sé 2. pone 3. supongo 4. hace (prepara) 5. prevén 6. contiene 7. sobresale 8. vienes 9. voy 10. veo 11. detienen 12. mantiene 13. deshace 14. valen 15. maldigo 16. proviene 17. entretienes 18. salgo

B. 1. proveen 2. equivale 3. bendice 4. contradices 5. ve/veo 6. sobresale 7. maldigo 8. prevé

C. 1. satisfago 2. deshace 3. rehacer 4. provienen 5. conviene 6. previene

D. 1. sostiene 2. mantiene 3. obtengo 4. detiene 5. contiene 6. retengo

E. 1. compone 2. propone 3. disponen 4. impone 5. descompone 6. oponen 7. expone 8. supongo

F. 1. decana 2. abogado/médica 3. clientas/clientes 4. culpable 5. juez (jueza) 6. chofer (chófer) 7. presidenta 8. alcaldesa 9. novelistas 10. bomberas 11. policías 12. un/una sartén

Lección 5

Practique el vocabulario

A. 1. naranja 2. merienda 3. frescas 4. naranjas 5. pavo 6. la pera 7. cucharadita 8. el plátano 9. lata 10. frijoles

B. 1. D 2. F 3. G 4. B 5. H 6. A 7. C 8. E 9. I

C. 1. agrio 2. jugo 3. verde 4. dioses 5. morado 6. cucharadita 7. ciprés 8. champú 9. lata 10. ají/pimiento 11. tocadiscos 12. da la lata 13. freír 14. pavo

D. 1. F 2. F 3. V 4. F 5. F 6. F 7. V 8. V 9. F

Practique la gramática

1. adjetivos
2. s
3. es
4. es/felices
5. lunes/meses/lu
6. dioses
7. rubíes/rubís
8. automóviles
9. los García
10. nunca/jamás
11. jamás/nunca jamás
12. tampoco/sin
13. algo
14. correcto
15. delante/no soy
16. no va nunca
17. digo nada

Ejercicios

A. 1. los lápices rojos 2. Felices Navidades 3. los relojes ingleses 4. las paredes azules 5. los jueves próximos 6. los ajís (ajíes) verdes 7. los champús rosados 8. los compases musicales

B. 1. alguien 2. también 3. abrelatas 4. corrales 5. ni leche ni jugo 6. hindús/hindúes 7. no veo nada 8. no veo a nadie 9. sin chiles 10. jamás como pavo 11. José drinks milk indeed 12. tampoco

C. 1. el bambú japonés 2. la pared azul 3. el otro lápiz amarillo 4. el limón agrio 5. el tocadiscos moderno 6. un pan francés 7. el lunes próximo 8. un esquí francés 9. un rubí caro 10. un reloj inglés

D. 1. no/singular 2. la tijera 3. cualesquiera 4. loaves 5. love affairs 6. powder 7. jealous 8. mueven 9. windowpanes 10. pantalón 11. Argentina 12. uno

Lección 6

Practique el vocabulario

A. 1. D 2. F 3. H 4. J 5. I 6. A 7. L 8. B 9. E 10. G 11. K 12. C

B. 1. el 2. la 3. la 4. el 5. el 6. el 7. el 8. el 9. el 10. el 11. la 12. el 13. el 14. la 15. el/los

C. 1. cocinadas 2. queso 3. vinagre 4. estirar la pata 5. pimiento 6. huevos duros 7. pasados por agua 8. cangrejo 9. pierna de cordero 10. mete la pata

D. 1. pollo 2. puerco (cerdo) 3. pimiento 4. cangrejo 5. frijoles verdes 6. vegetales (verduras) 7. tazas 8. arroz 9. rosado

Practique la gramática

1. e/ie
2. o/ue
3. tónica
4. juegan
5. tocamos
6. visto/vestimos
7. huelo/olemos
8. se sientan/se sienten
9. llueve/nieva
10. nevada
11. dormitorio
12. acordamos/acuerdan
13. frío/sí
14. divierto/divertimos
15. sirves pescado
16. mienten/mentimos

Ejercicios

A. 1. sirve 2. siente 3. suelen 4. vuelve 5. huele 6. nieva 7. llueve 8. sugiere 9. juego 10. divierten 11. quiere 12. podemos 13. duele 14. siento 15. despedimos 16. juega 17. mienten 18. fríe 19. duerme 20. sonríe 21. sirve 22. atiende 23. sirven 24. muerde 25. despiertas

B. 1. prefiero 2. vuelan 3. envuelve 4. extiende 5. persigue 6. despiertas 7. ríe 8. renuevan 9. pierdo 10. defienden 11. huelen 12. consigues 13. mueren 14. convierte 15. impide

C. 1. juegan 2. preguntar 3. asiste 4. huele 5. atiende 6. vuelve 7. tocar 8. quieren 9. acuerda 10. pedir 11. huele 12. acordar 13. huelen 14. asisten 15. jugar

Lección 7

Practique el vocabulario

A. 1. E 2. G 3. I 4. K 5. H 6. L 7. B 8. J 9. A 10. F 11. D 12. C

B. 1. V 2. V 3. F 4. F 5. V 6. F 7. V 8. V 9. V 10. F 11. V 12. F

C. 1. reloj 2. pan 3. leche 4. vino 5. misión 6. mesa 7. toro 8. vaca 9. enfermo 10. puerta

D. 1. sirvo 2. cerveza 3. bebidas 4. sugiere 5. vino 6. bodegas 7. güisqui 8. copita 9. fuerte 10. hago 11. trae 12. jerez 13. frío 14. mejor

Practique la gramática

1. oig/oy
2. no
3. c
4. obedezco
5. conduzco
6. huy-
7. concluyen
8. construye(s)
9. caigo
10. distrae
11. nazco
12. conocer/saber
13. sabe
14. conoce
15. cuezo/cozo
16. contraen

Ejercicios

A. 1. trae 2. conozco 3. seducen 4. produce 5. huye 6. oímos 7. destruye 8. conoce 9. sabe 10. influye 11. ofrezco 12. reduce 13. sabe 14. produce 15. traduzco 16. desaparece 17. reconocemos 18. cae (sienta) 19. atraen 20. obedece 21. cuece/(coce) 22. oigo

B. 1. conozco 2. conoce 3. sabe 4. sabe 5. saben 6. sabemos

C. 1. nacen 2. conducen 3. cuece/coce 4. distrae 5. deduzco 6. construyen 7. mece 8. establecen 9. cosen 10. instruye 11. decaen 12. desconozco

D. 1. escucho 2. depende de 3. asiste a 4. acaba de 5. se da cuenta de 6. acuerda de 7. pedir 8. trata de 9. enamora de 10. casa con 11. entra a/en 12. volver a 13. espera 14. olvida de 15. buscan 16. piensan/en

Examen 1

Practique el vocabulario

A. 1. E 3. L 5. I 7. M 9. C 11. R 13. Q 15. D 17. K
2. G 4. O 6. A 8. B 10. F 12. H 14. P 16. N 18. J

B. 19. pescado 20. zanahoria 21. camarones 22. blando (tierno) 23. pavo 24. fresa 25. *powder* 26. lata 27. oyente

C. 28. estoy a dieta 29. huevos pasados por agua 30. da la lata 31. está enamorada 32. a la plancha 33. mete la pata 34. vamos de merienda 35. el punto de vista 36. estira la pata

Practique la gramática

A. 1. dieciséis 2. un 3. compases 4. es la una y treinta de la tarde 5. están 6. la 7. sacapuntas 8. codornices 9. colibrís/colibríes 10. son las tres menos quince 11. de él 12. veintitrés 13. jamás 14. mientes 15. reduzco 16. compongo 17. concluyen 18. prevén 19. ciento diez 20. nieva 21. ni come ni bebe/no come ni bebe 22. detengo 23. dos millones de dólares 24. huelen 25. divertimos 26. sé 27. sigue 28. destruyen 29. satisfago 30. por qué 31. de la 32. coce/cuece 33. no bebe jamás 34. sirve 35. obedecen

B. 36. el 37. el/la 38. la 39. el 40. el 41. el 42. la 43. la 44. el/los 45. el 46. la 47. el

C. 48. conviene 49. equivale 50. sobresale 51. contiene 52. compone 53. previene 54. deshace 55. entretienen

D. 56. setecientas treinta y una cucharas. 57. dos mil una tazas 58. el veintidós por ciento

E. 59. asiste a 60. casa con 61. pregunta 62. doy cuenta de 63. pide 64. olvida de 65. trata de 66. atiende 67. enamora de 68. acuerdas de

Escala para la nota del examen:
94–104 puntos A 73–83 puntos C
84–93 puntos B 62–72 puntos D

8 Viajando
(Traveling)

la aduana	customs office	**la hierba, la yerba**	grass
la agencia de viajes	travel agency	**incómodo(a)**	uncomfortable
el baúl[1]	trunk	**la luna de miel**	honeymoon
bienvenido(a)	welcome	**el maletín**	briefcase
el billete[2] (*España*)	ticket (*Spain*)	**la moneda**[5]	currency, coin
la boda	wedding	**el/la novio(a)**	sweetheart, bridegroom (bride)
el boleto[2] (*América*)	ticket (*America*)	**pardo(a)**	brown
el cambio	change, exchange	**el pasaje**[2]	ticket
el cheque de viajero	traveler's check	**el/la pasajero(a)**	passenger
cómodo(a)	comfortable	**el pasaporte**	passport
la conferencia[3]	lecture	**la película**	movie, film
en efectivo	cash	**la reunión**	meeting
la entidad	entity	**seguro(a)**	safe, sure
el equipaje	luggage	**viajar**	to travel
el evento	event, happening	**el viaje**	trip
extranjero(a)	foreign	**el/la viajero(a)**	traveler
el/la extranjero(a)	foreigner	**el viento**	wind
la función[4]	show, function		
funcionar[4]	to work (*a machine*)		

NOTAS

1. ***Baúl*** significa dos cosas diferentes: *trunk,* como ***maleta grande;*** y *trunk of a car,* la parte del coche donde se ponen las maletas y baúles. Para *trunk of a car* se usan también términos como ***maletero*** y ***cajuela.*** El *trunk* de un elefante es ***trompa,*** y el *trunk* de un árbol es ***tronco.***

2. ***Billete*** se usa en España para *ticket,* pero también se usa en todo el mundo de habla hispana para *bill* de moneda. ***Billetera*** o ***cartera*** se usa para *wallet.* En América se usa ***boleto*** para *ticket.* ***Pasaje*** se usa también a veces para *ticket,* pero en realidad significa *fare.*

3. ***Conferencia*** no es *conference* sino *lecture,* en cambio ***lectura*** significa *reading.* Sólo se usa ***conferencia*** como *conference* para «hablar por teléfono». ***Congreso*** significa *conference* cuando es una «reunión de mucha gente». El otro significado de *conference,* como en el caso en que un profesor se reúne con un alumno o con sus padres, es ***reunión, junta.***
4. ***Función*** tiene doble significado: *function* en general, y *show* cuando se trata de cine y teatro. ***Funcionar*** es *to function* en general, pero cuando se trata de máquinas significa *to work.*
5. Observe el doble significado de ***moneda,*** *currency* y *coin,* como en el siguiente ejemplo: **la moneda** (*currency*) **de España es la peseta; la moneda** (*coin*) **más pequeña es de cinco pesetas. La casa de la moneda** traduce *mint.*

PRACTIQUE LAS PALABRAS NUEVAS

A. Complete las oraciones con una de las siguientes palabras o expresiones.

aduana	boleto	congreso	moneda	pasaporte
baúl	cómodo	equipaje	novios	película
boda	conferencia	luna de miel	pardo	reunión

1. En España es un billete; en América es un ______________.
2. Una maleta grande es un ______________.
3. Para viajar al extranjero se necesita un documento importante: el ______________.
4. El «dinero» de un país se llama ______________.
5. La palabra para maletas, maletines, baúles y paquetes es ______________.
6. La ceremonia del matrimonio se llama ______________.
7. Cuando se viaja al extranjero, hay que pasar el equipaje por la ______________.
8. Después de la boda los recién casados van de ______________.
9. La hierba es verde; el café es ______________.
10. *Lecture* no significa **lectura** sino ______________.
11. Vamos al cine para ver una ______________.
12. Es más ______________ viajar con poco equipaje que con mucho.
13. Los profesores de español tuvieron el ______________ anual en Madrid.
14. El maestro tuvo una ______________ con los padres de Carlitos para discutir el problema de sus malas notas.
15. Parece que van a casarse pronto; hace cuatro años que son ______________.

RESPUESTAS p. 155

B. Conteste verdadero o falso (V/F).

1. _____ Cuando queremos comprar un boleto de avión generalmente vamos a una agencia de viajes.
2. _____ Los carros tienen baúl; los elefantes tiene trompa; los árboles tienen tronco.
3. _____ La aduana es una agencia internacional de contrabando.
4. _____ Es más seguro viajar con dinero en efectivo que con cheques de viajero.
5. _____ Cuando llega un viajero, le decimos «¡Bienvenido!»
6. _____ La boda es un evento crucial para los novios.
7. _____ El viento y la película son parte importante del equipaje en un viaje largo.
8. _____ Una maleta es más grande que un baúl.
9. _____ *Pasaje* es otra palabra para decir ***boleto.***
10. _____ En la aduana los oficiales inspeccionan sólo el equipaje de los extranjeros.
11. _____ Es costumbre pasar la luna de miel en una conferencia.
12. _____ Una boda es un evento, y una iglesia es un edificio.

RESPUESTAS p. 155

C. **Complete cada una de las siguientes oraciones con una palabra adecuada.**

1. Cuando Ud. viaja a otro país debe llevar el _______________ para identificarse.
2. Después que los novios se casan, se van de _______________.
3. Los baúles y maletas son parte del _______________.
4. En un viaje al extranjero es mejor llevar cheques de viajero que dinero en _______________.
5. Buffalo es la ciudad del frío y la nieve, y Chicago es la ciudad del _______________.
6. Un relojero hace relojes; un panadero hace _______________.
7. La _______________ se hace de papel o de metal: plata, cobre, níquel.
8. Podemos comprar los pasajes en una _______________ de viajes.
9. En los viajes largos las aerolíneas sirven comida y ponen una _________ para entretener a los pasajeros.
10. Cuando Ud. va al cine, ¿prefiere la _______________ de la tarde o la de la noche?

GRAMÁTICA *Ser/estar, hacer, tener, haber*

I. Comparación de *ser/estar*

A. **¿Característica o cambio?** Un adjetivo describe una cualidad del nombre: bueno, rojo, suave, cómico, americano. Hay dos clases de cualidades.

1. La cualidad puede ser una característica o norma del nombre: *The grass is green.*
2. La cualidad puede ser un cambio o resultado de una acción: *The grass is brown.*

En español usamos el verbo ***ser*** para indicar la característica o norma, y usamos el verbo ***estar*** para indicar el cambio o resultado.

EJS: **La hierba *es* verde.** (*We normally expect the grass to be green.*)
La hierba *está* parda. (*After a dry spell, grass changes to brown.*)

B. La norma para una persona no es necesariamente la norma para otra. Se puede cambiar la norma o enfatizar una cualidad indicando con el verbo ***estar*** que hay un cambio.

EJ: *Jaime has gotten very tall since the last time you saw him. You will probably say this to talk about the change:* **¡Jaime *está* muy alto!** *But to his parents,* **Jaime *es* alto.**

C. **¿Eventos o entidades?** Hay dos clases de nombres: **eventos** (como reunión, boda) y **entidades** (como niño, libro, mesa).

Usamos ***ser*** para indicar el lugar o tiempo de un evento, y usamos ***estar*** para indicar el lugar donde está una entidad.

EJS: **La boda *es* en la iglesia de Santa Ana.** (*The wedding [event] is in Saint Anne's church.*)
La novia *está* en la iglesia de Santa Ana. (*The bride [entity] is in Saint Anne's church.*)

La siguiente es una lista parcial de eventos.

accidente accident	**concierto** concert	**graduación** graduation
boda wedding	**conferencia** lecture	**juicio** trial
clase class (as a meeting)	**fiesta** party	**reunión** meeting
comida meal	**función** show	**sinfonía** symphony

D. Usamos ***ser*** con la forma pasiva, y ***estar*** con la forma progresiva que estudiaremos con más detalle (*detail*) en la lección 21.

EJS: **El toro *es matado* por el torero.** (*The bull is killed by the bullfighter.*)
El torero *está matando* el toro. (*The bullfighter is killing the bull.*)

II. Hacer + ***tiempo*** (*weather*)

A. **¿Calor o frío?** Usamos ***hacer*** para hablar sobre el tiempo atmosférico:

frío, calor, viento, sol. Repase las siguientes expresiones.

Hace buen tiempo. (*It's nice.*)	**Hace frío.** (*It's cold.*)
Hace bueno. (*It's nice.*)	**Hace mal tiempo.** (*It's bad weather.*)
Hace calor. (*It's hot.*)	**Hace sol.** (*It's sunny.*)
Hace fresco. (*It's cool.*)	**Hace viento.** (*It's windy.*)

También se puede usar el verbo ***haber*** para hablar sobre el tiempo atmosférico.

EJS: **En Miami siempre *hay* mucho sol.** (*It's always very sunny in Miami.*)
Hoy no *hay* viento. (*Today it's not windy.*)

B. En las expresiones anteriores, ***sol, calor, viento,*** son nombres. En cambio, las expresiones equivalentes en inglés emplean adjetivos. Por eso no traducimos *very cold* por ***muy frío*** sino ***mucho frío.*** Para traducir ***a little*** usamos ***un poco de.***

EJS: **Hace *mucho* viento.** (*It's very windy.*)
En Hawaii siempre hay *mucho* sol. (*In Hawaii it's always very sunny.*)

Además, para reemplazar los nombres ***sol, frío, viento,*** se utiliza el pronombre masculino de objeto directo ***lo.***

EJ: **¿Hace (hay) *frío* esta mañana en Chicago? —Sí, *lo* hace (hay).**

III. Tener + ***nombre*** (sensaciones, emociones)

A. Usamos ***tener*** con un nombre para hablar de ciertas sensaciones y emociones. Repase la siguiente lista.

tener... años to be . . . years old	**tener prisa** to be in a hurry
tener calor to be hot	**tener razón** to be right
tener cuidado to be careful	**no tener razón** to be wrong
tener frío to be cold	**tener sed** to be thirsty
tener ganas de to feel like	**tener sueño** to be sleepy
tener hambre to be hungry	**tener suerte** to be lucky
tener miedo de to be afraid of	

B. En las expresiones anteriores las palabras ***frío, calor, años, prisa, suerte,*** son nombres; en inglés se utilizan adjetivos (*cold, hot, lucky*). Por ello, para traducir la idea de *very lucky* no usamos ***muy*** sino ***mucha*: tener mucha suerte.**

EJS: **Tengo mucha hambre.** (*I am very hungry.*)
Mi tío tiene muchos años. (*My uncle is very old.*)

Dado que ***frío, calor, suerte, sed,*** son nombres, se pueden convertir en pronombres de objeto directo: **lo, la, los, las.**

EJS: **¿Tienes *mucha* sed? —Sí, *la* tengo.**
¿Tiene *muchos años* tu abuelo? —Sí, *los* tiene.

PRACTIQUE LA GRAMÁTICA

1. Un adjetivo describe una cualidad de un ______________. Esta cualidad puede ser una característica o ______________ del nombre. Por ejemplo, *La nieve es blanca.*
2. Una cualidad puede también ser un ______________ o resultado de una acción; por ejemplo, si Ud. pinta una pared, esa pared está pintada.
3. Para indicar una cualidad que es una norma del nombre usamos el verbo ______________. Si esa misma cualidad es un ______________, usamos *estar.*
4. Si Ud. vive en el desierto y un día viaja a una zona muy verde, probablemente Ud. va a indicar su sorpresa diciendo: *¡Aquí todo* ______________ *verde!*
5. No es correcto decir ***La reunión está aquí.*** Debemos decir ***La reunión*** ______________ ***aquí,*** porque ***reunión*** no es una entidad sino un ______________.
6. ***Comida*** significa dos cosas: a) *meal* (the family event), y b) *food* (things we eat). Si queremos hablar de la reunión de familia para comer, decimos ***La comida*** ______________ ***en el comedor.*** Si hablamos de la pizza, el pollo que vamos a comer, decimos ***La comida*** ______________ ***en la cocina.***
7. Usamos ***ser*** para indicar cuándo ocurre un evento, por ejemplo, ***La boda*** ______________ ***el sábado que viene.***
8. En la expresión ***hace frío,*** no se usa un adjetivo como en la expresión equivalente en inglés sino un ____________________. ¿Cómo se traduce la expresión *It's very cold*? ________________.
9. El verbo ***haber*** también se usa con ***frío, calor, viento,*** etc., para hablar sobre el tiempo. ¿Cómo se dice *It's very windy*? ____________________.
10. Una persona «siente» calor, frío, hambre. Para hablar sobre estas sensaciones podemos usar el verbo ***sentir*** (*to feel*), pero es más común usar el verbo ______________.
11. En expresiones como ***tener suerte***, la palabra ***suerte*** no significa *lucky* sino *luck*. Esto quiere decir que ***suerte*** es un nombre. ¿Cómo se dice *I am very lucky*? ____________________.
12. Si alguien le pregunta ***¿Hace frío en Alaska?,*** usted puede contestar: ***Sí,*** ______________, sin necesidad de repetir la palabra ***frío.***
13. ¿Qué significa la expresión ***No tener razón?*** ________________________.
14. Si alguien le pregunta ***¿Tiene Ud. mucha suerte?,*** usted puede contestar sin repetir ***suerte: Sí,*** ______________.

EJERCICIOS

RESPUESTAS p. 156

A. Complete las oraciones de la primera columna con una palabra o expresión de la segunda columna.

1. _____	Generalmente en la primavera...	A. tienen hambre
2. _____	Hoy es un día fatal porque...	B. están
3. _____	En verano generalmente...	C. son
4. _____	Las montañas de Colorado... altas	D. tienen prisa
5. _____	La conferencia... en el auditorio.	E. hay viento
6. _____	Los árboles se mueven mucho porque...	F. hace fresco
7. _____	La iglesia... lejos de mi casa.	G. tienen cuidado
8. _____	Ellos van a comer porque...	H. hace mal tiempo
9. _____	En Colorado... muchas montañas altas.	I. tiene suerte
10. _____	Los novios todavía no... en la iglesia.	J. tienen sed
11. _____	Ellas están corriendo porque...	K. está
12. _____	Ustedes... porque no duermen lo suficiente.	L. hay
13. _____	Mi amigo ganó la lotería porque...	M. tienen sueño
14. _____	Ellos van a tomar algo porque...	N. es
15. _____	Uds. van a tener un accidente porque no...	O. hace calor

RESPUESTAS p. 156

B. Complete las oraciones con el presente de indicativo de *tener, haber, hacer, ser, estar.* (Recuerde que en algunos casos se pueden usar *hace* y *hay.*)

1. En Alaska _______________ más frío que en California.
2. Vamos a ir a la playa esta tarde porque _______________ mucho sol.
3. Este baúl es muy viejo; creo que _______________ cien años por lo menos.
4. Mi madre _______________ furiosa hoy, no sé por qué.
5. Una maleta _______________ más grande que un maletín.
6. La conferencia sobre Picasso no _______________ hoy sino mañana.
7. Esta hierba _______________ muy verde porque la regamos bastante.
8. La gente dice que en Chicago siempre _______________ viento.
9. La Navidad siempre _______________ el veinticinco de diciembre.
10. Siempre que yo juego la lotería, _______________ mucha suerte.

11. Esa niña está llorando (*is crying*) porque ______________ mucha hambre.
12. Quiero saber cómo ______________ tus padres hoy.
13. Los pingüinos del zoológico ______________ mucho calor.
14. La boda de mi amiga Lucía ______________ en Las Vegas.
15. No quiero este café porque ______________ frío.
16. Mi cuenta del banco ______________ casi vacía porque he pagado todas mis deudas.
17. Mi equipaje ______________ en buenas condiciones.
18. Voy a viajar a la montaña porque allí ______________ fresco.
19. Esta casa ______________ muy vieja.
20. Voy a dormir porque ______________ sueño.
21. ***Billete*** ______________ lo mismo que ***boleto,*** pero en España.
22. La reunión familiar ______________ en la sala grande de la casa.
23. En Palm Springs ______________ calor todo el año, excepto por la noche.
24. Estos cheques de viajero ______________ falsos.

RESPUESTAS p. 156

C. Complete las oraciones con el verbo *tener* y una sensación (*frío, calor, miedo,* etc.).

1. No hay ninguna bebida fría en la casa y yo ______________ mucha ______________.
2. ¿Cuál es la capital de Argentina, Carlitos? —Santiago. —No, Carlitos; no ________________.
3. Juanita, ¿Cuál es la capital de Argentina? —Buenos Aires. —Muy bien, Juanita; ________________.
4. Mi abuelo es muy viejo; ___________ ochenta y cinco ___________.
5. Voy a ponerme el abrigo y los guantes (*gloves*) porque ______________.
6. Hace dos días que no duermo bien; ___________ mucho ___________.
7. José siempre ________________ porque se levanta tarde.
8. Las amigas se van a la playa porque ________________.
9. Ese bebé hace un día que no come nada; _________ mucha _________.
10. Los estudiantes ________________ porque una serpiente ¡acaba de entrar a la clase!

11. No me gusta comprar billetes de lotería porque siempre ______________ mala ______________.

12. Lolita maneja bien; ella siempre ____________ mucho ____________.

¡ATENCIÓN! Algunos problemas con los adjetivos descriptivos

¿Dónde pongo el adjetivo, delante o detrás del nombre?
En inglés el adjetivo siempre va delante del nombre; en español puede ir delante y detrás, pero ello implica a veces un cambio en el significado. No olvidemos que un adjetivo describe una cualidad del nombre.

1. **Regla general.** La mayoría de los adjetivos van detrás del nombre.

   a) El adjetivo **detrás** del nombre indica una **clasificación** o **diferenciación** de ese nombre. Ello quiere decir que hay otros sujetos que no tienen esa cualidad.

   EJS: **La pared *blanca.*** (Hay paredes de otros colores.)
   La joven *americana.* (Hay jóvenes que no son americanas.)

   b) El adjetivo **delante** del nombre no compara ese nombre con otros, no lo clasifica ni lo diferencia. Ese adjetivo es **enfático,** pues se usa para resaltar la característica de ese nombre. En muchos casos estos adjetivos connotan un **sentido figurado** o **metafórico.**

   EJS: **la *blanca* pared** (*the white wall*)
   la *pobre* tortuga (*the unfortunate turtle*)

2. Algunos adjetivos cambian radicalmente de significado al cambiar de posición, delante o detrás del nombre. Observe que cuando el adjetivo está detrás tiene el significado denotativo. En cambio, cuando está delante del nombre tiene un significado especial, figurado, metafórico.

un *gran* libro (*a great book*)	**un libro *grande*** (*a big book*)
un *nuevo* carro (*another car*)	**un carro *nuevo*** (*a brand new car*)
una *pobre* muchacha (*a pitiful girl*)	**una muchacha *pobre*** (*a poor girl*)
Es *pura* agua. (*It's only water.*)	**Es agua *pura*.** (*It's pure water.*)
un *simple* soldado (*just a soldier*)	**un soldado *simple*** (*a simple soldier*)
un *viejo* amigo (*a longtime friend*)	**un amigo *viejo*** (*an old friend*)

RESPUESTAS p. 156

D. Complete las oraciones siguientes.

1. El aire de este pueblo no está contaminado; es ______________. (*pure air*).

2. Me gusta tomar ______________. (*good coffee*)

3. Prefiero el ______________ al rojo. (*blue car*)
4. Don Tomás tiene una sola hija; su ______________ estudia en la Universidad de Michigan. (*beautiful daughter*)
5. Un viejo amigo no es lo mismo que un amigo viejo. ¿Cuál de las dos expresiones significa que son amigos por muchos años? ________________.
6. Un gran libro no es necesariamente un libro grande. ¿Cuál de las dos expresiones refleja la idea de *a great book*? ______________________.
7. Jorge tiene un ______________, pero ya está usado. (*another car*)
8. ¿Vas a comprar un ______________ o uno extranjero? (*American car*)
9. ¿Cuál te gusta más, la ______________ o la pequeña? (*big suitcase*)
10. Me gusta contemplar las ______________. (*high mountains*)
11. Todos los muchachos se burlaban de María; la ______________ lloraba y lloraba (*was crying and crying*). (*unfortunate girl*)
12. Un poeta pobre merece compasión porque no tiene dinero; pero un pobre poeta es peor porque no tiene ______________. (*good poetry*)

9 En el aeropuerto
(At the Airport)

abordar	to board	**marearse**	to get dizzy/sick
abrocharse	to fasten	**el mareo**	dizziness
la aerolínea[1]	airline	**el mozo, el maletero**	porter (*luggage*)
el/la aeromozo(a)[2]	steward (stewardess)	**el pájaro**	bird
el asiento	seat	**la pastilla**	pill
el aterrizaje	landing	**la puerta**[4]	gate, door
aterrizar	to land	**la salida**[4]	departure, exit, gate
el/la auxiliar de vuelo[2]	flight attendant	**la seguridad**	safety
el avión	airplane	**suave**	smooth, soft
el cinto	belt	**la tarjeta de embarque**	boarding pass
el cinturón	safety belt	**la tripulación**	the crew
despegar	to take off	**la turbulencia**	turbulence
el despegue	takeoff	**la ventanilla**	small window
fumar[3]	to smoke	**volar (ue)**	to fly
hacer escala en	to stop over	**el vuelo**	flight
la llegada[4]	arrival		

NOTAS

1. *Aerolínea* se usa para *airline,* y también *línea aérea.*
2. *Aeromozo(a)* se usa en algunos países para *steward/stewardess*. En muchos países se usaba *azafata* para *stewardess,* pero desde que los hombres entraron en esta ocupación se usa ***el/la auxiliar de vuelo*** para los dos sexos. En algunos países de Sudamérica se *usa camarero(a)*. En México y en España se usa actualmente ***el/la sobrecargo.***

3. ¿Fumar o no fumar? En Estados Unidos no se permite fumar en ningún vuelo nacional, pero sí se permite en los vuelos internacionales de más de dos horas. Las aerolíneas de países de habla hispana sí permiten fumar en una sección designada para ello, en todos los viajes, cortos o largos. Por desgracia (*unfortunately*), todavía es «elegante» que un artista latino fume un cigarrillo en televisión. Para las jóvenes (*teens*), fumar es un signo de la liberación de la mujer.
4. ***Salida*** tiene varios significados. Si hablamos de aviones, trenes y autobuses significa *departure,* lo opuesto a ***llegada.*** La salida en los edificios significa *exit,* y también se usa para decir *gate,* en lugar de ***puerta.***

PRACTIQUE LAS PALABRAS NUEVAS

A. Subraye la palabra o expresión que completa la oración.

1. ¡Atención, señoras y señores! Abróchense los (mareos, asientos, cinturones, despegues).
2. Si no quiere marearse en el avión, tome una (ventanilla, pastilla, tarjeta, salida).
3. Me gusta viajar al lado de la (ventanilla, aeromoza, tripulación, auxiliar de vuelo).
4. Para abordar el avión es necesario presentar (el vuelo, el pájaro, la tarjeta de embarque, el boleto).
5. Ya están anunciando la salida del (asiento, mareo, puerta, vuelo) número 77.
6. Es necesario reservar (una azafata, una seguridad, un asiento, una llegada) en el avión.
7. Ese vuelo (llega, sale, despega, aterriza) de Chicago a las cuatro y veinte de la tarde.
8. Vamos a (despegar, aterrizar, fumar, abordar) en Los Ángeles en diez minutos.
9. Los aviones y los pájaros tienen la facultad de (abordar, volar, marearse, asegurarse).
10. Este vuelo termina en Nueva York, pero (se abrocha, hace escala, aterriza, despega) en Denver, Colorado.
11. Me gustan los vuelos (peligrosos, suaves, con mareos, con turbulencias).
12. Sólo se permite llevar un maletín dentro (del vuelo, del asiento, del avión, de la aerolínea).

B. Complete cada oración con una palabra o expresión de la lista siguiente. Haga cambios si son necesarios.

aeromoza	cinturón	marearse	tarjeta de embarque
asiento	despegue	pájaro	tripulación
aterrizaje	hacer escala	suave	volar

1. El avión vuela como si fuera un ______________ enorme.
2. El piloto y los sobrecargos constituyen la ______________ del avión.
3. Si Ud. sube un maletín al avión, debe ponerlo debajo del ______________ a la hora del despegue y del aterrizaje.
4. Un vuelo ______________ es un vuelo sin turbulencias.
5. El avión ______________ sobre las nubes (*clouds*).
6. La ______________ sirve la comida en el avión.
7. El piloto dice que debemos abrocharnos los ______________ porque hay turbulencia.
8. El auxiliar de vuelo pide la ______________ antes de abordar el avión.
9. Este vuelo no es directo. ______________ en Acapulco.
10. Los aviones grandes necesitan una pista (*runway*) de ______________ muy larga.
11. Si Ud. toma esta pastilla no va a ______________ en el avión.
12. Los dos momentos más peligrosos del vuelo son el aterrizaje y el ______________.

RESPUESTAS p. 156

C. Conteste verdadero o falso (V/F).

1. _____ Los cinturones de seguridad se deben usar sólo en caso de accidente.
2. _____ Los/Las auxiliares de vuelo usan uniformes que cambian de una aerolínea a otra.
3. _____ La tarjeta de embarque normalmente indica la puerta para tomar el avión.
4. _____ Las ventanillas de un avión son más grandes que las de un carro.
5. _____ Los sobrecargos llevan las maletas y baúles de los pasajeros.
6. _____ Los aeropuertos generalmente tienen maleteros para llevar el equipaje de los pasajeros.

7. _____ Los pasajes de la sección económica son más caros que los de primera clase.
8. _____ En los vuelos internacionales se sirve comida a los pasajeros, pero no en los vuelos nacionales.
9. _____ Antes del despegue, un/una auxiliar de vuelo explica las medidas de seguridad del avión.

GRAMÁTICA Pronombres de objeto directo (OD) y reflexivos

I. El objeto directo (OD)

A. El objeto directo es el nombre o pronombre que complementa el verbo transitivo. Por ejemplo, ***comprar*** no significa nada si no compramos algo (comida, un carro, una casa).

B. En español diferenciamos las personas de los animales y cosas cuando son objeto directo; usamos la preposición **a** antes de personas definidas o específicas. Antes de animales y cosas no se usa nada.

EJS: **Vemos *a* una chica. / Vemos un perro. / Vemos una casa.**

C. Decimos **Necesito un médico** cuando no nos referimos a ningún médico en particular. Una buena traducción en este caso sería *I need medical help*.

II. Pronombres de objeto directo y reflexivos

Sujeto	OD	OD (inglés)	Reflexivo	Reflexivo (inglés)
yo	**me**	me	**me**	myself
tú	**te**	you	**te**	yourself
él / Ud.	**lo (le)**	him / you	**se**	himself / yourself
ella / Ud.	**la**	her / you	**se**	herself / yourself
nosotros(as)	**nos**	us	**nos**	ourselves
vosotros(as)	**os**	you	**os**	yourselves
ellos / Uds.	**los (les)**	them / you	**se**	themselves / yourselves
ellas / Uds.	**las**	them / you	**se**	themselves / yourselves

A. En España se usa ***le / les*** cuando el objeto directo es una persona y ***lo / los*** cuando es un animal o una cosa. En Hispanoamérica se usa ***lo / los*** para personas, animales y cosas.

EJS: **¿Ves al muchacho? —Sí, *le* veo (*España*).**
—Sí, *lo* veo (*Hispanoamérica*).
¿Ves el libro rojo? —Sí, *lo* veo. (*España e Hispanoamérica*).

B. Los pronombres *vosotros(as)* se usan sólo en España como plural de *tú*, y su objeto directo y reflexivo es *os*. En Argentina y Uruguay se usa *vos* en lugar de *tú*. El objeto directo y el reflexivo de *vos* es *te*. En este texto no nos ocupamos de los pronombres exclusivos de España y de Argentina.

C. Los pronombres de objeto directo y los reflexivos se ponen antes del verbo personal, pero con el infinitivo y el participio progresivo (por ejemplo, *hablando*) se usan después. Si el objeto directo y el reflexivo están juntos, el reflexivo va antes del objeto directo.

EJS: **¿*Te* lavaste las manos? —Sí, *me las* lavé.**
¿Vas a lavar*te* las manos? —Sí, voy a lavár*melas*.
¿*Te* vas a lavar las manos? —Sí, *me las* voy a lavar.

III. Construcción reflexiva

A. *Reflexivo* quiere decir que repite o refleja el sujeto: **yo** → **me**, **tú** → **te**. Prácticamente cada verbo del diccionario español puede usarse como reflexivo, y por ello existen muchas clases de construcciones reflexivas.

1. **Reflexivo verdadero.** La acción vuelve al sujeto en vez de pasar a otro nombre.

   EJ: **María *se* lavó. —María lavó *a su hermanito*.**

   Las acciones personales como lavarse, bañarse, vestirse, son reflexivas. Por lo tanto, generalmente no se hacen a otras personas. Aquí hay una lista de estos verbos reflexivos.

   afeitarse to shave
   despertarse to wake up
   lavarse to wash
   levantarse to get up
   llamarse to be called
   maquillarse to put on makeup
   pararse to stand up
   peinarse to comb one's hair
   pintarse los labios to put on lipstick
   ponerse to put on
   quitarse to take off
   secarse to dry
   sentarse to sit down
   sentirse to feel
   vestirse to get dressed

2. **Reflexivo inherente.** Unos pocos verbos siempre son reflexivos, aunque la acción no vuelve al sujeto. En este caso el reflexivo no significa nada, simplemente es parte del verbo.

   arrepentirse to repent
   atreverse to dare
   enfadarse to get mad
   jactarse to boast
   quejarse to complain
   suicidarse to commit suicide

3. **Reflexivo enfático.** Los verbos intransitivos como **ir, salir, venir, llegar,** etc., pueden usarse con pronombres reflexivos. También los verbos transitivos como **beber** o **comer** pueden tomar un reflexivo. En estos casos el reflexivo simplemente repite el sujeto de la oración y parece

dar más responsabilidad a la persona que ejecuta la acción.

EJS: **Carlos *va* a casa. / Carlos *se va* a casa.**
Carlos *come* el postre. / Carlos *se come* el postre.
Carlitos *está* tranquilo. / Carlitos *se está* tranquilo.

En Hispanoamérica se usa más este reflexivo enfático que en España.

B. Unos pocos verbos cambian de significado cuando van acompañados por el pronombre reflexivo.

aburrir to bore
aburrirse to get bored
acordar to agree
acordarse to remember
despedir to dismiss, fire
despedirse to say good-bye
dormir to sleep
dormirse to fall asleep
marchar to depart, leave; to march
marcharse to go away
parecer to seem
parecerse to resemble
referir to tell (*a story*)
referirse a to refer to

C. En algunos casos no hay traducción para el reflexivo **se.** En oraciones como **Se habla español** la función de ***se*** es hacer referencia a un sujeto humano indefinido equivalente al inglés *one.* Observe que en **Se rompió la ventana** la función de ***ventana*** es objeto directo de la estructura profunda (*deep structure*) como en **Yo rompí la ventana.** Pero ***ventana*** cambia a sujeto superficial en **Se rompió la ventana.** Por eso el plural es **Se rompieron las ventanas.** Algunos libros llaman impersonal a este ***se,*** porque lo usamos cuando no sabemos quién es responsable de la acción.

PRACTIQUE LA GRAMÁTICA

1. Un verbo transitivo necesita el objeto ______________ para completar su significado. Por eso también se llama complemento directo.
2. Decir **Conozco esa señora** no es correcto porque ***señora*** es una persona definida. La oración correcta es **Conozco** ______________.
3. ¿Recuerda Ud. que ***nadie*** es la negación de ***alguien***? ¿Es correcto decir **Yo no veo nadie?** ______________. Debe ser **Yo no veo** ______________.
4. Hay cuatro pronombres de objeto directo de tercera persona que se usan en Hispanoamérica, y se escriben casi como los artículos definidos: ___________, ___________, ___________ y ___________.
5. En España **ver a Juan** es **verle,** pero en Hispanoamérica **ver a Juan** es ______________. En todo el mundo de habla hispana **ver el avión** es ______________.
6. En inglés *me* es el objeto directo y *myself* es el reflexivo para la primera persona. En español el objeto directo y el reflexivo para la primera persona es el mismo pronombre: ______________.

7. El pronombre reflexivo siempre repite el _______________ de la oración, por ejemplo, *te* repite _______________.
8. Sólo hay un pronombre reflexivo para la tercera persona, singular y plural: _______________.
9. En España la gente dice **Vamos a visitarles** (*a los amigos*); en Hispanoamérica la gente dice **Vamos a** _______________.
10. En España el plural de *tú* es *vosotros;* en América el plural de *tú* es _______________. Esto quiere decir que en plural no hay diferencia entre *familiar / formal.*
11. Decir **el plato rompió** (*the dish broke*) no es correcto; se necesita el pronombre reflexivo _______________ porque plato es un objeto inanimado.
12. ¿Cuál es el plural de *Se abre la puerta?* _________________________.
13. *Me voy a casa* es más _______________ que *Voy a casa.*
14. No es correcto decir **Yo baño todos los días.** Se necesita el reflexivo _______________ antes de *baño.*
15. *Quejar* (*to complain*) es en realidad la base para un reflexivo inherente. ¿Cómo traduce Ud. la expresión *I complain*? _______________.
16. *Acordar* significa *to agree,* en cambio *acordarse* es _______________.
17. *Parecer* significa *to seem,* en cambio *parecerse* significa _______________.
18. ¿Cómo traduce Ud. al inglés la expresión **Me comí la pizza?** _________________________.

EJERCICIOS

RESPUESTAS p. 157

A. *La rutina de las mañanas.* **Complete las oraciones con los verbos que están en paréntesis, conjugándolos en el presente de indicativo.**

Todos los días (yo) _______________ (1. levantarse) a las siete en punto, _______________ (2. bañarse), _______________ (3. lavarse) el pelo con champú, _______________ (4. secarse) con una toalla. Luego pongo la cafetera, vuelvo al baño y _______________ (5. peinarse). Después _______________ (6. tomarse) una taza de café bien caliente, sin azúcar y sin crema, mientras escucho mi estación favorita de radio. Vuelvo al baño y _______________ (7. maquillarse) un poco a la vez que sigo escuchando mi música. Antes de salir _______________ (8. pintarse) los labios y entonces _______________ (9. irse) a la universidad. Llego a tiempo a mi primera clase y _______________ (10. sentarse) en la primera fila.

RESPUESTAS p. 157

B. Conteste cada pregunta sustituyendo el nombre por el pronombre para el objeto directo.

EJ: **¿Sabe usted español? —Sí, lo sé.**

1. ¿Escucha usted la radio todas la mañanas? —Sí, ______________.
2. ¿Conoce Ud. a mi tío? —No, ______________.
3. ¿Hace usted su tarea todos los días? —Sí, ______________.
4. ¿Quiere usted café? —Sí, ______________.
5. ¿Trae usted su maletín todos los días? —No, ______________.
6. ¿Habla usted japonés? —No, ______________.
7. ¿Quieres verme mañana? —Sí, ______________.
8. ¿Te puedo ayudar con la tarea? —Sí, ______________.

RESPUESTAS p. 157

C. Complete las oraciones con los verbos en presente de indicativo.

1. El carro ______________ si no tiene gasolina. (pararse)
2. Yo nunca ______________ de la fiesta sin decir adiós a todos. (irse)
3. Jorge siempre ______________ en la clase de matemáticas. (dormirse)
4. ¿Por qué (tú) no ______________ los vegetales? (comerse)
5. Muchos niños ______________ de hambre en todo el mundo. (morirse)
6. Ella nunca ______________ cuando viaja en avión. (marearse)
7. Yo no ______________ muy bien hoy. (sentirse)
8. Toda la familia ____________________ a la mesa para comer. (sentarse)

RESPUESTAS p. 157

D. Traduzca al español.

1. I hear somebody. ______________________________________.
2. I see nobody. ______________________________________.
3. I see nothing. ______________________________________.
4. The door broke. ______________________________________.
5. The doors broke. ______________________________________.
6. Wash your hands. ______________________________________.
7. Cars for sale. ______________________________________.
8. Spanish spoken. ______________________________________.

E. Escriba oraciones con las palabras en cada ejercicio, sin alterar el orden en que están. Usted tiene que completar con artículos, preposiciones, o lo que se necesite. Use el presente de indicativo.

EJ: **maestro / saludar / estudiantes / antes / clase**
El maestro saluda a los estudiantes antes de la clase.

1. mi padres / levantarse / tarde / todo / días

____

2. ¿qué hora / acostarse / tú / sábados ?

____

3. nosotros / desear / irse / casa / después / clase

____

4. carro / Juan / romperse / todo / semanas

____

5. nuestro / hijos / desayunarse / antes / ir / escuela

____

¡ATENCIÓN! Adjetivos *todo, cada, más, menos, medio, otro*

1. *Todo* significa totalidad, igual que los artículos determinados, por eso se usa siempre con los artículos **el, la, los, las.**

   EJS: ***todo el* día, *todas las* tardes**

   El singular **todo** (**toda**) se usa sin artículo con nombres contables en singular para indicar individualidad (en inglés, *each and every*). Este uso es más literario que coloquial.

   EJ: ***Todo hombre* es libre.** (*Each and every man is free.*)

2. *Cada* sólo se usa en singular y significa *each, every*. **Cada** se usa también con números para indicar las veces que se repite una acción.

   EJS: ***cada dos* días** (*every other day*)
   ***cada cuatro* meses** (*every four months*)

3. *Más y menos* se usan después del nombre cuando hay un número antes. (Note que en inglés *more, less* y *fewer* siempre van antes del nombre).

   EJ: **Necesito *dos* libros *más*.** (*I need two more books.*)

   Recuerde que *more than* + (number) se traduce por **más de** + (***número***):

   EJ: **Tengo *más de dos* cursos.**

4. ***Medio*** y ***media*** son siempre adjetivos y se ponen antes del nombre si no hay otro número, pero se ponen después cuando hay otro número. Observe que el artículo **a** no se traduce al español. En México, así como en otros países de habla hispana, se usa el orden del inglés.

   EJS: **Necesito *media* libra de carne.** (*I need half a pound of meat.*)
   Compré dos libras y *media*. (*I bought two and a half pounds.*)
   Compré *dos y media* libras. (*I bought two and a half pounds.*)

   La mitad de significa *half of a* (*an*), *half of the* y es equivalente a ***medio*(*a*)**.

   EJ: **Comí *la mitad de* la naranja. = Comí media naranja.**

5. ***Otro*** y ***otra*** nunca se usan con el artículo indefinido ***un/una***. En inglés *another,* en cambio, es un compuesto de *an* + *other*. Si hay un número antes del nombre, ***otro*(*a*)** se usa antes del número, lo contrario del inglés.

   EJ: **Necesito *otros dos* libros.** (*I need another two books.*)

   Every other se traduce por ***cada dos***.

   EJ: ***cada dos* días** (*every other day*)

RESPUESTAS p. 157

F. Traduzca al español las expresiones en paréntesis.

1. Queremos quedarnos en Cuba ____________________. (*three more days*)
2. Alberto va a comprar ____________________. (*one more pound*)
3. ¿Vas a la peluquería ____________________? (*every other week*)
4. Mario está gordo; pesa (*weighs*) 205 ____________________. (*pounds and a half*)
5. Marta no va en este vuelo sino en ____________________. (*another one*)
6. Lolita trabaja ____________________. (*every Saturday*)
7. Ya nos faltan ____________________ para llegar. (*less than five miles*)
8. Otra manera de decir **todo hombre** es ____________________. (*every man*)
9. Otra manera de decir **la mitad de una hora** es ____________________. (*half an hour*)
10. Los mozos trabajan en el restaurante ____________________. (*the whole day*)
11. Vamos a necesitar ____________________. (*two more chairs*)
12. Solamente voy a comer ____________________. (*half a sandwich*)
13. Prefiero volver ____________________. (*another day*)

10 En el tren
(On the Train)

a la americana[1]	to go Dutch
el andén	platform
el boleto de ida	one-way ticket
el boleto de ida y vuelta	round-trip ticket
el coche cama	sleeping car
el coche comedor	dining car
con retraso	late
cruzar	to cross
demorar	to delay
disponible	available
entregar	to deliver
el ferrocarril	railroad
funcionar	to work (*a machine*)
gratis	free (*of charge*)
gratuito(a)	free (*of charge*)
hacer caso	to pay attention
el horario[2]	schedule
la letra	letter (*alphabet*)
el letrero	sign
la litera	berth
el maletero[3]	porter, trunk (*car*)
olvidar	to forget
el pelo	hair
tomar el pelo	to pull one's leg
perder (ie)	to lose, miss
romper	to break, tear
roto(a)	broken, torn
sin falta	without fail
sucio(a)	dirty
el talón[4]	the stub
la taquilla	ticket window
el/la taquillero(a)[5]	ticket agent
tomar una copa[1]	to have a drink
vacío(a)	empty
el vagón, el coche[6]	wagon, car (*train*)

NOTAS

1. *I'll invite you to a drink* no se traduce por **Te invito a una copa** porque eso sugiere quién va a pagar. En los países de habla hispana se dice **Vamos a tomar una copa** porque eso no indica quién va a pagar sino que las personas van a reunirse para charlar y disfrutar (*enjoy*) de la compañía mutua. Para las personas en los países de habla hispana no importa quién paga: entre amigos nunca se lleva cuenta de quién pagó la última vez. ***Ir a la americana*** es la traducción al español de la expresión *to go Dutch*.

2. El horario oficial en España y otros países de habla hispana está basado en el sistema de veinticuatro horas. En los noticieros (*newscasts*) de televisión y radio y en los horarios de trenes, autobuses y aviones no se usa ***de la mañana, de la tarde, de la noche,*** como en el habla coloquial. Por ejemplo, ***a las dieciocho horas ocurrió un accidente...*** es el equivalente en el habla coloquial de ***a las seis de la tarde ocurrió un accidente...*** En el horario oficial tampoco se usan ***media*** para ***treinta minutos,*** ni *cuarto* para ***quince minutos,*** sino que se usan los minutos.

   EJ: **A las dieciocho horas y treinta minutos ocurrió un accidente...**

3. *Maletero* tiene dos significados: cuando se aplica a personas significa *porter* (luggage), y cuando se aplica al coche significa *trunk*. En algunos países se usa ***baúl*** y en México *cajuela* para *trunk of a car*. Otras palabras para *porter* son ***mozo*** y ***ayudante.***
4. *Talón* significa *stub* en todo el mundo de habla hispana, pero en España se usa también para ***cheque de banco. Talonario*** en España es *checkbook,* que en Hispanoamérica es ***chequera.***
5. *Taquillero* como nombre significa *ticket agent,* y como adjetivo se usa para indicar que una película o una obra de teatro se «vende» mucho (*it's a hit*), es decir, que mucha gente va a la taquilla a comprar boletos.
6. *Vagón* se usaba antes para todas las unidades del tren, carga y pasajeros, pero actualmente se usa la palabra ***vagón*** para ***carga*** y ***coche*** para ***pasajeros.*** En España hay coches de fumar y no fumar, y también coche camas y coche comedores. La compañía de trenes se llama RENFE (Red Nacional de Ferrocarriles Españoles), y es el principal medio de transporte.

PRACTIQUE EL VOCABULARIO

RESPUESTAS p. 157

A. Subraye la palabra o expresión correcta.

1. Si vamos a viajar toda la noche en tren, es mejor comprar un boleto (con retraso, de ida y vuelta, con coche cama, sin falta).
2. Todos los asientos están vendidos; no hay boletos (vacíos, sucios, disponibles, rotos).
3. El tren para Barcelona se toma en (el andén, el letrero, el talón, la letra) número 6.
4. Si Ud. piensa ir y volver a una ciudad, debe comprar un boleto (de ida, sin falta, de ida y vuelta, con retraso).
5. Vamos al coche comedor a (tomar el pelo, tomar una copa, ver el horario, entregar los boletos).
6. Este tren siempre llega (con retraso, hora, de espera, disponible) de media hora.
7. Para comprar los boletos vamos (a la litera, a la taquilla, al ferrocarril, al horario).

8. Si una película se «vende» mucho, decimos que es (sucia, gratuita, taquillera, rota).
9. Si Ud. tiene prisa, no debe (entregar, cruzar, olvidar, perder) tiempo.
10. Es lógico que los empleados de ferrocarril puedan viajar (gratis, disponible, vacío, roto) en tren.
11. Nuestro tren llega en media hora; vamos (a la taquilla, al andén vacío, a la sala de espera, al vagón).
12. Hay un letrero que dice NO FUMAR, pero mucha gente no le (toma una copa, hace caso, toma el pelo, llega sin falta).
13. Cuando cada persona paga su cuenta, decimos que van (con retraso, a la americana, sin falta, a la taquilla).
14. Creo que (tomas una copa, haces caso, me tomas el pelo estás en el andén) cuando dices que viste un marciano.

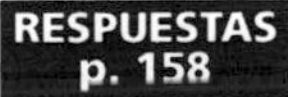
RESPUESTAS p. 158

B. Complete cada oración con una de las palabras o expresiones sin repetirlas. Haga los cambios necesarios.

andén	con retraso	horario	maletero
boleto de ida	disponible	letrero	talón
coche	gratis	litera	taquilla

1. Si Ud. no piensa volver pronto, debe comprar sólo un ________________.
2. En el coche con ________________ Ud. puede dormir, pero no muy cómodamente.
3. Las azafatas pueden viajar ________________ en su aerolínea.
4. Para reclamar su equipaje usted debe presentar el ________________.
5. No hay boletos ________________ de segunda clase, pero sí de primera.
6. Voy a buscar un ________________ para que nos lleve el equipaje.
7. Usted no debe fumar en esta sección porque así lo dice ese ________________.
8. Este tren nunca es puntual; siempre llega ________________.
9. En este tren sólo hay ________________ de primera clase.
10. El tren para Bogotá se toma en el ________________ número 4.
11. Según el ________________ de la estación, el tren expreso sale a las diez y media.
12. Para comprar los boletos vamos a la ________________.

RESPUESTAS p. 158

C. **Complete las oraciones con la forma correcta del presente de indicativo de uno de los siguientes verbos, sin repetirlos.**

cruzar	estar disponible	olvidar	ser gratis
demorar	funcionar	perder	tomar el pelo
entregar	hacer caso	romper	tomar una copa

1. El motor de mi carro está en buenas condiciones; ________________ muy bien.
2. Nuestro tren va a tardar en salir; vamos al bar y ________________.
3. Mi amigo siempre llega con retraso a la estación, y por esta razón __________ el tren con frecuencia.
4. ¿Cuánto tiempo ______________ en llegar el próximo tren?
5. Eso que dices suena increíble; creo que me ________________.
6. Yo siempre __________ la calle cuando no pasan coches.
7. Carlitos siempre se __________ de la fecha de mi cumpleaños.
8. ¡Qué lata! (*What a nuisance!*) El carro siempre se me __________ cuando más lo necesito.
9. Si Ud. trabaja para los ferrocarriles, su viaje ______________.
10. Hay un letrero que dice NO FUMAR, pero nadie le __________.
11. Todavía hay dos asientos en primera clase que ________________________.
12. La taquillera te __________ el boleto después que lo pagas.

GRAMÁTICA Demostrativos y posesivos

I. **Adjetivos y pronombres demostrativos** (*this/these, that/those*)

Personas	Adverbio	Masculino	Femenino	Neutro	(inglés)
Hablante	aquí, acá	este/estos	esta/estas	esto	this/these
Oyente	ahí	ese/esos	esa/esas	eso	that/those
Lejos de los dos	allí, allá	aquel/aquellos	aquella/aquellas	aquello	that/those (over there)

A. 1. Cuando el hablante se refiere a personas o cosas que están cerca de él (*aquí*), usa los demostrativos **este/esta, estos/estas.**

EJ: ***Este*** **libro es bueno.**

2. Cuando el hablante se refiere a personas o cosas que están cerca del oyente (*ahí*), usa los demostrativos **ese/esa, esos/esas.**

   EJ: ***Ese* libro es bueno.**

3. Cuando el hablante se refiere a personas o cosas que están lejos del hablante y del oyente (*allí, allá*), usa **aquel/aquella, aquellos/aquellas.**

   EJ: ***Aquel* señor se llama José.**

4. Observe que el masculino es **este, ese,** con una ***e*** final, en lugar de una *o* como la mayoría de los adjetivos. Los neutros **esto/eso** llevan la ***o*.**

B. Los neutros **esto/eso/aquello** nunca se usan con nombres: son pronombres. Recuerde que en español hay nombres masculinos y femeninos, pero no neutros. Usamos los pronombres neutros cuando nos referimos a un nombre que no conocemos.

EJ: **¿Qué es *eso* que tienes en la mano? —*Esto* es una pluma.**

El neutro se usa también para hacer referencia a una oración completa, una idea.

EJ: **Me gusta *eso* que usted dice.** (*I like what you say.*)

C. Los demostrativos pueden usarse con el nombre y sin él. En este segundo caso se llaman pronombres y llevan acento escrito: **éste/ésa/aquél,** (en inglés, *this one/that one*). No hay traducción para el inglés *one*. Los neutros nunca llevan acento.

EJ: **Me gusta *esta* camisa más que *ésa*.** (*I like this shirt better than that one.*)

D. ***Ese/esa, esos/esas*** se usan algunas veces después del nombre, pero ello implica un cambio de significado: le da al nombre una connotación negativa, despectiva.

EJ: **el libro *ese*** (*that poor/bad book*)

II. Adjetivos y pronombres posesivos

Persona	Formas Cortas	Formas Largas Masculino	Formas Largas Femenino	(inglés)
yo	**mi/mis**	**mío/míos**	**mía/mías**	my, mine
tú	**tu/tus**	**tuyo/tuyos**	**tuya/tuyas**	your, yours
él/Ud.	**su/sus**	**suyo/suyos**	**suya/suyas**	his, its
ella/Ud.	**su/sus**	**suyo/suyos**	**suya/suyas**	her, hers, its
nosotros(as)	_____	**nuestro(s)**	**nuestra(s)**	our, ours
ellos/ellas/Uds.	**su/sus**	**suyo/suyos**	**suya/suyas**	their, theirs

A. Las formas cortas siempre van antes del nombre y no tienen acento fonético, excepto cuando se enfatiza quién es el poseedor o dueño de algo. En cambio en inglés *my, your, his,* etc., siempre tienen acento primario (*stress*).

B. Las formas largas se usan después del nombre, y también se usan solas, sin el nombre. Observe que existen formas masculinas y femeninas, singular y plural. Las formas largas necesitan siempre el artículo definido (**el / la, los / las**), excepto con el verbo **ser,** y aún con este verbo se puede usar para especificar un nombre.

EJS: **El libro *tuyo* está aquí; *el mío* está en casa.**
Este libro es *mío; el tuyo* es ése.

C. Las formas cortas y largas concuerdan (*agree*) con la cosa poseída, y no con el poseedor (*owner*) como en inglés. En inglés *her* concuerda con la poseedora en *her blouse*. En español ***su*** concuerda con ***blusa*** en ***su blusa;*** la forma plural es **sus blusas.**

D. Para poner énfasis en la posesión generalmente usamos las formas largas, porque las formas cortas son átonas (*unstressed*).

EJ: **Me gusta la casa *tuya* más que *la mía*.** (*I like <u>your</u> house more than mine.*)

E. La forma larga masculina singular también se usa con el artículo neutro **lo**, por ejemplo, **lo mío** que significa *my things, my stuff.*

EJ: **Esto es *lo mío*. ¿Dónde está *lo tuyo*?** (*This is my stuff. Where is yours?*)

F. Observe que ***su / sus*** significa muchas cosas y también ***suyo / suya, suyos, suyas,*** etc. (**his / her, its, their / your**). Es tal vez una de las palabras más ambiguas del español. Por eso muchas veces usamos los pronombres personales con la preposición **de** para aclarar: **de él, de ella, de usted.**

EJ: **Los dos esposos tienen carro. El *de él* es rojo, el *de ella* es azul.**

PRACTIQUE LA GRAMÁTICA

RESPUESTAS p. 158

1. Si hablo de las cosas que están cerca de mí, necesito cuatro demostrativos: __________, __________, __________ y __________.
2. Si hablo de las cosas que están cerca de ti, necesito también cuatro demostrativos: __________, __________. __________ y __________.
3. Cuando se habla de cosas que están lejos del hablante y del oyente, se usan cuatro demostrativos: __________, __________, __________ y __________.

4. Los demostrativos neutros son tres. ____________, ____________ y ____________.

5. ¿Qué palabra no se traduce al español en *this one*? ____________.

6. ***Éste, ése, aquél,*** etc., se escriben con acento escrito cuando se usan sin ____________, es decir, como pronombres.

7. Los demostrativos **ese / esa, esos / esas** tienen connotación despectiva cuando están ____________ del nombre.

8. ¿Necesitan acento los neutros **esto, eso, aquello?** ____________.

9. Las formas cortas del posesivo, ¿van antes o después del nombre? ____________. ¿Cómo se traduce *my book?* ____________.

10. Para poner énfasis en la posesión normalmente usamos las formas ____________ del posesivo.

11. No es correcto decir **mi libros.** Deber ser ________________________.

12. ***Su / suyo*** significan muchas cosas en inglés: ____________.

13. ¿Hay una forma corta para ***nuestro?*** ____________. Sin embargo no se pronuncian igual los dos nuestros de ***Nuestros libros son nuestros.*** ¿Cuál de los dos tiene acento fonético, el primero o el segundo? ____________.

14. Las formas largas del posesivo necesitan el artículo ____________ cuando se usan como pronombres, excepto con el verbo **ser.**

15. La traducción ordinaria de *this book is mine* es **Este libro** ____________.

16. ¿Es correcto decir **Mi libro está aquí; tuyo está ahí?** ____________. Se necesita el artículo ____________ antes de ***tuyo.***

17. La forma masculina singular se usa con el artículo neutro ____________, por ejemplo, ***lo mío,*** que equivale a una idea general del inglés como ________________________.

EJERCICIOS

RESPUESTAS p. 158

A. Traduzca las palabras o expresiones que están en paréntesis.

1. ¿Conoces a __________ (*that over there*) muchacha?
2. __________ (*this*) café está frío; __________ (*that one*) está caliente.
3. ¿Qué es __________ (*that which, what*) que tienes en la mano?
4. __________ (*our*) tren sale del andén número 9.
5. Yo le entrego __________ (*my*) boleto. Tú le entregas __________ (*yours*).

6. ¿Qué es __________ (*that over there*) que se ve allá a lo lejos?
7. Creo que __________ (*our*) tren sale a las ocho y veinte.
8. Prefiero __________ (*this*) aerolínea a __________ (*that one*).
9. El maletero __________ (*that awful . . .*) trata muy mal nuestro equipaje.
10. Mi mamá siempre olvida __________ (*her*) pastillas para el mareo.
11. Mis padres tienen que darse prisa; __________ (*their*) vuelo sale a las diez.
12. Este avión es grande; __________ (*its*) tripulación (*crew*) es de veinte personas.
13. No es correcto decir ***Ellos tienen sus casa en la montaña.*** Debe decirse ***Ellos tienen __________ casa en la montaña.***
14. Esta maleta es mía; __________ (*yours,* familiar) está en el carro.
15. El presidente dijo muchas cosas más; __________ (*this*) es sólo un resumen.
16. No es correcto decir **su boletos.** Debe decirse __________ **boletos.**
17. Ya no tengo más hambre; ¿quieres comerte __________ (*my*) papas fritas?
18. ¿Cuál expresión es más enfática, ***tu vuelo*** o ***el vuelo tuyo?*** __________.
19. No quiero __________ (*this*) camisa sino __________ (*that one*).
20. No me gusta que la gente se meta en __________ (*my stuff/my things*).

RESPUESTAS p. 158

B. En inglés, cuando hablamos de las partes del cuerpo o de la ropa se usa el posesivo. En español usamos el artículo definido cuando se trata de verbos reflexivos. Complete las oraciones con el verbo y el nombre que se sugiere en paréntesis.

1. Carlos siempre __________ cuando maneja. (*fastens his seat belt:* abrocharse)
2. Tú nunca __________ antes de comer. (*wash your hands:* lavarse)
3. Cuando llego a casa después del trabajo, yo __________. (*take off my shoes:* quitarse)
4. ¿A qué hora __________ usted todos los días? (*brush your teeth:* limpiarse)
5. Nosotras __________ cuando hace frío. (*put on our boots:* ponerse... botas)
6. El niño __________ todas las mañanas. (*drinks his milk:* tomarse)
7. Yo siempre __________ en el carro. (*forget my books:* olvidarse)

¡ATENCIÓN! Los números ordinales

1. Éstos son los primeros diez números ordinales en español, es decir, que indican orden.

primero	tercero	quinto	séptimo (sétimo)	noveno
segundo	cuarto	sexto	octavo	décimo

Por arriba de diez se usan los números cardinales: **once, doce, trece,** etc. Las formas antiguas (**décimo primero, vigésimo segundo,** etc.) se usan cada vez menos.

EJ: **el capítulo *veinte*** (*the twentieth chapter*)

2. Los números ordinales son adjetivos de cuatro posibles terminaciones, es decir, masculino/femenino, singular/plural.

EJS: **la *primera* página/las *primeras* páginas**

3. ***Primero*** y ***tercero*** pierden la *-**o*** cuando están antes de nombres masculinos, pero la conservan si están después.

EJ: **el *primer* día/el día *primero***

4. La Real Academia Española acepta ***séptimo*** y ***sétimo,*** lo mismo que ***septiembre/setiembre, psicología/sicología, psiquiatra/siquiatra.***

5. Los números ordinales se pueden combinar con cardinales, y se puede cambiar el orden sin alterar el significado.

EJ: ***los primeros veinte* días = *los veinte primeros* días** (*the first twenty days*)

6. Para indicar el orden de reyes (*kings*) o papas (*popes*), usamos los números ordinales, pero sin artículo (en inglés se usa el artículo *the*).

EJS: **Enrique *Octavo*** (*Henry the Eighth*)/**Felipe *Segundo*** (*Phillip the Second*)

7. Algunas regiones usan ***primero*** para el día uno del mes. En España se usa ***uno.*** Para los otros días del mes se usan los cardinales: **dos, tres,** etc.

EJS: **El *primero* de junio. El *cuatro* de julio.**

8. En inglés se usa *one* después de cualquier adjetivo, incluyendo los ordinales, cuando se omite el nombre porque ya se mencionó anteriormente. En español, en cambio, no se usa nada.

EJ: **Quiero el segundo carro, no el *primero*.** (*I want the second car, not the first one.*)

RESPUESTAS p. 158

C. Traduzca las palabras que están en paréntesis.

1. El __________ tren para Madrid sale a las diez y media. (*first*)
2. El Rey Carlos __________ mandó a Junípero Serra para fundar las misiones de California. (*the Third*)
3. Para mañana tenemos que leer las __________ páginas. (*first two*)
4. El cumpleaños de Lola es el __________/__________ de enero. (*first*, two answers)
5. Mi segundo examen es más difícil que el __________. (*first one*)
6. ¿Quién fue el __________ presidente de Estados Unidos? (*twentieth*)
7. En Nueva York es famosa la __________. (*Fifth Avenue*)
8. Yo vivo en la __________ casa de esta calle. (*seventh*)
9. La reina (*queen*) Isabel __________ de Inglaterra no era muy amiga del rey Felipe __________ de España. (*the First/the Second*)
10. No quiero el __________ vestido sino el __________. (*third/fourth one*)

11 En la carretera
(On the Road)

la acera[1]	sidewalk	**doblar**	to turn
angosto(a)	narrow	**la doble circulación**	two-way street
aparcar	to park	**la esquina**	corner
el autobús[2]	bus	**estacionar**	to park
la autopista	freeway, turnpike	**el ganado**	cattle, stock
la banqueta[1]	sidewalk	**la licencia[2]**	license
la bicicleta[3]	bicycle	**manejar (*América*)**	to drive (*America*)
el camión[2]	truck	**la motocicleta[3]**	motorcycle
la camioneta	pickup truck	**la parada**	stop
el carné[4]	driver's license	**parquear**	to park
la carretera	road, highway	**el peatón**	pedestrian
el carril	lane	**el puente**	bridge
la carrilera	lane	**el semáforo**	traffic signal
chocar	to crash	**la señal**	the sign
el chofer[5]	driver, chauffeur	**el stop[6], el alto**	stop sign
conducir (*España*)	to drive (*Spain*)	**el transeúnte**	pedestrian
el cruce	crossroads	**el vehículo**	vehicle
la curva peligrosa	dangerous curve	**la velocidad**	speed
despacio	slowly	**veloz**	fast
la desviación	detour	**la zona escolar**	school zone
la dirección obligatoria	one-way street		

NOTAS

1. *Acera* se usa en la mayoría de países para *sidewalk;* sin embargo, en México se usa *banqueta,* y en Perú, *vereda.*

2. ***Autobús*** es una de las muchas palabras para *bus*. En México se usa ***camión,*** que es la palabra para *truck* en todos los demás países. Otras palabras para *bus* son ***ómnibus, colectivo*** (en Argentina), ***guagua*** (en Canarias y en los países del Caribe), ***autocar, coche de línea.***
3. La abreviatura de ***motocicleta*** es ***moto*** y la de ***bicicleta*** es ***bici.*** Cada vez se usan más las abreviaturas de ciertas palabras. Aquí hay una lista parcial.

la foto por **fotografía**	**la moto** por **motocicleta**
la disco por **discoteca**	**la bici** por **bicicleta**
el/la profe por **profesor(a)**	**el cole** por **colegio**
el boli por **bolígrafo**	**la mili** por **milicia** (***servicio militar***)
la tele por **televisión**	**el auto** por **automóvil**
el memo por **memorando**	**el narco** por **narcotraficante**

4. ***Carné*** se usa en España para *driver's license;* en otros países se usa ***licencia*** y en otros, ***permiso de manejar.*** La Real Academia eliminó en 1989 la ***t*** que palabras como ***carné, chalé, bufé, bidé, cabaré*** o ***corsé*** llevaban al final.
5. ***Chofer*** se dice en Hispanoamérica y ***chófer*** en España. Observe que no traduce *chauffeur* del inglés sino *driver.* La traducción de *chauffeur* es ***chofer particular.***
6. *STOP* es la señal internacional para ***parar*** o ***detenerse,*** y casi todos los países de habla hispana la usan, pero en México se usa *ALTO,* y en Colombia se usa *¡PARE!*

PRACTIQUE EL VOCABULARIO

RESPUESTAS p. 158

A. ***¿Es usted un buen chofer?*** **Conteste verdadero o falso (V/F).**

1. ______ La velocidad máxima en Estados Unidos es cincuenta y cinco millas por hora.
2. ______ Los peatones pueden cruzar la calle cuando el semáforo está en rojo para ellos.
3. ______ Una motocicleta es más rápida que una bicicleta.
4. ______ Ud. debe acelerar al llegar a una curva peligrosa o a un puente angosto.
5. ______ Muchos estados aplican un examen teórico y uno práctico para obtener el permiso de manejar.
6. ______ Una autopista tiene más carriles que una carretera.
7. ______ En una calle angosta Ud. puede estacionar el carro en la acera y en la calle.
8. ______ El semáforo rojo es para parar y el verde es para seguir.
9. ______ Los autobuses locales se demoran en llegar a su destino porque tienen muchas paradas.
10. ______ La velocidad máxima permitida en una zona escolar es cuarenta millas por hora.

11. ______ Ud. puede doblar a la derecha o a la izquierda cuando llega a una calle con dirección obligatoria.
12. ______ Manejar bajo la influencia del alcohol puede ocasionar un accidente.

RESPUESTAS p. 159

B. Complete las oraciones con una de las palabras siguientes. Haga cambios si son necesarios.

acera	camioneta	desviación	parquear
alto	carril	doblar	puente
autopista	chocar	ganado	semáforo
camión	cruce	licencia	señal

1. Si Ud. ______________ el carro en la zona roja, es probable que reciba una multa (*fine*).
2. Para manejar un automóvil Ud. necesita tener una ______________.
3. Todas las carreteras de Europa tienen ______________ internacionales.
4. Para transportar vegetales se usan ______________ refrigerados.
5. Una ______________ es más pequeña que un camión.
6. Una ______________ es una carretera amplia y de mayor velocidad.
7. Las carreteras tienen ______________ para pasar sobre los ríos.
8. Los peatones deben caminar por ______________.
9. La señal para parar en México no es STOP sino ______________.
10. Ud. debe manejar con cuidado en los __________ de calles o carreteras.
11. Si Ud. quiere ______________ a la izquierda o a la derecha, debe hacer la señal correspondiente.
12. Las carreteras tienen señales en los lugares donde cruza el ____________.
13. Esta carretera está en construcción; debemos tomar una ____________.
14. Debemos parar el carro cuando el __________ está en rojo o amarillo.
15. Si Ud. no para cuando el semáforo está en rojo, puede ______________ con otro carro.
16. Si Ud. va a doblar a la derecha, debe tomar el ______________ de la derecha.

RESPUESTAS p. 159

C. Subraye la palabra o expresión correcta.

1. Si Ud. llega a (una parada, un cruce, una autopista, un carril) sin señal de STOP, debe detenerse de todas maneras.

2. Si Ud. maneja despacio, debe tomar (el vehículo, el cruce, el carril, la desviación) de la derecha.
3. Los transeúntes deben caminar por (la parada, la curva, la acera, el ganado).
4. Si Ud. va a doblar en (una desviación, un alto, un puente, una esquina), debe detenerse primero.
5. Ud. puede (doblar, conducir, chocar, estacionar) el carro donde hay parquímetros.
6. La vaca y el toro son una clase de (ganado, vehículo, vegetal, puente).
7. Las curvas son (angostas, disponibles, peligrosas, sucias) porque el chofer no puede ver si hay tráfico adelante.
8. Cuando (un semáforo, una velocidad, un cruce, una desviación) no funciona, es necesario tener más cuidado.
9. (Una bicicleta, Un autobús, Una moto, Un camión) debe ir siempre por el carril de la derecha.
10. Si quieres tomar el autobús local, debes esperar en (la desviación, el cruce, la parada, la esquina).

RESPUESTAS p. 159

D. Complete cada oración con una de las abreviaciones siguientes. Haga cambios si son necesarios.

auto	boli	disco	moto	profe
bici	cole	foto	narco	tele

1. Anoche fuimos a bailar a la __________.
2. No conozco a Julio Iglesias en persona, sólo por la __________.
3. Mi hermanito está en el __________.
4. Siempre llevo en la cartera (*wallet, purse*) una __________ de mi novio.

5–6. No tengo dinero para comprar un carro, por eso vengo a la universidad en la __________ o en la __________.

7. El __________ de matemáticas es buena gente (*a nice guy*).
8. El carro tiene otros nombres: coche, __________.
9. Los __________ manejan muchos millones de dólares por las drogas.

GRAMÁTICA Pretéritos regulares • Cambios ortográficos

A. Pretéritos regulares. Observe y estudie este esquema.

Sujeto	*habl ar*	*com er*	*viv ir*
yo	habl é	com í	viv í
tú	habl aste	com iste	viv iste
él/ella/Ud.	habl ó	com ió	viv ió
nosotros(as)	habl amos	com imos	viv imos
ellos/ellas/Uds.	habl aron	com ieron	viv ieron

1. Recuerde que hay dos partes en un verbo: **raíz** (habl-, com-, viv-) y **tiempo / persona** (-é, -aste, -ó, -amos, -aron; -í, -iste, -ió, -imos, -ieron). Las raíces del pretérito son las mismas del presente en los verbos regulares: **hablar → habl-, comer → com-, vivir → viv.**

2. Los verbos que terminan en **-ar, -ir,** tienen la misma forma para la primera persona en plural en el presente y en el pretérito. Es necesario un contexto, por ejemplo un adverbio de tiempo, para saber si la acción es «ahora» (presente) o «antes» (pretérito).

   EJS: **Ayer *hablamos* con el profesor.** (*We spoke to the professor yesterday.*)
   Siempre *hablamos* español en la clase. (*We always speak Spanish in class.*)

3. Observe que ***ver*** es un verbo regular, pero no tiene acento escrito en ***vi*** y ***vio*** porque estas palabras tienen una sola sílaba: **vi, viste, vio, vimos, vieron.**

4. Usamos el pretérito para una acción completa en un tiempo pasado. Equivale a la idea del *past* del inglés, como *I talked, I ate.* En la lección 15 estudiaremos el pretérito en contraste con el imperfecto (por ejemplo, *hablaba*) que es otro tiempo para una acción en el pasado.

B. Cambios ortográficos

1. Hay ciertas consonantes en español que cambian en la escritura según las vocales que las siguen. La pronunciación de esas consonantes, sin embargo, es la misma. Por ejemplo, ***feliz*** tiene ***z,*** pero ***felices*** tiene ***c.*** Una regla muy simple es que nunca se escribe ***z*** antes de las vocales ***e, i.***

2. El siguiente esquema indica cinco tipos de cambios ortográficos en el pretérito.

Sonido	Ortografia Delante de [*a, o, u*]		Delante de [*e, i*]	
[k]	*ca*	sacar, buscar	*que*	busqué
	co	saco, busco		
	cu	delincuente, cuando	*qui*	delinquir
[g]	*ga*	pagar, siga	*gue*	pagué
	go	pago, sigo		
	gu	gustar	*gui*	seguir, seguí
[gu]	*gua*	averiguar, jaguar	*güe*	averigüé
	guo	averiguo, antiguo		
			güi	argüir, pingüino
[s]	*za*	empezar, empieza	*ce*	empecé, convencer
	zo	empiezo, empezó, convenzo		
	zu	zurdo (*left-handed*)	*ci*	conducir, convencí
[h] (jota, ge)	*ja*	recoja (*pick up*)	*ge*	recoger
	jo	recojo		
	ju	jugar, juguete	*gi*	recogí

a) Estos cambios ocurren con verbos, nombres y adjetivos:
feliz → felices; empezar → empiezo → empecé;
vez → veces; luz → luces

b) Para el sonido *[k]* escribimos *ca, co, cu,* pero *que, qui.*

EJS: buscar, busco, busqué, busque
delinquir (*to break the law*), delinco, delinquí, delincuente

c) Para el sonido *[g]* escribimos *ga, go, gu,* pero *gue, gui.*

EJS: pagar, pago, pagué, pague
seguir, sigo, siga, sigue, seguí, siga

d) Para el sonido *[s]* escribimos *za, zo, zu,* pero *ce, ci.*

EJS: comenzar, comienzo, comencé, comience
hacer, hice, hizo, haz
convencer, convenzo, convencí, convenza

e) Para el sonido de la jota (*j*) y de la *ge* escribimos *ja, jo, ju,* pero *ge, gi.*

EJS: recoger, recoja, recojo, recogí, recogedor

3. Otro cambio de escritura es cuando la ***i*** se transforma en ***y***, cuando está entre dos vocales y no tiene acento. Por ejemplo en ***caía***, la ***i*** tiene acento.

EJS: **caer, cayó (por *caió*), cayeron (por *caieron*), cayendo**
creer, creyó, creyeron, creyendo, creyera

PRACTIQUE LA GRAMÁTICA

RESPUESTAS p. 159

1. ***Hablamos*** es tanto una forma del presente como del pretérito. Para interpretar el significado necesitamos un adverbio de tiempo, o un contexto. Por otra parte ***comemos*** sólo significa *we eat / are eating* en el presente. ¿Cómo se dice *we ate*? __________.
2. ***Vivir*** tiene dos formas con acento escrito en el pretérito: **yo** __________, **él** __________.
3. De ***leer*** tenemos en el pretérito **yo leí, tú leíste, él** __________, con cambio de ***i*** en ***y*** para este último caso, lo mismo que en ***ellos*** __________.
4. De ***empezar*** no escribimos **empezé** sino __________. En español no escribimos ***z*** delante de __________, excepto en ciertas palabras como ***zenit*** que también se escribe ***cenit.***
5. De ***convencer*** no decimos en el presente ***yo convenco*** sino __________. ¿Cómo se dice en el pretérito *I convinced*? __________.
6. La letra ***h*** no se pronuncia en español, pero no es la única, porque tampoco se pronuncia la __________ de ***seguir*** y de ***quien.*** La ***u*** de ***gu*** no se pronuncia delante de las vocales __________. ¿Cómo dice usted *I followed*? __________.
7. De ***practicar*** no decimos yo ***practicé*** sino ***yo*** __________.
8. De ***llegar*** decimos en el pretérito ***él llegó,*** pero *yo* __________.
9. De ***escoger*** decimos en el presente ***tú escoges,*** pero ***yo*** __________. ¿Cómo se traduce el pretérito *I chose*? ______________.
10. El signo *[¨]* se llama diéresis y sólo se escribe arriba de la ***u*** cuando esta letra está después de una **g** y la ***u*** tiene el sonido de la *[u]*. Por ejemplo, ***averiguar*** (*to find out*) tiene **averiguo** en el presente, pero **yo** __________ en el pretérito.
11. ***Creieron*** está mal escrito. Debe escribirse __________. ***Sigió*** también está mal escrito. Debe escribirse __________.
12. De ***tocar la guitarra*** no escribimos **Yo tocé la guitarra** sino **Yo** __________ **la guitarra.**
13. La forma **pensamos,** ¿es presente o pretérito? __________.

EJERCICIOS

RESPUESTAS p. 159

A. ***¡Qué vida más aburrida!*** **Complete la siguiente historia con el pretérito de los verbos indicados.**

Como todos los días, hoy (yo) me ______________ (1. levantar) a las seis y media de la mañana. Luego me ______________ (2. afeitar) y me ______________ (3. bañar). Fui (*I went*) a la cocina, me ______________ (4. preparar) café y me ______________ (5. tomar) dos tazas mientras escuchaba (*was listening*) el noticiero. Inmediatamente ______________ (6. coger) la mochila (*backpack*) con los libros y ______________ (7. salir) para la universidad en mi carro. Me ______________ (8. estacionar) lo más cerca posible y ______________ (9. caminar) a mi primera clase. ______________ (10. llegar) exactamente un minuto antes de las ocho para la clase de Historia Universal. El profesor ______________ (11. empezar) a hablar de los emperadores de China, y yo ______________ (12. empezar) a aburrirme, ¡como todos los días!

RESPUESTAS p. 159

B. Complete las oraciones con las formas correctas del pretérito.

1. El tren __________ con media hora de retraso, pero yo __________ a tiempo a la estación. (llegar)
2. Mi tío sólo __________ boleto de ida. (comprar)
3. Más de trescientos aviones __________ ayer en el aeropuerto. (aterrizar)
4. El plato __________ de la mesa durante el terremoto. (caerse)
5. Usted no __________ el memo con atención. (leer)
6. El invierno pasado __________ bastante por aquí. (llover)
7. Ayer por la tarde yo __________ al fútbol. (jugar)
8. Yo te __________ el boleto y tú lo __________. (entregar/perder)
9. Yo te __________ en el andén número 4, pero no te __________. (buscar/encontrar)
10. La locomotora __________ contra un autobús. ¡Qué desgracia! (chocar)
11. Mi amiga y yo __________ el tren a las dos y cuarto. (tomar)
12. (Yo) __________ los billetes en la taquilla número 3. (sacar, *to buy*)
13. A las siete y media el tren __________ a moverse, y yo __________ a llorar (*to cry*) de emoción. (comenzar)
14. Cuando llegamos, todos los vagones __________. (pararse)

15. ¿Por qué (tú) __________ un carro tan caro? (escoger)
16. El mozo __________ todo el equipaje y yo le __________ una buena propina (*tip*). (recoger / dar)

RESPUESTAS p. 159

C. Conteste las preguntas usando el pretérito y los pronombres de objeto directo (*me, te, lo, la, nos, los, las*)

EJ: **¿Vio Ud. a sus padres ayer? —Sí, los vi.**

1. ¿Escribió Ud. la carta el domingo? —Sí, ______________________.
2. ¿Compró Ud. el carro aquí? —No, ______________________.
3. ¿Me viste ayer en la tele? —No, ______________________.
4. ¿Saludaron Uds. a mi secretaria? —Sí, ______________________.
5. ¿Ahorró Ud. todo su dinero? —Sí, ______________________.
6. ¿Pediste dos tazas de café? —No, ______________________.
7. Te llamé ayer por teléfono, ¿no? —Sí, ______________________.
8. ¿Oyeron Uds. las noticias? —No, ______________________.
9. ¿Bebió Ud. toda la medicina? —Sí, ______________________.

RESPUESTAS p. 159

D. Construya oraciones en el pretérito, usando las palabras en el orden en que aparecen. Añada los artículos, preposiciones, etc., y haga los cambios que sean necesarios.

EJ: semana / pasado / tú / llamar / tu amiga / varias / veces
La semana pasada tú llamaste a tu amiga varias veces.

1. ¿Por qué / él / sentarse / silla / roto?

   ______________________________________.

2. su / hermanitos / saludar / a mí / cuando / ellos / entrar

   ______________________________________.

3. ¿dónde / conocer / usted / Carolina / primero / vez?

   ______________________________________.

4. ustedes / leer / todo / novela / semana / pasado

   ______________________________________.

5. domingo / pasado / yo / chocar / y / el carro / romperse

   ______________________________________.

¡ATENCIÓN! Usos del infinitivo en español

1. En español el infinitivo de un verbo siempre funciona como ***nombre masculino:*** puede ser sujeto, objeto directo y objeto de preposición. Puede tomar el artículo masculino ***el.***

   a) **Sujeto**

   EJS: ***Nadar*** **es un buen ejercicio.** (*Swimming is a good exercise.*)
   El correr **es bueno para tu salud.** (*Jogging is good for your health.*)

   b) **Objeto directo**

   EJ: **Quiero *beber* algo.** (*I want to drink something.*)

   c) **Objeto de preposición**

   EJ: **Te veo *antes de comer.*** (*I'll see you before eating.*)

2. En inglés nunca se usa el infinitivo después de una preposición, sino el participio *-ing*. En español, en cambio, es obligatorio el infinitivo.

   EJ: **No puedes ganar dinero *sin trabajar.*** (*You can't earn money without working.*)

3. Los pronombres como **me, te, se, lo,** se usan después del infinitivo y forman una sola palabra. Si hay un verbo en indicativo, se pueden usar los pronombres antes de ese verbo.

   EJS: **Acabo de *comprarla.* = *La acabo* de comprar.**
   Voy a *bañarme.* = *Me voy* a bañar.

4. La construcción **al** + (***infinitivo***) indica una acción que ocurre al mismo tiempo que la acción principal. No hay traducción literal en inglés de esta construcción.

   EJ: ***Al llegar*** **a casa me quito el sombrero.** (*Upon arriving home, I take off my hat.*)

5. Recuerde que la palabra *to* del infinitivo en inglés no se traduce al español.

   EJ: **Ella no quiere *salir.*** (*She doesn't want to go out.*)

6. La expresión de obligación *to have to* + (infinitive) se traduce por **tener que** + (***infinitivo***). Para indicar obligación en general se usa **haber que** + (***infinitivo***).

   EJS: ***Tenemos*** **que hacerlo.** (*We have to do it.*)
   Hay que **comprar leche.** (*One has to buy milk.*)

RESPUESTAS p. 160

E. Traduzca las palabras y expresiones que están entre paréntesis.

1. Hace un tiempo ideal ______________. (*for swimming*)
2. Éste es mi carro nuevo. Acabo ______________. (*I just bought it.*)

3. Debemos manejar con cuidado ______________ no ______________ un accidente. (*in order not to cause*)
4. Estamos muy interesados ______________ esta casa. (*in buying*)
5. ______________ es un buen ejercicio. (*jogging, running*)
6. Todos tenemos ________________ para ganarnos la vida. (*we have to work*)
7. Ayer vi a tu amiga ______________ de mi clase. (*upon arriving*)
8. ________________ para vivir. (*one has to eat*)
9. El semestre pasado saqué malas notas (*grades*) ________________ no ________________. (*for not studying*)
10. ¿Cúal es otra forma de decir **Voy a verte**? ______________.
11. Ud. debe parar su carro ________________ a la esquina. (*before arriving*)
12. La leche se cayó ______________ la puerta del refrigerador. (*upon opening*)

12 El automóvil
(The Automobile)

el acelerador	accelerator	**el gato**	cat, jack (*car*)
acelerar	to accelerate	**el humo**	smoke
el acumulador[1]	battery	**la llanta, la goma**	tire
el anticongelante	antifreeze	**la llanta de repuesto**	spare tire
arrancar	to start up, uproot	**la llave**	key
la avería	damage, breakdown	**maldecir**	to curse
		mentir (ie, i)	to lie
la batería[1]	battery	**nevar (ie)**	to snow
el baúl, el maletero	trunk (*car*)	**la nieve**	snow
		el parabrisas	windshield
bendecir	to bless	**pincharse**[4]	to have a flat tire
la bocina[3]	horn (*car*)	**poncharse**[4]	to have a flat tire
caber	to fit in	**rodar (ue)**	to roll, run on wheels
la chapa, la placa	license plate		
el depósito	tank	**rodear**	to surround
deshacer	to undo, melt, break	**la rueda**	wheel
		el tanque	tank
detener(se)	to stop, detain	**tejer**	to knit, weave
el espejo	mirror	**los tejidos**	textiles
el filtro de aceite	oil filter	**el timón**	steering wheel
frenar	to brake	**el tubo de escape**	exhaust pipe
el freno	the brake	**el volante**	steering wheel

NOTAS

1. *Acumulador* se usa en España; *batería* se usa en Hispanoamérica.
2. *Automóvil* es el término tradicional que se usa en todos los países de habla hispana; con frecuencia se usa la abreviatura *auto*. Términos más coloquiales son *coche* en España y *carro* en Hispanoamérica.

3. *Bocina* se usa para *horn* del carro y también para *loudspeaker* de música. Para la bocina del carro también se usan ***claxon*** y ***fotuto***.
4. En España las llantas se **pinchan,** en Hispanoamérica **se ponchan.** ***Un pinchazo*** es *flat tire,* y también es la palabra coloquial para ***inyección*** (*shot*). ***Pinchar*** es también *to give a shot,* por ejemplo, contra la gripe.
5. En los países de habla hispana los carros nuevos son bastante caros en general, especialmente en algunos países como Colombia. Por esta razón se ven carros muy viejos en las calles, y miles de talleres de mecánica. Si Ud. quiere alquilar un coche en un país hispanoamericano, debe asegurarse de recibir un coche en buenas condiciones y no **un cacharro** (*jalopy*) o **una carcacha,** como le dicen en otros países. La manera más práctica es planear de antemano (*in advance*) y alquilar el carro desde Estados Unidos a través de las grandes compañías, que tienen sucursales en casi todos los países de habla hispana.

PRACTIQUE EL VOCABULARIO

A. Complete cada oración con una de las palabras siguientes, sin repetirlas. Añada los artículos necesarios y ponga el verbo en la forma correcta, según el contexto.

arrancar	deshacer	frenos	llave
avería	detenerse	gato	mentir
bocina	espejo	humo	poncharse
caber	frenar	llanta	timón

1. Podemos ver en el ______________ retrovisor el tráfico que está detrás del carro.
2. Ud. no dijo la verdad cuando ______________ al policía en la carretera.
3. Mi carro no ______________ ayer porque tiene mala la batería.
4. Para cambiar una llanta necesitamos el ______________.
5. Las reglas de tránsito dicen que es necesario ______________ al llegar a un semáforo en rojo.
6. El carro está lleno de ______________ porque todos están fumando.
7. Manejamos el carro con el ______________ o volante.
8. Llegué atrasado porque mi automóvil sufrió una ______________.
9. Para detenerse rápidamente, es importante que el carro tenga buenos ______________.
10. Para arrancar el motor usamos la ______________.

11. La nieve se ______________ con el sol y el calor.
12. Para ______________ el carro ponemos el pie en el pedal del freno.
13. En un Cadillac ______________ más personas que un Volkswagen.
14. Tocamos la ______________ cuando hay una emergencia o peligro.
15. Cuando se ______________ una llanta, hay que cambiarla.
16. Las ruedas son de metal; las ______________ son de goma.

RESPUESTAS p. 160

B. *¿Conoce usted su automóvil?* **Conteste verdadero o falso (V/F).**

1. ______ El radiador contiene agua o anticongelante contra el frío.
2. ______ Generalmente los carros modernos tienen un solo espejo.
3. ______ Llenamos el volante del carro con gasolina o con diesel.
4. ______ La llanta de repuesto está en el maletero del coche.
5. ______ Debemos tener el parabrisas sucio para ver bien la carretera.
6. ______ Para frenar el carro ponemos el pie en el pedal del acelerador.
7. ______ El humo y los gases del motor salen por el tubo de escape y contaminan el aire.
8. ______ Cuando se poncha una llanta usamos el gato para poner la llanta de repuesto.
9. ______ Cuando el acumulador está muy viejo, el carro arranca muy bien.
10. ______ Es necesario cambiar el filtro y el aceite para conservar bien el motor.
11. ______ La llave que abre el carro sirve también para arrancar el motor.
12. ______ Los carros antiguos (*old*) consumen menos gasolina que los modernos.

RESPUESTAS p. 160

C. **Practique el vocabulario y la gramática. Complete las oraciones con uno de los verbos siguientes en el pretérito.**

acelerar	cambiar	mentir	poncharse	rodear
arrancar	frenar	nevar	rodar	tejer

1. Las montañas están blancas porque ayer ______________ toda la tarde.
2. Mi abuela ______________ un suéter de lana (*wool*) el invierno pasado.
3. Carlos no te ______________; al contrario, te dijo toda la verdad.

4. La semana pasada se me ______________ la llanta posterior izquierda.
5. Los policías ______________ la casa donde estaba escondido (*hidden*) el criminal.
6. José me ______________ la llanta ponchada por la de repuesto.
7. Las naranjas se cayeron y ______________ por el suelo.
8. ¿Por qué (tú) no ______________ antes de llegar a la esquina (*corner*)? ¡Puedes tener un accidente!
9. Aunque haga frío, mi carro ______________ muy bien porque tiene una batería nueva.
10. La luz roja cambió a verde y todos los carros ______________.

GRAMÁTICA Pretéritos con cambios vocálicos • Pretéritos irregulares

A. **Cambios vocálicos: *o* en *u*, *e* en *i*.** Estudie el siguiente esquema.

Sujeto	*dorm ir*	*ped ir*	*sent ir*
yo	dorm í	ped í	sent í
tú	dorm iste	ped iste	sent iste
él/ella/Ud.	durm ió	pid ió	sint ió
nosotros(as)	dorm imos	ped imos	sent imos
ellos/ellas/Uds.	durm ieron	pid ieron	sint ieron

1. En **durmió / durmieron,** la *o* de *dorm-* cambia a ***u.*** Note que esto sólo pasa en la tercera persona (singular y plural). ***Morir*** experimenta el mismo cambio: **murió / murieron.**
2. ***Pedir*** y ***sentir*** experimentan el mismo cambio: ***e*** en ***i*** en la tercera persona (singular y plural). La lista de verbos que experimentan los mismos cambios que ***pedir*** es considerable: vea la página 50, grupo c). Los que cambian como ***sentir*** son los verbos en **-ir** de la página 50, grupo a).
3. ***Oír*** no es irregular en el pretérito, pero cambia la ***i*** en ***y*** en la tercera persona (singular y plural): **oí / oíste, oyó / oímos, oyeron.** En lugar de escribir **oió / oieron** se escribe **oyó / oyeron.** Lo mismo pasa con ***leer, creer,*** etc.: **leyó / leyeron, creyó / creyeron.**

B. **Verbos irregulares en pretérito.** Estudie el siguiente esquema.

Sujeto	*ven ir*	*dec ir*	*hac er*	*ir/ser*	*d ar*
yo	vin e	dij e	hic e	fu i	d i
tú	vin iste	dij iste	hic iste	fu iste	d iste
él/ella/Ud.	vin o	dij o	hiz o	fu e	d io
nosotros(as)	vin imos	dij imos	hic imos	fu imos	d imos
ellos/ellas/Uds.	vin ieron	dij eron	hic ieron	fu eron	d ieron

1. ***Venir, decir, hacer,*** son irregulares por dos razones: (1) cambios en la raíz y (2) cambio de acento y de vocales en la primera y tercera persona del singular. Por ejemplo, decimos **vine** y no **vení, vino** y no **venió.** Este cambio de acento de la última sílaba a la penúltima es drástico, porque todos los pretéritos regulares se caracterizan por tener el acento en la última sílaba: **hablé, comí.**
2. ***Fui*** puede significar dos cosas muy diferentes: *I was* y *I went.* Los verbos **ir / ser** tienen el mismo pretérito. El contexto decide cuál es el significado.
3. ***Decir, traer*** y todos los verbos que tienen una ***j*** como ***dije, traje, conduje,*** no usan ***-ieron*** sino ***-eron*** en la tercera persona del plural. Si el verbo tiene una ***j*** en el infinitivo, se conserva esa ***j*** en todo el verbo y no se elimina la ***i*** en el pretérito: **tejer** (*to knit*) → **tejieron.**
4. Observe que ***hacer*** tiene ***hice*** en el pretérito, pero cambia la ***c*** en ***z*** en la tercera persona singular: **hizo.**
5. ***Dar*** es irregular porque siendo un verbo terminado en **-ar,** sigue el modelo de los verbos terminados en **-ir** como **vivir.** ***Di*** y ***dio*** no llevan acento porque tienen una sola sílaba.
6. Aprenda los siguientes verbos, que tienen los mismos cambios del esquema anterior.

andar → anduve	**hacer → hice**	**saber → supe**
caber → cupe	**poder → pude**	**seducir → seduje**
conducir → conduje	**poner → puse**	**tener → tuve**
decir → dije	**producir → produje**	**traer → traje**
estar → estuve	**querer → quise**	**venir → vine**

7. Los verbos compuestos y derivados experimentan los mismos cambios que los verbos simples. Por ejemplo, **suponer → supuse; detener → detuve.** Las listas de verbos compuestos están en la página 32.
8. Muchos verbos que experimentan cambios en la raíz en el presente son regulares en el pretérito.

EJS: **pensar → pienso → pensé / conocer → conozco → conocí / jugar → juego → jugué**

PRACTIQUE LA GRAMÁTICA

RESPUESTAS p. 160

1. *Dormir* y *morir* son irregulares porque la *o* cambia a ____________ en la ____________ persona, singular y plural.
2. En *seguir* y *pedir* la *e* cambia a ____________ en la ____________ persona.
3. *Ellos fueron* puede significar dos cosas muy diferentes: ____________ y ____________.
4. *Vestir* es como *pedir*, y es un verbo reflexivo normalmente porque la acción se hace en uno mismo. ¿Cómo se traduce *He dressed himself*? ____________.
5. *Dijo* termina en una *o* sin acento, que se usa para ***ella, él*** y ***usted*** en un tiempo pasado. En cambio la *o* de ***digo*** se usa para ____________ en el tiempo presente.
6. ¿Cómo se dice *they said*? ____________. En este caso la ***j*** anula la ***i*** de **-ieron;** lo mismo pasa con **trajeron y condujeron.**
7. *Vino,* del verbo **venir,** significa en inglés ____________; en cambio ***vino,*** la bebida, significa ____________. ¿Cómo se determina cuál es el significado? Por el ____________.
8. De *saber* decimos **yo sé** en el presente. ¿Cómo se dice *I knew*? ____________.
9. En casi todos los verbos terminados en *-ucir,* como **conducir,** la ***c*** cambia a ***j*** en el pretérito. ¿Cómo dice usted *we drove*? ____________.
10. En *traducir* también la ***c*** cambia a ***j.*** ¿Cómo se dice *they translated*? ____________.
11. *Corregir* (*to correct*) se conjuga como ***pedir.*** ¿Cómo se dice *they corrected*? ____________. (¡Recuerde que la ***g*** no anula la ***i***!)
12. *Vio* y ***dio*** no tienen acento escrito porque sólo tienen una ____________. En cambio ***previo*** (*he foresaw*) no está bien escrito. Debe ser ____________.
13. *Satisfacer* (*to satisfy*) es un verbo compuesto de ***hacer,*** y experimenta los mismos cambios. ¿Cómo dice Ud. *he satisfied*? ____________.
14. *Bendecir* (*to bless*) es un verbo compuesto de ***decir.*** Traduzca *I blessed*. ____________.
15. *Tejer* (*to knit*) es regular. ¿Cómo se dice *they knitted*? ____________.
16. *Atraer* (*to attract*) es irregular como ***traer.*** Traduzca *she attracted*. ____________. ¿Y cómo dice *they attracted*? ____________.
17. *Imponer* (*to impose*) es irregular como ***poner.*** ¿Cómo se dice *I imposed*? ____________. ¿*They imposed*? ____________.

EJERCICIOS

RESPUESTAS p. 160

A. ***Un poco de mi vida.*** **Complete el siguiente párrafo con los verbos indicados, usando el pretérito. Si el verbo es reflexivo, no se olvide del pronombre.**

Esta mañana ______________ (1. levantarse) muy temprano porque tenía un examen de geografía. ______________ (2. hacer) café y ______________ (3. tomar) una taza bien caliente. Luego ______________ (4. ponerme) a estudiar. Mientras estudiaba ______________ (5. sonar) el teléfono; era mi amigo Paco que necesitaba un aventón (*ride*) porque su carro no ______________ (6. arrancar) esta mañana. A las ocho ______________ (7. ir) a buscarlo a su casa a toda velocidad, y casi ______________ (8. tener) un accidente. A las ocho y media ______________ (9. llegar) a la universidad. El profesor de geografía nos ______________ (10. dar) un examen muy difícil, pero espero sacar buena nota porque ______________ (11. matarme) estudiando. Mi amigo Paco ______________ (12. pasar) un mal rato (*while*) con el examen y cree que va a obtener muy mala nota.

RESPUESTAS p. 160

B. Complete cada oración con la forma correcta del pretérito de los verbos indicados. Si el verbo es reflexivo, no se olvide de escribir el pronombre.

1. ¿Quién ___________ mi licencia de manejar en el baño? (poner)
2. El autobús ___________ por la derecha. (seguir)
3. Mis amigos ___________ mucho en la fiesta. (divertirse)
4. Yo no ___________ por la calle, sino por la autopista. (venir)
5. ¿Quién ___________ el automóvil, Jorge o tú? (conducir)
6. Mis padres me ___________ un carro nuevo. (dar)
7. Los libros no me ___________ en la mochila. (caber)
8. Nuestro país ___________ buenas relaciones diplomáticas con sus vecinos. (mantener)
9. Tu amigos no te ___________ toda la verdad. (decir)
10. John Kennedy ___________ presidente de Estados Unidos de 1960 hasta 1963. (ser)
11. El autobús ___________ puntualmente aquí esta mañana. (detenerse)
12. El chofer ___________ un comentario negativo. (hacer)
13. Los españoles ___________ el café a América. (traer)
14. Tu hermanito le ___________ a tu mamá. (mentir)

15. Mis padres __________ un año en Canadá. (estar)
16. Carlos no __________ ir a la fiesta, pero yo sí __________. (poder)
17. Ella no te llamó porque __________ que no te interesaba. (suponer)
18. El camión __________ la velocidad al llegar a la esquina. (reducir)
19. ¿Dónde __________ usted esa noticia tan espantosa? (oír)
20. Venezuela __________ autopistas muy modernas. (construir)

RESPUESTAS p. 160

C. Conteste las preguntas usando el pretérito y los pronombres de objeto directo *me, te, lo, la, los, las,* o bien los reflexivos *me, te, se, nos.*

EJ: **¿Hizo usted la tarea? —Sí, la hice.**

1. ¿Oyeron ustedes las noticias?
   Sí, ______________________.
2. ¿Pidió usted más café?
   No, ______________________.
3. ¿Trajiste los libros en la mochila?
   Sí, ______________________.
4. ¿Redujeron Uds. la velocidad?
   No, ______________________.
5. ¿Te detuviste en el semáforo en rojo?
   Sí, ______________________.
6. ¿Se durmió usted pronto anoche?
   No, ______________________.
7. ¿Dijo usted la verdad?
   Sí, ______________________.
8. ¿Supo usted el resultado?
   No, ______________________.
9. ¿Se puso contenta María?
   No, ______________________.
10. ¿Te vestiste bien para la fiesta?
    Sí, ______________________.
11. ¿Previó usted el accidente?
    Sí, ______________________.
12. ¿Se divirtieron ustedes mucho?
    Sí, ______________________.

RESPUESTAS p. 161

D. Recuerde que los verbos compuestos experimentan los mismos cambios que los verbos simples. Estudie el significado de los siguientes verbos y complete las oraciones con los verbos en pretérito.

bendecir to bless
descomponer to break down
exponer to expose, explain
obtener to obtain, get
oponerse a to oppose
prevenir to prevent
proponer to propose
provenir de to originate in
satisfacer to satisfy
sostener to sustain, back

1. El Papa ______________ a los visitantes con la mano derecha.
2. Uds. ______________ buenas notas (*grades*) porque estudiaron mucho.
3. El café no ______________ de América sino de Arabia.
4. Llegué tarde porque se me ______________ el carro en la autopista.

5. (Yo) ______________ mi apetito comiendo medio pollo.
6. Los republicanos ______________ a los demócratas en el Congreso.
7. Tomé mucho jugo de naranja y así ______________ contraer un resfriado (*cold*).
8. Todos nosotros ______________ (*backed*) la misma idea en la reunión.
9. El profesor ______________ (*exposed*) sus ideas claramente.
10. ¿Quién ______________ (*proposed*) esa ley (*law*) tan inadecuada?

¡ATENCIÓN! Casos problemáticos del artículo definido (*el/la, los/las*)

1. En español es obligatorio usar el artículo definido cuando hablamos de la totalidad genérica de un nombre. En inglés, en cambio, solamente se usa *the* con nombres que podemos contar (*count*) en singular, pero se omite en plural.

   EJS: ***El gato* es un animal doméstico.** (*The cat is a domestic animal.*)
   ***Los gatos* son animales domésticos.** (*Cats are domestic animals.*)
   ***La gasolina* es cara.** (*Gasoline is expensive.*)

2. El adjetivo para indicar totalidad es ***todo.*** Por esta razón siempre se necesita el artículo definido entre ***todo*** y el nombre, tanto contable como no contable.

   EJS: ***todo el* día / *todos los* días / *todo el* oro / *toda la* leche**

   En estilo literario se usa **todo + *nombre*** (singular) para enfatizar la individualidad de ese nombre, como en inglés se usa *each and every*. Sólo se usa esta forma con nombres contables.

   EJ: ***Todo hombre* nace libre.** (*Each and every man is born free.*)

3. Cuando hablamos de nombres de calles, ríos, montañas, lagos, mares, etc., siempre usamos el artículo definido.

   EJ: **Vivo en *la calle* Veinte, cerca *del río* Santa Ana.**

4. Cuando hablamos de la hora y del día de la semana usamos el artículo definido.

   EJ: **Llegaron a *las dos* de la tarde *el lunes* pasado.**

5. Cuando hablamos de una persona con un título delante del nombre propio usamos el artículo definido, excepto si hablamos directamente con la persona. Con ***Don*** y ***Doña*** no se usa el artículo.

   EJS: **¡Hola, *señor* Fuentes! ¿Cómo está *la señora* Fuentes?**
   Saludé a *Doña* Mercedes.

6. Con las partes del cuerpo y la ropa se necesita el artículo definido. (Note que en inglés se usa el posesivo en este caso—*my, your,* etc.)

   EJS: **Me lavé *las* manos.** (*I washed my hands.*)
   Ella se puso *los* zapatos rojos. (*She put her red shoes on.*)

7. Con las palabras ***casa, misa, clase,*** no usamos el artículo definido. En inglés no se usa el artículo con *home, Mass, class, school, church, college, jail.*

   EJ: **Salgo de *casa* y voy a *la escuela.*** (*I leave home, and I go to school.*)

NOTA

Recuerde que decimos **el agua, el águila,** y no la agua, **la águila,** porque ***agua*** y ***águila*** empiezan con una ***a*** tónica. Pero en plural decimos **las aguas, las águilas.** También decimos **la americana** porque la primera ***a*** de americana no tiene acento fonético (*stress*).

RESPUESTAS p. 161

E. Complete cada oración con un artículo definido. Si no se necesita el artículo, deje el espacio en blanco. Observe que en algunos casos se necesita una contracción (*del* o *al*).

1. Si tenemos tiempo vamos a __________ iglesia __________ domingos.
2. __________ pollo no es tan caro como __________ carne de res.
3. Fui a saludar a __________ Doña Mercedes y hablé con __________ señor Martínez.
4. Dicen que __________ agua de __________ lago Michigan está contaminada.
5. Hoy no voy a __________ clase porque me duele __________ cabeza.
6. __________ alfalfa es un vegetal muy importante en una dieta balanceada.
7. Hoy es __________ domingo y tenemos que ir a __________ misa (*Mass*).
8. ¿Cómo está Ud., __________ doctor Arana? Salude de mi parte a __________ señora Arana.
9. __________ hambre es uno de los problemas más graves de __________ mundo.
10. Este tren llegó a __________ tres en punto.
11. José se quitó __________ sombrero a __________ llegar a __________ casa.

12. Utilizar apropiadamente __________ verbos es más complicado en español que en inglés.
13. __________ diamante es una piedra preciosa (*precious stone*).
14. ¿Trabaja usted __________ sábados? —Sí, trabajo todos __________ días.
15. Todo __________ americano tiene los mismos derechos. (*Each and every American has the same rights.*)
16. __________ bancos son supermercados de dinero.
17. __________ leche tiene calcio; por eso es necesaria para __________ niños.
18. Mis hijos están en __________ escuela primaria.

13 En el hotel
(At the Hotel)

ancho(a)	wide	**la habitación**[4]	room
el ascensor[1]	elevator	**la ducha**	shower (*bathroom*)
la bañera, la tina	bathtub	**ducharse**	to take a shower
el baño, el servicio[2]	bathroom	**el elevador**[1]	elevator
la bocacalle	intersection	**la escalera**	stairs, ladder
el botones, el mozo	bellboy	**estrecho(a)**	narrow
		el guardia	traffic police
el buzón	mailbox	**la manzana**[3] **(*España*)**	(city) block (*Spain*)
la carta	letter		
el/la cartero(a)	mail carrier	**nublado(a)**	cloudy
cobrar	to charge, collect	**la pensión**[5]	boardinghouse, inn
el/la conserje	desk person	**el piso**	floor, story
el correo, los correos	mail, post office	**registrar(se)**[8]	to register, check in
		el sello, la estampilla[6]	postage stamp
la cuadra[3] **(*América*)**	(city) block (*America*)		
el cuarto[4]	room	**soleado(a)**	sunny
el cuarto sencillo	single room	**el televisor**[7]	TV set
el cuarto doble	double room	**la toalla**	towel
el servicio al cuarto	room service	**torcer (ue)**	to twist, turn
		torcido(a)	twisted, crooked

NOTAS

1. *Ascensor* es la palabra que se usa para *elevator* en España. En 1984 la Real Academia incluyó en su diccionario ***elevador*** para *elevator* en Hispanoamérica. Históricamente «los elevadores» existieron antes que «los ascensores» porque las compañías norteamericanas los pusieron en México y La Habana antes de ponerlos en Madrid.
2. Hay varias palabras para *bathroom* o *toilet:* **baño, servicio, retrete, aseo, váter, excusado,** además de términos más regionales.

3. ***Cuadra*** se usa en Hispanoamérica para (*city*) *block*. Significa también *stable* para animales en todo el mundo de habla hispana. En España se usa ***manzana*** para (*city*) *block,* palabra que a la vez significa *apple* en todo el mundo.
4. ***Cuarto*** es *room* y *bedroom,* pero en algunos países se usa más ***habitación,*** en otros, ***alcoba,*** y en casi todos, ***dormitorio.*** En México se usa también ***recámara.*** Para hablar de *hotel room* se usan ***cuarto*** y ***habitación.***
5. ***Pensión*** significa *pension* y también *boardinghouse, inn.* En el mundo de habla hispana hay muchas pensiones donde viven estudiantes y trabajadores que pasan un tiempo lejos de su familia. Son muy económicas en comparación con los hoteles, y generalmente el servicio incluye la comida y el lavado de ropa. En algunos países se llaman **posadas.**
6. ***Sello*** es *postage stamp,* pero en Hispanoamérica se usa más ***estampilla.*** También se usa ***timbre*** que se aplica a toda clase de *seal.* Esta última palabra significa también *bell, doorbell.*
7. ***Televisor*** significa *TV set,* aunque también se usa ***televisión*** para lo mismo.
8. ***Registrar(se)*** se usa para *to register, check in,* en el hotel, y también para hablar de un automóvil, una propiedad, etc. Para *to register* en una escuela o universidad se usa ***matricularse*** o ***inscribirse.***
9. Los hoteles se clasifican por estrellas en el mundo de habla hispana. Un hotel de cinco estrellas (*****) es el más lujoso y más caro, y el de dos estrellas (**) es el más económico. En España los precios son fijados por el Ministerio de Información y Turismo.

PRACTIQUE EL VOCABULARIO

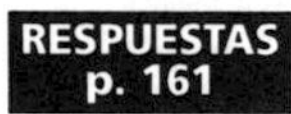
RESPUESTAS p. 161

A. Complete el siguiente diálogo entre el conserje del hotel y la turista, usando las palabras del vocabulario anterior.

CONSERJE: Buenas tardes, señorita. ¡Bienvenida a nuestro _______________ (1.)!

TURISTA: Gracias. ¿Tienen ustedes un _______________ (2.) disponible?

CONSERJE: ¿Cómo lo quiere, sencillo, o _______________ (3.)?

TURISTA: Sencillo, pero con baño, ducha y _______________ (4.).

CONSERJE: Muy bien. La habitación también tiene un _______________ (5.) en colores para que vea sus programas favoritos. Está en el tercer piso.

TURISTA: Para subir al tercer piso, ¿hay escalera o _______________ (6.)?

CONSERJE: Sólo hay escalera, pero el _______________ (7.) va a subir sus maletas.

TURISTA: ¿Cuánto _______________ (8.) ustedes por día?

CONSERJE: Cincuenta y cinco dólares. Como usted sabe los hoteles son más caros que las _______________ (9.), pero ofrecemos mejores servicios. Este es un hotel de tres estrellas.

TURISTA: Está bien. Voy a ______________ (10.) por una semana.

CONSERJE: También tenemos un pequeño comedor. Si Ud. desea puede pedir ______________ (11.) y un mozo le sube la comida. Aquí tiene la llave.

TURISTA: Muchas gracias. Yo llevo el maletín y que el ______________ (12.) suba las maletas.

RESPUESTAS p. 161

B. Subraye la palabra o expresión más apropiada para completar cada oración.

1. Para ir a la oficina de correos Ud. tiene que caminar tres (buzones, cuadras, semáforos, pensiones).
2. Aquí en la esquina hay (una toalla, un ascensor, un buzón, una tina).
3. Esta ciudad es muy antigua, por eso las calles son muy (anchas, torcidas, soleadas, angostas).
4. En caso de emergencia ustedes deben bajar por (el botones, el elevador, la bocacalle, la escalera).
5. Ud. no puede (cobrar, ducharse, torcer, registrarse) en el hotel si no tiene dinero.
6. Esta carta no puede mandarse porque no tiene suficientes (servicios, sellos, correos, pensiones).
7. Una pensión es más (lujosa, amplia, económica, interesante) que un hotel.
8. Después de ducharnos necesitamos secarnos (*dry*) con (un servicio al cuarto, un cartero, una toalla, una tina).
9. Los días (nublados, estrechos, torcidos, soleados) son buenos para ir a la playa.
10. Aquí no vendemos sellos; tiene Ud. que comprarlos en (el buzón, el correo, la pensión, el piso).

RESPUESTAS p. 161

C. Complete cada oración con una de las siguientes palabras. Haga los arreglos que sean necesarios (el plural, el artículo, la forma femenina).

ancho	botones	estrecho	televisor
ascensor	buzón	guardia	toalla
bañera	conserje	nublado	torcido

1. Esta carretera sólo tiene dos carriles (*lanes*); es bastante ______________.
2. Después de bañarme me seco (*dry*) con ______________.
3. Esta esquina es peligrosa; por ello siempre tiene un ______________ de tráfico.
4. Hoy el cielo está muy ______________; parece que va a llover.

5. En la esquina hay ______________ para echar las cartas.
6. El ______________ es el empleado del hotel que registra a los viajeros.
7. Esta autopista es muy ______________; tiene ocho carriles.
8. Para subir al tercer piso puede usar la escalera o ______________.
9. Nuestro baño es muy completo. Tiene ducha y ______________.
10. Puede ver muchos programas en ______________.
11. La parte vieja de la ciudad tiene calles muy ______________.
12. Por supuesto, el ______________ le sube las maletas al cuarto.

GRAMÁTICA *Gustar* • Objeto indirecto (OI)

I. *Gustar*

A. La oración **El libro *me* gusta** significa literalmente *The book is pleasing to me. **Libro*** es el sujeto de la oración, es el estímulo que causa la sensación de gusto en ***mí. Me*** es a la vez el experimentador, quien recibe el estímulo: es el **objeto indirecto.** En inglés se dice *I like the book* en vez de *The book is pleasing to me.* La forma plural es **Los libros me gusta*n:* *gustan*** es plural porque ***libros*** es plural.

B. Más ejemplos:

El libro le gusta a María: ***Le*** y ***a María*** son el objeto indirecto.
El libro le gusta a Jorge: ***Le*** y ***a Jorge*** son el objeto indirecto.
El libro te gusta a ti: ***Te*** y ***a ti*** son el objeto indirecto.

C. ***Gustar*** y la lista de verbos que sigue necesitan siempre un pronombre de objeto indirecto: **me, te, le, nos, les.** Aprenda el significado de estos verbos.

agradar to please
convenir to be convenient
doler to hurt, ache
encantar to like a lot
faltar to miss, lack
fascinar to fascinate
hacer falta to need
importar to matter
interesar to interest
molestar to bother, annoy
ocurrir to happen
parecer to seem
pasar to happen
pertenecer to belong
quedar to be left over, fit
ser bueno to be good
sobrar to be left over
tocar to be one's turn (*it's my turn to . . . , your turn to . . . , etc.*)

Muchos de estos verbos admiten también la construcción con sujetos como **yo, tú, él.** El significado es diferente en estos casos.

EJS: **Brasil *importa* petróleo de Venezuela.** (*Brazil imports oil from Venezuela.*)
Eso no le *importa* a Juan. (*That doesn't matter to John.*)

Pasé **el examen de Biología.** (*I passed the Biology exam.*)
¿Qué te *pasa?* (*What is the matter with you?*)

II. Esquema de los pronombres personales

Sujeto	OD	OI	Reflexivo	Objeto de preposición
yo tú nosotros(as) vosotros(as)	me te nos os	me te nos os	me te nos os	a mí a ti a nosotros(as) a vosotros(as)
él, Ud. ella, Ud. ellos, Uds. ellas, Uds.	lo la los las	le le les les	se se se se	a él, a Ud. a ella, a Ud. a ellos, a Uds. a ellas, a Uds.

A. El orden de los pronombres es ***objeto indirecto*** (*OI*) + ***objeto directo*** (*OD*).

EJS: **¿El libro? Juan** ***me lo*** **dio.** (*The book? John gave it to me.*)
¿La pluma? Juan ***te la*** **dio.** (*The pen? John gave it to you.*)

Le/les cambia a ***se*** cuando sigue uno de los pronombres de objeto directo (**lo/la, los/las**).

EJ: **¿El libro? Juan** ***se lo*** **dio a María. = Juan** ***se lo*** **dio.**

B. Los pronombres de objeto directo, objeto indirecto y reflexivos van después del verbo en los siguientes tiempos.

1. MANDATO AFIRMATIVO: **¿El libro? Cómpra*lo*.** (*The book? Buy it.*)
2. INFINITIVO: **¿La pluma? Voy a comprar*la*. = La voy a comprar.**
3. PARTICIPIO PROGRESIVO: **¿La tarea? Estoy escribiéndo*la*. = La estoy escribiendo.**

C. El pronombre reflexivo va antes de los pronombres de objeto directo y objeto indirecto.

EJS: **Se lava las manos. =** ***Se las*** **lava.**
Lávese las manos. = Lávese*las*.

III. **Significado del objeto indirecto**

A. El objeto indirecto se usa mucho más en español que en inglés. Se puede usar con casi todos los verbos del diccionario. El significado del objeto indirecto cambia según el tipo de verbo (*categoría semántica*).

1. BENEFICIO: ***Le*** **di el libro** ***a Juan.*** (*I gave the book to John.*)

2. PÉRDIDA: ***Le* robé el libro *a Juan.*** (*I stole the book from John.*)
3. POSESIÓN: ***Le* lavé el carro *a Juan.*** (*I washed John's car.*)
4. EXPERIENCIA: ***A Juan le* gusta el libro.** (*John likes the book.*)
5. INTERÉS: **No te *me* vayas.** (*Don't leave me.*)
   (te = reflexivo; me = OI)

B. Con los verbos del grupo **gustar** es obligatorio usar siempre el pronombre **le/les** de objeto indirecto, que repite el nombre que funciona de objeto indirecto.

EJ: ***A Juan* le gusta el libro. = *Le* gusta el libro *a Juan.***

C. Con todos los demás verbos no es necesario repetir el nombre objeto indirecto con el pronombre **le/les,** pero especialmente en Hispanoamérica, es común repetirlo.

EJ: **Compré un libro *a Juan.* = *Le* compré un libro *a Juan.***

D. Los pronombres de objeto indirecto **me, te, le, nos, les,** se pueden reforzar con un pronombre precedido con la preposición **a.** Es más enfático que un solo pronombre, y a veces es necesario en la tercera persona para aclarar quién es el objeto indirecto.

EJS: ***Te lo doy a ti* es** más enfático que ***Te lo doy.*** (*I'm giving it to you.*)
Se* lo di *a él,* no *a ella. (*I gave it to him, not to her.*)

PRACTIQUE LA GRAMÁTICA

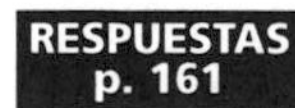
RESPUESTAS p. 161

1. Los pronombres de objeto indirecto de tercera persona solamente son dos, singular y plural: __________ y __________. Estos dos cambian a __________ cuando están delante de otro pronombre de objeto directo de tercera persona: **lo, la, los, las.**
2. Es más común decir **Me gusta el libro** que **El libro me gusta,** pero en los dos casos la función de ***libro*** es __________ de la oración, y la función de ***me*** es __________________.
3. ***Usted/ustedes*** son pronombres de segunda persona por el significado (*you*), pero gramaticalmente son pronombres de tercera persona. Los pronombres de objeto indirecto para ***usted/ustedes*** son dos: __________, y los de objeto directo son cuatro: ________________.
4. ¿Cuál es la forma plural de **Me falta el libro?** __________________________.
5. No decimos **Yo le lo di a Juan** sino **Yo** __________ **di a Juan,** porque *le* cambia a __________ delante de *lo.*

6. ¿Es correcto decir **Mandé unas rosas a mi novia?** __________, pero es más común repetir el objeto indirecto («novia») con el pronombre: __________ **Mandé unas rosas a mi novia.** Esto ocurre más en Hispanoamérica que en España.
7. No es correcto decir **¿Qué duele a Juan?** Debe ser **¿Qué** __________?
8. Cuando decimos **Se me cayó el plato,** ***me*** es objeto indirecto, y significa que *yo* experimento esa acción, como dueño del plato (posesión), o tengo el plato en mis manos en ese momento. Cambie ***plato*** a ***platos*** en la oración anterior: **Se** __________ **los platos.**
9. ***Parecer*** (*to seem*) emplea un objeto indirecto como el verbo **gustar.** ¿Cómo se traduce al español *The book seems good to me*? __________________.
10. ***Te duele la cabeza a ti*** es más enfático que __________________.
11. *Tocar* significa idiomáticamente *to be one's turn.* ¿Cómo se traduce *It's my turn*? __________________.
12. Observe que el verbo **molestar** no significa *to molest* sino *to bother.* Complete esta oración: **El humo** __________ **molesta mucho** __________ (*The smoke bothers me a lot.*)

EJERCICIOS

RESPUESTAS p. 161

A. *Tus gustos, intereses, dolencias...* **Conteste las preguntas siguientes desde su punto de vista.**

1. ¿Qué clase de comida te gusta más? ¿Por qué?

   ____

2. ¿Te molesta el humo del cigarrillo?

   ____

3. ¿Te interesa aprender bien el español? ¿Por qué?

   ____

4. ¿Te duele la cabeza a menudo (*frequently*)? ¿Qué tomas para aliviarte?

   ____

5. ¿Te interesa viajar a un país de habla hispana? ¿A cuál de ellos?

   ____

6. ¿Te gustan las hamburguesas o eres vegetariano?

   ____

7. ¿Te conviene vivir cerca de la universidad o no te importa?

____

8. ¿Te quedan bien los zapatos o te molestan?

____

RESPUESTAS p. 161

B. Complete las oraciones con la traducción de las palabras indicadas en paréntesis.

1. Ella __________ dio el dinero ayer. (*to you:* familiar form)
2. Los padres __________ compraron un carro como regalo de graduación. (*to him*)
3. Ayer __________ puse gasolina al coche. (*in it*)
4. Los frenos ____________________ en la autopista. (*broke on me*)
5. A ustedes ______________ un carro grande. (*to be convenient*)
6. Nosotros ______________ el coche. (*wash for him:* **lavar**)
7. Ayer ______________ el libro. (*got lost on me:* **perder**)
8. ______________ leer tantos papeles. (*bothers me*)
9. A José no ______________ el motor esta mañana. (*started*)
10. ¿Qué __________ al acelerador? (*happened*)

11–12. No __________ contestar a mí; __________ a Julia. (*to be one's turn*)

13. La conferencia ______________ magnífica. (*seemed to me*)
14. A nosotros __________________ España. (*fascinates*)
15. Olvidar (*to forget*) no es una acción que pone responsabilidad en una persona; por eso en español decimos *the number got forgotten on me:* __________________ el número.
16. ¿Cómo se traduce *She forgot the tickets*? __________________ los boletos.
17. Compré una batería para el carro y sólo __________________ cuatro dólares. (*to be left on me*)
18. ***No me lo des a mí*** (*Don't give it to me*) es más enfático que **No** __________.
19. ***¿El libro? Yo le lo compré a mi hijo*** no es correcto. Debe ser **Yo** __________ **compré a mi hijo.**
20. ***Me le dices la verdad a tu mamá*** tiene dos objetos indirectos: ***le*** que repite a mamá, y ***me.*** ¿Cómo se traduce este ***me*** al inglés? __________.
21. ¿Es correcto ***Escribí a ella?*** __________. Debe ser ______________.

22. *Mandé unas rosas a mis padres* es correcto, pero es más común, especialmente en Hispanoamérica, decir __________ **unas rosas a mis padres.**

RESPUESTAS p. 162

C. **Conteste las preguntas usando los pronombres de objeto directo y objeto indirecto en lugar de los nombres.**

EJ: **¿Compraste el libro a tu amigo? — Sí, se lo compré.**

1. ¿Me compraste el programa de teatro? Sí, (*familiar*) ________________.
2. ¿Le dijiste toda la verdad a tu amiga? No, ________________.
3. Carlos, ¿le subiste las maletas al tercer piso a la señora? Sí, ya ________________.
4. ¿Se lavó usted las manos con agua y jabón? Sí, ________________.
5. ¿Se compraron ustedes el carro nuevo? No, ________________.
6. ¿Me copió usted la carta, señora Martínez? Sí, (*formal*) ________________.
7. ¿Le puso usted las toallas a la señora? Sí, ________________.
8. ¿Se te olvidaron los boletos del cine? No, ________________.
9. ¿Escribió usted la carta a sus papás? Sí, ________________.
10. ¿Le pagaste la cuenta del hotel al conserje? Sí, ya ________________.

¡ATENCIÓN! Usos de *por* y *para*

1. Algunos usos de ***por:*** *through, along, down, for, over, during*

   a) ESPACIO: ***Por*** no indica el destino final sino el camino, la ruta.

      EJS: **Pasamos *por* Texas para ir a la Florida.** (*through*)
      Caminamos *por* la avenida Balboa. (*along, down*)
      La leche se cayó *por* el suelo. (*over*)

   b) TIEMPO: ***Por*** indica el transcurso de un período: **durante** (*for, during*)

      EJ: **Vivimos en Cuba *por* (*durante*) cinco años.** (*for, during*)

   c) CAMBIO: ***Por*** refleja la idea de intercambio: *in exchange for, instead of.*

      EJS: **Pagué cincuenta dólares *por* los zapatos.** (*for*)
      Si tú no puedes ir al teatro, yo voy *por* ti. (*in your place*)

2. Algunos usos de ***para:*** *to, in order to, for, by*

   a) ESPACIO: ***Para*** indica el destino final del viaje.

      EJS: **Amelia salió *para* su oficina.** (*for, toward*)
      Ellos se fueron *para* México. (*for, to*)

b) TIEMPO: *Para* indica el tiempo aproximado, *the deadline.*

EJS: **Deben aprender esto *para* el lunes.** (*by*)
Vamos a viajar a México *para* junio. (*by*)

c) PROPÓSITO: *Para* indica el destino final, el objetivo, la meta (*goal*), como el objeto indirecto.

EJS: **Traigo el café *para* usted.** (*for*)
Hago dieta *para* perder peso. (*to, in order to*)

RESPUESTAS p. 162

D. **Complete las oraciones con *por* o *para*.**

1. Marta y Casimiro decidieron casarse __________ julio. (*by*)
2. John Kennedy fue presidente __________ tres años. (*for*)
3. Para ir al correo tenemos que pasar __________ el parque central. (*through*)
4. Ya sé que estás muy ocupado; voy a lavar el carro __________ ti. (*for*)
5. Mi tío trabaja __________ una compañía de hoteles. (*for*)
6. Fumar cigarrillos no es bueno __________ la salud. (*for*)
7. Uds. deben terminar este trabajo __________ el viernes. (*by*)
8. Las monedas se cayeron y rodaron __________ el suelo. (*over*)
9. ¿Está Ud. haciendo ejercicio __________ bajar de peso? (*in order to*)
10. Si Ud. sigue __________ la calle Figueroa, no se va a perder. (*along*)
11. Este vuelo va a salir __________ Chicago en diez minutos. (*for*)
12. ¿Cuánto pagó Ud. __________ esa camisa tan fea? (*for*)
13. __________ ir a Nueva York desde Pennsylvania Ud. tiene que pasar __________ New Jersey. (*to/through*)
14. ¿__________ cuánto tiempo vas a viajar __________ Europa? (*for/around*)

14 En el correo
(At the Post Office)

asegurar	to insure, assure	**para ser**	for being
el correo aéreo	air mail	**para siempre**	forever, for good
el correo certificado	registered mail	**pesado(a)**	heavy
el correo expreso	express mail	**pesar**	to weigh
la dirección[1]	address	**por casualidad**	by chance
la entrega especial	special delivery	**por eso**	for that reason
enviar	to send	**por fin**	finally
el envío	remittance, shipping	**por mucho que**	no matter how much
estar para ir[2]	to be about to go	**por si acaso**	just in case
estar por hacer	yet to be done	**por tonto**	for being silly
el giro postal	money order	**quedar**[3]	to be located
hacer cola	to stand in line	**el remitente**	sender
ligero(a)	light, fast	**las señas**[1]	address
mandar	to send, command	**el sobre**	envelope
el membrete	letterhead	**la tarjeta postal**[4]	postcard
el paquete	package, parcel	**el timbre**	postage stamp; doorbell, bell
para con (uno)	toward		
para mí	in my opinion, for me	**la ventanilla**[5]	small window

NOTAS

1. ***Dirección*** es el término formal para *address* y ***señas*** es la palabra corriente. También se usa ***domicilio,*** que tiene doble significado: *home* y *address.*

2. **Estar para** + (***infinitivo***) significa *to be about to do something.* En cambio **estar por** + (***infinitivo***) significa *yet to be done.* **Estar por** + (***nombre***) es *to be in favor of something.*
3. ***Quedar*** tiene varios significados: a) *to be* (in a place): por ejemplo, **la oficina de correos no queda lejos;** b) *to be left:* **me quedan dos dólares;** c) ***quedarse*** es *to stay, remain:* **se quedó un mes en Miami;** d) *to fit* (clothes, shoes, decorations): **ese sombrero te queda muy bien.**
4. ***Tarjeta postal*** se abrevia comúnmente como ***una postal.***
5. ***Ventanilla*** significa *small window,* por ejemplo, en el avión; pero también se usa para referirse a *teller's window* en el banco, *clerk's window* en la oficina de correos o en otra oficina semejante.
6. En los países de habla hispana la administración de correos es una compañía paraestatal, como en Estados Unidos: depende del gobierno pero tiene bastante independencia. En España el correo tiene una caja postal, que es un banco de ahorros (*savings bank*).

PRACTIQUE EL VOCABULARIO

RESPUESTAS p. 162

A. Complete el siguiente diálogo entre un cliente y un empleado de correos.

EMPLEADO: Buenas tardes, señor. ¿Quiere ______ (1.) algo por correo?

CLIENTE: Sí, quiero mandar esta carta por correo ______ (2. *registered*).

EMPLEADO: En ese caso Ud. tiene que poner un ______ (3.) de ochenta centavos.

CLIENTE: También quiero mandar este ______ (4. *package*) a Acapulco.

EMPLEADO: ¿Desea enviarlo por correo ordinario o ______ (5.)?

CLIENTE: Aéreo, y además con ______ (6. *delivery*) especial.

EMPLEADO: ¿Quiere ______ (7. *insure*) el paquete?

CLIENTE: Sí, por novecientos pesos. También necesito comprar veinte ______ (8.) de cincuenta pesos cada uno.

EMPLEADO: Aquí los tiene. Son ______ (9.) pesos en total.

CLIENTE: ¿Venden ustedes ______ (10. *money orders*)?

EMPLEADO: ¡Cómo no! Para los giros tiene que ir a la ______ (11.) número 9.

CLIENTE: ¡Eso significa que tengo que ______ (12. *wait in line*) otra vez!

EMPLEADO: Así es la vida. Adiós.

RESPUESTAS p. 162

B. **Complete las oraciones con una de las palabras o expresiones siguientes. Haga los cambios que sean necesarios, especialmente con los verbos.**

estar para	ligero	para ser	quedar	sobre
estar por	mandar	pesar	remitente	timbre
hacer cola	para mí	por si acaso	señas	

1. Este muchacho toca muy bien el piano ________________ tan joven.
2. No podemos mandar esta carta porque no tiene ________________.
3. Voy a llevar el paraguas (*umbrella*) ________________ llueve.
4. Si usted es quien envía la carta, usted es el ________________.
5. No podemos perder más tiempo porque el tren ________________ llegar.
6. Lo contrario de ***pesado*** es ________________.
7. ¿Cuánto ________________ este paquete?
8. El correo ________________ a cinco cuadras del hotel.
9. Ud. debe escribir las ________________ en el sobre.
10. Cuando hay mucha gente en la oficina de correos, es necesario ________________.
11. El empleado de correos ________________ el paquete antes de poner el timbre.
12. Una carta personal debe ir en un ________________ cerrado.
13. ***Enviar*** significa lo mismo que ________________.
14. No pude escribir; todavía la carta ________________ hacer.

RESPUESTAS p. 162

C. **Complete las oraciones con uno de los siguientes verbos en pretérito.**

asegurar	entregar	gustar	molestar	quedar
doler	enviar	hacer cola	pesar	sobrar

1. El cartero me ________________ la carta personalmente.
2. El empleado de correos ________________ el paquete en la balanza (*scale*).
3. Ayer me ________________ mucho la cabeza, y las aspirinas no me quitaron el dolor.
4. Mis tíos me ________________ un paquete por correo para Navidad.
5. Pensé que no tenía suficiente dinero, pero pagué la comida de los cuatro invitados y todavía me ________________ cuatro dólares.
6. Al director le ________________ mucho el programa nuevo.

7. Nosotros ______________ por una hora porque había mucha gente.
8. Ese paquete es importante. ¿Por qué no lo ______________ por ciento cincuenta pesos?
9. No me gustó su idea; además me ______________ que hablara por casi una hora.
10. La fiesta de cumpleaños nos ______________ fantástica.

GRAMÁTICA Imperfecto y pretérito

I. Imperfecto de indicativo: formas regulares e irregulares

Sujeto	*habl ar*	*com er*	*ir*	*ser*	*ver*
yo	**habl aba**	**com ía**	**iba**	**era**	**ve ía**
tú	**habl abas**	**com ías**	**ibas**	**eras**	**ve ías**
él/ella/Ud.	**habl aba**	**com ía**	**iba**	**era**	**ve ía**
nosotros(as)	**habl ábamos**	**com íamos**	**íbamos**	**éramos**	**ve íamos**
ellos/ellas/Uds.	**habl aban**	**com ían**	**iban**	**eran**	**ve ían**

Observe lo siguiente en el esquema anterior.

A. Las raíces de los verbos regulares en el imperfecto son las mismas del presente y del pretérito: **habl-, com-,** de **hablar, comer.**

B. Los verbos en **-ar** tienen la terminación **-aba-** en el imperfecto, y los verbos en **-er, -ir,** tienen la terminación **-ía-: estudiar → estudiaba; salir → salía; tener → tenía.**

C. Todos los verbos son regulares en el imperfecto excepto tres: **ir, ser, ver.** ***Veía*** tiene la raíz **ve-** en vez de **v-.** ***Ser*** cambia completamente a ***era,*** y el verbo ***ir*** a ***iba.***

II. Contraste de pretérito / imperfecto

A. Para indicar una acción en un tiempo pasado (recordado) usamos dos tiempos verbales —el pretérito y el imperfecto— y cada uno tiene un significado distinto.

1. El imperfecto indica el «medio» de una acción, es decir, una acción en desarrollo o progreso, sin principio ni fin; por eso una buena traducción es la forma progresiva del inglés: **Tú hablabas por teléfono cuando...** (*You **were talking** on the phone when . . .*)

2. El pretérito indica el principio o fin de una acción, y muchas veces, la acción completa. Una buena traducción es la forma *-ed* del *past* del inglés: *walked, talked.*

   EJS: **Ayer *comimos* a las 6:00.** (*Yesterday we started to eat at 6:00.*): Principio de la acción.
   Ustedes *llegaron* a las 6:00. (*You arrived at 6:00.*): Fin de la acción.
   ***Viví* cuatro años en Cuba.** (*I lived four years in Cuba.*): Toda la acción.

B. Para indicar una costumbre o hábito en el pasado usamos el imperfecto, porque una costumbre es el «medio» de acciones repetidas muchas veces, sin principio ni fin.

   EJ: **Mi padre *fumaba* mucho.** (*My father used to smoke a lot.*)

   Recuerde que si la costumbre todavía existe se usa el presente de indicativo.

   EJ: **Mi padre *ni fuma ni bebe.*** (*My father doesn't drink or smoke.*)

   También es posible considerar una costumbre pasada como una unidad, la suma de muchas acciones repetidas. En este caso usamos el pretérito.

   EJ: **Mi padre *fumó* toda su vida y *murió* de cáncer.** (*My father smoked all his life, and he died of cancer.*)

C. Para indicar una acción planeada (*planned*) en un momento pasado se usa el imperfecto o el condicional, que explicaremos más adelante. También puede usarse **ir a** + (***verbo***).

   EJS: **Pepe dijo que *se casaba* con Nancy.** (. . . *was going to marry* . . .)
   Pepe dijo que *se casaría* con Nancy. (. . . *would marry* . . .)
   Pepe dijo que *iba a casarse* con Nancy. (. . . *was going to marry* . . .)

D. Para describir a una persona, una cosa o un lugar en el pasado generalmente usamos el imperfecto, por razones obvias: no conocemos ni el principio ni el fin de la característica de que hablamos. Otra vez estamos en el «medio» de la acción.

   EJS: **Don Quijote *era* flaco, *tenía* un caballo flaco, *estaba* un poco loco...**
   La torre (*tower*) de la iglesia *era* alta, *tenía* cuatro campanas...

E. Todos los verbos del español pueden usarse en pretérito y en imperfecto, excepto **ser** y **tener** en las expresiones idiomáticas siguientes.

   1. Para indicar la hora ***ser*** sólo se usa en imperfecto, nunca en pretérito.

      EJ: ***Eran* las doce cuando llegaste.** (*It was 12:00 o'clock when you arrived.*)

2. Para indicar la edad de una persona ***tener*** sólo se usa en el imperfecto.

    EJ: **Mi padre *tenía* setenta y cinco años cuando murió.** (*My father was seventy-five years old when he died.*)

F. Algunos verbos parecen cambiar totalmente de significado cuando pasamos del imperfecto al pretérito porque en inglés se usan dos verbos diferentes. Vea estos ejemplos.

EJS: **Ayer *conocí* a tu hermano.** (*I met your brother yesterday.*)
Ya *conocía* a tu hermano. (*I already knew your brother.*)

EJS: **Ayer *tuve* carta de mi tía.** (*I received my aunt's letter yesterday.*)
Ella *tenía* la carta de su tía. (*She had her aunt's letter.*)

Este cambio de verbos en inglés para traducir el pretérito y el imperfecto del español refleja la gran diferencia entre el «principio» y el «medio» de la acción.

PRACTIQUE LA GRAMÁTICA

RESPUESTAS p. 162

1. Para los verbos en **-ar,** la terminación que indica el imperfecto es ______________, y para los verbos en **-er, -ir,** es ______________.
2. Los morfemas de persona (sujeto), ¿son iguales en presente y en imperfecto? ______________. ¿Qué significa la *-s* de ***comías?*** ______________. ¿Y ***-mos*** de ***íbamos?*** ______________.
3. El imperfecto de ***ir*** es **yo** ______________, **nosotros** ______________.
4. El imperfecto de ***ser*** es **yo** ______________, **nosotros** ______________.
5. Los verbos en **-ar** sólo tienen acento en una de las formas: primera ______________.
6. El significado del imperfecto y del pretérito es muy diferente, pero ambos tienen una cosa en común: se refieren a una acción en el ______________.
7. El pretérito generalmente indica una acción completa, con su principio y su ______________.
8. El imperfecto indica el ______________ de una acción pasada, y es posible que esa acción llegue hasta el presente porque el imperfecto nunca señala el ______________ de la acción. Por ejemplo, **José *vivía* en Texas cuando lo conocí. *Vivía*** no señala si José todavía vive o ya no en Texas.
9. Para indicar una costumbre en el presente usamos el presente de indicativo. Para una costumbre en el pasado normalmente usamos el ______________.

10. Para indicar la hora del día usamos ***es/son*** en el presente. Si hablamos de la hora en el pasado usamos el ______________.

11. Una traducción buena del imperfecto ***hablabas*** es *you* ______________. Esta forma se llama progresiva y corresponde al uso más frecuente del imperfecto en español.

12. Para una acción planeada en el pasado, ¿se usa el imperfecto o el pretérito? ______________.

13. Para describir a una persona, cosa o lugar en el pasado, ¿usamos el imperfecto o el pretérito? ______________.

14. El *past* del inglés, como *I walked, I talked, I said,* ¿se traduce mejor con el imperfecto o con el pretérito? ______________.

15. Para indicar la edad usamos la expresión **tener... años.** Si hablamos del pasado usamos siempre formas en ______________ para indicar la edad.

16. **Ayer *supe* la noticia** indica el ______________ de mi conocimiento de esa noticia. En cambio **Yo *sabía* la noticia** indica el ______________ de mi conocimiento de esa noticia. Una buena traducción de ***supe*** en tal contexto no es *I knew* sino *I found out.*

EJERCICIOS

RESPUESTAS p. 162

A. Complete las oraciones con el imperfecto de los verbos indicados entre paréntesis.

Cuando yo ______________ (1. ser) niño, mi padres y yo ______________ (2. vivir) en un pueblito del campo de Castilla. La aldea (*village*) se ______________ (3. llamar) Villota y sólo ______________ (4. tener) unas veinticinco familias que ______________ (5. trabajar) en la agricultura. Villota ______________ (6. tener) una escuela pequeña, donde ______________ (7. estudiar) todos los niños de la aldea. El maestro ______________ (8. ser) Don Anastasio, un hombre austero y estricto, pero que nos ______________ (9. enseñar) a trabajar con responsabilidad. Este señor ______________ (10. saber) controlar muy bien a los cuarenta «diablillos» de la escuela. Los domingos todos los niños ______________ (11. ir) a la iglesia desde la escuela. El cura (*priest*) del pueblo, Don Teófilo, ______________ (12. ser) tan estricto y tan viejo como el maestro. Durante el sermón de la misa nos ______________ (13. aburrir *to bore*) a todos, y los viejos campesinos del pueblo ______________ (14. echar) su buena siesta durante sus interminables sermones.

RESPUESTAS p. 162

B. **Escriba el imperfecto o el pretérito de los verbos entre paréntesis para completar la historia siguiente. Es importante comprender bien el contexto primero.**

Cuando Rita y yo ______________ (1. llegar) ayer al hotel María Cristina, ya ______________ (2. ser) las once de la noche. Nosotras ______________ (3. estar) muy cansadas después de un largo viaje; nos ______________ (4. duchar) y nos ______________ (5. acostar) inmediatamente. A la mañana siguiente nos ______________ (6. despertar) muy temprano para conocer la ciudad de Barcelona. Después de un delicioso desayuno, ______________ (7. salir) del hotel para visitar el centro y comprar algunas cosas. Aunque el día ______________ (8. estar) nublado, ______________ (9. hacer) bastante calor. Cuando (nosotras) ______________ (10. ver) que el tráfico estaba terrible, nos ______________ (11. dar) cuenta de que el autobús público ______________ (12. ser) mejor que llevar el coche que habíamos alquilado. Después de varias horas de turismo y compras, nos ______________ (13. sentir) cansadas y con mucha hambre. Nosotras ______________ (14. comer) un buen almuerzo en Los Caracoles. Mientras ______________ (15. almorzar) en el restaurante ______________ (16. empezar) a llover torrencialmente. Mientras ______________ (17. esperar) un taxi para volver al hotel, ______________ (18. conocer) a un joven que ______________ (19. hablar) inglés, español y catalán. Este muchacho ______________ (20. tener) veinte años, y se ______________ (21. ganar) la vida como guía (*guide*) turístico. Él nos ______________ (22. prometer) enseñarnos (*show*) toda la ciudad al día siguiente. El taxista nos ______________ (23. llevar) al hotel por unas calles muy pintorescas y antiguas. Al llegar al hotel ya ______________ (24. ser) las cuatro de la tarde y las dos ______________ (25. echar) una buena siesta al estilo español.

RESPUESTAS p. 163

C. **Otra historia para reforzar el uso del imperfecto y el pretérito.**

Después de estudiar dos horas, anoche me ______________ (1. acostar) a las doce, pero no ______________ (2. poder) dormir porque ______________ (3. tener) mucha hambre. Entonces me ______________ (4. levantar) de la cama, y ______________ (5. ir) a la cocina a buscar comida. En el refrigerador no ______________ (6. haber) nada de comer. Mi perro Tequila ______________ (7. dormir) debajo de la mesita que hay en la cocina. De repente, Tequila se ______________ (8. despertar) y me ______________ (9. mirar), como diciendo: ¿Qué haces aquí a esta hora? Después de mucho buscar, ______________ (10. encontrar) una bolsa (*bag*) de papas fritas que mi hermanito

__________ (11. tener) escondida (*hidden*) debajo del fregadero (*sink*). __________ (12. agarrar) la bolsa con muchas ganas y me __________ (13. comer) las papas con una limonada bien fría. Cuando __________ (14. terminar) mi merienda de medianoche, ya __________ (15. ser) la una de la mañana, y me __________ (16. ir) a dormir con el estómago contento.

¡ATENCIÓN! Más usos de *por* y *para*

A. Usos de *por*. Agente, porcentaje y expresiones idiomáticas.

1. AGENTE. ***Por*** indica el sujeto agente en las oraciones pasivas. (*by*)

   EJ: **Don Quijote fue escrito *por* Cervantes.** (*by*)

2. PORCENTAJE. ***Por*** significa *per* en inglés. Observe que ***por ciento*** se escribe usando dos palabras en español. En inglés se escribe usando una palabra: *percent*.

   EJS: **Este banco paga el siete *por* ciento de interés.**
   La velocidad máxima es setenta millas *por* hora.

3. EXPRESIONES IDIOMÁTICAS. Observe el uso de ***por*** en las expresiones idiomáticas que siguen.

   a) Siento amistad ***por*** el director. (*toward*)
   b) Tengo una carta ***por*** escribir. (*yet to be done*)
   c) Estoy ***por*** la paz. (*in favor of*)
   d) Voy al mercado ***por*** pan. (*after, to get*)
   e) ***Por*** mucho que trabaja, no se cansa. (*no matter how much*)
   f) ***Por*** eso es necesario hacerlo. (*because of that*)
   g) ***Por*** si acaso. (*just in case*)
   h) ***Por*** casualidad. (*by chance*)
   i) ***Por*** tonto te pasa eso. (*for being* + [*adjective*])

B. Usos de *para*. Expresiones idiomáticas.

   a) ***Para*** ser niño, habla bien el español. (*for being* + [*noun*])
   b) Estamos ***para*** salir al cine. (*to be about to*)
   c) ***Para*** ti, eso no es cierto. (*according to*)
   d) Es muy amable ***para*** con todos. (*toward, with*)
   e) Se fue ***para*** siempre. (*forever, for good*)

RESPUESTAS P. 163

D. *¡Qué mala suerte tengo yo!* Complete la siguiente historia con *por* o *para*.

La semana pasada, cuando mis padres, mi hermana y yo íbamos (1) ______________ la casa de mis abuelos, tuvimos un accidente un poco serio. Es bastante peligroso viajar (2) ______________ la noche. El accidente fue investigado (3) ______________ la policía, que llegó inmediatamente. (4) ______________ casualidad, a mí no me pasó nada, pero a mi hermana tuvieron que llevarla (5) ______________ el hospital porque se rompió (*broke*) una pierna. Ella estuvo en el hospital (6) ______________ dos días, y ayer la trajeron (7) ______________ la casa con la pierna enyesada (*in a cast*). El médico dice que (8) ______________ fines de mes va estar recuperada. Esta mañana el cartero trajo varias tarjetas (9) ______________ mi hermana, que le mandaron sus amigos. Ahora tengo que ir en bicicleta a la farmacia (10) ______________ unas medicinas (11) ______________ ella. Mis padres dicen que trabajan mucho y que no tienen tiempo (12) ______________ nada. También yo tengo que lavar los platos (13) ______________ ella. Espero que (14) ______________ la semana próxima la vida vuelva a su curso normal (15) ______________ aquí. Yo tengo muchas tareas (16) ______________ hacer, y nadie las va a hacer (17) ______________ mí. Ahora mismo tengo que estudiar (18) ______________ un examen de matemáticas que tengo mañana. ¿No me desean buena suerte?

EXAMEN 2 LECCIONES 8–14

Parte I. Practique el vocabulario (36 puntos)

RESPUESTAS p. 163

A. Complete las oraciones con una de las palabras o expresiones que siguen. Haga los cambios necesarios.

abrocharse	despegar	funcionar	suave
aduana	disponible	hacer escala	sucio
andén	entregar	luna de miel	tomar el pelo
con retraso	equipaje	sin falta	tripulación

1. Este vuelo no es directo. El avión ______________ en San Luis.
2. Este vuelo está completo. No hay asientos ______________.
3. Debe subir por la escalera. El ascensor no ______________ hoy.
4. El piloto y los/las auxiliares de vuelo son parte de la ______________.
5. Tengo que llegar a las dos de la tarde ______________.
6. Acaban de casarse y salen para Hawaii de ______________.
7. Es necesario lavar el carro porque está muy ______________.
8. Es más cómodo viajar con poco ______________ que con mucho.
9. El tren para Bogotá sale del ______________ número 5.
10. Al llegar a otro país, los oficiales de ______________ inspeccionan las maletas y paquetes.
11. Hemos tenido un vuelo muy ______________, sin ninguna turbulencia.
12. Ud. debe ______________ este documento a las autoridades, junto con su pasaporte.
13. Todos los pasajeros deben ______________ los cinturones de seguridad.
14. Creo que no habla en serio; me ______________.
15. ¿A qué hora ______________ el avión para México?
16. Este tren casi siempre llega ______________ de quince minutos.

RESPUESTAS p. 163

B. **Complete las oraciones con una de las expresiones siguientes. Use los verbos en pretérito.**

botones	descomponer	marearse	tubo de escape
conducir	hacer caso	perder	
demorar	llanta de repuesto	tarjeta de embarque	

17. El letrero decía NO FUMAR, pero nadie le ______________.
18. Antes de subir al avión, Ud. debe presentar ______________.
19. Si me poncha la llanta, ¡mala suerte!, porque no llevo ______________.

20. ¿Cuánto tiempo __________________ el vuelo de Miami a Chicago?
21. Ellos __________________ el carro por todo Estados Unidos.
22. __________________ subió las maletas a la habitación.
23. Cuando venía por la autopista se me __________________ el carro.
24. Ya ves, tú siempre llegas tarde; __________________ el tren por tonto.
25. Todo el humo del motor se va por __________________.
26. El viaje tuvo bastantes turbulencias; yo __________________ mucho.

RESPUESTAS p. 163

C. Subraye la palabra o expresión correcta.

27. El avión va a (despegar, aterrizar, abordar, funcionar) en New York en cinco minutos.
28. Están anunciando el/la (vuelo, asiento, puerta, pasajero) número 777 para Denver.
29. Ud. debe meter la carta en un/una (membrete, timbre, tarjeta, sobre).
30. Si Ud. no pone (paquete, timbre, envío, certificado) en su carta, los carteros no podrán entregarla.
31. Después de ducharse Ud. necesita un/una (tina, servicio, buzón, toalla) para secarse bien.
32. Los días (nublados, estrechos, torcidos, soleados) son buenos para ir a la playa.
33. Aquí en la esquina hay un/una (bocacalle, buzón, sello, cartero) para echar las cartas.
34. Los peatones deben caminar por el/la (curva, parada, ganado, acera).
35. Cuando usted llega a un/una (parada, cruce, carril, autopista) que no tiene señal de STOP debe manejar con cuidado.
36. Para tomar el autobús local es necesario esperarlo en el/la (parada, esquina, cruce, desviación).

Parte II. Practique la gramática (64 puntos)

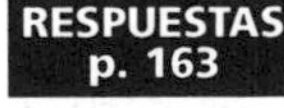

A. Sólo una de las cuatro opciones es correcta. Subraye la correcta.

1. El teatro Lope de Vega no (fue, había, estaba, tenía) lejos de nuestro hotel.
2. Ayer fuimos a la playa porque (hacía, tenía, estaba, era) un calor terrible.
3. Me gusta más este libro que (ese uno, tuyo, aquel, ése).
4. Yo (empezaré, empezé, empezaba, empecé) a escribir a la una, y todavía estoy escribiendo.
5. La corrida de toros de ayer (terminó, terminaba, terminaría, termino) a las ocho de la tarde.
6. Si se te olvidó la llave, yo te puedo prestar (mío, mía, el mío, la mía).

7. Cuando Elena era niña, ella (sabía, supo, conoció, conocía) hablar español.
8. Los países centroamericanos (producían, produjieron, producieron, produjeron) muchas bananas el año pasado.
9. Yo ya (pagaba, pagé, pagué, pagaré) la cuenta de la comida antes de llegar tú.
10. Cuando vivía en Miami, (iría, iba, fui, iba a ir) a la playa los fines de semana.
11. ¿Dónde (estuviste, estabas, fuiste, eras) cuando te llamé ayer por la tarde?
12. Las puertas de la tienda (le cierran, las cierra, se cierra, se cierran) a las diez de la noche.
13. Cuando Felipe II (era, fue, estaba, estuvo) rey de España, Miguel de Cervantes peleó en la batalla de Lepanto.
14. En esa isla (*island*) (están, son, hubo, hay) unos indios que hablan una lengua extraña.
15. Mi profesor (era, estaba, fue, hizo) furioso ayer porque un alumno copió las respuestas del examen.
16. La boda de mis padres (fue, estuvo, era, estaba) en una iglesia antigua pero bonita.
17. Estoy cansado porque ayer (practicaba, practicé, practiquaba, practiqué) el tenis por mucho tiempo.
18. Mi cuenta del banco (es, está, hay, hace) casi vacía porque escribí muchos cheques.
19. En Alaska (está, es, tiene, hace) mucho frío en invierno.
20. Los niños me (distrayeron, distrajieron, distrayeron, distrajeron) cuando practicaba el violín.
21. El Presidente Kennedy (era, tenía, tuvo, fue) cuarenta y cuatro años cuando murió.
22. Anoche saludé a tu amiga después que ella (salió, salía, saldría, saliera) del cine.
23. Después que llegué a la oficina, el teléfono (sonaba, suenó, sonó, sonaría) tres veces.
24. Ya te dije que Ana se (casó, casaba, cazó, cazaba) el verano que viene.
25. El sábado pasado Jorge no (venía, vinió, vino, venió) a la reunión del club.
26. A Ud. (conviene, le conviene, la conviene, se conviene) más arreglar la casa que venderla.
27. Cuando volvimos al carro, la llanta ya (fue, era, estuvo, estaba) ponchada.
28. En el accidente (se me rompió, se me rompieron, se me rompía, se me rompían) el parabrisas del coche.

29. El profesor todavía no (corregía, corregió, corrigía, corrigió) los exámenes.
30. El niño inocente (estaba, fue, era, estuvo) asesinado por un criminal sin corazón.
31. A mi amiga Margarita (se le perdió, se perdieron, se les perdió, se le perdieron) veinte dólares en el mercado.
32. La pobre niñita (hacía, había, tenía, estaba) mucha hambre, y por eso lloraba.
33. Necesito cambiar el (volante, filtro, tubo, baúl) de aceite de mi coche.
34. Esta clase de llantas me gusta más que (aquella una, aquello, esa una, aquélla).
35. Antes de llegar al semáforo rojo es necesario (pincharse, detenerse, seguir, chocar).

RESPUESTAS p. 164

B. Complete las oraciones con uno de los verbos siguientes en pretérito.

componer	divertirse	mantener	producir	sostener
deshacer	dormirse	prevenir	satisfacer	vestirse

36. Los países árabes _______________ mucho petróleo el año pasado.
37. Yo tenía mucha hambre, pero _______________ mi apetito con medio pollo y unas papas fritas.
38. Ellas _______________ mucho en la fiesta con los muchachos.
39. La policía _______________ el orden, aunque hubo algunos heridos.
40. La semana pasada nevó, pero el sol _______________ la nieve.
41. Los muchachos estaban cansados y _______________ muy pronto.
42. ¿Quién _______________ esa sinfonía, Beethoven o Mozart?
43. Ella _______________ muy elegante para la fiesta de cumpleaños.
44. Mi abuelo trabajó mucho; _______________ a todos sus hijos mientras estudiaban.
45. Ud. _______________ el accidente de los dos carros de enfrente porque frenó a tiempo para no chocar con ellos.

RESPUESTAS p. 164

C. Traduzca las palabras y expresiones que están en paréntesis.

46. Hace treinta años que José y yo nos conocemos; somos _______________ (*long-standing friends*).
47. Carolina va a comprar _______________ de carne. (*one more pound*)
48. Ellos vienen a la universidad _______________. (*every other day*)
49. _______________ es libre en Estados Unidos. (*every person*)
50. Voy a tomar _______________ libros. (*two other*)
51. No me gusta tanto el primer libro como _______________. (*the second one*)

52. El rey Felipe ____________ preparó la Armada Invencible. (*the Second*)
53. Terminamos las clases ____________. (*May the thirtieth*)
54. No vengas a casa ____________. (*without calling me*)
55. Estamos interesados ____________ esa casa. (*in buying*)
56. Tu amiga llegó ____________. (*last Monday*)
57. Fuimos a saludar a ____________. (*Mrs. Martínez*)
58. Antes de comer (yo) siempre ____________. (*wash my hands*)
59. ¿Cuántos dólares pagó usted ____________ este carro? (*for*)
60. Uds. deben terminar este examen ____________ las nueve en punto. (*by*)
61. Creo que va a llover; voy a llegar el paraguas ____________. (*just in case*)
62. Mis abuelos vivieron en México ____________ cuarenta y seis años y luego volvieron a España. (*for*)
63. Vamos corriendo porque el tren está ____________. (*about to leave*)
64. Tienes que hacer dieta ____________ perder de peso. (*in order to*)

RESPUESTAS LECCIONES 8–14 Y EXAMEN 2

Lección 8

Practique el vocabulario

A.
1. boleto
2. baúl
3. pasaporte
4. la moneda
5. equipaje
6. la boda
7. aduana
8. luna de miel
9. pardo
10. conferencia
11. película
12. cómodo
13. congreso
14. reunión
15. novios

B. 1. V 2. V 3. F 4. F 5. V 6. V 7. F 8. F 9. V 10. F 11. F 12. V

C.
1. pasaporte
2. luna de miel
3. equipaje
4. efectivo
5. viento
6. pan
7. moneda
8. agencia
9. película
10. función

Practique la gramática

1. nombre/norma
2. cambio
3. ser/cambio
4. está
5. es/evento
6. es/está
7. es (va a ser)
8. nombre/hace mucho frío
9. Hay mucho viento
10. tener
11. Tengo mucha suerte
12. lo hace
13. *to be wrong* (*mistaken*)
14. la tengo

Ejercicios

A. 1. F 3. O 5. N 7. K 9. L 11. D 13. I 15. G
2. H 4. C 6. E 8. A 10. B 12. M 14. J

B. 1. hace/hay 2. hace/hay 3. tiene 4. está 5. es 6. es 7. está 8. hace/hay 9. es (cae) 10. tengo 11. tiene 12. están 13. tienen 14. es 15. está 16. está 17. está 18. hace/hay 19. es 20. tengo 21. es 22. es 23. hace/hay 24. son

C. 1. tengo sed 2. tienes razón 3. tienes razón 4. tiene 85 años 5. tengo frío 6. tengo sueño 7. tiene prisa 8. tienen calor 9. tiene hambre 10. tienen miedo 11. tengo suerte 12. tiene cuidado

D. 1. aire puro 2. buen café 3. carro azul 4. linda hija 5. un viejo amigo 6. un gran libro 7. nuevo carro 8. carro americano 9. maleta grande 10. altas montañas 11. pobre muchacha 12. buena poesía

Lección 9

Practique el vocabulario

A. 1. cinturones 2. pastilla 3. ventanilla 4. la tarjeta de embarque 5. el vuelo 6. el asiento 7. sale 8. aterrizar 9. volar 10. hace escala 11. suaves 12. del avión

B. 1. pájaro 2. tripulación 3. asiento 4. suave 5. vuela 6. aeromoza (azafata) 7. cinturones 8. tarjeta de embarque 9. Hace escala 10. aterrizaje 11. marearse 12. despegue

C. 1. F 2. V 3. V 4. F 5. F 6. V 7. F 8. F 9. V

Practique la gramática

1. directo
2. a esa señora
3. No/a nadie
4. lo/la/los/las
5. verlo/verlo
6. me
7. sujeto/tú
8. se
9. visitarlos
10. ustedes
11. se
12. Se abren las puertas
13. enfático
14. me
15. Me quejo
16. to remember
17. to look alike
18. I ate up the pizza

Ejercicios

A. 1. me levanto 3. me lavo 5. me peino 7. me maquillo 9. me voy
2. me baño 4. me seco 6. me tomo 8. me pinto 10. me siento

B. 1. la escucho 3. la hago 5. no lo traigo 7. quiero verlo(la)
2. no lo (le) conozco 4. lo quiero 6. no lo hablo 8. puedes ayudarme

C. 1. se para 3. se duerme 5. se mueren 7. me siento
2. me voy 4. te comes 6. se marea 8. se sienta

D. 1. Oigo a alguien 4. Se rompió la puerta 7. Se venden carros
2. No veo a nadie 5. Se rompieron las puertas 8. Se habla español
3. No veo nada 6. Lávese las manos

E. 1. Mis padres se levantan tarde todos los días.
2. ¿A qué hora te acuestas tú los sábados?
3. Nosotros deseamos irnos a casa después de (la) clase.
4. El carro de Juan se rompe todas las semanas.
5. Nuestros hijos se desayunan antes de ir a la escuela.

F. 1. tres días más
2. una libra más
3. cada dos semanas
4. libras y media
5. otro
6. cada sábado (todos los sábados)
7. menos de cinco millas
8. cada hombre
9. media hora
10. todo el día
11. dos sillas más
12. medio bocadillo (medio sángüiche)
13. otro día

Lección 10

Practique el vocabulario

A. 1. con coche cama
2. disponibles
3. el andén
4. de ida y vuelta
5. tomar una copa
6. con retraso
7. a la taquilla
8. taquillera
9. perder
10. gratis
11. a la sala de espera
12. hace caso
13. a la americana
14. me tomas el pelo

B. 1. boleto de ida
2. literas
3. gratis
4. talón
5. disponibles
6. maletero
7. letrero
8. con retraso
9. coches
10. andén
11. horario
12. taquilla

C. 1. funciona
2. tomamos una copa
3. pierde
4. demora
5. tomas el pelo
6. cruzo
7. olvida
8. rompe
9. es gratis
10. hace caso
11. están disponibles
12. entrega

Practique la gramática

1. este/esta/estos/estas
2. ese/esa/esos/esas
3. aquel/aquella/aquellos/-as
4. esto/eso/aquello
5. one
6. nombre
7. detrás
8. no
9. antes/mi libro
10. largas
11. mis libros
12. *his, her, its, their, your*
13. no/el segundo
14. definido
15. es mío
16. no/el
17. lo/*my stuff* (*my things*)

Ejercicios

A. 1. aquella
2. este/ése
3. eso
4. nuestro
5. mi/el tuyo
6. aquello
7. nuestro
8. esta/ésa
9. ese
10. sus
11. su
12. su
13. su
14. la tuya
15. esto
16. sus
17. mis
18. el vuelo tuyo
19. esta/ésa
20. lo mío

B. 1. se abrocha el cinturón
2. te lavas las manos
3. me quito los zapatos
4. se limpia los dientes
5. nos ponemos las botas
6. se bebe la leche
7. me olvido de los libros

C. 1. primer
2. Tercero (III)
3. dos primeras/primeras dos
4. primero/uno
5. primero
6. veinte (vigésimo)
7. Quinta Avenida
8. séptima (sétima)
9. Primera/Segundo
10. tercer/cuarto

Lección 11

Practique el vocabulario

A. 1. F 2. F 3. V 4. F 5. V 6. V 7. F 8. V 9. V 10. F 11. F 12. V

B. 1. parquea 2. licencia 3. señales 4. camiones 5. camioneta 6. autopista 7. puentes 8. la acera 9. ALTO 10. cruces 11. doblar 12. ganado 13. desviación 14. el semáforo 15. chocar 16. el carril

C. 1. un cruce 2. el carril 3. la acera 4. una esquina 5. estacionar 6. ganado 7. peligrosas 8. un semáforo 9. una bicicleta 10. la parada

D. 1. disco 2. tele 3. cole 4. foto 5. moto 6. bici 7. profe 8. auto 9. narcos

Practique la gramática

1. comimos
2. viví / vivió
3. leyó / leyeron
4. empecé / e, i
5. convenzo / convencí
6. u / e, i / seguí
7. practiqué
8. llegué
9. escojo / escogí
10. averigüé
11. creyeron / siguió
12. toqué
13. los dos

Ejercicios

A. 1. levanté 2. afeité 3. bañé 4. preparé 5. tomé 6. cogí 7. salí 8. estacioné 9. caminé 10. Llegué 11. empezó 12. empecé

B. 1. llegó / llegué 2. compró 3. aterrizaron 4. se cayó 5. leyó 6. llovió 7. jugué 8. entregué / perdiste 9. busqué / encontré 10. chocó 11. cogimos 12. saqué 13. comenzó / comencé 14. se pararon 15. escogiste 16. recogió / di

C. 1. la escribí 2. no lo compré 3. no te vi 4. la saludamos 5. lo ahorré 6. no las pedí 7. me llamaste 8. no las oímos 9. la bebí

D. 1. ¿Por qué él se sentó en la silla rota?
2. Sus hermanitos me saludaron a mí cuando ellos entraron.
3. ¿Dónde conoció usted a Carolina por primera vez?
4. Ustedes leyeron toda la novela la semana pasada.
5. El domingo pasado yo choqué y el carro se rompió.

E. 1. para nadar
2. de comprarlo
3. para / causar
4. en comprar
5. (el) correr
6. que trabajar
7. al llegar
8. Hay que comer
9. por / estudiar
10. Te voy a ver
11. antes de llegar
12. al abrir

Lección 12

Practique el vocabulario

A. 1. espejo
2. mintió
3. arrancó
4. gato
5. deternerse
6. humo
7. timón
8. avería
9. frenos
10. llave
11. deshace
12. frenar
13. caben
14. bocina
15. poncha
16. llantas

B. 1. V 2. F 3. F 4. V 5. F 6. F 7. V 8. V 9. F 10. V 11. V 12. F

C. 1. nevó
2. tejió
3. mintió
4. ponchó
5. rodearon
6. cambió
7. rodaron
8. frenas
9. arranca
10. aceleraron

Practique la gramática

1. u/tercera
2. i/tercera
3. *they were/went*
4. Se vistió
5. yo
6. dijeron
7. *he/she came / wine* / contexto
8. supe
9. condujimos
10. tradujeron
11. corrigieron
12. sílaba/previó
13. satisfizo
14. bendije
15. tejieron
16. atrajo/atrajeron
17. impuse/ impusieron

Ejercicios

A. 1. me levanté
2. hice
3. tomé
4. me puse
5. sonó
6. arrancó
7. fui
8. tuve
9. llegué
10. dio
11. me maté
12. pasó

B. 1. puso
2. siguió
3. se divirtieron
4. vine
5. condujo
6. dieron
7. cupieron
8. mantuvo
9. dijeron
10. fue
11. se detuvo
12. hizo
13. trajeron
14. mintió
15. estuvieron
16. pudo/pude
17. supuso
18. redujo
19. oyó
20. construyó

C. 1. las oímos
2. no lo pedí
3. los traje
4. no la redujimos
5. me detuve
6. no me dormí
7. la dije
8. no lo supe
9. no se puso
10. me vestí bien
11. lo preví
12. nos divertimos

D. 1. bendijo 2. obtuvieron 3. provino de 4. descompuso 5. satisfice 6. se opusieron 7. previne 8. sostuvimos 9. expuso 10. propuso

E. 1. la/los 2. El/la 3. 0/el 4. el/del 5. 0/la 6. La 7. 0/0 8. 0/la 9. El/del 10. las 11. el/al/0 12. los 13. El 14. los/los 15. 0 16. Los 17. La/los 18. la

Lección 13

Practique el vocabulario

A. 1. hotel 2. cuarto 3. doble 4. tina (bañera) 5. televisor 6. elevador/ascensor 7. botones 8. cobran 9. pensiones 10. resgistrarme 11. servicio al cuarto 12. botones

B. 1. cuadras 2. un buzón 3. torcidas/langostas 4. la escalera 5. registrarse 6. sellos 7. económica 8. una toalla 9. soleados 10. el correo

C. 1. estrecha 2. una toalla 3. guardia 4. nublado 5. un buzón 6. conserje 7. ancha 8. el ascensor/elevador 9. bañera/tina 10. el televisor 11. torcidas/langostas 12. botones

Practique la gramática

1. le/les/se
2. sujeto/OI
3. le, les/lo, la, los, las
4. Me faltan los libros
5. se lo/se
6. sí/le
7. le duele a Juan
8. me cayeron
9. Me parece bueno el libro
10. Te duele la cabeza
11. Me toca (a mí)
12. me/a mí

Ejercicios

A. (Respuestas individuales)

B. 1. te 2. le 3. le 4. se me rompieron 5. les conviene 6. le lavamos 7. se me perdió 8. Me molesta 9. le arrancó 10. le pasó 11. me toca 12. le toca 13. me pareció 14. nos fascina 15. se me olvidó 16. se le olvidaron 17. me sobraron 18. me lo des 19. se lo 20. for me (on me) 21. no/le escribí a ella 22. Les mandé

C. 1. te lo compré
2. no se la dije
3. se las subí
4. me las lavé
5. no nos lo compramos
6. se la copié
7. se las puse
8. no se me olvidaron
9. se la escribí
10. se la pagué

D. 1. para
2. por
3. por
4. por
5. para
6. para
7. para
8. por
9. para
10. por
11. para
12. por
13. Para/por
14. Por/por

Lección 14

Practique el vocabulario

A. 1. enviar (mandar)
2. certificado
3. sello
4. paquete
5. por avión
6. entrega
7. asegurar
8. sellos (estampillas)
9. mil novecientos
10. giros
11. ventanilla
12. esperar en cola

B. 1. está por
2. timbre
3. por si
4. remitente
5. sobraron
6. ligero
7. pesa
8. queda
9. señas
10. hacer cola
11. pesa
12. sobre
13. mandar
14. está por

C. 1. entregó
2. pesa
3. dolió
4. enviaron
5. sobraron
6. gusta
7. hicimos cola
8. asegura
9. molestó
10. quedó

Practique la gramática

1. -aba/-ía
2. sí/tú/nosotros
3. iba/íbamos
4. era/éramos
5. persona plural
6. pasado
7. fin
8. desarrollo/fin
9. imperfecto
10. imperfecto
11. were talking
12. imperfecto
13. imperfecto
14. pretérito
15. imperfecto
16. principio/medio

Ejercicios

A. 1. era
2. vivía
3. llamaba
4. tenía
5. trabajaban
6. tenía
7. estudiaban
8. era
9. enseñaba
10. sabía
11. iban (íbamos)
12. era
13. aburría
14. echaban

B. 1. llegamos
2. eran
3. estábamos
4. duchamos
5. acostamos
6. despertamos
7. salimos
8. estaba
9. hacía
10. vimos
11. dimos
12. era
13. sentimos
14. comimos
15. almorzábamos
16. empezó
17. esperábamos
18. conocimos
19. hablaba
20. tenía
21. ganaba
22. prometió
23. llevó
24. eran
25. echamos

C. 1. acosté
2. podía
3. tenía
4. levanté
5. fui
6. había
7. dormía
8. despertó
9. miró
10. encontré
11. tenía
12. agarré
13. comí
14. teminé
15. era
16. fui

D. 1. para
2. por
3. por
4. por
5. para
6. por
7. para
8. para
9. para
10. por
11. para
12. para
13. por
14. para
15. por
16. por
17. por
18. para

Examen 2

Practique el vocabulario

A. 1. hace escala
2. disponibles
3. funciona
4. tripulación
5. sin falta
6. luna de miel
7. sucio
8. equipaje
9. andén
10. la aduana
11. suave
12. entregar
13. abrocharse
14. toma el pelo
15. despega
16. con retraso

B. 17. hizo caso
18. la tarjeta de embarque
19. llanta de repuesto
20. se demora
21. condujeron
22. El botones
23. descompuso
24. perdiste
25. el tubo de escape
26. me mareé

C. 27. aterrizar
28. el vuelo
29. un sobre
30. timbre
31. una toalla
32. soleados
33. un buzón
34. la acera
35. un cruce
36. la parada

Practique la gramática

A. 1. estaba
2. hacía
3. ése
4. empecé
5. terminó
6. la mía
7. sabía
8. produjeron
9. pagué
10. iba
11. estabas
12. se cierran
13. era
14. hay
15. estaba
16. fue
17. practiqué
18. está
19. hace
20. distrajeron
21. tenía
22. salió
23. sonó
24. casaba
25. vino
26. le conviene
27. estaba
28. se me rompió
29. corrigió
30. fue
31. se le perdieron
32. tenía
33. filtro
34. aquélla
35. detenerse

B. 36. produjeron
37. satisfice
38. de divirtieron
39. mantuvo
40. deshizo
41. se durmieron
42. compuso
43. se vistió
44. sostuvo
45. previno

C. 46. viejos amigos
47. una libra más
48. cada dos días
49. cada persona
50. otros dos
51. el segundo
52. Segundo
53. el treinta de mayo
54. sin llamarme
55. en comprar
56. el lunes pasado
57. la señora Martínez
58. me lavo las manos
59. por
60. para
61. por si acaso
62. por
63. para salir
64. para

15 En la tienda de ropa
(At the Clothing Store)

el abrigo	overcoat	**llevar**	to wear, carry
apretado(a)	tight	**el maquillaje**	makeup
apretar (ie)	to tighten, be tight	**las medias**[2]	stockings
la blusa	blouse	**el pantalón**	pants, trousers
la bota[1]	boot	**el piyama**[4]	pajamas
la caja	cash register, box	**el probador**	fitting room
el/la cajero(a)	cashier, teller	**probarse (ue)**	to try on
los calcetines[2]	socks	**regatear**[5]	to bargain, haggle
la camisa	shirt	**la ropa interior**	underwear
la camiseta	undershirt	**sin duda**	no doubt
la chaqueta, el saco[3]	jacket	**el sostén, el brasier**[6]	bra(ssiere)
		el suéter	sweater
la cintura	waist	**la talla**[7]	size
el conjunto	outfit	**tener mala pata**	to be unlucky
la corbata	tie	**el traje**	suit
echar de menos	to miss	**el traje de baño**[8]	bathing suit, trunks
el escote	neckline		
la etiqueta	label	**el vestido**	dress
la ganga	bargain	**el zapato**	shoe

NOTAS

1. ***Bota*** significa *boot* y también *wineskin,* un recipiente que se usaba mucho en el campo para llevar el vino. Actualmente se usa poco, más por tradición, por ejemplo, en las fiestas de San Fermín de Pamplona (España).
2. ***Calcetines*** generalmente se usa para *socks* y ***medias*** para *stockings,* pero estas dos palabras se usan indistintamente en algunos países. Sin embargo, las pantimedias son para las señoras en todas partes.

3. *Chaqueta* es una de varias palabras para *jacket* y se usa principalmente en España. En otros países se usan ***saco*** y ***americana.***
4. ***Piyama*** se usa en Hispanoamérica para ***pajamas;*** en España se usa ***pijama.***
5. ***Regatear*** es costumbre en algunos países de habla hispana pero Ud. no debe hacerlo en las tiendas donde los precios están marcados. Puede ser de muy mal gusto pedir una rebaja en esas tiendas. Solamente puede regatear donde no hay precios marcados.
6. En España se usa ***sujetador*** para *brassiere;* en otros países se usa ***sostén*** o ***brasier.***
7. *Size* es ***talla*** en español, pero solamente cuando hablamos de ropa y zapatos. En los otros contextos *size* es ***tamaño, cantidad,*** por ejemplo, **tomates de gran tamaño** = *large-size tomatoes.*
8. ***Traje de baño*** significa *bathing suit, trunks,* pero en algunos países se usa ***trusa*** y ***pantalón de baño.***

PRACTIQUE LAS PALABRAS NUEVAS

RESPUESTAS p. 229

A. ***Una clienta en una tienda de ropa de señora.*** **Complete el diálogo siguiente entre un empleado y una clienta.**

EMPLEADO: Buenos días, señorita. ¿En qué puedo ________ (1.)?

CLIENTA: Quiero una ________ (2. *skirt*) azul y unas botas.

EMPLEADO: ¿Qué ________ (3. *size*) usa usted, señorita?

CLIENTA: Doce. No la quiero muy ________ (4. *tight*) en la cintura.

EMPLEADO: Tenga. Allí está el ________ (5. *fitting room*).

CLIENTA: ¿No cree Ud. que me queda un poco ________ (6. *short*)?

EMPLEADO: Tiene Ud. razón, pero así se ________ (7. *wear*) ahora.

CLIENTA: Veo que la ________ (8. *label*) dice 55,00$; me parece que es demasiado cara.

EMPLEADO: El precio regular es 70,00$. ¿No le parece una buena ________ (9. *bargain*)?

CLIENTA: Está bien. No voy a ________ (10. *haggle*) con Ud.

EMPLEADO: También quiere unas ________ (11. *boots*), ¿no? ¿De qué color?

CLIENTA: Negras, porque así las puedo ________ (12. *wear*) con todo. La talla siete me queda bien.

EMPLEADO: Lo siento, señorita, pero no nos queda ni un solo par de esa talla. ¿Quiere ________ (13. *try on*) la talla siete y media?

CLIENTA: No gracias. Sólo me llevo la falda por ________ (14. *for now*).

RESPUESTAS p. 229

B. Complete las oraciones con las siguientes palabras o expresiones.

abrigo	camisa	etiqueta	probarse
apretar	cintura	maquillaje	regatear
caja	corbata	medias	sin duda
calcetines	echar de menos	pantalón	sostén

1. Hace un año que no veo a mis padres y los ______________.
2. Estos zapatos me ______________ demasiado; necesito una talla más grande.
3. Para pagar la cuenta hay que ir a la ______________ registradora.
4. Si Ud. lee la ______________, puede ver el precio y la talla.
5. En esta tienda los precios son fijos; aquí no se ______________.
6. Quiero una corbata que haga juego (*match*) con esta ______________.
7. En el mundo de habla hispana se usa la palabra *jeans*. Son una clase de ______________.
8. Las mujeres se ponen ______________ para ser más atractivas.
9. Cuando mi padre lleva un traje formal, también se pone una ______________.
10. Primero nos ponemos los ______________ y luego los zapatos.
11. Si hace frío, nos ponemos el ______________ encima del suéter.
12. Por lo general, las modelos tienen una ______________ estrecha.
13. Antes de comprar ropa, Ud. se la ______________ para ver si le queda bien.
14. Los caballeros llevan calcetines; las damas llevan ______________.
15. Ud. tiene razón. ______________ las botas son más altas que los zapatos.
16. Las señoras se ponen el ______________ antes de ponerse la blusa o el suéter.

GRAMÁTICA Conjunciones • Adverbios • *Hacer* + (tiempo)

I. Conjunciones *y* (*e*), *o* (*u*), *pero*/*sino*/*sino que*

A. Traducimos *and* por *y*, pero si la palabra que sigue empieza con el sonido *[i]* (letras ***i***, ***hi***) se usa ***e*** en lugar de *y*.

EJS: **padre e hijo / prudente e inteligente / Carlos e Isabel**

Sin embargo, decimos **agua y hielo** (*ice*) porque hielo no empieza con el sonido *[i]* sino con *[y]*.

B. Traducimos *or* por **o,** pero si la palabra que sigue empieza con el sonido *[o]* (letras **o,** ***ho***), usamos ***u*** en lugar de **o.**

EJS: **minutos u horas / siete u ocho / uno u otro**

C. *But* tiene tres traducciones: **pero, sino, sino que.** Generalmente se usa ***pero,*** excepto en los siguientes casos. Para usar ***sino*** se necesitan dos condiciones:

1. La primera parte es negativa.

   EJ: **No es Pedro sino Juan.**

2. La segunda parte contrasta con la primera. Para tener contraste las dos partes deben ser de la misma categoría: por ejemplo, dos nombres o dos adjetivos. Tampoco hay contraste si las dos partes no tienen la misma clase semántica. Por ejemplo, ***gordo*** y ***flaco*** están en la misma escala semántica, pero ***gordo*** y ***rico*** no son de la misma clase, y no se pueden «contrastar».

   EJS: **José no murió rico sino pobre.**
   José nunca fue rico, pero sí feliz.

   Sino que se usa en lugar de ***sino*** cuando las dos partes tienen verbos conjugados.

   EJ: **José no vino a la fiesta sino que se quedó viendo TV.**

   Es muy común usar esta doble combinación: **no sólo... sino (que) también** (*not only . . . but also*).

   EJ: **José no sólo estudia sino que también trabaja.**

II. Adverbios en *-mente* (*-ly*)

A. Los adjetivos descriptivos se convierten en adverbios con la terminación **-mente,** que se añade a la forma femenina del adjetivo. Si el adjetivo tiene acento escrito, es necesario conservar ese acento.

EJS: **correcto = correctamente / fácil = fácilmente / triste = tristemente**

B. Si tenemos dos o más adverbios juntos, solamente le ponemos ***-mente*** al último. Los demás mantienen la forma femenina del adjetivo.

EJS: **Habló clara, concisa y amablemente.**

III. *Hacer* + (tiempo) / *Llevar* + (tiempo)

A. Observe los siguientes ejemplos:

1. ***Hace tres años que*** **vivo aquí.** (*I've been living here for three years.*)
2. **Vivo aquí** ***hace tres años.*** (*I've been living here for three years.*)
3. **Vivo aquí** ***desde hace tres años.*** (*I've been living here for three years.*)

Usamos **hace** + ***tiempo*** en presente de indicativo para indicar la duración de una acción hasta el momento presente. Si va antes del verbo se usa ***que,*** pero no si va después del verbo (Vea número 1 y número 2.) Cuando va después se puede usar ***desde,*** como en número 3.

B. 1. ***Hace tres años que*** **estuve en México.** (*I was in Mexico three years ago.*)

2. **Estuve en México** ***hace tres años.*** (*I was in Mexico three years ago.*)

Aquí la expresión **hace** + ***tiempo*** se combina con el pretérito para indicar *time ago.* Como en el presente, se usa **hace** + ***tiempo*** + **que** antes del verbo y se elimina **que** después del verbo.

C. 1. ***Hacía una hora que*** **llovía.** (*It had been raining for an hour.*)

2. **Llovía** ***hacía una hora.*** (*It had been raining for an hour.*)

3. **Llovía** ***desde hacía una hora.*** (*It had been raining for an hour.*)

Con el imperfecto (**llovía**) sólo se puede usar el imperfecto de ***hacer:*** **hacía.** Como en el presente, se usa **hacía** + ***tiempo*** + **que** antes del verbo, y la palabra **que** se pierde cuando va después.

D. 1. ***Llevo tres años*** **en Denver.** (*I have been in Denver for three years.*)

2. ***Llevo tres años*** **sin fumar.** (*I haven't smoked for three years.*)

3. ***Llevo tres años*** **trabajando.** (*I have been working for three years.*)

Este uso idiomático de ***llevar*** (*to carry*) no es tan frecuente como **hace** + ***tiempo.*** Observe que en número 2 se usa el infinitivo **fumar** después de una preposición. Si no hay preposición, se usa el participio progresivo, como en número 3, **trabajando.**

PRACTIQUE LA GRAMÁTICA

RESPUESTAS p. 230

1. Traducimos *and* por *y,* pero si la palabra siguiente comienza con el sonido *[i]* usamos _______________. Para el sonido *[i]* hay dos escrituras posibles: _______________.

2. ***Hierro*** (iron) empieza con ***hi,*** pero por tener el diptongo **ie,** la ***i*** se pronuncia _______________ y no se aplica la regla anterior. Por eso decimos **petróleo** _______________ **hierro.** (*and*)

3. Decimos **o** para el inglés *or,* pero si la palabra que sigue empieza con el sonido *[o],* usamos la conjunción _______________. Para el sonido *[o]* hay dos escrituras posibles: _______________.

4. Para usar ***sino*** entre dos palabras la primera parte tiene que ser _______________.

5. Para usar *sino* las dos partes tienen que ______________ semánticamente, es decir, tiene que haber una oposición.

   EJ: **No llegó Juanito ______________ su hermano.**

6. Si las dos partes que se contrastan son dos verbos conjugados, se usa ______________ en lugar de *sino.*

   EJ: **No quiere estudiar ______________ prefiere trabajar.**

7. El infinitivo y los participios no son formas conjugadas porque no cambian para las diferentes personas. Por eso se usa ______________.

   EJ: **No quiere comer ______________ dormir.**

8. La terminación adverbial **-mente** se añade a un adjetivo. ¿En qué forma, la masculina o la femenina? ______________.

   EJ: **bueno = ______________**

9. Si un adjetivo tiene acento escrito, ¿se conserva ese acento con el adverbio? ______________.

   EJ: **rápido = ______________**

10. Si hay una lista de dos o tres adverbios, sólo el ______________ adquiere la forma **-mente.** Los demás se mantienen como adjetivos en su forma ______________.

11. **Hace** + ***tiempo*** se puede poner antes o después del verbo, pero cuando va antes hay que añadir la conjunción ______________. **Hace una hora que estacioné el carro** es lo mismo que **Estacioné el carro** ______________.

12. En el pasado **hacía** + ***tiempo*** nunca se combina con el pretérito; solamente con el ______________.

    EJ: **Hacía una hora que (yo) te ______________** (*had been waiting*).

13. Otra manera de decir **Llevo un año en Miami** es ______________ **vivo en Miami.**

14. La única forma verbal que puede ir después de una preposición es el infinitivo. ¿Cómo se completa la oración **José lleva tres días sin** ______________? (*eating*)

EJERCICIOS

RESPUESTAS p. 230

A. **Complete las oraciones con la traducción de las palabras que están en paréntesis.**

   1. Isabel ______________ Dorotea son bonitas ______________ inteligentes. (*and*)

2. El agua tiene dos elementos químicos: oxígeno _______________ hidrógeno. (*and*)
3. ¿Cuántos años tiene tu abuelo, setenta _______________ ochenta? (*or*)
4. Dos metales valiosos son oro _______________ hierro. (*and*)
5. Andrés Segovia no tocaba el violín _______________ la guitarra. (*but*)
6. No me importa si son minutos _______________ horas. (*or*)
7. Esto no es la entrada al aeropuerto _______________ la salida. (*but*)
8. Visitamos las pirámides de México _______________. (*three years ago*)
9. La acera no es para los carros _______________ para los peatones. (*but*)
10. No tomamos la autopista _______________ fuimos por las calles. (*but*)
11. Mi amigo ya lleva dos noches sin _______________. (*sleeping*)
12. Isabel no es alta, _______________ es atractiva. (*but*)
13. Carolina vio la señal de ALTO, _______________ no se paró. (*but*)
14. Los peatones no se detuvieron, _______________ siguieron caminando. (*but*)
15. No sólo de pan vive el hombre, _______________ de chocolate. (*but also*)
16. Ese chofer es experimentado; ya lleva veinte años _______________ autobuses. (*driving*)
17. No te conviene comprar otro carro _______________ arreglar el viejo. (*but*)
18. _______________ una hora que esperábamos el autobús. (*It had been*)
19. El taxista estacionó su auto aquí _______________. (*an hour ago*)
20. ¿Cuánto tiempo _______________ esperando aquí? (*have you been*)

RESPUESTAS p. 230

B. Escriba los adverbios derivados de los siguientes adjetivos.

1. Tonto _______________.	4. Alegre _______________.
2. Fácil _______________.	5. Cortés _______________.
3. Fatal _______________.	6. Malo _______________.

RESPUESTAS p. 230

C. Combine las dos oraciones en una, utilizando *hacer* + (tiempo) + *que*.

EJ: **Pasaron dos años. Estudio español.**
Hace dos años que estudio español.

1. Pasaron dos meses. Vivo aquí. _______________.
2. Pasó una hora. Esperaba el autobús. _______________.

3. Pasaron dos años. Ella visitó Madrid. ________________________________.
4. Pasaron veinticinco años. Mis papás se casaron. ____________________.
5. Pasó una hora. Corrías por el parque. _____________________________.
6. Pasó un día. Tus papás se fueron. _________________________________.
7. Pasó un rato. Ella regateaba el precio del pan. ____________________.
8. Pasó un mes. Te echo de menos. ____________________________________.

¡ATENCIÓN! Algunos verbos problemáticos

A. *To play* = **jugar / tocar / desempeñar**

1. ***Jugar*** significa *to play a game.* En algunos países se usa ***a*** delante del deporte, pero en otros no. ***Jugar dinero*** se usa para *to gamble.*

   EJ: **Usted juega al fútbol. (Ud. juega fútbol.)**

2. ***Tocar*** significa *to play* si está relacionado con la música y los instrumentos.

   EJ: **¿Sabe usted tocar alguna composición de Beethoven?**

3. ***Desempeñar un papel*** se usa para *to play a role.*

   EJ: **El gerente desempeña un papel importante.**

B. *To realize* = **darse cuenta / realizar (lograr)**

1. Cuando *to realize* significa **tener conocimiento de algo,** usamos ***darse cuenta (de) que.*** La preposición ***de*** se omite con frecuencia en el español moderno.

   EJ: **Ella se dio cuenta (de) que no tenía razón.**

2. Cuando *to realize* significa **llevar a cabo, hacer realidad,** se usan ***realizar*** o ***lograr.***

   EJ: **Carlitos realizó (logró) maravillas usando sólo su imaginación.**

C. *To leave* = **salir (de) / marcharse / dejar**

1. ***Salir*** se usa para indicar la idea de *to go out, go away.* Hay que incluir la preposición ***de*** cuando se menciona el punto de partida.

   EJ: **Nosotros salimos de casa a las ocho.** (*We leave home at eight.*)

2. ***Marcharse*** se usa en España más que ***salir.*** También necesita la preposición ***de*** cuando se menciona el punto de partida.

   EJ: **El tren se marchó de la estación.** (*The train left the station.*)

3. *Dejar* se usa para indicar la idea de **poner algo en su lugar.** No necesita preposición.

   EJ: **Dejé el abrigo sobre la cama.** (*I left the coat on the bed.*)

4. **Dejar de + *infinitivo*** significa **parar,** *to stop doing something, to quit.*

   EJ: **Hace un año que dejé de fumar.** (*I quit smoking a year ago.*)

RESPUESTAS p. 230

D. Complete las oraciones con el verbo apropiado en pretérito. Puede usar algunos verbos dos veces.

darse cuenta	dejar de	jugar	marcharse	salir
dejar	desempeñar	lograr	realizar	tocar

1. Cuando leí la noticia, ________________ del error.
2. Mi amiga Luisa ________________ el piano ayer en un concierto.
3. ¿A qué hora ________________ Juanito de la fiesta?
4. El delantero ________________ un papel importante en el fútbol.
5. Tú ________________ demasiado dinero en la ruleta.
6. Ya no te veo fumar más. ¿Cuándo ________________ fumar?
7. ¿Qué equipos ________________ ayer en el estadio?
8. ¿A qué hora ________________ tu casa para ir al trabajo?
9. Mi abuelo ________________ su sueño de comprar una finca.
10. Se me olvidaron los libros. Los ________________ en la mesa.
11. El presidente ________________ un papel importante como líder del país.
12. El verano pasado (yo) ________________ dos de mis proyectos.

16 En el banco
(At the Bank)

abonar, pagar	to pay	**débil**	weak
la acción	stock, share; action	**el despacho**	office
ahorrar[1]	to save	**la(s) divisa(s)**[3]	foreign money
al contado	cash	**endosar**	to endorse
a plazos	in installments	**en efectivo**	cash
la autocaja	ATM	**en serio**	seriously
la bolsa (de valores)	stock market	**la factura**	invoice, bill
		fuerte	strong, loud
la broma	practical joke	**la ganancia**	earnings
la caja fuerte	safe (box)	**el/la gerente**	manager
el cajero(a)	teller, cashier	**la hipoteca**	mortgage
el cambio[2]	exchange, change	**el impuesto, IVA**[4]	tax
la cartera	wallet, billfold	**la libreta del banco**	bankbook
la chequera	checkbook	**lujoso(a)**	luxurious
cómico(a)	comic	**la pérdida**	loss
el/la cómico(a)	comedian	**el préstamo**	loan
la cotización	rate (of exchange)	**prestar**	to loan, lend
la cuenta corriente	checking account	**el presupuesto**	budget
		el salario, sueldo	salary, wages
la cuenta de ahorros	savings account	**valer la pena**	to be worthwhile
		valioso(a)	valuable, expensive

NOTAS

1. *Ahorrar* es *to save,* pero en español **ahorramos tiempo y dinero.** En sentido figurado se oye **ahorrarse molestias, problemas.** En inglés *you save a seat, advice, words* y otras cosas. En este caso en español usamos *guardar(se)*.

2. *Cambio* significa *change* de cualquier clase, y si es de divisas, *exchange*. En algunos países se usa *cambio* para hablar de las monedas (*coins*), en otros países se usa ***feria, calderilla, vuelto, vuelta***.
3. ***Divisas*** se usa más en plural que en singular, y significa *foreign money,* se supone que de cualquier país. Sin embargo, casi siempre se identifica con dólares, porque es la moneda del comercio internacional, incluso en Europa donde la Unión Europea quiere convertir el **ECU** (European Community Unit) en una moneda real que corra como el **eurodólar**—así se llama el dólar en Europa— en Europa. Según un nuevo plan, la moneda se llamará **EURO** y esperan ponerla en circulación en el año 2002.
4. En España y en México se está usando el término *IVA* para ***impuestos*** a la venta de productos y servicios en las dos últimas décadas. Las siglas *IVA* significan «Impuesto al Valor Agregado».

PRACTIQUE LAS PALABRAS NUEVAS

RESPUESTAS p. 230

A. Complete el siguiente diálogo entre un estudiante extranjero y un empleado del banco.

EMPLEADO: Buenas tardes, joven. ¿En qué ______ (1.) servirle?

JOVEN: Quiero ______ (2.) cuatrocientos dólares en pesos mexicanos.

EMPLEADO: Me alegro, porque en México necesitamos muchas ______ (3.) para importar cosas de EU y de Europa.

JOVEN: ¿Cuál es la ______ (4.) (*rate*) del dólar hoy?

EMPLEADO: Hoy está a 7,8 pesos por dólar. Ayer pagamos el dólar a 7,7. Eso quiere decir que entre ayer y hoy el dólar ______ (5.) diez centavos.

JOVEN: Eso se parece a la ______ (6.) de valores de Nueva York, donde el precio de las acciones sube y baja sin saber por qué.

EMPLEADO: Hablando de dinero, si no quiere llevar muchos pesos ______ (7.), puede abrir una cuenta ______ (8.) y pagar con cheques.

JOVEN: Buena idea. Además, todos estos pesos que acaba de darme no caben en mi ______ (9.).

EMPLEADO: ¿No le gustaría abrir una ______ (10.) con nosotros?

JOVEN: ¡Cómo no! ¿Cuánto ______ (11.) Uds. por cada cheque girado?

EMPLEADO: Treinta centavos. Pero ______ (12.) (*to be worthwhile*) llevar cheques porque no los pueden usar si se los roban.

JOVEN: Está bien. ¿Cuánto dinero debo ______ (13.) para abrir la cuenta?

EMPLEADO: Quinientos pesos, y no le vamos a cobrar por los cien primeros cheques de su ______ (14.) (*checkbook*).

JOVEN: Muchas gracias. Se lo ______ (15.) (*thank*) de verdad.

RESPUESTAS p. 231

B. Complete las oraciones con una palabra o expresión de las siguientes. Haga los cambios que sean necesarios, según el contexto.

ahorrar	cajero(a)	endosar	hipoteca	préstamo
al contado	cómico	factura	impuesto	presupuesto
a plazos	débil	ganancia	lujoso	sueldo
broma	despacho	gerente	pérdida	valer la pena

1. Para obtener un préstamo para comprar una casa, se necesita hacer una ______ en el banco.
2. La compañía telefónica manda la ______ todos los meses.
3. Un profesor universitario recibe un ______ más alto que un maestro de primaria.
4. No aceptamos tarjetas de crédito ni cheques; tiene que pagar ______.
5. Es más fácil gastar el dinero que ______.
6. Algunos estados no aplican ______ a la comida.
7. El Cadillac es uno de los carros más ______ de Estados Unidos.
8. ¿Usted cree de verdad que la mujer es el sexo ______ ?
9. Para poder cobrar un cheque es necesario ______.
10. La secretaria del médico trabaja en un ______ muy grande.
11. Pepito siempre está haciendo ______ pesadas. Esta mañana me puso sal en el café.
12. Si no puedo comprar el carro nuevo en efectivo, pido un ______ al banco.
13. Estados Unidos tiene un gran déficit en su ______ nacional. Los políticos hablan de balancearlo para el año 2002.
14. Estoy pagando el préstamo del coche ______ mensuales.
15. El ______ de una empresa debe tratar bien a los empleados.
16. El Mercedes es un auto muy caro, pero ______ porque dura muchos años.

17. Bob Hope ha sido uno de los ____________ más famosos.

18–19. En la declaración de impuestos hay que declarar tanto las ____________ como las ____________.

20. Cada día se necesitan menos ____________ porque los cajeros automáticos (ATM) no necesitan personal directo.

GRAMÁTICA Comparativos y superlativos

I. Comparativo de igualdad

A. Observe y estudie los siguientes esquemas.

1. **Tan + *adjetivo* + como** = *as* + (adjective) + *as*

   EJ: **Juan es tan alto como yo.** (*John is as tall as I am.*)

   Tan + *adverbio* + como = *as* + (adverb) + *as*

   EJ: **Corres tan rápido como yo.** (*You run as fast as I do.*)

2. ***Verbo* + tanto + como** = (verb) + *as much* + *as*

   EJ: **Fumas tanto como yo.** (*You smoke as much as I do.*)

3. **Tanto(a) + *nombre* + como** = *as much* + (noun) + *as*

   EJ: **Tienes tanta plata como yo.** (*You have as much change as I do.*)

   Tantos(as) + *nombre* + como = *as many* + (noun) + *as*

   EJ: **Tienes tantas casas como yo.** (*You have as many houses as I do.*)

   Más ejemplos: **Gloria es *tan bonita como* Elena. (*adjetivo*)**
   Gloria trabaja *tanto como* Elena. (*verbo*)
   Gloria tiene *tanto frío como* Elena. (*nombre*)
   Gloria tiene *tantas tías como* Elena. (*nombre*)

B. Observe que *much* y *many* no tienen traducción en las expresiones anteriores. Note también que ***tanto(a), tantos(as)*** concuerdan con el nombre en género y número.

   EJ: **Ella estudia *tanto como* yo.** (*She studies as much as I do.*)

II. **Comparaciones de desigualdad** (*more/less*)

A. Con nombres, adjetivos y adverbios se usa ***que.***

más/menos + { ***nombre*** / ***adjetivo*** / ***adverbio*** } **+ que** = *more/less* + { (noun) / (adjective) / (adverb) } + *than*

EJS: **Tengo más enemigos que amigos.** (*I have more enemies than friends.*)
Gloria es menos alta que Elena. (*Gloria is less tall than Helen.*)
Trabajo más rápido que tú. (*I work faster than you do.*)

B. Con números y cantidades, se usa ***de.***

Más / menos + de + *número / cantidad* = *more / less* + *than* + (number / quantity)

EJS: **¿Tiene Ud. *más de* cinco dólares?** (*Do you have more than $5.00?*)
Compré *más de* lo que quería. (*I bought more than I wanted.*)

C. Para indicar una cantidad exacta de un modo idiomático, se usa ***más que.*** También se puede usar ***sino.***

No + *verbo* + más que + (*número*) = (verb) + *exactly* + (number)

EJS: **No tengo *más que* cinco dólares.** (*I have exactly five dollars.*)
No trabajo *sino* treinta horas. (*I work only [exactly] thirty hours.*)

III. Superlativos

A. Observe los siguientes ejemplos. Note que los artículos **el / la, los / las** concuerdan con el nombre en género y número. La preposición *in* del inglés se traduce por ***de.***

EJS: **José es *el más* alto *de* la clase.** (*José is the tallest boy in the class.*)
Elena es *la más* linda *de* la clase. (*Elena is the prettiest in the class.*)

B. Añadimos la terminación **-ísimo** a un adjetivo para indicar el equivalente a *very* del inglés. Es el mismo significado de **muy + *adjetivo.*** Si el adjetivo termina en vocal, se elimina esa vocal: **grande → grandísimo, malo → malísimo.** Si el adjetivo termina en consonante, se añade **-ísimo** al adjetivo completo: **fácil → facilísimo.**

C. El superlativo **-ísimo** también se usa con los adverbios que terminan en **-mente,** y se añade a la forma femenina del adjetivo: **rápido → rapidísima → rapidísimamente.**

La expresión «**lo más + *adjetivo / adverbio* + posible**» se traduce «*as* + (adjective / adverb) + *as possible*».

EJ: **Se fueron lo más lejos posible.** (*They went as far as possible.*)

D. Algunos adjetivos y adverbios tienen comparativos y superlativos especiales.

bueno / bien	**mejor**	*better*	**óptimo**	*best*
malo / mal	**peor**	*worse*	**pésimo**	*worst*
grande	**mayor**	*bigger*	**máximo**	*biggest*
pequeño	**menor**	*smaller*	**mínimo**	*smallest*

Tan correcto es decir **mejor que** como **más bueno que; *peor que*** es lo mismo que ***más malo que. Mayor*** y ***menor*** se usan también para traducir la idea de *older / younger.* El adjetivo **mayor** se usa también en lugar de **viejo.**

EJS: **Mi hermana es mayor que yo.** (*My sister is older than I am.*)
Mi abuelo es una persona mayor. (*My grandfather is an old person.*)

PRACTIQUE LA GRAMÁTICA

RESPUESTAS p. 231

1. Los comparativos **tan, tanto, tanta,** siempre se complementan con la conjunción _______________.

2. ***Tanto, tanta,*** tienen el mismo género y número que el _______________.

   EJ: **Tengo _______________ libros como tú.**

3. ***Tan*** es la forma corta de ***tanto*** y sólo se usa antes de adjetivos y _______________.

   EJ: **Tu cuarto es _______________ grande como el mío.**

4. ¿Cómo se traduce ***tanto*** en **No gano tanto dinero como tú?** _______________.

5. ¿Cómo se traduce ***tantos*** en **Tengo tantos hermanos como tú?** _______________.

6. ***Más/menos*** se complementa con _______________ cuando sigue un nombre, un adjetivo o un adverbio, pero si sigue un número se complementa con _______________. Por ejemplo, **Tengo más _______________ un carro.**

7. También ***más*** o ***menos*** _______________ precede la idea de una cantidad abstracta, por ejemplo, en casos como **Trabajé más _______________ lo que Ud. esperaba.**

8. Una expresión idiomática para enfatizar la idea de una cantidad exacta es **No tengo más que** (**dos**), y se traduce al inglés como *I have* _______________.

9. En la expresión **No tengo más que dos** se puede cambiar ***más que*** por _______________.

10. ¿Cómo se traduce *in* del inglés en expresiones como *the best in the world?* _______________.

11. ¿Cómo se traduce *the worst in* en oraciones como *This room is the worst in the hotel?* **Este cuarto es _______________ hotel.**

12. ¿Cómo se traduce ***mayor*** al comparar la edad de las personas? _______________. ¿Y cómo se traduce lo contrario, ***menor?*** _______________.

13. Si decimos que una persona es mayor (sin comparar), ¿cómo se traduce esto al inglés? _______________.

14. ¿Cómo se traduce la expresión *as soon as possible?* _______________.

15. Otra manera de decir **muy linda** en español es _______________.

16. La persona optimista siempre busca _______________ (*the best*). En cambio un pesimista sólo ve lo malo, _______________ (*the worst*).

17. Lo contrario de la velocidad mínima es la _______________.

EJERCICIOS

RESPUESTAS p. 231

A. *¿Quiere saber algo de mi familia?* Complete la siguiente historia con las palabras sugeridas en inglés entre paréntesis.

En mi familia somos cinco personas: mi padre, mi madre, mi hermano ______ (1. *older*), mi hermana ______ (2. *younger*) y yo. Mi padre tiene casi tres años ______ (3. *more than*) mi madre, y mi hermano tiene dos años ______ (4. *more than*) yo. Mi hermana es ______ (5. *taller than*) mi madre. Mi madre trabaja ______ (6. *as much as*) mi padre, pero gana ______ (7. *less money than*) él. Mi hermano mayor es el ______ (8. *the tallest in*) la familia; en otras palabras, mi hermano es ______ (9. *very tall*). Mi madre es ______ (10. *the best cook in the*) mundo, y mi padre come ______ (11. *more than*) nadie en la familia. En la casa tenemos ______ (12. *more than*) dos televisores, porque cada uno siempre quiere ver distintos programas.

RESPUESTAS p. 231

B. **Complete las oraciones siguientes con la traducción de las expresiones entre paréntesis.**

1. Ella maneja el coche ______ yo. (*better than*)
2. Paco se fue a su casa ______ temprano ______ tú. (*earlier than*)
3. Los norteamericanos no comen ______ los españoles. (*as much as*)
4. El conserje no trabaja ______ horas ______ el botones. (*as many as*)
5. Un cuarto sencillo no es ______ grande ______ uno doble. (*as . . . as*)
6. Este hotel tiene ______ doscientos cuartos. (*more than*)
7. No puedo comprarlo porque tengo ______ un dólar. (*less than*)
8. José es el muchacho ______ clase. (*the tallest in*)
9. Mi esposa es ______ yo. (*younger than*)
10. Los turistas viajaron ______ lo que originalmente planearon. (*more than*)
11. Gloria tiene ______ hambre ______ Elena. (*as . . . as*)

12. Traté de llegar ________________ posible. (*as soon as*)
13. La semana pasada no trabajé ________________ ésta. (*as much as*)
14. En esta clase hay ________________ un mexicano. (*more than*)
15. No te puedo prestar dinero. No tengo ________________ cinco dólares. (*exactly*)
16. Otra manera de decir **muy grande** es ________________.
17. Otra manera de decir **muy rápido** es ________________.
18. Una manera cortés de decir **anciano** es ________________.

RESPUESTAS p. 231

C. Forme el superlativo en *-ísimo* de los siguientes adjetivos. (Recuerde el cambio de *z* en *c*, como en *feliz → felices*, y de *c* en *qu*, como en *sacar → saqué*.)

1. rápido ________________
2. feliz ________________
3. rico ________________
4. malo ________________
5. veloz ________________
6. simpático ________________
7. fácil ________________
8. lujoso ________________
9. débil ________________
10. seco ________________

RESPUESTAS p. 231

D. Escriba oraciones completas con las palabras siguientes, en el orden dado. Tiene que añadir artículos, preposiciones, pronombres, y hacer la concordancia que corresponda.

1. mi / abuelos / tener / más dinero / mi / padres

   ____

2. Carlos / no / tener / tan / bueno / notas / Lola

   ____

3. a mí / gustar / pollo / más / carne de vaca

   ____

4. ella / oír / más / diez discos / todo / días

   ____

5. Marta / ser / muchacha / más / alto / la clase

   ____

¡ATENCIÓN! Más verbos problemáticos

A. *To save:* **ahorrar / salvar / guardar**

1. ***Ahorrar*** significa no usar dinero, tiempo, energía, papel, etc. Es lo contrario de ***gastar*** y ***malgastar*** (*to waste*).

   EJ: **Todos debemos ahorrar electricidad para ahorrar dinero.** (*We must all save electricity to save money.*)

2. ***Salvar*** significa *to rescue* una cosa o una persona de un peligro.

   EJ: **El salvavidas salvó al niño de ahogarse en el mar.** (*The lifesaver saved [rescued] the boy from drowning in the sea.*)

3. ***Guardar*** quiere decir **poner en un lugar seguro** (*to save, keep safe*).

   EJ: **Guardé el dinero en la cartera.** (*I kept the money in the wallet.*)

B. *To look:* **parecer / mirar / buscar / cuidar / examinar / asomarse.** *To look* tiene muchos equivalentes en español, según la preposición con la que se usa.

1. ***Parecer*** tiene el significado de *to look* cuando no tiene preposición.

   EJ: **José parecía triste.** (*José looked sad.*)

2. ***Parecerse*** significa *to look alike.*

   EJ: **El hijo se parece al padre.** (*Father and son look alike.*)

3. ***Mirar*** significa *to look at.* Recuerde que si el objeto directo es una persona, se necesita una ***a*** en español, pero ésa no es la traducción de *at.*

   EJ: **Ud. mira televisión por horas y horas.** (*You watch TV for hours and hours.*)

4. ***Buscar*** significa *to look for,* y recuerde que no se traduce la preposición *for.*

   EJ: **Busqué mi libro en todas partes y no lo encontré.** (*I looked for my book everywhere and didn't find it.*)

5. ***Cuidar*** significa *to look after,* y no se traduce *after.*

   EJ: **Voy a cuidar tu casa durante tus vacaciones.** (*I'm going to look after your house during your vacation.*)

6. ***Examinar*** quiere decir *to look over.* No se debe confundir con ***mirar por encima,*** que significa **mirar superficialmente,** algo así como *to take a look.*

   EJ: **Voy a examinar el libro.** (*I am going to look over the book.*)

7. ***Asomarse*** significa *to look out* y se usa con la preposición ***a*** o ***por.***

   EJ: **Ella se asoma a (por) la ventana.** (*She looks out the window.*)

8. ***¡Cuidado!*** es el equivalente de la expresión *look out!*

   EJ: **¡Cuidado! El árbol se cae.** (*Look out! The tree is falling.*)

RESPUESTAS p. 231

E. Complete las oraciones con uno de los verbos siguientes usando el pretérito.

ahorrar	buscar	cuidar	guardar	mirar	parecerse
asomarse	¡Cuidado!	examinar	malgastar	parecer	salvar

1. Cuando Ud. ______________ la vida de ese niño en la piscina, se convirtió en un héroe.
2. Cuando la gente ______________ energía eléctrica, luego tiene que pagar una cuenta mensual muy alta.
3. ¿Quién ______________ tu perro durante tu viaje a Hawaii?
4. El profesor ______________ bien el libro antes de recomendarlo en sus clases.
5. Vine a la universidad en la bici, y así ______________ gasolina.
6. Ellos ______________ un apartamento barato, pero no lo encontraron.
7. El sur de California ______________ mucho al sur de España. (*Use the present tense.*)
8. La niñita ______________ a la puerta, pero entró enseguida porque tenía miedo.
9. Después que pagó, ______________ la cartera en el bolsillo del pantalón.
10. ______________ Hay un perro rabioso en medio de la calle.
11. Ayer hubo un programa interesante en la TV. ¿Lo ______________ usted?
12. ¿Qué te ______________ el concierto del domingo?

17 El cuerpo humano
(The Human Body)

abrazar	to embrace	**el muslo**	thigh
el antebrazo	forearm	**la nariz**	nose
la boca	mouth	**el oído**[4]	ear, hearing
el brazo	arm	**el ojo**	eye
el cabello, el pelo[1]	hair	**oler (ue)**	to smell
la cabeza	head	**el olfato**	smell (*sense*)
el codo[2]	elbow	**la oreja**[4]	(outer) ear
el corazón	heart	**el pecho**[6]	chest, breast
el cuello	neck, collar	**la pestaña**	eyelash
dar la lata	to annoy, bother	**el pie**	foot
el dedo	finger, toe	**la pierna**	leg
de mala gana	reluctantly	**poner peros**	to find faults
la espalda[3]	back (*of the body*)	**el pulmón**	lung
la garganta	throat	**la rodilla**	knee
el hombro	shoulder	**la sangre**	blood
el hueso	bone	**el seno**	breast
la mano	hand	**el tobillo**	ankle
la muñeca	wrist; doll	**la uña**[5]	fingernail, toenail

NOTAS

1. *Cabello* se usa exclusivamente para *hair* en la cabeza de una persona, mientras que *pelo* se usa para *hair* en cualquier parte del cuerpo de una persona o de un animal. *Pelón* es otra palabra para ***calvo*** (*bald*) y ***peludo*** es una persona que tiene *long hair* o *a lot of hair*, según los países. También se usa ***cabellera*** para *long hair.*
2. *Codo* significa *elbow.* ***Hablar por los codos*** es *to talk too much;* ***empinar el codo*** es *to drink too much*. Además la expresión **codo con codo** equivale a *shoulder to*

shoulder. ***Romperse los codos*** es *to work very hard*. En México llamar **codo** a una persona es acusarlo *of being stingy*.

3. ***Espalda*** significa *back*, pero sólo para referirnos a personas o animales. En los demás casos, como *back of a chair* se usa ***respaldo***, y *to back* a una persona es ***respaldar***.
4. No se debe confundir ***oreja*** (*outer ear*) con ***oído*** (*inner ear*). ***Oído*** también significa *hearing*.
5. Note que en español no distinguimos con dos palabras distintas los dedos del pie (*toes*) y los de la mano (*fingers*). Igualmente, ***uña*** se usa para *fingernail* y *toenail*.
6. ***Pecho*** tiene el doble significado de *chest* y de *breast*. Para *breast* de pollo y otros pájaros se usa ***pechuga***, y para *chest* de otros animales se usa ***pechera***.

PRACTIQUE LAS PALABRAS NUEVAS

A. Subraye la palabra o expresión que completa la oración.

1. Las manos y los pies tienen (muñecas, tobillos, dedos, codos).
2. En la pierna tenemos el/la (codo, cuello, uña, rodilla).
3. Para oler usamos el/la (pulmón, nariz, hombro, espalda).
4. La parte que separa la cabeza del cuerpo es el/la (garganta, espalda, cuello, olfato).
5. La parte más dura del cuerpo es el/la (hueso, corazón, sangre, rodilla).
6. Respiramos con los/las (pestañas, orejas, pulmones, gargantas).
7. Podemos tocar con todo el cuerpo, pero generalmente lo hacemos con los/las (pies, brazos, rodillas, manos).
8. La parte que separa la mano del brazo es el/la (tobillo, muñeca, rodilla, hombro).
9. Doblamos las piernas por el/la (tobillo, muslo, rodilla, codo).
10. Las manos y los pies terminan en los / las (tobillos, uñas, pestañas, orejas).

RESPUESTAS p. 232

B. Complete la oración con la palabra adecuada.

1. Tenemos cinco sentidos (*senses*): gusto, oído, vista, tacto y ____________.
2. Lo que cubre la cabeza es el ______________ o ______________.
3. Detrás del cuerpo tenemos la espalda; delante, tenemos el ____________.
4. Vemos con los ojos y olemos con ______________.
5. Sólo tenemos diez *fingers;* en español, sin embargo, podemos decir que tenemos veinte ______________.

6. El órgano de la vida, de las emociones, del amor, es el ______________.
7. El líquido vital que corre por todo el cuerpo es la ______________.
8. Los extremos de los dedos están cubiertos por las ______________.
9. Para abrazar usamos los ______________.
10. La comida pasa de la boca al estómago por la ______________.
11. La parte exterior del oído se llama la ______________.
12. Los perros tienen mejor oído y mejor ______________ que las personas.
13. La parte más gruesa de la pierna es el ______________.
14. Doblamos la pierna por la rodilla, y el brazo por el ______________.
15. Para hacer sus ojos más lindos algunas mujeres se pintan las ______________.

RESPUESTAS p. 232

C. Complete las oraciones con una de las expresiones siguientes, haciendo los cambios que sean necesarios.

codo con codo	doler la garganta	romperse el tobillo
cortarse el cabello	empinar el codo	romperse los codos
dar la lata	hablar por los codos	ser codo
de mala gana	poner peros	tomar el pelo

1. Ya estás muy peludo. ¿Cuándo vas a ______________?
2. Ud. nunca está de acuerdo con los demás; siempre le ______________ a todo.
3. La semana pasada tuve un resfriado y me ______________.
4. Sí, es un borracho; le gusta ______________.
5. Carlitos no quería hacer la tarea; al fin la tuvo que hacer ______________.
6. ¿Ganaste medio millón en la lotería? No te creo; me estás ______________.
7. Mi hermano se cayó cuando esquiaba y se ______________.
8. Mi suegra no puede callarse; ella ______________.
9. El bebé duerme mucho de día y poco de noche; por eso nos ______________.
10. Mi padre trabaja demasiado; él se ______________ por nosotros.
11. Mi hermano mayor y yo siempre hemos estado muy unidos, ______________.
12. Mi tío no presta ni un centavo a nadie; él ______________.

GRAMÁTICA Reglas del acento escrito

A. Todas las palabras del español (con excepción de los adverbios terminados en *-mente*) tienen un solo acento fonético (*stress*). Vamos a llamar «golpe de voz» a ese acento fonético. El acento escrito [´], cuando corresponde ponerlo, va en la vocal que tiene el golpe de voz, a la que también llamamos la sílaba tónica. Para poder aplicar las reglas que siguen, Ud. tiene que «oír» el golpe de voz; si no lo oye las reglas no le sirven. Por ejemplo, si Ud. no oye que en ***gramatica*** la sílaba tónica es *-ma-*, no podrá escribir el acento en la vocal correcta: **gramática.** ¿Cuál es la salida en este caso? Use su memoria.

B. Las tres reglas principales del acento escrito son las siguientes:

1. Las palabras con el golpe de voz en la última sílaba llevan acento escrito si la última letra es una vocal (**a, e, i, o, u**) o una de las dos consonantes ***n, s.***

   EJS: **está / estás / están / café / rubí / champú / comí / dieciséis / estrés / bisté**

   Si la palabra tiene una sola sílaba no necesita acento escrito: **dos,** *pero* **veintidós; tres,** *pero* **veintitrés; vio,** *pero* **previó; pie,** *pero* **balompié.**

2. Las palabras con el golpe de voz en la penúltima (*next-to-the-last*) sílaba llevan acento escrito si terminan en cualquier consonante, excepto ***n, s.***

   EJS: **árbol / estándar / azúcar / líder / álbum / lápiz / sándwich / láser**

3. Las palabras con el golpe de voz en la antepenúltima (*third-to-the-last*) sílaba llevan acento escrito siempre. En este caso no importa la última letra.

   EJS: **lámpara / dígame / fáciles / dámelo / dándomelo / álbumes**

C. Las excepciones a estas tres reglas se deben a razones diferentes de la combinación de golpe de voz y última letra. Hay dos reglas importantes:

1. Escribimos acento en la ***í*** y la ***ú*** para «romper un diptongo»: **día, mío, país, Raúl.**

   Un diptongo es una sílaba con dos vocales juntas, y siempre se necesita una ***i*** o una ***u.*** Son diptongos ***ai*** en ***paisano, ia*** en ***piano, au*** en ***causa, ua*** en ***cuando, ie*** en ***pienso.***

   En los diptongos la ***i*** y la ***u*** son átonas (no tienen golpe de voz); cuando tienen el golpe de voz se rompe el diptongo, formando dos sílabas, para lo cual se debe escribir el acento: **pa-ís,** *pero* **pai-sa-no; dí-a,** *pero* **dia-rio; Ra-úl,** *pero* **Rau-li-to.**

   EJS: **día / días / país / países / rubíes / comías / dúo / baúl / baúles / laúd** (*lute*)

2. Existen palabras que se escriben igual pero que tienen significado distinto. En este caso, el acento diferencia el significado. Este acento es arbitrario, excepto en las palabras átonas, pero es obligatorio.

Aquí tiene la lista de estas palabras:

tú (*you*): **Tú hablas español.**
tu (*your*): **Tu español es bastante bueno.**
mí (*me*): **Este helado es para mí.**
mi (*my*): **Mi helado es sólo mío.**
sé (*I know*): **Sé un poco de español.**
sé (*be*): **Sé sincero; di la verdad.**
se (*-self / selves*): **Ellos se divirtieron mucho.**
dé (*give*): **Dé(le) este libro a Juan.**
de (*of, 's*): **La casa de Juan.**
aún (*yet*): **Aún no he terminado.**
aun (*even*): **Aun cuando sea tarde...**
él (*he*) : **Él sabe español.**
el (*the*): **El español es mi lengua nativa.**
más (*more*): **¿Quieres más café?**
mas (*but*): **Lo haré, mas no por dinero.**
sí (*yes*): **Sí, usted habla muy bien.**
sí (*himself*): **José se habla a sí mismo.**
si (*if*): **Si Ud. estudia, aprenderá mucho.**
té (*tea*): **¿Qué prefieres, café o té?**
te (*you*): **Te llamo mañana temprano.**
sólo (*only*): **Trabajo sólo dos horas.**
solo (*alone*): **José trabaja mejor cuando está solo.**

D. Notas importantes sobre el acento:

1. Recuerde que las palabras interrogativas llevan acento escrito, lo mismo en un pregunta directa que indirecta. Repase estas palabras:

   ¿Qué? *What?* **¿Cuánto?** *How much?* **¿Dónde?** *Where?*
   ¿Quién? *Who?* **¿Cuántos?** *How many?* **¿Cuándo** *When?*
   ¿Cuál? *Which?* **¿De quién?** *Whose?* **¿Por qué?** *Why?*

   EJ: **Quiero saber dónde vive y cuánto gana.** (*I want to know where he lives and how much he earns.*)

   En frases exclamativas [¡ !] también se necesita acento escrito: ¡Qué calor!/ ¡Cuánta gente!

2. Los pronombres como **éste, ése, ésa,** necesitan acento escrito. Estas palabras son adjetivos demostrativos cuando están antes del nombre y se convierten en pronombres cuando no están antes de un nombre. Los neutros **esto, eso, aquello,** nunca llevan acento escrito.

   EJ: **Esta camisa roja me gusta más que ésa azul.** (*I like this red shirt more than that blue one.*)

3. El acento debe escribirse tanto cuando usamos mayúsculas (*capital letters*) como minúsculas (*small letters*). Algunas editoriales no cumplen con esta regla para ahorrar dinero.

   EJS: **Los Ángeles / Ángela / África**

4. La memoria visual es muy importante para escribir con buena ortografía. Ud. escribe ***hablar*** con ***h*** porque usa su memoria. Si Ud. no puede oír el golpe de voz no puede aplicar las reglas, pero si tiene buena memoria escribirá bien los acentos, eses, zetas, bes.

PRACTIQUE LOS ACENTOS

RESPUESTAS p. 232

1. Una palabra en español sólo lleva ______________ acento fonético. Las palabras compuestas pierden el acento de la primera palabra. Por ejemplo, *toca* + *discos* = *tocadiscos.* El único acento fonético de esta palabra está en la sílaba ______________.

2. *Café* tiene acento escrito en la *e* porque termina en vocal y porque el golpe de voz está en la ______________ sílaba.

3. *Cafés* lleva acento escrito porque tiene el golpe de voz en la última sílaba y la última letra es ______________. *Corres* también termina en *s;* ¿necesita acento escrito? ______________.

4. Las palabras *estás/están* necesitan acento escrito por la misma regla: terminan en *s* y *n,* y el golpe de voz está en la ______________.

5. *Lápiz* necesita acento escrito porque termina en consonante (*z*) distinta de *n, s,* y el golpe de voz está en la ______________ sílaba.

6. *Dieciséis* lleva acento escrito porque el golpe de voz está en la última ______________ y termina en ______________. En cambios *seis* no lleva acento escrito porque sólo tiene una sílaba. ¿Necesita acento escrito *veintidos?* ______________.

7. *Gramática* y *gramáticas* llevan acento escrito por la misma razón: el golpe de voz está en la ______________ sílaba. La última letra no importa.

8. *Aéreo* necesita acento escrito por la misma razón que *gramática.* Después de la *e* tónica hay ______________ sílabas: a-é-re-o (= cuatro sílabas). ¿Necesita acento *area?* ______________.

9. *Oír* necesita acento escrito porque el golpe de voz está en la ______________, y se rompe el diptogo, entre la *o* y la *i,* lo mismo que en *mío* y *hastío.* ¿Necesita acento escrito *oimos?* ______________.

10. Ud. sabe que todos los imperfectos terminados en *-ía* llevan acento escrito, como *día, María.* La *u* es menos frecuente que la *i,* pero la regla es la misma: se rompe el ______________. ¿Necesita acento escrito *baul*? ______________.

11. *Fue, fui, pie,* no llevan acento escrito porque tienen una sola ______________. ¿Necesita acento *balompie* (*soccer*)? ______________.

12. *Dio, vio, di, vi,* no llevan acento escrito porque sólo tienen una ______________. Algunos libros marcan todavía este acento, pero las reglas cambiaron en 1959.

13. *Dios* (*God*) no lleva acento escrito porque es una sílaba. ¿Necesita acento *adios*? ______________.

14. Los adverbios terminados en ***-mente*** son las únicas palabras con dos golpes de voz. Eso quiere decir que si el adjetivo **fácil** tiene acento escrito, también lo tiene el adverbio ______________.

15. Las palabras interrogativas necesitan acento escrito en las preguntas directas e indirectas. ¿Qué palabra está mal escrita en **Dígame usted donde vive**? ______________.

16. Las palabras exclamativas también necesitan acento escrito. ¿Cómo se traduce *What a day!*? ______________.

17. ¿Está correcta la palabra ***Africa***? ______________. La palabra correcta es ______________. Mayúsculas y minúsculas tienen las mismas reglas, igual que los centenares de *fonts* en las computadoras actuales.

EJERCICIOS

RESPUESTAS p. 232

A. Escriba los acentos que correspondan en las oraciones siguientes.

1. Ella no queria comer mas porque tenia una dieta estricta.
2. ¿Quien te dio esos lapices tan coloridos?
3. A ti te conviene poner los puntos sobre las ies.
4. El pie, el corazon, la nariz, el pulmon son partes del cuerpo.
5. En este pais hay mas petroleo que en ese.
6. Ella creia que tu eras frances, y si (*indeed*) lo eres.
7. Ese baul pesa mas que el mio.
8. ¡Que dia tan nublado! Angela no va a poder venir a vernos.
9. Esta mañana oi una noticia que me puso nerviosa.
10. Las raices del arbol rompieron la acera.
11. Si me preguntas cuando es la fiesta, te digo que el miercoles.
12. Dificilmente puedo leer italiano.
13. Los jefes se reunen el sabado para discutir el futuro de la empresa.
14. ¿Para quien es ese libro, para ti o para mi?
15. Cristobal Colon murio bastante pobre.

B. Hay personas que oyen el golpe de voz, pero hay otras que no lo oyen. Para comprobar si usted lo oye, subraye la sílaba tónica de las siguientes palabras.

1. salud
2. ustedes
3. comieron
4. corrimos
5. conocen
6. conocemos
7. conocieron
8. conocer
9. tocadiscos
10. diecinueve
11. catorce
12. hospital
13. cintura
14. libertad
15. solamente
16. claramente

C. Escriba el significado de estas palabras en inglés.

1. más ____________________
2. sólo ____________________
3. mi ____________________
4. aún ____________________
5. el ____________________
6. tu ____________________
7. si ____________________
8. sé (*dos significados*) ____________
9. sí (*dos significados*) ____________
10. solo ____________________
11. mas ____________________
12. dé ____________________

¡ATENCIÓN! Preposiciones *de* y *a*

1. *De* se usa para expresar los siguientes conceptos:

   a) POSESIÓN: **La casa de tu amigo; la luz del carro.**

   b) ORIGEN: **Somos de Seattle; este avión viene de Miami.**

   c) MATERIA: **Un reloj de oro; un vaso de cristal.**

   d) CONTENIDO (*content*): **Un vaso de vino; un libro de historia.**

   e) CLASE: **Zapatos de niño; ropa de mujer.**

   f) CANTIDAD: **Una docena de huevos; un kilo de carne.**

   g) EXPRESIONES IDIOMÁTICAS

   de ida y vuelta round trip
   de pie standing
   de regreso return, back
   de repente suddenly
   de rodillas on one's knees
   de verdad truly
   estar de + *nombre* be working as
   trabajar de + ***nombre*** to work as

2. La preposición ***a*** se usa para expresar:

   a) OBJETO DIRECTO PERSONAL: **Saludamos a la señora.**

b) DESTINO EXACTO: **Se fue a Chicago; vino a mi casa.**

c) TIEMPO: **Salió a las dos de la tarde; llegó a tiempo.**

d) DIRECCIÓN: Todos los verbos de movimiento necesitan *a* con el destino; también algunos con movimiento sicológico: **ayudar a, atreverse a** (*to dare*), **enseñar a, comprometerse a, decidirse a, aprender a.**

e) EXPRESIONES IDIOMÁTICAS

¿a cuánto? for how much?
a fines de by the end of
a la larga in the long run
a la mesa at the table
a la puerta at the door
a la vez at the same time
a lo largo along, by
a lo loco foolishly
al pie de la letra to the letter
a más tardar at the latest
a medias half done
a partir de beginning
a pesar de in spite of, although
a pie on foot, walking
a principios de at the beginning of
a punto de about to
a solas alone
a tiempo on time
dar a + ***lugar*** to face
ponerse a + ***verbo*** to start

RESPUESTAS p. 233

D. Complete las oraciones con la traducción de las expresiones que están en paréntesis.

1. Ayer le compré unas flores ____________ mi esposa. (*to, for*)
2. Estas naranjas no son ____________ California sino ____________ la Florida. (*from*)
3. Ella es millonaria; tiene más _________ cincuenta millones _________ dólares. (*more than*)
4. Para mí es muy importante empezar el trabajo ____________. (*on time*)
5. Don Severino tuvo un ataque al corazón ____________. (*suddenly*)
6. No hace frío hoy, ____________ que nevó ayer. (*although*)
7. El tren está ____________ salir para Washington. (*about to*)
8. ¿Por qué quieres ____________ esquiar? (*to learn how to*)
9. Paco salió ____________ San Francisco ____________ Toronto. (*from/toward*)
10. No sabemos quién va a ganar ____________. (*in the long run*)
11. El viaje dura cinco horas ____________. (*at the latest*)
12. ¿Me estás tomando el pelo, o pasó eso ____________? (*truly*)

13. Pensamos ir _______________ a la librería porque está cerca. (*on foot*)
14. Creo que ella _______________ maestra en Denver. (*works as*)
15. La secretaria copió el texto _______________. (*to the letter*)
16. ¿_______________ venden este carro? (*for how much*)
17. El ganador de la lotería malgastó el dinero _______________. (*foolishly*)
18. Van a subir los impuestos _______________ enero. (*beginning in*)
19. Aún no terminé la tarea; está _______________. (*half done*)
20. Vamos a pasear _______________ la Quinta Avenida. (*along*)

18 En la consulta del médico
(At the Doctor's Office)

adelgazar	to lose weight	**mejorar**	to improve
la alergia	allergy	**nacer (z)**	to be born
aliviar[1]	to relieve	**la náusea**	nausea
el asma (*f.*)	asthma	**obeso(a), grueso(a)**	obese, fat
la balanza	scale	**operar**	to operate
la cirugía	surgery	**el pabellón**	ward (*hospital*)
el/la cirujano(a)	surgeon	**el/la paciente**	patient
la cuna	cradle, crib	**la palidez**	paleness
delgado(a)	thin	**pálido(a)**	pale
embarazada[2]	pregnant	**la pastilla**	pill
empeorar	to get worse	**la píldora**	tablet
la enfermedad	sickness, illness	**la pulmonía**	pneumonia
el/la enfermero(a)	nurse	**la receta**[5]	prescription
engordar	to get fat	**el resfriado, el catarro**	cold
el escalofrío	chill	**respirar**	to breathe
estar encinta	to be pregnant	**salir caro(a)**[6]	to come out expensive
el estrés[3]	stress (mental)		
la fiebre	fever	**la salud**	health
flaco(a)	thin, skinny	**saludable**	healthy
la gripe, la gripa[4]	flu, influenza	**la tensión**	pressure
el impermeable	raincoat	**la tos**	cough
la inyección	shot (*booster*)	**toser**	to cough

NOTAS

1. ***Aliviarse*** se usa para *to relieve* en todo el mundo de habla hispana. En México, sin embargo, ***aliviarse*** se usa para ***dar a luz*** (*to give birth*).
2. ***Embarazada*** no es *embarrassed* sino *pregnant.* Este falso cognado se cita siempre como uno de los más cómicos entre las dos lenguas. La traducción de *embarrassed* es **confuso, turbado, avergonzado.** El verbo **embarazar** is *to get someone pregnant,* mientras que *to embarrass* es **avergonzar, poner en apuros.**

3. ***Estrés*** fue admitido oficialmente por la Real Academia en 1984 como «enfermedad mental causada por la tensión».
4. ***Gripe*** es femenino y significa *flu, influenza*. En México y otros países latinos se usa también ***gripa***.
5. ***Receta*** tiene doble significado: *prescription* y *recipe*. Por claridad, se suele añadir ***médica*** o ***de cocina*** (***culinaria***).
6. ***Salir*** se usa con adjetivos y adverbios para hablar del resultado de algo, *to come out*. Por ejemplo, ***salir bien*** (***mal***) en un examen es *to come out well* (*bad*) *on an exam*. ***Salir caro*** es *to come out expensive*.

PRACTIQUE LAS PALABRAS NUEVAS

RESPUESTAS p. 233

A. Diálogo entre el médico y Maribel, su paciente.

MÉDICO: ¡Hola, Maribel! ¡Qué ______ (1. *pale*) estás hoy!

MARIBEL: Sí, tengo un ______ (2. *cold*) terrible. Ayer fui al cine y se me olvidó el ______ (3. *raincoat*).

MÉDICO: Te voy a poner el termómetro a ver si tienes ______ (4. *fever*).

MARIBEL: Ya tomé cuatro ______ (5. *tablets*) de aspirina, pero todavía me duelen todos los ______ (6. *bones*).

MÉDICO: Veo que tienes una temperatura demasiado alta. Voy a ponerte una ______ (7. *shot*) de antibióticos porque al parecer tienes una infección.

MARIBEL: También me duele la ______ (8. *throat*), y anoche ______ (9. *coughed*) casi toda la noche.

MÉDICO: Es mejor prevenir que curar. Todavía el virus está en su etapa (*stage*) inicial. Te voy a escribir una ______ (10. *prescription*).

MARIBEL: ¿Cree Ud. que con esto voy a ______ (11. *to improve*)?

MÉDICO: Por supuesto. Pero debes cuidarte, porque si el catarro empeora, puede degenerar en bronquitis o ______ (12. *pneumonia*).

MARIBEL: La película de anoche me salió cara. Ahora siento unos ______ (13. *chills*) terribles.

MÉDICO: Eso es debido a la fiebre. Si te cuidas y descansas, te vas a ______ (14. *to relieve*) muy pronto.

RESPUESTAS p. 233

B. Conteste verdadero o falso (V / F):

1. ______ Si usted tiene diabetes, es bueno comer postres con mucha azúzar.
2. ______ La vitamina C parece ser buena para prevenir resfriados.
3. ______ Si Ud. desea adelgazar, debe comer menos y controlar las calorías que ingiere.
4. ______ Si Ud. padece de asma siente náuseas y escalofríos.
5. ______ La salud es más importante que el dinero.
6. ______ Cuando un paciente tiene gripe es necesario operar rápidamente.
7. ______ El humo del cigarrillo puede mejorar los problemas de respiración.
8. ______ Los niños nacen en el pabellón de maternidad del hospital.
9. ______ Los cirujanos pueden operar el corazón y hacer trasplantes de órganos.
10. ______ La balanza es muy importante para preparar adecuadamente algunas recetas en la farmacia.
11. ______ Las madres dan a luz a los bebés ocho meses después de estar encinta.
12. ______ Las personas obesas generalmente tienen la tensión más alta que las delgadas.

RESPUESTAS p. 233

C. Subraye la palabra que completa la oración.

1. Los médicos escriben (pastillas, recetas, gripes, inyecciones) para que los pacientes puedan comprar las medicinas.
2. Cuando nacen los bebés, las enfermeras los ponen en el/la (operación, cirugía, cuna, respiración).
3. Lo contrario de ***adelgazar*** es (mejorar, empeorar, estar encinta, engordar).
4. La (alergia, pulmonía, tos, gripe) es un tipo de enfermedad poco conocida.
5. Las personas que sufren de asma tienen dificultad para (toser, respirar, engordar, operarse).
6. Si Ud. tiene mucha fiebre, probablemente siente (escalofríos, pulmonía, náuseas, tensión).
7. Lo contrario de ***mejorar*** es (toser, adelgazar, empeorar, dar a luz).
8. Algunos creen que las personas que dejan de fumar se ponen (gordas, delgadas, alérgicas, flacas).

9. Si usted tiene pulmonía, debe (tomar antibióticos, comer bastante, tomar aspirinas, respirar humo).
10. Algunas mujeres encinta sufren de (fiebre, alergia, náuseas, gripe).

GRAMÁTICA Futuro y condicional

I. **Verbos regulares**
Repase el siguiente esquema.

	Futuro		Condicional	
Sujeto	***hablar***	***ser***	***estar***	***comer***
yo	**hablar** é	ser é	**estar** ía	**comer** ía
tú	hablar ás	ser ás	estar ías	comer ías
él/ella/Ud.	hablar á	ser á	estar ía	comer ía
nosotros(as)	hablar emos	ser emos	estar íamos	comer íamos
ellos/ellas/Uds.	hablar án	ser án	estar ían	comer ían

A. La raíz del futuro y del condicional es el infinitivo completo: **ser → seré / sería; ir → iré / iría; vivir → viviré / viviría.**

B. Observe que las terminaciones del futuro y condicional son las mismas de los tiempos ya estudiados para todas las personas: **-mos = nosotros, -s = tú, -n = ellos / ellas.** En el futuro todas las personas llevan acento escrito excepto la primera del plural: **seremos, iremos.**

C. La terminación del condicional es **-ía,** que es la misma del imperfecto de los verbos en **-er, -ir.** (¡Con acento escrito en todas las personas para romper el diptongo!)

II. **Verbos irregulares y derivados**

A. Hay solamente doce verbos irregulares en el futuro y condicional. Son irregulares porque pierden la vocal **e** o la vocal **i** del infinitivo **-er, -ir.** Ejemplos: ***sabré*** en lugar de ***saberé; podría*** en lugar ***de podería.*** Para algunos verbos se añade una ***d: vendré*** en lugar de ***veniré; saldría*** en lugar de ***saliría.*** Aquí está la lista completa.

caber → cabré / cabría
decir → diré / diría
haber → habré / habría
hacer → haré / haría
poder → podré / podría
poner → pondré / pondría
querer → querré / querría
saber → sabré / sabría
salir → saldré / saldría
tener → tendré / tendría
valer → valdré / valdría
venir → vendré / vendría

B. Observe que ***hacer*** y ***decir*** son los más irregulares, pues pierden una sílaba completa: **decir → diré / diría; hacer → hare / haría.**

C. Los verbos compuestos sufren los mismos cambios de los verbos simples: **suponer → supondré; mantener → mantendré; satisfacer** (de ***hacer***) **→ satisfaré.** Note que los compuestos de decir son regulares: **maldecir** (*to curse*) **→ maldeciré / maldeciría; predecir** (*to predict*) **→ predeciré; bendecir** (*to bless*) **→ bendeciré.**

III. Usos del futuro y condicional

A. Las formas del futuro indican una acción posterior al momento actual, y las formas del condicional indican una acción posterior a un momento pasado.

EJS: **Prometo que *vendré* mañana.** (*I promise I will come tomorrow.*)
Prometí que *vendría* mañana. (*I promised I would come tomorrow.*)

B. Existen tres formas diferentes de indicar una acción futura o venidera.

1. PRESENTE DE INDICATIVO: ***Salimos* mañana para México.** (Común en todo el mundo de habla hispana.)
2. IR A + *VERBO:* ***Vamos a salir* mañana para México.** (Forma más común en Hispanoamérica.)
3. FORMAS DEL FUTURO: ***Saldremos* mañana para México.** (Más común en España.)

C. Futuro y condicional de probabilidad

1. El futuro se usa también para indicar probabilidad de una acción o estado en el momento actual.

   EJ: **José no está aquí. *Estará* enfermo.** (*He's probably sick.*)

2. El condicional se usa para indicar probabilidad de una acción o estado en el pasado.

   EJ: **José no vino ayer. *Estaría* enfermo.** (*He was probably sick.*)

D. El condicional se usa como fórmula de cortesía en lugar del presente de indicativo. También se usa el imperfecto de subjuntivo con el mismo propósito.

EJ: ***Querría*** **(*quisiera*) hablar con el dueño.** (*I would like to talk wih the landlord.*)

E. El condicional se usa en las oraciones condicionales que se estudiarán en la lección 26.

EJ: **¿Qué *haría* usted si ganara un millón de dólares en la lotería?**
(*What would you do if you won a million dollars in the lottery?*)

F. En inglés es frecuente usar *the conditional —would* + (verb)— para indicar una costumbre o acción repetida en el pasado. En español usamos el imperfecto para hablar de una costumbre, nunca el condicional.

EJ: **Cuando estaba en Cuba, *fumaba* buenos puros.** (*When I was in Cuba, I would smoke* good cigars.)

PRACTIQUE LA GRAMÁTICA

RESPUESTAS p. 233

1. La raíz del futuro y del condicional es el ______________ completo; por ejemplo, la raíz de ***comería*** es ______________.
2. La terminación ***-mos*** siempre significa ______________, y la terminación ***-s*** significa ______________. Por eso podemos omitir normalmente el sujeto en español.
3. Todas las personas del futuro tienen acento escrito excepto una: ______________.
4. La terminación que identifica al condicional es la misma del imperfecto de los verbos en **-er, -ir**: ______________. Todas las formas tienen acento escrito porque se rompe el ______________.
5. El futuro de ***saber*** no es ***saberé*** sino ______________; y el futuro de ***poner*** no es ***poneré*** sino ______________.
6. El condicional de ***decir*** no es ***deciría*** sino ______________; y el condicional de ***hacer*** no es ***hacería*** sino ______________.
7. Para indicar probabilidad en el momento actual usamos las formas del ______________ y para indicar probabilidad en un momento pasado usamos el ______________.
8. Todos los verbos irregulares en el futuro son también irregulares en el ______________, por ejemplo, **querer → querré /** ______________.
9. Traduzca al inglés estas dos palabras, que sólo se diferencian en una ***r***: **(*yo*) *quería*** ______________, y (*yo*) ***querría*** ______________.
10. En inglés se puede usar el condicional para indicar una costumbre en el pasado; en cambio en español se usa el ______________.
11. Si del verbo **hacer** decimos **haré,** del verbo **satisfacer** diremos ____________.
12. Si del verbo **poner** decimos **pondré,** del verbo **suponer** diremos ____________.
13. Si del verbo **salir** decimos **saldré,** del verbo **sobresalir** diremos ____________.
14. Si Ud. está seguro, dice **Eran las doce cuando llegamos.** Si Ud. no lo sabe con seguridad, Ud. dirá ______________ **las doce cuando llegamos.**

15. Para las preguntas del tipo *Shall I come in?* no se usa el futuro sino el presente de indicativo. ¿Cómo se traduce *Shall we leave now?* ¿_______________ **ahora?**

16. Las órdenes legales y los mandamientos (*commandments*) de las religiones siempre usan en inglés el antiguo futuro de obligación, *shall*. En español se usa el futuro siempre. Traduzca *You shall not kill*: _______________.

17. ¿Cómo completaría la siguiente oración: **Cuando vivíamos en San Diego,** _______________ **a México muchas veces?** (**ir:** *we would go*)

EJERCICIOS

RESPUESTAS p. 233

A. ***¡Me gané un millón en la lotería!*** **¿Qué haría Ud. si ganara un millón de dólares en la lotería?**

1. _________________________ una casa fantástica. (comprar)
2. _________________________ por todo el mundo. (viajar)
3. _________________________ la mitad a los pobres. (dar)
4. _________________________ muchas cosas con ese dinero. (hacer)
5. _________________________ un negocio muy grande. (poner)
6. _________________________ de vacaciones inmediatamente. (salir)
7. _________________________ mi vida ordinaria. (seguir)
8. _________________________ más impuestos al gobierno. (pagar)

RESPUESTAS p. 233

B. **Cambie del presente al futuro. (Escriba solamente los verbos.)**

1. El paciente se mejora con los antibióticos. _________________________.
2. Nosotros adelgazamos veinte libras. _________________________.
3. Engordas demasiado con tantos postres. _________________________.
4. El padre mantiene a toda la familia. _________________________.
5. Hago la tarea en la biblioteca de la universidad. _________________________.
6. Sé bastante bien escribir en inglés y español. _________________________.

RESPUESTAS p. 233

C. **Cambie del pretérito al condicional. (Escriba solamente los verbos.)**

1. ¿Cómo se sintió Ud. en ese momento? _________________________.
2. Me alivié mucho con las píldoras. _________________________.
3. ¿A qué hora llegaron ustedes a casa? _________________________.
4. ¿Cómo entró el ladrón en la casa? _________________________.

5. ¿No te gustó esa película? ________________________.
6. Me gustó mucho visitar Argentina. ________________________.

RESPUESTAS p. 234

D. Complete las oraciones con las formas del futuro o del condicional.

1. Si no llueve esta tarde, mi hermano ______________ al cine. (ir)
2. Te aseguro (*assure*) que nosotros ______________ mañana. (venir)
3. Después que termine la carta, Carlitos la ______________ en el buzón. (poner)
4. Mamá, te prometo que siempre ______________ la verdad. (decir)
5. Si el ladrón trata de huir, el policía lo ______________. (detener)
6. Mañana Ud. ______________ el cheque por correo. (recibir)
7. ¿Dónde está? —No sé; ______________ en su trabajo. (estar)
8. Ayer me dijiste que ______________ conmigo al cine. (ir)
9. Si te casas con Carolina, creo que ______________ feliz. (ser)
10. Ayer Pedro no vino a clase; ______________ enfermo. (estar)
11. Jorge me dijo que (él) ______________ por avión a Miami. (llegar)
12. ¿Está muy lejos el museo? —No, ______________ cuatro cuadras más o menos. (haber)
13. Me imagino que en Texas ______________ mucho calor en verano. (hacer)
14. ¿A qué hora llegaron Uds. anoche? —No sé; ______________ las tres. (ser)
15. Me ______________ viajar a Sudamérica. (gustar)
16. Si el Senado pasa esa proposición de ley, el Presidente se ______________ con su veto (oponer).
17. Si vas a noventa millas por hora, ______________ un accidente. (tener)
18. Todos nosotros no ______________ en tu carrito. (caber = *fit*)

¡ATENCIÓN! Preposiciones poco comunes: *ante, bajo, tras, so*

1. ***Ante*** (*before, in front of, in the face of*) solamente se usa en situaciones importantes o con nombres abstractos.

ante Dios before God
ante el altar before the altar
ante el juez before the judge
ante el senado before the senate
ante la duda in the face of doubt
ante la evidencia before the evidence

En los casos ordinarios usamos ***delante de*** (*in front of, before*) con lugares y ***antes de*** (*before*) con el tiempo.

EJS: **La mesa está *delante de* las sillas. / Llegaremos *antes del* lunes.**

2. ***Bajo*** (*under*) sólo se usa en situaciones especiales: **bajo la ley, bajo el poder del rey** (*under the king's rule*), **bajo la influencia de las drogas** (aunque algunas expresiones idiomáticas, como **bajo techo**, también la incluyen). En los casos ordinarios usamos ***debajo de*** (*under, below*) y también ***abajo de*** (*under, below*).

   EJS: **La maleta está *debajo de* la mesa. / Se cayó *abajo de* la silla.**

3. ***Tras*** (*after, behind*) se usa con un nombre repetido, por ejemplo, **día tras día** (*day after day*). En literatura se usa a veces para significar *after*. En los casos ordinarios usamos ***detrás de*** (*behind*) con nombres de lugar, y ***después de*** (*after*) con nombres de tiempo.

   EJS: **El árbol está *detrás de* la casa. / Saldremos *después del* lunes.**

4. ***So*** (*under*) sólo se usa en unas pocas expresiones idiomáticas.

   ***so pretexto de* enfermedad** under the pretext of sickness
   ***so capa de* bueno** under the disguise of a good man
   ***so pena de* perder la ciudadanía** under penalty of losing his (her) citizenship

---

RESPUESTAS p. 234

E. **Complete las oraciones usando la traducción de las expresiones que están en paréntesis.**

1. La policía detuvo al chofer por estar ______________ la influencia del alcohol. (*under*)
2. El jardín está ______________ la casa. (*behind*)
3. María no vino a clase ______________ de que está enferma. (*under the pretext*)
4. Los novios se juraron amor eterno ______________ el altar de la iglesia. (*before*)
5. Los libros se cayeron ______________ la mesa. (*under*)
6. Te prometo que llegaremos ______________ lunes. (*before*)
7. El maestro explica la lección ______________ la clase. (*in front of*)
8. Ud. tiene que pagar impuestos ______________ la actual ley. (*under*)
9. El presunto asesino fue interrogado ______________ el jurado (*jury*). (*before*)

10. Ella se paseaba _______________ en la playa. (*day after day*)
11. Te aliviará el dolor _______________ tomar estas píldoras. (*after*)
12. _______________, la novela no deja de sorprender al lector. (*page after page*)

19 En la farmacia
(At the Pharmacy)

el acero	steel	**inoxidable**	rustproof
alimentar	to feed	**el jabón**[4]	soap
el alimento	food	**enjabonarse**	to soap (oneself)
a través	across	**el jarabe**	syrup
atravesar	to cross, go across	**la marca**	trademark
balancear	to balance	**la mecedora**	rocking chair
el calmante	sedative	**mecer**	to rock, swing
el centavo, el céntimo[1]	cent, penny	**el nervio**	nerve
		nervioso(a)	nervous
chapado a la antigua	old-fashioned	**padecer (zc)**	to suffer
		el pastel	cookie, cake
conseguir (i)	to obtain, get	**la pastelería**	pastry shop
la crema dental	toothpaste	**preocuparse**	to worry
la droga[2]	drug	**reciente**[5]	recent
la droguería[3]	drugstore	**tragar**	to swallow
durar	to last	**el trago**	drink
la farmacia de turno	all-night pharmacy	**la travesura**	mischief
		travieso(a)	mischievous
la frutería	fruit shop	**la vacuna**	vaccine, shot
la gota	drop	**la verdulería**	vegetable store
gotear	to drip, leak	**la verdura**	vegetable, greens
la hoja de afeitar	razor blade	**la zapatería**	shoe store

NOTAS

1. **Los centavos** se usan en América para las cien unidades que componen el peso, el bolívar, el sucre, el balboa, etc. En España las cien unidades que componen la peseta son **los céntimos,** pero la unidad real más pequeña hoy disponible es **la peseta,** que vale menos de un *penny* porque un dólar equivale a 120–128 pesetas (1996). Ya hace muchos años que desaparecieron los céntimos.

2. ***Droga*** en español significa *drug* en el sentido limitado de «drogas prohibidas», como la mariguana, cocaína, etc., nunca «medicinas» como *drug* del inglés. La droga puede ser dura (cocaína, heroína) o blanda (mariguana, hashís). **Los narcos** son los narcotraficantes, y **los camellos** (*camels*) son los *pushers* (en España). Por supuesto, que camello es también el animal *camel*.
3. ***Droguería*** se usa en algunos países para *pharmacy,* en lugar de ***farmacia.*** Una farmacia es una tienda que vende casi exclusivamente medicinas y poco más: crema dental, comida de bebés, cosas para afeitarse, algunos cosméticos básicos. En algunos países todavía usan la antigua palabra ***botica*** en vez de ***farmacia.*** ***Farmacéutico*** significa *pharmacist,* y generalmente es el mismo dueño, quien administra la farmacia (especialmente en las ciudades pequeñas).
4. ***Jabón*** es un nombre contable y no contable en español, mientras que *soap* no es contable en inglés (por eso decimos *a bar of soap* que se traduce por **un jabón**). Sin embargo en algunos países se dice **una pastilla de jabón.** La expresión *soap opera* equivale a **telenovela** en América y **culebrón** en España (en el habla coloquial).
5. ***Reciente*** significa *recent,* y se convierte en **recién** delante de un adjetivo o nombre; por ejemplo, **recién casados** es *newlyweds.* **Un pan recién hecho** es *freshly baked bread.* En algunos países se usa ***recién*** como adverbio en lugar de ***recientemente;*** por ejemplo, **Recién oí la noticia** (*I just heard the news*).
6. En varios países de habla hispana, las farmacias son tiendas que abren en horas regulares como todas las tiendas: de diez de la mañana a dos de la tarde. Se cierra dos horas para comer y se vuelve a abrir de cuatro a ocho. Por esta razón generalmente hay una farmacia de guardia, que también se llama farmacia de turno, que está abierta veinticuatro horas. Las diferentes farmacias se turnan para este servicio.

PRACTIQUE LAS PALABRAS NUEVAS

RESPUESTAS p. 234

A. Complete el siguiente diálogo entre el farmacéutico y una clienta.

FARMACÉUTICO: Buenos días, señora. ¿En ______ (1. *how*) puedo servirle?

CLIENTA: Traigo dos recetas del médico. La primera es un ______ (2. *sedative*) para los nervios, y la segunda es para la garganta.

FARMACÉUTICO: ¿Desea el calmante en píldoras o en ______ (3. *syrup*)?

CLIENTA: Mejor en jarabe. No me gusta ______ (4. *to swallow*) píldoras, ni siquiera aspirinas.

FARMACÉUTICO: ¿Necesita alguna ______ (5. *drug*) más?

CLIENTA: Sí, yo ______ (6. *suffer*) de los ojos, y algunos días los tengo muy irritados.

FARMACÉUTICO: ¿No será que Ud. está viendo demasiadas ____________ (7. *soap operas*)? Bueno, puede ponerse en los ojos unas ____________ (8. *drops*) de esta medicina.

CLIENTA: Mi esposo me encargó ____________ (9. *razor blades*) y crema dental.

FARMACÉUTICO: ¿No quiere ____________ (10. *to try*) estas maquinitas eléctricas? ¡Son fantásticas!

CLIENTA: No, mi esposo es ____________ (11. *old-fashioned*). ¡Todavía ____________ (12. *is using*) la maquinita de su padre!

FARMACÉUTICO: ¡Increíble! Bueno, aquí tiene unas hojas de ____________ (13. *steel*) inoxidable.

CLIENTA: También necesito ____________ (14. *soap*), pero veo que no tiene mucha variedad.

FARMACÉUTICO: Cierto. Ud. sabe que nuestra ____________ (15. *drugstore*) es muy pequeña.

CLIENTA: Bueno. ¿Cúanto le debo ____________ (16. *for everything*)?

FARMACÉUTICO: Son cuarenta y dos pesos con cincuenta ____________ (17. *cents*).

CLIENTA: Aquí tiene. Muy amable, señor. ____________ (18. *good-bye*)

RESPUESTAS p. 234

B. Complete las oraciones con una de las siguientes palabras. Haga los cambios que sean necesarios.

acero	chapado a la antigua	gotear	mecedora	trago
alimento	conseguir	jabón	mecer	travesura
balancear	embarazada	marca	pastel	vacuna

1. Para no engordar es necesario comer poco y ____________ bien los alimentos.
2. Voy a ____________ al bebé porque está llorando.
3. La ____________ contra la polio (*poliomyelitis*) ha salvado muchas vidas. ¿Cree Ud. que descubrirán pronto una contra el cáncer y contra el SIDA?
4. Hay muchas ____________ de carros: Ford, Chevrolet, Toyota.
5. Aquí está el bar. Vamos a tomar unos ____________ mientras esperamos.
6. La mejor ayuda a los pobres es ____________ les educación y trabajo.
7. El chocolate es uno de los ____________ que más engorda.
8. Mi hermana espera un bebé. Hace seis meses que está ____________.

9. Las hojas de afeitar son de aluminio o de ____________ inoxidable.
10. El tejado (*roof*) de mi casa ya es muy viejo; cuando llueve ____________ en mi dormitorio.
11. Los ____________ engordan porque tienen mucha azúcar.
12. Lávate bien las manos con agua caliente y ____________.
13. Los *Little Rascals* eran famosos por las muchas __________ que hacían.
14. Mi tío no quiere saber nada de las máquinas modernas, excepto el teléfono (que no es tan moderno). Él es muy ____________.
15. ¡Qué agradable sentarse en la ____________ y respirar la brisa fresca de la noche!

RESPUESTAS p. 234

C. Todos los idiomas tienen palabras derivadas de palabras simples. Uno de los sufijos más frecuentes del español es **-ería** para indicar el lugar donde se hace o se vende un producto. Por ejemplo, en la **panadería** se vende o hace pan. Escriba los nombres de lugares derivados de estos productos.

1. fruta ____________
2. verdura ____________
3. pastel ____________
4. zapato ____________
5. pescado ____________
6. carne ____________
7. café ____________
8. libro ____________
9. reloj ____________
10. pelo ____________
11. barba ____________
12. joya ____________
13. marisco ____________
14. taco ____________
15. papel ____________
16. mueble ____________

GRAMÁTICA Presente de subjuntivo

A. Estudie los esquemas de *hablar, comer, volver, perder* y *pedir.*

Sujeto	*habl ar*	*com er*	*volv er*	*perd er*	*ped ir*
yo	habl e	com a	vuelv a	pierd a	pid a
tú	habl es	com as	vuelv as	pierd as	pid as
él/ella/Ud.	habl e	com a	vuelv a	pierd a	pid a
nosotros(as)	habl emos	com amos	volv amos	perda mos	pid amos
ellos/ellas/Uds.	habl en	com an	vuelv an	pierd an	pid an

1. Los verbos terminados en **-ar** cambian la ***a*** en ***e*** en el presente de subjuntivo, y los verbos terminados en **-er, -ir** toman la vocal ***a*** en vez de *e, i*: **hablar → hable, vivir → viva.**
2. La mayoría de los verbos irregulares en presente de indicativo son también irregulares en presente de subjuntivo, con los mismos cambios.
   a) *Volver* diptonga la *o* en ***ue*** por el acento fonético: **volver → vuelvo / vuelva.**
   b) *Perder* diptonga la ***e*** en ***ie*** por el acento fonético: **perder → pierdo / pierda.**
   c) *Pedir* cambia la ***e*** en ***i*** en todas las personas: **pedir → pido / pida / pidamos.**
3. Recuerde los cambios ortográficos de consonantes. Algunos se repiten en el pretérito y otros en el presente de indicativo.
   a) *z* cambia en ***c***: **comenzar → comience / comencé** (*to start*)
   b) ***c*** cambia en *z*: **convencer → convenzo / convenza** (*to convince*)
   c) ***g*** cambia en ***gu***: **pagar → pague / pagué** (*to pay*)
   d) ***gu*** cambia en ***g***: **seguir → sigo / siga** (*to follow, keep up*)
   e) ***gu*** cambia en ***gü***: **averiguar → averigüe / averigüé** (*to find out*)
   f) ***g*** cambia en ***j***: **recoger → recojo / recoja** (*to pick up*)
   g) ***c*** cambia en ***qu***: **tocar → toque / toqué** (*touch, play music*)
   h) ***qu*** cambia en ***c***: **delinquir → delinco / delinca** (*to break the law*)

B. Observe los esquemas de *dormir, sentir, salir, conocer* y *huir.*

Sujeto	*dorm ir*	*sent ir*	*sal ir*	*conoc er*	*hu ir*
yo	**duerm a**	**sient a**	**salg a**	**conozc a**	**huy a**
tú	**duerm as**	**sient as**	**salg as**	**conozc as**	**huy as**
él / ella / Ud.	**duerm a**	**sient a**	**salg a**	**conozc a**	**huy a**
nosotros(as)	**durm amos**	**sint amos**	**salg amos**	**conozc amos**	**huy amos**
ellos / ellas / Uds.	**duerm an**	**sient an**	**salg an**	**conozc an**	**huy an**

1. **Dormir** y **morir** diptongan la **o** en **ue** en las sílabas tónicas y cambian la ***o*** en ***u*** en la primera persona del plural: **morir → muera,** pero **muramos.**
2. ***Sentir, mentir, sugerir,*** etc., diptongan la ***e*** en ***ie*** en las sílabas tónicas y la ***e*** cambia a ***i*** en la primera persona del plural. Recuerde que este cambio también ocurre en el pretérito: **divertir → divierta / divirtamos / divirtió.**
3. Para ***salir, tener, venir, valer,*** se añade una ***g*** a la raíz en todas las personas. Recuerde que en presente de indicativo sólo se añade ***g*** en la primera persona singular: **salir → salgo / salga / salgamos,** pero **sales, sale.**

4. Para *conocer* (y la mayoría de los verbos en -**cer**, -**cir**) se añade una *z* delante de la *c* que aquí se pronuncia *[k]*. En presente de indicativo este cambio sólo ocurre en la primera persona del singular, pero en subjuntivo ocurre en todas las personas: **conocer → conozco / conozca / conozcamos.**

5. Para *huir* y todos los verbos terminados en *-uir* se añade una *y* a la raíz en todas las personas: **huir → huyo / huya / huyamos.**

C. A continuación presentamos más verbos irregulares en el presente de subjuntivo. La mayoría tienen los mismos cambios del presente de indicativo, pero unos pocos son diferentes. Repase la lista siguiente.

caer → caigo / caiga	**poner → pongo / ponga**
decir → digo / diga	**saber → sé / sepa**
estar → estoy / esté	**ser → soy / sea**
haber → he / haya	**tener → tengo / tenga**
hacer → hago / haga	**traer → traigo / traiga**
huir → huyo / huya	**valer → valgo / valga**
ir → voy / vaya	**venir → vengo / venga**
oír → oigo / oiga	**ver → veo / vea**

D. Los usos del presente de subjuntivo se explicarán en las lecciones siguientes.

PRACTIQUE LA GRAMÁTICA

RESPUESTAS p. 234

1. En la forma **hables** la parte que lleva el significado es la raíz __________. La *-s* final de *hables* significa __________.
2. En *comas* o *vivas*, la terminación que identifica al presente de subjuntivo es __________.
3. Del verbo **contar** tenemos **yo cuento** en el indicativo, y en el presente de subjuntivo **yo** __________. La *o* de *contar* diptonga en __________.
4. *Dormir* diptonga la *o* en *ue*, pero solamente si la *o* es la sílaba __________. En *durmamos* la *o* se cambia a __________.
5. Para *conozca* y *produzca* se añade una __________ al final de la raíz y se pronuncia *[k]*. Esto se repite en casi todos los verbos en *-cer, -cir.* Subjuntivo de *nacer*: __________.
6. *Mecer* (*to rock*) es uno de los pocos verbos para los cuales no se añade *c*. ¿Cuál es el presente de subjuntivo? __________.
7. De *huir* tenemos *huya*: es irregular porque se añade una __________ a la raíz. Lo mismo pasa con todos los verbos en *-uir*: De *incluir* tenemos **yo** __________.

8. De *pagar* no escribimos en subjuntivo **yo page** sino __________, se añade una *u* a la *g*. Lo contrario pasa en *seguir*, que pierde la *u*: subjuntivo yo __________.
9. De *empezar* decimos en subjuntivo **yo** __________, y en el pretérito yo __________. En los dos hay un cambio de *z* a __________.
10. En el verbo **averiguar** se pronuncia la *u*, y para que se pronuncie en *averigue*, se necesitan dos puntos sobre la __________. Lo mismo pasa en el pretérito, que además tiene acento: __________. (*I found out*)
11. De *escoger* no escribimos **yo escoga** en subjuntivo sino __________. Hay que cambiar la *g* en __________.
12. *Pedir* cambia la *e* en *i* en subjuntivo. Complete: (**Nosotros**) __________.
13. Si de *decir* se forma *diga*, de *bendecir* se formará __________.
14. De *tener* decimos **tenga**; de **detener** diremos __________.
15. De *hacer* decimos *haga;* de *satisfacer* diremos __________.
16. De *salir* decimos *salga;* de *sobresalir* diremos __________.

EJERCICIOS

RESPUESTAS p. 235

A. Complete las oraciones con la forma correcta del presente de subjuntivo del verbo entre paréntesis.

1. Mi amiga quiere que (yo) ____________ esta carta en el correo. (poner)
2. Es importante que Ud. ____________ bien su dirección. (escribir)
3. Luisito desea que Ana le ____________ en español. (hablar)
4. Necesito que Ud. me ____________ unos zapatos que duren. (vender)
5. Es mejor que nosotros ____________ a la farmacia ahora. (ir)
6. Es peor que tu hermano ____________ el carro; él no tiene licencia. (manejar)
7. Es conveniente que (tú) ____________ la carta hoy mismo. (mandar)
8. ¡Ojalá (*hope that*) que ____________ mucho sol mañana! (hacer)
9. Es necesario que Uds. ____________ los verbos. (practicar)
10. Mi madre quiere que Juanito no ____________ ese programa. (ver)
11. Me gusta que Uds. ____________ de hablar español siempre. (tratar)

12. Siento mucho que tu novia no ____________ ir a la fiesta. (poder)
13. ¿Quieres que (yo) te ____________ las compras? (hacer)
14. Las rejas no permiten que el criminal ____________ de la prisión. (huir)
15. Es más cómodo para los padres que el bebé ____________ toda la noche. (dormir)
16. El médico insiste en que Ud. ____________ dos días en el hospital. (permanecer)
17. Carlos sugiere que Anita les ____________ la verdad a sus padres. (decir)
18. ¿No te conviene que (yo) ____________ los libros a clase? (traer)
19. El jefe quiere que yo le ____________ una respuesta hoy mismo. (dar)
20. ¿Te gusta que Ernesto ____________ nuestra conversación? (oír)

RESPUESTAS p. 235

B. Escriba el presente de subjuntivo de los siguientes verbos en la primera persona (*yo*).

1. comenzar ____________
2. practicar ____________
3. tragar ____________
4. emplear ____________
5. seguir ____________
6. convencer ____________
7. conocer ____________
8. pagar ____________
9. coger ____________
10. conseguir ____________
11. balancear ____________
12. empezar ____________
13. delinquir ____________
14. vestir ____________
15. perder ____________
16. padecer ____________
17. producir ____________
18. decir ____________
19. pensar ____________
20. huir ____________
21. ver ____________
22. ir ____________
23. estar ____________
24. leer ____________

¡ATENCIÓN! Expresiones idiomáticas con preposiciones

Ud. ha encontrado en las lecciones anteriores algunas de las siguientes expresiones. Aquí tiene una lista más completa, que Ud. encontrará en lecturas de español intermedio.

a cargo de in charge of
a causa de because of
acerca de concerning, about
además de in addition to
a falta de for lack of
a favor de in favor of
a fin de que in order to
a fuerza de by means of
al lado de beside, alongside
alrededor de around
a mediados de in the middle of (*used as time expression*)
a pesar de in spite of
a propósito de concerning
arriba de over, on top of
conforme a according to
con motivo de with the purpose of
contrario a contrary to
debido a due to, because of
dentro de inside of, within
encima de over, on top of
en cuanto a as for
en frente de in front of
en lugar de instead of
en vez de instead of
frente a opposite, facing
fuera de outside of, except
junto a next to
por causa de because of
por razón de by reason of
respecto a with respect to
según (yo, tú, él, etc.) according to (me, you, him, etc.)
tocante a in reference to, as for

RESPUESTAS p. 235

C. Complete las oraciones siguientes.

1. Estacioné mi carro ______________ tu casa. (*alongside, by*)
2. No pudieron llegar a tiempo ______________ la lluvia. (*because of*)
3. ¿Qué sabe usted ______________ ese negocio? (*concerning, about*)
4. Saldremos de viaje ______________ junio. (*in the middle of*)
5. ______________ las ventajas de ese puesto, no lo tomaré. (*in spite of*)
6. El farmacéutico volverá a la farmacia ______________ una hora. (*within*)
7. Hay una pared alta ______________ jardín. (*around*)
8. El jabón está ______________ lavabo. (*on top of*)
9. No puedo hacer nada ______________ tu amigo. (*with respect to*)
10. ______________ jarabe, puedes tomar estas píldoras. (*for lack of*)
11. ______________ tus nervios y estrés, debes tomar un sedativo. (*as for*)
12. Pasaremos ______________ un mes en Puerto Vallarta. (*about*)
13. No puedes tomar antibióticos ______________ tu alergia. (*because of*)
14. Debes guardar cama ______________ tomar la medicina. (*in addition to*)
15. ______________ el médico, es mejor que no vayas a trabajar. (*according to*)

16. Pudo terminar el libro para enero ______________ muchas horas de trabajo. (*by means of*)
17. El farmacéutico está ______________ la farmacia. (*in charge of*)
18. ______________ lo que Ud. piensa, ella tiene razón. (*contrary to*)
19. Los hispanoamericanos dicen papas ______________ patatas. (*instead of*)
20. No pudo terminar el curso ______________ su enfermedad. (*due to*)

20 En la consulta del dentista
(At the Dentist's Office)

aconsejar	to advise	**gritar**	to shout, scream
la carie	cavity	**el grito**	shout, shouting
cepillarse, lavarse	to brush	**impedir (i)**	to prevent
el cepillo	brush	**insistir en**	to insist on
la corona	crown	**inútil**	useless
la dentadura[1]	set of teeth	**la muela**	molar, tooth
el diente	tooth	**la muela del juicio**[4]	wisdom tooth
el diente de leche	baby tooth	**la novocaína**	novocaine
echarle el diente[2]	to try hard	**la pasta, la crema**	toothpaste
tener buen diente	to be a hearty eater	**rogar (ue)**	to beg, request
el dolor de muelas	toothache	**el sacamuelas**[5]	bad dentist
empastar	to fill (a tooth)	**sacar**	to pull out
el empaste	filling (*for teeth*)	**ser preciso**	to be necessary
enderezar	to straighten	**la súplica**	petition, request
el esmalte	enamel	**suplicar**	to beg, request
la evidencia	evidence	**el taladro**	drill
evidente	evident	**temer**	to be afraid
los frenos[3]	braces, brakes	**útil**[6]	useful

NOTAS

1. *Dentadura* significa dos cosas: *set of teeth,* es decir, los dientes naturales, y *dentures,* los dientes artificiales. En algunos casos es necesario especificar, diciendo **dentadura natural** y **dentadura postiza,** respectivamente.
2. *Echar los dientes* traduce *teething,* pero la forma singular **echarle el diente** es *to try hard,* aunque se usa más en la forma negativa: **No le echa el diente** es acusar a una persona de *very lazy.*

3. *Frenos* se aplica a los vehículos, pero también al mecanismo que ponen los ortodentistas para enderezar los dientes.
4. **La muela del juicio** (*wisdom tooth*) también se llama **muela cordal** o simplemente **la cordal.**
5. *Sacamuelas* significa literalmente *teeth puller*, e identifica no sólo a un *cheap dentist* sino también a un charlatán, una persona que habla demasiado. La expresión es **hablar como un sacamuelas.**
6. *Útil* significa *useful* como adjetivo. La forma plural, **los útiles,** se usa como nombre con el significado de *tools, instruments,* no sólo del dentista sino de cualquier trabajo.
7. En el mundo de habla hispana la comida siempre es importante, tanto desde el punto de vista literal (*foodstuff*) como desde el punto de vista social; es casi un *ritual, a social gathering* para toda la familia, especialmente los domingos y días de fiesta, cuando la sobremesa (*after dinner talk*) se extiende por horas. Por esta razón los dientes son un símbolo importante del folklore en el mundo de habla hispana. Uno de los dichos tradicionales enfatiza la idea de *food goes first, even before my relatives:* «Antes son mis dientes que mis parientes.»

PRACTIQUE LAS PALABRAS NUEVAS

RESPUESTAS p. 235

A. Complete el siguiente diálogo entre la dentista y su paciente y amigo, Carlos.

DENTISTA: ¡Hola!, Carlos, ¡ ________ (1.) varios meses que no te veía! ¿Cómo andas?

CARLOS: Muy mal. Hace dos días que tengo un dolor terrible de ________ (2.).

DENTISTA: Vamos a ver. Abre bien la boca. Creo que veo una ________ (3. *cavity*) en una muela. Efectivamente, ¡y no es pequeña!

CARLOS: Lo que me temía. ¿Crees que podrás ________ (4. *to fill it*) en vez de sacarla?

DENTISTA: Es fácil, pero tendré que limpiar la carie con el ________ (5. *drill*).

CARLOS: ¡Detesto esa palabra! Ponme una inyección de ________ (6.) para anestesiarme bien la boca.

DENTISTA: La carie es bastante profunda; ya ha pasado del ________ (7. *enamel*) de la muela.

CARLOS: ¿Eso quiere decir que tendrás que ponerme una ________ (8. *crown*)?

DENTISTA: Definitivamente. ¿No te parece que es mejor salvar la muela que ________ (9. *to pull it out*)?

CARLOS: Sí, pero será peor para mi bolsillo, que tiene que pagar ________________ (10. *the bill*).

DENTISTA: ¡No te quejes! Piensa que un implante te costaría ________________ (11. *more than*) dos mil dólares.

CARLOS: No, gracias. Me quedo con la corona de ________________ (12. *gold*).

RESPUESTAS p. 235

B. Subraye la palabra que completa correctamente la oración.

1. Para lavarnos los dientes usamos un/una (taladro, freno, cepillo, corona).
2. Para enderezar los dientes los ortodentistas usan (taladros, dentaduras, gritos, frenos).
3. Un sacamuelas es un dentista muy (útil, barato, preciso, evidente).
4. ***Suplicar*** es lo mismo que (impedir, rogar, aconsejar, insistir).
5. La parte más blanca de un diente es el/la (empaste, esmalte, corona, dentadura).
6. La primera dentadura de una persona son los/las (dientes de leche, muelas del juicio, dientes empastados, las muelas temporales).
7. ***Ser necesario*** es lo mismo que ser (obvio, evidente, preciso, útil).
8. Para aplicar anestesia local se usa (morfina, novocaína, cocaína, heroína).
9. Es mejor (impedir, insistir, enderezar, aconsejar) las caries que tener que curarlas.
10. Según el dicho, los dientes son más importantes que el / los (hijos, dinero, suegro, parientes).

RESPUESTAS p. 235

C. Use las siguientes palabras y expresiones para completar las oraciones. Haga los cambios que sean necesarios, según el contexto.

aconsejar	echarle el diente	muela del juicio	sacamuelas
cepillarse	empastar	obvio	ser preciso
dentadura	gritar	rogar	tener buen diente

1. A Carolina le gusta mucho comer; ella ________________.
2. Si Ud. tiene una carie, es necesario ________________ la muela para salvarla.
3. Los dentistas siempre ________________ lavarse los dientes tres veces al día.
4. El pobre paciente tuvo que ________________ porque la curación le dio un dolor terrible.

5. Una buena ________________ es importante para comer.
6. Ese trabajo es muy difícil. Nadie quiere ________________.
7. No te aconsejo ir al consultorio de ese dentista. Todo lo soluciona sacando los dientes. Es un verdadero ________________.
8. El paciente le ________________ al dentista que le ponga mucha anestesia.
9. Los primeros dientes en salir son los de leche; los últimos son las ________________.
10. Es importante ________________ los dientes después de cada comida.
11. Es ________________ que el ortodentista es más caro que el dentista.
12. Para sacarte una muela, ________________ que el dentista te ponga anestesia.

GRAMÁTICA Contraste de indicativo/subjuntivo: información y observación vs. influencia

I. **Verbos de información y observación = indicativo**

A. Si unimos dos oraciones con la conjunción **que,** la primera es la oración principal (*main clause*). La segunda oración es la subordinada, porque depende gramaticalmente de la oración principal.

EJ: **[Nosotros sabemos]** ***que*** **[Roberto es mexicano].**
PRINCIPAL SUBORDINADA

B. Si la oración principal tiene un verbo o expresión de información o de observación, el verbo de la oración subordinada debe ir en indicativo.

EJS: **El médico *afirma* que usted no *tiene* gripe. (*información*)**
Es evidente **que usted no *tiene* gripe. (*observación*)**

Aquí tenemos una lista parcial de verbos y expresiones de información y observación.

conocer	**declarar**	**es evidente**	**gritar**	**oír**	**saber**
contar	**es cierto**	**es obvio**	**informar**	**reconocer**	**sentir**
decir	**escribir**	**es verdad**	**observar**	**referir**	**ver**

II. **Verbos de influencia = subjuntivo**

A. Los verbos que significan alguna clase de influencia se complementan en la oración subordinada con el verbo en subjuntivo. Dentro de la idea general de influencia hay órdenes, mandatos, permiso, prohibición, deseo, voluntad, petición, sugerencia, consejo.

EJ: ***Quiero* que Ud. *venga.***
(*Quiero* expresa un deseo mío de influir para que Ud. venga.)

La lista de verbos de influencia es considerable. Es el subjuntivo más frecuente.

aconsejar	**desear**	**gritar**	**mandar**	**permitir**	**querer**
decir	**escribir**	**impedir**	**ordenar**	**preferir**	**rogar**
dejar	**esperar**	**insistir**	**pedir**	**prohibir**	**sugerir**

B. Las expresiones de influencia con adjetivos se complementan con el subjuntivo.

EJ: **Es necesario que *llegues* a tiempo.**
(*It's necessary that you arrive on time.*)

Es obvio que si tu jefe te dice eso, te está dando una orden, un mandato. En otras palabras quiere influir en ti para que llegues a tiempo. La lista de expresiones es bastante larga.

es bueno	**es importante**	**es mejor**	**es preciso**
es deseable	**es inútil**	**es necesario**	**es recomendable**
es forzoso	**es malo**	**es peor**	**es útil**

III. Verbos dobles: información = indicativo / influencia = subjuntivo

A. Hay una lista de verbos con dos significados posibles muy diferentes: uno indica información, y se complementa con el indicativo; el otro indica influencia, y se complementa con el subjuntivo. Un verbo doble típico es **decir,** que se puede usar para transmitir información, como en ejemplo 1, y también para dar una orden, y eso es una influencia, como en ejemplo 2.

EJS: **1. José dice que ella *viene* a la fiesta.**
(*José says that she is coming to the party.*)
2. José dice que ella *venga* a la fiesta.
(*José says she must come to the party.*)

B. La lista de estos verbos dobles es limitada.

contestar	**escribir**	**insistir**	**responder**
decir	**gritar**	**recordar**	

Recordar puede significar dos cosas diferentes: *to remind* y *to remember.* Con el significado de *remember* siempre toma indicativo, pero con *remind* puede tomar indicativo y subjuntivo, según sea que predomine la idea de información o de influencia.

EJS: **Recuerdo que José no *va.*** (*I remember that José is not going.*)
Te recuerdo que no *vayas.* (*I remind you that you shouldn't go.*)

IV. El infinitivo en lugar del indicativo y del subjuntivo

A. Cuando el sujeto de la oración principal y el de la oración subordinada es el mismo, se usa el infinitivo en la segunda oración, no importa si el verbo es de información o de influencia. Si hay dos sujetos diferentes es obligatorio usar el indicativo o el subjuntivo, excepto con algunos verbos que se mencionan en B, a continuación.

EJS: **Juan sabe *hablar* español. / Juan sabe que tú *hablas* español.**
(*información*)
Juan quiere *comer* bien. / Juan quiere que tú *comas* bien.
(*influencia*)

B. Con verbos de mandato (**ordenar, mandar**), prohibición (**impedir, prohibir**) y permiso (**permitir, dejar**) hay dos alternativas cuando hay dos sujetos diferentes: el infinitivo y el subjuntivo.

EJS: **Juan te manda *salir.* = Juan (te) manda que *salgas.***
(*Juan tells you to leave.*)
Juan te permite *fumar.* = Juan permite que *fumes.*
(*Juan lets you smoke.*)
Juan me prohibe *ir.* = Juan me prohibe que *vaya.*
(*Juan forbids me to go.*)
Juan me deja *jugar.* = Juan me deja que *juegue.*
(*Juan lets me play.*)

PRACTIQUE LA GRAMÁTICA

RESPUESTAS p. 236

1. El presente de subjuntivo nunca se usa en la oración principal; siempre va en una oración ____________. Las únicas excepciones son frases idiomátivas como **¡Que te vaya bien!** (*May all go well with you!*)
2. Los verbos de información en la oración principal, se complementan en la oración subordinada con el modo ____________.
3. Los verbos de influencia en la oración principal, se complementan en la oración subordinada con el modo ____________.
4. Los verbos de observación en la oración principal, se complementan en la subordinada con el modo ____________.
5. Una persona puede influir (*influence*) en otra de muchas maneras. Por ejemplo, puede prohibir o puede permitir, puede ordenar o puede desear. Todos estos verbos se complementan en la oración subordinada con el ____________.
6. ***Ver, oír, observar,*** son verbos de ____________ por su significado. Se complementan con el ____________ porque no indican influencia.

7. Si tu jefe te dice **Es importante que lo hagas bien,** la expresión **es importante,** ¿es una orden para ti, o es sólo información? ____________. Por esta razón ***hagas*** es ____________.

8. Si tú le dices a tu amigo **Es mejor que vayas personalmente,** ¿le estás informando, o le estás aconsejando algo? ____________. Por esta razón *vayas* es ____________.

9. Si Ud. sabe una cosa o que algo ocurrió, Ud. puede pasar esa información a otros; por eso se complementa con el ____________.

10. El verbo **escribir** puede significar dos cosas: **a) informar por escrito** y b) **ordenar por escrito.** En el primer caso se complementa con el ____________ y en el segundo con el ____________.

11. Expresiones como **es obvio, es evidente,** significan que todo el mundo lo ve, lo reconoce. Por esta razón se complementan en la oración subordinada con ____________.

12. ¿Cómo se completa la expresión **Ella no quiere** ____________ (*eat*) **ahora?** Aquí usamos el infinitivo porque ***Ella*** es sujeto de los dos verbos. En cambio, en **Ella no quiere que tú** ____________ (*eat*) **ahora** se necesita el subjuntivo porque hay dos sujetos y porque ***querer*** es un verbo de influencia.

13. Con verbos de mandato, prohibición y permiso hay dos alternativas: infinitivo y subjuntivo.

    EJ: **Te prohibo fumar. = Te** ________________.

14. ***Dejar*** significa *to leave, to place;* **dejar de +** ***verbo*** es *to stop, quit* (*doing something*), pero ***dejar*** también significa **permitir** (*to allow, let*). Puede tomar un infinitivo o un subjuntivo.

    EJ: **Mi papá me deja salir. = Mi papá me deja** ____________.

EJERCICIOS

RESPUESTAS p. 236

A. Complete con el infinitivo, el presente de indicativo o de subjuntivo.

1. La abuela quiere que el niño ____________ pronto. (dormirse)
2. No es necesario que Carmina ____________ el abrigo. (ponerse)
3. Es verdad que nosotros ____________ poca ropa en verano. (llevar)
4. Espero que ustedes ____________ a tiempo. (llegar)
5. La mamá sugiere que Alfredo ____________ con las botas puestas. (irse)
6. Es mejor que Uds. ____________ pantalones gruesos para el invierno. (comprar)

7. Es cierto que Esteban ____________ la gripe desde ayer. (tener)
8. El jefe nos prohíbe ____________ en el trabajo. (fumar)
9. Ella se opone a que yo ____________ más horas. (trabajar)
10. Todos reconocemos que Andrés ____________ inocente. (ser)
11. Es evidente que un traje ____________ más caro que un pantalón. (ser)
12. No dejes que tu hijo ____________ tan tarde a la calle. (salir)
13. Mi padre me deja ____________ su carro todos los viernes. (usar)
14. Mi esposa prefiere que yo ____________ el suéter rojo. (ponerse)
15. Te sugiero que (tú) ____________ el traje de baño. (traer)
16. El dentista insiste en que te ____________ los dientes tres veces al día. (cepillar)
17. La ley nos manda ____________ impuestos. (pagar)
18. No es necesario que Ud. ____________ de mal humor. (ponerse)
19. Acabo de oír que el director ____________ enfermo. (estar)
20. Es mejor que Ud. ____________ un trabajo mejor remunerado. (buscar)
21. Juan me escribe que su novia ____________ con él. (estudiar)
22. ¿Sabe usted que Jorge ____________ con Elena? (casarse)

RESPUESTAS p. 236

B. ***El maestro y sus alumnos.*** **¿Qué espera el maestro de sus alumnos? ¡Muchas cosas buenas!**

Quiero que mis alumnos...

1. ______________________________ (llegar a tiempo).
2. ______________________________ (hablar español en clase).
3. ______________________________ (hacer bien sus tareas).
4. ______________________________ (venir preparados a clase).
5. ______________________________ (no dormirse en clase).
6. ______________________________ (no fumar en clase).
7. ______________________________ (no comer en clase).
8. ______________________________ (no gritar en clase).

RESPUESTAS p. 236

C. ***Los alumnos y el maestro.*** **Por supuesto que los alumnos tienen sus derechos...**

Los alumnos esperan que su maestro...

1. ______________________________ (preparar bien las clases).

2. ______________________________ (estar siempre de buen humor).
3. ___________________________________ (tener mucha paciencia).
4. ____________________________________ (no fumar en la clase).
5. _________________________________ (empezar la clase a tiempo).
6. _________________________________ (terminar la clase a la hora).
7. __________________________________ (dar buenas notas a todos).
8. ________________________ (no hablar inglés en la clase de español).
9. ___________________________________ (mantener la disciplina).
10. ______________________________ (ser ameno, agradable en clase).

¡ATENCIÓN! Imperativo: mandatos con *tú* y *usted*

1. Los mandatos con ***usted*** tienen la misma forma que el presente de subjuntivo.

   EJS: **comer → coma Ud./coman Uds.; hablar → hable Ud./hablen Uds.**

   Los pronombres reflexivos y de OD y OI (**me, te, se, le, lo**) van después del verbo si es mandato afirmativo y antes si es mandato negativo.

   EJS: ***Dígame*** **Ud. la verdad. / No** ***me diga*** **nada.**
   Cómpremelo. (*Buy it for me.*) **/ No** ***me lo compre.***

2. Los mandatos afirmativos con **tú** tienen la misma forma de la tercera persona singular del presente de indicativo. Los pronombres van después del verbo, unidos a ***él.***

   hablar → habla tú, háblame / comer → come tú, cómelo

   Hay seis verbos que no toman la terminación **-e.**

   salir → sal / venir → ven / tener → ten / poner → pon / decir → di / hacer → haz

3. Los mandatos negativos de **tú** tienen la misma forma del presente de subjuntivo. Si hay pronombres se colocan antes del verbo.

   EJS: **No** ***me hables*** **de eso.** (*Don't talk to me about that.*)
   Nunca ***te comas*** **esas cosas.** (*Never eat those things.*)

   Más ejemplos con los dos pronombres: **tú/usted.**

   Ponte **el sombrero./No** ***te pongas*** **el sombrero.**
   Lávese **las manos./No** ***se lave*** **las manos.**

RESPUESTAS p. 236

D. Conteste las preguntas siguientes afirmativa y negativamente. Use los pronombres *Ud./ Uds.*

EJ: ¿Compro esta camisa hoy? —Sí, cómprela. / —No, no la compre.

1. ¿Escribo la carta en la computadora?

   —Sí, ______________________. —No, ______________________.

2. ¿Pido más café?

   —Sí, ______________________. —No, ______________________.

3. ¿Sacamos las maletas del armario?

   —Sí, ______________________. —No, ______________________.

4. ¿Me afeito con la máquina eléctrica?

   —Sí, ______________________. —No, ______________________.

5. ¿Nos lavamos las manos aquí?

   —Sí, ______________________. —No, ______________________.

6. ¿Le compro la soda al niño?

   —Sí, ______________________. —No, ______________________.

7. ¿Les digo las verdad a mis padres?

   —Sí, ______________________. —No, ______________________.

8. ¿Nos vamos ya para casa?

   —Sí, ______________________. —No, ______________________.

RESPUESTAS p. 236

E. Conteste las preguntas siguientes afirmativa y negativamente. Use el pronombre *tú*. Sustituya los nombres por pronombres. (¡Tenga en cuenta que algunas oraciones no tienen pronombres!)

EJ: **¿Compro esta camisa hoy? —Sí, cómprala. /—No, no la compres.**

1. ¿Contesto la llamada de tu amigo?

   —Sí, ______________________. —No, ______________________.

2. ¿Me lavo las manos en la cocina?

   —Sí, ______________________. —No, ______________________.

3. ¿Salgo de casa temprano?

   —Sí, ______________________. —No, ______________________.

4. ¿Me voy ahora mismo para casa?

   —Sí, ______________________. —No, ______________________.

5. ¿Te pongo los libros en tu cuarto?

   —Sí, ____________________________. —No, ____________________________.

6. ¿Le hago la tarea a mi amigo?

   —Sí, ____________________________. —No, ____________________________.

7. ¿Me quito los zapatos antes de entrar a la sala?

   —Sí, ____________________________. —No, ____________________________.

8. ¿Le digo toda la verdad a tu amiga?

   —Sí, ____________________________. —No, ____________________________.

EXAMEN 3 LECCIONES 15–20

Parte I. Practique el vocabulario (42 puntos)

RESPUESTAS p. 236

A. Relacione las dos columnas.

1. ____ ... de las acciones sube y baja todos los días.
2. ____ Los carros grandes... mucha gasolina.
3. ____ Entre la mano y el brazo tenemos la...
4. ____ Me gusta... a la ventana para ver la gente que pasa.
5. ____ El padre y el hijo... como un frijol a otro frijol.
6. ____ ¿Qué... de pantalones usa usted?
7. ____ La parte de detrás del cuerpo se llama ...
8. ____ Las mujeres se ponen... en la cara para aparecer lindas.
9. ____ El director nunca está de acuerdo. Siempre... a los demás.
10. ____ Aquí tenemos precios fijos; no se puede...
11. ____ Voy a pagar... No me gusta usar tarjetas de crédito.
12. ____ Se considera elegante que las muchachas tengan... muy estrecha.
13. ____ No lo hizo con gusto; al contrario, lo hizo...
14. ____ ¿Tiene Ud.... para los gastos de comida al mes?
15. ____ Necesito zapatos más grandes. Éstos me... demasiado.
16. ____ Mi perro murió hace un año, pero todavía lo...

A. la cintura
B. talla
C. maquillaje
D. echo de menos
E. regatear
F. aprietan
G. en efectivo
H. la cotización
I. presupuesto
J. se parecen
K. asomarme
L. malgastan
M. la espalda
N. pone peros
O. muñeca
P. de mala gana

RESPUESTAS p. 237

B. **Subraye la selección correcta.**

17. Para proteger los ojos contra el polvo y otros materiales, tenemos los/las (rodillas, cabellos, pestañas, orejas).
18. El sentido del tacto está especialmente localizado en los/las (uñas, dedos, muñecas, tobillos).
19. El trabajo siempre triunfa (de repente, a la larga, a pesar de, a tiempo).
20. El mejor remedio contra la pulmonía es (fumar menos, ponerse una vacuna, tomar antibióticos, comer bien).
21. Las enfermeras ponen a los niños recién nacidos en un/una (muñeca, cuna, encinta, mecedora), cuando no están con la madre.

22. Si tienes los ojos irritados, lo mejor es ponerse unos/unas (aspirinas, vacunas, jarabes, gotas).
23. Todos nos pusimos de acuerdo (en vez de, debido a, tocante a, a fuerza de) la manera de preparar los exámenes.
24. El tejado de la casa ya es muy viejo. Cada vez que llueve (padece, gotea, respira, alivia) en el garaje.
25. Si te aprietan los zapatos, compra un/una (etiqueta, ganga, talla, bota) más grande.

C. **Complete las oraciones con una de las palabras o expresiones. Haga los cambios necesarios.**

a medias	codo	partir de	sólo	taladro	tragar
a través	fuera de	según	solo(a)	toser	travesura
cepillo	pabellón	seno	suplicar		

26. No quiero compañía en este momento; déjame ____________, por favor.
27. Para lavarte los dientes necesitas crema dental y ______________.
28. Me da trabajo doblar el brazo derecho porque me duele ____________.
29. Los niños recién nacidos están en el ______________ de maternidad.
30. El dentista tiene que usar el __________ para curar y limpiar las caries.
31. ______________ el médico, tu enfermedad no es muy seria.
32. Yo te ______________ que no me molestes, por favor.
33. Ya veo que tú ______________ las píldoras sin dificultad, pero yo no.
34. ¿Puedes ver las montañas ______________ de los árboles?
35. Siempre que tengo una infección en la garganta, ______________ muchísimo.
36. Los niños hacen ______________ cuando no tiene nada que hacer.
37. Ya empecé la carta, pero no la he terminado; la tengo ______________.
38. El crimen no ocurrió dentro sino ______________ la iglesia.
39. Las señoras usan un sostén (brasier) para cubrir ______________.
40. Este carro no es caro; ______________ cuesta como diez mil dólares.
41. Los precios de la gasolina van a subir ______________ enero.

Parte II. Practique la gramática (59 puntos)

A. **Subraye la respuesta correcta entre las cuatro.**

1. En realidad tu amigo no es gordo, (pero, sino, también, excepto) es bajito.
2. Aquí hay minas de plata, oro (y, e, o, i) hierro.

3. Prefiero que Uds. se (quedan, quedarán, queden, quedarían) a dormir aquí esta noche.
4. Si la secretaria sigue trabajando (tanta, tan, tan mucho, tanto), se va a enfermar.
5. Reconozco que Ud. (tiene, tenga, tendría, tuviera) toda la razón, y yo no.
6. El verano pasado no fui a California (sino, pero, sino que, pero que) volví a Cancún.
7. Espero que este regalo te (gusta, guste, gustaría, gustara) mucho.
8. Es una ventaja que este banco (hace, hará, haría, haga) préstamos.
9. Prefiero que tú (vienes, vengas, vendrás, vendrías) con abrigo porque hace frío.
10. Si las señoras fueron de compras, no volverán en (menos que, más que, tanto que, menos de) una hora.
11. Yo siempre tenía... dinero... tú. (tanto... que, más... que, más... como, tan... como).
12. Es conveniente que (compras, comprarás, compres, compraste) ese vestido; es barato.
13. Es verdad que José (abra, abriría, abría, abrió) una cuenta corriente en el banco.
14. ¿No ve Ud. que nosotros (somos, estamos, seamos, estemos) de Sudamérica?
15. Esa familia debe tener (más que, tantos como, más de, tantos que) dos carros.
16. Ya llevo dos años (sin fumar, sin fumando, fumando, fumar) un solo cigarrillo.
17. Me parece que Margarita no es... alta ... su hermana. (tan... que, más... que, tan... como, tanta... como).
18. Aquí tiene Ud. el dólar que me pidió; no me quedan (más de, menos que, pero, más que) tres dólares para comer.
19. Es extraño que tu amigo no te (llama, llamaría, llame, llamó) por teléfono.
20. Yo no me acuerdo si fue Ulises (u, e, o, y) Homero el autor de la Odisea.
21. Visitamos las ciudad de Caracas (hacía dos años que, hace dos años, hace dos años que, hacía dos años).
22. Es importante que el muchachito (duerma, duerme, dormía, dormiría) ocho horas diarias.
23. Este señor desea que (le servirás, lo sirvas, le sirvas, lo servirías) café.
24. Si te desayunas más tarde, no te (daba, dará, dio, diera) tanto sueño.

25. Cuando yo vivía en Bogotá, (comería, comía, comiera, comiese) muy bien.
26. Estudió para el examen (más de cómo, tanto como, más de lo que, tan mucho como) usted se imagina.
27. No miré el reloj, pero (serían, fueran, eran, fuesen) las dos de la mañana cuando llegamos anoche.
28. Lolita quiere que (le lees, la lees, le leas, la leas) la novela este fin de semana.
29. Este traje no es para ti (pero para, sino para, sino que, pero que) tu hermano.
30. Tenía un billete de diez dólares y gasté siete. No que quedan (menos de, pero, más de, más que) tres dólares.
31. Te recomiendo que (lleves, llevas, llevarás, llevarías) pantalón en vez de falda.
32. Los Pérez me contaron que (tenían, tendrán, tuvieron, tienen) un verano fantástico el año pasado.
33. El gerente espera que todos (llegaremos, llegaríamos, llegamos, lleguemos) a tiempo.
34. El senador habló (claramente, claromente, clara, claro) y francamente.
35. Es evidente que el gerente del banco (trata, trataría, trate, tratara) de ayudarte.

RESPUESTAS p. 237

B. Escriba los acentos necesarios.

36. Estaba lloviendo cuando llegue a la estacion del tren.
37. ¿A que hora se celebro la fiesta de tu cumpleaños?
38. Un avion es como un pajaro muy grande; los dos pueden volar.
39. Hay varias personas detras de la pared.
40. ¿Que dia llego tu amigo, el sabado o el domingo?

RESPUESTAS p. 237

C. Conteste las preguntas usando la forma *tú* de imperativo, primero afirmativa y luego negativamente. ¡Cuidado con los pronombres!

EJ: **¿Me lavo las manos? Sí, lávatelas. No, no te las laves.**

41-42. ¿Abro la ventana?

Sí, ______________________. No, ______________________.

43-44. ¿Pongo el libro aquí?

Sí, ______________________. No, ______________________.

45-46. ¿Vengo mañana?
Sí, ______________________. No, ______________________.

47-48. ¿Pago la cuenta?
Sí, ______________________. No, ______________________.

49-50. ¿Le compro la soda a tu hijo?
Sí, ______________________. No, ______________________.

RESPUESTAS p. 237

D. Conteste las preguntas usando la forma de *Ud./Uds.* de imperativo. ¡Cuidado con los pronombres! Siga el modelo.

EJ: **¿Me lavo las manos? —Sí, láveselas. —No, no se las lave.**

51. ¿Me compro el carro azul? —Sí, ______________________.
52. ¿Le hago la tarea a mi amiga? —No, ______________________.
53. ¿Nos quitamos los zapatos? —Sí, ______________________.
54. ¿Me pongo el abrigo ahora? —No, ______________________.
55. ¿Le hablo a Ud. en español? —Sí, ______________________.
56. ¿Les digo la verdad a ellos? —No, ______________________.
57. ¿Le pido el carro a mi papá? —Sí, ______________________.
58. ¿Me tomo las pastillas ahora? —No, ______________________.
59. ¿Leemos esta novela para el lunes? —Sí, ______________________.

RESPUESTAS LECCIONES 15–20 Y EXAMEN 3

Lección 15

Practique el vocabulario

A. 1. servirle 2. falda 3. talla 4. apretada 5. probador 6. corta 7. llevan 8. etiqueta 9. ganga 10. regatear 11. botas 12. llevar 13. probar 14. ahora

B. 1. echo de menos 2. aprietan 3. caja 4. etiqueta 5. regatea 6. camisa 7. pantalón 8. maquillaje 9. corbata 10. calcetines 11. abrigo 12. cintura 13. prueba 14. medias 15. Sin duda 16. sostén

Practique la gramática

1. e/i, hi
2. y/y
3. u/o, ho
4. negativa
5. contrastar/sino
6. sino que/sino que
7. sino/sino
8. femenina/buenamente
9. sí/rápidamente
10. último/femenina
11. que/hace una hora
12. imperfecto/esperaba
13. Hace un año que
14. comer

Ejercicios

A.
1. y/e
2. e
3. u
4. y
5. sino
6. u
7. sino
8. hace tres años
9. sino
10. sino que
11. dormir
12. pero
13. pero
14. sino que
15. sino también
16. manejando (conduciendo)
17. sino
18. Hacía
19. hace una hora
20. llevas (lleva)

B.
1. tontamente
2. fácilmente
3. fatalmente
4. alegremente
5. cortésmente
6. malamente

C.
1. Hace dos meses que vivo aquí
2. Hacía una hora que esperaba el autobús
3. Hace dos años que ella visitó Madrid
4. Hace 25 años que se casaron mis papás
5. Hacía una hora que corrías por el parque
6. Hace un día que se fueron tus papás
7. Hacía un rato que ella regateaba el precio del pan
8. Hace un mes que te echo de menos

D.
1. me di cuenta
2. tocó
3. se marchó
4. desempeña
5. jugaste
6. dejaste de
7. jugaron
8. saliste de
9. realizó (logró)
10. dejé
11. desempeñó
12. realicé (logré)

Lección 16

Practique el vocabulario

A.
1. puedo
2. cambiar
3. divisas
4. cotización
5. subió
6. bolsa
7. en efectivo (al contado)
8. corriente
9. cartera (billetera)
10. cuenta
11. cobran
12. vale la pena
13. depositar
14. chequera
15. agradezco

B. 1. hipoteca
2. factura
3. sueldo
4. al contado
5. ahorrarlo
6. impuestos
7. lujosos
8. débil
9. endosarlo
10. despacho
11. bromas
12. préstamo
13. presupuesto
14. a plazos
15. gerente
16. vale la pena
17. cómicos
18. ganancias
19. pérdidas/ganancias
20. cajeros/-as

Practique la gramática

1. como
2. nombre/tantos
3. adverbios/tan
4. as much
5. as many
6. que/de/de
7. de/de
8. exactly two
9. sino
10. de
11. el peor posible
12. older/younger
13. (rather) old
14. lo más pronto
15. lindísima
16. lo óptimo/lo pésimo
17. máxima

Ejercicios

A. 1. mayor
2. menor
3. más que
4. más que
5. más alta que
6. tanto como
7. menos dinero que
8. más alto de
9. altísimo (muy alto)
10. la mejor cocinera del
11. más que
12. más de

B. 1. mejor que
2. más...que
3. tanto como
4. tantas...como
5. tan...como
6. más de
7. menos de
8. más alto de
9. menor que
10. más de
11. tanta...como
12. lo más pronto
13. tanto como
14. más de
15. más que
16. grandísimo
17. rapidísimo
18. mayor

C. 1. rapidísimo
2. felicísimo
3. riquísimo
4. malísimo
5. velocísimo
6. simpatiquísimo
7. facilísimo
8. lujosísimo
9. debilísimo
10. sequísimo

D. 1. Mis abuelos tienen más dinero que mis padres.
2. Carlos no tiene tan buenas notas como Lola.
3. A mí me gusta el pollo más que la carne de vaca.
4. Ella oye más de diez discos todos los días.
5. Marta es la muchacha más alta de la clase.

E. 1. salvó
2. malgasta
3. cuidó
4. examina
5. ahorré
6. buscaron
7. se parece
8. se asomó
9. guardó
10. ¡Cuidado!
11. miró (vio)
12. pareció

Lección 17

Practique el vocabulario

A. 1. dedos 2. la rodilla 3. la nariz 4. el cuello 5. el hueso 6. los pulmones 7. las manos 8. la muñeca 9. la rodilla 10. las uñas

B. 1. olfato 2. pelo/cabello 3. pecho 4. la nariz 5. dedos 6. corazón 7. sangre 8. uñas 9. brazos 10. garganta 11. oreja 12. olfato 13. muslo 14. codo 15. pestañas

C. 1. cortarte el pelo 2. pone peros 3. dolió la garganta 4. empinar el codo 5. de mala gana 6. tomando el pelo 7. rompió el tobillo 8. habla por los codos 9. da la lata 10. rompe los codos 11. codo con codo 12. es (muy) codo

Practique la gramática

1. un/dis 2. última 3. s/no 4. última sílaba 5. penúltima 6. sílaba/s/sí (-ós) 7. antepenúltima 8. dos/sí (área) 9. í/sí 10. diptongo/sí (úl) 11. sílaba/sí (-pié) 12. sílaba 13. sí (adiós) 14. fácilmente 15. donde=dónde 16. ¡Qué día! 17. no/África

Ejercicios

A. 1. quería/más/tenía 2. quién/lápices 3. íes 4. corazón/pulmón 5. país/más/petróleo/ése 6. creía/tú/francés/sí 7. baúl/más/mío 8. qué/día/Ángela 9. oí 10. raíces/árbol 11. cuándo/miércoles 12. difícilmente 13. reúnen/sábado 14. quién/mí 15. Cristóbal/Colón/murió

B. 1. lud 2. te 3. mie 4. rri 5. no 6. ce 7. cie 8. cer 9. dis 10. nue 11. tor 12. tal 13. tu 14. tad 15. so/men 16. cla/men

C. 1. more 2. only 3. my 4. yet 5. the 6. your 7. if 8. be/I know 9. yes/-self 10. alone 11. but 12. give

D. 1. a
2. de/de
3. de/de
4. a tiempo
5. de repente
6. a pesar de
7. a punto de (para)
8. aprender a
9. de/para(a/hacia)
10. a la larga
11. a más tardar
12. de verdad (de veras)
13. a pie
14. está de
15. al pie de la letra
16. a cuánto
17. a lo loco
18. a principios de
19. a medias
20. a lo largo (por)

Lección 18

Practique el vocabulario

A. 1. pálida
2. resfriado (catarro)
3. impermeable
4. fiebre
5. pastillas (píldoras)
6. huesos
7. inyección
8. garganta
9. tosí
10. receta
11. mejorar
12. pulmonía
13. escalofríos
14. aliviar

B. 1. F 2. V 3. V 4. F 5. V 6. F 7. F 8. V 9. V 10 V 11. F 12. V

C. 1. recetas
2. la cuna
3. engordar
4. alergia
5. respirar
6. escalofríos
7. empeorar
8. gordas
9. tomar antibióticos
10. náuseas

Practique la gramática

1. infinitivo/comer
2. nosotros/tú
3. primera plural
4. ía/diptongo
5. sabré/pondré
6. diría/haría
7. futuro/condicional
8. condicional/querría
9. I wanted/I would want
10. imperfecto
11. satisfaré
12. supondré
13. sobresaldré
14. serían
15. Salimos
16. No matarás
17. íbamos

Ejercicios

A. 1. compraría
2. viajaría
3. daría
4. haría
5. pondría
6. saldría
7. seguiría
8. pagaría

B. 1. se mejorará
2. adelgazaremos
3. engordarás
4. mantendrá
5. haré
6. sabré

C. 1. se sentiría
2. me aliviaría
3. llegarían
4. entraría
5. gustaría
6. gustaría

D.
1. irá
2. vendremos
3. pondrá
4. diré
5. detendrá
6. recibirá
7. estará
8. irías
9. serás
10. estaría
11. llegaría
12. habrá
13. hará
14. serían
15. gustaría
16. opondrá
17. tendrás
18. cabremos

E.
1. bajo
2. detrás de
3. so pretexto
4. ante
5. debajo de
6. antes del
7. delante de (ante)
8. ante
9. ante
10. día tras día
11. después de
12. Página tras página

Lección 19

Practique el vocabulario

A.
1. qué
2. calmante
3. jarabe
4. tragar
5. medicina
6. sufro
7. telenovelas
8. gotas
9. hojas de afeitar
10. probar
11. chapado a la antigua
12. usa
13. acero
14. jabón
15. farmacia
16. por todo (en total)
17. centavos
18. adiós

B.
1. balancear
2. mecer
3. vacuna
4. marcas
5. tragos
6. conseguir(les)
7. alimentos
8. embarazada
9. acero
10. gotea
11. pasteles
12. jabón
13. travesuras
14. chapado a la antigua
15. mecedora

C.
1. frutería
2. verdulería
3. pastelería
4. zapatería
5. pescadería
6. carnicería
7. cafetería
8. librería
9. relojería
10. peluquería
11. barbería
12. joyería
13. marisquería
14. taquería
15. papelería
16. mueblería

Practique la gramática

1. habl-/tú
2. -as/
3. cuente/ue
4. tónica/u
5. c/nazca
6. meza
7. y/incluya
8. pague/siga
9. empiece/empecé/c
10. ü/averigüé
11. escoja/j
12. pidamos
13. bendiga
14. detenga
15. satisfaga
16. sobresalga

Ejercicios

A. 1. ponga
2. escriba
3. hable
4. venda
5. vayamos
6. maneje
7. mandes
8. haga
9. practiquen
10. vea
11. traten
12. pueda
13. haga
14. huya
15. duerma
16. permanezca
17. diga
18. traiga
19. dé
20. oiga

B. 1. comience
2. practique
3. trague
4. emplee
5. siga
6. convenza
7. conozca
8. pague
9. coja
10. consiga
11. balancee
12. empiece
13. delinca
14. vista
15. pierda
16. padezca
17. produzca
18. diga
19. piense
20. huya
21. vea
22. vaya
23. esté
24. lea

C. 1. al lado de
2. a causa de (por)
3. acerca de
4. a mediados de
5. a pesar de
6. dentro de
7. alrededor del
8. encima del
9. con respecto a (respecto a)
10. a falta de
11. en cuanto a
12. alrededor de
13. debido a
14. además de
15. conforme a (según)
16. a fuerza de
17. a cargo de
18. contrario a
19. en lugar de (en vez de)
20. debido a

Lección 20

Practique el vocabulario

A. 1. hacía
2. muelas
3. caries
4. empastarla
5. taladro
6. novocaína
7. esmalte
8. corona
9. sacarla
10. la cuenta (la factura)
11. más de
12. oro

B. 1. un cepillo
2. frenos
3. barato
4. rogar
5. el esmalte
6. los dientes de leche
7. preciso
8. novocaína
9. impedir
10. los parientes

C. 1. tiene buen diente
2. empastar
3. aconsejan
4. gritar
5. dentadura
6. echar el diente
7. sacamuelas
8. ruega
9. muelas del juicio (muelas cordales)
10. cepillarse
11. obvio
12. es preciso

Practique el gramática

1. subordinada
2. indicativo
3. subjuntivo
4. indicativo
5. subjuntivo
6. observación/indicativo
7. una orden/subjuntivo
8. aconsejando/subjuntivo
9. indicativo
10. indicativo/subjuntivo
11. indicativo
12. comer/comas
13. prohíbo que fumes
14. que salga

Ejercicios

A. 1. se duerma
2. se ponga
3. llevamos
4. lleguen
5. se vaya
6. compren
7. tiene
8. fumar (que fumemos)
9. trabaje
10. es
11. es
12. salga
13. usar (que use)
14. me ponga
15. traigas
16. cepilles
17. pagar (que paguemos)
18. se ponga
19. está
20. busque
21. estudia
22. se casa

B. 1. lleguen
2. hablen
3. hagan
4. vengan
5. no se duerman
6. no fumen
7. no coman
8. no griten

C. 1. prepare
2. esté
3. tenga
4. no fume
5. empiece
6. termine
7. dé buenas notas
8. no hable
9. mantenga
10. sea

D. 1. escríbala/no la escriba
2. pídalo/no lo pida
3. sáquenlas/no las saquen
4. aféitese/no se afeite
5. lávenselas/no se las laven
6. cómpresela/no se la compre
7. dígasela/no se la diga
8. váyanse/no se vayan

E. 1. contéstala/no la contestes
2. lávatelas/no te las laves
3. sal/no salgas
4. vete/no te vayas
5. pónmelos/no me los pongas
6. házsela/no se la hagas
7. quítatelos/no te los quites
8. dísela/no se la digas

Examen 3

Practique el vocabulario

A. 1. H
2. L
3. O
4. K
5. J
6. B
7. M
8. C
9. N
10. E
11. G
12. A
13. P
14. I
15 F
16. D

B. 17. las pestañas
18. los dedos
19. a la larga
20. tomar antibióticos
21. una cuna
22. unas gotas
23. tocante a
24. gotea
25. una talla

C. 26. solo(sola)
27. cepillo
28. el codo
29. pabellón
30. taladro
31. según
32. suplico
33. tragas
34. a través
35. toso
36. travesuras
37. a medias
38. fuera de
39. los senos
40. sólo
41. a partir de

Practique la gramática

A. 1. pero
2. y
3. queden
4. tanto
5. tiene
6. sino que
7. guste
8. haga
9. vengas
10. menos de
11. más que
12. compres
13. abrió
14. somos
15. más de
16. sin fumar
17. tan...como
18. más que
19. llame
20. u
21. hace dos años
22. duerma
23. le sirvas
24. dará
25. comía
26. más de lo que
27. serían
28. le leas
29. sino para
30. más que
31. lleves
32. tuvieron
33. lleguemos
34. clara
35. trata

B. 36. llegué/estación
37. qué/celebró
38. avión/pájaro
39. detrás
40. qué/día/llegó/sábado

C. 41. ábrela
42. no la abras
43. ponlo
44. no lo pongas
45. ven
46. no vengas
47. págala
48. no la pagues
49. cómprasela
50. no se la compres

D. 51. cómpreselo
52. no se la haga
53. quítenselos
54. no se lo ponga
55. hábleme
56. no se la diga
57. pídaselo
58. tómeselas
59. léansela

21 Cine y teatro
(Movies and Theater)

el actor	actor
la actriz	actress
aplaudir	to applaud
el aplauso	applause
bailar	to dance
el baile	dance
el balcón	balcony
la butaca	seat, armchair
el/ la chaperón(ona)[1]	chaperone
el cine, el cinema[3]	movies, movie theater
la comedia	comedy
el/ la comediante(a)	comedian
la discoteca, la disco	discotheque
el drama	play, drama
dramático(a)	dramatic
el dramaturgo	playwright
ensayar	to rehearse
la entrada	ticket, entrance
el escenario	stage
la estrella de cine	movie star
estrenar[2]	to present for the first time (*a film or play*)
el estreno	premiere
la ficción	fiction
filmar, rodar (ue)[3]	to film
la función	show (*movies, theater*)
el misterio	mystery
la obra de teatro	play
el oeste	west
la pantalla	screen
la película, el film[3]	film, movie
reír (i)	to laugh
la risa	laughter
sonreír (i)	to smile
tal vez, quizá(s)	perhaps, maybe
el telón[4]	curtain
el vaquero	cowboy

NOTAS

1. El **chaperón** y la **chaperona** eran las personas encargadas de supervisar al hijo o la hija cuando estaban en compañía de una persona de otro sexo. Ya están desapareciendo en la familia moderna, por el ritmo acelerado de vida. Sin embargo, esa costumbre se conserva en los pueblos y pequeñas ciudades, donde la vida ha

cambiado poco. Pero una tradición de siglos no cambia así de fácil. En consecuencia, donde ya no hay chaperones, ha quedado la sospecha (*suspicion*) de que dos personas de diferente sexo van a hacer algo inmoral cuando están solas. Por ejemplo, si un jefe invita a su secretaria a comer, es mucho más sospechoso en Madrid o México que en Chicago o Nueva York.

2. ***Estrenar*** se usa con espectáculos que se repiten para indicar *to present for the first time*, y el nombre **estreno** significa *premiere*. ***Estrenar*** se usa también con la ropa y los zapatos para indicar que uno los usa por primera vez.
3. ***Filmar*** fue tomado del inglés, igual que ***un film***. Sin embargo, esas palabras están desapareciendo. En la actualidad se usa ***película*** más que ***film*** y ***rodar*** (***una película***) en vez de ***filmar***. ***Cinema*** es otra palabra que ya no se oye en el habla coloquial. La voz común prefiere ***cine***.
4. ***Telón*** significa *curtain*, pero solamente se usa para el escenario del teatro. ***Cortina*** es la palabra para *curtain* como decoración en la casa y los edificios. En sentido figurado, se habla de **cortina de humo, de fuego, de hierro.**

PRACTIQUE LAS PALABRAS NUEVAS

RESPUESTAS p. 305

A. ***¡Vamos al cine!*** **Un joven norteamericano invita al cine a una amiga mexicana. Se conocen porque estudian juntos en la universidad. El siguiente es el diálogo que sostienen por teléfono.**

JOHNNY: ¡Hola, Lupita! ¿Quieres ir al ______________ (1. *movies*) conmigo esta noche?

LUPITA: Sí, me gustaría. Parece que en el cine Estrella están poniendo una ______________ (2. *film*) muy buena.

JOHNNY: ¿Es de ciencia ficción, de horror, histórica, de ______________ (3. *cowboys*)?

LUPITA: Nada de eso. Es de ______________ (4. *mystery*), pero a la vez es muy romántica.

JOHNNY: Está bien. ¿Tiene que acompañarte una ______________ (5. *chaperone*) para salir de casa por la noche?

LUPITA: ¡Qué horror! Eso se terminó ya ______________ (6. *ago*) muchos años.

JOHNNY: Después del cine podemos ir a bailar a una ______________ (7. *discotheque*), y tomarnos unas margaritas.

LUPITA: Me encantaría, pero tengo que regresar a las doce y media, o ______________ (8. *perhaps*) a la una de la mañana a más tardar.

JOHNNY: Si vamos a la ______________ (9. *show*) de las nueve, nos quedará tiempo suficiente para ir a bailar.

LUPITA: Pero te ______________ (10. *you forget*) que en mi casa cenamos a las nueve todas las noches. Sin embargo, creo que puedo escaparme por una noche, y siempre es un buena excusa ______________ (11. *to lose*) de peso.

JOHNNY: ¡Qué imaginación, Lupita! Pasaré ______________ (12. *to get*) ti a las ocho y media.

LUPITA: ¡Padrísimo! (*Fantastic!*) Nos vemos más tarde.

RESPUESTAS p. 305

B. Conteste verdadero o falso. (V/F)

1. ______ John Wayne trabajó en muchas películas de ciencia ficción.
2. ______ Las películas sobre Drácula son musicales y románticas.
3. ______ La meca del cine norteamericano es Hollywood.
4. ______ Sofía Loren ha sido una gran estrella del cine italiano.
5. ______ Si quieres comprar discos, casettes y discos compactos, tienes que ir a una discoteca.
6. ______ En Estados Unidos el teatro se identifica con Broadway.
7. ______ Miguel de Cervantes escribió una obra de teatro llamada *Don Quijote de la Mancha.*
8. ______ Una gran película de ciencia ficción se tradujo al español como *Guerra de las Galaxias.*
9. ______ Los artistas de teatro actúan en el escenario.
10. ______ Una entrada de cine es más cara que una entrada de teatro.
11. ______ Cuando termina una función de teatro se sube el telón.
12. ______ Para comprar las entradas uno se dirige a la taquilla.

RESPUESTAS p. 305

C. Complete las oraciones con una de las palabras siguientes. Haga los cambios que sean necesarios.

actriz	balcón	estrella	pantalla
aplaudir	butaca	estrenar	sonreír
bailar	ensayar	filmar	telón

1. Cuando terminó la obra de teatro, el público ______________ a los actores.
2. Los actores necesitan ______________ la obra antes de estrenarla.
3. Cuando un actor es importante decimos que es una ______________ de cine o de teatro.
4. La secretaria simpática siempre les ______________ a los clientes.

5. La película *Lawrence of Arabia* no se _______________ en Arabia sino en España.
6. Las casas tradicionales de España y sus colonias tenían _______________ en las ventanas.
7. Los asientos del teatro no se llaman sillas sino _______________.
8. Quiero ver esa película a la que le están haciendo tanta propaganda. ¿Sabes cuándo la _______________?
9. Vemos el cine y la televisión en una _______________.
10. Al final de una obra de teatro se baja o se cierra el _______________.
11. Sofía Loren, Jane Fonda, Jodie Foster, son _______________ de cine.
12. Para _______________ flamenco hay que saber mover rápidamente los pies.

GRAMÁTICA Participios progresivos • Forma progresiva y sus usos

I. **Participios progresivos**

A. **Participios regulares.** El participio progresivo se forma con la terminación **-ndo** en español (*-ing* en inglés).

EJS: **hablar → hablando (*speaking*); comer → comiendo (*eating*)**

B. **Participios irregulares.** Los verbos en los que cambia la ***o*** a ***u*** (**dormir**) y la ***e*** a ***i*** (**pedir**) en el pretérito en las terceras personas, también sufren ese cambio en el participio progresivo y en el presente de subjuntivo.

EJS: **dormir → durmió / durmiendo / durmamos**
vestir → vistió / vistiendo / vistamos

La lista de estos verbos es considerable. Repase los siguientes:

corregir → corrigiendo
decir → diciendo
divertir → divirtiendo
dormir → durmiendo
freír → friendo
mentir → mintiendo
morir → muriendo
pedir → pidiendo
poder → pudiendo
reír → riendo
repetir → repitiendo
seguir → siguiendo
sentir → sintiendo
servir → sirviendo
sonreír → sonriendo
sugerir → sugiriendo
venir → viniendo
vestir → vistiendo

C. **Cambio ortográfico.** En los verbos que tienen una ***i*** sin acento entre dos vocales, la ***i*** cambia en ***y.*** Esto ocurre también en el pretérito, en las terceras personas. En el verbo **ir** la *i* también cambia en *y*: no se escribe **iendo** sino **yendo** (*going*).

EJS: **caer → cayendo / cayó; leer → leyendo / leyó**

II. **Forma progresiva y sus usos**

A. Los tiempos progresivos se forman con el verbo **estar** y el participio progresivo (en inglés *to be* + *-ing*).

EJ: ***Estamos hablando*** **con María.** (*We are talking with María.*)

B. En inglés es obligatorio usar la forma progresiva con acciones que están en desarrollo. En español usamos el presente simple, y solamente usamos la forma progresiva para poner énfasis en el desarrollo de la acción.

EJS: *He's writing a letter now.*
1. ***Escribe*** **una carta ahora.** (***normal***)
2. ***Está escribiendo*** **una carta ahora.** (***énfasis***)

C. En inglés se usa el presente progresivo para indicar intención en una acción futura. En español nunca usamos la progresiva del presente para el futuro. Recuerde que hay tres maneras de indicar «futuro» en español, pero ninguna es la progresiva del presente.

EJ: *I am leaving tomorrow for . . .* ***Salgo / Saldré / Voy a salir*** **mañana para...**

D. La forma progresiva en los otros tiempos —pretérito, imperfecto, futuro— indica énfasis en el desarrollo de la acción, igual que en el presente. La forma normal es la simple, no la progresiva como en inglés.

EJS: *I was studying for one hour.*
1. **Estudié una hora.** (***normal***)
2. **Estuve estudiando una hora.** (***énfasis***)

E. Los pronombres reflexivos, de objeto directo y de objeto indirecto pueden ponerse antes del auxiliar **estar** o después del participio progresivo. Es el mismo significado. Si hay dos pronombres, se quedan juntos; no se pueden separar.

EJS: **Mi hermanito** ***se está bañando.*** **= Mi hermanito** ***está bañándose.***
Ella ***se lo estaba comprando.*** **= Ella** ***estaba comprándoselo.***

III. **Otros usos del participio progresivo**

A. El participio progresivo funciona como adverbio de modo en español cuando no es el verbo principal de la oración (como en la forma progresiva estudiada anteriormente).

EJ: **Te vi** ***saliendo*** **del cine.** (*I saw you leaving the theater.*)

B. El participio progresivo en inglés se usa mucho más que su equivalente español.

1. ACCIÓN EN PROGRESO: *He's walking fast now.*
2. ADVERBIO: *I saw you leaving the house.*
3. NOMBRE: *Swimming is good exercise.*
4. ADJETIVO: *A swimming pool.* **(una piscina)**

En español sólo existen el primero y el segundo de esos cuatro usos y el primero sólo se emplea para enfatizar el progreso de la acción. Como nombre usamos el infinitivo, y como adjetivo el participio perfecto: **herido, comido.**

EJ: ***El correr* es muy saludable.** (*Running is very healthy.*)

PRACTIQUE LA GRAMÁTICA

RESPUESTAS p. 305

1. Todos los participios progresivos del español terminan en ______________. En inglés terminan en ______________.
2. El verbo auxiliar de la forma progresiva en español es ______________, mientras que en inglés es ______________.
3. En los participios irregulares cambia alguna vocal en la raíz; por ejemplo, el participio de ***seguir*** es ______________: cambia la ***e*** en ______________.
4. ***Reír*** cambia la ***e*** en ***i*** en muchos tiempos. ¿Cómo se dice en presente *I laugh*? ______________ ¿Y cómo se dice *laughing* ______________.
5. ***Freír*** experimenta el mismo cambio de ***e*** en ***i***. ¿Cómo se dice en el pretérito *he fried*? ______________. ¿Y el participio *frying*? ______________.
6. ***Sonreír*** es un verbo compuesto de ***reír.*** ¿Cómo se dice *smiling*? __________.
7. El participio de ***decir*** experimenta el cambio de ***e*** en ***i***: ______________. ¿Cuál es el participio de ***bendecir***? ______________.
8. En inglés se debe usar la forma ______________ cuando una acción está en desarrollo, mientras que en español ______________ es obligatorio usarla.
9. ¿Qué forma es más enfática, **hablo** o **estoy hablando**? ______________.
10. El participio de ***creer*** no es ***creiendo*** sino ______________.
11. El participio de ***oír*** no es ***oiendo*** sino ___________, y el de ***ir,*** __________.
12. En inglés es común usar la forma progresiva para una acción futura. ¿Y en español? ___________. Por ejemplo: *We are leaving tomorrow* = ______ **mañana.**

13. En una oración como **Te encontré comiendo,** ¿cuál es la función gramatical de ***comiendo***? ________________.
14. En una oración como *Traveling will help you to know the world*, ¿cómo se traduce *traveling*? ________________.
15. El participio progresivo de ***dormir*** no es ***dormiendo*** sino ________________.
16. **Cuando llegué a casa, sonaba / estaba sonando el teléfono:** ¿cuál de las dos formas enfatiza más la acción en desarrollo? ________________.
17. Los pronombres átonos como **me, te, lo, las,** pueden ir antes del verbo **estar** o después del participio.

    EJS: **Ellos se están muriendo. = Ellos** ________________.

EJERCICIOS

RESPUESTAS p. 305

A. Complete las oraciones siguientes con el presente progresivo del verbo entre paréntesis, excepto los números 19–22, que tienen indicado el tiempo.

1. Creo que Juanito le ____________________ a su madre. (mentir)
2. Muchas personas se ____________________ de hambre. (morir)
3. Lolita ____________________ una novela de Borges. (leer)
4. Los alumnos le ____________________ al profesor. (sonreír)
5. El comprador ____________________ el precio de esos zapatos. (regatear)
6. Anita ____________________ la blusa nueva. (probarse)
7. ¡Ya voy! ____________________ ahora. (vestirse)
8. No me gusta lo que (tú) ____________________. (decir)
9. ¿Quién ____________________ la comida hoy? (preparar)
10. En estos momentos la familia ____________________ a la mesa. (sentarse)
11. Por estos días ella no ____________________ bien. (sentirse)
12. Mi padre ____________________ en la caja. (pagar)
13. Ya hace dos horas que el profesor ____________________ los exámenes. (corregir)
14. (Nosotros) ____________________ mucho en la fiesta. (divertirse)
15. Hace ya dos horas que ____________________. (llover)
16. El cura (*priest*) ____________________ a los feligreses. (bendecir)

17. Mi esposa ____________________ el maquillaje. (ponerse)
18. La secretaria ____________________ la carta porque tenía muchos errores. (repetir)
19. Cuando llegué a casa, mi esposo ____________________ un arroz con pollo muy sabroso. (cocinar: «imperfecto»)
20. El presidente ____________________ por más de una hora a todo el país. (hablar: «pretérito»)
21. Tu amiga ____________________ la tarea de español cuando llegues a buscarla. (terminar: «futuro»)
22. Carlos llegó borracho a su casa. ____________________ tequila en algún bar. (tomar: «condicional de probabilidad»)
23. Otra manera de decir **Me estoy afeitando** es ____________________.
24. Una manera más enfática de decir **El equipo juega muy bien** es **El equipo ____________________ muy bien.**

RESPUESTAS p. 306

B. **Escriba el participio progresivo de estos verbos.**

1. ensayar ____________________
2. servir ____________________
3. reír ____________________
4. oír ____________________
5. ser ____________________
6. mentir ____________________
7. seguir ____________________
8. poder ____________________
9. decir ____________________
10. huir ____________________
11. ir ____________________
12. leer ____________________
13. bailar ____________________
14. ver ____________________
15. divertir ____________________
16. impedir ____________________
17. dormir ____________________
18. incluir ____________________
19. traer ____________________
20. recoger ____________________

¡ATENCIÓN! Mandatos indirectos y sugerencias

1. Hay dos maneras de indicar una sugerencia equivalente al inglés *Let's* + (verb).

   a) VAMOS A + *VERBO*: **Vamos a comer.** (*Let's eat.*)/**Vamos a salir.** (*Let's leave.*)

   b) PRESENTE DE SUBJUNTIVO: **Comamos.** (*Let's eat.*)/**Salgamos.** (*Let's leave.*) Una expresión como **Vamos a comer** puede significar dos cosas: **(1)** *Let's eat* y **(2)** *We are going to eat*. Solamente el contexto aclara el significado.

2. Los pronombres átonos como **me, te, lo, las,** se ponen después del verbo en un mandato afirmativo, y antes del verbo en un mandato negativo.

   EJS: **Comámos*lo* ahora.** (*Let's eat it now.*) / **No *lo* comamos ahora.** (*Let's not eat it now.*)
   Veámos*la* hoy. (*Let's see it today.*) / **No *la* veamos hoy.** (*Let's not see it today.*)

   Con los verbos reflexivos se pierde la *s* final al añadir el pronombre reflexivo **nos.** En cambio, si se añade otro pronombre como **lo, la, los, las, le, les,** se conserva la *s* final. En los casos en que se unen dos eses, una de las eses desaparece.

   EJS: **levantemos + nos = levantemo + nos = *levantémonos***
   vamos + nos = vamo + nos = *vámonos*
   compremos + los = *comprémoslos*
   compremos + se + lo = compremo + se + lo = *comprémoselo*

3. Para mandatos indirectos de tercera persona se usan las formas del presente de subjuntivo con la conjunción **que** al principio de la oración. Los pronombres átonos siempre van antes del verbo.

   EJS: ***Que lo haga* Juan.** (*Let Juan do it.*)
   ***Que me lo diga* ella.** (*Let her tell it to me.*)
   ***Que se vayan* los niños.** (*Let the children go away.*)

   Este tipo de construcción se usa mucho para desear (*to wish*) algo a otras personas. De aquí se derivan algunas expresiones muy antiguas, como éstas:

   ¡Que aproveche(n)! (Al empezar a comer: «*Good appetite!*»)
   ¡Que te vaya bien! (*May everything go well with you!*; «*Farewell!*»)
   ¡Que tenga(s) suerte! (*Good luck to you!*)

RESPUESTAS p. 306

C. Cambie de una forma de mandato a otra, según el ejemplo.

EJ: **Vamos a llamarla. = Llamémosla.**

1. Vamos a salir ahora. ____________________.
2. Vamos a sentarnos aquí. ____________________.
3. Vamos a comprarlos. ____________________.
4. Vamos a decirle la verdad. ____________________.
5. Vamos a dormir. ____________________.
6. Vamos a acostarnos. ____________________.
7. Vamos a bañarnos. ____________________.

8. Vamos a comprarle un helado. ______________________________.
9. Vamos a hacer la tarea. ______________________________.
10. Vamos a ver la película. ______________________________.
11. Vamos a tomar café. ______________________________.
12. Vamos a pasear un rato. ______________________________.

RESPUESTAS p. 306

D. Traduzca las siguientes oraciones de mandato indirecto.

1. Let Mary do it. ______________________________.
2. Let him play. ______________________________.
3. Let them say it. ______________________________.
4. Let them say it to us. ______________________________.
5. Let her work. ______________________________.
6. Let him come in. ______________________________.
7. Let her sleep. ______________________________.
8. «Good appetite!» ______________________________.
9. Good luck to you! ______________________________.
10. Good trip to you! ______________________________.

22 Buscando empleo
(Looking for a Job)

el/la abogado(a)	lawyer	**la entrevista**	interview
agradecer (zc)	to thank	**entusiasmar**	to enrapture, cheer up
anual	annual	**el/la ingeniero(a)**	engineer
el banquero	banker	**el/la juez(a)**[2]	judge
los bienes inmuebles	real estate	**la lástima**	pity
los bienes raíces	real estate	**el/la mecanógrafo(a)**	typist
brindar por	make a toast to	**la pena**	penalty, sorrow
el bufete	law office	**a duras penas**	barely
el/la cantinero(a)	bartender	**el pluriempleo**	moonlighting
la carrera	career, race, run	**el profesorado**[3]	faculty
charlar	to chat	**el puesto, el trabajo**	job, position
el chiste	joke	**semanal**	weekly
el/la computista	computerist	**solicitar**[4]	to apply
el/la corredor(a)	broker, runner	**la solicitud**[4]	application
el desempleo, el paro[1]	unemployment	**sorprendente**	surprising
emplear	to employ	**sorprender**	to surprise
el empleo	employment, job	**la sorpresa**	surprise
enojarse	to get angry	**la tertulia**[5]	social gathering

NOTAS

1. *Desempleo* se usa en Hispanoamérica para *unemployment,* pero en España se usa *paro.* Las personas sin trabajo son **desempleados** y **parados.** Hace ya años que el desempleo en España está entre el veinte y el veinticinco por ciento, y una razón es que muchos españoles tienen pluriempleo, quitando así el trabajo de otra persona.

En Latinoamérica el problema es también serio: por falta de trabajo muchas personas venden cosas en las calles para sobrevivir. Miles de personas emigran a Estados Unidos en busca de trabajo.

2. Tradicionalmente se ha dicho *juez* para un trabajo que era de hombres, pero con los cambios sociales la mujer ya ocupa esa profesión. Los periódicos españoles ya usan ***jueza***, como usan ***médica, veterinaria, abogada.*** Muchas personas se resisten a usar estas palabras.
3. ***Profesorado*** es *faculty*, es decir, el conjunto de maestros y profesores de una escuela primaria, secundaria o de la universidad. En cambio, ***facultad*** se usa para referirse a una sección o división de la universidad, equivalente a *school* o *college*. Por ejemplo, **facultad de medicina, de derecho.**
4. ***Solicitar*** significa *to apply* para un trabajo, admisión a una universidad, club. El verbo **aplicar** significa también *to apply* y se usa para reglas, leyes; en sentido figurado el reflexivo **aplicarse** significa *to try hard* en los estudios o el trabajo. ***Solicitud*** significa *application* para un trabajo, club, escuela, y las personas que buscan empleo son los **solicitantes.**
5. ***Tertulia*** es una reunión de familia o de amigos para conversar, jugar cartas, ajedrez, dominó. En algunas regiones se llama **velada** a esta reunión. Con el predominio de la televisión en la vida moderna casi ha desaparecido la costumbre de las tertulias.

PRACTIQUE LAS PALABRAS NUEVAS

A. Subraye la palabra que completa correctamente la oración.

1. Los abogados trabajan en un/una (consulta, pluriempleo, bufete, tertulia).
2. Quien sabe escribir a máquina o en la computadora es un/una (mecanógrafo[a], corredor[a], banquero[a], ingeniero[a]).
3. La noche del treinta y uno de diciembre todos (sorprendemos, charlamos, brindamos, agradecemos) por el Año Nuevo.
4. Si Ud. enseña en la universidad, Ud. es parte del (profesorado, pluriempleo, bufete, empleo).
5. El (abogado, corredor, ingeniero, juez) trabaja siempre en la corte judicial.
6. Una tertulia es una buena ocasión para (emplear, sorprender, entusiasmar, charlar) con los amigos.
7. Una de las carreras más modernas es la de (ingeniero, banquero, computista, corredor).
8. Jorge trabaja en un bar porque es (abogado, cantinero, corredor, maletero).

9. Antes de conseguir un empleo tendrás un/una (puesto, entrevista, pluriempleo, chiste).
10. En algunos estados existe el/la (tertulia, pena, abogado, juez) capital.
11. Antes de firmar el/la (puesto, tertulia, solicitud, pena) hay que llenarlo(a).
12. Lo contrario de ***calmarse*** es (agradecer, entusiasmar, enojarse, sorprender).

RESPUESTAS p. 306

B. ¿Qué profesión tienen estas personas?

1. Prepara bebidas y cocteles. ______________________.
2. Construye puentes, edificios y escuelas. ______________________.
3. Sabe mucho de ahorros, préstamos e hipotecas. ______________________.
4. Sabe escribir bien a máquina o en la computadora. ______________________.
5. Defiende a sus clientes ante la corte y ante el jurado. ______________________.
6. Atiende a los clientes en un restaurante. ______________________.
7. Atiende a los pasajeros en un avión. ______________________.
8. Decide la sentencia en la corte después del juicio. ______________________.
9. Sabe mucho de compra-venta de bienes raíces. ______________________.
10. Es experto en computadoras. ______________________.
11. Maneja un coche. ______________________.
12. Maneja un avión. ______________________.
13. Maneja un barco. ______________________.

RESPUESTAS p. 306

C. Complete las oraciones con una palabra o expresión del vocabulario o de las notas.

1. El documento que Ud. llena para pedir un trabajo es una ______________.
2. Una ______________ es una reunión social para charlar, comer y beber.
3. Una persona que cuenta ______________ nos hace reír y pasar un buen rato.
4. Otra expresión para **bienes raíces** es ______________.
5. Los maestros de una escuela, colegio o universidad forman el ________.
6. ***Banquero*** proviene de ***banco. Cantinero*** proviene de ______________.
7. ***Semanal*** proviene de ***semana, anual*** proviene de ______________, y ***mensual*** de ______________.
8. En Año Nuevo es costumbre ______________ con champán.

9. María consiguió una B en el último examen ______________. (*barely*)
10. El médico trabaja en su consultorio. El abogado trabaja en su ________.
11. Una de las causas del desempleo de unos en España es el ____________ de otros. (*moonlighting*)
12. Las personas que se dedican a vender casas son ______________.
13. De ***entusiasmar*** se deriva ***entusiasmo***. De ***enojar*** se deriva ____________.
14. De ***estudiar*** se deriva ***estudiante.*** De ***sorprender*** se deriva ____________.
15. Cuando decimos que «nadie está por sobre la ley», estamos diciendo que la ley se ______________ a todo el mundo, ricos y pobres.
16. Es una ______________ que tantos niños mueran de hambre en el mundo.
17. Hay varias palabras en español para *job, position:* **puesto, plaza, trabajo,** ______________.

GRAMÁTICA Subjuntivo de emoción y desconocimiento

I. Subjuntivo de emoción

A. Hemos estudiado que los verbos que significan **influencia** se complementan con el subjuntivo en la oración subordinada. En cambio, los verbos de **información** y **percepción** se complementan con el indicativo.

EJS: **Usted *quiere* que yo *hable* español en clase.**
(influencia = subjuntivo)
Usted *afirma* que yo *hablo* español en clase.
(información = indicativo)
Usted puede *ver* que yo *hablo* español en clase.
(percepción = indicativo)

B. Hay muchos verbos que significan diferentes **emociones:** alegría, tristeza, felicidad, gusto (*like*), disgusto (*dislike*), temor, sorpresa. Si estas emociones están en la oración principal, el verbo de la oración subordinada debe estar en subjuntivo. Por ejemplo, cuando decimos **Me gusta comer,** ***comer*** es un estímulo y ***yo*** (= ***me***) recibo ese estímulo. En otras palabras, ***comer*** tiene una **influencia** en mí porque me causa una emoción (gusto). En ese sentido, los verbos y expresiones de emoción son la inversa de los verbos de influencia.

EJS: ***Me alegro / Me gusta / Me sorprende*** **que tu amigo no *venga.***
Es una pena **(*pity*) que no *vayas* con nosotros de vacaciones.**

C. Aquí tiene una lista parcial de verbos y expresiones de **emoción**.

agradar to please	**enojarse** to get mad	**molestar** to bother
agradecer to thank	**entristecer** to sadden	**ponerse furioso** to get mad
alegrarse de to be happy	**es extraño** it's strange	**satisfacer** to satisfy
apenar to make someone sad	**es triste** it's sad	**sentir** to be sorry
asustar to scare	**es una pena** it's a pity	**sorprender** to surprise
dar pena to make someone sad	**extrañar** to be surprised	**temer** to be afraid
	gustar to please	**tener miedo de** to be afraid of
	lamentar to be sorry	

D. ***Sentir*** significa dos cosas diferentes: **1.** *to feel, sense,* y en este caso toma el indicativo porque es un verbo de **percepción; 2.** *to be sorry,* **una emoción,** y en este caso toma el subjuntivo.

EJS: ***Siento* mucho que no *vengas* a la fiesta. (*emoción = subjuntivo*)**
***Siento* que Juanito *viene* por el corredor. (*percepción = indicativo*)**

E. ***Ojalá*** significa *hope that, wish that* y toma el subjuntivo porque es una **emoción** (esperanza). Puede tomar la conjunción **que** o no; la tendencia actual es a omitirla. Se puede usar el presente o el imperfecto de subjuntivo con el mismo significado para un deseo **presente** o **futuro.**

EJ: ***Ojalá* (que) tu amigo *llegue/llegara* a visitarnos.**

Si el «deseo/esperanza» es para una acción que no ocurrió, se usa el pluscuamperfecto de subjuntivo.

EJS: ***Ojalá* (que) tu amigo *hubiera llegado* a tiempo. (pero no llegó)**
(*I wish that your friend had arrived on time.*)
***Ojalá* (que) yo *hubiera estudiado* inglés de joven. (pero no lo estudié)**
(*I wish I had studied English when I was young.*)

II. Subjuntivo de desconocimiento e inexistencia

A. Una oración que explica o describe un nombre es una oración subordinada adjetiva porque funciona igual que un adjetivo con su nombre. El uso del indicativo o subjuntivo depende del nombre. Compare estos dos ejemplos:

EJS: **1. Tengo una *casa* que *es* pequeña. (*indicativo*)**
2. Busco una *casa* que *sea* pequeña. (*subjuntivo*)

Aquí tenemos dos casas diferentes: en el primer ejemplo la casa es conocida por el hablante, y por eso toma el indicativo (**es**); en el segundo tenemos una casa desconocida por el hablante, y por eso toma el subjuntivo (**sea**). De aquí se deriva una regla muy simple: si el nombre de la oración principal es conocido por el hablante, se usa el indicativo; si el nombre es desconocido, se usa el subjuntivo.

EJS: **Necesitamos una secretaria que *hable* español e inglés. (*subjuntivo*)**
Conozco a una secretaria que *habla* español e inglés. (*indicativo*)

B. Compare estos ejemplos para ver el contraste indicativo/subjuntivo:

1. ***Hay* una alumna que *sabe* chino. (*conocida = indicativo*)**
2. ***No hay* ninguna alumna que *sepa* chino. (*inexistente = subjuntivo*)**

En ejemplo 1 la **existencia** de la alumna supone su **conocimiento** por parte del hablante: indicativo. En ejemplo 2 la **inexistencia** de la alumna implica **desconocimiento.** Nadie conoce lo que no existe. Por eso se usa el subjuntivo.

C. El uso del artículo definido **el/la, los/las,** o indefinido **un/una** no implica ni supone **conocimiento** o **desconocimiento** del nombre. Son dos cosas diferentes, como hemos visto anteriormente en los ejemplos en A y B. Más ejemplos:

EJS: **Papá le dio el carro *al hijo* que lo *pidió* primero.**
(*indicativo = conocido*)
Papá le dará el carro *al hijo* que lo *pida* primero.
(*subjuntivo = desconocido*)

PRACTIQUE LA GRAMÁTICA

1. *Asegurar* significa dos cosas: *to insure* y *to assure.* En este segundo caso es un verbo de información: se complementa con el ______________.
2. Los verbos de emoción de la oración principal se complementan en la oración subordinada con el ______________.

   EJ: **Me gusta que tú ______________ conmigo. (ir)**
3. *Sorprender* (*to surprise, be surprised*) es un verbo de ______________, y puede tomar un objeto indirecto como gustar. ¿Cómo se completa la oración **Nos sorprende que el banco ______________ cerrado a esta hora? (estar)**
4. *Agradecer* es un sentimiento de gratitud y se complementa con el ________.

   EJ: **Le agradezco mucho que usted me ______________. (ayudar)**
5. *Lamentar* es una emoción de tristeza y arrepentimiento. Complete la oración **Lamentamos mucho que usted no ___________ venir con su esposa. (poder)**
6. *Es un pena* (*It's a pity*) es una expresión que refleja tristeza (*sadness*). Complete la oración **Es una pena que tu amigo no ______________ trabajo. (encontrar)**

7. Gustar es una emoción que lleva la idea de gusto, agrado. Complete la oración **A Juan le gusta que su novia le ____________ pasta. (cocinar)**
8. ***Molestar*** no significa *to molest* sino *to bother;* es la emoción contraria a ***gustar.*** Por ejemplo, **¿Te molesta que (yo) ____________ mi maleta aquí? (poner)**
9. Una oración que explica y describe un nombre es una oración ____________ porque funciona igual que un adjetivo. Si el nombre explicado es ____________ por el hablante, el verbo estará en indicativo.
10. Si Ud. tiene un perro, es obvio que Ud. y el perro se conocen. Complete la oración **Ud. tiene un perro que ____________ mucho. (comer)**
11. Si el nombre de la oración principal es desconocido por el hablante, la oración adjetiva tiene el verbo en ____________.

    EJ: **Quiero un libro que ____________ interesante. (ser)**
12. Cuando una persona dice **Hay un libro que...,** es obvio que esa persona conoce ese libro. Por eso se complementa con el ____________.

    EJ: **Hay un libro en la biblioteca que ____________ trescientos años. (tener)**
13. Nadie conoce las cosas o personas que no existen. Por eso, expresiones como **No hay...** se complementan con el ____________.

    EJ: **No hay ningún banco en este pueblo que ____________ dólares. (cambiar)**
14. Si hacemos una pregunta sobre una persona o cosa, es porque no las conocemos. Complete la oración: **¿Hay algún empleado que ____________ italiano? (saber)**
15. *Ojalá* expresa «un deseo con esperanza», y se complementa con el presente o el ____________ de subjuntivo cuando el deseo es para ahora o más tarde.

    EJ: **Ojalá que no ____________ o lloviera mañana. (llover)**

EJERCICIOS

RESPUESTAS p. 307

A. *¡Emociones y sorpresas!* Complete la siguiente historia con indicativo o subjuntivo, según el contexto.

En el patio de mi casa tenemos un canario que ____________ (1. cantar) muy bien. El otro día el gato del vecino ____________ (2. tratar) de comérselo. ¡Qué susto para el pobre canario! ¡Me alegra tanto que ______________ (3. cantar) por las mañanas antes de yo salir para la universidad! Tenemos también un perro viejo que nunca ______________ (4. molestar) al canario, pero sí le molesta mucho que los gatos del vecino ______________ (5. entrar) a nuestro patio. Me sorprende que los vecinos no ______________ (6. cuidar) mejor a sus gatos. Mi madre sugiere que (nosotros) ______________ (7. meter) al canario en la sala, donde estará más seguro, pero es mejor que se ______________ (8. quedarse) en el patio. Allí puede respirar mejor y oír a los otros pájaros que lo ______________ (9. visitar) de vez en cuando. La semana pasada no ______________ (10. querer) comer por dos días, y por supuesto, no ______________ (11. cantar) absolutamente nada. Pero ya está bien, y ¡nos alegra tanto que otra vez ______________ (12. cantar) todas las mañanas!

RESPUESTAS p. 307

B. Complete con el presente de indicativo o el presente de subjuntivo.

1. Es una lástima que tu padre no nos ______________ el carro para la fiesta. (dar)
2. Conozco un parque nacional que ______________ un lago muy lindo. (tener)
3. Me sorprende que tu amigo no ______________ vino ni cerveza. (beber)
4. El año pasado compré una camisa que me ______________ mucho. (gustar)
5. Todos buscamos una felicidad que ______________ para siempre. (durar: *last*)
6. Luisa no ______________ de México sino de Chile. (ser)
7. No hay muchos españoles que ______________ italiano. (saber)
8. ¿Tienen ustedes un amigo que ______________ en Nueva York? (vivir)
9. Me satisface mucho que ______________ un banco en este pueblito. (haber)
10. En Estados Unidos hay más de veintiocho millones de personas que ______________ español. (hablar)
11. ¡Ojalá que la cajera me ______________, porque es muy linda! (sonreír)
12. Es necesario que Ud. ______________ la cuenta al contado. (pagar)

13–14. Es una pena que tu novia ______________ enferma y no ______________ a la fiesta de cumpleaños. (estar/venir)

15. Es mejor que Ud. ______________ este cheque en el banco. (cobrar)

16. Ya veo que el gerente del banco ______________ un despacho enorme. (tener)
17. A mi esposa le pone furiosa que la gente ______________ en lugares públicos. (fumar)
18. ¿Temes que tu carro ______________ antes de llegar a casa? (romperse)
19. ¿Es cierto que en Florida ______________ mucho en otoño? (llover)
20. Aquí no hay bancos que ______________ dinero a los extranjeros. (prestar)

RESPUESTAS p. 307

C. Combine las dos oraciones en una. Use el indicativo o el subjuntivo según el contexto.

EJ: **Te gusta mucho. Yo salgo contigo.**
Te gusta mucho que yo salga contigo.

1. Me alegro mucho. Usted ya tiene empleo.

____

2. Ella se enoja mucho. Ud. maneja demasiado rápido

____

3. Es obvio. Ella busca un puesto de maestra.

____

4. Es sorprendente. Rosaura trabaja de banquera.

____

5. Es evidente. Necesitamos una buena secretaria.

____

RESPUESTAS p. 307

D. Modifique las oraciones de acuerdo con el ejemplo y use las claves (*clues*) dadas en paréntesis.

EJ: **Tienen un empleo bueno. (buscar)**
Buscan un empleo que sea bueno.

1. Tenemos un profesor que nunca llega tarde. (querer)

____

2. Hay alguien aquí que es trilingüe. (no hay nadie aquí)

____

3. Conocemos una persona que escribe bien. (necesitamos)

____

4. Hay un empleado que sabe español. (no hay ningún empleado)

____

5. Hay una persona aquí que habla japonés. (¿Hay alguna persona...?)

____

¡ATENCIÓN! Subjuntivo con adverbios hacia el futuro

1. Observe estos dos ejemplos con la conjunción **cuando**.

   EJS: a) **Te *vi* cuando *saliste* de clase.** (*I saw you when you came out of class.*)
   b) **Te *veré* cuando *salgas* de clase.** (*I'll see you when you come out of class.*)

   En el primer ejemplo tenemos dos acciones reales, ya experimentadas, y por esa razón los dos verbos están en indicativo. En el segundo ejemplo tenemos dos acciones futuras; todavía no ocurren. En la oración principal tenemos un futuro (**veré**) y en la subordinada el presente de subjuntivo (**salgas**). Más ejemplos:

   EJS: **Después que *llegaba* a casa, se *tomaba* un vaso de vino.** (*indicativo*)
   Después que *llegue* a casa, se *tomará* un vaso de vino. (*subjuntivo*)

2. Una costumbre es una acción que se repite. Es muchas acciones ya experimentadas. Por eso usamos el indicativo.

   EJS: **Juan se *siente* mejor cuando *se toma* una aspirina.**
   Después que *llega* a casa se *toma* un vaso de vino.

   Recuerde que el presente de indicativo se usa muchas veces para indicar una acción futura. En este caso la subordinada tomará el subjuntivo.

   EJ: **Te *veo* más tarde cuando *vaya* a tu casa.**
   (*I'll see you later when I go to your house.*)

3. Los adverbios-conjunciones que toman indicativo o subjuntivo son los siguientes:

aunque although	**donde** where	**luego que** after
como as, the way	**en cuanto** as soon as	**mientras (que)** while
cuando when	**enseguida que** as soon as	**siempre que** whenever
después que after	**hasta que** until	**tan pronto como** as soon

4. ***Antes (de) que*** siempre necesita subjuntivo. La preposición ***de*** se usa cada vez menos en las conjunciones ***antes de que, después de que.*** También se suele omitir la palabra ***que*** de ***mientras que.***

   EJS: **Te llamo todos los días antes que tu esposa *llegue.* (*costumbre*)**
   Te llamé ayer antes que tu esposa *llegara.* (*pasado, real*)

RESPUESTAS p. 307

E. Complete las oraciones con un tiempo del indicativo o del subjuntivo.

1. Hablaremos de eso después que mi abogado ______________. (llegar)
2. Necesito comer algo siempre que ______________ hambre. (tener)
3. Vamos a hablar con el enfermo luego que él ______________ un calmante. (tomar)
4. Llámame por teléfono tan pronto como ______________ a casa. (volver)
5. Teresita habló con José después que ______________ de clase. (salir)
6. Después que mi hermana mayor ______________, me casaré yo. (casarse)
7. Siempre que me ______________ la cabeza tomo dos aspirinas. (doler)
8. Mientras yo ______________ el periódico, tú preparas la comida. (leer)
9. Ven a verme enseguida que ______________ tu trabajo. (hacer)
10. Mi madre cocinaba muy bien cuando nosotros ______________ en Cuba. (vivir)
11. Buscaré empleo por todas partes hasta que lo ______________. (encontrar)
12. Trabaje usted donde ______________ ______________. (gustarle)
13. Ella lo esperaba todos los días hasta que ______________ de su trabajo. (llegar)
14. Sí, lo haré con mucho gusto en cuanto ______________ tiempo. (tener)
15. Todos los días tomo dos vasos de vino cuando ______________ (cenar) porque creo que es bueno para el corazón.
16. Mañana hablamos sobre eso antes que (yo) ______________ a la oficina. (irse)

23 Mi deporte favorito (My Favorite Sport)

el ajedrez	chess	**el gol**	goal, point
el/la atleta	athlete	**el jonrón**	home run
el balompié	soccer	**la jugada**	play
el balón, el esférico	ball	**la medalla**	medal
el baloncesto[1]	basketball	**la natacion**[6]	swimming
la bandera	flag	**el partido, la partida**	game, set
la banderilla	dart with a banner		
el béisbol[4]	baseball	**patear**	to kick
el/la campeón(ona)	champion	**la pelota**	ball
el campeonato	championship	**la plaza de toros**	bullring
la canasta	basket	**la portería**	goalpost; lobby
la cancha	court, field	**el portero**	goalkeeper; doorman
la capa, el capote	cape		
la corrida de toros	bullfight	**la raqueta**	racket
las damas	checkers	**la raya**	line
el equipo	team; equipment	**la red**	net
la espada	sword	**el tenis**[5]	tennis
el esqui[5]	ski	**torear**	to fight bulls
esquiar	to ski	**el toreo**	bullfighting
la faena	task, chore	**el torero**	bullfighter
el frontón[2]	fronton, wall	**el matador**	bullfighter, killer
el fútbol[3]	football, soccer		

NOTAS

1. El **baloncesto** también se llama en español **básquetbol** y **basquetbol.** Es cada día más popular, especialmente en España, donde la mayoría de los jugadores profesionales son de Estados Unidos. Cada vez que un equipo anota es una canasta.

2. **Frontón** es un deporte de origen vasco, y se llama **jai-alai** en lengua vasca. Se juega con una especie de raqueta que llaman **cesta** (*basket*). Es un deporte rapidísimo y peligroso porque la pelota es muy dura. Los mejores jugadores son vascos y están en Las Vegas, donde se pueden hacer apuestas (*bets*) legales, según las leyes de Nevada. Hay otro tipo de frontón que se juega sin raqueta, con la mano y es más suave que el jai-alai.
3. ***Fútbol*** o ***futbol*** son palabras derivadas del inglés, pero es un deporte muy diferente del *football* norteamericano. En inglés se llama *soccer* y en español también se llama **balompié.** Es un deporte que se juega sobre todo con los pies, pero la cabeza también es importante. Es el deporte universal. Cada cuatro años se celebra la Copa Mundial en la que participan veinticuatro países. El partido (*game*) final de la Copa Mundial en Estados Unidos en 1994 entre Brasil e Italia fue visto por TV por uno de cada tres habitantes del mundo.
4. ***Béisbol*** también se escribe y pronuncia **beisbol,** y es un deporte muy popular en todos los países del Caribe y México desde hace muchos años. En algunos países se le llama **pelota.** Toda la terminología del inglés ha pasado al español: **bate, batear, pícher, pichear, cácher, cachear, jonrón** (*home run*), que también se llama **cuadrangular.** En las Grandes Ligas de Estados Unidos juegan muchos hispanos.
5. Las palabras ***esquí*** y ***esquiar*** se usan en español desde hace muchos años. Es un deporte con aficionados en algunos países de habla hispana. El **tenis** también es popular; España ha tenido dos campeonas mundiales por varios años. Se juega con raqueta, red y pelota de color verde o amarillo.
6. La **natación** (*swimming*) es uno de los deportes olímpicos más importantes, junto con el **patinaje** sobre hielo, que se practica con **patines** que tienen una **cuchilla** (*blade*).

PRACTIQUE LAS PALABRAS NUEVAS

A. Identifique los siguientes deportes o juegos.

1. Se juega con raquetas, una pelota y una red. ______________.
2. Se juega en un tablero, con piezas llamadas rey, reina, torre, peones. ______________.
3. Se juega con cinco jugadores por equipo, dos canastas y un balón. ______________.
4. Se juega sólo con los pies, la cabeza, un balón. ______________.
5. Se practica con un toro, una capa y una espada. ______________.
6. Se juega con un tablero y doce fichas por jugador. ______________.
7. Se lleva el balón con las manos hasta pasar la raya final, para hacer seis puntos. ______________.
8. Se juega con una pelota dura, bate y guantes. ______________.

9. Se practica sobre la nieve, en las montañas. ____________.
10. Se juega en un frontón, con una pelota muy rápida. ____________.
11. Es deporte muy rápido sobre el hielo, muy olímpico. ____________.
12. Es deporte que se practica en una piscina, muy olímpico. ____________.

RESPUESTAS p. 307

B. **Subraye la palabra o expresión correcta.**

1. La pelota vasca o el jai-alai se juega en un/una (canasta, jugada, frontón, red).
2. El baloncesto se juega con un/una (portería, gol, canasta, red).
3. El torero usa el/la (banderilla, capote, espada, faena) para matar al toro.
4. Los ganadores en los juegos olímpicos reciben (banderas, capas, raquetas, medallas).
5. Un gol es un punto en (baloncesto, béisbol, ajedrez, balompié).
6. Se juega uno contra uno o dos contra dos: (ajedrez, damas, frontón, tenis).
7. Para jugar al baloncesto profesionalmente se usa una cancha de (cemento, tierra, madera, hielo).
8. El torero usa un/una (raqueta, pelota, capa, red) para torear.
9. El jonrón es un punto en (baloncesto, béisbol, fútbol, tenis).
10. El equipo de (baloncesto, fútbol americano, balompié, frontón) tiene cuatro oportunidades para adelantar diez yardas.
11. En el (baloncesto, béisbol, balompié, football) se patea continuamente la pelota.

RESPUESTAS p. 308

C. **Conteste verdadero o falso. (V/F)**

1. ______ El ajedrez es un juego difícil porque tiene muchas piezas diferentes.
2. ______ Cuando la pelota toca la red en tenis, la jugada todavía es buena si pasa por arriba.
3. ______ Cuando el torero hace buena faena el público grita "¡Olé!"
4. ______ En baloncesto se les permite a los jugadores patear el balón.
5. ______ Un partido de tenis generalmente es más largo que uno de béisbol.
6. ______ La bandera norteamericana es roja, blanca y amarilla.
7. ______ La pelota de béisbol es blanca y la de tenis es amarilla o verde.
8. ______ Los juegos olímpicos se celebran cada cuatro años.

9. ______ El toro ataca la capa del torero porque es de color rojo.
10. ______ El béisbol y el fútbol norteamericano son los deportes favoritos en Estados Unidos.

RESPUESTAS p. 308

D. Escriba un verbo relacionado con cada uno de los siguientes nombres.

EJS: **de pata = patear / de vuelo = volar**

1. toro ____________
2. gol ____________
3. raya ____________
4. equipo ____________
5. gracias ____________
6. enojo ____________
7. empleo ____________
8. sorpresa ____________
9. entusiasmo ____________
10. solicitud ____________
11. temor ____________
12. alegría ____________
13. brindis ____________
14. lástima ____________
15. entrevista ____________
16. charla ____________

GRAMÁTICA Participios perfectos • Tiempos perfectos o compuestos

I. Participios perfectos

A. Los participios perfectos regulares terminan en *-do:* **hablar → hablado, comer → comido.** A su vez, la mayoría de irregulares terminan en *-to,* y dos terminan en *-cho:* **hacer → hecho, decir → dicho.** En inglés los participios perfectos regulares terminan en *-ed: walk → walked.* La siguiente es una lista parcial de participios perfectos irregulares en español.

abrir → abierto	escribir → escrito	revolver → revuelto
componer → compuesto	freír → frito	romper → roto
deshacer → deshecho	morir → muerto	suponer → supuesto
devolver → devuelto	poner → puesto	ver → visto
envolver → envuelto	resolver → resuelto	volver → vuelto
decir → dicho	hacer → hecho	satisfacer → satisfecho

B. El verbo **freír** tiene dos participios: **freído** y **frito.** El participio regular **freído** se usa como verbo en los tiempos perfectos: **he freído** (*I have fried*). ***Frito*** se usa como adjetivo: **pollo frito** (*fried chicken*).

C. Los participios perfectos tienen dos funciones o usos importantes.

1. Como verbos forman los tiempos perfectos o compuestos.

EJ: ***Hemos hablado* con él.** (*<u>We have spoken</u> with him.*)

2. Como adjetivos se usan para describir nombres igual que otros adjetivos, y cambian según el género y número: **o, a, os, as.** Este uso es paralelo en inglés y en español.

   EJ: **La lengua *hablada* es diferente de la lengua *escrita.***
   (*Spoken language is different from written language.*)

D. Algunos participios pasados se han convertido en nombres.

comida food | **hecho** fact | **puesto** job, stand
dicho a saying | **herida** wound | **salida** exit
entrada entrance | **muerto** dead person | **vuelto** change (*money*)

II. Tiempos perfectos o compuestos

A. Los tiempos perfectos se forman con el auxiliar **haber** (*to have*) y el participio perfecto. El auxiliar cambia para las distintas personas y tiempos; el participio no cambia. Vea el siguiente esquema de tres tiempos perfectos.

Sujeto	Presente Perfecto (*I have eaten*)		Pluscuamperfecto (*I had eaten*)		Futuro Perfecto (*I will have eaten*)	
yo	**he**		**había**		**habré**	
tú	**has**		**habías**		**habrás**	
él/ella/Ud.	**ha**	comido	**había**	comido	**habrá**	comido
nosotros(as)	**hemos**		**habíamos**		**habremos**	
ellos/ellas/Uds.	**han**		**habían**		**habrán**	

B. El verbo **haber** tiene las siguientes formas impersonales: **hay** (*there is/there are*) **había** (*there was/there were*), **hubo** (*there was/there were*), **habrá** (*there will be*), **habría** (*there would be*).

III. Usos de los tiempos perfectos del indicativo

A. PRESENTE PERFECTO: **He comido.** Indica una acción ya terminada, pero importante todavía para el momento presente. El pretérito también indica una acción pasada pero sin relevancia para el momento actual. El inglés y el español son paralelos en este sentido.

   EJ: **No voy a comer contigo porque ya *he comido.***

B. PLUSCUAMPERFECTO: ***Había comido.*** (*I had eaten.*) Indica una acción anterior al momento pasado del cual se está hablando. Sin embargo, es común usar el pretérito en lugar del pluscuamperfecto.

   EJ: **Cuando llegaste los niños se *habían ido* a dormir.**
   (*When you got there the children had gone to sleep.*)

C. FUTURO PERFECTO: **Habré comido.** (*I will have eaten.*) Indica una acción posterior al momento actual pero anterior al momento futuro del cual se está hablando. Es común sustituirlo por el futuro simple.

EJ: **Ya *habré comido* cuando llegues esta noche.**
(*I'll have already eaten when you arrive tonight.*)

D. CONDICIONAL PERFECTO: **Habría comido.** (*I would have eaten.*) Indica una acción posterior al momento pasado del cual se está hablando, pero anterior a otro momento. Es común sustituirlo con el condicional simple o el imperfecto de indicativo.

EJ: **Te prometí que *habríamos terminado* antes de las cinco.**
(*I promised you we would have finished before five.*)

IV. Tiempos perfectos del subjuntivo

A. Hay dos tiempos perfectos en subjuntivo: el presente perfecto y el pluscuamperfecto. El presente perfecto se forma con el presente de ***haber:*** **haya, hayas, hayamos, hayan,** y el participio perfecto del verbo principal. Se usa después de verbos de influencia, emoción, duda, igual que todos los subjuntivos.

EJS: **El maestro *espera* que *hayamos hecho* la tarea.**
***Me alegro* mucho que *hayas ganado* la lotería.**
***Ojalá* que ustedes *hayan tenido* suerte en el examen.**

B. El pluscuamperfecto se forma con el imperfecto de ***haber:*** **hubiera, hubieras, hubiéramos, hubieran,** y con el participio perfecto del verbo principal. Se usa igual que el presente de subjuntivo, después de un verbo de influencia, emoción, duda, pero cuando el verbo principal está en algún tiempo del pasado de indicativo.

EJS: ***Ojalá* que ustedes se *hubieran ganado* la lotería.**
(*I wished you had won the lottery.*)
El maestro *esperaba* que *hubiéramos hecho* la tarea.
(*The teacher was expecting that we had done our homework.*)
***Me alegré* mucho que *hubieras ganado* la lotería.**
(*I was very glad that you had won the lottery.*)

PRACTIQUE LA GRAMÁTICA

1. Todos los participios regulares terminan en ______________; los irregulares terminan en ______________. Los participios regulares del inglés terminan en ______________.

2. *Dicho* es el participio del verbo ______________, y *hecho* el participio de ______________.

3. Si de ***escribir*** decimos ***escrito,*** de ***transcribir*** diremos _______________.
4. Si de ***ver*** decimos ***visto,*** de ***prever*** diremos _______________.
5. El inglés ha tomado *frito* del español. Originalmente ***frito*** es el participio perfecto irregular del verbo _______________. El participio regular es _______________.
6. El inglés ha tomado del español la palabra ***tostada.*** ¿Cuál es el verbo original de ese nombre? _______________.
7. Los tiempos perfectos necesitan el auxiliar *to have* en inglés; en español el auxiliar es el verbo _______________, que es el mismo verbo para traducir *there is/there are:* _______________.
8. En los tiempos perfectos, ¿cambia el participio perfecto? _______________. En cambio, cuando el participio se usa como adjetivo cambia para el género y el _______________.
9. No decimos en español **Yo he ya comido** sino **Yo** _______________.
10. Tampoco decimos en español **¿Has tú ido a México?** sino ¿_______________ **a México?**
11. El presente perfecto indica una acción terminada y a la vez relevante para el momento _______________. En cambio el pluscuamperfecto indica una acción anterior y relevante para un momento _______________.
12. El pretérito sustituye a menudo, tanto en inglés como en español, al _______________. Por ejemplo, **comí** por **había comido.**
13. El futuro perfecto indica una acción posterior al presente, pero anterior a un punto _______________. Es común sustituir el futuro perfecto con el _______________.

14–15. El condicional perfecto se sustituye a menudo por el condicional simple y por el _______________ de indicativo. EJ: **Te prometí que habríamos comido / comeríamos /** _______________ **antes de las ocho.**

EJERCICIOS

RESPUESTAS p. 308

A. ***Un poco de mi vida personal.*** **Complete las oraciones con el presente perfecto o el pluscuamperfecto de los verbos indicados entre paréntesis.**

Hoy (yo) _______________ (1. levantarse) más temprano que de costumbre porque tenía un difícil examen de biología. _______________ (2. bañarse) con agua bien fría y _______________ (3. afeitarse) con jabón bien caliente. Mi madre ya estaba en la cocina porque _______________ (4. despertarse) antes que yo, y me _______________ (5. preparar) un delicioso desayuno que no disfruté como todos los días porque el examen me tenía nervioso. Repasé mis notas por una hora y salí hacia la universidad con bastante confianza, listo para el examen. _______________ (6. llegar) a la clase a las nueve menos cuarto y todavía no había nadie. A las nueve en punto ya _______________ (7. entrar) todos, incluyendo al profesor, quien nos dio los exámenes inmediatamente. Todo el mundo _______________ (8. ponerse) a escribir en silencio, el silencio sepulcral que acompaña siempre a los primeros minutos de un examen. A las diez y media yo _______________ (9. terminar) mi examen, que encontré más fácil de lo que esperaba.

RESPUESTAS p. 308

B. Complete las siguientes oraciones. Ponga atención a los tiempos o adjetivos sugeridos en inglés.

1. Ellos todavía no _______________ la tarea. (*have written*)
2. Nosotros nunca _______________ a China. (*have gone*)
3. ¿Quién _______________ la ventana de la sala? (*has broken*)
4. Muchos millones de personas _______________ en las guerras. (*have died*)

5–6. Parece que tú _______________ bien los huevos, pero la verdad es que no gustan los huevos _______________. (*have fried/fried*)

7. Salí de mi país hace veinticinco años y no _______________ nunca. (*have returned*)
8. Los dos candidatos _______________ cosas interesantes. (*have said*)
9. Creo que nunca _______________ en San Diego. (*has snowed*)
10. Con la boca _______________ podemos respirar mejor. (*open*)
11. Cuando llegué a casa, mi hijo ya _______________ dos horas. (*had slept*)
12. Muchos idiomas todavía no tienen un sistema _______________. (*written*)
13. Mi mamá está _______________ con el resultado de la operación de su nariz. (*satisfied*)
14. Éste es un trabajo _______________. (*well done*)
15. Esta sinfonía fue _______________ por Beethoven. (*composed*)
16. ¿Quién _______________ las noticias en el periódico? (*had read*)
17. Antes del verano, ella se _______________. (*will have graduated*)
18. Marcos _______________ un accidente anteriomente. (*had had*)

19. Antes del lunes él ______________ su tarea. (*will have finished*)
20. Carlitos, ¿dónde ______________ los libros? (*have put [placed]*)

RESPUESTAS p. 308

C. **Conteste las siguientes preguntas en presente perfecto. Use los pronombres átonos como *me, te, lo, le, las,* cuando sean necesarios.**

EJS: **¿Quiere comer conmigo? —No, ya he comido.**
¿Vas a hacer la tarea? —No, ya la he hecho.

1. ¿Vas a lavarte las manos? —No, ya
____.
2. ¿Deseas comprar el libro? —No, ya
____.
3. ¿Quieres desayunar ahora? —No, ya
____.
4. ¿Vas a decir la verdad? —No, ya
____.
5. ¿Vas a escribir la carta? —No, ya
____.
6. ¿Vas a leer la novela de Cervantes? —No, ya
____.
7. ¿Quieres resolver el problema? —No, ya
____.
8. ¿Vas a hacer la tarea más tarde? —No, ya
____.
9. ¿Vas a decirle la verdad a mamá? —No, ya
____.

¡ATENCIÓN! Pronombres relativos: *que, cual, quien, cuyo*

1. ***Quien*** (*who, whom*) sólo se usa para personas. Necesita una preposición delante, o bien una coma, y en este caso tiene carácter explicativo. El plural es **quienes.**

EJS: **La señora *de quien* te hablé es mi madre.**
Hablé con el director, *quien* parece estar de acuerdo.

Un error frecuente es usar ***quien*** en los casos en que no hay una preposición.

EJ: **No se dice *La persona quien habló;* debe ser *La persona que habló.***

2. ***Que*** (*that, which, who, whom*) se puede usar siempre, con preposición y sin ella, para personas o cosas. Puede sustituir a ***quien*** siempre, pero necesita los artículos **el / la, los / las** en casos específicos.

   EJS: **La señora *de que* (*quien*) te hablé es mi madre.**
   El señor *que* entró es mi tío.
   La casa *de la que* te hablé está allí.

3. ***Cual / cuales*** (*which, who, whom*) se usa con personas y cosas, pero necesita siempre uno de los artículos **el / la, los / las.** También se necesita delante una preposición o una coma, exactamente lo mismo que con ***quien.***

   EJS: **La señora *de la cual* (*quien, la que*) te hablé es mi madre.**
   La casa *de la cual* (*de la que*) te hablé está allí.
   Saludé al director de la escuela, *el cual* (*el que, quien*) recibió un premio por su labor.

4. ***Cuyo*(*a*), *cuyos*(*as*)** (*whose*) cambia de género y número con el nombre poseído, no con el poseedor.

   EJS: **El niño *cuya madre* conociste es Carlitos.**
   El señor *cuyas llaves* encontraste es Don Miguel.

   Recuerde que la pregunta *Whose?* no se traduce por **cuyo** sino por **¿De quién?**

   EJ: ***¿De quién*** **es este libro?** (*Whose is this book?*)

5. ***Lo que / lo cual*** (*what, that, which, the thing*) son pronombres neutros y se refieren a una idea, una acción o un concepto general.

   EJS: ***Lo que*** **me molesta de Juan es su modo de hablar.**
   (*What bothers me about Juan is his way of talking.*)
   Dijo que quería perder peso, *lo cual* (*lo que*) es muy difícil.
   (*He said he wanted to lose weight, which is very difficult.*)

D. Complete las oraciones con la traducción de las palabras que están en paréntesis. En varios casos hay respuestas múltiples.

1. ¿Para __________ es esa raqueta de tenis? (*whom*)
2. El atleta __________ ganó la medalla de oro en boxeo es cubano. (*who*)
3. Lorena es la muchacha __________ yo estudié en México. (*with whom*)
4. Un proverbio antiguo dice: «__________ mal empieza, mal acaba». (*he who*)

5. La persona __________ casa tanto admiras es Don Enrique. (*whose*)
6. Te devuelvo el libro __________ me he divertido mucho. (*with which*)
7. Te presento al director __________ yo trabajo. (*for whom*)
8. La enferma __________ corazón fue operado ya está mejorando. (*whose*)
9. Hablamos con el campeón, __________ está muy contento. (*who*)
10. ¿__________ son estas raquetas? (*whose*)
11. __________ más me gusta de esta casa es la piscina y el jacuzzi. (*what*)
12. Jorge quiere ganar mucho dinero, __________ le dará muchos dolores de cabeza. (*which*)
13. Compraron una casa grande, __________ tiene dos pisos. (*which*)
14. No entiendo __________ me estás diciendo. (*what*)
15. El baloncesto es un deporte __________ requiere mucha rapidez. (*that*)
16. La profesora __________ te hablé ayer me invitó hoy a tomar café. (*about whom*)

24 Barbería y peluquería
(Barbershop and Beauty Parlor)

acaso, tal vez	perhaps	**el moño**	bun, topknot
a los costados	on the sides	**la patilla**	sideburn
a menos que	unless	**el peinado**	hairdo
apostar (ue)	to bet	**peinarse**	to comb one's hair
la barbería[1]	barbershop	**el peine**	comb
el barbero	barber	**la peluca**	wig
el bigote[2]	moustache	**la peluquería**[1]	beauty parlor
la caspa	dandruff	**el/la peluquero(a)**	hairdresser
la certeza	certainty	**puede ser que**	maybe
el champú	shampoo	**recortar**	to trim
la coleta, la trenza[3]	pigtail, braid	**el rizador**	curler
con tal que	provided that	**rizar**	to curl
el corte de pelo	haircut	**el salón de belleza**	beauty parlor
estar de moda	to be in style	**el secador**[5]	dryer (*for hair*)
hacer la vista gorda	to overlook	**secar**	to dry
hacerse el tonto[4]	to play dumb	**la(s) tijera(s)**[6]	scissors
hacerse tarde	to get late	**trenzar**	to braid

NOTAS

1. ***Barbería*** se usa comúnmente para *barbershop*, pero en algunos países se usa ***peluquería.*** En esos países no existe **el barbero** sino **el peluquero.** Para las señoras será ***peluquera,*** *hairdresser.* ***Salón de belleza*** es un término más moderno y se está usando en todos los países. En general, en todos los países de habla hispana el precio de un corte de pelo o de una permanente de señora o un trabajo de uñas es más barato que en Estados Unidos, porque el salario medio es mucho más bajo.
2. ***Bigote*** es *moustache* y sin duda es muy común llevar bigote entre los hispanos, mucho más en Hispanoamérica que en España. Hay dos teorías sobre la razón de

llevar bigote: bien como símbolo del machismo latinoamericano, o bien para diferenciarse de los indios, que por naturaleza no tienen bigote.

3. ***Coleta*** se usa en España para *pigtail.* En América se usa ***trenza*** cuando es *braid* y ***cola de caballo*** cuando es recta.
4. ***Hacerse el tonto*** significa *to play dumb,* pero en México dicen simplemente **hacerse.** La expresión más típica es **¡No te hagas!**, *don't play dumb, don't fake.*
5. ***Secador*** se usa para *hair dryer,* y también para el secador automático de los baños, mientras que ***secadora*** se usa para la máquina de secar ropa.
6. Tradicionalmente ***tijeras*** se usaba en plural, como ***pantalones y calzoncillos,*** pero en las últimas décadas se usa más el singular que el plural: **tijera, pantalón.**

PRACTIQUE LAS PALABRAS NUEVAS

A. ***Eduardo y su barbero.*** **Complete el diálogo entre Eduardo y su barbero de toda la vida.**

BARBERO: ¡Hola, Eduardo! ¿Qué ha ______________ (1. *been*) de tu vida últimamente?

EDUARDO: Nada en particular. Trabajo y más trabajo, como ______________ (2. *as usual*).

BARBERO: Dime. ¿Cómo quieres el ______________ (3. *haircut*) hoy?

EDUARDO: Como de costumbre; más corto ______________ (4. *on the sides*)

BARBERO: ¿Te dejo las ______________ (5. *sideburns*) largas o cortas?

EDUARDO: Cortas. Nunca me gustaron largas, ni siquiera cuando ______________ (6. *were in style*) y todo el mundo las llevaba largas.

BARBERO: Como tú digas. ¿Te lo corto con la máquina eléctrica o con las ______________ (7. *scissors*)?

EDUARDO: ______________ (8. *whatever*) quieras y te sea más fácil. Pero también quiero que me ______________ (9. *trim*) un poco el bigote.

BARBERO: Está bien. ¿Quieres también un ______________ (10. *shampoo*)?

EDUARDO: No, pero quiero que me recomiendes algo bueno contra la ______________ (11. *dandruff*).

BARBERO: ¡Cómo no! Tengo un champú especial que previene la caspa si lo usas regularmente. Está ______________ (12. *made*) en Alemania y es excelente.

RESPUESTAS p. 309

B. Complete las oraciones con una de las siguientes palabras o expresiones. Haga los cambios que sean necesarios.

a menos que	hacer la vista gorda	peinado	secador
apostar		peine	secarse
certeza	hacer el tonto	puede ser que	tijeras
estar de moda	hacer tarde	recortar	trenza

1. No iré a la peluquería ________________ vayas conmigo.
2. Para cortar el pelo se usa una máquina eléctrica o unas ______________.
3. Después de bañarme ________________ con una toalla.
4. Esa señorita lleva unas ________________ muy lindas.
5. La minifalda parece que siempre ________________.
6. Vamos para casa porque ya ________________ y mañana hay que trabajar.
7. Está muy nublado hoy. ________________ llueva.
8. Necesito usar el ________________ porque tengo el pelo mojado (*wet*).
9. Sé con ________________ que tu amigo va a llamarte este tarde.
10. Tú sabes cocinar muy bien la paella. No te ________________.
11. Esa señora lleva un ________________ muy extraño. (*hairdo*)
12. Tienes el pelo en desorden; aquí tienes un ________________ para que te lo arregles.
13. El jefe ________________ cuando los empleados cometen errores sin importancia.
14. No me deje el pelo muy corto; sólo quiero que me lo ________________ un poco.
15. En inglés *you bet your life;* en español **nosotros** ________________ **la cabeza.**

RESPUESTAS p. 309

C. Conteste verdadero o falso (V/F).

1. ______ Una persona calva (*bald*) puede usar pelucas que parecen pelo de verdad.
2. ______ En varios estados es legal apostar a las carreras de caballos.
3. ______ La caspa se ve muy fea porque es negra.
4. ______ Algunos hombres se dejan crecer el bigote debajo de la boca.

5. ______ Las jóvenes llevan más coletas; las señoras maduras llevan más moños.
6. ______ Las modas de llevar pelo largo o pelo corto van y vienen.
7. ______ Una peluquera hace pelucas, como un zapatero hace y arregla zapatos.
8. ______ El champú es un tipo de jabón líquido.
9. ______ Cortar el pelo de un caballero es más caro que cortar el cabello de una señora.
10. ______ La sección de cosméticos para el pelo de señoras es más grande que la sección paralela para caballeros.

GRAMÁTICA Subjuntivo de duda y de causa-efecto

I. Subjuntivo de duda vs. indicativo de certeza

A. Un verbo que tiene significado de **certeza** (*sureness, certainty*) se complementa en la oración subordinada en **indicativo.** En cambio un verbo de **duda** en la oración principal se complementa en **subjuntivo** en la subordinada.

EJS: *Sé/Creo/Pienso* que Rosa *está* enferma. (*certeza = indicativo*)
Dudo/No creo que Rosa *esté* enferma. (*duda = subjuntivo*)

B. Entre la certeza y la duda hay una escala difícil de determinar. Aunque teóricamente la dicotomía **certeza / duda** parece muy clara, en la práctica este tipo de subjuntivo es el más problemático. Las reglas que damos no funcionan en todos los casos. Para la mayoría de los hispanohablantes los verbos y expresiones siguientes indican **certeza = indicativo.**

apostar to bet
creer to believe
es cierto it's certain
es claro it's clear
es que the fact is
es seguro it's sure
está claro it's clear
estar convencido to be convinced
es verdad it's true
imaginarse to imagine, think
no cabe duda de there's no doubt
no dudar not to doubt
no hay duda de there's no doubt
opinar to think
parecer to seem
pensar to think
suponer to suppose
tener por seguro to be sure

C. Use el subjuntivo con los verbos y expresiones siguientes porque para la mayoría de los hispanohablantes indican **duda = subjuntivo.** Observe que la mayoría de las expresiones es la parte negativa de los verbos o expresiones anteriores.

dudar to doubt
es dudoso it's doubtful
es imposible it's impossible
es improbable it's improbable
es posible it's possible
es probable it's probable
hay duda de there is doubt that
no creer not to believe
no es cierto it's not true
no es claro it's not clear
no es que it's not that
no es seguro it's not certain
no está claro it's not clear
no estar convencido not to be convinced
no es verdad it's not true
no imaginarse not to imagine
no parecer not to seem
no pensar not to think, not to believe
no suponer not to suppose

D. Los adverbios de duda como **quizá(s), tal vez, acaso, puede ser que** (*perhaps, maybe*), toman el indicativo y el subjuntivo según el grado de certeza o de duda.

EJS: **Tal vez *ganó* mucho dinero en Las Vegas.** (*I'm almost sure he won.*)
Tal vez *ganara* mucho dinero en Las Vegas. (*I have my doubts about it.*)

II. **Subjuntivo de causa-efecto**

A. Cuando la oración principal tiene un verbo que **causa** un **efecto** en el verbo de la oración subordinada, este verbo está siempre en **subjuntivo.** Si los dos verbos tienen el mismo sujeto, se usa el infinitivo en la segunda oración.

EJS: **Carlos *trabaja* para que su esposa *compre* un carro.** (***subjuntivo***)
Carlos *trabaja* para *comprarse* un carro. (***infinitivo***)

Podemos comparar estas oraciones de **causa-efecto** a los verbos de **influencia,** como **pedir, ordenar,** porque estos verbos son como la causa que busca producir un efecto en otra persona. Compare estos dos ejemplos.

EJS: **Carlos *trabaja* para que sus hijos *estudien.*** (***causa-efecto***)
Carlos *quiere* que sus hijos *estudien.* (***influencia***)

B. La lista de conjunciones que indican **causa-efecto** es limitada y casi todas llevan el mensaje *in order to* o lo contrario.

a fin de que in order to
a menos que unless
con tal que provided that
de manera que so that
de modo que so that
en caso de que in case that
para que in order to
sin que without

EJS: **No iré a la fiesta *sin que* Ud. *vaya* conmigo.** (*I won't go unless. . . .*)
Iré *con tal que* usted *vaya* conmigo. (*I'll go provided that. . . .*)
Trabajé mucho *de manera que* mis hijos *tengan* una buena educación. (*I worked hard so that. . . .*)

PRACTIQUE LA GRAMÁTICA

1. Los verbos y expresiones que implican duda se complementan en la oración subordinada con el ______________.

   EJ: **Es posible que Ud. ______________ fiebre.** (tener)

2. Los verbos y expresiones que significan certeza, seguridad, se complementan con el modo ______________.

   EJ: **Me parece que Ud. ______________ fiebre.** (tener)

3. Algunos verbos significan certeza en la forma afirmativa y ______________ en la forma negativa, como **creer / no creer.**

   EJ: **No creo que Paco ______________ mexicano.** (ser)

4. Cuando decimos **Es posible que...,** ¿tenemos duda o certeza? ____________.

   EJ: **Es posible que el médico ______________ a mi abuelo.** (operar)

5. ***Suponer*** (*suppose*) indica alguna duda, pero indica más certeza que duda porque se complementa con el ______________.

   EJ: **Suponemos que ella ______________ bien de salud.** (estar)

6. Los adverbios de duda como **quizá(s), tal vez,** ¿se complementan con el indicativo o con el subjuntivo? ______________.

7. Una manera de dar énfasis a un hecho es presentarlo con la expresión **Es que...** La oración que sigue, ¿va en indicativo o en subjuntivo? __________.

   EJ: **No insistas; es que yo no ______________ alemán.** (saber)

8. Otra manera de dar énfasis a la negación de un hecho es presentar la oración con **No es que...,** con la oración principal en subjuntivo y la reacción en indicativo.

   EJ: **No es que Paquito ______________ enfermo, sino que no ______________ ir al colegio.** (estar / querer)

9. Para apostar (*bet*) sobre un determinado hecho es necesario estar seguro, tener certeza; por eso este verbo se complementa con el ______________.

   EJ: **Te apuesto que él ______________ tarde.** (llegar)

10. ***Para que*** implica que hay una razón, una causa entre dos acciones; una influye en la otra. En ese sentido el verbo principal funciona como un verbo de ______________. El verbo de la oración subordinada está en ______________.

11. Lo contrario de ***para que*** es ***sin que.*** Complete la oración: **No puedo abrir la ventana sin que ______________ los mosquitos.** (entrar)

12. ***A fin de que*** es más enfático que ***para que,*** pero es la misma idea. Complete: **Iremos a Colombia a fin de que mi hijo ______________ a sus abuelos. (conocer)**

13. Cuando nos imaginamos una cosa, no estamos completamente seguros, pero tenemos cierta certeza porque usamos el ______________.

    EJ: **Ella se imaginaba que yo ______________ mucho dinero. (ganar)**

14. ***De manera que*** (*so that*) implica una consecuencia o efecto de la acción que va delante; por eso esta expresión se complementa con el ______________.

    EJ: **Mi padre trabajó mucho de manera que sus hijos ______________ una buena educación. (tener)**

15. ***A menos que*** (*unless*) refleja la misma idea de ***sin que*** (*without*). Complete: **No volveré a menos que Ud. ______________ de la gripe. (mejorar)**

EJERCICIOS

RESPUESTAS p. 309

A. Complete con el presente de indicativo o de subjuntivo.

1. Pienso que mis padres ______________ ahora en casa. (estar)
2. Te apuesto que Josefina no ______________ con Roberto. (casarse)
3. El profesor no cree que yo ______________ un resfriado desde el lunes. (tener)
4. Tomo una aspiririna para que la fiebre me ______________. (bajar)
5. Estoy seguro que mi perro ______________ bien mi casa. (proteger)
6. No hay duda que Marcos ______________ ganas de ver a Julita. (tener)
7. Ella se imagina que nosotros ______________ llevarla de compras. (poder)
8. Marta no está convencida de que tú la ______________ de verdad. (querer)
9. Iré contigo con tal que tú me ______________ el viaje. (pagar)
10. Suponemos que la salud de papá ______________ buena. (ser)
11. No es que yo ______________ todo correcto, pero es que usted siempre ______________ tener la razón. (decir/querer)
12. Es imposible que (tú) ______________ tanta sed sin haber comido. (tener)
13. Me parece que Ud. ______________ demasiado; no es bueno para los pulmones. (fumar)
14. Puede ser que esta balanza no ______________ el peso exacto. (indicar)

15. ¿Por qué dudas que yo te _______________ algún día? (abandonar)
16. Hace frío hoy. Tal vez _______________ esta noche. (llover)
17. El médico opina que el enfermo _______________ descanso. (necesitar)
18. No voy a ir al cine sin que Ud. me _______________. (acompañar)
19. Es dudoso que tu amigo _______________ a jugar tenis esta tarde. (ir)
20. Es muy probable que yo _______________ una *A* en este curso. (sacar)
21. Mi padre trabaja mucho para que sus hijos _______________ una carrera. (tener)
22. Compraremos una casa a menos que _______________ demasiado. (costar)
23. Supongo que tu novio(a) _______________ al cine contigo. (ir)
24. No es seguro que (ellos) le _______________ el puesto a Javier. (dar)

RESPUESTAS p. 309

B. Combine la oración con la expresión en paréntesis, según el ejemplo. Seleccione el indicativo o subjuntivo, según sea necesario.

EJ: Ese champú no es caro. (dudo) = Dudo que ese champú sea caro.

1. La peluquera trabaja bien. (suponemos)
   Suponemos que la peluquera _______________________________.
2. Eduardo se va a dejar crecer el bigote. (puede ser que)
   Puede ser que Eduardo se _______________________________.
3. Carmina se pone furiosa. (es probable)
   Es probable que Carmina _______________________________.
4. Tú te haces un peinado elegante. (estamos seguros)
   Estamos seguros que tú te _______________________________.
5. Esa señora lleva peluca. (no estoy convencido de)
   No estoy convencido de que esa señora _______________________.
6. Las dos hermanas se rizan el pelo. (es dudoso)
   Es dudoso que las dos hermanas se _______________________.

¡ATENCIÓN! Nombres contables y no contables (*Count Nouns and Mass Nouns*)

1. Podemos contar libros, países y niños, pero no podemos contar agua, arena, leche y paciencia. Estas dos clases de nombres existen tanto en inglés como en español, pero no siempre son los mismos nombres en los dos idiomas. Por

ejemplo, en español decimos tres muebles, pero en inglés no se dice *three furnitures* sino *three pieces of furniture.* De este contraste surgen algunos errores.

2. Estudie la siguientes lista de palabras contables en español y no contables en inglés.

amor love	**helado** ice cream	**noticia** news
aplauso applause	**jabón** soap	**pan** bread
chicle chewing gum	**joya** jewelry	**relámpago** lightning
consejo advice	**lechuga** lettuce	**tiza** chalk
dulce candy	**locura** foolishness	**tontería** nonsense
equipo equipment	**mueble** furniture	**trueno** thunder

3. Para traducir el plural del español en los casos que siguen, se añade en inglés una «unidad» más o menos arbitraria, como *piece, bit, act, thing, item.* En algunos casos hay una palabra especial: *head, loaf, affair, round.*

EJS: **Tres noticias** = *Three news items* — **Dos lechugas** = *Two heads of lettuce*
Dos panes = *Two loaves of bread* — **Dos aplausos** = *Two rounds of applause*
Cuatro amores = *Four love affairs* — **Cinco joyas** = *Five pieces of jewelry*
Dos consejos = *Two bits of advice* — **Tres jabones** = *Three bars of soap*

4. Observe los dos ejemplos siguientes entre nombres contables y no contables.

EJS: 1. **Necesito lápiz.** (*I need <u>a</u> pencil.*)
2. **Quiero pan.** (*I want <u>some</u> bread.*)

En el primer ejemplo se usa *a* en inglés porque *pencil* es contable, y en el segundo se usa *some* porque *bread* es no contable. En español no es necesario usar el artículo. Aunque ***lápiz*** es contable normalmente en español, lo convertimos en no contable al eliminar el artículo **un / una.**

5. Observe los dos ejemplos siguientes.

EJS: 1. **Juan es maestro.** = *Juan is a teacher.*
2. **Juan no es es *un* dentista, es *un* maestro.** = *Juan is not <u>a</u> dentist, he's <u>a</u> teacher*

No usamos en español el artículo **un / una** para identificar a una persona con su profesión, afiliación politica, religiosa, como en el primer ejemplo, solamente para contrastar y enfatizar esa profesión, como en el segundo. Si el nombre tiene un adjetivo también se usa el artículo.

EJ: **Juan es *un* maestro excelente.** (*John is <u>an</u> excellent teacher.*)

6. En inglés se usa el artículo indefinido en expresiones como *What a day!* = **¡Qué día!** y *such a book* = **tal libro**. Para enfatizar añadimos ***más*** o ***tan***, pero nunca el artículo indefinido.

EJS: **¡Qué día tan (más) maravilloso!** (*What a wonderful day!*)
Tal novela es muy buena. (*Such a novel is very good.*)

RESPUESTAS p. 309

C. Traduzca del inglés al español. ¡Tenga cuidado con los nombres contables y no contables!

1. We bought two heads of lettuce. ______________________.
2. Don Juan had many love affairs. ______________________.
3. What a nice day! ______________________.
4. I'll give you two bits of advice. ______________________.
5. Caroline is a hairdresser. ______________________.
6. Give me a piece of candy. ______________________.
7. She has a pen and a pencil. ______________________.
8. Buy me two loaves of bread. ______________________.
9. I have four pieces of furniture at home. ______________________.
10. Did you hear (a) thunder(clap)? ______________________.
11. She is a great teacher. ______________________.
12. Don't do any more foolish things. ______________________.

25 Mi casa soñada
(My Dream House)

la alcoba[1]	bedroom	**mojado(a)[5]**	wet
la recámara (*México*)	bedroom (*Mexico*)	**mojar[5]**	to dampen, wet
		mover(se)[6]	to move (*in general*)
la alfombra	carpet, rug		
alquilar[2]	to rent, lease	**la mudanza[6]**	move
el alquiler[2]	rent, lease	**mudarse[6]**	to move (*residence*)
amueblar	to furnish		
el armario[3]	closet, cabinet	**mullir**	to soften
la azotea, la terraza	terrace	**el polvo, los polvos**	dust, powder
el/la barrendero(a)	street sweeper		
barrer	to sweep	**polvoriento(a)**	dusty
bullir	to boil; bustle	**reñir (i)**	to scold
la cómoda	chest, cabinet	**la sacudida**	shake
el condominio	condominium	**sacudir**	to shake
el corredor, el pasillo[4]	hall, corridor	**sacudir el polvo**	to dust
		el sótano[7]	basement
de dónde diablos	from where in the world	**tañer**	to play music/bells
de pared a pared	wall-to-wall	**el techo**	ceiling
la escoba	broom	**el tejado**	roof
el estante	stand, bookcase	**teñido(a)**	dyed
el hall[4]	entrance hall, lobby	**teñir (i)**	to dye
		zambullir	to dive
el/la inquilino(a)	tenant		

NOTAS

1. *Alcoba* es la palabra tradicional para *bedroom,* pero también se usa *dormitorio,* que no es *dormitory* (residencia estudiantil). En México se usa mucho *recámara* y también se usan *cuarto* y *habitación.*

2. *Alquilar* significa *to rent* y *to lease*. En español no se diferencia entre alquilar por un tiempo fijo (*to lease*), y alquilar en general, sin especificar el tiempo (*to rent*). Lo mismo pasa con el nombre **alquiler** que significa *lease* y *rent*.
3. Un **armario** es originalmente de madera, como *cabinet, chest,* un mueble que se puede mudar, pero actualmente se usa también como *closet,* hecho de cemento o fijo de madera. La palabra ***cómoda*** sí es un mueble que se puede mudar: *chest, cabinet.* Hoy día se usa mucho ***guardarropa*** para referirse tanto a **armario** como a **cómoda.**
4. La palabra ***hall*** ha pasado al español, pero no con el significado de corredor o pasillo sino como *entrance hall* o *lobby.*
5. *Mojar* significa *to wet,* y ***mojarse*** *to get wet,* y el participio ***mojado*** traduce *wet* como adjetivo y *wetback* como nombre. Este es el nombre inventado para los mexicanos que cruzan el Río Grande hacia Texas para emigrar a Estados Unidos.
6. *Mover(se)* significa *to move* en general, como una persona, un vehículo, los árboles con el viento, la cola del perro, pero *to move from one house to another* es **mudarse de casa, apartamento.** El nombre para indicar cambio de casa es **mudanza.** *To move* como emoción se dice **conmover** en español.
7. ***Sótano*** significa *basement;* en Estados Unidos solamente en algunas regiones las casas tienen ese tipo de construcción. En España solamente las casas viejas tienen sótano, que también se llama **entresuelo.**

PRACTIQUE LAS PALABRAS NUEVAS

RESPUESTAS p. 310

A. Un señor habla con el corredor de una agencia de bienes raíces.

CORREDOR: Buenas tardes, señor. ¡__________ (1. *welcome*) a nuestra agencia! ¿Está interesado en comprar o en __________ (2. *sell*) una casa?

CLIENTE: Tal vez en las dos cosas. Mi esposa y yo tenemos una casa demasiado grande para nosotros dos. Quisiéramos __________ (3. *change it*) por una más pequeña.

CORREDOR: Un condominio no les iría mal. ¿Tiene una idea exacta del tamaño de la casa que quieren comprar?

CLIENTE: Estamos pensando en una casa con dos __________ (4. *bedrooms*) y dos baños.

CORREDOR: Una posibilidad es __________ (5. *to rent*) la casa grande a una familia y a la vez comprar una pequeña para ustedes. Puede ser una buena inversión.

CLIENTE: No queremos problemas de ______________ (6. *tenants*). Mejor es vender la casa.

CORREDOR: Aquí tiene la foto de una casa en venta, con ______________ (7. *carpet*) de pared a pared en las dos recámaras.

CLIENTE: ¿Tiene ______________ (8. *closets*) grandes? Porque mi esposa tiene más ropa que una tienda.

CORREDOR: Bueno, ya la verán. Por ahora ______________ (9. *fill out*) esta planilla sobre su propia casa. Lo mejor será visitar varias casas para que Uds. comparen y decidan.

CLIENTE: Tiene Ud. mucha razón. Mi esposa se ______________ (10. *would get mad*) muchísimo si yo tomara la decisión solo.

CORREDOR: Por experiencia sé que la esposa es quien decide la compra de la casa en casi todos los casos. Vuelva Ud. con su esposa y podremos actuar.

RESPUESTAS p. 310

B. Complete las oraciones con una palabra del vocabulario o de las notas.

1. Usamos una escoba para ______________ el piso.
2. Ponemos los libros en un ______________.
3. Si Ud. alquila una casa, tiene que pagar el ______________ mensualmente.
4. La parte más alta de la casa es el ______________.
5. Guardamos la ropa en los armarios y en las ______________.
6. Usamos el baño para bañarnos, y la ______________ para dormir.
7. La parte más baja de la casa es el ______________, pero muchas casas modernas ya no lo tienen.
8. Para ______________ la casa necesitamos mesas, sillas, sofás.
9. Cuando el piso está ______________ hay que caminar con cuidado.
10. Cuando una cambia de casa es necesario ______________ todas las cosas.
11. Hay que ______________ los muebles cuando tienen polvo.
12. Las señoras están en los aseos (cuartos de baño) poniéndose ______________. (*powder*)

RESPUESTAS p. 310

C. Use los siguientes verbos en presente de indicativo, sin repetirlos, para completar las oraciones.

alquilar	barrer	mojar	mullir	sacudir	teñir
amueblar	bullir	mudarse	reñir	tañer	zambullir

1. Hace tres años que nosotros ____________ esta casa. (*rent*)
2. La mamá ____________ a su hijito porque está haciendo demasiado ruido.
3. Yo mismo ____________ el piso de mi apartamento todas las semanas.
4. Carlitos se ____________ todas las tardes en la piscina y nada por una hora sin parar. Quiere ser campeón de natación de su colegio.
5. A Lucía le gusta mucho la música; ____________ la guitarra y el arpa.
6. Siempre que Julita se baña, ____________ el piso del baño.
7. El color natural del pelo de mamá es negro, pero se lo ____________ de rubio.
8. Mi abuelita trabaja mucho en casa; ____________ el polvo de los muebles todas las semanas.
9. Algunos alumnos ____________ de apartamento cada año; siempre buscan uno más barato.
10. Las aceras de Nueva York siempre están llenas de personas; la gente ____________ como hormigas (*ants*).
11. No tenemos que pagar los muebles de esta oficina; la compañía para la que trabajamos ____________ la oficina.
12. Mi esposa ____________ bien las almohadas (*pillows*) para que estén muy suaves.

GRAMÁTICA El imperfecto de subjuntivo

I. **Verbos regulares.** Repase el siguiente esquema.

Sujeto	*habl ar*		*com er*	
yo	**habl ara**	**habl ase**	com iera	com iese
tú	**habl aras**	**habl ases**	com ieras	com ieses
él/ella/Ud.	**habl ara**	**habl ase**	com iera	com iese
nosotros(as)	**habl áramos**	**habl ásemos**	com iéramos	com iésemos
ellos/ellas/Uds.	**habl aran**	**habl asen**	com ieran	com iesen

A. La forma más próxima al imperfecto de subjuntivo es el pretérito en la tercera persona del plural. La única diferencia en todos los verbos, regulares e irregulares, son las vocales **o** y **a.**

EJS: **Hablaron → hablaran / escribieron → escribieran / dieron → dieran**

B. Observe que en el esquema anterior hay dos formas diferentes en este tiempo. Se las llama forma **-ra** y forma **-se** por ser ésa la única diferencia: **comiera = comiese.** Las dos formas tienen casi los mismos usos y no discutiremos aquí sus diferencias mínimas. En Hispanoamérica se usa más la forma **-ra** que la forma **-se** en el habla común. En España se oyen las dos, posiblemente más **-se** que **-ra.** En la literatura de todo el mundo de habla hispana se usan las dos formas.

C. La única persona con acento escrito es la primera persona del plural: **habláramos/hablásemos.** Observe que los verbos en **-ar** tienen varias formas iguales en el futuro y en el imperfecto de subjuntivo, excepto por el acento.

hablarás = *you will talk* **hablaras** = *you might talk*
hablarán = *they will talk* **hablaran** = *they might talk*
hablará = *he will talk* **hablara** = *he might talk*

D. En todos los verbos con una ***i*** entre dos vocales, la ***i*** cambia en ***y.*** Son los verbos que tienen dos vocales juntas en el infinitivo, como **leer, caer, oír, huir.**

EJS: **leer → leiera/leyera; oír → oiera/oyera; huir → huiera/huyera**

II. **Verbos irregulares.** Repase el siguiente esquema.

Sujeto	***hac er***	***dec ir***	***ir/ser***	***reñ ir***	***ped ir***
yo	**hic iera**	**dij era**	**fu era**	**riñ era**	**pid iera**
tú	**hic ieras**	**dij eras**	**fu eras**	**riñ eras**	**pid ieras**
él/ella/Ud.	**hic iera**	**dij era**	**fu era**	**riñ era**	**pid iera**
nosotros(as)	**hic iéramos**	**dij éramos**	**fu éramos**	**riñ éramos**	**pid iéramos**
ellos/ellas/Uds.	**hic ieran**	**dij eran**	**fu eran**	**riñ eran**	**pid ieran**

A. Todos los verbos irregulares en el pretérito son irregulares en el imperfecto de subjuntivo, con los mismos cambios en la raíz de la tercera persona del plural.

EJS: **dijeron → dijeran / dieron → dieran / murieron → murieran**

B. Los verbos con las letras ***j, ñ, ll,*** al final de la raíz pierden la ***i*** de ***-iera/ -iese,*** lo mismo que en el pretérito (que no es **-ieron** sino **-eron**).

EJS: **reñir → riñeron/riñeran/riñesen; decir → dijeron/dijeran/dijesen**

La excepción es *tejer* (*to knit, weave*), que tiene la *j* en el infinitivo y sí toma ***-ieron / -ieran:***

EJS: **tejer → tejieron / tejieran / tejiesen**

La lista de verbos con **ñ** y **ll** es limitada y no son verbos muy frecuentes. Todos se incluyeron en el vocabulario de esta lección.

bullir → bullera / bullese boil, bustle
mullir → mullera / mullese soften
reñir → riñera / riñese scold
tañer → tañera / tañese play music
teñir → tiñera / tiñese dye
zambullir → zambullera / zambullese dive

C. En ***pedir*** cambia la ***e*** en ***i*** en todas las personas, y ***dormir, morir*** y ***poder*** cambian la ***o*** en ***u*** en todas las personas. Recuerde que este cambio también ocurre en el presente de subjuntivo y en el participio progresivo.

EJS: **pedir → pidiera / pidiese / pida / pidiendo**
dormir → durmiera / durmiese / durmamos / durmiendo

D. Los verbos **ser / ir** tienen el mismo imperfecto de subjuntivo, y también coinciden en el pretérito. El verbo **dar** no sigue el patrón de los verbos en **-ar,** sino el de los verbos en **-er, -ir.**

EJS: **ser / ir → fuera / fuese; dar → diera / diese**

E. Repase bien la siguiente lista de los verbos más irregulares en el pretérito e imperfecto de subjuntivo, porque son verbos muy comunes y además tienen derivados.

andar → anduve / anduviera
caber → cupe / cupiera
decir → dije / dijera
estar → estuve / estuviera
haber → hube / hubiera
hacer → hice / hiciera
ir / ser → fui / fuera
poder → pude / pudiera
poner → puse / pusiera
producir → produje / produjera
querer → quise / quisiera
saber → supe / supiera
tener → tuve / tuviera
traer → traje / trajera

III. **Usos del imperfecto de subjuntivo.** El imperfecto de subjuntivo es paralelo al presente de subjuntivo. Las reglas son las mismas para los dos: los verbos de **influencia, emoción, duda, causa-efecto,** se complementan con el subjuntivo en la oración subordinada. Normalmente si la oración principal está en pasado de indicativo, la oración subordinada del subjuntivo estará en imperfecto. En la próxima lección daremos más detalles sobre este tema.

EJS: **El maestro *quiere* que los alumnos aprendan. (*presente*)**
El maestro *quería* que los alumnos aprendieran. (*imperfecto*)

PRACTIQUE LA GRAMÁTICA

RESPUESTAS p. 310

1. El imperfecto de subjuntivo tiene ____________ formas diferentes, pero éstas tienen casi los mismos usos. Generalmente se llaman forma **-ra** y forma **-se.** Las dos formas del verbo **hablar** son ____________ / ____________.
2. En Hispanoamérica se usa más la forma ____________ que la forma ____________ en el habla cotidiana. En España se oyen las dos, pero se usa un poco más la forma ____________. En literatura se usan las dos formas en los dos lados del Atlántico.
3. ***Dar*** es un verbo del grupo **-ar,** pero no decimos **dara** sino ____________, y no decimos **dase** sino ____________. Este verbo toma las terminaciones de los verbos en **-er, -ir.**
4. Todos los imperfectos de subjuntivo se forman de la tercera persona plural del ________, después de cambiar la ***o*** en ***a,*** como **fueron** = ________.
5. Del verbo **decir** tenemos **dijera** en imperfecto de subjuntivo: vemos que cambia la raíz **dec-** en ____________, y la terminación **-iera / -iese** cambia a ____________.
6. Los verbos como **leer, caer, oír,** con dos vocales juntas, no tienen la terminación **-iera / -iese** sino ____________, porque la ***i*** entre dos vocales cambia a ____________. Por ejemplo, de ***leer*** tenemos ***yo*** ____________.
7. La forma **tañiera** (*to play music*) no es correcta. Debe ser ____________, porque la ***ñ*** absorbe la vocal ____________. Lo mismo pasa con la ***j:*** por ejemplo, **dijieran** no es correcto. Debe ser ____________.
8. Del verbo **zambullir** no decimos **zambulliera** sino ____________, porque la *ll* absorbe la ____________ de ***-iera/-iese.***
9. De ***pedir*** no decimos **pedió** sino ____________ en el pretérito. En subjuntivo tampoco decimos **pediera** sino ____________. Cambia la ***e*** en ____________.
10. Del verbo **andar** no decimos **andé** sino ____________ en el pretérito. Por lo tanto en imperfecto de subjuntivo diremos **yo** ____________.
11. La única diferencia entre ***hablarás*** y ***hablaras*** es el acento (fonético y escrito). ¿Cuál de los dos significa *you will talk?* ____________.
12. ***Divertir*** es como ***pedir:*** el subjuntivo no es ***divertiera*** sino ____________.
13. Los verbos compuestos experimentan los mismos cambios de los verbos simples. Si de ***hacer*** decimos **hiciera,** de ***deshacer*** diremos ____________. ¿Y de ***satisfacer?*** ____________.
14. El imperfecto de ***producir*** no es ***produciera*** sino ____________, y el imperfecto de ***conducir*** no es ***conduciera*** sino ____________.
15. Del verbo **oír** no decimos **yo oiera** en el imperfecto sino ____________. De ***huir*** (*to flee*) tampoco decimos **yo huiera** sino ____________.

16. Del verbo **componer** (*fix, compose*) no decimos **componiera** sino ____________ y del verbo **mantener** no decimos **yo manteniera** sino **yo** ____________.
17. Las reglas para usar el imperfecto de subjuntivo son las mismas del presente. Los verbos de influencia requieren subjuntivo, por ejemplo, **Ella me pidió que** ____________ **a tiempo.** (**llegar**)
18. Recuerde que los verbos de emoción también necesitan subjuntivo. Por ejemplo, **Ella se alegró de que Ud.** ____________ **bien en el examen.** (**salir**)

EJERCICIOS

RESPUESTAS p. 310

A. Complete las oraciones con el imperfecto de subjuntivo.

1. El gerente te pidió que no ____________ tarde. (llegar)
2. Fue necesario que el dentista me ____________ un diente. (sacar)
3. Me alegré mucho de que Ud. me ____________ ese libro de cuentos. (dar)
4. Era probable que Margarita ____________ ese día en la fiesta. (estar)
5. Te traje la novela para que la ____________ antes del examen. (leer)
6. Tenía miedo de que el doctor me ____________ una inyección. (poner)
7. Abrí la ventana para que ____________ aire fresco. (entrar)
8. Fue una lástima que tu novio no ____________ venir. (poder)
9. Todos nos pidieron que ____________ la guitarra. (tocar)
10. Manolita se fue antes que ____________ la reunión. (concluir)
11. El público le pidió a Lorenzo que ____________ el arpa (*harp*). (tañer)
12. Mi padre permitió que (nosotros) ____________ su carro. (usar)
13. El novio quiso que su novia ____________ de blanco. (vestirse)
14. Yo nunca me imaginaría que Ud. ____________ hablar ruso. (saber)
15. Fue mucho mejor que ella ____________ a ver al médico. (ir)
16. El profesor de natación me dijo que me ____________. (zambullir)
17. Ella nunca iba a la playa a menos que yo ____________ con ella. (ir)
18. Pedro sugirió que tú ____________ el coche. (conducir)
19. Dudábamos que Juanito ____________ la verdad. (decir)
20. Tomé un calmante para que la carie no me ____________. (molestar)
21. Fue conveniente que Ud. ____________ el cheque antes del día veinte. (mandar)

22. ¡Qué pena que ustedes no ____________ a sus hijos! (traer)
23. José no vino a clase ayer. Tal vez ____________ enfermo. (estar)
24. Mi novia me llamó antes que ____________ de su trabajo. (salir)

RESPUESTAS p. 310

B. Repase el pretérito y el imperfecto. Escriba la tercera persona del plural del pretérito y la primera persona plural del imperfecto de subjuntivo.

EJ: **comer → comieron / comiéramos**

1. decir ____________ ____________
2. producir ____________ ____________
3. saber ____________ ____________
4. creer ____________ ____________
5. teñir (*dye*) ____________ ____________
6. morir ____________ ____________
7. divertir ____________ ____________
8. zambullir ____________ ____________
9. mantener ____________ ____________
10. suponer ____________ ____________
11. prevenir ____________ ____________
12. maldecir ____________ ____________
13. estar ____________ ____________
14. andar ____________ ____________

¡ATENCIÓN! Oraciones condicionales: indicativo vs. subjuntivo

1. **Condiciones reales.** Una condición es real cuando esa condición se cumple si la acción principal de la cual depende se lleva a cabo. Las dos oraciones van en indicativo, presente o pasado.

   EJS: **Si *tengo* dinero, *viajaré* a China.** (*If I have the money, I'll travel to China.*)
   Si *tuvo* dinero, lo *gastó* todo. (*If he had money, he spent it all.*)
   Si *tenía* dinero, lo *malgastaba*. (*If he had money, he wasted it.*)

2. **Condiciones irreales.** En estas oraciones se niega lo contrario de lo que se dice, por eso se llaman *contrary-to-fact conditions,* es decir, condiciones contrarias a la realidad. Hay dos fórmulas diferentes:

   a) Para el momento presente o futuro: **Si... -ra / -se,... -ría.** Es decir, la oración con la conjunción **si** toma el imperfecto de subjuntivo y la oración principal toma el condicional. El orden de las dos oraciones se puede cambiar tanto en español como en inglés.

EJS: **(No tengo dinero.) Si *tuviera* dinero ahora, *compraría* un carro nuevo.**
(I have no money.) If I had money now, I would buy a new car.
Si *tuviese* dinero el verano próximo, *viajaría* a Europa.
(If I should have money next summer, I would travel to Europe.)
Ud. *podría hablar* chino, si lo *estudiara* (o *estudiase*).
(You would be able to speak Chinese if you studied it.)

b) Para el momento pasado: **Si hubiera/hubiese... -do, habría... -do.** Es decir, la oración con la conjunción ***si*** toma el pluscuamperfecto de subjuntivo y la oración principal toma el condicional perfecto.

EJS: **Si *hubiera/hubiese tenido* dinero el año pasado, *habría comprado* un carro nuevo.** *(If I had had the money last year, I would have bought a new car.)*
Ud. *habría aprendido* chino, si lo *hubiera/hubiese estudiado* de joven. *(You would have learned Chinese, if you had studied it as a young person.)*

3. La expresión **como si** (*as if*) indica siempre una condición contraria a la realidad. Siempre necesita el imperfecto o el pluscuamperfecto de subjuntivo. Se usan las formas **-ra** y **-se,** según el país.

EJS: **Ella habla español como si fuera de Chile.**
(She speaks Spanish as if she were from Chile.)
José camina como si hubiera estado enfermo.
(José is walking as if he had been sick.)

RESPUESTAS p. 311

C. *¿Qué haría Ud. de millonario?* Si Ud. ganara dos millones de dólares en la lotería... (Escriba solamente los verbos.)

1. (comprar una mansión para mis padres) ______________________
2. (viajar durante un año por Sudamérica) ______________________
3. (dar medio millón a los niños pobres) ______________________
4. (dejar de trabajar definitivamente) ______________________
5. (hacer una fiesta enorme con mis amigos) ______________________
6. (salir de viaje para China y Japón) ______________________
7. (regalar un anillo de diamantes a mi novia) ______________________
8. (casarme con mi novio) ______________________
9. (comprar una limusina) ______________________
10. (invertir medio millón en la bolsa de valores) ______________________

RESPUESTAS p. 311

D. *Querer es poder.* **Yo haría muchas cosas si... (Escriba sólo los verbos.)**

1. (tener tiempo y dinero disponibles) ______________________
2. (ser presidente del país) ______________________
3. (estar bien) ______________________
4. (mis padres/ayudarme) ______________________
5. (querer hacerlas de verdad) ______________________
6. (ganar la lotería) ______________________
7. (heredar millones de mis padres) ______________________
8. (estudiar para un doctorado) ______________________

RESPUESTAS p. 311

E. **Complete las oraciones con indicativo (*condiciones reales*) o subjuntivo (*condiciones irreales*).**

1. Si hacía calor, nosotros ______________ a la playa. (ir)
2. Si hiciera calor, nosotros ______________ a la playa. (ir)
3. Si hubiera hecho calor, nosotros ______________ a la playa. (ir)
4. Si hace calor, nosotros ______________ a la playa. (ir)
5. Si Ud. ______________ español, se divertiría mucho en México. (saber)
6. Si Ud. ______________ español, debe hablarlo en clase. (saber)
7. Si Ud. ______________ el español, lo aprenderá más rápido. (practicar)
8. Jorge se ve muy pálido, como si ______________ enfermo. (estar)
9. Si Ud. ______________ ______________ el español desde la escuela primaria, lo habría pronunciado (lo pronunciaría ahora) muy bien. (estudiar)
10. Cuando era joven, si Jorge ganaba mucho dinero, lo ______________ a lo loco. (gastar)
11. Compraré un carro nuevo en verano, si mis padres me ______________. (ayudar)
12. Compraría un carro nuevo, si mis padres me ______________. (ayudar)
13. Si yo hubiera sido tú, ______________ ese trabajo. (aceptar)
14. Carlos no tiene dinero. Si lo ganó de joven, lo ______________ todo. (gastar)
15. Si Ud. sale en este momento, ______________ a tiempo. (llegar)
16. Ud. llegaría a tiempo si ______________ en este momento. (salir)

26 La familia hispana
(The Hispanic Family)

el/la ahijado(a)	godchild	**la nuera**	daughter-in-law
el bautismo	baptism	**el padrastro**	stepfather
bautizar	to baptize	**los padres**[3]	parents, fathers
la bisabuela	great-grandmother	**el padrino**	godfather
el/la bisnieto(a)[1]	great-grandchild	**el/los pariente(s)**	relative(s)
divorciarse	to divorce	**perezoso(a)**	lazy
el divorcio	divorce	**el/la primo(a)**	cousin
enviudar	to become a widow(er)	**la sobrina**	niece
el/la joven	youngster, young man (woman)	**el sobrino**	nephew
		soltero(a)	single
la juventud	youth	**la solterona**[4]	old maid
listo(a)[2]	smart	**la suegra**	mother-in-law
la madrastra	stepmother	**el suegro**	father-in-law
la madrina	godmother	**la vejez**	old age
la madurez	adulthood	**el/la viudo(a)**	widower, widow
el marido	husband	**la viudez**	widowhood
el/la nieto(a)	grandchild	**el yerno**	son-in-law
la niñez	childhood		

NOTAS

1. ***Bisnieto**(a)* también se escribe **biznieto(a),** mientras que ***bisabuelo**(a)* sólo se escribe de una manera. Para *great-great-grandfather* se usa ***tatarabuelo(a),*** y para *great-great-grandchildren* se usa ***tataranietos.***
2. ***Listo(a)*** puede significar dos cosas: a) *smart* con el verbo **ser** o cuando está con un nombre: **un joven listo** (*a smart youngster*). b) *ready,* con el verbo **estar.**

   EJ: **El joven listo dijo que estaba listo.** (*The smart youngster said he was ready.*)
3. ***Padres*** puede significar dos cosas: *parents,* o dos o más *fathers.* Esto pasa con todos los términos relativos a la familia: **sobrinos** = *a) niece(s) and nephew(s), b) nephews;* **hermanos** = *a) brother(s) and sister(s), b) brothers.*

4. *Solterona* significa *old maid* y ***solterón,*** *old bachelor.* Estas palabras suelen usarse con connotación negativa, igual que en inglés.
5. La familia tradicional en los países de habla hispana es extensa, es decir, que además de los padres y los hijos incluye a otros miembros, como los abuelos, tíos o tías, viudos o solteros. La familia norteamericana es nuclear: padres e hijos. La familia en los países de habla hispana ofrece apoyo y ayuda a sus miembros, y generalmente los hijos solteros viven con sus padres.

PRACTIQUE LAS PALABRAS NUEVAS

RESPUESTAS p. 311

A. Complete las siguientes oraciones con la palabra adecuada.

1. Mi padre y mi madre son mis __________.
2. Mis tíos, primos, sobrinos, y abuelos, son mis __________.
3. La hija de mis tíos es mi __________, y su hijo es mi __________.
4. Los hijos de mi hermano son mis __________.
5. Los hijos de mis hijos son mis __________.
6. Los padres de mis padres son mis __________.
7. La madre de mi esposa es mi __________, y el padre es mi __________.
8. Yo soy el __________ del hijo que tuvo mi esposa en un matrimonio anterior.
9. El hombre que se hace responsable de un niño en el bautismo es su __________.
10. Un niño es el ______________ de su padrino.
11. La esposa de mi hijo es mi ______________.
12. Mi hija está casada con Bill. Entonces, Bill es mi ______________.
13. Los hijos de los hijos de mis hijos son mis ______________.
14. Una señora se queda ______________ cuando muere su esposo.
15. Un señor que nunca se ha casado y ya es mayor es un ______________.

RESPUESTAS p. 311

B. Palabras derivadas: de *niño* tenemos *niñez,* de *joven, juventud.* Busque un nombre derivado de estos adjetivos. Use el diccionario si lo necesita.

1. maduro ____________________
2. viudo ____________________
3. viejo ____________________
4. bello ____________________
5. perezoso ____________________
6. dulce ____________________
7. feliz ____________________
8. negro ____________________

9. blanco ______
10. verde ______
11. bueno ______
12. malo ______
13. pesado ______
14. delgado ______
15. escaso ______
16. pálido ______

RESPUESTAS p. 311

C. **Escriba los verbos derivados de los siguientes nombres o adjetivos. Use el diccionario si lo necesita.**

1. maduro ______
2. viejo ______
3. divorcio ______
4. casa ______
5. mueble ______
6. alfombra ______
7. alquiler ______
8. venta ______
9. sorpresa ______
10. dulce ______
11. rojo ______
12. dolor ______
13. delgado ______
14. escaso ______
15. padrino ______
16. pálido ______
17. risa ______
18. sonrisa ______
19. techo ______
20. tierra ______
21. seco ______
22. trenza ______
23. peine ______
24. almuerzo ______

GRAMÁTICA Usos del presente y del imperfecto de subjuntivo

Existen siete tipos de subjuntivo.

1. **Influencia.** El verbo de la oración principal que indica algún tipo de influencia se complementa en la subordinada con el subjuntivo. Si el verbo principal está en presente o futuro se complementará con el presente de subjuntivo, y si está en un tiempo pasado se complementará con el imperfecto de subjuntivo.

   EJS: *Quiero* que *vayas* conmigo. / *Quería* (*quise*) que *fueras* conmigo.
   Es mejor que *vayas* conmigo. / *Era* (*fue*) *mejor* que *fueras* conmigo.

   Recuerde que los verbos de información y observación se complementan con el indicativo.

   EJS: Te *aseguro* que él *está* bien. / Te *aseguré* (*aseguraba*) que él *estaba* bien.

2. **Emoción.** Los verbos de emoción se complementan en la oración subordinada con el subjuntivo. La concordancia de tiempos no es estricta, sin embargo; por ejemplo, una acción pasada puede causar una emoción presente. Normalmente presente va con presente y pasado con pasado.

   EJS: **Me *gusta* que *vayas* conmigo. / Me *gustó* (*gustaba*) que *fueras* conmigo.**
   ***Es una lástima* que *muriera* (*haya muerto*) tan joven.**

3. **Duda / negación.** Los verbos de duda / negación se complementan con el subjuntivo en la oración subordinada; en cambio, los verbos de certeza se complementan con el indicativo. Normalmente hay concordancia de tiempos: presente con presente y pasado con pasado, pero esto no es estricto. Por ejemplo, uno puede dudar ahora de un hecho del pasado. Recuerde los contrastes de ***creer / no creer, pensar / no pensar,*** que marcan un contraste de indicativo / subjuntivo.

   EJS: **No *creo* que tú *seas* chileno. / No *creía* (*creí*) que tú *fueras* chileno.**
   Yo *creo* que tú *eres* chileno. / Yo *creía* (*creí*) que tú *eras* chileno.
   ***Es probable que* José *estuviera* enfermo.**

4. **Nombres desconocidos.** Los nombres conocidos se describen o explican con una oración subordinada en indicativo. En cambio, un nombre desconocido se describe con un verbo en subjuntivo. La no existencia (**no hay / había / hubo**) implica desconocimiento y requiere el subjuntivo. Recuerde que los artículos definidos / indefinidos no ayudan a identificar conocimiento o desconocimiento del nombre.

   EJS: ***Tengo* una casa que *es* grande. / *Tenía* una casa que *era* grande.**
   ***Busco* una casa que *sea* grande. / *Buscaba* una casa que *fuera* grande**
   ***Hay* un joven que *habla* chino. / *Había* un joven que *hablaba* chino.**
   No *hay* nadie que *hable* chino. / No *había* nadie que *hablara* (*hablase*) chino.

5. **Causa-efecto.** Si la acción de la oración principal causa un efecto en la oración subordinada, este verbo va en subjuntivo. Hay una secuencia de tiempos, presente con presente y pasado con pasado, pero no es estricta; por ejemplo, una acción pasada puede causar un efecto actual. Las conjunciones que llevan la idea de causa son pocas: **para que, sin que, a fin de que, a menos que, de manera que, con tal que.**

   EJS: ***Trabajo* para que mis hijos *estudien.***
   Trabajé* (*trabajaba*) para que mis hijos *estudiaran / estudien.
   No lo *haré* (*hago*) a menos que tú me lo *pidas.*
   No lo *haría* a menos que tú me lo *pidieras / pidieses.*

6. **Futuro = acción no experimentada.** Los adverbios-conjunciones de tiempo, lugar y modo se complementan con el subjuntivo cuando la acción es futura, es decir, no está experimentada; en cambio, si la acción es pasada o

es una costumbre vigente, se complementa con el indicativo porque ya está experimentada o conocida. *Antes* (*de*) *que* siempre requiere subjuntivo, aunque sea acción pasada y experimentada.

EJS: **Te *saludé* cuando te *vi*. / Te *saludaré* cuando te *vea*.**
Te *saludo* cuando te *veo*. / Te *saludaba* cuando te *veía*. (***costumbre***)
***Trabajaré* en esa oficina, aunque no me *gusta*.** (I know what the work is like there.)
***Trabajaré* en esa oficina, aunque no me *guste*.** (I don't know what the work is like there.)
Te *escribiré* antes que *vuelvas*. / Te *escribí* antes que *llamaras*.

7. **Condiciones irreales.** Las condiciones irreales, es decir, contrarias a la realidad, necesitan el imperfecto de subjuntivo en la oración que lleva el ***si***, y el condicional en la oración principal. Esta condición es para el momento **presente** o **futuro.** Si la condición es para el **pasado,** la oración con ***si*** toma el pluscuamperfecto de subjuntivo y la oración principal toma el condicional perfecto. ***Como si*** también toma el imperfecto de subjuntivo.

EJS: **Si *estudiaras* más, *sacarías* mejores notas.** (***ahora, costumbre***)
Si *hubieras estudiado* más, *habrías sacado* mejores notas. (***pasado***)
Mi amigo se viste como si *fuera* millonario.

Recuerde que las **condiciones reales** toman el **indicativo.**

EJ: **Si *estudias* seriamente, *aprobarás* (*apruebas*) el curso.**

PRACTIQUE LA GRAMÁTICA

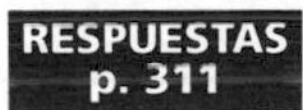
RESPUESTAS p. 311

1. Cuando decimos **Si yo fuera presidente**, en realidad estamos diciendo **que yo** ________________ **presidente.** Por eso son condiciones «contrarias a la realidad», es decir, se llaman condiciones ________________.

2. ¿Qué tiempo verbal es *fuera* en **Si yo fuera...?** ________________ de subjuntivo. Lo es de dos verbos: ________________.

3. **Si tengo dinero...** es una condición ________________; se complementa en la oración principal con un tiempo del indicativo, por ejemplo, el presente o el ________________.

4. **Si yo hubiera tenido dinero...** quiere decir que en aquel pasado yo no tenía dinero. Es una condición contraria a la realidad. La segunda parte toma el ________________.

5. Los verbos que significan una influencia de una persona en otra, se complementan en la oración subordinada con el ________________. Pero si es un verbo de información, se complementa con el ________________.

6. Los verbos de emoción son la inversa de los verbos de influencia, en el sentido que la oración subordinada es la causa de la emoción. Se complementan en la subordinada con el ________________.

   EJ: **Sentí mucho que Ud. no ________________. (venir)**

7. Con el adverbio-conjunción ***antes que*** siempre se necesita el ________________. Por ejemplo, **Saludé a tu amiga antes que ________________ para casa. (irse)**

8. ***Cuando, después que, hasta que, luego que,*** se usan con el ________________ cuando se refieren al «futuro», porque es una acción no experimentada. Por ejemplo, **Hablaremos cuando ustedes ________________. (llegar)**

9. Una acción que causa otra acción como efecto, se complementa con el segundo verbo en ________________.

   EJ: **Te lo expliqué otra vez para que lo ________________ mejor. (entender)**

10. *Ojalá* expresa un deseo con emoción; siempre se complementa con el ________________. Si nos referimos al pasado se necesita el pluscuamperfecto: por ejemplo, **¡Ojalá que Ud. ________________ ayer al médico! (ir)**

11. Si el hablante tiene certeza de un hecho se usa el ________________. Por ejemplo, **José me aseguró que él ________________ japonés. (hablar)**

12. Un verbo de duda y negación se complementa con el ________________. Por ejemplo, ***creer*** se complementa con el ________________ y ***no creer*** con el ________________.

13. En **Compré una casa que me gustó, *gustó*** es indicativo porque ***la casa*** es un nombre ________________ para el hablante.

14. En **Paco buscaba una casa que ________________ (estar) cerca de su trabajo,** es necesario usar el subjuntivo porque esa casa es ________________ para Paco.

15. En **Te vi cuando ________________ (salir) de la cantina,** se usa el ________________ porque es una acción real, experimentada, vivida.

EJERCICIOS

RESPUESTAS p. 312

A. Complete con la forma correcta del indicativo o subjuntivo del verbo entre paréntesis.

1. Si Pepito estudiara más, ______________ mejores notas. (tener)
2. Fue necesario que el médico le ______________ el pie al paciente. (amputar)

3. Observé que tu amiga no ____________ alcohol en la fiesta. (tomar)
4. Esperábamos que Ud. ____________ buenas relaciones con ella. (mantener)
5. La actriz sonreía cuando el público la ____________. (aplaudir)
6. Es cierto que Roberto ____________ enfermo ayer. (estar)
7. No entiendo por qué tu amigo ____________ para Chicago. (irse)
8. No pudimos entrar hasta que Mario ____________ con la llave. (llegar)
9. Si usted ____________ al teatro, me vería actuar en la obra. (ir)
10. Si los actores trabajan bien, el público los ____________. (aplaudir)
11. Si hubiera tenido dinero entonces, ____________ la casa hace varios años. (comprar)
12. El jefe nos avisó que ____________ a tiempo a la oficina. (llegar)
13. Terminé todo el trabajo sin que nadie me ____________. (ayudar)
14. Cómpreme dos entradas si usted ____________ a la taquilla del cine. (ir)
15. No hables hasta que (ellos) ____________ el telón del escenario. (bajar)
16. Antes que Ud. me ____________, ya había comprado los boletos. (llamar)
17. No había en la clase ni un solo alumno que ____________ chino. (saber)
18. Los romanos tenían una diosa que ____________ Venus. (llamarse)
19. Tú teléfono estaba ocupado cuando yo te ____________. (llamar)
20. Si Ud. ____________ más cuidado, no habría ocurrido ese accidente. (tener)
21. El boletero dice que ya no ____________ más entradas. (haber)
22. En Atenas conocí a un taxista que ____________ cuatro idiomas. (hablar)
23. Hay una comedia de Cervantes que me ____________ mucho. (gustar)
24. El maestro nos sugirió que ____________ las palabras nuevas. (escribir)

RESPUESTAS p. 312

B. Complete con el pretérito o el imperfecto de subjuntivo.

1. Ya yo sabía que ustedes ____________ las vacaciones en Miami. (pasar)
2. Mis padres querían que yo ____________ a mi hermana. (acompañar)
3. Hablé con tu suegra antes que (tú) ____________. (llegar)
4. Es cierto que (nosotros) ____________ esa novela en clase. (leer)

5. Trabajé mucho para que mi hijo ____________ una profesión. (tener)
6. Buscaba unos pantalones que me ____________ bien. (quedar)
7. Ayer me dijeron que Ud. ____________ buena suerte en la lotería. (tener)
8. Es una lástima que el escritor ____________ tan joven. (morir)
9. Hablamos con tu prima después que (tú) ____________. (irse)
10. Teresa no se iba de compras sin que su mamá ____________ con ella. (ir)
11. El presidente declaró que la reunión ____________ muy productiva. (ser)
12. Mi tía me pidió que ____________ más paciencia con ella. (tener)
13. Es muy probable que el criminal ____________ de la prisión de noche. (huir)
14. Reconozco que el accidente se ____________ por mi culpa. (producir)
15. ¿Viajaría usted mucho si ____________ la lotería? (ganar)
16. Compré una computadora que me ____________ casi dos mil dólares. (costar)

¡ATENCIÓN! Pronombres con preposiciones

Sujetos	*según / entre / excepto*	*con*	Otras preposiciones
yo	entre *tú* y *yo*	conmigo	a/para/de... *mí*
tú	según *tú*	contigo	a/para/de... *ti*
él	entre *él* y *yo*	con *él*	a/para/de... *él*
ella	según *ella*	con *ella*	a/para/de... *ella*
usted	excepto *usted*	con *usted*	a/para/de... *usted*
nosotros(as)	según *nosotros(as)*	con *nosotros(as)*	a/para/de... *nosotros(as)*
ellos	entre *ellos*	con *ellos*	a/para/de... *ellos*
ellas	entre *ellas*	con *ellas*	a/para/de... *ellas*
ustedes	entre *ustedes*	con *ustedes*	a/para/de... *ustedes*

1. Observe que los sujetos **yo** y **tú** tienen formas distintas después de las preposiciones: **mí** y **ti.** Los otros sujetos se mantienen iguales. Sin embargo, las preposiciones **entre, excepto** y **según** toman ***tú*** y ***yo*** en lugar de ***ti*** y ***mí.***

EJS: ***Yo*** **trabajo para *mí* mismo.** (*I work for myself.*)
Ella **trabaja para *ti*.** (*She works for you.*)
Entre tú y yo **lo hicimos todo.** (*We did everything between you and me.*)
Según tú **llegaremos bien.** (*According to you we'll be on time.*)

2. La preposición **con** forma contracciones con las dos primeras personas en singular: **conmigo, contigo.** También se usa **consigo** en tercera persona cuando la construcción es reflexiva: *with himself, herself, themselves, yourself.*

   EJ: **Ella habla *consigo* misma.** (*She is talking to herself.*)

3. El pronombre **sí** no aparece en el cuadro. Siempre es reflexivo y necesita una preposición delante, pero normalmente se sustituye por el pronombre del sujeto: **él, ella, usted, ellos, ellas, ustedes.**

   EJS: **Ella se vio *a sí misma.* = Ella se vio *a ella misma.***
   Carlos trabaja *para sí mismo.* = Carlos trabaja *para él mismo.*

4. ***Mí, ti, sí,*** son los únicos pronombres después de preposición que son diferentes de los pronombres de sujeto. Si hay dos pronombres de sujeto consecutivos es necesario repetir la preposicion con cada uno. En inglés, en cambio, se omite la preposición.

   EJ: **Esto es *para ti, para él y para mí.*** (*This is for you, him and me.*)

5. El objeto directo y el indirecto se pueden duplicar y enfatizar con la preposición a y el pronombre equivalente.

   EJS: ***Lo*** **mataron *a él.*** (***enfático***) **= *Lo* mataron.**
   Me **lo dieron *a mí.*** (***enfático***) **= *Me* lo dieron.**

RESPUESTAS p. 312

C. Complete las siguientes oraciones con la traducción de las palabras que están entre paréntesis.

1. Terminamos el trabajo ______________. (*between you and me*)
2. Prefiero ir con ella que ir ______________. (*with you [familiar]*)
3. ______________ es mejor comprar una cosa que alquilarla. (*according to him*)
4. Todos tuvieron problemas con la hipoteca excepto ______________. (*you [familiar]*)
5. Ese hombre parece loco. Está hablando ______________ mismo. (*to himself*)
6. Estos tacos son ______________. (*for you and me*)

7. Entre José y ______________ hemos limpiado toda la casa. (*me*)
8. La casa está alfombrada, pero ______________ los pisos de madera son más elegantes. (*to me*)
9. Este carro no es ______________ sino ______________. (*his/hers*)
10. Si no puedes lavar el coche, yo lo lavo ______________. (*for you* [*familiar*])
11. A Luis no le gustan las enchiladas; ______________ tampoco. (*neither do I*)
12. Compramos dos alfombras iguales ______________. (*for him and her*)
13. Todos se zambulleron en la piscina de la casa ______________. (*except her and me*)
14. No sólo te vi a ti, sino que también ______________ vi ______________. (*her*)
15. Ellos tienen su propio negocio. Trabajan ______________ mismos. (*for themselves*)

EXAMEN 4 LECCIONES 21–26

Parte I. Practique el vocabulario (37 puntos)

RESPUESTAS p. 312

A. Relaciones las dos columnas.

1. ___ Esta semana no puedo tomar vacaciones. Tengo mucha...	A.	ensayar
2. ___ No iré a la fiesta... tú me lleves en tu carro.	B.	estrenar
3. ___ Necesitas un champú especial contra la...	C.	bailar
4. ___ Mi alcoba tiene... de pared a pared.	D.	agradecer
5. ___ Los actores tienen que... antes de representar la obra.	E.	a duras penas
6. ___ Debemos irnos para casa porque ya...	F.	cancha
7. ___ Tienes el pelo en desorden; debes... un poco.	G.	espada
8. ___ Tengo ganas de ver esa película. ¿Cuándo la van a...?	H.	faena
9. ___ La ... de tenis es más pequeña que la de fútbol.	I.	hagas el tonto
10. ___ No sé... sacas esa conclusión tan absurda.	J.	a menos que
11. ___ Vamos a una disco(teca) para charlar, beber y...	K.	hacer la vista gorda
12. ___ Si Ud. es... tiene que pagar alquiler todos los meses.	L.	peinarte
13. ___ Tu ayuda fue fantástica. Te la tengo que... muchísimo.	M.	con tal
14. ___ El torero mata el toro con la...	N.	caspa
15. ___ Tú puedes hacerlo muy bien. No te...	O.	se hace tarde
16. ___ Elena irá a la fiesta... que tú vayas también.	P.	alfombra
17. ___ Eso no tiene importancia. Vamos a...	Q.	de dónde diablos
18. ___ Con mucho trabajo pudo terminarlo. Lo acabó...	R.	inquilino

RESPUESTAS p. 312

B. **Subraye la palabra o expresión correctas.**

19. Tenemos un/una (recámara, estante, escoba, sótano) para los libros de la casa.
20. Para encontrar los baños del edificio siga Ud. el/la (alfombra, polvo, alquiler, pasillo).
21. Si Ud. está (inquilino, mojado, resfriado, enojado) puede secarse con una toalla.
22. Es necesario firmar el/la (solicitud, puesto, bufete, entrevista).

23. Es tradicional esperar el Año Nuevo en este país y (agradecer, brindar, charlar, sorprender) con champán.
24. Antes de conseguir un empleo vas a necesitar un/una (corredor, despacho, entrevista, charla) con el gerente o encargado del personal.
25. Podemos usar una escoba para (sacudir, barrer, mullir, teñir) el piso.
26. Las siguientes expresiones significan lo mismo excepto una: (quizás, tal vez, puede ser, a duras penas).

RESPUESTAS p. 313

C. Complete estas oraciones sobre la familia.

27. Si Ud. es padrino de una persona, esa persona es su ______________.
28. Si Ud. está casado, la madre de su esposa (mujer) es su ______________.
29. Si Ud. tiene una hija casada, el marido de su hija es su ______________.
30. Si Ud. está casado con una señora que tiene hijos de un matrimonio anterior, usted es el ______________ de esos hijos.
31. Si Ud. está casada y muere su esposo, Ud. se queda ______________.
32. Si Ud. tiene primos, sobrinos, abuelos, todos ellos son sus ________.

RESPUESTAS p. 313

D. Complete con una palabra adecuada.

33. La edad contraria de la niñez es la ______________.
34. Lo contrario de trabajador es ______________.
35. Si Ud. es ______________, construye edificios, carreteras, puentes.
36. La parte baja de la casa es el sótano; la parte alta es el ______________.
37. Si Ud. es dueño de casas, fincas, estas casas son sus bienes __________.

Parte II. Practique la gramática (63 puntos)

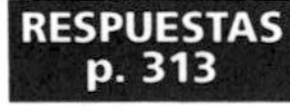

A. Subraye la palabra que completa correctamente la oración.

1. No iré contigo a menos que me (pagarás, pagarías, pagas, pagues) el billete de avión.
2. Tuvimos la suerte de ver a mi tío antes que se (moriera, murió, muriera, morió).
3. Mi amiga quería que yo (trayera, trajera, trayiera, trajiera) las entradas del teatro.
4. Jorge siempre toma una copa de coñac después que (come, coma, comer, comiendo).
5. Si Ud. tuviera un millón de dólares, ¿qué (hace, haría, hará, hiciera) con ese dinero?
6. Te vi ayer cuando (salieras, salías, hayas salido, habías salido) del dentista.

7. Me gustaría visitar Roma si (supiera, sabiera, sabría, sepa) un poco de italiano.
8. En esta biblioteca hay un libro que (tenga, tenía, tiene, tuviera) como cincocientos años.
9. Ya hace seis meses que mi amiga está (como, para, de, a) taquillera en este cine.
10. El actor afirmó que se (retiraría, retirara, retire, haya retirado) en unos meses del mundo del cine.
11. Mitsu habla bien el español (por ser, por siendo, para siendo, para ser) de Japón.
12. No iré al cine sin que Uds. (irán, vayan, fueran, irían) conmigo.
13. El gerente te pagará tan pronto como (llegue, llegará, llega, llegara) a su oficina.
14. ¡Qué bien respiraba yo antes de que (fumaba, fumará, fumara, fumaría)!
15. La farmacia no te dará esa medicina sin que el médico te la (receta, recetará, recetaría, recete).
16. Mi padre me enseñó (cómo, para, a, 0) montar bicicleta cuando era niño.
17. Fue muy obvio que Roberto no (tendría, tenía, tuviera, tenga) la razón.
18. No te acompaño a almorzar porque ya (había, habré, haya, he) almorzado.
19. Ayer fui al mercado y compré (una docena huevos, docena de huevos, docena huevos, una docena de huevos).
20. En Mallorca conocí a un médico que (hablaba, hablara, hablaría, hablará) cinco idiomas.
21. Mi tío tenía más de veinte (millón de dólares, millones de dólares, millones dólares, millón dólares) cuando murió.
22. Fue necesario que el público (aplauda, aplaudiría, aplaudiera, aplaude) por cinco minutos.
23. Si el verano próximo tengo dinero, (viajaría, viajara, viajaba, viajaré) a Brasil.
24. Cuando vivía en La Florida, (iba, iría, fuera, he ido) muchos días a la playa.
25. Antes que me (llames, llamarás, llamaras, llamarías), los chicos habían regresado.
26. Era necesario que yo (iría, iba, fui, fuera) al médico antes de medianoche.
27. Jorge, no seas malo; (dígamelo, dímelo, me lo dices, me lo digas) a mí solamente.
28. Paco no irá a la fiesta si tú no lo (llevarás, lleves, llevaras, llevas) en tu carro.

29. No había nadie en el pueblo que (tañera, tañía, tañiera, tañería) las campanas (bells).
30. Yo nunca me imaginaba que esa artista (sería, fuera, era, fue) tan buena.
31. Creo que eres completamente inocente (frente a, antes de, ante, delante) la ley.
32. Fuimos al cine para que mi hijo (vio, viera, vería, verá) una película nueva.
33. La taquillera no permitió que (entraríamos, entraremos, entráramos, entremos) sin pagar la entrada.
34. Cuando (llegas, llegues, llegarás, llegaras) a México, llámame inmediatamente.
35. Si hubieras llegado a tiempo, (habías visto, habrías visto, vieras, hayas visto) toda la película.

RESPUESTAS p. 313

B. Escriba los participios progresivos.
EJ: escribir = escribiendo

36. poder ____________
37. reír ____________
38. leer ____________
39. ir ____________
40. vestir ____________
41. morir ____________
42. impedir ____________
43. dormir ____________

RESPUESTAS p. 313

C. Escriba los participios pasados.
EJ: escribir = escrito

44. hacer ____________
45. leer ____________
46. volver ____________
47. romper ____________
48. decir ____________
49. caer ____________
50. morir ____________
51. resolver ____________

RESPUESTAS p. 313

D. Traduzca las siguientes oraciones o frases.

52. Let's sit down. ____________.
53. Let them say it. ____________.
54. Let's do it. ____________.
55. Let Mary bring it. ____________.
56. We did it between you and me. ____________.
57. What an interesting novel! ____________!
58. Two heads of lettuce. ____________.
59. I bought three pieces of furniture. ____________.
60. The man who works here. ____________.
61. The boy whose mother . . . ____________.

62. The house about which . . . ______________________________.

63. Two loaves of bread. ______________________________.

RESPUESTAS LECCIONES 21–26 Y EXAMEN 4

Lección 21

Practique el vocabulario

A.
1. cine
2. película
3. vaqueros
4. misterio
5. chaperona
6. hace
7. disco(teca)
8. tal vez (quizá)
9. función
10. olvidas
11. perder
12. por

B. 1. F 2. F 3. V 4. V 5. F 6. V 7. F 8. V 9. V 10. F 11. F 12. V

C.
1. aplaudió
2. ensayar
3. estrella
4. sonríe
5. filmó
6. balcones
7. butacas
8. estrenan
9. pantalla
10. telón
11. actrices
12. bailar

Practique la gramática

1. -ndo/-ing
2. estar/to be
3. siguiendo/i
4. río/riendo
5. frió/friendo
6. sonriendo
7. diciendo/bendiciendo
8. progresiva/no
9. estoy hablando
10. creyendo
11. oyendo/yendo
12. no/salimos
13. adverbio
14. viajar
15. durmiendo
16. estaba sonando
17. están muriéndose

Ejercicios

A.
1. está mintiendo
2. están muriendo
3. está leyendo
4. están sonriendo
5. está regateando
6. se está probando
7. me estoy vistiendo
8. estás diciendo
9. está preparando
10. se está sentando
11. se está sintiendo
12. está pagando
13. está corrigiendo
14. nos estamos divirtiendo
15. está lloviendo
16. está bendiciendo
17. se está poniendo
18. está repitiendo
19. estaba cocinando
20. estuvo hablando
21. estará terminando
22. Estaría tomando
23. Estoy afeitándome
24. está jugando

B. 1. ensayando
2. sirviendo
3. riendo
4. oyendo
5. siendo
6. mintiendo
7. siguiendo
8. pudiendo
9. diciendo
10. huyendo
11. yendo
12. leyendo
13. bailando
14. viendo
15. divirtiendo
16. impidiendo
17. durmiendo
18. incluyendo
19. trayendo
20. recogiendo

C. 1. Salgamos
2. Sentémonos
3. Comprémoslos
4. Digámosela
5. Durmámonos
6. Acostémonos
7. Bañémonos
8. Comprémoselo
9. Hagámosela
10. Veámosla
11. Tomémoslo
12. Paseemos

D. 1. Que lo haga María
2. Que juegue él
3. Que lo digan ellos
4. Que nos lo digan ellos
5. Que trabaje ella
6. Que entre (él) (que pase [él])
7. Que duerma (ella)
8. ¡Que aproveche(n)!
9. ¡Que tenga(s) suerte!
10. ¡Que tenga buen viaje! (¡Que tengas buen viaje!)

Lección 22

Practique el vocabulario

A. 1. un bufete
2. un/-a mecanógrafo-a
3. brindamos
4. profesorado
5. juez
6. charlar
7. computista
8. cantinero
9. una entrevista
10. la pena
11. la solicitud
12. enojarse

B. 1. cantinero(a)
2. ingeniero(a)
3. banquero(a)
4. mecanógrafo(a)
5. abogado(a)
6. camarero(a) (mesero[a])
7. auxiliar de vuelo (azafata, aeromoza)
8. juez (jueza)
9. corredor(a)
10. computista
11. chofer (chófer)
12. piloto
13. marinero(a)

C. 1. solicitud
2. tertulia
3. chistes
4. bienes inmuebles
5. profesorado
6. cantina
7. año/mes
8. brindar
9. a duras penas
10. bufete
11. pluriempleo
12. corredores
13. enojo
14. sorprendente
15. aplica
16. lástima (pena)
17. empleo

Practique la gramática

1. indicativo
2. subjuntivo/vayas
3. emoción/esté
4. subjuntivo/ayude
5. pueda
6. encuentre
7. cocine
8. ponga
9. adjetiva/conocido
10. come
11. subjuntivo/sea
12. indicativo/tiene
13. subjuntivo/cambie
14. sepa
15. imperfecto/llueva

Ejercicios

A. 1. canta 4. molesta 7. metamos 10. quiso
2. trató 5. entren 8. quede 11. cantó
3. cante 6. cuiden 9. visitan 12. cante

B. 1. dé 5. dure 9. haya 13. esté 17. fume
2. tiene 6. es 10. hablan 14. venga 18. se rompa
3. beba 7. sepan 11. sonría 15. cobre 19. llueve
4. gusta 8. viva 12. pague 16. tiene 20. presten

C. 1. Me alegro mucho que usted ya tenga empleo.
2. Ella se enoja mucho de que Ud. maneje demasiado rápido.
3. Es obvio que ella busca un puesto de maestra.
4. Es sorprendente que Rosaura trabaje de banquera.
5. Es evidente que necesitamos una buena secretaria.

D. 1. Queremos un profesor que nunca llegue tarde.
2. No hay nadie aquí que sea trilingüe.
3. Necesitamos una persona que escriba bien.
4. No hay ningún empleado que sepa español .
5. ¿Hay alguna persona aquí que hable japonés?

E. 1. llegue 5. salió 9. hagas 13. llegaba
2. tengo 6. se case 10. vivíamos 14. tenga
3. tome 7. duele 11. encuentre 15. ceno
4. vuelvas 8. leo 12. le guste 16. me vaya

Lección 23

Practique el vocabulario

A. 1. Tenis 4. Balompié (fútbol) 7. Fútbol (norteamericano) 10. Jai-alai
2. Ajedrez 5. Corrida de toros 8. Béisbol 11. Patinaje
3. Baloncesto 6. Damas 9. Esquí 12. Natación

B. 1. frontón 4. medallas 7. madera 10. fútbol
2. canasta 5. balompié 8. capa 11. balompié
3. espada 6. tenis 9. béisbol

C. 1. V 2. F 3. V 4. F 5. F 6. F 7. V 8. V 9. F 10. V

D. 1. torear
2. golear
3. rayar (subrayar)
4. equipar
5. agradecer
6. enojar(se)
7. emplear
8. sorprender
9. entusiasmar
10. solicitar
11. temer
12. alegrar(se)
13. brindar
14. lastimar(se)
15. entrevistar
16. charlar

Practique la gramática

1. -do/-to/-ed
2. decir/hacer
3. transcrito
4. previsto
5. freír/freído
6. tostar (to toast)
7. haber/hay
8. no/número
9. ya he comido
10. (tú) has ido (tú)
11. presente/pasado
12. pluscuamperfecto
13. futuro/futuro
14. imperfecto
15. comíamos

Ejercicios

A. 1. me he levantado
2. Me he bañado
3. me he afeitado
4. se había despertado
5. había preparado
6. He llegado
7. habían entrado
8. se ha puesto
9. había terminado

B. 1. han escrito
2. hemos ido
3. ha roto
4. han muerto
5. has freído
6. fritos
7. he vuelto (regresado)
8. han dicho
9. ha nevado
10. abierta
11. había dormido
12. escrito
13. satisfecha
14. bien hecho
15. compuesta
16. había leído
17. habrá graduado
18. había tenido
19. habrá acabado
20. has puesto

C. 1. me las he lavado
2. lo he comprado
3. me he desayunado
4. la he dicho
5. la he escrito
6. la he leído
7. lo he resuelto
8. la he hecho
9. se la he dicho

D. 1. quién
2. que
3. con quien/con la que/con la cual
4. el que/quien
5. cuya
6. con el que /con el cual
7. para quien/para el cual/para el que
8. cuyo
9. quien/el cual/el que
10. ¿De quién?
11. Lo que
12. lo cual/lo que
13. la cual/la que
14. lo que
15. que
16. de quien/de la que/dc la cual

Lección 24

Practique el vocabulario

A. 1. sido
2. de costumbre
3. corte de pelo
4. a los lados
5. patillas
6. estaban de moda
7. tijeras
8. lo que
9. recortes
10. champú
11. caspa
12. hecho

B. 1. a menos que
2. tijeras
3. me seco
4. trenzas
5. está de moda
6. se hace tarde
7. puede ser que
8. secador
9. certeza
10. hagas el tonto
11. peinado
12. peine
13. hace la vista gorda
14. recorte
15. apostamos

C. 1. V 2. V 3. F 4. F 5. V 6. V 7. F 8. V 9. F 10. V

Practique la gramática

1. subjuntivo/tenga
2. indicativo/tiene
3. duda/sea
4. duda/opere
5. indicativo/está
6. los dos
7. indicativo/sé
8. esté/quiere
9. indicativo/llega
10. influencia/subjuntivo
11. entren
12. conozca
13. indicativo/ganaba
14. subjuntivo/tuvieran (tengan)
15. mejore

Ejercicios

A. 1. están
2. se casa
3. tenga
4. baje
5. protege
6. tiene
7. podemos
8. quieras
9. pagues
10. es
11. diga/quiere
12. tengas
13. fuma
14. indique
15. abandone
16. llueva (llueve)
17. necesita
18. acompañe
19. vaya
20. saque
21. tengan
22. cueste
23. va (irá)
24. den

B. 1. trabaja bien
2. deje el bigote
3. se ponga furiosa
4. haces (harás)
5. lleve peluca
6. ricen el pelo

C. 1. Compramos dos lechugas.
2. Don Juan tuvo muchos amores.
3. ¡Qué día tan (más) bello (lindo)!
4. Te daré dos consejos.
5. Carolina es peluquera.
6. Dame un dulce.
7. Ella tiene pluma y lápiz.
8. Cómprame dos panes.
9. Tengo cuatro muebles en casa.
10. ¿Oíste un trueno?
11. Ella es una gran maestra.
12. No hagas más locuras.

Lección 25

Practique el vocabulario

A. 1. Bienvenido 2. vender 3. cambiarla 4. dormitorios (alcobas) 5. alquilar 6. inquilinos 7. alfombra 8. armarios 9. llene (rellene) 10. enojaría

B. 1. barrer 2. estante 3. alquiler 4. tejado 5. cómodas 6. cama 7. sótano 8. amueblar 9. mojado 10. mudar 11. sacudir 12. polvos

C. 1. alquilamos 2. riñe 3. barro 4. zambulle 5. tañe 6. moja 7. tiñe 8. sacude 9. se mudan 10. bulle 11. amuebla 12. mulle

Practique la gramática

1. dos / hablara / hablase
2. ra / se / se
3. diera / diese
4. pretérito / fueran
5. dij / era / ese
6. yera / yese / y / leyera
7. tañera / i / dijeran
8. zambullera / i
9. pidió / pidiera / i
10. anduve / anduviera
11. hablarás
12. divirtiera
13. deshiciera / satisficiera
14. produjera / condujera
15. oyera / huyera
16. compusiera / mantuviera
17. llegara
18. saliera

Ejercicios

A. 1. llegaras 2. sacara 3. diera 4. estuviera 5. leyeras 6. pusiera 7. entrara 8. pudiera 9. tocáramos 10. concluyera 11. tañera 12. usáramos 13. se vistiera 14. supiera 15. fuera 16. zambullera 17. fuera 18. condujeras 19. dijera 20. molestara 21. mandara 22. trajeran 23. estuviera 24. saliera

B. 1. dijeron / dijéramos 2. produjeron / produjéramos 3. supieron / supiéramos 4. creyeron / creyéramos 5. tiñeron / tiñéramos 6. murieron / muriéramos 7. divirtieron / divirtiéramos 8. zabulleron / zambulléramos

9. mantuvieron / mantuviéramos
10. supusieron / supusiéramos
11. previnieron / previniéramos
12. maldijeron / maldijéramos
13. estuvieron / estuviéramos
14. anduvieron / anduviéramos

C. 1. compraría 2. viajaría 3. daría 4. dejaría 5. haría 6. saldría 7. regalaría 8. me casaría 9. compraría 10. invertiría

D. 1. tuviera / -se 2. fuera / fuese 3. estuviera / -se 4. me ayudaran / -sen 5. quisiera / -se 6. ganara / -se 7. heredara / -se 8. estudiara / -se

E. 1. íbamos 2. iríamos 3. habríamos ido 4. vamos (iremos) 5. supiera / -se 6. sabe 7. practica 8. estuviera / -se 9. hubiera estudiado 10. gastaba 11. ayudan 12. ayudaran / -sen 13. habría aceptado 14. gastó 15. llegará (llega) 16. saliera / -se

Lección 26

Practique el vocabulario

A. 1. padres 2. parientes (familiares) 3. prima / primo 4. sobrinos 5. nietos 6. abuelos 7. suegra / suegro 8. padrastro 9. padrino 10. ahijado 11. nuera 12. yerno 13. bis(z)nietos 14. viuda 15. solterón

B. 1. madurez 2. viudez 3. vejez 4. belleza 5. pereza 6. dulzura 7. felicidad 8. negrura 9. blancura 10. verdura 11. bondad 12. maldad 13. pesadez 14. delgadez 15. escasez 16. palidez

C. 1. madurar 2. envejecer 3. divorciarse 4. casar(se) 5. amueblar 6. alfombrar 7. alquilar 8. vender 9. sorprender 10. endulzar 11. enrojecer 12. doler 13. adelgazar 14. escasear 15. apadrinar 16. palidecer 17. reír 18. sonreír 19. techar 20. aterrizar 21. secar 22. trenzar 23. peinar(se) 24. almorzar

Practique la gramática

1. no soy / irreales 2. imperfecto / ir / ser 3. real / futuro 4. condicional perfecto 5. subjuntivo / indicativo 6. subjuntivo / viniera

7. subjuntivo / se fuera
8. subjuntivo / lleguen
9. subjuntivo / entendieras
10. subjuntivo / hubiera ido
11. indicativo / hablaba
12. subjuntivo / indicativo / subjuntivo
13. conocido
14. estuviera / desconocida
15. salías (saliste) / indicativo

Ejercicios

A. 1. tendría
2. amputara / -se
3. tomó (tomaba)
4. mantuviera / -se
5. aplaudía
6. estuvo
7. se fue
8. llegó
9. fuera
10. aplaude
11. habría comprado
12. llegáramos / -semos
13. ayudara / -se
14. va
15. bajen
16. llamara / -se
17. supiera
18. se llamaba
19. llamé
20. hubiera tenido
21. hay
22. hablaba
23. gusta
24. escribiéramos

B. 1. pasaron
2. acompañara / se
3. llegaras
4. leímos
5. tuviera / -se
6. quedaran / -sen
7. tuvo
8. muriera / -se
9. te fuiste
10. fuera / -se
11. fue
12. tuviera / -se
13. huyera / -se
14. produjo
15. ganara / -se
16. costó

C. 1. entre tú y yo
2. contigo
3. según él
4. tú
6. para ti y para mí
7. yo
8. para mí / según yo
9. de él / de ella
11. a mí
12. para él y para ella
13. excepto ella y yo
14. la / a ella

Examen 4

Practique el vocabulario

A. 1. H 2. J 3. N 4. P 5. A 6. O 7. L 8. B 9. F 10. Q 11. C 12. R 13. D 14. G 15. I 16. M 17. K 18. E

B. 19. un estante
20. el pasillo
21. mojado
22. la solicitud
23. brindar
24. una entrevista
25. barrer
26. a duras penas

C. 27. ahijado
28. suegra
29. yerno
30. padrastro
31. viuda
32. parientes (familiares)

D. 33. vejez 35. ingeniero 37. raíces (inmuebles)
34. perezoso 36. el tejado

Practique la gramática

A.
1. pagues
2. muriera
3. trajera
4. come
5. haría
6. salías
7. supiera
8. tiene
9. de
10. retiraría
11. para ser
12. vayan
13. llegue
14. fumara
15. recete
16. a
17. tenía
18. he
19. una docena de huevos
20. hablaba
21. millones de dólares
22. aplaudiera
23. viajaré
24. iba
25. llamaras
26. fuera
27. dímelo
28. llevas
29. tañera
30. fuera
31. ante
32. viera
33. entráramos
34. llegues
35. habrías visto

B.
36. pudiendo
37. riendo
38. leyendo
39. yendo
40. vistiendo
41. muriendo
42. impidiendo
43. durmiendo

C.
44. hecho
45. leído
46. vuelto
47. roto
48. dicho
49. caído
50. muerto
51. resuelto

D.
52. Sentémonos = vamos a sentarnos
53. Que (ellos) lo digan (ellos)
54. Hagámoslo = vamos a hacerlo
55. Que (María) lo traiga (María)
56. Lo hicimos entre tú y yo
57. ¡Qué novela tan (más) interesante
58. Dos lechugas
59. Compré tres muebles
60. El hombre que trabaja aquí
61. El muchacho cuya madre...
62. La casa de la que (de la cual)...
63. Dos panes

Apéndices

APÉNDICE 1 Números

1	un, uno, una	30	treinta
2	dos	31	treinta y un, treinta y uno(a)
3	tres	40	cuarenta
4	cuatro	50	cincuenta
5	cinco	60	sesenta
6	seis	70	setenta
7	siete	80	ochenta
8	ocho	90	noventa
9	nueve	100	cien, ciento
10	diez	105	ciento cinco
11	once	200	doscientos(as)
12	doce	300	trescientos(as)
13	trece	400	cuatrocientos(as)
14	catorce	500	quinientos(as)
15	quince	600	seiscientos(as)
16	dieciséis	700	setecientos(as) (sietecientos[as])
17	diecisiete	800	ochocientos(as)
18	dieciocho	900	novecientos(as) (nuevecientos[as])
19	diecinueve	1.000	mil
20	veinte	2.000	dos mil
21	veintiún, veintiuno(a)	3.000	tres mil
22	veintidós	10.000	diez mil
23	veintitrés	100.000	cien mil
24	veinticuatro	1.000.000	un millón de...
25	veinticinco	2.000.000	dos millones de...
26	veintiséis	1.000.000.000	mil millones... (*one billion*)
27	veintisiete	1.000.000.000	un billón de... (*one trillion*)
28	veintiocho		
29	veintinueve		

APÉNDICE 2 Verbos regulares

Infinitivo

habl **ar** (*to speak*)	com **er** (*to eat*)	viv **ir** (*to live*)

Participio progresivo

habl **ando** (*speaking*)	com **iendo** (*eating*)	viv **iendo** (*living*)

Participio perfecto

habl **ado** (*spoken*)	com **ido** (*eaten*)	viv **ido** (*lived*)

Indicativo: tiempos simples

PRESENTE

(*I speak, am speaking, do speak, will speak*)	(*I eat, am eating, do eat, will eat*)	(*I live, am living, do live, will live*)
habl **o**	com **o**	viv **o**
habl **as**	com **es**	viv **es**
habl **a**	com **e**	viv **e**
habl **amos**	com **emos**	viv **imos**
habl **an**	com **en**	viv **en**

IMPERFECTO

(*I was speaking, used to speak, spoke*)	(*I was eating, used to eat, ate*)	(*I was living, used to live, lived*)
habl **aba**	com **ía**	viv **ía**
habl **abas**	com **ías**	viv **ías**
habl **aba**	com **ía**	viv **ía**
habl **ábamos**	com **íamos**	viv **íamos**
habl **aban**	com **ían**	viv **ían**

PRETÉRITO

(*I spoke, did speak*)	(*I ate, did eat*)	(*I lived, did live*)
habl **é**	com **í**	viv **í**
habl **aste**	com **iste**	viv **iste**
habl **ó**	com **ió**	viv **ió**
habl **amos**	com **imos**	viv **imos**
habl **aron**	com **ieron**	viv **ieron**

FUTURO

(*I shall/will speak*)	(*I shall/will eat*)	(*I shall/will live*)
hablar **é**	comer **é**	vivir **é**
hablar **ás**	comer **ás**	vivir **ás**
hablar **á**	comer **á**	vivir **á**
hablar **emos**	comer **emos**	vivir **emos**
hablar **án**	comer **án**	vivir **án**

CONDICIONAL

(*I would speak*)	(*I would eat*)	(*I would live*)
hablar **ía**	comer **ía**	vivir **ía**
hablar **ías**	comer **ías**	vivir **ías**
hablar **ía**	comer **ía**	vivir **ía**
hablar **íamos**	comer **íamos**	vivir **íamos**
hablar **ían**	comer **ían**	vivir **ían**

Subjuntivo: tiempos simples

PRESENTE

(*that I [may] speak*)	(*that I [may] eat*)	(*that I [may] live*)
habl **e**	com **a**	viv **a**
habl **es**	com **as**	viv **as**
habl **e**	com **a**	viv **a**
habl **emos**	com **amos**	viv **amos**
habl **en**	com **an**	viv **an**

IMPERFECTO

(*that I [might] speak*)		(*that I [might] eat*)		(*that I [might] live*)	
habl **ara**	habl **ase**	com **iera**	com **iese**	viv **iera**	viv **iese**
habl **aras**	habl **ases**	com **ieras**	com **ieses**	viv **ieras**	viv **ieses**
habl **ara**	habl **ase**	com **iera**	com **iese**	viv **iera**	viv **iese**
habl **áramos**	habl **ásemos**	com **iéramos**	com **iésemos**	viv **iéramos**	viv **iésemos**
habl **aran**	habl **asen**	com **ieran**	com **iesen**	viv **ieran**	viv **iesen**

MANDATOS

(*speak*)	(*eat*)	(*live*)
habl **a** (**tú**)	com **e** (**tú**)	viv **e** (**tú**)
habl **e** (**Ud.**)	com **a** (**Ud.**)	viv **a** (**Ud.**)
habl **en** (**Uds.**)	com **an** (**Uds.**)	viv **an** (**Uds.**)

Indicativo: tiempos perfectos

PRESENTE PERFECTO

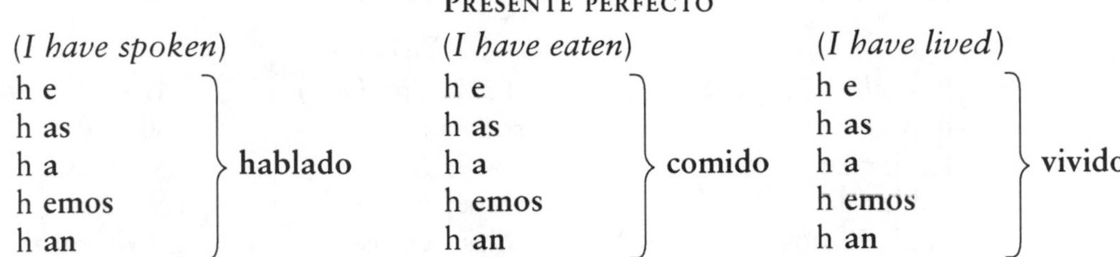

(*I have spoken*)		(*I have eaten*)		(*I have lived*)	
h **e**		h **e**		h **e**	
h **as**		h **as**		h **as**	
h **a**	hablado	h **a**	comido	h **a**	vivido
h **emos**		h **emos**		h **emos**	
h **an**		h **an**		h **an**	

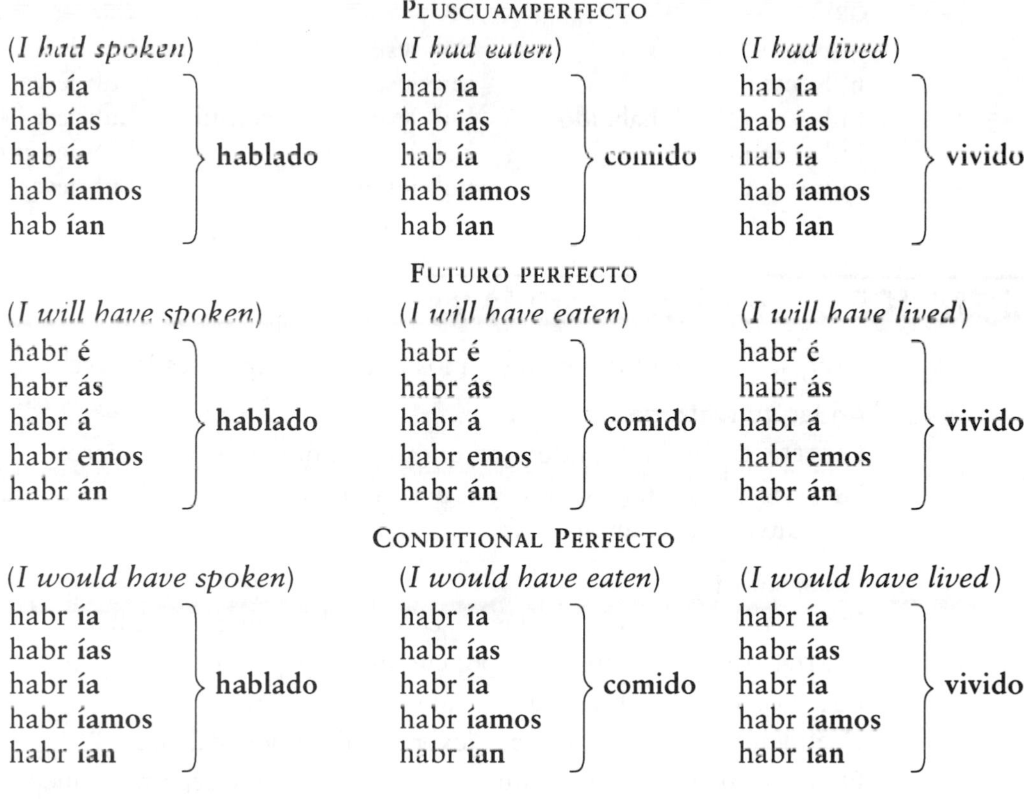

PLUSCUAMPERFECTO

(*I had spoken*)		(*I had eaten*)		(*I had lived*)	
hab **ía**		hab **ía**		hab **ía**	
hab **ías**		hab **ías**		hab **ías**	
hab **ía**	**hablado**	hab **ía**	**comido**	hab **ía**	**vivido**
hab **íamos**		hab **íamos**		hab **íamos**	
hab **ían**		hab **ían**		hab **ían**	

FUTURO PERFECTO

(*I will have spoken*)		(*I will have eaten*)		(*I will have lived*)	
habr **é**		habr **é**		habr **é**	
habr **ás**		habr **ás**		habr **ás**	
habr **á**	**hablado**	habr **á**	**comido**	habr **á**	**vivido**
habr **emos**		habr **emos**		habr **emos**	
habr **án**		habr **án**		habr **án**	

CONDITIONAL PERFECTO

(*I would have spoken*)		(*I would have eaten*)		(*I would have lived*)	
habr **ía**		habr **ía**		habr **ía**	
habr **ías**		habr **ías**		habr **ías**	
habr **ía**	**hablado**	habr **ía**	**comido**	habr **ía**	**vivido**
habr **íamos**		habr **íamos**		habr **íamos**	
habr **ían**		habr **ían**		habr **ían**	

Subjuntivo: tiempos perfectos

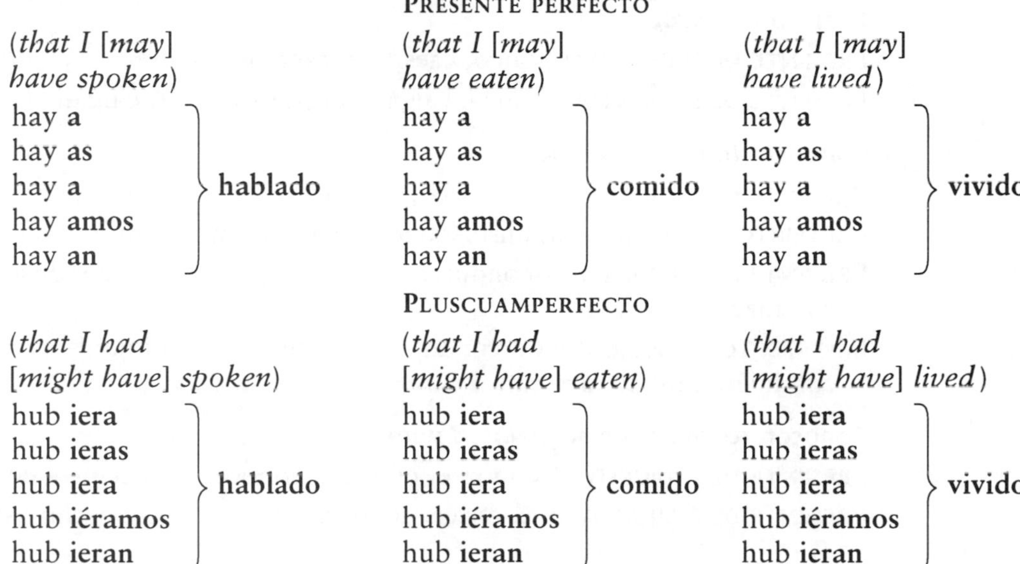

PRESENTE PERFECTO

(*that I [may] have spoken*)		(*that I [may] have eaten*)		(*that I [may] have lived*)	
hay **a**		hay **a**		hay **a**	
hay **as**		hay **as**		hay **as**	
hay **a**	**hablado**	hay **a**	**comido**	hay **a**	**vivido**
hay **amos**		hay **amos**		hay **amos**	
hay **an**		hay **an**		hay **an**	

PLUSCUAMPERFECTO

(*that I had [might have] spoken*)		(*that I had [might have] eaten*)		(*that I had [might have] lived*)	
hub **iera**		hub **iera**		hub **iera**	
hub **ieras**		hub **ieras**		hub **ieras**	
hub **iera**	**hablado**	hub **iera**	**comido**	hub **iera**	**vivido**
hub **iéramos**		hub **iéramos**		hub **iéramos**	
hub **ieran**		hub **ieran**		hub **ieran**	

OR		OR		OR	
hub iese		hub iese		hub iese	
hub ieses		hub ieses		hub ieses	
hub iese	hablado	hub iese	comido	hub iese	vivido
hub iésemos		hub iésemos		hub iésemos	
hub iesen		hub iesen		hub iesen	

APÉNDICE 3 Verbos irregulares

(Sólo se incluyen los tiempos en los que son irregulares los verbos.)

Andar ***to walk, go***

Pretérito: anduve, anduviste, anduvo, anduvimos, anduvieron

Imperfecto de subjuntivo: anduviera (anduviese), anduvieras, anduviera, anduviéramos, anduvieran

Caber ***to fit***

Presente de indicativo: quepo, cabes, cabe, cabemos, caben

Pretérito: cupe, cupiste, cupo, cupimos, cupieron

Futuro: cabré, cabrás, cabrá, cabremos, cabrán

Condicional: cabría, cabrías, cabría, cabríamos, cabrían

Presente de subjuntivo: quepa, quepas, quepa, quepamos, quepan

Imperfecto de subjuntivo: cupiera (cupiese), cupieras, cupiera, cupiéramos, cupieran

Caer ***to fall, drop***

Presente de indicativo: caigo, caes, cae, caemos, caen

Presente de subjuntivo: caiga, caigas, caiga, caigamos, caigan

Conducir ***to drive, conduct***

Presente de indicativo: conduzco, conduces, conduce, conducimos, conducen

Pretérito: conduje, condujiste, condujo, condujimos, condujeron

Presente de subjuntivo: conduzca, conduzcas, conduzca, conduzcamos, conduzcan

Imperfecto de subjuntivo: condujera (condujese), condujeras, condujera, condujéramos, condujeran

Conocer ***to know, be acquainted with***

Presente de indicativo: conozco, conoces, conoce, conocemos, conocen

Presente de subjuntivo: conozca, conozcas, conozca, conozcamos, conozcan

Construir ***to build, construct***

PRESENTE DE INDICATIVO: construyo, construyes, construye, construimos, construyen

PRESENTE DE SUBJUNTIVO: construya, construyas, construya, construyamos, construyan

Dar ***to give***

PRESENTE DE INDICATIVO: doy, das, da, damos, dan

PRETÉRITO: di, diste, dio, dimos, dieron

IMPERFECTO DE SUBJUNTIVO: diera (diese), dieras, diera, diéramos, dieran

Decir ***to say, tell***

PRESENTE DE INDICATIVO: digo, dices, dice, decimos, dicen

PRETÉRITO: dije, dijiste, dijo, dijimos, dijeron

FUTURO: diré, dirás, dirá, diremos, dirán

CONDICIONAL: diría, dirías, diría, diríamos, dirían

PRESENTE DE SUBJUNTIVO: diga, digas, diga, digamos, digan

IMPERFECTO DE SUBJUNTIVO: dijera (dijese), dijeras, dijera, dijéramos, dijeran

MANDATOS: di (tú), diga (Ud.), digan (Uds.)

PARTICIPIO PROGRESIVO: diciendo

PARTICIPIO PERFECTO: dicho

Estar ***to be***

PRESENTE DE INDICATIVO: estoy, estás, está, estamos, están

PRETÉRITO: estuve, estuviste, estuvo, estuvimos, estuvieron

PRESENT DE SUBJUNTIVO: esté, estés, esté, estemos, estén

IMPERFECTO DE SUBJUNTIVO: estuviera (estuviese), estuvieras, estuviera, estuviéramos, estuvieran

Haber ***to have*** (auxiliary)

PRESENTE DE INDICATIVO: he, has, ha, hemos, han

PRETÉRITO: hube, hubiste, hubo, hubimos, hubieron

FUTURO: habré, habrás, habrá, habremos, habrán

CONDICIONAL: habría, habrías, habría, habríamos, habrían

PRESENTE DE SUBJUNTIVO: haya, hayas, haya, hayamos, hayan

IMPERFECTO DE SUBJUNTIVO: hubiera (hubiese), hubieras, hubiera, hubiéramos, hubieran

Hacer ***to do, make***

PRESENTE DE INDICATIVO: hago, haces, hace, hacemos, hacen

PRETÉRITO: hice, hiciste, hizo, hicimos, hicieron

FUTURO: haré, harás, hará, haremos, harán

CONDICIONAL: haría, harías, haría, haríamos, harían

PRESENTE DE SUBJUNTIVO: haga, hagas, haga, hagamos, hagan

IMPERFECTO DE SUBJUNTIVO: hiciera (hiciese), hicieras, hiciera, hiciéramos, hicieran

MANDATOS: haz (tú), haga (Ud.), hagan (Uds.)

PARTICIPIO PERFECTO: hecho

Ir ***to go***

PRESENTE DE INDICATIVO: voy, vas, va, vamos, van

IMPERFECTO DE INDICATIVO: iba, ibas, iba, íbamos, iban

PRETÉRITO: fui, fuiste, fue, fuimos, fueron

PRESENTE DE SUBJUNTIVO: vaya, vayas, vaya, vayamos, vayan

IMPERFECTO DE SUBJUNTIVO: fuera (fuese), fueras, fuera, fuéramos, fueran

MANDATOS: ve (tú), vaya (Ud.), vayan (Uds.)

PARTICPIO PROGRESIVO: yendo

Oír ***to hear, listen***

PRESENTE DE INDICATIVO: oigo, oyes, oye, oímos, oyen

PRESENTE DE SUBJUNTIVO: oiga, oigas, oiga, oigamos, oigan

Poder ***to be able to, can***

PRESENTE DE INDICATIVO: puedo, puedes, puede, podemos, pueden

PRETÉRITO: pude, pudiste, pudo, pudimos, pudieron

FUTURO: podré, podrás, podrá, podremos, podrán

CONDICIONAL: podría, podrías, podría, podríamos, podrían

PRESENTE DE SUBJUNTIVO: pueda, puedas, pueda, podamos, puedan

IMPERFECTO DE SUBJUNTIVO: pudiera (pudiese), pudieras, pudiera, pudiéramos, pudieran

PARTICIPIO PROGRESIVO: pudiendo

Poner ***to put, place, set***

PRESENTE DE INDICATIVO: pongo, pones, pone, ponemos, ponen

PRETÉRITO: puse, pusiste, puso, pusimos, pusieron

FUTURO: pondré, pondrás, pondrá, pondremos, pondrán

CONDICIONAL: pondría, pondrías, pondría, pondríamos, pondrían

PRESENTE DE SUBJUNTIVO: ponga, pongas, ponga, pongamos, pongan

IMPERFECTO DE SUBJUNTIVO: pusiera (pusiese), pusieras, pusiera, pusiéramos, pusieran

MANDATOS: pon (tú), ponga (Ud.), pongan (Uds.)

PARTICIPIO PERFECTO: puesto

Querer ***to wish, want, love***

PRESENTE DE INDICATIVO: quiero, quieres, quiere, queremos, quieren

PRETÉRITO: quise, quisiste, quiso, quisimos, quisieron

FUTURO: querré, querrás, querrá, querremos, querrán

CONDICIONAL: querría, querrías, querría, querríamos, querrían

PRESENTE DE SUBJUNTIVO: quiera, quieras, quiera, queramos, quieran

IMPERFECTO DE SUBJUNTIVO: quisiera (quisiese), quisieras, quisiera, quisiéramos, quisieran

Saber ***to know***

PRESENTE DEL INDICATIVO: sé, sabes, sabe, sabemos, saben

PRETÉRITO: supe, supiste, supo, supimos, supieron

FUTURO: sabré, sabrás, sabrá, sabremos, sabrán

CONDICIONAL: sabría, sabrías, sabría, sabríamos, sabrían

PRESENTE DE SUBJUNTIVO: sepa, sepas, sepa, sepamos, sepan

IMPERFECTO DE SUBJUNTIVO: supiera (supiese), supieras, supiera, supiéramos, supieran

Salir ***to go out, leave***

PRESENTE DE INDICATIVO: salgo, sales, sale, salimos, salen

FUTURO: saldré, saldrás, saldrá, saldremos, saldrán

CONDICIONAL: saldría, saldrías, saldría, saldríamos, saldrían

PRESENTE DE SUBJUNTIVO: salga, salgas, salga, salgamos, salgan

MANDATOS: sal (tú), salga (Ud.), salgan (Uds.)

Ser ***to be***

PRESENTE DE INDICATIVO: soy, eres, es, somos, son

IMPERFECTO DE INDICATIVO: era, eras, era, éramos, eran

PRETÉRITO: fui, fuiste, fue, fuimos, fueron

PRESENTE DE SUBJUNTIVO: sea, seas, sea, seamos, sean

IMPERFECTO DE SUBJUNTIVO: fuera (fuese), fueras, fuera, fuéramos, fueran

Tener ***to have***

PRESENTE DE INDICATIVO: tengo, tienes, tiene, tenemos, tienen

PRETÉRITO: tuve, tuviste, tuvo, tuvimos, tuvieron

FUTURO: tendré, tendrás, tendrá, tendremos, tendrán

CONDICIONAL: tendría, tendrías, tendría, tendríamos, tendrían

PRESENTE DE SUBJUNTIVO: tenga, tengas, tenga, tengamos, tengan

IMPERFECTO DE SUBJUNTIVO: tuviera (tuviese), tuvieras, tuviera, tuviéramos, tuvieran

MANDATOS: ten (tú), tenga (Ud.), tengan (Uds.)

Traer ***to bring***

PRESENTE DE INDICATIVO: traigo, traes, trae, traemos, traen

PRETÉRITO: traje, trajiste, trajo, trajimos, trajeron

PRESENTE DE SUBJUNTIVO: traiga, traigas, traiga, traigamos, traigan

IMPERFECTO DE SUBJUNTIVO: trajera (trajese), trajeras, trajera, trajéramos, trajeran

Valer ***to be worth, cost***

PRESENTE DE INDICATIVO: valgo, vales, vale, valemos, valen

FUTURO: valdré, valdrás, valdrá, valdremos, valdrán

CONDICIONAL: valdría, valdrías, valdría, valdríamos, valdrían

PRESENTE DE SUBJUNTIVO: valga, valgas, valga, valgamos, valgan

Venir ***to come, go***

PRESENTE DE INDICATIVO: vengo, vienes, viene, venimos, vienen

PRETÉRITO: vine, viniste, vino, vinimos, vinieron

FUTURO: vendré, vendrás, vendrá, vendremos, vendrán

CONDICIONAL: vendría, vendrías, vendría, vendríamos, vendrían

PRESENTE DE SUBJUNTIVO: venga, vengas, venga, vengamos, vengan

IMPERFECTO DE SUBJUNTIVO: viniera (viniese), vinieras, viniera, viniéramos, vinieran

MANDATOS: ven (tú), venga (Ud.), vengan (Uds.)

Ver ***to see, watch***

PRESENTE DE INDICATIVO: veo, ves, ve, vemos, ven

IMPERFECTO DE INDICATIVO: veía, veías, veía, veíamos, veían

PRESENTE DE SUBJUNTIVO: vea, veas, vea, veamos, vean

PARTICIPIO PERFECTO: visto

APÉNDICE 4

VERBOS CON CAMBIOS EN LA RAÍZ

1. Un solo cambio: *e → ie / o → ue*

Pensar ***to think, plan***

PRESENTE DE INDICATIVO: pienso, piensas, piensa, pensamos, piensan

PRESENTE DE SUBJUNTIVO: piense, pienses, piense, pensemos, piensen

Volver ***to return***

PRESENTE DE INDICATIVO: vuelvo, vuelves, vuelve, volvemos, vuelven

PRESENTE DE SUBJUNTIVO: vuelva, vuelvas, vuelva, volvamos, vuelvan

Los siguientes son algunos verbos comunes de este tipo.

acordarse (ue) *to remember*
acostarse (ue) *to go to bed*
cerrar (ie) *to close*
comenzar (ie) *to start, begin*
contar (ue) *to count, tell*
costar (ue) *to cost*
despertarse (ie) *to wake up*
doler (ue) *to hurt*
empezar (ie) *to start, begin*
encontrar (ue) *to find*
entender (ie) *to understand*
jugar (ue) *to play*
llover (ue) *to rain*
mostrar (ue) *to show*
negar (ie) *to deny*
nevar (ie) *to snow*
perder (ie) *to miss, lose*
querer (ie) *to wish, love*
recordar (ue) *to remember, remind*
sentar (ie) *to sit down*
tener (ie) *to have*
volar (ue) *to fly*

2. Doble cambio: *e → ie, i / o → ue, u*

Preferir ***to prefer***

PRESENTE DE INDICATIVO: prefiero, prefieres, prefiere, preferimos, prefieren
PRETÉRITO: preferí, preferiste, prefirió, preferimos, prefirieron
PRESENTE DE SUBJUNTIVO: prefiera, prefieras, prefiera, prefiramos, prefieran
IMPERFECTO DE SUBJUNTIVO: prefiriera (prefiriese), prefirieras, prfiriera, prefiriéramos, prefirieran
PARTICIPIO PROGRESIVO: prefiriendo

Dormir ***to sleep***

PRESENTE DE INDICATIVO: duermo, duermes, duerme, dormimos, duermen
PRETÉRITO: dormí, dormiste, durmió, dormimos, durmieron
PRESENTE DE SUBJUNTIVO: duerma, duermas, duerma, durmamos, duerman
IMPERFECTO DE SUBJUNTIVO: durmiera (durmiese), durmieras, durmiera, durmiéramos, durmieran
PARTICIPIO PROGRESIVO: durmiendo

Los siguientes verbos tienen doble cambio en la raíz.

advertir (ie, i) *to advise, warn*
convertir (ie, i) *to convert*
divertirse (ie, i) *to enjoy oneself*
invertir (ie, i) *to invest, reverse*
mentir (ie, i) *to lie*
morir (ue, u) *to die*
sentir (ie, i) *to feel, sense*

3. Cambio de *e → i*

Pedir ***to ask for***

PRESENTE DE INDICATIVO: pido, pides, pide, pedimos, piden
PRETÉRITO: pedí, pediste, pidió, pedimos, pidieron
PRESENTE DE SUBJUNTIVO: pida, pidas, pida, pidamos, pidan
IMPERFECTO DE SUBJUNTIVO: pidiera (pidiese), pidieras, pidiera, pidiéramos, pidieran
PARTICIPIO PROGRESIVO: pidiendo

Otros verbos con este cambio son los siguientes.

competir (i) *to compete*
conseguir (i) *to obtain*
corregir (i) *to correct*
despedir (i) *to say good-bye, fire*
elegir (i) *to elect, choose*
freír (i) *to fry*
impedir (i) *to prevent*
medir (i) *to measure*
perseguir (i) *to pursue, follow*
proseguir (i) *to follow, continue*
reír (i) *to laugh*
repetir (i) *to repeat*
seguir (i) *to follow*
servir (i) *to serve*
sonreír (i) *to smile*
vestirse (i) *to get dressed*

VERBOS CON CAMBIOS DE ORTOGRAFÍA

1. Los verbos que terminan en *-zar* cambian la *z* en *c* delante de *e*.

Empezar *to begin*

PRETÉRITO: empecé, empezaste, empezó, empezamos, empezaron

PRESENTE DE SUBJUNTIVO: empiece, empieces, empiece, empecemos, empiecen

Otros verbos con este cambio de ortografía son los siguientes.

alunizar *to land on the moon*
atemorizar *to scare*
aterrizar *to land*
cazar *to hunt*
characterizar *to characterize*
comenzar *to start, begin*
especializar *to specialize*
memorizar *to memorize*
organizar *to organize*
rezar *to pray*

2. Los verbos que terminan en *-cer* cambian la *c* en *z* delante de *o, a*.

Vencer *to defeat, conquer*

PRESENTE DE INDICATIVO: venzo, vences, vence, vencemos, vencen

PRESENTE DE SUBJUNTIVO: venza, venzas, venza, venzamos, venzan

Convencer, to convince, tiene los mismos cambios que *vencer.*

3. Los verbos que terminan en *-car* cambian la *c* en *qu* delante de *e*.

Buscar *to look for*

PRETERITE: busqué, buscaste, buscó, buscamos, buscaron

PRESENTE DE SUBJUNTIVO: busque, busques, busque, busquemos, busquen

Otros verbos que terminan en *-car* con el mismo cambio de *c* en *qu:*

explicar *to explain*
practicar *to practice*
sacar *to take out*
tocar *to touch, play*

4. Los verbos que terminan en *-gar* cambian la *g* en *gu* delante de *e*.

Llegar *to arrive*

PRETÉRITO: llegué, llegaste, llegó, llegamos, llegaron

PRESENTE DE SUBJUNTIVO: llegue, llegues, llegue, lleguemos, lleguen

5. Los verbos que terminan en *-guir* cambian la *gu* en *g* delante de *o, a.*

Seguir ***to follow***

PRESENTE DE INDICATIVO: sigo, sigues, sigue, seguimos, siguen

PRESENTE DE SUBJUNTIVO: siga. sigas, siga, sigamos, sigan

Conseguir, *to obtain,* and ***distinguir,*** *to distinguish,* follow the same changes.

6. Los verbos que terminan en *-ger, -gir,* cambian la *g* en *j* delante de *o, a.*

Coger ***to take, seize***

PRESENTE DE INDICATIVO: cojo, coges, coge, cogemos, cogen

PRESENTE DE SUBJUNTIVO: coja, cojas, coja, cojamos, cojan

Más verbos que terminan en *-ger, -gir,* con estos mismos cambios:

corregir *to correct*
dirigir *to direct, go to*
elegir *to elect*
encoger *to shrink*
escoger *to choose*
recoger *to pick up*
regir *to rule, command*

7. Los verbos que terminan en *-aer, -eer, -uir,* cambin la *i* en *y* cuando la *i* es átona y está entre dos vocales, como *traer, leer.*

Leer ***to read***

PRETÉRITO: leí, leíste, leyó, leímos, leyeron

IMPERFECTO DE SUBJUNTIVO: leyera (leyese), leyeras, leyera, leyéramos, leyeran

PARTICIPIO PROGRESIVO: leyendo

Otros verbos que camban la ***i*** a la ***y:***

caer *to fall*
construir *to build*
creer *to believe*
destruir *to destroy*
excluir *to exclude*
huir *to flee*
incluir *to include*
influir *to influence*
recluir *to send to jail*
traer *to bring*

Vocabulario

A

abogado(a) (el/la) lawyer
abonar, pagar to pay
abordar to board
abrazar to embrace
abrigo (el) overcoat
abrocharse to fasten
acaso, tal vez perhaps
acción (la) stock, share; action
aceite (el) oil
aceituna (la) olive
acelerador (el) accelerator
acelerar to accelerate
aceptar to accept
acera (la) sidewalk
acero (el) steel
aconsejar to advise
actor (el) actor
actriz (la) actress
acumulador (el) battery
adelgazar to lose weight
aduana (la) customs office
aerolínea (la) airline
aeromozo(a) (el/la) steward (stewardess)
agencia de viajes (la) travel agency
agradecer (zc) to thank
agrio(a) sour
agua mineral (el) mineral water
agua tónica (el) tonic water
águila (*f.*) (el) eagle
ahijado(a) (el/la) godchild
ahorrar to save
ajedrez (el) chess
ají (el), chile (el) pepper
ajo (el) garlic
a la americana to go Dutch
al ajillo with a garlic sauce
a la plancha on the grill
alcoba (la) bedroom
  recámara (la) (*México*) bedroom (*Mexico*)
alcohol (el) alcohol
alergia (la) allergy
alfombra (la) carpet, rug
alimentar to feed
alimento (el) food
aliviar to relieve
almeja (la) clam
almorzar (ue) to eat lunch
almuerzo (el) lunch
a los costados on the sides
alquilar to rent, lease
alquiler (el) rent, lease
amarillo(a) yellow
a medianoche at midnight
a mediodía at noon
a menos que unless
amueblar to furnish
anaranjado(a) orange-colored
ancho(a) wide
andén (el) platform
angosto(a) narrow
antebrazo (el) forearm
anticongelante (el) antifreeze
antojito (el) hors d'oeuvre
anual annual
añadir to add
aparcar to park
apio (el) celery
aplaudir to applaud
aplauso (el) applause
a plazos in installments
apostar (ue) to bet

apretado(a) tight
apretar (ie) to tighten, be tight
armario (el) closet, cabinet
arrancar to start up, uproot
arroz (el) rice
asar to roast
ascensor (el) elevator
asegurar to insure, assure
asiento (el) seat
asma (*f.*) (el) asthma
aterrizaje (el) landing
aterrizar to land
atleta (el/la) athlete
a través across
atravesar to cross, go across
autobús (el) bus
autocaja (la) ATM
autopista (la) freeway, turnpike
auxiliar de vuelo (el/la) flight attendant
avería (la) damage, breakdown
avión (el) airplane
azafrán (el) saffron
azotea (la), **terraza** (la) terrace
azúcar (el/la) sugar

B

bailar to dance
baile (el) dance
balancear to balance
balanza (la) scale
balcón (el) balcony
balompié (el) soccer
balón (el), **esférico** (el) ball
baloncesto (el) basketball
bandeja (la) tray
bandera (la) flag
banderilla (la) dart with a banner
banquero (el) banker
banqueta (la) sidewalk
bañera (la), **tina** (la) bathtub
baño (el), **servicio** (el) bathroom
bar (el) bar
barato(a) cheap
barbería (la) barbershop
barbero (el) barber
barrendero(a) (el/la) street sweeper
barrer to sweep
batería (la) battery
baúl (el) trunk
baúl (el), **maletero** (el) trunk (*car*)
bautismo (el) baptism
bautizar to baptize
beber to drink
bebida (la) drink
béisbol (el) baseball
bendecir to bless
bicicleta (la) bicycle
bienes inmuebles (los) real estate
bienes raíces (los) real estate
bienvenido(a) welcome
bigote (el) moustache
billete (el) (***España***) ticket (*Spain*)
bisabuela (la) great-grandmother
bisabuelo (el) great-grandfather
bisnieto(a) (el/la) great-grandchild
bisté (el), **bistec** (el) steak
blando(a) soft
blusa (la) blouse
boca (la) mouth
bocacalle (la) intersection
bocadillo (el) snack, sandwich
bocina (la) horn (*car*)
boda (la) wedding
bodega (la) wine cellar
boleto (el) (***América***) ticket (*America*)
boleto de ida (el) one-way ticket
boleto de ida y vuelta (el) round-trip ticket
bolsa (de valores) (la) stock market
borracho(a) drunk
bota (la) boot
botones (el), **mozo** (el) bellboy
brazo (el) arm
brindar por to make a toast to
broma (la) practical joke
bufete (el) law office
bullir to boil; bustle
butaca (la) seat, armchair
buzón (el) mailbox

C

cabello (el), **pelo** (el) hair
caber to fit in

cabeza (la) head
café con leche (el) hot milk with coffee
caja (la) cash register, box
caja fuerte (la) safe (box)
cajero(a) (el/la) cashier, teller
calcetines (los) socks
caldo (el) broth
calmante (el) sedative
caluroso(a) hot
camarero(a) (el/la) waiter (waitress)
camarón (el) (*América*) shrimp (*America*)
cambiar to change
cambio (el) change, exchange
camión (el) truck
camioneta (la) pickup truck
camisa (la) shirt
camiseta (la) undershirt
campeón(ona) (el/la) champion
campeonato (el) championship
canasta (la) basket
cancha (la) court, field
cangrejo (el) crab
cantinero(a) (el/la) bartender
capa (la), **capote** (el) cape
carie (la) cavity
carne (la) meat
carné (el) driver's license
caro(a) expensive
carrera (la) career, race, run
carretera (la) road, highway
carril (el) lane
carrilera (la) lane
carta (la) letter (*mail*)
cartera (la) wallet, billfold
cartero(a) (el/la) mail carrier
caspa (la) dandruff
cebolla (la) onion
cena (la) supper
cenar to have supper
centavo (el), **céntimo** (el) cent, penny
cepillarse, lavarse to brush
cepillo (el) brush
cerdo (el) pig, pork
certeza (la) certainty
cerveza (la) beer
champán (el), **champaña** (el) champagne
champiñón (el), **seta** (la) mushroom
champú (el) shampoo
chapa (la), **placa** (la) license plate
chapado a la antigua old-fashioned
chaperón(ona) (el/la) chaperone
chaqueta (la), **saco** (el) jacket
charlar to chat
cheque de viajero (el) traveler's check
chequera (la) checkbook
chile (el) pepper
chiste (el) joke
chocar to crash
chofer (el) driver, chauffeur
chuleta (la) chop, steak
cine (el), **cinema** (el) movies, movie theater
cinto (el) belt
cintura (la) waist
cinturón (el) safety belt
ciprés (el) cypress
cirugía (la) surgery
cirujano(a) (el/la) surgeon
cobrar to charge, collect
coche cama (el) sleeping car
coche comedor (el) dining car
cocina (la) kitchen, cuisine
cocinado(a) cooked
  bien cocinado well-done
  poco cocinado rare
cocinar to cook
coctel (el) cocktail
codo (el) elbow
col (la) cabbage
coleta (la), **trenza** (la) pigtail
colibrí (el) hummingbird
coliflor (la) cauliflower
comedia (la) comedy
comediante(a) (el/la) comedian
cómico(a) (el/la) comedian
cómico(a) comic
cómoda (la) chest, cabinet
cómodo(a) comfortable
computista (el/la) computerist
condominio (el) condominium
conducir (*España*) to drive (*Spain*)
conferencia (la) lecture
conjunto (el) outfit

con retraso late
conseguir (i) to obtain, get
conserje (el/la) desk person
contado (al) cash
con tal que provided that
coñá (el), coñac (el) cognac, brandy
copa (la) goblet, drink
copear to have drinks
corazón (el) heart
corbata (la) tie
cordero (el) lamb
corona (la) crown
corredor (el), pasillo (el) hall, corridor
corredor(a) (el/la) broker, runner
correo (el), correos (los) mail, post office
correo aéreo (el) air mail
  correo certificado (el) registered mail
  correo expreso (el) express mail
correr to run
corrida de toros (la) bullfight
cortar to cut, trim, mow
corte de pelo (el) haircut
costumbre (la) custom, habit
cotización (la) rate (of exchange)
crédito (el) credit
crema (la) cream
crema dental (la) toothpaste
cruce (el) crossroads
cruzar to cross
cuadra (la) (*América*) (city) block (*America*)
cuarto (el) room
  cuarto doble (el) double room
  cuarto sencillo (el) single room
  servicio al cuarto (el) room service
cubiertos (los) cutlery
cuchara (la) spoon
cucharada (la) tablespoonful
cucharadita (la) teaspoonful
cuchillo (el) knife
cuello (el) neck, collar
cuenta (la) bill, invoice
cuenta corriente (la) checking account
cuenta de ahorros (la) savings account
cuna (la) cradle, crib
curva peligrosa (la) dangerous curve

D

damas (las) checkers
dar to give
dar la lata to annoy, bother
débil weak
dedo (el) finger, toe
de dónde diablos from where in the world
delgado(a) thin
de mala gana reluctantly
demorar to delay
dentadura (la) set of teeth
de pared a pared wall-to-wall
depósito (el) tank
desayunar to have breakfast
desayuno (el) breakfast
desempleo (el), paro (el) unemployment
deshacer to undo, melt, break
despacho (el) office
despacio slowly
despegar to take off
despegue (el) takeoff
desviación (la) detour
detener(se) to stop, detain
diente (el) tooth
  diente de leche (el) baby tooth
  echarle el diente to try hard
  tener buen diente to be a hearty eater
dios (el) god
diosa (la) goddess
dirección (la) address
dirección obligatoria (la) one-way street
discoteca, disco (la) discotheque
disponible available
divisa(s) (la[s]) foreign money
divorciarse to divorce
divorcio (el) divorce
doblar to turn
doble circulación (la) two-way street
dolor de muelas (el) toothache
drama (el) play, drama
dramático(a) dramatic
dramaturgo (el) playwright
droga (la) drug

droguería (la) drugstore
ducha (la) shower (*bathroom*)
ducharse to take a shower
dulce sweet
durar to last
duro(a) hard, tough

E

echar de menos to miss
elevador (el) elevator
embarazada pregnant
emborracharse to get drunk
empastar to fill (a tooth)
empaste (el) filling (for teeth)
empeorar to get worse
empleado (el) employee
emplear to employ
empleo (el) employment, job
enderezar to straighten
endosar to endorse
en efectivo cash
énfasis (el) emphasis
enfermedad (la) sickness, illness
enfermero(a) (el/la) nurse
engordar to get fat
enlatar to can
enojarse to get angry
en punto sharp, on the dot
ensalada (la) salad
ensayar to rehearse
en serio seriously
entidad (la) entity
entrada (la) ticket, entrance
entrega especial (la) special delivery
entregar to deliver
entrevista (la) interview
entusiasmar to enrapture, cheer up
enviar to send
envío (el) remittance, shipping
enviudar to become a widow(er)
equipaje (el) luggage
equipo (el) team; equipment
equivaler to be equal to
escalera (la) stairs, ladder
escalofrío (el) chill
escenario (el) stage
escoba (la) broom
escote (el) neckline
esmalte (el) enamel
espada (la) sword
espalda (la) back (*of the body*)
especia (la) spice
espejo (el) mirror
esquema (el) outline, sketch
esquí (el) ski
esquiar to ski
esquina (la) corner
estacionar to park
estante (el) stand, bookcase
estar a dieta to be on a diet
estar de moda to be in style
estar encinta to be pregnant
estar para ir to be about to go
estar por hacer yet to be done
estrecho(a) narrow
estrella de cine (la) movie star
estrenar to present for the first time (*a film or play*)
estreno (el) premiere
estrés (el) stress (mental)
etiqueta (la) label
evento (el) event, happening
evidencia (la) evidence
evidente evident
extranjero(a) (el/la) foreigner
extranjero(a) foreign

F

factura (la) invoice, bill
faena (la) task, chore
farmacia de turno (la) all-night pharmacy
ferrocarril (el) railroad
ficción (la) fiction
fiebre (la) fever
filete (el) steak
filmar, rodar (ue)[3] to film
filtro de aceite (el) oil filter
flaco(a) thin, skinny
flan (el) custard
freír (i) to fry
frenar to brake
freno (el) the brake
frenos (los) braces, brakes
fresa (la) strawberry
fresco(a) fresh, cool
frijol (el) bean
frijol verde (el) green bean
frito(a) fried
frontón (el) fronton, wall
fruta (la) fruit
frutería (la) fruit shop
fuerte (la) strong, loud

fumar to smoke
función (la) show (*movies, theater*), function
funcionar to work (*a machine*)
fútbol (el) football, soccer

G

gamba (la) (*España*) shrimp (*Spain*)
ganado (el) cattle, stock
ganancia (la) earnings
ganga (la) bargain
garganta (la) throat
gaseosa (la) soda
gato (el) cat, jack (*car*)
gerente (el/la) manager
ginebra (la) gin
giro postal (el) money order
gol (el) goal, point
gota (la) drop
gotear to drip, leak
gratis free (*of charge*)
gratuito(a) free (*of charge*)
gripe (la), gripa (la) flu, influenza
gritar to shout, scream
grito (el) shout, shouting
guardia (el) traffic police
güisqui (el) whiskey, scotch

H

habichuela (la) green bean
habitación (la) room
hablante (el) speaker (*person*)
hacer caso to pay attention
hacer cola to stand in line
hacer escala en to stop over
hacer la vista gorda to overlook
hacerse el tonto to play dumb
hacerse tarde to get late
hall (el) entrance hall, lobby
hamburguesa (la) hamburger
hecho(a) done, made
hecho (el) fact
helado (el) ice cream
hembra (la) female
hervido(a) boiled
hervir (ie) to boil
hierba (la), yerba (la) grass
hipoteca (la) mortgage
hoja de afeitar (la) razor blade
hombro (el) shoulder
horario (el) schedule
hueso (el) bone
huevo (el) egg
  huevos duros hard-boiled eggs
  huevos pasados por agua soft-boiled eggs
  huevos revueltos scrambled eggs
humo (el) smoke

I

impedir (i) to prevent
impermeable (el) raincoat
impuesto, IVA (el) tax
incómodo(a) uncomfortable
ingeniero(a) (el/la) engineer
inoxidable rustproof
inquilino(a) (el/la) tenant
insistir en to insist on
inútil useless
inyección (la) shot (*booster*)

J

jabón (el) soap
  enjabonarse to soap (one's self)
jamás never
jamón (el) ham
jarabe (el) syrup
jerez (el) sherry
jonrón (el) home run
joven (el/la) young, youngster
juez(a) (el/la) judge
jugada (la) play
jugo (el) (*América*) juice (*America*)
juventud (la) youth

L

langosta (la) lobster
lástima (la) pity
lata (la) can
  dar la lata to bother, pester
leche (la) milk
lechuga (la) lettuce
lectura (la) reading
leer to read
legumbre (la) vegetable
letra (la) letter (*alphabet*)
letrero (el) sign
libreta del banco (la) bankbook
licencia (la) license
licor (el) liquor

licorería (la) liquor store
ligero(a) light, fast
limón (el) lemon
limonada (la) lemonade
limpio(a) clean
listo(a) smart
litera (la) berth
litro (el) liter (*2.2 pints*)
llanta (la), **goma** (la) tire
llanta de repuesto (la) spare tire
llave (la) key
llegada (la) arrival
llevar to wear, carry
llorar to cry, weep
lujoso(a) luxurious
luna de miel (la) honeymoon

M

macho (el) male (*animal*)
madrastra (la) stepmother
madrina (la) godmother
madurez (la) adulthood
maldecir to curse
maletero[3] (el) porter, trunk (*car*)
maletín (el) briefcase
mandar to send, command
manejar (*América*) to drive (*America*)
mano (la) hand
mantequilla (la) butter
manzana (la) apple
manzana (la) (*España*) (city) block (*Spain*)
maquillaje (el) makeup
mar (el) sea
marca (la) trademark
marearse to get dizzy/sick
mareo (el) dizziness
margarina (la) margarine
marido (el) husband
marisco (el) seafood
mecanógrafo(a) (el/la) typist
mecedora (la) rocking chair
mecer to rock, swing
medalla (la) medal
medias (las) stockings
mejorar to improve
membrete (el) letterhead
mensaje (el) message
mentir (ie, i) to lie
merendar (ie) to eat a snack
  ir de merienda al campo to go on a picnic
mes (el) month
mesero(a) (el/la) waiter (waitress)
minuta (la) (*España*) menu (*Spain*)
misterio (el) mystery
mojado(a) wet
mojar to dampen, wet
moneda (la) currency, coin
moño (el) bun, topnot
morado(a) purple
motocicleta (la) motorcycle
mover(se) to move (*in general*)
moverse (ue) to move
mozo (el), **maletero** (el) porter (*luggage*)
mudanza (la) move
mudarse to move (*residence*)
muela (la) molar, tooth
  muela del juicio (la) wisdom tooth
mullir to soften
muñeca (la) wrist; doll
muslo (el) thigh

N

nacer (z) to be born
naranja (la) orange
nariz (la) nose
natación (la) swimming
náusea (la) nausea
necesitar to need
nervio (el) nerve
nervioso(a) nervous
nevar (ie) to snow
nieto(a) (el/la) grandchild
nieve (la) snow
niñez (la) childhood
novio(a) (el/la) sweetheart, bridegroom (bride)
novocaína (la) novocaine
nublado(a) cloudy
nuera (la) daughter-in-law

O

obeso(a), grueso(a) obese, fat
obra de teatro (la) play
oeste (el) west
oído (el) ear, hearing
ojo (el) eye
oler (ue) to smell
olfato (el) smell (*sense*)
oliva (la) olive
olivo (el) olive tree
olvidar to forget

operar to operate
oreja (la) (outer) ear
oscuro(a) dark, obscure
oveja (la) sheep
oyente (el) listener

P

pabellón (el) ward (*hospital*)
paciente (el/la) patient
padecer (zc) to suffer
padrastro (el) stepfather
padres (los) parents, fathers
padrino (el) godfather
paella (la) paella
pagar to pay
país (el) country
pájaro (el) bird
palidez (la) paleness
pálido(a) pale
pan (el) bread, loaf
pantalla (la) screen
pantalón (el) pants, trousers
papa (la) (*América*) potato (*America*)
paquete (el) package, parcel
parabrisas (el) windshield
para con (uno) toward
parada (la) stop
para mí in my opinion, for me
para ser for being
para siempre forever, for good
pardo(a) brown
pariente(s) (el/los) relative(s)
parquear to park
partido (el), partida (la) game, set
pasaje (el) ticket
pasajero(a) (el/la) passenger
pasaporte (el) passport
pasta (la), crema (la) toothpaste
pastel (el) cookie, cake
pastelería (la) pastry shop
pastilla (la) pill
pata (la) paw, foot, leg (*animal*)
  estirar la pata to kick the bucket
  meter la pata to put one's foot in it
patata (la) (*España*) potato (*Spain*)
patear to kick
patilla (la) sideburn
pavo (el) turkey
peatón (el) pedestrian
pecho (el) chest, breast
pedir (i) to ask, request
peinado (el) hairdo
peinarse to comb one's hair
peine (el) comb
película (la), film[3] (el) film, movie
peligroso(a) dangerous
pelo (el) hair
  tomar el pelo to pull one's leg
pelota (la) ball
peluca (la) wig
peluquería (la) beauty parlor
peluquero(a) (el/la) hairdresser
pena (la) penalty, sorrow
  a duras penas barely
pensión (la) boardinghouse, inn
pepino (el) cucumber
pera (la) pear
perder (ie) to lose, miss
pérdida (la) loss
perezoso(a) lazy
pesado(a) heavy
pesar to weigh
pescado (el) fish
pestaña (la) eyelash
pie (el) foot
pierna (la) leg (*of a person*)
  pierna de cordero leg of lamb
píldora (la) tablet
pimienta (la) pepper
pimiento (el) green pepper
pincharse to have a flat tire
piso (el) floor, story
piyama (el) pajamas
plátano (el), banana (la) banana
plato (el) dish, plate
plaza de toros (la) bullring
pluriempleo (el) moonlighting
pollo (el) chicken
polvo (el) dust
polvoriento(a) dusty
polvos (los) powder
poncharse to have a flat tire
poner peros to find faults
por casualidad by chance
porcentaje (el) percentage

por ciento percent
por eso for that reason
por fin finally
por mucho que no matter how much
por si acaso just in case
portería (la) goalpost; lobby
portero (el) goalkeeper; doorman
por tonto for being silly
postre (el) dessert
  de postre for dessert
preocuparse to worry
preparar to prepare, cook
préstamo (el) loan
prestar to loan, lend
presupuesto (el) budget
prever to foresee
primo(a) (el/la) cousin
probador (el) fitting room
probarse (ue) to try on
profesorado (el) faculty
puede ser que maybe
puente (el) bridge
puerco (el) pig, pork
puerta (la) gate, door
puesto (el), trabajo (el) job, position
pulmón (el) lung
pulmonía (la) pneumonia
punto de vista (el) point of view
pupitre (el) desk

Q

quedar to be located
queso (el) cheese

R

raíz (*pl.* **raíces**) **(la)** root, stem
raqueta (la) racket (tennis)
raya (la) line
receta (la) prescription, recipe
reciente recent
recordar (ue) to remember
recortar to trim
red (la) net
refresco (el) soft drink
regatear to bargain, haggle
registrar(se) to register, check in
reír (i) to laugh
remitente (el) sender
reñir (i) to scold
res (la) head of cattle
  carne de res (la) beef
resfriado (el), catarro (el) cold
respirar to breathe
restar to subtract
reunión (la) meeting
risa (la) laughter
rizador (el) curler
rizar to curl
rodar (ue) to roll, run on wheels
rodear to surround
rodilla (la) knee
rogar (ue) to beg, request
rojo(a) red
romper to break, tear
ron (el) rum
ropa interior (la) underwear
rosado(a) rosé, pink
roto(a) broken, torn
rueda (la) wheel

S

saber to know
sacamuelas (el) bad dentist
sacar to pull out
sacudida (la) shake
sacudir to shake
  sacudir el polvo to dust
sal (la) salt
salario (el), sueldo (el) salary, wages
salida (la) departure, exit, gate
salir to go out, leave
salir caro(a) to come out expensive
salón de belleza (el) beauty parlor
salud (la) health
saludable healthy
sangre (la) blood
sangría (la) wine cooler
secador (el) dryer (for hair)
secar to dry
seco(a) dry
seguridad (la) safety
seguro(a) safe, sure
sello (el), estampilla (la) postage stamp
semáforo (el) traffic signal
semanal weekly
seno (el) breast
señal (la) the sign
señas (las) address
ser preciso to be necessary
servilleta (la) napkin
servir (i) to serve, work
sin duda no doubt
sin falta without fail

sobre (el) envelope
sobresalir to stand out, excel
sobrina (la) niece
sobrino (el) nephew
solamente, sólo only
soleado(a) sunny
solicitar to apply
solicitud (la) application
soltero(a) single
solterona (la) old maid
sonreír (i) to smile
sopa (la) soup
sorprendente surprising
sorprender to surprise
sorpresa (la) surprise
sostén (el), **brasier** (el) bra(ssiere)
sótano (el) basement
stop (el), **alto** (el) stop sign
suave smooth, soft
sucio(a) dirty
suegra (la) mother-in-law
suegro (el) father-in-law
suéter (el) sweater
sumar to add
súplica (la) petition, request
suplicar to beg, request

T

taladro (el) drill
talla (la) size
talón (el) the stub
tal vez, quizá(s) perhaps, maybe
tanque (el) tank
tañer to play music/bells
tapa (la) hors d'oeuvre
taquilla (la) ticket window
taquillero(a) (el/la) ticket agent
tarjeta (la) card
tarjeta de embarque (la) boarding pass
tarjeta postal (la) postcard
taza (la) cup
techo (el) ceiling
tejado (el) roof
tejer to knit, weave
tejidos (los) textiles
televisor (el) TV set
telón (el) curtain
temer to be afraid
tenedor (el) fork
tener mala pata to be unlucky
tenis (el) tennis
tensión (la) pressure
teñido(a) dyed
teñir (i) to dye
tertulia (la) social gathering
tierno(a) tender, soft
tijera(s) (la[s]) scissors
timbre (el) postage stamp; doorbell, bell
timón (el) steering wheel
tinto (el) red wine
toalla (la) towel
tobillo (el) ankle
tocadiscos (el) record player
tomar una copa to have a drink
torcer (ue) to twist, turn
torcido(a) twisted, crooked
torear to fight bulls
toreo (el) bullfighting
torero (el) bullfighter
matador (el) bullfighter, killer
tos (la) cough
toser to cough
trabajar to work
traer to bring
tragar to swallow
trago (el) drink
traje (el) suit
traje de baño (el) bathing suit, trunks
transeúnte (el) pedestrian
travesura (la) mischief
travieso(a) mischievous
trenza (la) braid, bun
trenzar to braid
tripulación (la) the crew
tubo de escape (el) exhaust pipe
turbulencia (la) turbulence

U

último(a) last
uña (la) fingernail, toenail
útil[6] useful

V

vaca (la) cow
vacío(a) empty
vacuna (la) vaccine, shot
vagón (el), **coche** (el) wagon, car (*train*)
vajilla (la) tableware
valer to be worth
valer la pena to be worthwhile
valioso(a) valuable, expensive

vaquero (el) cowboy
varón (el) male (*human*)
vaso (el) drinking glass
vehículo (el) vehicle
vejez (la) old age
velocidad (la) speed
veloz fast
venir to come
ventanilla (la) small window
verde green
verdulería (la) vegetable store
verdura (la) vegetable, greens
vermú (el) vermouth
vestido (el) dress
viajar to travel
viaje (el) trip
viajero(a) (el/la) traveler
viento (el) wind
vinagre (el) vinegar
vino (el) wine
viudez (la) widowhood
viudo(a) (el/la) widower, widow
vodka (el) vodka
volante (el) steering wheel
volar (ue) to fly
vuelo (el) flight

Y

yerno (el) son-in-law

Z

zambullir to dive
zanahoria (la) carrot
zapatería (la) shoe store
zapato (el) shoe
zona escolar (la) school zone
zumo (el) (*España*) juice (*Spain*)

From Fontainebleau to the Louvre: French Drawing *from the Seventeenth Century*

Hilliard T. Goldfarb

THE CLEVELAND MUSEUM OF ART

In cooperation with Indiana University Press

Cover: *Creusa Fleeing Troy* by Simon Vouet [58]. National Gallery of Art, Ailsa Mellon Bruce Fund, 1971.17.3.

Distributed by Indiana University Press,
Bloomington, Indiana

Editors: Jo Zuppan and Flo Cunningham
Designers: Laurence Channing
and Thomas Barnard
Production Supervision: Emily S. Rosen
Typesetting by LIVE Publishing Company,
Cleveland, Ohio
Printed by Eastern Press, New Haven,
Connecticut

Library of Congress Cataloging-in-Publication Data

Goldfarb, Hilliard T.
From Fontainebleau to the Louvre: French drawing from the seventeenth century/Hilliard T. Goldfarb.
p. cm.
Includes bibliographical references.
ISBN 0-910386-96-X.
ISBN 0-910386-97-8 (pbk.)
1. Drawing, French–Exhibitions. 2. Drawing–17th century-France–Exhibitions. I. Cleveland Museum of Art. II. Title.
NC246.G65 1989 89-22051
741.944'074'7–dc20 CIP

Art Gallery of Ontario, Toronto

The Art Institute of Chicago, Illinois

The Art Museum, Princeton University, New Jersey

Bowdoin College Museum of Art, Brunswick, Maine

The Chrysler Museum, Norfolk, Virginia

The Cleveland Museum of Art, Ohio

Cooper-Hewitt Museum, The Smithsonian Institution's Museum of Design, New York

E. B. Crocker Collection, Crocker Art Museum, Sacramento, California

Fogg Art Museum, Harvard University, Cambridge, Massachusetts

Mr. and Mrs. Jeffrey E. Horvitz

The Metropolitan Museum of Art, New York

Professor Alfred Moir, Santa Barbara, California

The Pierpont Morgan Library, New York

Museum of Art, Rhode Island School of Design, Providence

Museum of Fine Arts, Boston, Massachusetts

National Gallery of Art, Washington, D.C.

National Gallery of Canada, Ottawa

North Carolina Museum of Art, Raleigh

Private collections

Collection of Mr. Leo Steinberg

The University of Michigan Museum of Art, Ann Arbor

Ian Woodner Family Collection, New York

Yale University Art Gallery, New Haven, Connecticut

Present-day audiences, it would seem, do not appreciate the art of seventeenth-century France with the enthusiasm that might be expected given the current delight in eighteenth-century French art or even the fervor with which that of the nineteenth century is greeted. However, that that should be the case is hardly surprising. It was an art usually created in response to grand formal needs far removed from those of our own day. Frequently it was a art of allegory and complicated allusions – often political in intent – which are virtually meaningless to modern-day audiences. Characteristically the subjects treated display a formality of attitude completely devoid of any spontaneity; the painter Nicolas Poussin, for example, and the playwright Pierre Corneille treated classical history in a considered fashion far removed from today's subjective attitudes.

Often the greatest achievements of seventeenth-century French art remain in the place for which they were created, or nearby; hence, they are not easily seen in America. They have not been collected with notable energy by the many American collectors upon whom the development of the modern museum has depended. Those collectors have instead favored the smaller later works more congenial to twentieth-century domestic spaces. Although works by such leaders as Claude le Lorrain and, of course, the greatest artist of them all, Nicolas Poussin, were eagerly sought for the major public collections, the various other artists so essential for understanding the rich complexity of the seventeenth century have not, by and large, been gathered with method.

Nonetheless, the complexities of the arts in seventeenth-century France are infinitely absorbing and drawings provide an ideal means for grasping the vitality of the thought processes behind the better-known formal pictures. Often wonderful works of art in their own right, drawings were also of great importance in that period. From the very beginning of an artist's career they played a major role in his development. Following the example of the Italian studios, which provided a prototype for the training method developed by the French Academy, the artist learned through drawing, first by sketching casts and then models. And thereafter, throughout his career, drawings permitted the quick examination of an idea – the study of variants – so essential in developing a final elaborate painted composition. They played as well a focal role in conveying the successive waves of new ideas from Italy and, to a lesser degree, from Flanders, ideas which were pivotal in creating the new styles desired by the French court.

Understandably, therefore, through drawings one frequently achieves new perceptions about the originality of the French painting of the period. So often the spirited initial thought evident in many of these sheets passed through a process of consolidation leading to the spectacular grandiloquence associated with the greatest work of the seventeenth century. An awareness of the process only nurtures greater appreciation of the result. For these reasons, the three museums presenting *From Fontainebleau to the Louvre: French Drawing from the Seventeenth Century* welcomed Hilliard Goldfarb's proposal that such an exhibition should be pursued.

This exhibition deliberately depends upon North American holdings in this area – so one was impressed in negotiating the loans that such interesting material was available. The three museums presenting the exhibition – The Cleveland Museum of Art, The Fogg Art Museum of Harvard University, and The National Gallery of Canada in Ottawa – owe a great debt of thanks to the lenders, because each one has been generous indeed in parting with precious treasures for a considerable length of time.

Finally, this exhibition owes a great deal to The Andrew W. Mellon Foundation. Hilliard Goldfarb conceived the idea while he held one of the joint Case Western Reserve University-Cleveland Museum of Art appointments funded by the Foundation. Subsequently, The Cleveland Museum of Art was one of several American museums to receive one of the Foundation's challenge grants to encourage the publication of in-depth scholarly research carried out by the staff. In Cleveland that grant was matched by various donors and by an important bequest from Mrs. Katherine Holden Thayer. This is the first of our publications to be significantly underwritten by the Mellon Foundation's energetic vision. Needless to say it is most deeply appreciated.

Evan H. Turner

The seventy-two years embraced by the reign of Henry IV and the early reign of Louis XIV, culminating in the direct personal rule by the latter, constitute a critical and glorious period in the development, self-definition, and ascendant international stature of French art. Recent exhibitions of several European collections of French drawings have enriched our knowledge of drawing styles of the period and the wealth of Old World collections. Among them are *Dessins français du XVIIe siècle* (1984) at the Louvre, *Französische Zeichnungen im Städelschen Kunstinstitut, 1550 bis 1800* (1986) at Frankfurt, and Per Bjurström's exhibition from the Nationalmuseum at Stockholm that appeared in New York and Edinburgh, *The Art of Drawing in France, 1400-1900* (1987). The show at the Grand Palais in Paris, The Metropolitan Museum in New York, and The Art Institute of Chicago, *France in the Golden Age: Seventeenth Century Paintings in American Collections* (1982), explored the richness of holdings in the United States of French seventeenth-century painting, providing an inventory and fostering further research.

Drawings from this period, which also have been actively acquired by North American museums and private collectors, have not been presented comprehensively in recent years, however. The North American public has had little opportunity to become acquainted with the range of drawings of the period on this continent and what they reveal about French art and culture, despite notable exhibitions and catalogues of single public and private collections. Among the latter, special note should be made of the exhibition at the Morgan Library *French Drawings 1550-1825* in 1984 and of the 1986 exhibition *15th-18th Century French Drawings in the Metropolitan Museum of Art*, coinciding with the publication of the catalogue of that collection by Jacob Bean and Lawrence Turčić. Such exhibitions, however, have been limited by their nature.

This exhibition, drawn from North American collections, attempts to provide an overview of French drawings in the period roughly encompassed by the reigns of Henry IV and Louis XIII through the restructuring of the Académie Royale de Peinture et de Sculpture by Louis XIV's adviser, Jean-Baptiste Colbert (1589-1663). The chronologies of the careers of several of the leading artists featured in the exhibition required that those parameters be extended a few years beyond 1661 when, on the death of Cardinal Mazarin, Louis XIV assumed direct rule of France with the counsel of Colbert. This allows for an overview of their graphic development, but no artists whose careers emerged after that date are presented.

The title *From Fontainebleau to the Louvre* was selected for several reasons. Not only do the palaces of Fontainebleau and the Louvre represent the residences of Henry IV, Louis XIII, and the early administration of Louis XIV, but they also evoke the shift toward the centralized administration and national self-consciousness of a realm focused on Paris. Artistically, the decoration of those palaces define the stylistic spectrum from the late second school of Fontainebleau to the ideals of the Académie Royale and the art sponsored by the crown by the 1660s—as well as the lodgings offered by the crown to several of the artists represented here.

The organization of the material reflects an effort to synthesize the visual presentation in a coherent fashion that would, in broad terms, reveal the currents of stylistic developments and influences. A strictly chronological approach for the artists and their works proved unsatisfactory, given the diversity of styles. An alphabetical organization of entries seemed even more arbitrary and less visually and conceptually meaningful. Thus, the entries have been divided into three sections: The Courts of Fontainebleau and Nancy; The French Community in Rome; and The Ascendance of Paris. Such a sharp division of material admittedly also has its own limitations and distortions; for example, in the placement Silvestre in the second section of the catalogue, and of Mellan, Stella, and Vouet in the third. I was guided in such cases by a consideration of the overall orientation of the artists' careers and the nature of the drawings selected. I hope that my discussions in the entries and the introduction will compensate for the relative rigidity of the presentation.

Within each section of the catalogue the drawings are arranged by artist, according to birthdate. The drawings presented in the exhibition are listed in the table of contents. An alphabetical index of the artists mentioned in the text is provided for rapid cross reference, while an appendix presents summary biographical data. Specific bibliographical references are given within the entries for the reader's convenience; a list of shortened references precedes the catalogue.

Whenever possible I have attempted through selection of subject matter, media, and style to represent the stylistic range of the individual artists included, while also permitting the reader to draw comparisons with drawings of comparable subjects or media by other artists. I also have included several drawings attributed to artists embraced by this exhibition – such as Bellange, Poussin, Lallemant, Vouet, and Saint-Igny – for which the attributions may prove controversial. It is my intention to encourage reasoned debate and further analysis of the stylistic definitions of these figures and their interrelationships and to furnish an opportunity to compare them with other exhibited drawings.

Pierre Rosenberg's historic catalogue and exhibition of 1972, *French Master Drawings of the 17th and 18th centuries in North American collections*, presented 157 drawings by nearly one hundred artists, from Bellange to Boilly. Our intention is at once both more focused and more limited, defined by a period of approximately eighty years, exhibiting the works of fewer than forty artists with 105 drawings. This difference indicates both the increased critical study that the period has received in North American scholarship and the significant expansion of North American holdings in the field over the last seventeen years. Thus, fewer than twenty drawings featured in this exhibition were also seen in that important show. In presenting the rich variety of North American collections, it included drawings by some – at the time – less appreciated masters, as well as newly discovered or less known sheets. Rosenberg thereby provided a tremendous service in the appreciation of drawings of the period in North America.

The more restrictive parameters of *From Fontainebleau to the Louvre* permit us, however, to examine the careers and drawings-related bibliographies of several artists in greater detail, to trace artistic dependencies and interrelationships, to explore questions of regional styles, to compare and contrast compositional styles among diverse artists, and to consider figures in the history of French art of the period who,

while not in the first rank of artistic distinction, nevertheless made meaningful contributions, were accomplished draftsmen, and were recognized masters of their time. Some of these drawings are extremely well-known treasures; others have been rarely exhibited or are newly presented. While the expansions of North American collections have made possible this type of study in a manner that would have been impossible only a few years ago, our geographical boundaries also limited options. Furthermore, practical limitations on the number of drawings available from individual lenders, public and private, as well as the inaccessibility of certain collections further determined the scope of the exhibition. Thus, as but one example, the late school of Fontainebleau is only–if nonetheless handsomely–represented by the draftsmanship of Dubois.

American drawing collections are fortunate in possessing extraordinary examples of the work of Poussin and Claude Gellée. The work of these artists has figured prominently lately in such exhibitions and catalogues as H. Diane Russell's preeminent *Claude Lorrain, 1600-1682* (1982) and the Kimbell Art Museum's *Poussin: The Early Years in Rome* (1988). The latter, devoted to the work of the Poussin until 1630, was organized by Konrad Oberhuber.

The careers of these artists are of such overwhelming importance that several drawings representing their graphic careers have been included here. Current limits on accessible loans unfortunately precluded the presentation of early Poussin drawings, but the in-depth focus on Poussin's early graphic work in the Kimbell exhibition provided the opportunity to study sixty attributed drawings. Oberhuber's important and controversial accompanying text and catalogue raisonné presented Poussin's production through 1630. It is our hope that in this and in comparable cases, textual references and comparative illustrations will compensate to some degree for such absences.

This exhibition was first conceived during a conversation with Konrad Oberhuber in 1984. With his irrepressible enthusiasm, encouragement, and wise counsel the broad outlines of the project and several of the desirable loans were determined. His wisdom and consummate connoisseurship have aided me immeasurably not only on this occasion but often over the years. I have been most fortunate also to have experienced the notable cooperation, generosity, and enthusiastic reception of museum directors and curatorial departments as well as private collectors, all of whom have extended themselves to assist in this undertaking. Of course, The Cleveland Museum of Art, the sponsoring institution, its director, and staff, have assisted immeasurably in the organization of this exhibition and catalogue. I wish to express particular thanks to Evan H. Turner, Director, for his continued support of this project after I left my curatorial responsibilities at Cleveland to assume new duties as Curator for European Art at the Hood Museum of Art at Dartmouth College. William S. Talbot, Assistant Director, provided critical organizational assistance in the early stages of this project. Michael Miller, Assistant Curator in the Department of Prints and Drawings, served as departmental liaison and cheerfully oversaw a myriad of details in the organization of the exhibition. Charles Eiben supervised necessary framing and preparation of the arriving works. I am very grateful to Laurence

Channing, Thomas Barnard, Jo Zuppan, and Flo Cunningham for the design and editing of the catalogue. I wish to thank William Robinson at the Fogg Art Museum for reviewing the text and offering helpful suggestions. James Cuno, Director of the Hood Museum of Art, assisted in proofreading the text for which I am also grateful.

I was most fortunate to receive the warm cooperation and support of colleagues in France, England, and North America. During research on this project in 1987, I was aided by many individuals, among them: in Rouen, François Bergot, Marie Jeune, and the staff at the Musée des Beaux-Arts; in Paris, Pierre Rosenberg, Jacques Thuillier, Sylvie Béguin, Barbara Brejon de Lavergnée, Arnauld Brejon de Lavergnée, Jean-François Méjanès, Arlette Sérullaz, Louis-Antoine Prat, Dominique Cordellier, Brigitte Scart, Emmanuelle Brugerolles, Alain Merot, Maxime Préaud, Bruno de Bayser, and the staffs at the Cabinet des Dessins of the Département des Arts graphiques, Département des peintures, and the Bibliothèque centrale at the Louvre, the Bibliothèque Nationale, and Ecole Nationale Supérieure des Beaux-Arts. Gilles Chomer of Lyon also generously provided me with valuable ideas and references for Jacques Stella and François Perrier. In London, I am indebted to Gillian Kennedy at the Courtauld Institute Galleries; the Witt Library; the Department of Prints and Drawings at the British Museum; and the Victoria and Albert Museum. In Canada I wish to thank Douglas Schoenherr at the National Gallery of Canada and Katherine Lochnan of the Art Gallery of Ontario. I am particularly grateful to Messrs Rosenberg and Thuillier for their interest, generosity, and invaluable counsel.

My travels in the United States brought me into personal contact with many of the curators of the lending institutions. All these individuals and their staffs have been unstinting in their assistance. Several, however, have exerted such efforts on behalf of this project that I should single them out. Cara Denison at the Morgan Library has assisted greatly in coordinating vital loans from that institution as well as providing enthusiastic support and positive suggestions, for all of which I am most appreciative. I am particularly indebted to Lawrence Turčić , former Associate Curator of Drawings at the Metropolitan Museum. Only a few weeks before his tragic death, he contacted me to recommend including an unpublished drawing which appears in this exhibition, along with other critical loans from that collection. Mark Brady of New York directed me to several drawings in private collections. Christopher Comer has been very generous with his time and counsel on matters concerning Saint-Igny and Bellange. Suzanne Folds McCullagh and Douglas Druick at the Art Institute of Chicago and Margaret Morgan Grasselli at the National Gallery of Art have also assisted. Alvin L. Clark at the Yale University Art Gallery has been very interested in this project and generously has provided me with bibliographical matter and earnest discussion. He is the author of a catalogue and exhibition of French seventeenth-century prints at Yale, *From Mannerism to Classicism* (1987). I also want to express appreciation to Barbara Ross at Princeton, Bruce Davis at the Los Angeles County Museum of Art, Karen Jahnke at the Crocker Art Museum, and Andrea Clark at the Norton Simon Museum of Art.

This exhibition and I, personally, are profoundly indebted to the staff and the collection at the Fogg Art Museum, Harvard University; to its Director, Edgar Peters Bowron; to the former Ian Woodner Curator of Drawings, Konrad Oberhuber; and to the present occupant of that chair, William Robinson. Miriam Stewart, Curatorial

Assistant, also has assisted immeasurably and with characteristic warmth. The Fogg Museum, recently having incorporated into its own remarkable collection much of the celebrated Seligman collection, constitutes an outstanding French seventeenth-century drawings repository. The extraordinary generosity of their extensive loans and the consideration they have provided since the inception of this undertaking are reflections of the scholarly collegiality at the very heart of the Fogg's tradition.

I also wish to add my profound thanks to Jacquelynn Baas, Director of the University Art Museum at the University of California, Berkeley, and former Director of the Hood Museum of Art, Dartmouth College, and to Timothy Rub, Acting Director at the Hood Museum, for their understanding and cooperation, and abiding gratitude to the Sherman Art Library staff at Dartmouth College, especially Barbara Reed, Library Director, and Claudia Yatsevitch for their patience, unstinting and ready assistance, and good humor.

Finally, I wish to underline that while insights and original presentations of subjects reflect the contributions of many, the undoubted shortcomings in this catalogue are mine alone. My intention has been to present this material with the utmost breadth and quality possible within the practical restrictions of the exhibition. My greatest hope is that these beautiful drawings and the context that I have prepared for them will inspire further thought and re-evaluation. In short, the exhibition is designed to promote discussion and further research, while presenting material of visual delight and importance – or, as Poussin observed, "sa fin est la Delectation."

I would like to dedicate my work on this exhibition to Sherman E. Lee and Rabbi Daniel J. Silver, *Doctissimi et Amicissimi*.

H.T.G.
Hanover, New Hampshire
March 1989

The seventeenth century in France has often been termed the Age of Louis XIV; it might as aptly be termed the Age of Louis XIII. It was under that monarch's reign and with the assistance of the brilliant political tactician Cardinal Richelieu that France became a truly centralized and unified nation, assuming an unprecedented international stature. In the visual arts the reigns of Louis XIII and the minority of Louis XIV embraced the careers of many of the greatest names associated with the history of French painting.

This catalogue focuses on less than a century in the rich chronicle of French cultural history—a period of extraordinary brilliance and dramatic transformation in both the political and artistic realms. France itself was rapidly changing—socially, politically, and culturally—even as it was expanding to its present boundaries. This achievement was complemented by a tremendous flourishing of native artistic genius. The nearly eighty years encompassed by the reigns of Henry IV, Louis XIII, and the minority and early personal reign of Louis XIV culminated in the resolution of the design for the new Louvre and presaged the glory of Versailles. They constitute a critical and glorious period in the development, self-definition, and ascendant international stature of French art and that of Lorraine (the latter under de facto French control by the later 1630s). Among the more celebrated names associated with this era are Dubois, Bellange, Callot, Vignon, Poussin, Claude, Vouet, Mellan, Champaigne, La Hyre, Sarrazin, Le Sueur, Bourdon, and Le Brun. The period embraces the courtly late sixteenth-century Italianate-based and Flemish-influenced Mannerism of the second school of Fontainebleau and Colbert's bureaucratic consolidation of royal oversight of artistic instruction and recognition with the reorganization of the Académie Royale, under the chancellorship of Charles Le Brun.

Fontainebleau and Lorraine

Henry IV, King of Navarre, entered Paris as king of France in 1594, five years after his ascension to the throne. His conversion to Catholicism in 1593 (which neutralized the opposition of the Guise-led League to his succession), his Edict of Nantes (1598), his encouragement of trade, and the general disillusionment of the bourgeoisie with the nobility led the warring factions within the realm to put down, if not bury, their arms. Henry faced an economically and politically devastated country, a weakened crown—succeeding the religious and sensual excesses of Henry III—and the presence of Spanish troops on French soil. While he drove out foreign garrisons expeditiously, Henry nonetheless left France vulnerable at its frontiers on the north, just beyond the Somme, and along the eastern border with Lorraine and the Holy Roman Empire at the time of his tragic assassination on May 14, 1610. By 1598, however, together with his able Minister Sully, the pragmatic Henry was able to devote his efforts to the effective and practical reform of the French economy and the consolidation of the national administration of the crown directly under the king. The popular monarch also devoted much of his boundless energy to refurbishing the royal residences and to ambitious architectural projects in Paris, including the Place des Vosges, enterprises beyond the purview of this catalogue.

Toussaint Dubreuil, Martin Fréminet, and Ambroise Dubois were among the leading artists at court during his reign. All practiced a French variant of the International Mannerist style, which had been formulated about sixty years earlier through the efforts of the Italians Rosso Fiorentino, Primaticcio, and Nicolò dell'Abate, who had been brought to France by Francis I. It was perpetuated by their studios and the energetic production and international exchange of prints. Outside of the precincts of Fontainebleau, royal patronage declined after Francis's death in 1549.

Ambroise Dubois, born in Antwerp in 1542/43, was typical of the more talented artists within the court at the end of the sixteenth century and is the oldest of the three mentioned. His art reflects Flemish variants of the Mannerist style, both in the looser, more cursive rhythm of his pen work and use of wash, and in the muscularity and greater solidity of figures. Those figures are also distinguished from the attenuated, elegant, and artificial Mannerist grace that characterizes the courtly style of the first generation of Fontainebleau Mannerism by his simplifying the drapery and poses into more natural and fluid contours. Undoubtedly Dubois's most important work revolved around the decorations for the royal chambers at Fontainebleau. The drawings discussed here represent the range of his occupations and use of graphic media for these commissions.

The most energetic, talented, and influential regional center of artistic production during the early years of the century was Nancy, where the Lorraine court sponsored a broad range of artistic activities. It witnessed the careers of the most influential artists of the late Mannerist vernacular, under Dukes Charles III (d. 1608), Henry II (d. 1624), and Charles IV (who abdicated in 1634, after a year's siege by Louis XIII and Richelieu, in favor of his brother, leading to Lorraine's annexation by France). Lorraine, although tied to France by language, religion, and culture, involved itself ever more deeply and less effectively in political intrigue between France, the Hapsburgs, and the Holy Roman Empire, allying itself disastrously with the duc d'Orléans against Richelieu in the early 1630s. The duchy also maintained ties with Italy, notably with the Gonzaga of Mantua, as well as to Tuscany (while France was connected with Tuscany through the widow of Henry IV and regent for the young Louis XIII, Marie de Medici, the niece of the duke of Tuscany).

Both Duke Charles III and Duke Henry II were active patrons of the arts, and the art of Lorraine of this period reflects contemporary cultural and political crosscurrents. Its refined and esoteric courtly culture expressed both its geographical situation and diplomatic policy, showing the influences of Fontainebleau and Central and Northern European late Mannerism, as well as Tuscany. Bellange, Deruet, and Callot, the three preeminent artists of the early seventeenth century, reinfused this art with newer artistic currents from Italy.

Although directly influenced by Fontainebleau, which he visited at least twice, the great printmaker Jacques-Charles de Bellange also was sympathetic to a broad range of Italian graphic sources, including Parmigianino, Barrocci, Salimbeni, and Vanni. The result was an even more refined, precious, and artificial personal style of more exquisite and intense character than found in contemporary Fontainebleau. Bellange employed the devices of elongation and manipulated perspectives to achieve images of stunning beauty, yet disturbing and disconcerting contrasts that boldly underline content.

Claude Deruet's works are of a lesser order. Nevertheless, his art was nourished by his exposure in Rome to Flemish late Mannerists and such practitioners of reformist, Countermaniera trends as the Cavaliere d'Arpino and Tempesta. It embodies the tastes and interests of the ducal court, where he succeeded Bellange as court painter and festival designer by 1619. Deruet was a favorite of the court at Paris as well, having served as a drawing instructor for Louis XIII. The artist executed important commissions for Richelieu, specializing in the depiction of fantastic costumed processions and hunts and Amazonian battles. These images of elegant figures in allegorical contexts reflect courtly tastes descending from the sixteenth-century art of Caron but also respond to the contemporary aristocratic literary interests embodied in long pastoral novels, such as Honoré d'Urfé's *L'Astrée*. Deruet persisted in this style until his death in 1660, over thirty years after it ceased to be current.

Although the genius of Bellange is undeniable, the court artist who remains the most celebrated and most influential, both in his time and subsequently, was the brilliant, innovative, and prolific Jacques Callot. Although Callot, whose father was attached to the ducal court, may have first been trained by a Lorraine goldsmith, his real instruction occurred in Italy. In Rome he learned the art of printmaking from the French engraver Philippe Thomassin and worked with Antonio Tempesta. In Florence Callot worked with Remigio Cantagallina, among others, specializing in etching theatrical and festival designs. An innovator in the art of etching, he modified the tools and technique so that he could vary the width and character of line to virtuoso effect. Callot was also aware of current Countermaniera style.

On the death of the Tuscan Duke Cosimo II in 1621, artistic commissions in Florence declined, and Callot returned to Nancy, where he served prominently in the courts of Henry II and Charles IV, as well as the courts of France and Spain. A Lorraine patriot, however, the artist declined to illustrate the conquest of Lorraine for Louis XIII. Instead, during those years he executed the dark, trenchant, sober subjects of his series *Les misères et les malheurs de la guerre* (1633).

Callot's works thus reflect not only the courtly festivities of his times but also the religious intensity–and intolerance–of contemporary Lorraine and the devastating human toll of warfare. Centuries later the latter works inspired Goya. Callot's drawings evidence a mode of vision quite distinct from that of Deruet and Bellange. Concerned with the articulation of movement and mass, through simple powerful strokes, Callot remained connected to the earlier Fontainebleau aesthetic through his sometimes artificial poses, contrived perspectives, and rhythmic linear contours.

The Regency and the Lure of Rome

It would be an oversimplification, albeit one commonly repeated, to observe that the arts languished in France under the regency of Marie de Medici. Coming from that noble Tuscan family, the queen appreciated, at least in principle, that the arts served as appropriate royal accouterments. Dubois continued to work on decorations for the royal chambers at Fontainebleau as did Fréminet in the Chapelle de la Trinité there. Furthermore, pastel portraiture continued to flourish. Having descended from the venerable model of Jean Clouet in the reign of Francis I, it continued through the more aloof, abstract, and mannered productions of his son François,

François Quesnel, and the Dumonstiers, as apparently did a popular variant epitomized in the many drawings by the so-called "Lagneau." Indeed, years later in 1647, when the young Nanteuil first arrived in Paris from his native Reims, he apparently began his career by drawing small portraits on Parisian streets. (It must be said, however, that Nanteuil's late pastels, in their mastery of execution, psychological penetration, and informality of pose, anticipate eighteenth-century developments.)

Nonetheless, there seems to have been little innovation in the arts during this period, mirroring the lack of leadership characterizing Marie de Medici's regency. The most important new commissions went to foreign artists summoned to court, notably such figures from Flanders as Pourbus and, after the assumption of the throne by Louis XIII in 1617, Rubens. The influx of such Flemish-born artists included the landscape painter Foucquier, who had collaborated with Rubens, and his pupil Philippe de Champaigne.

In Paris the Lorraine-born Georges Lallemant worked in a style that, although responsive to contemporary Flemish innovations, essentially clung to a Mannerist aesthetic closely associated with both Fontainebleau and the art of Jacques Bellange. Other figures of the period, notably Quentin Varin and Jean de Saint-Igny in Normandy, worked in variants founded on much the same mélange of stylistic sources. The attraction of Rome as a visual cornucopia encompassing antiquity, the Renaissance, and the contemporary innovations of Caravaggio, the Carracci, Domenichino, and Reni was overwhelming for aspiring artists coming of age during the regency. Besides those attractions, it was also the most dynamic, competitive, and reputation-establishing center of art. The history of French art to a great extent reveals a dynamic response to the alternating attractions of Flemish and Italian art, befitting the nation's geographic location.

The greatest talent among this younger generation of nationals, indeed one of the most influential and daunting figures in the history of French art, was Nicolas Poussin. First inspired by the works of the somewhat retardataire artist Quentin Varin in his native Les Andelys, Poussin received his initial training in Normandy. Then he traveled to Paris, where he studied in the studio of Lallemant and worked with Philippe de Champaigne in the decoration of the Luxembourg Palace. In 1623 shortly before departing for Rome, Poussin completed the altarpiece, now known through a watercolor modello, of the *Death of the Virgin* for the Cathedral of Notre-Dame. It reflects both the late Mannerist aesthetic of Lallemant and Toussaint Dubreuil and a reminiscence of Varin in its crowded, spatially compressed composition, as well as a response to the greater naturalism and massive monumentality of Rubens.

Poussin traveled to Rome via Venice under the sponsorship of Giovanni Battista Marino, an Italian poet at the court of Marie de Medici. Twice previously he had tried to reach Rome, once getting as far as Tuscany, once only to Lyon–a reminder of the expense, time, and difficulty involved in such a journey. Once there, Poussin studied a broad range of works. He drew and measured classical sculptures and studied works by Titian and Raphael, as well as those of the contemporary Bolognese school in Rome, notably Annibale Carracci and Domenichino. Poussin also responded to artists as diverse as Guercino, Andrea Sacchi, and Pietro da Cortona. He traveled into the Campagna to sketch with Claude Lorrain and such Northern artists as Pieter van Laer and Sandrart; Poussin studied optics, perspective, and

geometry, and attended life-study classes in Domenichino's academy. This range of exploration gives some idea of the opportunities offered in Rome, but an artist also had to make a living. For Poussin, the return of Cardinal Francesco Barberini to Rome in 1627 and the reception of his early masterpiece, the *Death of Germanicus* (1628), by this influential patron, together with the friendship of Barberini's erudite secretary, Cassiano dal Pozzo, provided the base for his international recognition.

Although Poussin's use of pen and ink and wash in Rome would have logically succeeded his work in the circle of Lallemant in Paris and did become his favored graphic medium, his alternative and at times complementary use of red chalk undoubtedly bespeaks the impact of the Carracci school, especially Domenichino, toward the end of the 1620s. Often rapid contour drawing with bold simple strokes of wash serves to record Poussin's observations of figure poses derived from the wax models he employed on a small stage in his studio. Alternatively, he was capable of executing profoundly sensual and tactilely evocative studies after nature, when working in a more Northern mode.

In the period of his work represented here, Poussin increasingly moved away from his early use of wash. In his early drawings wash served to guide the eyes along contour and design, to examine the massing of figure groups in space, or to capture, especially in his freer landscape studies, the accidental effects of natural lighting. In his mature drawings, from the late 1630s onward, his compositional organization became ever more architectonic as increasingly subtle tones of wash complemented and conveyed the sensibility of the subject matter. Transcending even the serious hand tremor that affected his late work, Poussin no longer sought in his late maturity the sensuousness or sense of dramatic animation of a surer line and richer washes, characteristic of drawings of the 1630s. Instead, he effectively concentrated on modes of feeling and introspective philosophical concerns. Yet the underlying sense of compositional structure and geometrical construction, expressed in the very terms of formal simplification which Poussin employed in his figural drawings, constituted a fundamental aspect of the French rational, analytical vision, and complemented midcentury developments in French philosophy and literature.

Simon Vouet began his career in Paris executing portraits, but by his early teens had already arrived in Italy, returning from an artistic embassy to Constantinople. In Rome his style was subject to a many influences, including the followers of Caravaggio but primarily the Bolognese school, especially Annibale Carracci and Giovanni Lanfranco. This is evident in Vouet's broad, sculpturally rounded figure types, his use of chalk (preferring black to red, heightened with white), and his dependence on individual figure studies from life in fixing compositions. Indeed, Vouet ran a small academy in Rome where artists could study live models. Virtually no drawings survive from his Italian years, when Vouet rapidly rose in prominence. His appointment in 1624 as principe of the Accademia di San Luca and a commission for the Vatican culminated his career there. He returned to Paris in 1627, as premier peintre du roi. There he played a major role in the modernization of painting in France.

The situation for Claude Gellée was somewhat different. Orphaned early, he arrived in Rome from his native duchy of Lorraine and entered the service of Agostino Tassi, a designer of illusionistic landscapes, himself trained by Paul Bril. The earliest influences on Claude's style were dominantly those of Northern

European landscape artists working in Rome and Naples, including Sandrart, Goffredo Wals, Bartholomeus Breenbergh, Herman van Swanevelt, and Bril. Claude's first pen-and-ink drawings–executed directly after nature, with their energetic use of wash, dramatic contrasts in light, and spontaneous compositional designs–recall the works of these artists with whom he sketched in the Campagna. Not an antiquarian by nature, his vision of the monumental nobility of ancient architectural ruins was essentially picturesque; yet, in the later 1630s and 1640s a more balanced and classicist compositional order characterizes his work, as do a softer, more fluid, and ambiguous spatial transition and a restrained, subtler use of washes to evoke a more sweeping, idealized, nostalgic, elegiacal, and atmospheric vision of figures and landscape.

Gaspard Dughet technically was a native Roman of a family of French origin; his father, Jacques Dughet, was a pastry cook. It was with the Dughet family that Poussin convalesced from a serious illness about 1630, in which year Poussin married Dughet's sister Anne. Between 1631 and 1635 Dughet studied in his brother-in-law's household. Dughet appears always to have had an affinity for the outdoors and was an avid hunter.

During the period of Dughet's apprenticeship, Poussin traveled into the Campagna with Claude and Northern artists to draw from nature; thus, it is not surprising to see in Dughet's drawing style a synthesis of Claude's concern with light effects, Flemish and Dutch naturalism, and the Venetianisms that lingered in Poussin's landscapes into the early 1630s. By the later 1630s, however, the study of the Bolognese school and a response to his brother-in-law's increasingly, carefully structured compositions resulted in a more balanced and idealized compositional order, relying less on dramatic light contrasts and the use of repoussoirs. Nonetheless, Dughet continued to animate his atmospheric landscapes, executed often on colored paper in black and white chalk, with naturalistic details and complex rhythms.

Artistic Revival under Louis XIII and Trends of the 1640s

In 1617 Louis XIII had assumed the throne in his own right. For several years, however, the government and foreign policy of France remained weak and indecisive. The king confronted internal and external religious conflicts in his devotion to the Catholic causes of the period, while France attempted to establish itself as an effective counter to Spain, with which the Papacy sympathized. With the appointment of Cardinal Richelieu–the chief minister, who had served in ministries of war and foreign affairs in 1616/17–to the king's council in 1624, the fortunes of France rapidly revived. The cardinal served brilliantly both his king and the international interests of his nation, dying only a few months before his monarch, in December 1642. Also an active collector, he built an important personal collection of Italian Renaissance art and commissioned a broad range of artists and architects, including Callot, Deruet, Lemercier, Vouet, Champaigne, Poussin, Stella, and the young Le Brun.

At the end of Louis XIII's reign in May 1643, despite the financial burdens of constant wars, France was a far stronger and more centralized state than it had been in 1610, commanding international respect and fear, embracing more territory, and having far more secure borders. The powerful elite and the new, rising bureaucratic

class possessed significantly greater political acumen and broader intellectual and cultural discernment than thirty years earlier. France's recovery was reflected in the artistic ambitions of the crown and those of Richelieu. Besides commissioning works from the leading artists in the realm, the cardinal also, through his surintendant des bâtiments, Sublet de Noyers (who oversaw the maintenance of royal residences and served as an artistic adviser), informed such recalcitrant subjects as Poussin, "que les Roys ont les mains bien longues et qu'il sera bien difficile d'empescher qu'un grand Roy comme le nostre" (that kings have very long hands and that it will be very hard to impede a great king like ours), in order to ensure their return from Italy, if necessary. Poussin already had executed in the mid-1630s an important series of bacchanals for Richelieu. The artist's stay in Paris, however, was brief, from the end of 1640 to September 1642; he arrived in Rome in November 1642.

Among other commissions in Paris, Poussin was assigned the highly distasteful chore of decorating the Long Gallery of the Louvre (1,400 feet long and over 28 feet wide) over the objections of the previously commissioned Foucquier. Poussin's sojourn influenced the intensification of a classicist, Italianate aesthetic, distinctive in its highly structured and theoretically based sobriety from the Bolognese-influenced Baroque lyricism and boldly colored, broadly modeled forms of Vouet's palette.

After a prominent, successful career in Rome, Vouet's preeminence in Paris had been assured by his return to France at the king's request in 1627, and his assumption of the position of premier peintre du roi. Besides the honorific and influential status of being appointed "first" painter to the king, with its stipend and lodgings at the Louvre, the title distinguished Vouet from all other royally appointed artists (peintres [en ordinaire] du roi). Louis XIII's wry aside when Poussin was first introduced to the warmly welcoming monarch at Saint-Germain-en-Laye, "Voilà Vouet bien attrapé!" was to prove prophetic, if not particularly kind.

This was not to say that the diverse and revived art center of Paris did not continue to elicit more traditionally founded artistic sensibilities. They ranged from the Flemish inspiration of Philippe de Champaigne to the more idiosyncratic Claude Vignon, whose work reflects a synthesis of the late Mannerism of the milieu of Lallemant with the work of the Roman followers of Caravaggio and even such Northern artists as Elsheimer and Lastman. A conservative clientele continued to support Lallemant and the archaistic portraiture of an artist or artists known today only as "Lagneau," among others. Furthermore, Vouet and his studio continued to receive royal and other prominent commissions, which extended into the regency of Anne of Austria after Louis XIII's death.

One of the most fascinating and talented of the younger generation of artistic talents responding to the range of styles in Paris, and a practitioner of the new "Atticism," was Laurent de La Hyre. Atticism, the wonderfully evocative term used by Bernard Dorival and Jacques Thuillier, expresses the aesthetic range of concerns of the group of younger artists who founded the Académie Royale de Peinture et de Sculpture in 1648 or who joined shortly thereafter. Between about 1640 and 1660 they articulated a general stylistic sensibility reflecting the influence of Poussin and "classicism" on the evolving Baroque style in France, a synthetic ideal described by Thuillier as one of elegance and clarity echoing the most refined aesthetics in antique art. The tradition of that refined sensibility certainly extends back, in part,

to the lingering Fontainebleau aesthetic. The term *atticism* itself originates in the seventeenth century in the French court's emulation of Roman literary models of the Augustan age in contemporary literature and criticism.

Laurent de La Hyre received his earliest training in Paris from his father, who worked in the style of the second school of Fontainebleau. Around 1624, he entered Lallemant's studio but after a few months traveled on his own to Fontainebleau to study independently. His early chalk draftsmanship, his still somewhat elongated figure types with tapering hands and fluid drapery, his compositions and generally lyrical aesthetic sensibility reflect that inspiration. Even in his earliest drawings, however, his figures tend to be more substantial than their Fontainebleau antecedents, and their context more naturalistic.

In the 1630s, before Poussin's return to France or the even earlier return in the mid-1630s of Poussin's patron and friend, Jacques Stella, La Hyre's work is characterized increasingly by a greater clarity of space and lighting, a more structured and specifically classical setting to many of his compositions, and even more sculptural and normatively proportioned figures than in Fontainebleau models. He showed himself capable of responding to the examples of Vouet and Venetian painting. In the 1640s La Hyre's monumental compositions become more severe and classicistic, laid out in strict perspective grid, less atmospheric or sensual, and colder and more abstractly idealized with a greater emphasis on crisply defined contour line.

Of the same generation in Paris, Eustache Le Sueur entered Vouet's studio at an early age, and his early painting and drawing styles show the profound influence of that master on him. However, his direct exposure to works by and after Raphael and Poussin is reflected in a Raphaelesque, increasingly classicizing, and refined sensibility to idealized figure types; carefully structured and balanced compositions; clarity of contour line; and a classical vernacular in costume and architectural vocabulary remarkable for an artist who never left France. His more linear and animated work in pen and ink and wash is freer of the influence of Vouet than his more common chalk studies, in which the greater evocation of light, volume, and sensual, tactile presence, the study of individual figures and poses on a single sheet, and more meditative approach reveal the enduring impact of his apprenticeship.

The career of Le Sueur's precise contemporary, Sébastien Bourdon, reveals an almost chameleonlike figure, who was able to assume the stylistic features of a broad range of contemporary styles, during an adventurous and travelsome life. Having spent 1634-1637 in Rome, he was well acquainted with the styles of Claude and the Bamboccianti (the group of Dutch low-life genre painters living in that city), whose works he could emulate disarmingly. Bourdon also responded to a broad range of artists, including Poussin, Sacchi, and Castiglione. Once Bourdon returned to France after a brief sojourn in Venice (the art of which also had an effect on him), he gradually moderated a more animated, Baroque style to one–especially after Poussin's visit to Paris–of a clearer, more architectonically organized composition with strongly asserted spatial gridding, clearly defining horizontals, verticals, and parallel planes of space. Similarly, a more forceful, spontaneous, and impulsive use of pen and ink and wash, with diagonal compositions and fluctuating light-to-dark contrasts in his drawings, is tempered to one of more geometrically abstracted and classicistically idealized figures, more controlled and refined contour drawing, with a greater clarity of space and lighting.

The landscape painter Pierre Patel the Elder, a virtual contemporary of Claude Lorrain, was the most talented contemporary French emulator of that artist's style. Patel's atmospheric and elegiacal views of classical landscapes with antique ruins mirror the Atticist taste in midcentury Paris. He responded to an appreciation of both Poussin and Claude in France, creating in landscape painting a balance of sensual evocation and classicistic idealization comparable to that in the figurative art of La Hyre and Le Sueur. This tension and dichotomy between a more spontaneous, naturalistic, physically apprehensible art and one more theoretically founded on an Italianate aesthetic and ideals derived from the art of classical antiquity express that generation's response to the more traditional tension between the influences of Northern and Italian artistic traditions in France.

Another even more influential figure of this period (if less appealing to modern taste) is Jacques Stella. Stella was born in Lyon, a provincial artistic center of some importance in its own right. Most notable among its resident artists was the Bolognese-influenced and Paris-born Thomas Blanchet. Earlier in the century, Horace Le Blanc had been the leading municipal artist, and Stella may have received initial training in his studio. Lyon was along the most frequented route between Paris and Rome, however, and a range of artists, including the young Poussin, passed through the city. Stella's career led him at the age of twenty, in 1616, to Florence, where Callot actively was working, and after the death of Cosimo II, to Rome in 1622. There he earned a reputation both as a painter and as a printmaker. A profound friendship with Poussin affected his art, previously indebted to the Countermaniera, and resulted in his commissioning several works from Poussin and a fascinating correspondence.

Leaving Rome in 1634 and returning to France via Lyon, Stella gained the prominent patronage in Paris of the king and Richelieu. Stella also continued an active career as a graphic designer, the reproduction of his drawings in prints becoming a family enterprise well into the next generation. His increasingly classicistic compositions, with idealized, yet doll-like figures, nonetheless contain surprisingly naturalistically observed genre details and staffage. Such genre studies from life probably stem from an early appreciation, much like Bourdon, of the Bamboccianti in Italy, and are a rewarding, unusually spontaneous aspect of Stella's graphic corpus. He was a readily comprehensible articulator of a "Poussiniste" aesthetic in Paris, modified into a more lyrical, less severely disciplined, at times almost "balletic," compositional order and aesthetic sensibility.

The Establishment of the Académie Royale de Peinture et de Sculpture, Its Reformation by Colbert, and Charles Le Brun

With the death of both Cardinal Richelieu in December 1642 and Louis XIII on May 14 of the following year, the kingdom was once again placed under a regency (Anne of Austria). Cardinal Mazarin, the godfather of Louis XIV (b. 1638), remained first minister until his death in March 1661 and played an active role, both before and during his tenure, in encouraging the influx of contemporary Italian art into France. Under his administration financial misjudgments, bureaucratic corruption, unstable interest rates, and the alienation of the bourgeoisie–which had grown in numbers, economic power, and influence during Richelieu's and Mazarin's tenures–

precipitated the Fronde uprising of 1648-1653. By its end the bourgeoisie realized (much as it had fifty years earlier in the conflict between the League and Henry IV) that its interests were better served by a centralized government able to control the masses and guarantee commercial stability. The collapse of the dispute-ridden Fronde resulted in the effective submission of the aristocracy to the king, and Mazarin's energetic successor, the brilliant strategist Jean-Baptiste Colbert. The latter exploited the opportunity to divert the nobility at Versailles under the watchful eyes of the monarch and his loyal ministers.

As minister of finance, Colbert undertook activities designed to make France a self-sufficient exporting power and which clearly served the prosperity of the middle classes. On Mazarin's death, Louis XIV had declared that he would govern France in his own right, without a chief minister. Colbert, who served as the king's adviser until his death in 1683, however, both designed and administered the government's intricate, highly centralized bureaucracy, which dealt with large national economic concerns as well as detailed provincial matters, from foreign policy to the fostering and regulation of the arts.

Colbert's administrative powers extended directly into the training of and career opportunities for artists in France through his assumption of control over a remodeled Académie Royale, while he also held the pursestrings of major crown commissions as surintendant des bâtiments. The early history of the Académie Royale de Peinture et de Sculpture and its reconstitution under Colbert have been presented in an eloquent survey by Nikolaus Pevsner in *Academies of Art Past and Present* (Cambridge, 1940). Essentially, the impetus for the Académie's organization was as much economic as ideological and intellectual. It was precipitated by the restrictions on commissions, open shops, and imported art proposed by the traditional guild establishment to parlement on the eve of the Fronde. In 1639 the guild (*maîtrise*) had asserted in principle its independence and authority. Besides a long-standing royal recognition of its charter and terms of apprenticeship, which was renewed in 1622, it gained regulations restricting the shops in Paris to guild members and limiting the importation of works by foreign artists.

In 1646, however, the *maîtrise* sought to crush the independent competition of court artists through new restrictions, severely limiting the number of permissible *brevetaires* (artists holding letters of appointment to the crown, not subject to normal guild restrictions) of both the king and his household – indeed restricting the number to six for the king and four for the queen, with none for princes by blood. Furthermore those artists holding court positions would not be permitted to execute private or church commissions. This intolerable economic threat led Jacques Sarrazin, Joost van Egmont, and Charles Le Brun (recently returned from Italy) to organize a petition for a royal academy of painting and sculpture, as a liberal arts organization (as distinct from a mechanical trade, with which the *maîtrise* was equated) exempt from guild restrictions. With the aid of the Councillor de Charmois, it was submitted to the ten-year-old monarch; the regent was known to be anti-guild. The Académie Royale de Peinture et de Sculpture, self-supporting and modeled after Florentine and Roman examples, held its founding meeting in February 1648. It established lectures and life-study classes and divided membership between *anciens* (originally twelve) and *jeunesse*, the students. The guild, however,

harassed Académie members and formed a "counter-academy," the Académie de St. Luc, to which Vouet lent his support. The two academic organizations merged in 1651, notably without the support of Le Brun. Although classes and lectures were amalgamated, the guild (*maîtrise*) persisted as a competing organization of artists to the Académie Royale.

In 1652 the charter of the Académie Royale was recognized by the parlement, but without funding it was unable to compete successfully with the guild. In 1655 new rules, the granting of privileges to the Académie Royale commensurate with the Académie Française, the presentation of organized lectures, the restriction of the licensing of life-study classes (public and private) to the Académie Royale, the awarding of prizes, the formalization of an official staff, offices in the Collège Royal and subsequently the Louvre, and official funding secured the dominance of the Académie Royale de Peinture et de Sculpture over the guild. The protector of the Académie Royale was no less than Cardinal Mazarin, succeeded by Chancellor Séguier.

It was under Colbert and his able Chancellor of the Académie Royale, Le Brun (who had become premier peintre du roi), however, that the authority and dictatorship of the Académie Royale was firmly established in sweeping reforms announced in 1663 and ratified in 1664. Colbert served as vice-protector of the Académie Royale (the effective administrator, as opposed the more honorific protector) from 1661 until 1672, when he became protector. From 1664 he also served the king as all-powerful surintendant des bâtiments. By 1663 all royal painters had to be members of the Académie Royale. The only *brevetaire* to hold out was Le Brun's rival Mignard.

The essential order of the Académie Royale – membership by *académiciens, agrées* or *elevés*; the administration under a protector, vice-protector, director, four rectors (who managed operations), and twelve professors (who taught in monthly rotation); six councilors, followed by the general membership of *académiciens* – was established at that time. Patrons could also be named honorary members. Young artists would still receive practical training from masters, but at the Académie Royale they could copy drawings, study casts from antiquity, and work from living models, as well as attend lectures on optics, perspective, geometry, and anatomy. Drawing was considered the essential foundation for painting. Furthermore, public meetings provided opportunities for stylistic and philosophical discourses on theories of art. Often a practical focus of those discussions of precepts of art was established by concentrating on a single work of art, perhaps specific paintings by Poussin or Annibale Carracci, to provide solid precepts for the artists in practice of composition, design, figural poses and gestures, and color. Fees continued to be charged for attending lectures or drawing lessons, both for masters and students, until 1683. Prizes and occasionally scholarships were introduced in the 1660s. The exhibition of drawings and works of art by students and academicians was instituted in the 1660s on an irregular basis.

Charles Le Brun was eminently suited by training and temperament to be chancellor and, ultimately, director, of the Académie Royale. After having been recognized as a promising young talent by Chancellor Séguier, Le Brun was trained by Vouet, whose influence appears especially in his early drawings in the broadly rounded figure types, the study method of single figures and details on a single sheet, and the use of chalk. Le Brun's prodigious genius was recognized by Poussin, whom he accompanied back to Rome. There the young artist observed other con-

temporary artists, as well as executed copies of works by Raphael and Reni, and studied the works of antiquity. A profound understanding of classical sculpture, the authority of Poussin's influence, which was so strongly asserted in works executed by Le Brun after his return to France, his firm sense for the sculptural definition of anatomy, and his expressive detailed analysis of facial features are manifest in his drawings from the late 1640s onward and are reflected in the practical ambitions of Académie training.

Complemented by his daunting authority as being the premier peintre du roi, the director of the royal tapestry factory of Gobelins during a period of extensive royal patronage (including the decoration of Versailles), and a favorite of the powerful Colbert, Le Brun's virtual dictatorship of the official artistic scene was secure until Colbert's death in October 1683. His popularity was nonetheless somewhat in decline at court, together with that minister's, toward the end of the period. The crown's institutionalization of the arts by the late 1660s and the rigorous, highly organized training of the members of the Académie Royale thus came conceptually to express and visually to embody a centralized, highly structured and autocratic state. The changing official role of the arts provides concrete and dramatic testimony to the historical changes in Paris between the entry of Henry IV into that city in 1594 and the ratification of Colbert's revised constitution for the organization of the Académie Royale by parlement exactly seventy years later.

After the first full reference to a source in an entry, subsequent citations within that entry are shortened. Frequently cited sources are always abbreviated as follows:

Bacou and Bean 1960: See Paris 1960.

Bartsch: Adam Bartsch. *Le Peintre-graveur.* 21 volumes. Vienna, 1803-1821.

Bean 1986: Jacob Bean with the assistance of Lawrence Turčić. *15th-18th Century French Drawings in the Metropolitan Museum of Art.* New York.

Becker 1985: See Brunswick, Me., et al. 1985-1986.

Bénard 1810: M. Bénard. *Cabinet de M. Paignon-Dijonval. Etat détaillé et raisonné des dessins et estampes dont il est composé*, part I. Paris.

Bjurström 1987: See New York Edinburgh 1987.

Bjurström 1976: Per Bjurström. *Drawings in Swedish Public Collections, 2. French Drawings: Sixteenth and Seventeenth Centuries.* Nationalmuseum, Stockholm.

Blunt 1982: Anthony Blunt. *Art and Architecture in France 1500-1700.* Fourth revised edition. Harmondsworth.

Blunt 1979: Anthony Blunt. *The Drawings of Poussin.* New Haven and London.

Blunt 1967: Anthony Blunt. *Nicolas Poussin.* The A. W. Mellon Lectures in the Fine Arts, National Gallery of Art, Washington, D.C. (1958). 2 volumes. New York.

Blunt 1966: Anthony Blunt. *The Paintings of Nicolas Poussin, A Critical Catalogue.* London.

Boisclair 1986: Marie-Nicole Boisclair. *Gaspard Dughet, Sa vie et son oeuvre (1615-1675).* Paris.

Brejon de Lavergnée 1987: Barbara Brejon de Lavergnée. *Musée du Louvre. Cabinet des dessins. Inventaire général des dessins école française: Dessins de Simon Vouet.* Paris.

Brunswick, Me., et al. 1985-1986: *Old Master Drawings at Bowdoin College.* Bowdoin College Museum of Art, also Sterling and Francine Clark Art Institute, Helen Foresman Spencer Museum of Art, and Art Gallery of Ontario. Catalogue by David P. Becker.

Cambridge, Mass., et al. 1980: *French Drawings from a Private Collection: Louis XIII to Louis XVI.* Edited by Konrad Oberhuber and Beverly Schreiber Jacoby. Fogg Art Museum, also J. Paul Getty Museum and Montreal Museum of Fine Arts.

Chennevières 1894-1899: Ph. de Chennevières. "Une collection de dessins d'artistes français." *L'Artiste* VIII (1894): 81-98 (pt. I), 177-191 (pt. II), 252-273 (pt. III); IX (1895): 20-35 (pt. IV), 177-183 (pt. V), 259-265 (pt. VI), 421-430 (pt. VII); X (1895): 22-29 (pt. VIII), 91-101 (pt. IX), 168-175 (pt. X), 341-350 (pt. XI); XI (1896): 30-38 (pt. XII), 91-102 (pt. XIII), 250-263 (pt. XIV); XII (1896): 28-42 (pt. XV), 172-183 (pt. XVI), 413-425 (pt. XVII); XIII (1897): 14-26 (pt. XVIII), 175-185 (pt. XIX); XIV (1897): 97-107 (pt. XX), 262-276 (pt. XXI), 410-425 (pt. XXII); II, n.s. (1899): 193-198 ("Dernières pages"). Roman numerals in citations refer to the part numbers.

Crelly 1962: William R. Crelly. *The Paintings of Simon Vouet.* London and New Haven.

Davidson 1975: Gail S. Davidson. "Some Genre Drawings by Jacques Stella: Notes on an Attribution." *Master Drawings* XIII, 2.

Denison and Mules 1981: See New York 1981a.

A.-J. Dézallier d'Argenville 1762: Antoine-Joseph Dézallier d'Argenville. *Abrégé de la vie des plus fameux peintres, avec leurs portraits gravés en taille douce.* 4 volumes. Paris.

Fairfax Murray 1905-1912: C. Fairfax Murray. *Collection J. Pierpont Morgan. Drawings by the Old Masters Formed by C. Fairfax Murray.* 4 volumes. London.

Feinblatt 1976: See Los Angeles 1976.

Feinblatt 1957: See Los Angeles 1957.

Félibien 1666-1688: André Félibien. *Entretiens sur les vies et sur les ouvrages des plus excellens peintres anciens et modernes*. 5 volumes. Paris. I, 1666, II, 1672, III, 1670, IV, 1685, V, 1688.

Foissy-Aufrère 1984: Marie-Pierre Foissy-Aufrère. *Choix de Dessins français du XVIIe siècle, Collection du musée*. Rouen, Musée des Beaux-Arts de Rouen.

Frankfurt 1986-1987: *Französische Zeichnungen im Städelschen Kunstinstitut 1550 bis 1800*. Städelschen Galerie.

Friedlaender and Blunt 1939-1974: Walter Friedlaender and Anthony Blunt. *The Drawings of Nicolas Poussin: Catalogue Raisonné*. 5 volumes. London. I, 1939, II, 1949, III, 1952, IV, 1963, V, 1974.

Goldfarb 1983: Hilliard T. Goldfarb. "A *Pastoral Scene with Classical Figures* by Claude Lorrain." *The Bulletin of The Cleveland Museum of Art* LXX, 4.

Goldner 1988: George R. Goldner with L. Hendrix and G. Williams. *European Drawings. Catalogue of the Collections*, I. *The J. Paul Getty Museum*. Malibu.

Goldner 1983: See Malibu et al. 1983-1985.

GUILLET DE SAINT-GEORGES 1854: in L. Dussieux, E. Soulié, Ph. de Chennevières, Paul Mantz, and A. de Montaiglon, eds. *Mémoires inédits sur la vie et les ouvrages des membres de l'Académie Royale de peinture et de sculpture*. 2 volumes. Paris, 1854.

Haverkamp-Begemann and Logan 1970: E. Haverkamp-Begemann and Anne-Marie S. Logan. *European Drawings and Watercolors in the Yale University Art Gallery 1500-1900*. 2 volumes. New Haven and London.

Joachim 1977: Harold Joachim. *French Drawings of the Sixteenth and Seventeenth Centuries. The Art Institute of Chicago*. Chicago and London.

Johnson 1983: See Providence et al. 1983.

Kitson 1978: Michael Kitson. *Claude Lorrain: Liber Veritatis*. London.

Le Blanc: Ch. Le Blanc. *Manuel de l'amateur d'estampes*. 4 volumes. Paris, 1854-1888.

Lieure: J. Lieure. *Jacques Callot, Catalogue de l'oeuvre gravé*. 2 volumes. Paris, 1924-1927.

Los Angeles 1976: *Old Master Drawings from American Collections*. Los Angeles County Museum of Art. Catalogue by Ebria Feinblatt.

Los Angeles 1957: *Jacques Callot 1592-1635, Loan Exhibition of Prints and Drawings*. Los Angeles County Museum of Art. Catalogue by Ebria Feinblatt.

Lugt: F. Lugt. *Les Marques de collections de dessins et d'estampes*. Amsterdam, 1921. *Supplément*. The Hague, 1956.

Madrid 1986-1987: *Dibujos de los siglos XIV al XX: Colección Woodner*. Madrid, Prado.

Malibu et al. 1983-1985, *Master Drawings from the Woodner Collection*. J. Paul Getty Museum, also Kimbell Art Museum, National Gallery of Art, and Fogg Art Museum. Catalogue by George R. Goldner.

Mariette 1853-1859: Pierre-Jean Mariette. *Abécédario de P. J. Mariette et autres notes inédites de cet amateur sur les arts et les artistes*. Edited by Ph. de Chennevières and A. de Montaiglon. 6 volumes. Paris.

Meaux 1989: *De Nicolò dell'Abate à Nicolas Poussin: aux sources du Classicisme—1550-1650*. Musée Bossuet.

Merot 1987: Alain Merot. *Eustache Le Sueur (1616-1655)*. Paris.

Munich 1986: *Meisterzeichnungen aus sechs Jahrhunderten: die Sammlung Ian Woodner*. Haus der Kunst.

New York Edinburgh 1987: *The Art of Drawing in France 1400-1900, Drawings from the Nationalmuseum, Stockholm*. The Drawing Center, The National Gallery of Scotland. Catalogue by Per Bjurström.

New York 1984: *French Drawings: 1550-1825*. The Pierpont Morgan Library. Catalogue by Cara D. Denison

New York 1981a: *European Drawings 1375-1825*. The Pierpont Morgan Library. Catalogue by Cara D. Denison and Helen B. Mules.

New York et al. 1975-1976: *Drawings from the Collection of Mr. and Mrs. Eugene V. Thaw.* The Pierpont Morgan Library, also The Cleveland Museum of Art, The Art Institute of Chicago, and The National Gallery of Canada. Catalogue by Felice Stampfle and Cara D. Denison.

New York et al. 1973-1974: *Woodner Collection II: Old Master Drawings from the XV to the XVIII Century.* William H. Schab Gallery, also Los Angeles County Museum and Indianapolis Museum of Art.

New York et al. 1971-1972: *Woodner Collection I: A Selection of Old Master Drawings before 1700*. William H. Schab Gallery, also Los Angeles County Museum and Indianapolis Museum of Art.

Oberhuber and Jacoby 1980: See Cambridge, Mass., et al. 1980.

Paris 1984a: *Dessins français du XVIIe siècle.* Louvre.

Paris et al. 1982: *France in the Golden Age: Seventeenth-Century French Paintings in American Collections*. Grand Palais, also The Metropolitan Museum of Art and The Art Institute of Chicago. Catalogue by Pierre Rosenberg. Citations refer to New York edition.

Paris 1978-1979: *Les frères Le Nain*. Catalogue by Jacques Thuillier. Grand Palais.

Paris 1972: *L'Ecole de Fontainebleau*. Grand Palais.

Paris 1969-1970: *De Raphaël à Picasso, Dessins de la Galerie nationale du Canada*. Louvre.

Paris 1960: *Dessins français du XVIIe siècle.* Louvre. Catalogue by Roseline Bacou and Jacob Bean.

Popham and Fenwick 1965: A. E. Popham and K. M. Fenwick. *European Drawings in the Collection of the National Gallery of Canada*. Toronto.

Princeton 1983: *Sixteenth- to Eighteenth-Century French Drawings from the Permanent Collection*. The Art Museum, Princeton University.

Providence et al. 1983: *Old Master Drawings from the Museum of Art, Rhode Island School of Design*. Rhode Island School of Design, also Minneapolis Institute of Art, Toledo Museum of Art, Lowe Art Museum, Art Gallery of Ontario, Baltimore Museum of Art, and Hood Museum of Art. Catalogue by Deborah J. Johnson.

Providence 1970: *Jacques Callot 1592-1635*. Museum of Art, Rhode Island School of Design.

Richardson 1979: *The Collection of Germain Seligman*. Edited by John Richardson. New York, Luxembourg, and London.

Roethlisberger 1971: Marcel Roethlisberger. *The Claude Lorrain Album*. Los Angeles.

Roethlisberger 1968: Marcel Roethlisberger. *Claude Lorrain, The Drawings*. 2 volumes. Berkeley and Los Angeles.

Roethlisberger 1961: Marcel Roethlisberger. *Claude Lorrain, The Paintings*. 2 volumes. New Haven.

Rome Nancy 1982: *Claude Lorrain e i pittori lorenesi in Italia nel XVII secolo*. Accademia di Francia a Roma, Villa Medici, also Museé des Beaux-Arts. Catalogue by Jacques Thuillier. Introduction by René Taveneaux.

Rosenberg 1982: See Paris et al. 1982.

Rosenberg 1972. See Toronto et al. 1972-1973.

Rosenberg 1971: Pierre Rosenberg. *Il Seicento francese*. Milan.

Rosenberg 1966: Pierre Rosenberg. *Inventaire des collections publiques françaises. 14. Rouen-Musée des Beaux-Arts. Tableaux français du XVIIème siècle et italiens des XVIIème et XVIIIème siècles*. Paris.

Rosenberg and Thuillier 1988: Pierre Rosenberg and Jacques Thuillier. *Laurent de La Hyre, 1606-1656. L'homme et l'oeuvre*. Geneva and Grenoble.

Rosenberg and Thuillier 1985. Pierre Rosenberg and Jacques Thuillier. *Cahiers du dessin français*. No. 1. *Laurent de La Hyre 1606-1656*. Paris.

Ross 1983: Barbara T. Ross. "Notes on Selected French Old Master Drawings from the Permanent Collection." *Record of The Art Museum of Princeton University* XLII, 1.

Rotterdam et al. 1958-1959: *French Drawings from American Collections: Clouet to Matisse*. Museum Boymans-van Beuningen, also Musée de l'Orangerie and Metropolitan Museum of Art. Citations refer to New York edition.

Rouen 1984a: *La peinture d'inspiration religieuse à Rouen au temps de Pierre Corneille 1606-1684*.

Russell 1982: See Washington Paris 1982-1983.

Russell 1975: See Washington 1975.

Schroeder 1971: T. Schroeder. Introduction to *Jacques Callot, Das gesamte Werk, Handzeichnungen*. Munich and Berlin.

Shoolman and Slatkin 1950: Regina Shoolman and Charles E. Slatkin. *Six Centuries of French Master Drawings in America*. New York.

Stampfle and Denison 1975: See New York et al. 1975-1976.

Stockholm 1976: See Bjurström 1976.

Ternois 1962: *Jacques Callot catalogue complet de son oeuvre dessiné*. Paris.

Thuillier 1982: See Rome Nancy 1982.

Thuillier 1978: See Paris 1978-1979.

Toronto et al. 1972-1973. *French Master Drawings of the 17th and 18th centuries in North American collections*. Art Gallery of Ontario, also The National Gallery of Canada, California Palace of the Legion of Honor, and New York Cultural Center. Catalogue by Pierre Rosenberg.

Walch 1971: Nicole Walch. *Die Radierungen des Jacques Bellange, Chronologie und kritischer Katalog*. Munich 1971.

Washington Paris 1982-1983: *Claude Lorrain, 1600-1682*. National Gallery of Art and Grand Palais. Catalogue by H. Diane Russell. Citations refer to Washington edition.

Washington 1975: *Jacques Callot: Prints and Related Drawings*. National Gallery of Art. Catalogue by H. Diane Russell.

Wild 1980: Doris Wild. *Nicolas Poussin*. 2 volumes. Zurich.

Museum of Fine Arts, Boston: [11, 27, 52], figs. 4a, 5a, and 94a
Bowdoin College Museum of Art, Brunswick, Maine: [38, 42, 99], fig. 70c
Ets J. E. Bulloz: figs. 51b-c.

The Art Institute of Chicago: [1, 28, 33, 37, 46, 74, 80, 97], fig. 95c
The Chrysler Museum, Norfolk, Virginia: [81], figs. 73a and 81a
The Cleveland Museum of Art: [(photos: Nicholas Hlobeczy) 16, 30, 31, 85], fig. 21a
Cooper-Hewitt Museum of Decorative Arts and Design, Smithsonian Institution: [61, 63, 67]
Courtauld Institute Galleries: figs. 15a, 99a
Crocker Art Museum, Sacramento, California: [14, 40 (photo: A. F. Madeira), 101], fig. 81b
Ecole Nationale Supèrieure des Beaux-Arts, figs. 76a, 76f, 95c

Fogg Art Museum, Harvard University Art Museums: [20 (photo: Barry Donahue), 22, 23, 26, 39, 44, 56, 66, 69, 73, 78, 79, 83, 84, 87, 95, 102, 105], figs. 23a, 59c, 69d, 70a, 76b, 78a, 91a, 95b, and 99b
J. Paul Getty Museum, Malibu: figs. 15b, 17a, 22a, 45a
Joseph and Deborah Goldyne, San Francisco: [59]
Photographie Giraudon: fig. 15c
Mr. and Mrs. Jeffrey E. Horvitz: [103]

The Metropolitan Museum of Art: [25, 47, 62, 75, 89, 90, 92, 93, 98], figs. 51d, 63d, 70b, 86a, 89a, 95d, and 100c, all rights reserved.
The University of Michigan Museum of Art, Ann Arbor: [82], figs. 82a, 82b, and 84a
The Trustees of the Pierpont Morgan Library: [3, 4, 8, 10, 15, 21, 32, 36, 76, 96], fig. 3a

The National Gallery of Canada, Ottawa: [6, 9, 12, 33, 51, 53, 54, 88, 100]
National Gallery of Art, Washington: [7, 13, 58, 86], fig. 49a
William Rockhill Nelson Gallery of Art Atkins Museum of Fine Arts: fig. 26a
North Carolina Museum of Art, Raleigh: [41]

Art Gallery of Ontario, Toronto: [43], figs. 69c and 76g
Eric Pollitzer, Garden City Park, N.Y.: [35, 48, 49]
Trustees of Princeton University: [2, 55, 77, 91, 93], fig. 68b

Documentation photographique de la Réunion des musées nationaux: (Musée du Louvre, Paris) figs. 1a, 4b, 7a, 14a, 16b, 20b, 21a, 45b, 52b, 53a, 61a, 65b, 67b, 89b, 91b, 96a, 96b, 96c, 97a, and 101b; (Musée des Beaux-Arts de Rouen) figs. 2a, 51a, 63b, and 101b
Rhode Island School of Design: [19, 24]
Walter Rosenblum, Long Island: [17]
Jim Strong, Hempstead, N.Y.: [71]

Williamsburg, Va., Muscarelle Museum of Art, The College of William and Mary: [72]
Windsor Castle, Royal Library, © Her Majesty the Queen: figs. 15d, 16c, 16d, 19b, and 19c

Yale University Art Gallery: [5, 29 (photo: Geraldine T. Mancini), 57, 68 (photo: Joseph Szaszfai)], figs. 44b and 68a

I. The Courts of Fontainebleau and Nancy

Ambroise Dubois (Ambrosius Bosschaert)

Antwerp, ca. 1543 - Fontainebleau 1614

1. *The Goatherd Lamon Handing the Infant Daphnis to His Wife Myrtele*
Pen and brown ink and brown and gray wash, heightened with white gouache over black chalk indications on light tan prepared paper, 269 x 376 mm (10-5/8 x 14-13/16"). The sheet is composed of eight pieces of laid paper, mounted down.
The Art Institute of Chicago, Helen Regenstein Collection, 1973.154

Ambroise Dubois was Flemish by origin, born in Antwerp about 1543. The seventeenth-century biographer André Félibien states that Dubois arrived in Paris at the age of twenty-five, already "fort avancé dans la peinture."[1] In 1601 he became a French subject. It is only after the beginning of the seventeenth century that we know of his artistic activities. Dubois married the daughter of an artist in the service of Henry IV, Jean d'Hoey, who in 1608 was appointed custodian of the royal collections at Fontainebleau. Whether or not d'Hoey was instrumental, in 1606 Dubois was appointed peintre de la reine, but his earliest works at Fontainebleau may precede that date, as Jacques Thuillier notes, since Dubois's oeuvre was so prodigious by his death in 1614. Much of his decorative work at Fontainebleau has been lost, most notably his decorations in the Galerie de Diane. However, for the queen (Cabinet de l'ovale[salle-Louis XIII]) he executed a series of fifteen paintings illustrating Heliodorus's romance, *Aethiopica,* specifically the story of Theagenes and Chariclea. Eleven of them remain in situ, and only one is lost. In the Cabinet de la reine he depicted eight episodes from the history of Clorinda in the *Gerusalemme Liberata* of Tasso, three of which survive.

Dubois's graphic style is indebted to the soft Parmesan Mannerist mode of pen-and-wash drawing evident in the work of the Bolognese artist Primaticcio and his school at Fontainebleau, a mid sixteenth century style in which forms are boldly modeled in light, yet defined with crisp, nervous, contour lines. The backgrounds dissolve in atmospheric wash. That style also was reflected in the art of Toussaint Dubreuil (1561-1602), an artist whose work, although he was Dubois's junior, was favored by Henry IV until Dubreuil's premature death. Yet Dubois, while emphasizing contour, modifies the sharply faceted drapery and convoluted poses of Primaticcio's style. He reduces the light contrasts which flicker across Primaticcio's drawings, and envelops his figures and landscapes in a softer, denser circumambient atmosphere, in which more focused and intense lighting with white gouache contributes to the mass of predominant forms. His figures are more simply posed, their contours more fluid. In the proportions of Dubois's figures, their courtly, elegant interrelations—so reminiscent of Nicolò dell'Abate—and in his delight in billowing drapery, the Mannerist current of the first school of Fontainebleau is still present in Dubois's drawings. The main figures in Dubois's compositions cling to the picture plane surface, partially as a result of his emphasis on contour line and focused, analytic light, and this phenomenon also distinguishes the essentially "Fontainebleau character" of Dubois. Early training in Flanders is also evident, however, in the weightier, more solid figure types and his rapidly drawn Northern landscapes, which have led to the misattributions of drawings by Dubois to the younger Dutch artist, Abraham Bloemaert. In the rapid, loose, cursive rhythm of Dubois's pen work and the greater substantiality of his figures, one also is reminded of the art of his contemporary Bartholomäus Spranger, himself born in Antwerp. A relatively high-keyed, Flemish colorism in Dubois's paintings also betrays Flemish inspiration.

The Goatherd Lamon Handing the Infant Daphnis to His Wife Myrtele is one of four known drawings by Dubois devoted to the story of Daphnis and Chloe, a pastoral attributed to the ancient Greek author Longus and translated into French by Amyot in 1559. The other three drawings (for example, Figure 1a, *Daphne and Chloe Sacrificing to Pan,* Louvre)[2] have been published by Sylvie Béguin.[3] The drawing of *Daphne and Chloe Spied Upon by Lycemion* is in a French private collection and bears the false attribution "Abraham Bloemaert f." in black ink by

Figure 1a. Ambroise Dubois, *Daphne and Chloe Sacrificing to Pan*. Paris, Louvre.

the same hand as the Chicago drawing. The handwriting appears to be of the eighteenth century, and both drawings bear the blind stamp of J. B. de Graaf;[4] it is not unlikely that the attribution was inscribed by that collector.

As Béguin has noted, all the drawings are approximately in the same format and clearly relate to each other. In each composition large figures are placed in the foreground to the left or right, while the landscape, characterized by stylized rocks and trees, swiftly recedes into the distance along the opposite side of the composition in clearly defined planes. Associated with no known commission, the drawings are among the first illustrations of the story to have been created in France, the original Amyot 1559 translation having been unillustrated. The incident depicted in the Chicago drawing is described by Longus as occurring immediately prior to the subject of the Hannover drawing.[5] The underdrawing in black chalk differs from the final design in notable details, including a tree rather than the house at left, and a different portal to the house at right.

NOTATIONS: Lower right in black ink (by another hand): *Abraham Bloemaert f*

WATERMARK: Mounted down

PROVENANCE: Unidentified paraph on mount; J. B. de Graaf, Amsterdam, 1742-1804 (Lugt 1120); (W. H. Schab, New York); Helen Regenstein, Chicago

LITERATURE: Harold Joachim, *The Helen Regenstein Collection of European Drawings* (Chicago, 1974), 48-49, no. 23; idem, *The Art Institute of Chicago: French Drawings of the Sixteenth and Seventeenth Centuries* (Chicago, 1979), 15, no. 1C2; Sylvie Béguin, "L'art de peinture et de sculpture d'Ambroise Dubois à Fontainebleau," *La Revue du Louvre* XXIX, 3 (1979): 233 n. 13; *La Renaissance et le Nouveau Monde (Québec: Musée du Québec,* 1984), 316, no. 182 (mentioned); Paris 1984a, 8, no. 2 (mentioned).

EXHIBITIONS: None

1. Félibien 1666-1688, III: 327.

2. *The Shepherd Dryas Discovers Chloe in the Grotto of the Nymphs,* Hannover, Kestner Museum, inv. 629, black chalk; *Daphne and Chloe Sacrificing to Pan,* Louvre, inv. 33.571, pen and brown ink and wash with white gouache on beige prepared paper (Figure 1a); *Daphne and Chloe Spied upon by Lycemion, French,* private collection, pen and brown ink and wash with white highlights on beige prepared paper.

3. Sylvie Béguin, "Quelques nouveaux dessins d'Ambroise Dubois," *Revue de l'art* no. 14 (1971): 32-35, figs. 4-6. The Hannover drawing earlier appeared in her important first article on Dubois drawings: "Dessins d'Ambroise Dubois," *L'Oeil* no. 135 (1966): 6-15, 67 (cf. p. 14, fig. 16, its subject not yet recognized). See also *Dessins du XVI et du XVII siècles dans les collections françaises* (Paris: Galerie Claude Aubry, December 1971), no. 40, for the privately owned drawing, then in the possession of J. Petithory. It also was included by S. Béguin in Paris 1972, 86-88, no. 89, and *La Renaissance et le Nouveau Monde* 1984, 316, no. 182.

4. Amsterdam, 1742-1804, Lugt 1120.

5. In the Amyot translation the goatherd Lamon having discovered the infant suckling from one of his nanny goats:
de quoy Lamon . . . s'approcha de plus près et trouva que cestoit un infant masle, grand pour son aage, et beau à marveilles, plus richement emmailloté que ne portoit sa fortune, . . . estoit enveloppé d'un riche manteau de pourpre, qui se fermoit au collet avec une boucle d'or, et auprès y avoit une petite espée dorée, ayant le manche d'yvoire . . . quand le nuit fut venuë, il enleva le tout, et porta a sa femme, qui avoit nom Myrtale, les joyaux, l'enfant et la chevre. Sa femme, toute estonnée, luy demanda s'il estoit possible que les chevres portassent de telz enfans. Et son mari luy conta tout; comment il avoit trouvé l'enfant abandonné, comment la chevre luy donnoit son pis a tetter, et comment il avoit eu honte de le laisser périr.
Daphnis et Chloe, Book I (ed. Paris, 1841), 6.

---

2. *The Capture of Chariclea*
Black chalk, pen and dark brown ink, brown and gray wash, 200 x 316 mm (7-7/8 x 12-7/16")
The Art Museum, Princeton University, Gift of Margaret Mower for the Elsa Durand Mower Collection, 1967-75

This dramatic, rapidly drawn sketch is one of a series of studies for the cycle of fifteen paintings executed by Dubois for the Cabinet de l'ovale at Fontainebleau, the room in which Louis XIII was born in 1601. The series of paintings is generally dated between 1601 and 1610, and Sylvie Béguin suggests a date toward 1606, the year of Louis XIII's baptism at Fontainebleau. The cycle is certainly close in date to the decorations for the Cabinet de Clorinda, which can be dated about 1604/05. The series depicts events in the life of the lovers Theagenes and Ethiopian princess Chariclea, drawn with some freedom from the ancient Greek romance *Aethiopica* by Heliodorus, translated into French by Amyot in 1547. Wolfgang Stechow notes that the translation served as the model for modern French poetic novels as well as theater, including Genetay's *L'Ethiopique* of 1609. As noted in [1], eleven of those paintings remain in situ, four being removed in 1757, while three survive in the Salle de Buffet at Fontainebleau. C. Samoyault-Verlet has reconstructed the original order of the cycle of Theagenes and Chariclea. Although the subject of the composition is not certain, it may depict *Thramis and Cnemon Forcing Chariclea Toward the Cave.* The subject has been more convincingly identified by Béguin as the capture of Theagenes and Chariclea by brigands as they attempt to return to the cavern in which they had been hiding.[1]

As in the case of Daphnis and Chloe, Dubois's illustrations of this romance by Heliodorus may be the first in French art. Barbara T. Ross also notes that the Princeton

Figure 2a. Ambroise Dubois, *The Dream of Calasiris*. Rouen, Musée des Beaux-Arts.

drawing corresponds to none of the paintings in the cycle (further recorded in engravings by Michel Lasne of 1620). She has related the figure grouping to the *Abduction of Chariclea* by Theagenes and his companions,[2] the action of that painting being located in the temple of Diana, but the episode itself is clearly unrelated. The drawing apparently records the idea for a composition which remained unexecuted. It is drawn with great speed and vigor, conveying thereby much of the tension of the narrative, and the artist has modified the composition significantly between the stages of the chalk underdrawing and the pen-and-ink and wash sketch. Among the related drawings from the cycle in which both figures are prominently featured are *The Dream of Calasiris* (Figure 2a), *Theagenes and Chariclea in the Cavern on the Isle of Patres,* and *The Embarkation of Chariclea.*[3] In all three cases the compositions are similar to the finished paintings, but with distinct differences in details. Other drawings related to the cycle are located at Paris in the Ecole des Beaux-Arts and the Cabinet Rothschild at the Louvre, at Amsterdam in the Rijksmuseum, at Dresden, and in New York private collections.[4] Béguin has suggested that two further drawings which appeared in the market in 1971 and 1972 may be related to this group of studies.[5]

NOTATIONS: Two words in pen and ink, lower right recto, erased and illegible

WATERMARK: Mounted down (on mount of the late 18th-century Paris mat maker J. B. Glomy [Lugt 1119])

PROVENANCE: Marquis Philippe de Chennevières, Paris and Bellesme, 1820-1899 (Lugt 2072); (his sale, Paris, April 4-7, 1900); Mme Lami, Paris; (Seiferheld and Co., New York); Margaret Mower, New York

LITERATURE: Chennevières 1894-1899, III: 263; *Record of The Art Museum, Princeton University* XXVII, 1 (1968): 39; Paris 1972, 87, no. 87 (mentioned); *Fontainebleau: Art de France 1525-1610* (Ottawa: National Gallery of Canada, 1973), II: 45, no. 87 (mentioned); Sylvie Béguin, "Quelques nouveaux dessins d'Ambroise Dubois," *Revue de l'art* no. 14 (1971): 31-32, fig. 3; Pierre Rosenberg and François Bergot, *French Master Drawings from the Rouen Museum* (Washington, 1981), 31, no. 37 (mentioned); Ross 1983, 15, 44.

EXHIBITIONS: Princeton 1968, *The Elsa Durand Mower Collection of French and Italian Drawings,* The Art Museum, Princeton University, no. 4; Princeton 1983.

1. Wolfgang Stechow, "Heliodorus' *Aethiopica* in Art," *Journal of the Warburg and Courtauld Institute* XVI (1953): 144-152; C. Samoyault-Verlet, "Précisions iconographiques sur trois décors de la seconde Ecole de Fontainebleau," *Actes du Colloque international sur l'Art de Fontainebleau* (Fontainebleau-Paris, 1972; Paris, 1975), 241-242; *Amours de Theagenes et Chariclée,* book 1, chap. 10, subject no. 15 in

the cycle's reconstruction by Samoyault-Verlet; Béguin 1971, 31-32.

Amours de Theagenes et Chariclée, book 1, chap. 2:
Mais ilz ne peurent jamais gaigner à temps la caverne: car ce pendant qu'ilz regardoyent ceux qui venoyent à eux de front, ilz ne se donnerent de garde qu'ilz furent enveloppez par derriere d'une partie des ennemys... Il y eut quelques uns de ces gentz qui leur couroyent sus, qui haulserent les mains pour les frapper: mais quand ces deux jeunes amantz jecterent leur regard sur eux, ilz esblouyrent de la grande splendeur de leur beauté ceux qui venoyent de propos delibéré pour les offenser, tellement que soudain le courage de leur mefaire leur faillit, et leurs mains d'elles mesmes se laisserent aller. Ainsi voit on que mesme les cruelles mains des barbares reverent ceux que nature a douez d'excellente beauté ... ([ed. Paris, 1841], 284).

2. Repr. Paris 1972, 80, 83, no. 83.

3. *The Dream of Calasiris* (Rouen, Musée des Beaux-Arts, 975.4.308), Figure 2a; *Theagenes and Chariclea in the Cavern on the Isle of Patres* (Paris, Louvre, 21.074), see Béguin, "Dessins d'Ambroise Dubois," *L'Oeil* no. 135 (1966): 10, fig. 6; and *The Embarkation of Chariclea* (Paris, Bibliothèque Nationale, Reserve B.15); Béguin 1966, 6-7, fig. 1.

4. See Béguin 1966, figs. 3, 5, 6, 12, 13, 14; also idem, 1971, figs. 1, 2; Paris 1972, nos. 87-88.

5. Paris 1972, 87, no. 87; Baskett and Day 1971, no. 2 (as Sacchi); and sale: London, Sotheby's, June 8, 1972, lot 203.

3. *The Toilet of Psyche*
Red chalk, pen and red ink, brush and red wash, heightened with white chalk, 353 x 256 mm (13-7/8 x 10-1/16")
The Pierpont Morgan Library, 1,50

Although this beautiful drawing has been traditionally attributed to the school of Parmigianino, Sylvie Béguin recognized it as the work of Ambroise Dubois in her article of 1959. At that time, she noted the close relation of the drawing's style to the work of both Primaticcio and Dubreuil. The resemblance in style, pose, and type of figure to Toussaint Dubreuil's painting *Lady at Her Toilet* in the Louvre[1] is remarkable, although Dubreuil's figures are less substantial and heavy, drawn with more flickering light effects, the contours more extended and fluid than Dubois's, as if the forms are being molded out of smoke. Dubreuil thus remains closer than Dubois to the art of Primaticcio and the Parmesan style of the first school of Fontainebleau. Béguin sees a further inspiration for both Dubois and Dubreuil in the cycle of decorations (now lost, but known through later documentary drawings) by Niccolò dell'Abate for the former Hôtel du Faur in Paris. Recently Dominique Cordellier has attributed to Dubreuil a drawing at the Morgan Library traditionally given to Primaticcio (Figure 3a). Béguin had given the drawing of *Faith* to Primaticcio with reservation in 1972, but Cordellier's arguments, based on stylistic comparisons with drawings by Dubreuil at the Louvre, are compelling.[2] If correct, the presence of a drawing by Dubreuil is an important addition to the representation of French art of the period in North American collections.

The present drawing admirably demonstrates the stylistic dependence of Dubois on Primaticcio and Dubreuil, as well as his essentially transitional mode of vision between the sixteenth and seventeenth centuries (see [1]). In 1972 Béguin determined that the subject of the drawing was the Toilet of Psyche, rather than Venus, and that the drawing was preparatory for a painting at Fontainebleau now lost (two such subjects by Dubois, oil on canvas, are recorded in old inventories) but known from a copy.[3] The

Figure 3a. Toussaint Dubreuil(?), *Faith*. New York, The Pierpont Morgan Library, 1961.15.

composition therefore depicts Psyche being prepared for Cupid by the three graces and a group of eroti. The Morgan drawing is very similar in style to a red chalk study by Dubois at the Albertina, previously called *Sophonisba*[4] and recently recognized by Béguin as a study of *Queen Arthemisia* for a lost painting of that subject, known through a copy. The pose of the figure is also reminiscent of Dubois's *Flora* at the Louvre.[5]

NOTATIONS: Inscribed on verso, lower left, in pencil (modern hand): *Francesco Mazzuoli Parmigiano/1503-1540*

WATERMARK: None

PROVENANCE: N. Lanier, London, 1588-1666 (Lugt 2885); Earl of Arundel; Charles Fairfax Murray, London; J. Pierpont Morgan, New York

LITERATURE: Fairfax Murray 1905-1912, I, no. 50; Lili Frohlich-Bum, *Parmigianino und der Manierismus* (Vienna, 1921), 138, fig. 156; Sylvie Béguin, "A Drawing by Ambroise Dubois," *Art Quarterly* XXII (1959): 164-168, fig. 1; idem, *L'Ecole de Fontainebleau* (Paris, 1960), 125, repr. 129; idem, "Dessins d'Ambroise Dubois," *L'Oeil* no. 135 (1966): 10, 12, fig. 11; B. Bessard and Sylvie Béguin, "L'Hôtel du Faur dit Torpanne," *Revue de l'art* nos. 1-2 (1968): 56, fig. 56; Sylvie Béguin, *I Disegni dei Maestri: Il Cinquecento Francese* (Milan, 1970), 86, pl. XXII; A. Blunt, "A Drawing Illustrating Tasso by Ambroise Dubois," *Burlington Magazine* CXV (1973): 38, 41, n. 7; New York, Edinburgh 1987, 37, no. 14 (mentioned).

EXHIBITIONS: Paris 1972, 89, no. 90; Ottawa 1973, *Fontainebleau: Art de France 1525-1610*, National Gallery of Canada, I: fig. 204, II: 45, no. 90; New York 1984, no. 6.

1. See Béguin 1959, 167, fig. 3; also idem 1960, repr. 118, Paris 1972, no. 95.

2. Paris 1972, 165, no. 186; Dominique Cordellier, "Toussaint Dubreuil, 'singulier en son art,'" *Bulletin de la Société de l'histoire de l'art français* (1985): 9, 10, fig. 5, p. 28 n. 21.

3. Paris 1972, no. 92.

4. Discussed with color reproduction in Béguin 1966, 14, fig. 17; also, Paris 1972, no. 91.

5. Sylvie Béguin, "L'art de peinture et de sculpture d'Ambroise Dubois à Fontainebleau," *La Revue du Louvre* XXIX, 3 (1979): 231-232, 233 n. 15; see also her "Deux Peintures d'Ambroise Dubois," ibid. XXV, 4-5 (1965): 188-190, fig. 6.

Jacques-Charles de Bellange

[LA MOTHE(?)] CA. 1574, ACTIVE NANCY, DOCUMENTED 1595 - 1616/17

4. *The Hunter Orion Carrying Diana on His Shoulders (An Allegory of the Hunt)*
Pen and brown ink, brown wash; extraneous spots of red chalk and green paint, 350 x 200 mm (13-3/4 x 7-7/8")
The Pierpont Morgan Library, Purchased as the gift of the Fellows, 1971.8

With the sketchily defined career of Jacques Bellange, we enter the artistically active courts of the duchy of Lorraine, specifically those of Dukes Charles III, who reigned until 1608, and Henry II, who reigned until 1624. Although closely tied to France by language and culture, Lorraine maintained a tense political relationship with that realm. Earlier an ally of the French monarchy and tied through marriages of the ducal house to France, Mantua, and Tuscany, the duchy nonetheless maintained affiliation with the Holy Roman Empire and, supporting the duc d'Orléans, opposed Richelieu. Its location also ensured its continuous involvement in the conflicts between Catholic and Calvinist forces. In 1633 the army of Louis XIII and Richelieu advanced on Nancy, besieging the city, and in 1634 Duke Charles IV abdicated in favor of his brother, allowing the duchy to be annexed forcibly by France. Earlier in the century, both Dukes Charles III and Henry II were active patrons of the arts, and the city of Nancy became an important artistic center, attracting leading architects and artists whose vernacular was that of the second school of Fontainebleau. At the same time, however, the art of Lorraine continued to be influenced by Central and Northern European art well into the early seventeenth century. The leading artists at the beginning of the new century, Bellange, Callot, and Deruet, infused the art of Lorraine with newer currents from Italy.

Bellange, then living in La Mothe, sought apprenticeship in Nancy and received initial training from Louis Loys, according to a contract at Nancy of February 8, 1595. He may have received subsequent training from Claude Henriet, a leading artist at the court until his death in 1605.[1] Bellange also worked in Nancy directly with the Parisian artist Danglus in 1601/02. Possibly from actual experience, certainly through the vehicle of prints, he was influenced by the art of Parmigianino, Ghisi, Barocci, Vanni, and Salimbeni, but Bellange was also capable of borrowing from the art of Schongauer. At the same time, Bellange was versed in and profoundly influenced by the style of the second school of Fontainebleau, visiting there in 1608 and 1614.

The result is an extraordinarily personal variant on the late Mannerist aesthetic of the second school of Fontainebleau, at once more refined, *dolce,* and at times, featuring highly manipulated perspectives and figures elongated and deformed to a point of exquisite, disturbing intensity. The popularity of ballet, pageants, and costume design under the courts of Charles III and Henry II–the latter's wives being the patrons Catherine de Bourbon (d. 1604), sister of Henry IV of France, and Margherita Gonzaga of Mantua–also undoubtedly influenced Bellange's style. Thus, we find a courtly culture influenced by Fontainebleau, Florence, and Mantua, yet with conflicting French and Germanic geographical and religious ties. Bellange's career as a painter remains inadequately understood due to the limited number of reasonably attributed works that can be assigned to him or his circle. Recently Pierre Rosenberg has made an important contribution to our understanding of this aspect of the artist's work in a discussion of paintings by and attributed to Bellange exhibited and reproduced in the associated catalogue to the 1989 exhibition at the Musée Bossuet at Meaux.[2]

Bellange's career as a printmaker apparently was concentrated between 1610 and his death. The so-called *Diana and Orion* of about 1612 is based on an engraving of 1556 by Giorgio Ghisi after a design by Luca Penni of 1553 for a tapestry series on the theme of Diana for the château at Anet, built for Diane de Poitiers by Henry II. As Suzanne Boorsch has discussed, the Ghisi print, traditionally titled *Orion and Diana,* should more accurately be described as *Allegory of the Hunt,* since the subject fails to correspond in significant details either to the story of Diana and Orion or to the story of the hunter

Endymion and Diana.[3] Similarly the print by Bellange to which the Morgan drawing is related (Figure 4a) has been called *Diana and Orion* solely on the basis of its resemblance to the Ghisi engraving. An attempt by Nicole Walch to identify the subject of the Bellange drawing as Orion carrying Kedalion is equally unsatisfying since the figure in the related etching is clearly Diana, as Felice Stampfle has noted.[4] Neither of the distinct inscriptions in either the Ghisi or the Bellange print correspond to the story of Orion and Diana; therefore, the precise subject of the Morgan drawing also remains a mystery, although the female figure probably does represent the goddess Diana.

As Cara D. Denison has noted, in 1606 Bellange was working on a series of hunting scenes for the ducal palace, and in 1611 he worked on a series of depictions from Ovid, also for the ducal palace. The approximate dating to 1612 of the etching, which reflects greater technical sophistication than Bellange's work of 1610, yet less fluency than his later prints, finds independent confirmation in the Morgan drawing. In the broad fluid application of wash and spontaneous pen work, the Morgan drawing is executed with similar freedom to the drawings of the *Project for an Equestrian Statue* at the Louvre (Figure 4b) and *Cavalier Holding a Lance* at Rouen. Christopher Comer and Rosenberg date the Rouen drawing toward 1612. A date of 1610-1612 now is accepted also by Jean-François Méjanès for the Louvre drawing.[5]

Although the chronology of Bellange's graphic style is still a matter of some disagreement, the general outlines have been presented cogently by Walch, as well as by Amy N. Worthen and Sue Welsh Reed.[6] Basically, Bellange's earlier work is characterized by loosely contoured, simply defined forms, boldly and frontally lit in broad planes by a light source set before the picture plane which denies mass and plasticity. Gradually

Figure 4a. Jacques-Charles de Bellange, *Diana and Orion*. Boston, Massachusetts, Museum of Fine Arts.

Figure 4b. Jacques-Charles de Bellange, *Design for an Equestrian Statue*. Paris, Louvre.

it developed into a more complex arrangement of figures and greater evocation of textures. Similarly in his earlier work an allover lighting picks out those salient details that contribute less to the sense of volume than to flowing, animated design. It is gradually replaced by a more focused use of lighting to convey sculptural volume and contribute to the compositional unity of the design.

Although Bellange typically rendered an area of drapery or areas of form in broad, undefined fields (sometimes creating disconcerting contrasts between more detailed elements highlighted with ornaments and decorative devices and loosely defined contours), he increasingly came to use crosshatching to define drapery folds and textures. Clothing gradually comes to "cling" to the forms it envelops. A middle period of more complex compositions, more varied tonal shading, and greater control of the interrelationship between pen and ink and wash to define figures in space is further modified in his late work. His designs toward 1616 are characterized by a greater simplification of composition and dramatic unity of narrative, with more directed and bold lighting to enhance sculptural presence (probably influenced by Caravaggio), the reduction of ornamental elements, yet the continued use of long calligraphic strokes and crosshatching to convey chiaroscuro while animating design.

Thus, as in his etchings, Bellange's earlier drawings are characterized by a highly elegant and decorative presentation of subjects, the effect enhanced in the drawings by the long cursive flow of the stylus in creating contour and the use of wash in a manner reminiscent of the school of Fontainebleau, defining forms in a light which as it flickers across surfaces denies their substantiality. Figures in highly affected and arbitrary poses, their drapery and ornaments reminiscent of theater design, their features idealized into almost abstract geometric forms–ovoid, heavy-lidded faces, elongated torsos and limbs–according to a personal aesthetic based on Italian prototypes, are typical of his graphic work and are exquisitely manifest in the Morgan drawing. The linear contour tends to cling to the picture plane surface and to make us as aware of the pattern shapes between figural elements as of the figures themselves.

NOTATIONS: Inscribed by a later hand in lower right corner in brown ink: *Belange*

WATERMARK: None

PROVENANCE: English private collection; (P. & D. Colnaghi, London); John S. Thacher, Washington, D.C.

LITERATURE: François G. Pariset, "Dessins de Jacques Bellange," *Critica d'arte* VIII (1950): 351 f., fig. 302; Shoolman and Slatkin 1950, 34, pl. 20; Rotterdam et al. 1959, 35, no. 14, pl. 13; Colin Eisler, "A New Drawing by Jacques Bellange at Yale," *Master Drawings* I, 4 (1963): 35; François-Georges Pariset, "De Bellange à Deruet," *Bulletin de la Société de l'histoire de l'art français* (1965): 65; Konrad Oberhuber, *Die Kunst der Graphik IV: Zwischen Renaissance und Barock* (Vienna, 1967-1968), 254, no. 380 (mentioned); Walch 1971, 142, no. 165; *Sixteenth Report to the Fellows of The Pierpont Morgan Library, 1969 1971* (New York, 1973), 96 ff., 108 f., pl. 21; Frankfurt 1986-1987, 14, no. 7 (mentioned); Alvin L. Clark, Jr., *From Mannerism to Classicism: Printmaking in France 1600-1660* (New Haven: Yale Art Gallery, 1987), 22, n. 7.

EXHIBITIONS: Pittsburgh 1951, *French Painting*, Carnegie Institute, no. 137; New Haven 1956, *Pictures Collected by Yale Alumni*, Yale University Art Gallery, no. 188; Rotterdam et al. 1958-1959, no. 14; New York 1974, *Major Acquisitions of The Pierpont Morgan Library, 1924-1974,* Pierpont Morgan Library, no. 24; Des Moines et al. 1975-1976, *The Etchings of Jacques Bellange,* Des Moines Art Center, Museum of Fine Arts, and Metropolitan Museum of Art, cat. by Amy N. Worthen and Sue Welsh Reed, 30-31, no. 10; New York 1981a, no. 48; New York 1984, no. 13.

1. For important, newly discovered documentation on Bellange, see Michel Sylvestre, "Jacques-Charles Bellange 'gentilhomme suivant son altesse,' peintre et graveur," *Le Pays Lorrain* LXII, 4 (1981), 207-224.

2. Pierre Rosenberg in Meaux 1989, 106-117, nos. 23-27, esp. nos. 23-25.

3. Bartsch XV.43; Suzanne Boorsch and Michal and R. E. Lewis, *The Engravings of Giorgio Ghisi* (New York: Metropolitan Museum of Art, 1985), 91-94, no. 21.

4. Walch 1971, 142, no. 165; See Reed in Des Moines et al. 1975-1976 30-33, nos. 10-13, for a discussion and reproduction of the drawing, the Ghisi print, and the Bellange print in both states.

5. Louvre, no. 20478; see Pierre Rosenberg and François Bergot, *French Master Drawings from the Rouen Museum* (Washington, 1981), VI, 4, no. 2, pl. 7; Christopher Comer, "Dessins de maîtres lorrains du XVIIe siècle," *La Donation Baderou au Musée de Rouen. Ecole français: Etudes de la Revue du Louvre et des Musées de France* I (1980), 17-19; Jean François Méjanès, in Paris 1984a, 25, no. 19.

6. Walch 1971, 52-112; Des Moines et al. 1975-1976, 11-13.

5. *Virgin and Child with Saints and Angels*
Pen and brown ink and brown wash over black chalk and yellow ocher chalk, traced for transfer, 339 x 253 mm (13-15/16 x 10")
Yale University Art Gallery, 1961.61.37

Colin Eisler's article of 1963, which first presented this drawing, remains the most thorough discussion of it. The drawing is directly related to a print *The Virgin and Child with the Magdalen and St. Anne* (Robert-Dumesnil 10), which, despite its signature, is qualified by Nicole Walch as possibly begun by Bellange but completed by another hand, perhaps without that artist's knowledge. Eisler suggests that the drawing was prepared for an assistant (he makes the same suggestion for the so-called *Orion and Diana* [4]). The drawing, the attribution of which has never been questioned–indeed, the inscription seems to date to the seventeenth century–certainly bears an interesting relationship to the rare print (Figure 5a). The sheet is clearly incised for transfer, although, as Sue Welsh Reed noted, it is not squared for transfer, as the earlier literature claims. The tracing incisions of the drawing with a dry stylus, as Reed observes in the 1975 catalogue:

follow the major contours of draperies, the column base, the heads of the five main figures and their hands, the child's body, and the Magdalen's hair. The Virgin's skirt was traced along its hemline but not on its interior folds. Her halo was moved closer to her head. The Magdalen's right hand was redrawn with the stylus to elongate the thumb, and a halo added above her head. The angels were not traced, nor do they appear in the print. . . .[1]

That the print reflects the alterations made with the stylus and reproduces the design of the drawing in reverse also substantiates the dependence of the etching on the drawing.

The etching plate further trimmed the design on the side of the column. Recalling that the incision of the drawing only transferred the basic outlines of the composition onto the plate, Reed suggests that the basic contours of the figures are by Bellange himself, but that in some capacity another printmaker completed the plate, with the resulting awkward folds of drapery and anatomical ambiguities in the rendering of the figures of the

Figure 5a. Jacques-Charles de Bellange, *The Virgin and Child with the Magdalen and St. Anne.* Boston, Massachusetts, Museum of Fine Arts.

Magdalen (kneeling and holding the ointment jar) and St. Joseph (identified by Robert-Dumesnil as St. Zacharias), as well as the lack of the coherent lighting one finds in the drawing. The auxiliary angels present in the drawing but not incised for transfer do not appear in the print. As Reed notes, the nature of these differences would tend to confirm that an anonymous artist worked on the partially incised plate without reference to the preparatory drawing.

Eisler has suggested that the design of the drawing reflects the influence of Parmigianino, possibly a lost original work by the master. The balanced, centrally axised composition, the forms converging as in an *X* from the corners of the drawing toward the figure of the infant Christ, the screening and enframing elements of the column and drapery all suggest an Italian High Renaissance or early Maniera source of inspiration. Walch also suggests the possible influence of the Venetian sixteenth century artist Andrea Schiavone, singling out both the compositional design and the motif of the figures about the hanging drapery and column. Regarding the dating of the Yale drawing, both technically and stylistically it appears to date slightly later than the Morgan drawing, tentatively about 1614/15. The more complex compositional arrangement, the more subtly varied tonal shading and sophisticated integration of media, and the more masterly interrelation between drawn line and wash to convey forms existing in palpable space reflect a later dating. Yet the expansive, loosely contoured drawing of the figures and the sweeping, broad fields of wash still relate the Yale drawing closely to the Morgan drawing of about 1612. A dating for the Yale drawing to around 1614 is further supported by the composition's relation to the etching *Holy Family with St. Catherine* (Robert-Dumesnil 11, Walch 15) of about 1615.

NOTATIONS: Annotated with pen and brown ink at lower right: *Bellange*

WATERMARK: A variant of Briquet 9838 (found in Lorraine in late sixteenth century), differing in that both the shield varies and the letter *S* is reversed

PROVENANCE: John Percival, first Earl of Egmont (1683-1748); John T. Graves; Robert Hoe, New York; (sale, New York, Anderson Auction Co., April 15-19, 1912, Library of Robert Hoe, Part III, A-K, no. 949); Yale University Library

LITERATURE: Colin Eisler, "A New Drawing by Jacques de Bellange at Yale," *Master Drawings* I, 1 (1963): 32-38, pl. 25; Konrad Oberhuber, *Die Kunst der Graphik IV: Zwischen Renaissance und Barock* (Vienna, 1967-1968), 254, no. 381 (mentioned); Haverkamp-Begemann and Logan 1970, I: 1-3, no. 3, II: pl. 1, Walch 1971, 106, 214-216; Toronto et al. 1972-1973, 132, no. 4 (mentioned); Paris 1984a, 25, no. 18 (mentioned).

EXHIBITIONS: Providence 1968, *Visions and Revisions,* Rhode Island School of Design, Museum of Art, 1, no. XVI, pl. XVI; Des Moines et al. 1975-1976, *The Etchings of Jacques Bellange,* Art Center, Museum of Fine Arts, Metropolitan Museum, cat. by Amy N. Worthen and Sue Welsh Reed, 42, 44, no. 22.

1. Reed in Des Moines et al. 1975-1976, 44.

6. *St. John the Baptist Preaching*
Black chalk and pen and brown ink and red-brown wash, traced for transfer, 301 x 319 mm (11-7/8 x 12-9/16")
National Gallery of Canada, 15,770

Although black chalk drawings are not common among Bellange's known graphic work, both this sheet and [7], which we tentatively attribute to Bellange and place close in date to it, are so-executed. As noted in the 1969 Paris catalogue, although there is no known print by Bellange of the subject of St. John preaching, either in Robert-Dumesnil or in Nicole Walch, the drawing must be preparatory for such a print. The major outlines of the figures and the folds of their drapery have been traced with a dry stylus, with certain liberties (for example, the infant to the right of the Baptist has been excluded and some shading added), much as we find in [5]. Christopher Comer has noted to me that another very late drawing by Bellange at the Louvre[1] also is incised for transfer, but there is no known print to which it corresponds (pers.com.).

The composition would suggest that the drawing was executed at a time between Bellange's work on *The Martyrdom of St. Lucy* (Robert-Dumesnil 15, Walch 16) and his last print *The Raising of Lazarus* (Robert-Dumesnil 6, Walch 47). The general compositional arrangement and the placement of the foreground torsos leading into the design are reminiscent of the former print. The greater monumentality, reduced distortion, and augmented physical substantiality of the forms, the simple and more spatially coherent space, the greater psychological interrelation of the figures, and certain compositional devices (for example, the planar arrangement of the geography and the very similarly drawn figures of the mother and child at the

right center of the drawing and extreme right of the print) are analogous to the latter print, however.

One finds a similar tilted perspective in both *The Adoration of the Magi* (Robert-Dumesnil 2, Walch 20), which Reed places chronologically between those two etchings and *The Raising of Lazarus.* While Pamela Osler in the Paris 1969 catalogue notes the stylistic relationship between this sheet and a study of the *Pietà* at the Hermitage, we find even closer analogies between the Ottawa drawing and two other studies at the Hermitage: *Seated Woman* (pen and brown ink) and *Standing Woman* (black chalk). As Timothy Clifford points out,[2] the first is preparatory for a figure in *The Carrying of the Cross* (Robert-Dumesnil 7, Walch 23), also a late print which Amy N. Worthen and Reed place between *The Adoration of the Magi* and *The Raising of Lazarus.* The drawing of the Hermitage figure is strikingly similar to the half-figure of the woman with her back toward us in the foreground of the Ottawa drawing. The black chalk drawing of a *Standing Woman* resembles the figure in the etching of *St. John* (Robert-Dumesnil 29, Walch 41) of this period. A further comparison is suggested between the Ottawa drawing and a pen-and-ink preparatory drawing for *The Adoration of the Magi* at the Graphische Sammlung in Munich,[3] especially between the figure of the Madonna in the Munich sheet and the woman holding the child in the Ottawa drawing.

Thus, a dating toward 1616 seems likely for this drawing, which seems later than the Yale sheet [5]. Note especially the greater sophistication in the use of wash to convey volume, mass, and space. Similarly, contour lines are more disciplined – defining forms more convincingly – and the draperies seem to cling to the figures they clothe.

NOTATIONS: None

WATERMARK: Mounted down

PROVENANCE: (Illegible collection mark [leopard rampant on black ground in shield?]); Benno Geiger, Rodaun; C. Fairfax Murray, London; (E. Parsons & Sons, London); Dr. Ludwig Burchard; (Faerber & Maison, London, 1968)

LITERATURE: François-Georges Pariset, "De Bellange à Deruet," *Bulletin de la Société de l'histoire de l'art français* (1965): 63 n. 2; W. Vitzthum, "Dessins d'Ottawa," *L'Oeil* no. 179 (1969): 13, fig. 7; Jean Sutherland Boggs, *The National Gallery of Canada* (Toronto, 1971), 65, pl. 161; Toronto et al. 1972-1973, 132, no. 4 (mentioned).

EXHIBITIONS: Bristol 1938, *French Art 1600-1800,* Bristol Museum and Art Gallery, 11, no. 24; London 1953, *Drawings by Old Masters,* Royal Academy, no. 361; Manchester 1965, *Between Renaissance and Baroque,* Manchester City Art Gallery, no. 264; Paris 1969-1970, 47-48, no. 40.

1. *Allegory of Martyred Saints,* 11537, repr. in Paris 1984a, 23, no. 18.

2. First, *Seated Woman* (pen and brown ink, inv. 16124), repr. in T. Kamenskaya, "Les Dessins inédits de Jacques de Bellange au Musée de l'Ermitage," *Gazette des Beaux Arts* LV, 1093 (1960): 98, fig. 3, and Timothy Clifford, "Un disegno di Bellange al British Museum," *Arte Illustrata* LV-LVI (1973): 380, fig. 6; second, *Standing Woman* (black chalk, inv. 15796); repr. in Kamenskaya 1960, 99. fig. 4.

3. Repr. in François-Georges Pariset, "Jacques de Bellange: Origines artistiques et évolution," *Bulletin de la Société de l'histoire de l'art français* (1955): 107, fig. 4.

7. *Dancer with Tambourine*
Black chalk, 286 x 187 mm (11-1/4 x 7-5/16")
National Gallery of Art, Pepita Milmore Memorial Fund, 1981.43.1

This previously unpublished drawing, recently acquired by the National Gallery of Art, is not clearly related to any known etching by the artist; however, the figure does resemble in reverse one of the background figures in the upper center of *The Adoration of the Magi* (Robert-Dumesnil 2, Walch 20) as well as, more generally, several of the background figures in *The Carrying of the Cross* (Robert-Dumesnil 7, Walch 23). The drawing would therefore date to the same stylistic period, about 1616, as [6]. That the subject is carrying a tambourine, however, suggests that she might be associated with one of Bellange's theatrical works for the court. Indeed, the figure and pose are repeated almost precisely in the drawing *Musicienne au tambourin,* a watercolor with highlights in silver from the circle of Bellange (attributed to Bellange himself by Pariset) in the Rothschild collection at the Louvre.[1]

Although Comer has rejected the attribution of the sheet (pers.com.), suggesting that one look toward Lallemant (see [52] and especially comments, [53]), the drawing does not appear to be articulated with as crude and undisciplined a hatching stroke or the broader, less graceful figure type one finds in Lallemant's work. Rather, the elegant, rhythmic, calligraphic strokes of black chalk in this sheet, the softer ovoid features of the face and the conviction of a figure in motion as the upper draperies cling to the torso, are reminiscent of the mature work of Bellange. Although in his late style, Bellange's figures are increasingly sculptural, with the clinging drapery defining forms, the lower torsos of ancillary figures in the etchings can often remain abstractly articulated in ornamental strokes. The artist often relies on shorthand

Figure 7a. Jacques-Charles de Bellange, *Meeting of Women*. Paris, Louvre.

indications of limbs, rapid spun-out curlicues, and sweeping hatching strokes when executing background figures in his prints.

Besides the comparison with the background figures in *The Adoration of the Magi*, other graphic analogies further tend to support the attribution of the Washington drawing to Bellange. Comparable loose drawing of draperies can be found in a drawing at the Städelschen Kunstinstitut in Frankfurt.[2] The drawing style is also comparable to that in the two Hermitage drawings of women and the Munich study for *The Adoration of the Magi* cited in [6]. One also is reminded of the long hatching strokes and the rapid sketching of hands and feet in *St. John the Baptist Preaching* itself. The artist creates the same loose curls running off from the figure's hair in several background figures in his etchings (for example, the figure at top center in *The Raising of Lazarus*), and the Washington figure's abridged, clawlike left hand is a mannerism that appears in several drawings and prints (for example, the Hermitage drawing of the *Standing Woman* and background figures in several prints throughout his career, including *The Virgin with the Child Standing on His Cradle*, Robert-Dumesnil 5, Walch 7; *The Three Women at the Tomb*, Robert-Dumesnil 9, Walch 46; and *The Raising of Lazarus*). Two other mature drawings by Bellange in pen and ink are particularly analogous to the Washington sheet in their figure types, their use of long, whipping hatching and crosshatching strokes, and the way that the light falls on the figures and their drapery: *Study of a Woman* (Nancy, Musée Lorrain) and *Study of a Woman (Study for an Apostle)* (private collection).[3] One may also compare the drawing of the lower drapery and feet with the *Meeting of Women* at the Louvre (Figure 7a).[4] For these reasons, this drawing is here attributed to Bellange. Nonetheless, in the shorthand conventions of depicting facial details; the abstractly calligraphic, billowing, and hollow curls; and the rendering of the hands, the Washington drawing bears comparison with the Ottawa drawing by Lallemant [53]. A drawing in the Lievres collection of a *Couple*,[5] among the recognized Lallemant drawings it most closely resembles, and Comer's alternate suggestion for the attribution of the Washington sheet, deserves consideration until the character of Lallemant's graphic style can be more definitively reconstructed. The inclusion of both drawings here provides an opportunity for comparison.

NOTATIONS: None

WATERMARK: Mounted down

PROVENANCE: (Jacques Petithory, Paris)

LITERATURE: None

EXHIBITIONS: None

1. Repr. François-Georges Pariset, "Jacques de Bellange," *L'Oeil* no. 93 (1962): 46.

2. Repr. in Frankfurt 1986-1987, 12-13, no. 6.

3. Both are reproduced in François G. Pariset, "Dessins de Jacques de Bellange," *La Critica d'arte* VIII (1950): 347, fig. 284, and p. 349, fig. 289.

4. Pen and black ink, inv. 23712, repr. Paris 1984a, 25, no. 20; also Timothy Clifford, "Un disegno di Bellange al British Museum," *Arte illustrata* LV-LVI (1973): 379, fig. 4.

5. Repr. in Pariset 1950, 353, fig. 292, attributed to Bellange, but Anthony Blunt attributes it to Lallemant in "The Art of Jacques Callot," *Burlington Magazine* CV, 726 (1963): 414.

Claude Deruet

NANCY CA. 1588 - NANCY 1660

8. *Mounted Amazon with a Spear*
Pen and brown ink with yellowish-brown wash containing minute flecks of gold, also in some passages traces of greenish tint, with traces of underdrawing in black chalk, 362 x 313 mm (14-1/4 x 12-3/8")
The Pierpont Morgan Library, Purchased as the gift of the Fellows, 1959.4

The career of Claude Deruet has been studied by Edouard Meaume and François-Georges Pariset, and most recently summarized and chronologically surveyed by Jacques Thuillier.[1] Born to a wealthy family with ties to nobility and apprenticed to Bellange in 1605, Deruet probably remained at Nancy through 1610. By 1613 he was certainly in Italy, where he apparently studied under Antonio Tempesta and the Cavaliere d'Arpino. Deruet was exposed to Countermaniera trends in Rome but remained uninfluenced by the art of Caravaggio; his style remains one dependent on his early training and experience in Lorraine, his exposure to Flemish late Mannerists whom he met in Rome, and the art of Tempesta and the Cavaliere d'Arpino. While in Rome, Deruet received a medal from the Pope and executed a fresco in the Villa Borghese. By 1619 Deruet had returned to Lorraine, succeeding Bellange as court painter and director of festivals. The rest of his extended career was spent in the service of the courts at Nancy and Paris. A favorite of both Louis XIII – for whom he had served as a drawing master, their relation being recorded in the monarch's drawing of the artist in 1634 (Nancy, Musée Lorrain) – and the dukes of Lorraine, Deruet executed important commissions for these rulers, as well as for Richelieu, Anne of Austria (Louis XIII's wife, later regent for Louis XIV), and Princess Nicole of Lorraine. In 1621 Duke Henry II ennobled him, and in 1634 Deruet was placed under the protection of Louis XIII. During the 1640s and 1650s, Deruet

turned increasingly to Paris for commissions.

The subject of Amazons in battle was a favorite of Deruet, who executed several painting cycles on the theme. In a fascinating article, Pariset explored the sources, iconographic adaptations, and range of imagery in the artist's work.[2] The image of the Amazon – embodying difficult victory, virtue, feminine charm, and courage, the concept of "les femmes fortes" – had a pictorial tradition in France extending back to the Renaissance and the art at Fontainebleau of Caron. It encompassed the genres of allegory, mythology, and even portraiture. But Deruet's figures also reflect his experience of Italian art. The Morgan *Mounted Amazon with a Spear* is clearly dependent on the art of Tempesta. The figure and the horse are remarkably similar to a range of equestrian figures found in Tempesta's prints of battle and hunting scenes, as well as, in reverse, *A Rearing Horse, Facing Right before a Seascape* from the series *Chevaux des differens pays* (Bartsch 950). That series was published in two editions, one with the images in reverse to the other (see comments, [9]). But a Mannerist elongation of the forms and antimonumental emphasis on outline reaffirm Deruet's adherence to the tradition of Bellange's early graphic style and, ultimately, that of Fontainebleau.

As has often been noted, a related drawing of two mounted Amazons, *Couple on a Horse* (a cropped drawing of a cavalcade), is in the collection of the Nationalmuseum, Stockholm.[3] As Per Bjurström records, an etching of an Amazon by Deruet is at the Albertina, Vienna (inv. 1933/1731). The drawings can be dated closely to the painting cycles of Battles of the Amazons: a set of four at Strasbourg, Musée des Beaux-Arts; and another set of four, two at La Fère, Musée Jeanne d'Aboville, two at New York, the Metropolitan Museum. Of all these paintings, a comparison of the general figure style of the Morgan drawing with the mounted Amazons in *The Departure of the Amazons for War* at the Metropolitan Museum most strongly suggests a close tie between them. Germain Viatte had noted such a relation with the Strasbourg series, specifying the horses' heads and costumes, although similarly attired figures appear in *The Four Elements*, commissioned by Richelieu in the early 1640s, now in Orléans, Musée des Beaux-Arts. Of the Strasbourg paintings, she felt the Morgan and Stockholm drawings "apparentent directement."[4] Whether the Morgan drawing is connected to these paintings or to his festival designs, the Italian-influenced monumentality of the figures and their facial types in the drawings correspond more closely to these earlier Amazon paintings in New York and France – datable to just after Deruet's return from Italy, about 1620 – than to his later works.

NOTATIONS: Inscribed lower left (19th-century handwriting?) in black chalk: *Belange*

WATERMARK: None

PROVENANCE: Kaye Dowland, England (Lugt 691). The inscription appears in pen and brown ink on old lining paper (now removed): Joan of Arc / by / Belange / Kaye Dowland / 1862; (P. & D. Colnaghi, London, 1959)

LITERATURE: *The Tenth Report to the Fellows of The Pierpont Morgan Library* (New York, 1960), 53; Germain Viatte, "Quatre Tableaux de Claude Deruet," *La Revue du Louvre* XIV, 4-5 (1964): 222, fig. 3; François-Georges Pariset, "De Bellange à Deruet," *Bulletin de la Société de l'histoire de l'art français* (1965): 65, n. 2; Marcel Roethlisberger, "Gelleé-Deruet-Tassi-Onofri," *Walter Friedlaender zum 90. Geburtstag* (Berlin, 1965), 143; François-Georges Pariset, "Claude Deruet," *L'Oeil* no. 155 (1967): 13, fig. 5; *The Pierpont Morgan Library, A Review of Acquisitions, 1949-1968* (New York, 1969), 141; Rosenberg 1971, 87; Bjurström 1976, no. 354 (mentioned); René Taveneaux in Rome Nancy 1982, 49; New York Edinburgh 1987, 44, no. 18 (mentioned).

EXHIBITIONS: Providence 1970, no. 113; New York 1984, no. 8.

1. Edouard Meaume, *Recherches sur la vie et les ouvrages de Claude Deruet, peintre et graveur lorrain 1588-1660* (Nancy, 1853); Rome Nancy 1982, 105-118.

2. François-Georges Pariset, "Les Amazones de Claude Deruet," *Le Pays Lorrain* XXXVII (1956): 97-114.

3. Repr. in Bjurström 1976, no. 354; and New York Edinburgh 1987, no. 18.

4. The French paintings are repr. in Viatte 1964, 221-226, esp. 224, figs. 1, 2, 4-8; the Metropolitan Museum paintings, in Paris et al. 1982, 243, 125, 351, no. 25, fig. 11.

Jacques Callot

Nancy 1592 - Nancy 1635

9. *Study of a Rearing Horse*
Pen and dark brown ink, with touches of brown wash over black chalk, 168 x 141 mm (6-5/8 x 5-9/16")
National Gallery of Canada, 14,836

Jacques Callot and Claude Gellée remain the most celebrated names associated with the art of Lorraine. One of the most important innovators and greatest printmakers in the history of art, Callot was also an outstanding draftsman. Born in Nancy of a prominent family associated with the ducal house, he was contracted to a local goldsmith, Demenge Crocq, in 1607. At some time between 1608 and 1611 he traveled to Italy, and both André Félibien and Filippo Baldinucci, his seventeenth-century biographers, tell us that in Rome he learned printmaking from the French engraver Philippe Thomassin, who also trained Deruet. By 1612 Callot was in Florence, having worked in Rome with the celebrated Florentine printmaker Antonio Tempesta. With Tempesta, Callot had executed prints illustrating *Obsequies of the Queen of Spain,* which took place in Florence in that year. In Florence he also executed etchings after designs by Giulio Parigi and worked with Remigio Cantagallina, and these artists, who specialized in etching theatrical and festival designs, also influenced Callot's work in both subject matter and style.[1]

Callot was an innovator in the art of etching, discovering a more stable, hard ground to cover the etching plate and refining the use of a tool called the *échoppe,* employing its oval point to vary the width and character of line to virtuoso effect, a concern visible in his pen-and-ink drawings. In his pen-and-ink drawings we are also made particularly conscious of the use of chiaroscuro, expressed through the swell of the stylus and the use of varying tones of wash, to convey mass and to set forms clearly in space. Countermaniera trends in Florence, the infusion of the late Mannerist style with details of realism, and the introduction of elements of vulgar subject matter, as well as the great interest with powerful light-dark contrast in Rome and Florence during his years in Italy, powerfully affected his style. After the death of Cosimo II in 1621, Callot returned to Nancy, where he was well received both in the courts of Duke Henry II and his successor, Charles IV. In the later 1620s and early 1630s he also worked for the courts of Spain and France, recording major battle victories. According to Félibien, Callot declined to depict for Louis XIII his conquest of Lorraine, citing his nationality, and it was during his last years that the dark, sober subjects of *Les Grandes Misères de la guerre* (1633) and the second *Temptation of St. Anthony* were published.

The Study of a Rearing Horse is one of a series of about twenty sheets executed by Callot in his Florentine years after a famous series of prints by Antonio Tempesta, *Chevaux des differens pays* (Bartsch 941-968). Tempesta's series dates to 1590, and Callot's pen-and-ink drawings are dated between 1615 and 1617 by Daniel Ternois, a dating generally accepted.[2] The Tempesta series exists in two editions, one printed in reverse of the other, and Callot relied on both editions as sources for his drawings, which follow with varying exactitude their sources. Since Ternois's catalogue raisonné, several other drawings have appeared in the literature.[3] As Erwin Mitsch and Konrad Oberhuber have commented, these powerful, highly animated drawings focus on the movement and mass of the figures.[4] Abandoning Tempesta's use of

crosshatching, Callot forcefully modeled his figures in larger scale than the original prints and without Tempesta's landscape backgrounds. Defined in single, aggressive contour strokes, the pen work swells and narrows to convey motion and tension. The vertical strokes appearing through from the verso are coincidental, yet ironically augment the sense of motion and power. The drawing most closely resembles a drawing in the British Museum and one in the Schrafl collection,[5] and seems, like the Schrafl drawing to be a free adaptation of Tempesta's no. 18, *Polonia oriundus* (Bartsch 958), as printed in reverse. Typical of his early graphic work is the sublimation of detailed drawing to emphasize in powerful, simple strokes the essential characterization of movement and mass. A comparison of this drawing with [8] is quite revealing. Both are dependent on images of horses printed by Tempesta, but Deruet's rendition reflects a mode of vision still tied to the styles of the second school of Fontainebleau and the courtly art at Nancy at the beginning of the century. Callot's dynamic and monumental stallion truly is conceived in a bold, new style, revealing the artist's exposure and assimilation of contemporary currents of change in Italy.

NOTATIONS: On recto: undecifered inscription near horse's tail; on verso: parallel, vertical strokes in pen and brown ink (visible on recto), also a list of figures and multiplications running across the sheet

WATERMARK: (Partial) a Strasbourg lily in a crest surmounting a chevron and *4*

PROVENANCE: (Geneviève Aymonier, Paris, March 1965)

LITERATURE: Geneviève Aymonier, *Dessins de Maîtres Anciens* (Paris, 1965), no. 7; Mary C. Taylor, "A Drawing by Jacques Callot," *Bulletin of the National Gallery of Canada* IX-X (1967): 39-40; Daniel Ternois, "Callot et son temps: Dix ans de recherches (1962-1972)," *Le Pays Lorrain* LIV, 4 (1973): 244, suppl. no. 24.

EXHIBITIONS: Springfield Louisville 1981-1982, *Glorious Horsemen: Equestrian Art in Europe, 1500-1800,* Museum of Fine Arts, J. B. Speed Art Museum, 94, no. 37.

1. On this subject, see Arthur R. Blumenthal, *Theater Art of the Medici* (Hanover, N.H., 1980).

2. Ternois 1962, 46-49, nos. 25-39, 42-45; as between 1612 and 1617, "vers 1616"; Ternois accepts 1615-1617 (1973, 240), a date proposed in Toronto et al. 1972-1973, 141-142, no. 20.

3. See Ternois 1973, 239 ff., suppl. nos. 4-11, 24 (the Ottawa drawing).

4. Erwin Mitsch, "Eine unbekannte Zeichnung Jacques Callots in der Albertina," *Albertina Studien* I (1963): 37-38; Konrad Oberhuber, "Noch eine Pferdezeichnung von Jacques Callot," *Albertina Studien* I (1963): 118-119.

5. British Museum (Ternois 25); Schrafl collection (Ternois, suppl 6). See also Daniel Ternois, "A Drawing by Jacques Callot: Studies of Horses and Cavaliers," *Master Drawings* I, 1 (1963): 45, pl. 40-41.

---

10. *Dancing Dwarves and Fiddlers*
Red chalk, 197 x 246 mm (7-3/4 x 9-11/16") maximum measurements, margins irregular
The Pierpont Morgan Library, Gift of Mr. and Mrs. Eugene V. Thaw, 1972.14

This charming and animated drawing, one of several Callot sketches in red chalk of dwarves, apparently from life, is not directly related to any known etching. Its relation in general subject and figure drawing to Callot's series *La Guerra d'Amore* leads Ternois to date this drawing and associated sheets at the Morgan, Yale, and Chicago (the Chicago drawing includes a figure found in the *Guerra*) to 1616, although Rosenberg has suggested a date as late as 1618/19 for the Yale and Chicago drawings.[1] Callot's celebrated series of etchings *Varie Figure Gobbi* (the frontispiece dated 1616, presumably referring to the execution of the drawings, although printed in Nancy, as the frontispiece inscription also indicates, thus about 1622) is related in subject and drawing style to the drawings. Preparatory pen-and-ink drawings for that series at the Louvre and the Hermitage are far closer to the prints. They are drawn in pen in a calligraphic manner with parallel hatching, clearly intended as preparatory for etching. Diane Russell and Arthur Blumenthal also have suggested the general relationship of the two Morgan studies of dancing dwarves to the *Capricci* of 1617 (see Lieure 246-249).[2]

In any case, the drawings are typical of Callot's graphic work during his Florentine years, a period which, as Rosenberg has noted, is characterized by such stylistic details as "the globe-like eyes, the nervous line... and the keen observation of movement...."[3] Félibien, in his biography of Callot, stated that the artist worked closely with Cantagallina and Parigi during those years, and Baldinucci credits Parigi with the instruction of Callot in etching. As these biographers note, the Florentine printmakers were masters in drawing very small figures, represented with spirit and charm.

Thus, the present drawing and the related sheets apparently were drawn from life with no specific function. Callot had ample opportunity to execute such studies. Although the only documented "giostra di gobbi" (a series of races and tourneys of dwarves) took place in Florence on July 6, 1612 (the Feast of St. Romulus), such competitions, as well as more conventional ones, commonly took place in July at that time.

The Chicago, Yale, and the two Morgan drawings probably originally existed in the same collection, as Rosenberg, Stampfle, and Denison discuss.[4] Not only are all the drawings of approximately the same size (the Chicago sheet is slightly larger), executed in red chalk (the other Morgan drawing includes figures drawn in black chalk on the verso, one traced from the recto), and of comparable subject matter, but all the sheets also bear an inscription of three small circles and a dot in pen and brown ink at the center base. Furthermore, the Chicago drawing is inscribed *107,* while the two Morgan drawings are numbered by the same hand *113* and *114*. Although the variations in size suggest that the drawings were not originally bound together, Russell notes that the Callot drawings all bear three small holes near one short side of each sheet, suggesting that at some time they were indeed bound. The pen-and-ink marking also appears on a Stefano della Bella drawing, as Rosenberg notes, and apparently by the same hand, two circles appear on another drawing by Callot (Ternois 54). Rosenberg raises the possibility that the circles may refer to the former owner as a member of the Medici family, but this seems unlikely, as Stampfle and Denison explain. The two Morgan drawings and the Yale and Chicago drawings are all worked in similar fashion. The contours are quickly drawn in single, nervous chalk lines, exaggerated profiles conveying motion, with brief notations of shadow enhancing that sense.

NOTATIONS: Three small circles and a dot inscribed in a row in pen and brown ink at center base; numbered in graphite at lower right corner: *113*; on verso, inscribed: *in bleu/32-36/teinte sepia*.

WATERMARK: None

PROVENANCE: Mark Oliver, London; (Durlacher Brothers, New York); Porter McCray, New York; Mr. and Mrs. Eugene V. Thaw, New York

LITERATURE: Toronto et al. 1972-1973, 142, no. 21 (mentioned); Daniel Ternois, "Callot et son temps: Dix ans de recherches (1962-1972)," *Le Pays Lorrain* LIV, 4 (1973): 238-239 (suppl. no. 2?); *Seventeenth Report to the Fellows of the Pierpont Morgan Library, 1972-1974* (New York, 1976), 155; Washington 1975, 78; Arthur R. Blumenthal, *Theater Art of the Medici* (Hanover, N.H., 1980), 118, no. 55 (mentioned).

EXHIBITIONS: New York et al. 1975-1976, 32-33, no. 12.

1. Toronto et al. 1972-1973, 142, no. 21.

2. Ternois 1973, 3-9; see also Washington 1975, 78, fig. 34; Blumenthal 1980, 118.

3. Toronto et al. 1972-1973, 142.

4. For the Chicago drawing, see Providence 1970, no. 57, repr.; for the Yale drawing, Toronto et al. 1972-1973, 22, 142, no. 21, pl. 9; and for the two Morgan drawings, New York et al. 1975-1976, 32-34, nos. 12, 13.

11. *The Miracle of St. Mansuetus*
Pen and iron gall ink and wash over black chalk indications, portions outlined with stylus. Scored with black chalk on the verso, 210 x 183 mm (8-1/4 x 7-1/4").
Museum of Fine Arts, Boston, Stephen Bullard Memorial Fund, 1956.877

St. Mansuetus was a fourth-century Scots convert to Christianity raised to bishop and sent by the Pope to Toul, in Lorraine, to convert the heathens. He is one of three saints associated with Lorraine (also Sts. Amond and Livier) depicted in etchings by Callot. According to legend, the saint had little success at conversion until he performed a miraculous resuscitation. During a festival, the only son of the governor of the region fell from a height into the Moselle River, and attempts to find him were unsuccessful. That night the governor's wife, a princess, dreamt that Mansuetus would restore her son if she were converted. The governor promised to permit Mansuetus to baptize his subjects if his son were recovered. As the saint prayed by the river, the youth's body rose to the surface. The governor then vowed that all present would be converted if the boy could be brought back to life. Mansuetus knelt and prayed, and the miracle was accomplished. The drawing and the etching record the moment when the lifeless body of the boy has been pulled from the Moselle and the saint is about to pray. A lengthy inscription on the final etching alludes to the subsequent establishment of a Benedictine monastery by his successors, and a visual reference to that monastery as well as a depiction of Mont St. Michel appear in the background of the drawing and the print. The subject would certainly have great appeal in the devoutly pious, Catholic Lorraine (see comments, [12]).

This drawing is one of four known preparatory drawings for the etching of *The*

Miracle of St. Mansuetus (Lieure 378). The most thorough discussion of the Boston drawing appears in the fine article by Anne Blake Freedberg, who established the relative chronology of the four associated drawings.[1] The earliest, at the Musée Lorrain in Nancy (Ternois 570), in which the governor is missing and the child is behind his grieving mother, is distinguished by heavy application of broad wash drawing over black chalk indications; it has the quality of a première pensée. The next drawing, sequentially, was formerly in the collection of Germain Seligman, sharing the same provenance as the Boston drawing, and now is in the collection of the Pierpont Morgan Library (1978.35; Ternois 571). That sheet, executed in soft, atmospheric golden-brown washes over black chalk, is compositionally closer to the Boston sheet. The figures are similarly posed (although the governor/king is not yet present), and the monastery and mountain range have been introduced. In the Boston drawing the figures are set back into a deeper space, the figure of the crowned governor is introduced, and a greater range of washes and increased detailing of the figures and landscape in pen and ink characterize this more subtle and sophisticated depiction. In the fourth drawing, at the Nationalmuseum in Stockholm (NM 2472/1863; Ternois 573), the artist has dramatically altered the axis of the composition–shifting the figures to the right and isolating the boy and the man who pulled him out on the left–and suppressed detailing of the landscape. The composition appears as it does in the final print, only in reverse, with a few notable exceptions. The etching adds the landscape details of the Boston drawing, including a further view of Toul; the rescuer's clothing; the anecdotal detail of a tennis racquet and ball (a contemporary touch); and the armorial insignia of Msgr. Jean de Porcellet de Maillane, bishop of Toul, to the vestment of St. Mansuetus. The latter addition is particularly noteworthy, because the features of St. Mansuetus change between the Morgan drawing and the Boston drawing, from those of a portly clean-shaven figure to the leaner, more aged, and bearded figure who also appears in the final print–that is, a portrait of the monsignor. Callot apparently was acquainted with Porcellet and his family. In 1612 the artist engraved the genealogy of his family, and it is believed that Callot returned from Florence to Nancy in his suite in 1621. Porcellet died in 1624.

The dating of these drawings has been the subject of some dispute, although we accept Freedberg's dating of the project after Callot's return to Nancy and prior to the bishop's death, about 1621-1624, which is also accepted by Per Bjurström. Certainly the subject matter is directed to Callot's native public. Although Félibien and Mariette place the etching early in his career in Florence, Edouard Meaume dated the work between 1622 and 1626.[2] Ternois thinks the drawings belong to the very end of Callot's Florentine period, about 1619-1621. Ternois notes the use of bistre wash as common in Callot's work of that period, although the artist continued to use it throughout his Nancy years as well, and the Boston drawing has been proven to be executed in iron gall ink. Callot outlines in pen and wash in these drawings, while he relies more commonly on black chalk and wash during his Nancy period.

Ternois also describes the figures in these preparatory drawings as mannered and elongated, but when we compare the Boston sheet to the Detroit drawing of *The Admiral Inghirami Presenting Turkish Prisoners to King Ferdinand I of Tuscany* (Ternois 542), a work of the late Florentine period, the Boston drawing evidences the changes in the Nancy period, which Freedberg has so eloquently expressed as "the festival Mannerism of the Florentine period giv[ing] way to the deepening power of the early Baroque."[3] The deepening realism of Callot's figural drawing, his rejection of the nervous, animated, shorter strokes of his early style for broader, more fluid draftsmanship, yet more varied shading and more natural poses, with figures interrelating within a unified space, all indicate a later dating for the sheet than the Florentine period. Furthermore, Callot's quotation of Mont St. Michel, the monastery, and (in the etching) the town of Toul confirm a dating after his re-experience of Lorraine, which he had not seen since he left in his early teens. As to the change in the features of the saint, there is no reason why an association of the saint with the current bishop would not occur to him. Freedberg suggests other possible explanations. Anthony Blunt unaccountably questioned the attributions of the Boston and Morgan Library drawings.

It was not uncommon for Callot to rework his compositions several times before executing his etchings. A noteworthy aspect of the Boston drawing is that it has been prepared for transfer and traced with a dry stylus. Conceivably, the artist prepared to execute an etching from the Boston drawing but was unsatisfied with the composition when he saw it transferred, thus leading him to the changes reflected in the Stockholm sheet, to a more horizontal format and shifting the saint from a central position to the more dramatic final arrangement.

NOTATIONS: None

WATERMARK: None

PROVENANCE: Lord Delemere; (sale, London, Sotheby's, April 13, 1926, no. 362); H. S. Reitlinger, London; (sale, London, Sotheby's, April 14, 1954, no. 294); (Germain Seligman, New York)

LITERATURE: "Accessions of American and Canadian Museums, October-December, 1956," *Art Quarterly* XX, 1 (1957): 96, 98; Anne Blake Freedberg, "A 4th Century Miracle Drawn by a 17th Century Artist," *Bulletin of*

the Museum of Fine Arts, Boston LV, 300 (1957): 38-42; *Le XVIIe siècle français* (Paris, 1958), no. 183 (mentioned); *Das 17. Jahrhundert in der französischen Malerei* (Bern, 1959), no. 110 (mentioned); Ternois 1961, 98, no. 572; Anthony Blunt, "The Art of Jacques Callot," *Burlington Magazine* CV, 726 (1963): 415; *Drawings from Stockholm: A Loan Exhibition from the Nationalmuseum* (New York, 1969), 41, no. 84 (mentioned); Schroeder 1971, 430; Bjurström 1976, no. 184 (mentioned); Feinblatt 1976, 128, no. 140 (mentioned); Richardson 1979, no. 9 (mentioned); New York 1981a, 71, no. 49 (mentioned); New York Edinburgh 1984, no. 11 (mentioned); New York Edinburgh 1987, 47, no. 21 (mentioned).

EXHIBITIONS: Los Angeles 1957, 18, no. 353; Providence 1970, no. 59.

1. The drawings and print are reproduced in Freedberg 1957, 38-42, figs. 1-5.

2. Edouard Meaume, *Recherches sur la vie et les oeuvrages de Jacques Callot (Oeuvre de Jacques Callot)*, sect. 1 (Paris, 1860), 98-104, no. 141.

3. Freedberg 1957, 43.

12. *The Holy Trinity in the Tree of Life, Adored by Franciscans*
Black chalk on blue-gray paper, 204 x 193 mm (8 x 7-5/8")
National Gallery of Art, Andrew W. Mellon Fund, 1968.18.16

This drawing, for all its freedom of draftsmanship and freshness, is preparatory for an etching of the same subject (Lieure 303). Indeed, the print reproduces the design in reverse with only a few changes. The dove of the Holy Spirit is lowered to the feet of the Father and Son, and the tree is presented more symmetrically in the print. The distant landscape in the etching is not yet worked up in detail in the drawing, nor are the seraphim host in the cloud. Slightly larger than the etching, the drawing, however, is very close in its overall design.

Dated by Daniel Ternois to around 1620 on the basis of Lieure's dating of the print for which the drawing is preparatory, it was Diane Russell who noted that the watermark on the preparatory drawing indicates a later dating for the composition than previously assumed, placing the sheet well into Callot's Lorraine period. In retrospect a dating no earlier than the mid-1620s is surprising neither on stylistic nor on iconographic grounds. In the post-Tridentine period Lorraine was a center of devout Catholic faith. The Jesuit order was well entrenched, and Henry II was devoted to the Franciscan order of the Minimites, founded by St. Francis de Paul. As Russell has commented, a devoutly, at times hysterically religious ambience was very much an essential aspect of life in Lorraine. We know that Callot was religious. Not only did he execute approximately six hundred religious prints, but four of his brothers and a sister were in orders, and according to Félibien he attended mass daily. He also left a substantial bequest to the church.[1] The Franciscans numbered ninety orders in Lorraine by 1630.

Russell also defines in detail the symbolism of the image: the Tree of Life, the twelve Franciscan friars sheltered by the living branches (St. Francis, as had Christ, chose twelve disciples), and as disseminators of the faith, the friars shown beneath the benevolent rays of the Holy Spirit and flames of Pentecost. Indeed, embodying the terrestrial Church, the Order as expressed in the twelve friars beneath the Tree of Life and Holy Trinity, is placed before a humble church, already visible in the preparatory drawing. Russell suggests that the image, lacking any text or inscription, may have been designed for or on special commission from the Third Order of St. Francis, an order to which two of Callot's brothers were attached. Furthermore, as René Taveneaux has noted, intense faith in miracles, visions, and the efficacy of pilgrimages was complemented by the introduction of Spanish mysticism in Lorraine, the translation of writings of famous Catholic mystics, and the preaching and writings of such Franciscan observants as Père Saleur.[2]

Stylistically the drawing reflects the moderation of certain elements of Callot's graphic style on his return to Lorraine. Mannerisms and shorthand details – such as the use of round circles for eyes and the creation of exaggerated contours through nervous, short strokes to emphasize dynamic motion – are replaced by a more controlled graphic style, characterized by more fluid and continuous contour, yet more detailed defining of figures and a more subtly varied lighting. The drawing appears close in date to [13].

NOTATIONS: None

WATERMARK: A double *C* (the sheet is mounted down, and it is not possible to determine the precise variant)

PROVENANCE: Salomon Gautier, first half 18th century, Amsterdam and Paris (Lugt 2978); Sir Bruce Ingram, Chesham, England, b. 1877 (Lugt 1405a); C. Robert Rudolf, London

LITERATURE: Ternois 1961, 80, no. 423; *Old Master Drawings from the Collection of Mr. C. R. Rudolf* (London, 1962), 33, no. 169; Schroeder 1971, 320.

EXHIBITIONS: London 1962, *Old Master Drawings from the Collection of Mr. C. R. Rudolph,* The Arts Council, no. 169; Providence 1970, no. 64; Washington 1975, 163, 189-190, no. 155.

1. Washington 1975, 155.

2. Ibid., 162-163; René Taveneaux in Rome Nancy 1982, 54-55.

13. *Study of Four Horsemen*
Red chalk, 173 x 254 mm (6-13/16 x 10")
National Gallery of Art, Rosenwald Collection, 1961.17.51

Lieure considered this sheet to be preparatory for *Les Grandes Misères de la guerre* (Lieure 1339-1356), and in the Los Angeles 1957 and Rotterdam et al. 1958-1959 exhibitions, the drawing was described as "possibly related" to the *Siege of the Isle of Ré* (Lieure 654). Ternois properly identified the drawing with Callot's monumental, six-plate etching *The Siege of Breda* (Lieure 593). As Russell has noted, this drawing is one of twenty-four surviving studies (Ternois 874-896, suppl. 20) associated with that print project. The horseman at the upper left can be identified with the figure of the marquis de Spinola, in the lower right of the etching. Since the figure of the marquis is not reversed and his face is turned away in the print, the drawing probably is not the direct source for the etching. The figure next to him in the drawing becomes, reversed and with adjustments, his companion in the print; while the mounted figure seen from behind at the base of the drawing appears in the print *The Review* (Lieure 592), a rejected plate for *The Siege of Breda.*

The Siege of Breda, an important commission for Callot, commemorates the victory of the Spanish commander, Spinola, in Northern Brabant over the rebellious Dutch army after an eleven-month siege of the strategically located town of Breda. The surrender took place in June 1625, and Callot was commissioned by Queen Isabella, ruler of the Spanish Netherlands by early 1626, to make a commemorative print. We know, thanks to the recent work of Simone Zurawski, that the artist had already made many preliminary studies of the encampments and fortifications by February 1, 1626.[1] Callot arrived again in Breda in July 1627 to make preparatory studies for the print, working together with a comrade from his Florentine years, Cantagallina. The six plates were completed by Callot by January 1628. Thus, the drawing can be closely dated to between late 1625 or early 1626 and the second half of 1627, a chronology which also is reflected in the mature, naturalistic drawing style and summary, yet subtle and masterly conveying of shading.

NOTATIONS: In pen and brown ink, upper right corner: *11*; in pen and brown ink on verso (in 18th-century hand?): *Desegni. Di.Callot*

WATERMARK: None

PROVENANCE: J. D. Lempereur, Paris; (sale, Paris, 1773, no. 696 [?]); J. S. Morgan, Princeton and Paris; Dr. Harvey Heruex (Lugt 1409); Dr. Rossieux, Vevey (stamp on verso); (sale, Bern, Kornfeld and Klipstein, February 7, 1957); Lessing J. Rosenwald, Jenkintown

LITERATURE: Lieure, 1: pl. 85; Ternois 1961, 125, no. 874.

EXHIBITIONS: Los Angeles 1957, 18, no. 360; Rotterdam et al. 1958-1959, 37, no. 18, pl. 15a; Washington 1963, *Jacques Callot: A Selection of Prints from the Collections of Rudolph L. Baumfeld and Lessing J. Rosenwald,* National Gallery of Art, 44, no. 46; Providence 1970, no. 72; Washington 1975, 223-224, no. 179.

1. Simone Zurawski, "New Sources for Jacques Callot's *Map of the Siege of Breda,*" *Art Bulletin* LXX, 5 (1988): 621-639, esp. 623-625, 632, regarding dating.

14. *Study for the Martyrdom of St. Sebastian*
Black chalk and brown wash (pasted paper added on the right to alter the composition), 204 x 344 mm (8-1/4 x 13-3/4″)
E. B. Crocker Collection, Crocker Art Museum, D-392

The print *The Martyrdom of St. Sebastian* (Lieure 670), for which this drawing is preparatory, is a late work by Callot, datable on both iconographic and stylistic grounds to the early 1630s when the plague devastated Lorraine, St. Sebastian traditionally being invoked against the plague. As Diane Russell points out, Callot's father, who died of the plague in 1631, had been one of the duke's archers, although the subject would then appear to be an ironic and therefore unlikely allusion to personal history. Despite the traditional title of the print, the subject of the print and preparatory drawing should be *The Ordeal by Arrows,* since Sebastian did not die of this punishment for his faith, but was subsequently beaten to death. Three comprehensive compositional studies for the print survive: the present one, a drawing in the Jacques Dupont collection in Paris (Ternois 1173), and a drawing in the Victoria and Albert Museum, London (Ternois 1175). There are also several individual figure studies (Ternois 1176-1191), as well as an attributed oil on paper, which reproduces the print in reverse and virtually to the same size, at the Louvre (inv. 25056; Figure 14a). The correspondence of the placement of the archers in the initial, Dupont study, an arrangement rejected in the print of *The Martyrdom of St. Sebastian,* to a different print (Lieure 1350), one in the series *Les Grandes Misères de la guerre* of 1633, as well as the appearance of figure studies used for the 1633 series on sheets containing figure studies for the etching of *The Martyrdom of St. Sebastian* (three drawings at the Hermitage; Ternois 1177, 1185, and 1190) further confirm the dat-

Figure 14a. Jacques Callot, *The Martyrdom of St. Sebastian*. Paris, Louvre.

ing of the Sacramento drawing. Typically in this period, the artist has applied brown wash over underdrawing, defining the figures in black chalk rather than pen and ink, with the wash applied loosely yet with great sophistication to express not only the lighting of the figures and to define their volumes, but also to establish space and atmosphere.

Among the three full preparatory designs, all of which present the composition in reverse to the final etching, the Sacramento drawing appears to occupy an intermediate stage between the preliminary composition of the Dupont collection drawing and the most advanced study, at the Victoria and Albert. The Sacramento and London drawings are larger and slightly different in scale and proportion from the etching (161 x 327 mm), while the Paris drawing is smaller. In the Dupont drawing, a rapid sketch in black chalk and wash, the space is less deeply defined, the saint is located to the extreme left, far fewer attendant figures are placed in the composition, and the landscape is relatively open, as yet without the anchoring architecture of the Colosseum. In the Sacramento drawing the artist has focused on the setting and figure placement, adding the Colosseum, setting the location on the Palatine, and working up the spatial planes and groupings of the participants. Where he has added a paper fragment between the Colosseum and the building-repoussoir on the far right, he has expanded the open space and experimented with architectural elements abandoned in later reworkings. The angels in the sky and the dog in the foreground, added in the Sacramento composition, are similarly omitted in the London drawing and the final etching. The highly detailed Victoria and Albert version comes closest to the final etching,[1] although there are significant changes in details of figure arrangement and architecture in the final print. Indeed, the presentation of the architectural ruins on the extreme right of the print returns to ideas explored on the extreme left of the Sacramento drawing. Perhaps precisely because of Callot's concern with broad issues of massing of figures and effects of lighting in the Sacramento drawing, the dramatic tension between the dark foreground of executioners and the isolated, diminutive figure of the saint in this drawing is far more effective and moving than in the final print, as has often been noted.

NOTATIONS: None

WATERMARK: None

PROVENANCE: [Dalbertos (De Julienne sale, Paris, 1767, no. 694?), the drawing in the sale was more likely the Victoria and Albert Museum study]; Edwin Bryant Crocker, Sacramento

LITERATURE: N. S. Trivas, "Callot's 'Martyrdom of St. Sebastian,'" *Art Quarterly* IV, 3 (1941): 205-209; Ternois 1961, 153, no. 1174; *E. B. Crocker Art Gallery: Catalogue of Collections* (Sacramento, 1964), 75, no. 392; Schroeder 1971, 677.

EXHIBITIONS: Los Angeles 1957, 18, no. 354; Providence 1970, no. 75; Sacramento 1971, *Master Drawings from Sacramento,* The E. B. Crocker Art Gallery, 17, 84, 149, no. 44; Washington 1975, 184-185, no. 150; Los Angeles 1976, 128-129, no. 141; Reno 1978, *Master Drawings from the E. B. Crocker Art Gallery,* Church Fine Arts Gallery, University of Nevada, no. 3.

1. See Washington 1975, 186, no. 151.

II. The French Community in Rome

Nicolas Poussin

LES ANDELYS 1594 - ROME 1665

15. *Study for Ordination* (first series)
Recto: pen and brown ink, 150 x 224 mm (5-7/8 x 8-13/16")
Verso: another *Study for Ordination;* pen and brown ink and traces of black chalk
The Pierpont Morgan Library, Gift of a Trustee in honor of Miss Felice Stampfle, 1983.8

This drawing records Poussin's early compositional ideas for the painting *Ordination* (Figure 15a) in the first series of *Seven Sacraments,* painted for Poussin's Roman patron and friend Cassiano dal Pozzo, the secretary to Cardinal Francesco Barberini. Indeed, it is the only known drawing preparatory for that painting. The other four drawings associated with the subject date to the 1640s and reflect either an intermediate stage between the first and second series, executed 1644-1648 for Paul Fréart de Chantelou, or ideas for the painting in the second series itself. As has often been noted, the dal Pozzo series was extraordinary in that Poussin was the first artist to conceive of depicting the seven sacraments as separate paintings. Furthermore, he portrayed them as historical events, relying whenever possible on scriptural descriptions (see [16]). Although we do not know the precise dating for the paintings, all of them except *Baptism* were completed before Poussin left for Paris in the summer of 1640, and studies for *Triumph of Pan,* one of the Richelieu *Bacchanals* sent to the cardinal in May 1636, appear on the same sheet, with a figure sketch for *Extreme Unction.* Anthony Blunt suggests that the artist was working on the designs for the series from about this date, while the paintings themselves may have been begun slightly later, being executed about 1638-1640.[1]

Figure 15a. Nicolas Poussin, *Ordination.* Grantham, Belvoir Castle, Collection of His Grace the Duke of Rutland.

The Morgan drawing is characteristic of the artist's drawing style and working method in the mid-1630s, when he employed a thin quill pen rather than the broad reed more customary in his pen-and-ink drawings until this time. As Blunt has noted, although Poussin occasionally used a fine, febrile quill line in drawings of about 1627-1631 (e.g., *Apollo and the Muses on Parnassus,* Figure 15b; and the earlier study for *The Death of Germanicus,* Figure 15c),[2] those drawings rely on a broad application of rich wash to model figures and set them in space, a style which ultimately looks back to his earliest Fontainebleau-influenced drawings as known through the Windsor copies of his mythological drawings for Giovanni Battista Marino and through his earliest Roman drawings.[3] At that time Poussin was influenced by such artists of the second school of Fontainebleau as Dubois and Dubreuil, as well as by his early master Lallemant.

In the Morgan drawing of about a decade later than the *Germanicus,* Poussin was primarily concerned with a quick record of a compositional scheme and the figural poses. These he subsequently worked out in detail with the aid of his famous side-lit toy stage and small, wax nude figures draped in wet paper, as described for us by Sandrart (who knew Poussin before 1635) and Giovanni Pietro Bellori as the manner in which the artist worked out his compositions and figures with drapery. The contour lines in the Morgan drawing are the long reinforced outlines that one finds in the 1630s, and Poussin employed vigorous, parallel hatching strokes to animate the figures.

In the later 1630s the artist modified and rethought his drawing style. In a study for the first series *Confirmation* (Figure 15d),[4] together with the fine quill outlining of forms, wash is used with a new sophistica-

Figure 15b. Nicolas Poussin, *Apollo and the Muses on Parnassus*. Malibu, California, J. Paul Getty Museum.

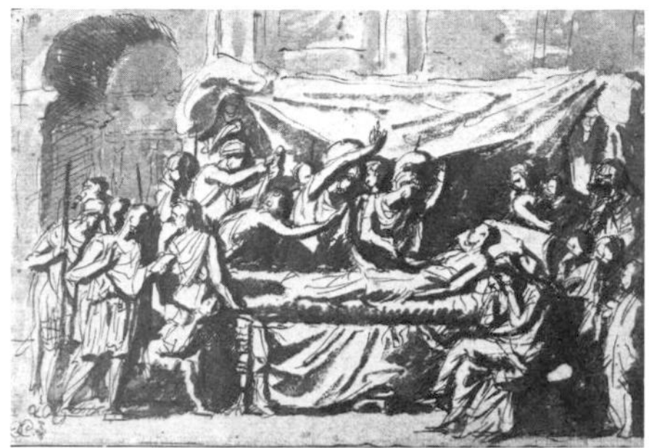

Figure 15c. Nicolas Poussin, *The Death of Germanicus*. Chantilly, Musée Condé.

tion in a variety of strokes and densities to convey texture and mass, and to clarify the composition and sense of movement. Blunt suggests that drawings by the school of Raphael may have influenced this innovation, just as Poussin looked to Raphael for compositional inspiration.

The evolution of the Morgan sketches, convincingly reconstructed by Cara D. Denison in her 1984 article, suggests that Poussin was quickly recording his thoughts for the composition, based on Raphael's tapestry design for *Feed My Sheep* (derived from Matt. 16:16-19). Much as in his studies for the *Triumph of Pan* and *Extreme Unction* in the Windsor Castle drawing of about 1636, I would suggest that these studies, executed in pen and ink without wash, precede the staging of the wax models on the lighted stage. Wash would have enabled Poussin to record and develop the lighting effects and modeling of forms worked out from the stage. On the other hand, the Morgan drawing does not appear to record the very first, preliminary ideas for the painting, as the artist has already worked through several modifications of Raphael's composition toward the painting's final figural arrangements and landscape elements.

As Denison suggests, the artist probably began by executing the preliminary sketch of Christ with eight apostles on the verso. He then redrew Christ, studying his pose and drapery twice. In all the studies, the commanding figure of Christ presenting the keys to Peter already has been shifted from Raphael's frontal pose to the profile, marching pose of the final painting. The figures of the apostles fall between the two versions. The study on the top of the recto focuses on the poses of the apostles and adds, in the location they appear in the painting, the screen of trees immediately behind the apostles. The figures of the apostles are set before the trees in friezelike relief. At about the same date (1637) Poussin executed the first version of *Moses Striking the Rock* (collection of the duke of Sutherland, on loan to the National Gallery of Scotland), in which trees similarly are employed to set a screen and space before and about which people move. On the bottom of the sheet he continued to work on the poses of the apostles, including, as Denison notes, the three apostles not included in the main compositional study. The recto main study, while still different in details of the poses from the final painting, comes closest of the studies on the sheet to the picture itself.

NOTATIONS: Inscribed on recto at lower left in pen and brown ink: *Giulio Campi di Cremona*

WATERMARK: Fragment of a fleur-de-lys in a circle(?)

Figure 15d. Nicolas Poussin, *Confirmation*. Windsor Castle, Royal Library, © Her Majesty the Queen.

PROVENANCE: Nicholas Lanier, London, 1588-1666 (Lugt 2885); Jonathan Richardson, Jr., London, 1694-1771 (Lugt 2170); Richard Cosway, London, 1740-1821 (Lugt 629); George Clausen, London, b. 1852 (Lugt 539); private collection, England; private collection, New York

LITERATURE: Blunt 1966, 76, no. 110 (mentioned); Friedlaender and Blunt 1939-1974, V: 89, nos. 413 (recto) and 414 (verso), pl. 301; Wild 1980, II: 75, no. 76 (mentioned); Cara D. Denison, "A New Study for the Seven Sacraments," in *Twentieth Report to the Fellows of the Pierpont Morgan Library, 1981-1983* (New York, 1984), 219-223, fig. 21.

EXHIBITIONS: New York 1984, no. 15.

1. For the drawing with the studies of the *Triumph of Pan* and *Extreme Unction,* at Windsor Castle, see Friedlaender and Blunt 1939-1974, III: 24-25, no. 188.

2. A comprehensive discussion and bibliography of the Getty Museum *Apollo and the Muses on Parnassus,* probably datable as Sir Denis Mahon has suggested ("Poussiniana: Afterthoughts Arising from the Exhibition," *Gazette des Beaux-Arts* LX, 1122-1123 [1962]: 86-92, esp. 92), to about 1630/31, is presented in Goldner 1988, 184-185, no. 82. See also [17], and Friedlaender and Blunt 1939-1974, III: 20-21, no. 180. On the *Germanicus,* see also ibid., II: 15, no. 130.

3. Konrad Oberhuber has recently convincingly argued that these drawings, now at Windsor Castle, are actually seventeenth-century copies of lost drawings, which nonetheless serve as important guides to the artist's earliest style. See his *Poussin: The Early Years in Rome* (Fort Worth: Kimbell Art Museum, 1988), 30-34. For a further example of this earliest style, see the *Choice between Virtue and Vice,* at Budapest, of ca. 1623 (Friedlaender and Blunt 1939-1974, V: 115, no. 446).

4. Friedlaender and Blunt 1939-1974, I: 43, no. 85.

16. *Study for Extreme Unction* (second series)
Recto: Pen and brown ink and brown wash, 126 x 220 mm (4-15/16 x 8-5/8")
Verso: *Three Heads and Other Studies*; pen and brown ink
The Cleveland Museum of Art, Leonard C. Hanna, Jr., Fund, 83.197

This important sheet, depicting an early study for *Extreme Unction* in the second series of *Seven Sacraments* on its recto and a diversity of unrelated studies on the verso, was first discussed by Blunt in *Master Drawings* in 1979. In a more recent, extended consideration of the recto, I analyzed the composition of the *Death of the Virgin* in the context of Poussin's grappling with the extra-biblical subject of Extreme Unction as the first in his second, more erudite series of *Sacraments* for his Parisian friend and patron Paul Fréart de Chantelou. That article placed the drawing, datable in part due to the autograph inscription on its verso, to the latter part of 1643,[1] within the evolution of the composition of the painting as described in Poussin's own correspondence and recorded in other preparatory drawings for the painting (Figure 16a). It also proposed the relation of certain changes in Poussin's drawing style in the 1640s to his theory of modes. The Cleveland drawing is exceptional on two accounts: it reveals Poussin's attention to Byzantine (in pursuit of early Christian) prototypes, and it provides direct testimony on its verso to Poussin's study of Raphael's drawings.

The specific subject of the drawing is the Death of the Virgin, for the Virgin's feet are being anointed in the rite of extreme unction. Although of an intimate scale, the drawing powerfully conveys a solemn and intense piety, expressed both in the characterization of the participants of the tender, meditative religious drama and in the palpable atmosphere composed of fluid washes from which they softly emerge.

Although Poussin tended to work out his compositions in detail in advance of his paintings, it is unfortunate that no X-rays exist of the painting in the collection of the duke of Sutherland. In executing this first painting in the second series of sacraments, Poussin seems to have altered its composition substantially. As late as September 23, 1643, Poussin wrote to Chantelou that he had found a painter to copy dal Pozzo's *Extreme Unction* and *Confirmation*. By January 12, 1644, Poussin had offered to paint for Chantelou the new series of *Sacraments,* and the methodical painter, who had found it so difficult to arrange according to his original intentions for a copyist of the dal Pozzo series for Chantelou in 1643, probably experimented with new compositions before making the offer. In a letter of April 25, 1644, written eleven days after starting work on the canvas, Poussin stipulated that, "Ledit tableau contiendra dix-sept figures d'hommes, de femmes, d'enfants jeunes et vieux, une partie desquelles se consomment en pleurs et les autres prient Dieu pour le moribond."[2] The statement indicates that Poussin had settled on a male dying figure. The final painting, however, contains sixteen figures, while the Cleveland drawing has twelve.

Though at first glance the compositions of the Death of the Virgin and the final painting are only superficially similar–indeed the painting reverses the basic composition of the drawing–both works derive from the same source, Poussin's first great deathbed subject, the *Death of Germanicus* of 1627 (Minneapolis, The Minneapolis Institute of Arts). That picture refers, as do the two painted versions of *Extreme Unction* and the Cleveland drawing, to the Meleager sarcophagus. In the preparatory drawing for the *Germanicus* that survives in Chantilly (Figure 15c),[3] the gestures are more focused on the act of oath-taking, the dying figure is presented more centrally, and the figures are more animated. The Cleveland drawing seems to depend both on the drawing and the Minneapolis painting.

Seeking to recast his ideas to create a new, more severe, less discursive *Seven Sacraments* series for Chantelou than for dal Pozzo, Poussin understandably turned back to that other solemn treatment of death, the early *Germanicus*. At this time he might have executed the overall compositional study at Cleveland, experimenting with the idea of a Death of the Virgin. Ultimately, however,

Figure 16a. Nicolas Poussin, *Extreme Unction*. Duke of Sutherland Collection, on loan to the National Gallery of Scotland, Edinburgh.

Figure 16b. Nicolas Poussin, *Extreme Unction*. Paris, Louvre.

he retained the essential format of the first painted version, the receiving of last rites by a Roman, elaborating the subject as "miles Christi," as Walter Friedlaender has described him. The Louvre preparatory drawing for the Chantelou painting (Figure 16b)[4] represents an advanced stage in the evolution of the theme, possibly that referred to in Poussin's letter of April 15, 1644, since the design includes seventeen figures. The wall recess on the right of the Cleveland drawing appears on the left of the reversed composition of the Louvre drawing and is abandoned in the painting for a simpler, more symmetrical backdrop. The figure of the dying subject being anointed is still highlighted in the Louvre drawing, although cast in shadow in the final painting. The head appears to be wrapped in both drawings, although the Louvre sheet clearly depicts a male, and the priest's gesture, reaching toward the subject's chest or head and no longer anointing feet in the Louvre drawing, is not yet redefined as in the final painting.

In depicting extreme unction, Poussin faced a dilemma of accuracy that did not concern him for those five sacraments described in the New Testament (baptism, ordination, penance, eucharist, and in the Apocrypha, marriage) – constructing an extra-biblical context in the period of the early church. During his two-year stay in Paris, Poussin had become acquainted with a group of neo-Stoics, "les libertins," who sought to reform the church along the lines of practice of the primitive church. Evidently Poussin was not satisfied with the antique deathbed scene of the first version, its theatrical setting and anecdotal incidents. In the Cleveland drawing he therefore seems to have considered using the apocryphal incident of the Death of the Virgin, a Byzantine image which had gained currency in the West. Early illustrations of this subject could have been available to Poussin in the Greek manuscripts of the Barberini library. Other sources of this image, ones which certainly would have appealed to Poussin, who executed drawings after catacomb frescoes and Roman mosaics, were the venerable mosaics of the *Dormition of the Virgin* at the churches of St. Maria in Trastevere and St. Maria Maggiore. As Jennifer Montagu has noted,[5] Poussin turned to Byzantine sources in his depiction of the rite of *Eucharist*. In this context, the elongated body of the Virgin is particularly noteworthy.

Gestures and lighting are carefully orchestrated in the Cleveland drawing. The Virgin is framed by the columnar figures attending her. Poussin limits the number to twelve. A figure supports the head of the subject (as in the Louvre drawing), while the priest anoints her feet (replaced in the Louvre drawing by a weeping figure). The golden-brown washes are used poignantly to convey the tender and sacred moment. Washes no longer serve primarily to clarify the composition and the sculptural presence of figures in space; rather, they complement the communication of the meaning of the subject. It was during this period that Poussin evolved his theory of modes. As the disposition of figures, their forms, and their gestures should convey the appropriate tenor and spectrum of feeling associated with the subject "à ceux qui les sauront bien lire," as he wrote of his method to Jacques Stella in the late 1630s,[6] so each figure (expressing the idea of a distinct, relevant commentary on the subject), color, light, and design should function as harmonies to satisfy the mind and spirit. Washes, therefore, seem to have been used to orchestrate lighting to create mood and enhance the communication of the mode of the subject. (We find this use of washes in other preparatory drawings associated with the second *Seven Sacraments* series: the silvery light of *Baptism,* the cool tonalities of *Confirmation,* the solemn darkness of *Eucharist*.)

On the verso of the drawing, together with three sketches derived from Raphael, are the fragments of apparently two compositions. The figures in opposition to the heads, a figure in drapery, hooves(?), and a kneeling figure are unrelated to any known composition. Blunt has suggested that they embody thoughts for a *Parsiphaë,* although no such commission is known by the artist. Blunt indicated two paintings and a drawing of the subject by Poussin's friend and collaborator, Jean Lemaire. Blunt, however, misidentified the compositional fragment at the corner of the sheet, suggesting its relation to works of

Figure 16c. Raphael, *Head Studies for the "Parnassus."* Windsor Castle, Royal Library, © Her Majesty the Queen.

Figure 16d. Raphael, *The Judgment of Zaleukos*. Windsor Castle, Royal Library, © Her Majesty the Queen.

about 1651. More logically it can be related to the subject of *Moses Striking the Rock,* of which Poussin painted a second version for Jacques Stella in 1649 (as well as a lost version, described by Bellori, of uncertain date). The preparatory drawing for the first, mid-1630s version of *Moses Striking the Rock,* preserved at the Louvre,[7] contains virtually the same group and landscape in the lower right and may provide another possible identification for the other compositional fragment on the verso.

One further point of great interest on the verso of the sheet is the source for the three heads that Blunt identified as Christ, the kneeling apostle behind St. Peter, and the Judas for the *Ordination* in the first, ca. 1637, painting. It seems to me more reasonable to see all the sketches on recto and verso as executed within a relatively close chronological frame. The heads may indeed be first thoughts for the second *Ordination*. As Blunt notes, the heads differ significantly from the heads in the final painting for *Ordination* (first series). He also notes that no other drawings of this kind are known from Poussin's hands. The drawing style is not that of Poussin in the 1630s, and it is tighter and more detailed and precise than one usually finds in Poussin's drawings. The answer may lie in a comparison with known drawings by Raphael (Figures 16c, 16d). Poussin may have obtained a now-lost drawing by Raphael with heads similar to these and made a conscious effort, thinking of the *Sacraments* and *Ordination,* to imitate that artist's style. The correspondence between the studies by Poussin and the heads by Raphael, down to details in hair and hatching lines of shadow, strongly suggests that Poussin was copying a model from Raphael's hand. That Raphael repeated such head studies on multiple sheets is well established, and the adduced comparisons are reproduced to suggest a further lost source on which the three heads studied by Poussin may have appeared. Interestingly, while Poussin studied Raphael and his followers, only two other known studies directly after Raphael survive (see [17]), in neither case after a drawing. Poussin was influenced by Raphael's followers in his use of wash in the later 1630s, as noted above [15].

NOTATIONS: On the verso, autograph fragments of a draft of a letter from Poussin to Paul Fréart de Chantelou, in the artist's handwriting: . . *y* /. . . *toute sorte de soig et damours*/. . . *Monseigneur de considerer enquore que Cest*/. . . *et de[illegible]izer aussi bien que*/. . . *vostre liberalite*/. . . *de moy assurer de places(?)*

WATERMARK: None

PROVENANCE: William Russell, London, 1800-1884 (Lugt 2648); (his sale, London, Christie's, December 10-12, 1884, lot 403); Sir J. C. Robinson, London, 1824-1913 (Lugt 1433); J. P. Heseltine, London, b. 1843 (Lugt 1507-08); (P. & D. Colnaghi, London, 1921); French private collection; New York private collection; (E. V. Thaw & Co., New York, 1983)

LITERATURE: Friedlaender and Blunt 1939-1974, I: 49, no. A22, pl. 73; *French Drawings: Masterpieces from Seven Centuries* (Chicago, 1955), 20, no. 27 (mentioned); Anthony Blunt, "Further Newly Identified Drawings by Poussin and His Followers," *Master Drawings* XVIII, 2 (1979): 124-129; Hilliard T. Goldfarb, "A Highly Important Poussin Acquisition and Chantelou's *Seven Sacraments* Series," *The Bulletin of The Cleveland Museum of Art* LXXI (1984): 290-299.

EXHIBITIONS: London 1877, Grosvenor Gallery, no. 976; Lyon 1921, Société Lyonnaise des Amis de la Gravure; Cleveland 1984, *The Year in Review for 1983*, The Cleveland Museum of Art, cat. *The Bulletin of The Cleveland Museum of Art* LXXI (1984): 40, 75, no. 183.

1. This dating is confirmed by the reference to Sublet de Noyers, "Monseigneur," in his draft letter to Chantelou, since Chantelou only departed from Rome back to Paris in May 1643, and Sublet de Noyers, no friend of Mazarin, fell into disgrace in April 1643. He retired to Dangu, only to be resummoned in the fall, several months after the death of Louis XIII (May 14) and the establishment of the Regency, to be further humiliated and dismissed by the crown from all posts, including that of surintendant des bâtiments, by the beginning of 1644. See Jacques Thuillier's discussion of the political intrigues and their artistic implications in his *Nicolas Poussin* (Paris, 1988), 218-221. On Sublet's political career, especially as Secretary of State for War, see Orest A. Ranum, *Richlieu and the Councillors of Louis XIII* (Oxford, 1963), ch. V, 100-119.

2. Nicolas Poussin, *Lettres et propos sur l'art,* ed. Anthony Blunt (Paris, 1964), 93.

3. Musée Conde; Friedlaender and Blunt 1939-1974, II: 15, no. 130.

4. Ibid., I: 49, no. 103.

5. Jennifer Montagu, "The 'Institution of the Eucharist' by Charles Le Brun," *Journal of the Warburg and Courtauld Institutes* XXIV (1961): 310-312.

6. Poussin 1964, 27.

7. Friedlaender and Blunt 1939-1974, I: 13, no. 23.

17. *Apollo and the Muses on Mount Parnassus*
Pen and brown, iron gall ink and brown wash over preliminary indications in red chalk on tan paper, 164 x 332 mm (6-7/16 x 13-1/8") irregular
Ian Woodner Family Collection, WCII-88

Blunt observed that the present drawing is one of only two surviving drawings by Poussin directly after a Raphael composition. The other drawing, in the Hermitage,[1] is a very loose, pen-and-ink sketch of two heads from the Raphael tapestry *The Healing of the Lame Man*. To this group I tentatively have added the sketches of heads on the verso of [16]. Poussin executed a painting of *Apollo and the Muses,* at the Prado (dated variously from the late 1620s-1633, but probably 1631-1633, as Jacques Thuillier and Sir Denis Mahon assert), and two preparatory drawings associated with that work survive, one at the Getty Museum (Figure 15b).[2] However, the present drawing, as Frederick G. Schab and subsequent authors (except Blunt, who dated the drawing, unconvincingly, close to the painting, and related its style to the Chantilly preparatory drawing for the *Death of Germanicus* [Figure 15c], i.e., 1626/27)[3] have agreed, dates to the 1640s.

Stylistically it should be dated with the drawings associated with the Chantelou *Seven Sacraments* series [16].[4] The simplified definition of forms in space—accomplished primarily through wash and the paper tone itself—enhanced by shading, and the febrile indications of pen and ink are typical of the artist's work in the mid-1640s and correspond closely to his method of drawing in the preparatory sketches for the Chantelou *Seven Sacraments*. The dramatic change in his style between about 1630 and the mid 1640s is strikingly evident when we compare the Woodner drawing with the Getty sheet (Figure 15b). The fluid contour lines, broad brush strokes, and sculptural animated figures are replaced by the brilliant lighting of wash, the subjects' profiles dissolving in palpable atmosphere, the nearly isocephalic grouping of figures set in a narrow, friezelike composition. Indeed, this sense of figures in bas-relief is far stronger in Poussin's drawing, despite the fact that the poses are almost unaltered, than in Raphael's fresco. The exclusion of one background figure from the fresco in the left center (Tibullus) from the drawing also heightens this sense. Of course, the proportions of the sheet enhance the effect, but this relieflike space is common to Poussin's drawings associated with Chantelou's *Seven Sacraments* and other pen-and-ink-and-wash compositional studies of the mid- to late 1640s. Poussin has intensified the sense of forms emerging into the light by executing the underdrawing in red chalk and using the faint traces of the chalk to complete the definition of their contours. Although red chalk was not a common medium for the artist, one that he intermittently seems to have adopted in the 1620s in response to his study with Domenichino, he did use it occasionally, and the Getty Museum possesses a red chalk study for *The Crossing of the Red Sea* from this period (Figure 17a).

The earlier composition for *Parnassus,* the Prado painting, is based much more on Marcantonio Raimondi's engraving after the fresco (Bartsch 247) than on Raphael's *Parnassus* itself (while the ca. 1630 Getty drawing seems a free rendering, borrowing motifs from that source). There are substantial differences between the Raphael fresco and the painting and drawing of about 1630-1633. In his discussion of the sheet in the Woodner catalogues, Michael Miller has noted that in the Woodner drawing Poussin virtually replicates the central grouping from Raphael's *Parnassus* in the Stanza della Segnatura at the Vatican, removing, however, all but the most cursive reference to the landscape setting in the lower right.[5] Despite the artist's interest essentially in the formal concerns of the grouping of the figures, he clearly also was interested in one figure who does not belong to the central group standing on the mound over the wall window in the fresco. The muse who stands to the lower right, to the right of the trees in the fresco, has been rather incongruously added by Poussin to the upper left side of the sheet.

Figure 17a. Nicolas Poussin, *The Crossing of the Red Sea*. Malibu, California, J. Paul Getty Museum.

Her pose remains unaltered, and she does not really relate very successfully to the other figures. Perhaps Poussin recorded her as an afterthought. His handling of wash makes it clear that he did not wish for her presence to interfere with his study of the basic grouping of the other figures. During this period Poussin turned to Raphael's work, most notably the tapestries, in conceptualizing Chantelou's *Seven Sacraments*. It is not surprising, therefore, that he should return to study the *Parnassus* with new interest and sophistication.

NOTATIONS: (Various 19th-century inscriptions and signatures for export, dated Paris, February 10, 1807, on verso of mount).

WATERMARK: None

PROVENANCE: Hubert de Marignane, Paris and Menton, b. 1921 (H within an M, not in Lugt; see [25], his collection mark?); (sale, Geneva, Nicolas Rauch, June 7-11, 1960, no. 311)

LITERATURE: Anthony Blunt, "Newly Identified Drawings by Poussin and His Followers," *Master Drawings* XII, 3 (1974): 239-240; idem 1979, 146-148, 197, fig. 165.

EXHIBITIONS: New York et al. 1973-1974, no. 88; Paris 1984, *Raphael et l'art français*, Grand Palais, 164, 197, no. 199; Cambridge, Mass., 1985, *Master Drawings from the Woodner Collection*, Fogg Art Museum, no. 103; Vienna 1986, *Die Sammlung Ian Woodner*, Graphische Sammlung Albertina, 172-173, no. 74; Munich 1986, 172-173, no. 74; Madrid 1986-1987, 224-225, no. 88; London 1987, *Master Drawings from the Woodner Collection*, Royal Academy of Arts, 204-205, no. 73; New York 1988, *Creative Copies*, The Drawing Center, cat. ed. by Egbert Haverkamp-Begemann with Carolyn Logan, 19, 106-107, no. 28.

1. Friedlaender and Blunt 1939-1974, V: 47, no. 365.

2. For recent presentation and discussion of the Getty Museum drawing, see Goldner 1988, 184-185, no. 82.

3. Friedlaender and Blunt 1939-1974, II: 15, no. 130, i.e., 1626/27.

4. Cf. also ibid., I: 41-44, 46, nos. 80-82, 87-89, 95-96.

5. Woodner catalogues of Vienna, Munich, Madrid, and London.

18. *Studies of Trajan's Column, Rome*
Pen and brown ink, brown wash over traces of black chalk underdrawing, 306 x 225 mm (12 x 8-7/8")
Private collection

The drawing is one of a group of studies made by Poussin after Trajan's column,[1] based directly on Villamena's engravings of the monument in Alonso Chacon's *Historia utriusque belli Dacici a Traiano Caesare gesti, ex simulachris quae in columna eiusdem Romae visuntur collecta* (Rome, 1576) rather than after the original, as Blunt recognized.[2] Blunt further noted the specific plates quoted by Poussin in the present drawing (the subjects identified by Nicole Harris in the Fogg Art Museum catalogue): On the top row left, the prows of two galleys, an episode from the first Dacian war (Chacon, pl. 31); on the top row right, the two mounted soldiers, from the entourage of the Emperor Trajan approaching the Dacians who are surrendering their children, from the second Dacian war (Chacon, pl. 78); on the bottom row, the Emperor Trajan being presented with a captured spy during the first Dacian war (Chacon, pl. 16). That Poussin relied on engravings rather than the object itself may have been brought about by the awesome height and relative illegibility of the column, but is not unusual in his working method. Other drawings after antiquity were based on plates in the *Galleria Giustiniana del Marchese Vincenzo*

Giustiniani, published in the late 1630s and 1640s, as well as engravings by or after such "trustworthy" sources as the Renaissance artists Giulio Romano, Bonasone, Giovanni Battista Ghisi, Polidoro, and even Mantegna. Poussin also turned to his contemporary François Perrier.

Shortly after his arrival in Rome, Poussin had begun making studies after the antique. Already, at about the time of the *Victory of Joshua over the Amorites* (1624/25, Leningrad, Hermitage Museum), he had studied and measured the Antinuous. He also executed both drawings and wax sculptures to assist him in his studies (one such piece survives at the Louvre after the Vatican *Ariadne*).[3] As Blunt has noted, Poussin's studies tend to be either factual recordings or fast sketches of works he admired, but both types of studies are noteworthy for being neither carefully measured or detailed, often combining elements in novel juxtapositions. They record architectural and military elements, freestanding sculpture, details of monuments and reliefs, cameos, bronzes, gems, and Renaissance interpretations of these subjects.

Poussin's friendship with Cassiano dal Pozzo may have encouraged his thorough study of classical and early Christian objects, but his manner of studying his subjects was quite different from that found in dal Pozzo's famous *museo cartaceo,* a collection of more than one thousand drawings amassed by dal Pozzo to record the ancient monuments in Rome. Now primarily at Windsor Castle, these drawings, as Blunt has shown, were executed by Pietro Testa and other anonymous hands, and record the subjects with an archaeological specificity notable for its time.[4] We know from Bellori, Félibien, and Sébastien Bourdon that Poussin was interested in the measurements of antique sculpture, but the nature of the present sheet is quite different in purpose and aesthetic. Although Poussin described himself as a student ("scolare") of dal Pozzo's compilation, Blunt has convincingly argued that Poussin probably was never involved in that project. Rather, this study was almost certainly designed as a compositional study to be retained in the studio for future reference (see [19]), and conveys its overall compositional aesthetic in the subjective ordering on the sheet.

While Blunt has suggested a date between the late 1630s and early 1640s for all these studies, a dating of ca. 1645 for the drawing, as proposed by Nicole Harris in the 1977 Steiner catalogue, is more likely. As in the works of that period (see [16, 17, 19]), one finds here the febrile, short, nervous contour lines drawn with a thin reed complemented by subtly varied washes that provide the sense of structure and mass. These washes are masterfully orchestrated to build the figures in narrow relief and differing light, notable in the ship prows and the figures of the emperor and mounted soldier. The impression of relief sculpture is particularly remarkable given the graphic sources for the images. The figures have been laid in substantially in black chalk before being worked up in pen and ink and, primarily, wash. The underdrawing is particularly evident in the lower band of figures.

NOTATIONS: None

WATERMARK: Mounted down

PROVENANCE: Lord Overstone, England; C. Lloyd, Lockinge, Berkshire; (T. Agnew and Sons, London, 1967); (J. D. Herring, New York, 1975)

LITERATURE: *Catalogue of Works of Art at Overstone Park, Lockinge House and Carleton Gardens* (London, 1875-1877), 33, no. 140; Friedlaender and Blunt 1939-1974, V: 37, no. 331, pl. 248; Blunt 1979, 144, fig. 162; Christopher Lloyd, *Dürer to Cézanne: Northern European Drawings from the Ashmolean Museum* (New Brunswick, N.J., 1982), 105, no. 82 (mentioned).

EXHIBITIONS: New York 1976, *Roman Artists of the 17th Century, Drawings and Prints,* Metropolitan Museum; Cambridge, Mass., 1977, *Renaissance and Baroque Drawings from the Collections of John and Alice Steiner,* Fogg Art Museum, cat. ed. by Konrad Oberhuber, 130, 131, 133, no. 51; New Haven et al. 1986-1987, *Old Master Drawings from the Collection of John and Alice Steiner,* Yale University Art Gallery, Santa Barbara Museum of Art, Springfield Museum of Fine Arts, Muscarelle Museum of Art, cat. ed. by Alfred Moir, 134-135, no. 56.

1. Friedlaender and Blunt 1939-1974, V: 36-37, nos. 328-335; see also Anthony Blunt, "Newly Identified Drawings by Poussin and His Followers," *Master Drawings* XII, 3 (1974): 243, pls. 12-13.

2. Friedlaender and Blunt 1974, V: 36.

3. See *Nicolas Poussin* (Paris: Louvre, 1969), 187, no. 241.

4. See C. Vermeule, "Aspects of Scientific Archaeology in the Seventeenth Century," *Proceedings of the American Philosophical Society* CII (1958): 193 ff.; also idem, "The Dal Pozzo-Albani Drawings of Classical Antiquities," *Art Bulletin* XXXVIII (1956): 31 ff.

---

19. *Moses Driving the Shepherds from the Well*
Pen and brown ink, brown wash over traces of black chalk, 165 x 162 mm (6-1/2 x 6-3/8")
Museum of Art, Rhode Island School of Design, Anonymous Gift, 59.020

This drawing and the succeeding entry are two of a group of surviving compositional and figure studies for the painting *Moses and the Daughters of Jethro,*[1] the original of which is lost but the composition of which is known through an engraving by Antoine Trouvain (Figure 19a, here illustrated reversed), an anonymous engraving published by Guillaume Vallet, both reversed and inscribed "N. Poussin pinxit," and a third print by Jean Langlois.[2] The subject, rarely illustrated, depicts Moses defending the daughters of Jethro, a Midianite priest, from shepherds who had driven them away from the well where they had come to water their flock (Exodus 2: 16-17). The present drawing is a study for the figures of Moses and the shepherds. Another study of this group seen in reverse orientation (as though the wax models, posed in slightly different postures, were seen from the other side) exists at the Hermitage in Leningrad.[3] The RISD sheet has been the subject of a thorough analysis by Carl Goldstein of its relation to the painting and the surviving compositional studies.

As Goldstein, Blunt, and Deborah J. Johnson have pointed out, the artist struggled between two possible compositions. An early scheme recorded in the compositional study now at Karlsruhe[4] focuses on the battle between the shepherds, the women kept at a distance by the shepherds, while Moses, who is nearly lost in the crowd, kneels at the right on one of the shepherds. This highly animated, if confusing composition ultimately was abandoned in favor of one that contrasts the columnar stability of the figures of the women at left with the violence depicted at right. The two units are con-

Figure 19a. Antoine Trouvain (after Nicolas Poussin), *Moses and the Daughters of Jethro*. Paris, Bibliothèque Nationale.

nected by the pivotal element of the well and, increasingly in the evolution of the composition, by the gestures and poses of the women. The development of the composition is discussed in [20].

Poussin's effort to resolve the composition was realized by breaking down the units into figure groupings, each explored separately. Working out the ideas of the first composition, the group of women at right is further defined in a drawing at Windsor (no. 11890, recto)[5] and, synthesized with certain elements from the first study, is combined with the RISD grouping of Moses and the shepherds in a full compositional study, also at Windsor (no. 11889).[6] The attribution of this Windsor composite compositional study was doubted in 1939, and it was rejected as a studio copy based on separate studies by Goldstein, but the sheet was accepted by Blunt in 1974. In 1978 Jacques Thuillier attributed both of the Windsor drawings and the RISD drawing to Charles Errard (see [37]). However, on the verso of Windsor 11889 is a study for *Combat of the Horatii and the Curiatii*[7] and an autograph inscription by the artist. Thus, the RISD drawing is a study for the grouping of figures at right in the first compositional scheme for the painting. The artist explored the pinwheel arrangement of figures in his first conception of the picture, but he ultimately rejected that entire composition. A sketch on the verso of Windsor 11890[8] records a transitional phase in the grouping of the women, redefining them as a more static and passive group watching the events at right, and marks the first stages of the development of the ultimate composition.

For both of the early figure groups of the women and of Moses and the shepherds, Poussin has turned to precedents in his own earlier work (e.g., *The Victory of the Israelites over the Midianites, The Rape of the Sabines)* as well as to the art of Raphael (*The Expulsion of Heliodorus*), and his own studies of scenes from Trajan's column (see [18]). It is likely that he also worked out the grouping using his wax models and stage, as the powerfully lit, sculptural aspect of these figures suggests (see comments, [15]). These types of figures in battle, arranged in a pyramidal yet rotating grouping, appear throughout his career (e.g., Figure 19b, a study for *The Saving of the Infant Pyrrhus,* the painting dating from 1635). Goldstein dates the sheet to about 1647, close in time to the other studies for the painting, a dating accepted by Blunt in 1974, who earlier had argued that the composition had been explored in two stages, one in the late 1630s, the other after Poussin's return from Rome. The more concentrated dating for the entire project to about 1647 seems confirmed on both circumstantial and stylistic grounds. Goldstein effectively argues for an intense, creative development of the project and the close dating of the full compositional studies. He observes that the RISD drawing, while resolving the group at

Figure 19b. Nicolas Poussin, *The Saving of the Infant Pyrrhus*. Windsor Castle, Royal Library, © Her Majesty the Queen.

Figure 19c. Nicolas Poussin, *The Rape of the Sabines*. Windsor Castle, Royal Library, © Her Majesty the Queen.

right in the composition as a self-contained unit, impelled the artist to rethink the group on the left in more passive terms, ultimately requiring a reworking of the entire composition. On the recto of a study at the Louvre for the women presented in their revised poses[9] is a study for *The Discovery of Moses,* a work of 1647. Stylistically the RISD drawing clearly can be distinguished in its nervous, short outline strokes from the broader, more fluid line and brush work of such works of the 1630s as Figure 19b and his studies for the versions of *Rape of the Sabines* (e.g., Figure 19c)[10] and *Bacchanal in Front of a Temple.*[11] The RISD drawing corresponds closely to the artist's style in such drawings as the dramatic study for the *Golden Ass*[12] and *Rinaldo Leaving Armida,*[13] both at the Louvre, of about 1647. The overall compositional studies certainly date to that period (see [20]). The head of Moses appears based on the same Raphaelesque type as found on the verso of the Cleveland drawing [16].

NOTATIONS: Inscribed on center of verso in pen and black ink: LePoussin [. . .] Collections [. . .] Chennevieres

WATERMARK: Mounted down

PROVENANCE: Guillaume Hubert(?), Paris, first half 18th century (Lugt 1160); Thomas Hudson, London, 1701-1779 (Lugt 2432); Sir Thomas Lawrence, London, 1769-1830 (Lugt 2445); Marquis Philippe de Chennevières, Paris and Bellesme, 1820-1899 (Lugt 2073); (his sale, Paris, April 4-7, 1900); Teodor de Wyzewa, Paris (Lugt 2471); (sale, Paris, Hôtel Drouot, February 21-22, 1919); Maurice Marignane, Paris (Lugt 1872); Mrs. Murray S. Danforth, Providence; (H. M. Calmann, London, 1954)

LITERATURE: Chennevières 1894-1899, I: 90; *Bulletin of the Rhode Island School of Design* XLVI (May 1960): 13; Blunt 1966, 15, no. 17 n. 4; Carl Goldstein, "A Drawing by Poussin," *Bulletin of the Rhode Island School of Design* LV, 3 (1969): 2-15, fig. 1; Friedlaender and Blunt 1939-1974, V: 65-66, no. 385, pl. 385; Jacques Thuillier, "Propositions pour Charles Errard, peintre," *Revue de l'art* nos. 40-41 (1978): 172 n. 99; Goldfarb 1983, 169-170, fig. 12; *A Handbook of the Museum of Art, Rhode Island School of Design* (Providence, 1985), 246, no. 176.

EXHIBITIONS: Toronto et al. 1972-1973, 28, 198-199, no. 116, pl. 20; Providence et al. 1983, 103-107, no. 33.

1. See Blunt 1966, 15-16, no. 17.

2. On the reproductive prints, see Georges Wildenstein, *Les graveurs de Poussin au XVIIe siècle (Paris,* 1957), 38, no. 14. Wildenstein reproduces the Vallet engraving.

3. Friedlaender and Blunt 1939-1974, I: 9, no. 14; repr. in *Le dessin français des XVIe-XVIIIe siècles, La collection du Musée des Beaux-Arts Pouchkine à Moscou* (Moscow, 1977), no. 134.

4. Friedlaender and Blunt 1939-1974, I: 8, no. 10, pl. 6.

5. Ibid., 9, no. 11, pl. 7.

6. Ibid., 8, A3, pl. 68.

7. Ibid., II: 11, no. 121.

8. Ibid., I: 9, no. 12,

9. Ibid., 9, no. 13.

10. Ibid., II: 9-10, nos. 116-117.

11. Ibid., III: 26, no. 194.

12. Ibid., II: no. 141.

13. Ibid., 23, no. 146.

20. *Moses Defending the Daughters of Jethro*
Pen and brown ink and brown wash, 185 x 255 mm (7-15/16 x 10″)
Fogg Art Museum, Harvard University, The Louise Haskell Daly Fund and Friends of the Harvard University Art Museums Funds, 1984.580

This drawing, first published by Blunt in 1979, and another compositional study recently sold in Paris (Figure 20a)[1] further augment the group of studies associated with the lost painting *Moses and the Daughters of Jethro,* known from engravings (see [19]).[2] As noted in the preceding entry, Poussin originally conceived of the composition in more dynamic terms,[3] but ultimately chose the balanced contrast of figures on either side of a stable, pivotal central motif, in this case the well, along a friezelike foreground. This device appealed to the artist in the mid- and later 1640s and appears in the paintings *Rebecca and Eliezar, Moses Trampling on Pharaoh's Crown,* and *Moses Changing Aaron's Rod into a Serpent,* achieving its most radical expression in *The Judgment of Solomon* of 1649. In the latter, as Blunt notes, the figure of the kneeling woman in the foreground is repeated and similarly used to link the composition. The Fogg drawing appears closer to the final composition, as known from the reproductive prints, than the famous Louvre study (Figure 20b), and according to Blunt, constitutes an advanced stage in the development of the work.

The Paris-auctioned drawing (Figure 20a) apparently represents an intermediate stage between the Louvre and the Fogg drawings. The group of three women at the left is closer to the Fogg drawing, but the woman bending over the well still appears as in the Louvre sheet. Furthermore, sketched quickly on the verso of the Paris-auctioned sheet, as a first idea for a further modification of the plan, is the figure of the kneeling woman in

the foreground, who appears in the Fogg drawing and the engraving but not in the earlier, Louvre drawing. The architecture and landscape of the Paris-auctioned drawing also fall between those of the Louvre and Fogg sheet, although as Blunt and Bacou (the former in his 1979 article; the latter in the 1984 Louvre catalogue) have noted, the Fogg drawing apparently confirms that the Louvre drawing was cropped across the top, eliminating some of the landscape and sky. Poussin seems to have been satisfied with the grouping of Moses and the shepherds as found in the Louvre sheet.

The Paris-auctioned drawing consists of two separate sheets of studies joined together by the artist, the two parts not fitting very well and the wash tones different. Since the grouping of men as found in the Louvre drawing was reemployed and forms the basis of the Fogg drawing and the print, it is not unreasonable to assume that the reworking of the male group from that found in the RISD drawing [19] led the artist to rethink the female group, then combine the compositional elements in the auctioned sheet. The engraved composition is thus a synthesis of all these drawings, coming closest, however, to the composition of the Fogg drawing in the architecture, the poses of the women,

Figure 20a. Nicolas Poussin, *Study for "Moses and the Daughters of Jethro."* Formerly art market, Paris.

Figure 20b. Nicolas Poussin, *Study for "Moses and the Daughters of Jethro."* Paris, Louvre.

and the ultimate grouping of the men (including the fleeing figure on the extreme right).

Unlike the Louvre drawing, a tour de force of wash drawing executed entirely in brush and wash over chalk indications, the Fogg drawing relies more conventionally on a combination of pen-and-ink line together with wash and narrow strokes of the brush. Together with the short, nervous yet energetic line drawing – note especially the sky – common (but not universally evident) in drawings of the later 1640s, the most striking aspect of the sheet is the masterful and varied use of wash and the bold, dramatic rendering of the violent sky. In the final painting (judging from the engravings), the sky more effectively, if less forcefully, mirrors the contrast below between the stable, columnar group of women and the carefully counterpoised violence of the men. The drawings for the composition of the painting are similarly tied to other sheets of the period (discussed in [19], including the studies for the other Moses paintings, as well as the Chantelou series of *Seven Sacraments*). They also have in common the friezelike, isocephalic grouping of figures, reflecting the artist's further study of ancient sarcophagi and sculptural reliefs, a study confirmed by the attire of the women, who are dressed in the Greek *chiton*.

NOTATIONS: In pencil on center of verso: 188

WATERMARK: None

PROVENANCE: Thomas Dimsdale, London, 1758-1823 (Lugt 2426); Sir Thomas Lawrence, London, 1769-1830 (Lugt 2445); (Alan M. Stone, Northampton, Mass., 1977); Seiden & de Cuevas, Inc., New York

LITERATURE: Blunt 1979, 71; idem, "Further Newly Identified Drawings by Poussin and His Followers," *Master Drawings* XVII, 2 (1979): 119-122, pl. 1; Paris 1984a, 52, no. 59 (mentioned).

EXHIBITIONS: None

1. Sale, Paris, Hôtel Drouot, Ader Picard Tajan, October 2, 1985, lot 139, repr.

2. See Friedlaender and Blunt 1939-1974, I: 8-9, nos. 10-15, A3; also comments under ibid., V: 65-66, no. 385; also Figure 20a; sale: Paris, Hôtel Drouot, Ader Picard Tajan, October 2, 1985, lot 139, repr.

3. Friedlaender and Blunt 1939-1974, I: 8, no. 10, pl. 6.

21. *The Holy Family*

Pen and brown ink, brown and brown-gray wash over indications in black chalk, 184 x 251 mm (7-1/4 x 9-15/16")

The Pierpont Morgan Library, III,71

Félibien informs us that in 1648, Poussin "finit pour M. du Fresne Annequin une Vierge assise sur des degrez,"[1] and that painting for Nicolas Hennequin, *The Holy Family on the Steps*, remains one of the most celebrated compositions of the master. The subject exists in two known painted versions: one owned by The Cleveland Museum of Art (previously owned by Lord Ashburton; Figure 21a), and the other one (ex-duke of Sutherland collection) at the National Gallery of Art. Ann T. Lurie's article on the Cleveland painting has confirmed decisively – on the basis of compelling X-rays revealing underdrawing related to the preparatory drawings, and the visual evidence of the surface – that the Cleveland version is the original. The status of the Washington picture, which had been assumed autograph before the attention focused on the other painting, now is in doubt.

The Morgan drawing records a critical phase in the development of Poussin's highly geometric composition so powerfully influenced by the art of the Italian High Renaissance (most notably Raphael's *Madonna of the Fish*, which the artist either could have seen in Naples in the 1630s, or have known from an engraving, as well as by other works by del Sarto and Michelangelo) as has often been noted, and must be understood in the context of two other important compositional renderings at Musée des Beaux-Arts, Dijon, and at the Louvre (Figure 21b), as well as a fragment, first noted by Georg Kauffmann, also at the Louvre.[2] As Kauffmann, Hibbard, and Lurie have noted, the Dijon drawing embodies an early but recognizable stage in the evolution of the picture.

There is no figure of Elizabeth, and the infant John is accompanied by two putti. John stands, rather than half-kneels, and the seated Joseph, set further back, is only preliminarily defined. The low perspective, reminiscent of del Sarto's *Madonna del Sacco,* is already determined. A platform or steps are only subtly suggested by short, nervous, horizontal lines at right. The figures already have been grouped in a triangular format. Also an architectural element with a portal on the left, at right angles to the figures, is briefly suggested in wash. Besides the evident hand tremor common to Poussin's drawings after his return to Rome, the presence of a sketch for Chantelou's *Baptism* on the verso confirms a date of the mid-1640s for the Dijon drawing.

In the Morgan sheet, however, the artist has advanced significantly in his compositional conception. Although one putto remains behind the figure of Elizabeth, the essential figure grouping and the general conception of steps (or a series of platforms) with architecture to the left has been determined. Only one platform and a wall screen with a perpendicular outcropping rise behind the figures, however, and a flight of steps does not yet continue behind the figure of Joseph, as it does in the painting. Furthermore, the artist is still struggling to resolve the left side of the composition. He has introduced the bush and, tentatively, a high ornamental fountain at the left, and he is experimenting both with a continuous wall as a screen behind the figures and, shifted to the far left, the wall with portal appearing in the earlier Dijon study. John is shown in his final pose reaching upward to the Infant Jesus, although what he is holding remains unclear. In all the known studies John is drawn with drapery over his lap, although in the Cleveland picture he is nude and in the Washington painting the concealing drapery comes up from beneath his thigh. On the

Figure 21a. Nicolas Poussin, *Holy Family on the Steps*. The Cleveland Museum of Art.

Figure 21b. Nicolas Poussin, *Study for "Holy Family on the Steps."* Paris, Louvre.

lower step the artist has introduced the still-life elements (in reverse to the painting) of the vase and casket (receptacles for frankincense and myrrh), as well as John the Baptist's staff and cup (replaced in the painting by the beautiful basket with the symbolically significant apples). On the right Poussin has introduced a rosebush and landscape. Although Joseph is shown reading, a set-square and compass are introduced, prefiguring his activity in the painting. Most importantly, employing brilliant contrasts in washes similar to the light-to-dark contrasts in the painting, the artist has begun organizing the space in clear, intersecting planes at right angles and in parallel planes of recession. This severe, geometric mode of conception is common to Poussin's works of the later 1640s and achieves perhaps its most radical expression in the *Self-Portrait* of 1650 (Louvre). In his use of wash Poussin also exploits the dramatic lighting of the figures from below and to the left, first suggested in the Dijon study.

The fragment of a sketch at the Louvre contains a study of Joseph's legs posed as in the final painting, together with indications of a series of steps beneath him.[3] On the same sheet is a study for Christ in Chantelou's *Penance,* and on the recto of the sheet is a study related to the theme of *Rinaldo Carried Away from Armida*, both of which Blunt dates to 1646/47.[4]

In the Louvre drawing (Figure 21b) for the painting, the composition is virtually set. As in the fragment, Poussin experiments with raising Joseph's rear knee, and the figure is still shown reading. The geometrical implements appearing in the Morgan drawing and playing such a prominent role in the final painting are not present. The steps receding behind the figures are in place, together with the balustrade. Poussin still places vegetation on the left side and a wall with portal on the far left, although clearly he is thinking of an alternative: a monumental temple with columns and a brick base. Against the projecting wall he has set the low fountain which eventually appears in the painting itself. The most unusual aspects of the composition may well be the pergola supported by a series of columns over the staircase, and the addition of two steps mounting at right angles to the main flight of stairs, ideas he ultimately rejected.

Other studies must have preceded the final painting, which combines features from both the Morgan and the Louvre compositional studies. Indeed, as Lurie has noted, architectural elements that appear on the far left and above the banister in the Louvre drawing are visible in X-rays in the underpainting of the Cleveland painting. The Morgan drawing thus furnishes the first thoroughly evolved expression of the monumental, geometrically severe design, with its nuclear, triangular grouping of the Holy Family, and provides critical evidence of the process by which Poussin achieved one of the most celebrated compositions of his career.

NOTATIONS: None

WATERMARK: (None visible through lining)

PROVENANCE: Paul Fréart de Chantelou, Paris, 1609-1694 (Lugt 735); Sir John Charles Robinson, London, 1824-1913 (Lugt 1433); Charles Fairfax Murray, London; J. Pierpont Morgan, New York

LITERATURE: Fairfax Murray 1905-1912, III: no. 71; Friedlaender and Blunt 1939-1974, I: 25, no. 46, pl. 30; Shoolman and Slatkin 1950, 24-25, pl. 15; Jean Vallery-Radot, *Les dessins français au XVIIe siècle* (Lausanne, 1953), 191 (mentioned); Georg Kauffmann, *Poussin-Studien* (Berlin, 1960), 43-49, 56, pl. 3, fig. 4; idem, "La 'Sainte Famille à l'Escalier' et le problème des proportions dans l'oeuvre de Poussin," *Nicolas Poussin, Actes du Colloque International,* ed. André Chastel (Paris, 1960), I: 147; Cornelius Vermeule, *European Art and the Classical Past* (Cambridge, Mass., 1964), 115; Blunt 1966, 40, no. 53 (mentioned); Herbert von Einem, "Poussin's 'Madonna an der Treppe,'" *Wallraf-Richartz-Jahrbuch* XXVIII (1966): 37-39, 44, fig. 25; Howard Hibbard, *Poussin: The Holy Family on the Steps* (London, 1974), 73-76, 79, fig. 46; *Collections de Louis XIV* (Paris, 1977-1978), 178, no. 159 (mentioned); Blunt 1979, 55-56, 71, 73, fig. 82; Wild 1980, II: 128, no. 138 (mentioned); Ann Tzeutschler Lurie, "Poussin's 'Holy Family on the Steps' in The Cleveland Museum of Art: New Evidence from Radiography," *Burlington Magazine* CXXIV, 956 (1982): 667-668, fig. 5.

EXHIBITIONS: New York 1939, Barnard College; New York 1939, *Exhibition Held on the Occasion of the New York World's Fair,* Pierpont Morgan Library, no. 89; Cincinnati 1948, *Nicolas Poussin—Peter Paul Rubens,* Cincinnati Art Museum, no. 25; Rotterdam et al. 1958-1959, 42-43, no. 30, pl. 19; Paris 1960, *Nicolas Poussin,* Louvre, 175, no. 213; New York 1981a, 72-73, no. 51; New York 1984, no. 17.

1. Félibien 1666-1688, IV: 299.

2. Friedlaender and Blunt 1939-1974, the Dijon and Louvre studies, I: 25-26, nos. 45, 47, pls. 27, 28 (Figure 21b); for the Louvre fragment, see ibid., V: 73, no. 391, pl. 295.

3. See Kauffmann 1960, 42, fig. 3; also Friedlaender and Blunt 1939-1974, V: 73, no. 391.

4. Friedlaender and Blunt 1939-1974, II: 23, no. 146.

22. *The Presentation at the Temple*
Pen and brown ink and brown wash, 159 x 123 mm (6-1/4 x 4-13/16")
Fogg Art Museum, Harvard University, Friends of Art, Archaeology and Music at Harvard Funds, 1941.13

This stylistically intriguing drawing has had a dynamic attributive history, placing it at the center of a controversy in distinguishing the graphic work of Poussin from that of Charles Mellin. The drawing was first published by Agnes Mongan in 1949, as a work by Poussin of about 1648. During a visit to the Fogg in February 1956, Blunt stated that he "thought it a very fine drawing of the late 1630s or even the early 1640s." In 1960, however, Thuillier first suggested that the sheet was in actuality a study by Mellin for his Neapolitan altarpiece, *The Presentation in the Temple* of 1643.[1] Thuillier further related the sheet to two other drawings he attributed to Mellin of the same subject—one now at the Getty Museum, the other in a Paris private collection.[2] Doris Wild concurs with Thuillier in reassigning the drawings (together with a significant number of paintings and drawings traditionally associated with Poussin) to Mellin, and Rosenberg also has accepted that attribution. In 1974 Blunt published the Fogg drawing in his drawings catalogue raisonné together with the Getty drawing, then in a New York private collection (Figure 22a). While affirming that the latter sheet bearing the so-called "Crozat" paraph (now recognized as that of Antoine-Joseph Dézallier d'Argenville; see provenance, [54]) and an old inscribed attribution to Poussin was by Poussin, not connected with any known painting, Blunt attributed the Fogg sheet with reservations, noting that it lacked "the vigour of no. 396 and may be by an imitator." A further drawing of *The Presentation* by Mellin, associated with the Naples commission, was purchased by the Metropolitan Museum, see [25]. Recently (1986), Konrad Oberhuber has orally reconfirmed the traditional attribution of the Fogg drawing to Poussin. In 1988 George Goldner reaffirmed the traditional attribution to Poussin for the Getty drawing, describing it as representing the artist's "mature style." While recognizing that the Fogg drawing is "similar in many respects," however, he proposed that the

Figure 22a. Nicolas Poussin, *The Presentation in the Temple*. Malibu, California, J. Paul Getty Museum.

Fogg sheet was "perhaps by a follower," asserting that the differences in the compositions diminish "the carefully orchestrated balance of form and tone, thereby reducing the effect of visual and intellectual concentration."[3] As outlined below and in [25], I am not persuaded by Goldner's observations regarding the Fogg drawing; rather I see the Getty drawing as a work by Poussin, and believing that the attribution to Poussin of the Fogg sheet also deserves serious reconsideration, I have also restored that drawing to the artist.

Two considerations argue persuasively on stylistic grounds for the attribution of the Fogg drawing to Poussin, especially when the drawing is compared to secure works by Mellin [24-25]. Unlike the Metropolitan drawing or the other studies for *The Presentation*–indeed unlike Mellin's graphic work in general–there is a strong sense of spatial recession and of movement in the Fogg drawing, conveyed primarily through the use of washes. These washes divide areas of light and shadow, and define the figures into almost abstract, geometric forms; yet within a narrow variation of tone they also convey nuances of light catching on forms in motion through space. In the Fogg drawing washes do not fix the figures and their setting in defined parallel planes of space as they do in Mellin's drawings; neither are they employed entirely within outlines firmly established by contour lines as they are by Mellin. In this regard the sheet makes an interesting comparison and contrast with the similar composition in Mellin's *Christ Restoring the Sight of the Old Man of Jericho,* a drawing of about 1647 at Rouen, probably itself based on a preparatory drawing by Poussin for his painting of 1650, *Christ Healing the Blind,* at the Louvre.[4] As in Poussin's drawings of the 1640s, washes in the Fogg drawing are employed fluidly to animate the figures, complementing and completing the line drawing to establish the volumes and contours of forms moving through space. The washes create, again as in Poussin's drawings of the 1640s, dynamic contrasts of moving light. The light is conceived no more statically than the figures it defines; rather, as also in Figure 22a, both figures and light are experienced in an overall atmospheric context.

Secondly, the frenetic contour line, so different from the assured, calligraphic, extended contour lines of Mellin, betrays the tremor that one finds in Poussin's drawings after his return from Paris, again also evident in the Getty drawing (Figure 22a). There are certain details that arguably recall conventions in the work of Mellin; for example, the dotted halo about the Christ Child and use of the wash to articulate the mouth. These same devices, however, can be found in drawings by Poussin (e.g., [17, 23]; cf. Figure 21a).

Compositionally, there is another, noteworthy difference between the Fogg drawing and both the Getty drawing and the sheets and etching associated with the Mellin lost painting (see [25]). All the latter are located within the temple precincts, on the steps (as in the Metropolitan drawing), or in the temple itself. The Fogg composition is located in the forecourt before and below the doric temple (reminiscent of that in the *Madonna of the Steps*). This compositional arrangement is explored in several themes throughout Poussin's career, including *The Death of Virginia*–dated variously in the 1630s and 1640s–and the Windsor drawing, *Christ Healing the Blind,* for the Louvre painting of 1650.[5]

Stylistically, the sheet fits between the preceding drawings and the late style of [23], of the 1650s, and concurring with Mongan, I tentatively date the sheet to about 1648.

NOTATIONS: None

WATERMARK: Fragmentary watermark of design within circle along side edge

PROVENANCE: None

LITERATURE: Agnes Mongan, *One Hundred Master Drawings* (Cambridge, Mass., 1949), 78-79; Jacques Thuillier, "Poussin et ses premiers compagnons français à Rome," *Nicolas Poussin, Actes du Colloque International,* ed. André Chastel (Paris, 1960), I: 82, fig. 48; Doris Wild, "Charles Mellin ou Nicolas Poussin," *Gazette des Beaux-Arts* LXIX, 1176 (1967): 12, 36, 37, fig. 87; Toronto et al. 1972-1973, 182, no. 90 (mentioned); Friedlaender and Blunt 1939-1974, V: 76, B. 53, pl. 304; Wild 1980, II: 234, no. M 40 (mentioned); Jacques Thuillier, "Charles Mellin 'tres excellent peintre,'" *Les Fondations nationales dans la Rome pontificale* (Rome, 1981), 591, 618, fig. 53; Rome Nancy 1982, 266-267, no. 97 (mentioned); Goldner 1988, 186-187 (mentioned).

EXHIBITIONS: Wellesley, Mass., 1947, Wellesley College; Detroit 1951, *French Drawings of Five Centuries from the Collection of The Fogg Art Museum, Harvard University,* Detroit Institute of Art, cat. by Agnes Mongan, no. 14; Lincoln, Mass., 1954, *Hidden Masters,* De Cordova Museum; Springfield, Mass., 1958, *Religious Art,* Springfield Faith Church; Rotterdam et al. 1958-1959, 42, no. 28, pl. 21.

1. Although destroyed in 1757, it is known through an etching–traditionally thought after a lost composition by Poussin but convincingly associated by Thuillier with Mellin (Bartsch XX.5; LeBlanc III.218.4); see Rome Nancy 1982, 268-269, no. 98.

2. The former in Paris appeared in a Christie's sale, London, June 15, 1976, lot 34, subsequently published by Thuillier 1981, fig. 52; also, Rome Nancy 1982, 266-267, no. 97; the other formerly in a New York private collection, now in the Getty Museum, Figure 22a, is given by Blunt to Poussin, in Friedlaender and Blunt 1939-1974, V: 76, no. 396, pl. 293; also in Thuillier 1981, fig. 54.

3. Goldner 1988, 186, no. 83.

4. See Pierre Rosenberg and François Bergot, *French Master Drawings from the Rouen Museum: From Caron to Delacroix* (Washington, 1981), 61, no. 75, pl. 12.

5. See Friedlaender and Blunt 1939-1974, II: 12, no. 122, and I: 32-33, no. 62, respectively.

23. *The Infant Bacchus Entrusted to the Nymphs*
Pen and brown ink and brown wash, squared for transfer in red chalk, 230 x 375 mm (9 x 14-3/4")
Fogg Art Museum, Harvard University, Gift of Mr. and Mrs. Donald S. Stralem, 1958.290

This finished preparatory drawing for the painting *The Infant Bacchus Entrusted to the Nymphs* (also Fogg Art Museum, Figure 23a) is a rare example of the artist's late use of wash and, as Blunt has stated, "a superb example of Poussin's late style."[1] The drawing closely resembles the painting, executed in 1657 for Jacques Stella, and its relationship to that work, as well as to an engraving after Poussin by Giovanni Verini datable to about 1660,[2] has been discussed thoroughly by both Blunt and Agnes Mongan.

Occupying the left two-thirds of the composition is the story of the presentation of the infant Bacchus by Mercury to the nymphs of Nysa, who will nurture him. The child has just been born from the thigh of his father, Jupiter, where he had been protected and had grown after the fiery death of his mother Semele. Jupiter is shown seated on his couch in the heavens in the upper right, recovering from his ordeal and being presented with a cup of nectar by Hebe. Jupiter's eagle is clearly visible perched on the edge of his couch. Pan plays his pipes in celebration of the event, the nymphs look on with eager expectation, and Apollo drives his chariot before the rising sun. To the right, Poussin places the figures of Narcissus and Echo as an iconographic contrast to the primary grouping. Essentially, as Blunt has persuasively argued,[3] the painting and the preparatory study draw not only from the presentation of the myths by Ovid, as noted by Poussin's seventeenth-century biographer, Giovanni Pietro Bellori, and from a description in Philostratus,[4] but also from the *Mythologia* of the sixteenth-century writer

Natale Conti. Poussin presents a highly sophisticated program with various meanings and allegories, contrasting life with death, nurturing and fertile love with barren and self-obsessed love, and divine form (emanating from the *mundi anima* of Jupiter) with the matter in natural things that fosters it (the nymphs). Bacchus is a symbol of fertility, and with his birth, as Philostratus observed, the vine embodied in the shrubbery about the nymphs' grotto bursts into growth. Thus, as Blunt notes, Bacchus infuses life into matter, and his birth generates growth. Wine vessels, associated with the deity, are visible in the cave. The presence of Apollo, bringing on the generative sun, the flowering vines, and the radiant halo about the head of Bacchus (derived from Philostratus's description) also allude to the Incarnation. Furthermore, the significance of these generative, life-nurturing allegories and symbols is heightened by their contrast with the barren rock where the tragic form of Echo hopelessly laments her unrequited love of the deceased Narcissus as she turns into stone.

The drawing differs from the painting in several specifics. The god Apollo is replaced by the breathtaking glow of the rising sun in the painting. There are also slight differences in the poses of several of the figures, most notably Mercury, who holds the infant Bacchus with both hands in the drawing, but points to Jupiter with one hand in the painting. Poussin also has removed the nimbus about the head of Bacchus, replacing it with the less religiously controversial indication of the wreath of grape leaves. These differences are noteworthy not only as they reveal Poussin's programmatic concerns, but also because of the existence of the print by Giovanni Verini, which virtually reproduces the composition of the drawing reversed–with one important exception. The Jupiter reclining on his couch and receiving nectar from Hebe is replaced in the print by Venus reclining and attended by Cupid in a chariot drawn by two doves. As Mongan noted, in all other details the print follows the drawing rather than the painting, including such subtle considerations as the fact that features brought out in greater light in the drawing–that is, the vines about the cave, the jars in the opening of the cave, and the figures of Bacchus, Pan, and Echo–are correspondingly highlighted in the print. Furthermore, in both the drawing and the print not only Apollo but also the nimbus about Bacchus's head appear, and the dead Narcissus lies with his head toward the water rather than facing up to the sky. Pan faces Apollo in the drawing and print, but Jupiter, the source of life, in the painting. Conti, besides describing Jupiter as the "mundi anima" also describes him as "sol," so Poussin may have considered the explicit presence of Apollo a redundancy, preferring the direct visual continuity from the nymphs (matter) to Bacchus (form) through the gestures of Mercury and Pan to Jupiter (the source). Mongan has proposed that the drawing, squared for transfer, may actually have served as the source for the design of the print, Verini misunderstanding the Jupiter group. The X-ray indication in the painting that a figure of Apollo, scraped away by the artist, seems to have been intended initially in the painting as well, suggests to her that the drawing may have been given to the engraver just prior to the resolution of the painting composition. Caroline Houser has noted the possibility that the engraving may also be based on another, lost drawing, just prior to the Fogg drawing, since Jupiter appears in the final painting. This interpretation is iconographically less satisfying since Jupiter would have been essential to the original program of the composition.

The drawing is an extraordinary, poetic masterpiece by the aged artist, who was suffering from ill health and a serious hand tremor. Yet in his late drawings Poussin did not seek the sensuousness and animation which a surer line and richer washes brought to his earlier works. The graphic styles of the 1630s were unsuited to the more introspective, philosophical and spiritual concerns of his late works. Rather, in an ethereal and delicate, more tender and softly luminous mode, he relied in the Fogg drawing on thin, finely differentiated and translucent layers of wash, and light and halting strokes of the pen to articulate the warm tonality of the composition and its philosophical import. His purpose is not to create a dramatic sensation through the clearly articulated disposition of his figures, but to impart to "à ceux qui les sauront bien lire," as he had commented in a famous letter of the late 1630s to Jacques Stella, who commissioned this late painting, the appropriate tenor and spectrum of feeling associated with the subject. Color (or in the case of drawings, wash), light, and design function as harmonies to satisfy the mind and spirit.

Figure 23a. Nicolas Poussin, *The Infant Bacchus Entrusted to the Nymphs*. Cambridge, Massachusetts, The Fogg Art Museum, Harvard University, Gift of Mrs. Samuel Sachs in memory of her husband, Samuel Sachs, 1942.167.

NOTATIONS: None

WATERMARK: None

PROVENANCE: (Sale, Paris, Girodet, 1825, no. 499); (sale, Paris, May 10, 1900, no. 204); Defer-Dumesnil, Paris (Lugt 739); (sale, Paris, Hôtel Drouot, "Collection Defer-Dumesnil," May 14, 1958, lot 28); (Stephen Higgins, Paris)

LITERATURE: *Nicolas Poussin* (Minneapolis, 1959), 8, fig. 2; *Arts* XXXIV, 6 (1960): 31; "Rassegna bibliografica," *Emporium*, February 1961, 95; Agnes Mongan, "The Infant Bacchus Entrusted to the Nymphs by Poussin," *Annual Report of the Fogg Art Museum 1958-1959* (Cambridge, Mass., 1960), 29-37; Cornelius Vermeule, *European Art and the Classical Past* (Cambridge, Mass., 1964), 112; Walter Friedlaender, *Nicolas Poussin* (New York, 1966), 190, fig. 124; Blunt 1966, 93, no. 132 (mentioned); Blunt 1967, I: 318-319, 335, fig. 251; Friedlaender and Blunt 1939-1974, V: 105, no. 433, pl. 311; Blunt 1979, 13, 79, 81, 189, 190, fig. 95; Wild 1980, II: 181, no. 193; Goldfarb 1983, 169-170, fig. 13; Kristin A. Mortimer, *Harvard University Art Museums, A Guide to the Collections* (Cambridge Mass., 1986), 235, no. 275.

EXHIBITIONS: Newark 1960, *Old Master Drawings*, The Newark Museum, (checklist) no. 41; Providence 1968, *Visions and Revisions*, Rhode Island School of Design, 2, 17-18, no. IV, pl. IV; Cambridge, Mass., 1979-1980, *Dionysus and His Circle: Ancient Through Modern*, cat. by Caroline Houser, Fogg Art Museum, 69-70, no. 48, fig. 48.

1. Friedlaender and Blunt 1939-1974, V: 105.

2. See Georges Wildenstein, *Les graveurs de Poussin au XVIIe siècle* (Paris, 1957), 192, no. 127.

3. See Anthony Blunt, "The Heroic and the Ideal Landscape in the Work of Nicolas Poussin," *Journal of the Warburg and Courtauld Institutes* VII (1944): 166-167; also Blunt 1967, I: 316-319.

4. See Dora Panofsky, "Narcissus and Echo: Notes on Poussin's Birth of Bacchus in the Fogg Museum of Art," *Art Bulletin* XXXI (1949): 112-120.

Charles Mellin

LORRAINE (PROBABLY NANCY) 1597 - ROME 1649

24. *The Annunciation*
Recto: pen and brown ink and brown wash over black chalk indications with touches of white gouache over traces of graphite on buff paper; 183 x 212 mm (7-1/4 x 8-3/8")
Verso: faint sketches, studies of draperies(?), a flying figure(?), scribbling; black chalk
Museum of Art, Rhode Island School of Design, Gift of Mrs. Murray S. Danforth, 54.185

This drawing is an early preparatory study for one of Charles Mellin's most important Roman commissions, the fresco decoration of the chapel of the Immaculate Conception at San Luigi dei Francesi, the French national church. The commission had been begun by Giovanni Baglione, who had to abandon it in June 1630 because of blindness. Three artists were actively considered as replacements: Giovanni Lanfranco, Nicolas Poussin, and Charles Mellin ("Carlo Lorenese"). Ultimately, a committee composed of Domenichino and the Cavaliere d'Arpino, both of whom had worked in the church, selected the recipient. On their advice, on July 30, 1630, the commission was awarded to Mellin, who thus assumed a position of prominence in the French-Lorraine artistic community in the wake of Simon Vouet's return to France (1627).

Mellin had already established himself as a fresco painter in the decorative work he had done at the Palazzo Muti-Balestra and, more importantly, the frescoes he had executed about 1629/30 in the cloister of the Minimites at Santa Trinità dei Monti, a French church closely associated with nationals from Lorraine (who also had their own church, San Nicola in Agone). The Minimites, as Thuillier has shown,[1] tended to award their commissions to artists from Lorraine. Mellin, who undoubtedly was trained in Nancy before arriving in Italy around 1620 (certainly in Rome by 1622), retained close ties with his countrymen in Rome and his family in Lorraine through-

out his career. As Thuillier has elaborated, Mellin was influenced by Vouet and Lanfranco as well as Domenichino and Poussin.

The fresco of *The Annunciation,* completed in 1631, is now in ruinous condition, and the left third is repainted; nonetheless, what remains, together with the British Museum's drawing of the finished composition squared for transfer,[2] permits us to reconstruct that composition. Thuillier has shown that at least eight of the many drawings of the subject by Mellin can be associated with this commission, of which the earliest appears to be the RISD sheet. Doris Wild has suggested that the RISD drawing actually slightly predates the commission, but as Thuillier has argued, the drawing should be associated with the evolution of the fresco itself. Mellin clearly put a great deal of thought into the commission. According to documents, he executed one or more *bozzetti,* besides the surviving drawings.[3]

The RISD drawing has been thoroughly discussed and related to two other preparatory studies in New York and Vienna by Deborah Johnson. Essentially, as she and Thuillier have noted, when the RISD drawing is compared with the more advanced compositional studies at Montpellier, Madrid, Wurzburg, the Louvre, a New York private collection, and a nearly finalized composition at the Albertina,[4] we can see the clear, step-by-step evolution of the composition. First, Mellin lowered the annunciate angel to the ground, a change he only reconsidered once, in the penultimate surviving study (the one in New York). The pedimented doorway is rejected after the RISD drawing, reappearing once in the central background of the Wurzburg drawing's temple interior. He also reconsidered the grouping of the angels after the RISD sheet. Ultimately, as reflected in the New York and Albertina studies, and the fresco, he placed them behind a draped altar-table. He also subsequently lowered the angel to the ground, experimenting with cloud-borne groups of angels in the space above the annunciate Gabriel or even inserting a drapery, before finally resolving the composition with the oncoming figures of God the Father and his host, apparently borrowed from Michelangelo's Sistine ceiling, although also with Northern Italian prototypes.

Joachim von Sandrart and Félibien both described Mellin as a student of Vouet, and as Thuillier has noted, the artist also was influenced by Domenichino. Thuillier sees a Venetian influence on Mellin, possibly through Vouet or a direct exposure to Venice before arriving in Rome. The further influence of the Baroque exuberance of Lanfranco on Mellin at this period has been argued persuasively by Erich Schleier.[5] Concerning neo-Venetianism, the appreciation of Titian in Rome at this time in the French community is amply illustrated by the careful study of Titian's *Worship of Venus* by Poussin and Duquesnoy on their arrival in Rome, attested to both by Bellori and Félibien.

The initial thoughts for *The Annunciation* reflected in the RISD drawing seem to draw on Venetian prototypes. I am reminded especially of two compositions originating with Veronese, of which the RISD drawing's composition is virtually a conflation: the Veronese *Annunciation* at the National Gallery of Art and the Veronese school painting in the Thyssen collection. Indeed, the idea of the descending host of God the Father, which has as much a Venetian history extending back to Pordenone and Titian as a Central Italian one to Michelangelo, also appears in these Veronese compositions. In any case, a Venetian inspiration is not unlikely. Gradually Mellin retreats from this more dynamic composition to one conceived in clearly defined planes of space established by the figures, the draped table, and the architecture – a design more reminiscent of the work of Domenichino. According to both Bellori and Félibien, Poussin was encouraging his colleagues at this time to study the work of Domenichino at San Gregorio. Considering the constitution of the awarding committee for the chapel at San Luigi dei Francesi, it would not be surprising for Mellin to have adjusted the composition from the more Venetian, dynamic (and perhaps to his contemporaries, Lanfranco-inspired) to the more severe, planar compositional order of Domenichino's work, so accessible for study in the Polet chapel in the very same San Luigi dei Francesi.

Originally attributed to Poussin and associated with his early Chantilly *The Annunciation* (ca. 1627/28), the RISD drawing was first correctly re-attributed to Mellin by Wild in 1967. Blunt had suggested this possibility in 1966, based on Thuillier's reattribution of the drawings in the Albertina, Louvre, and Madrid in his seminal 1960 article, "Poussin et ses premiers compagnons français à Rome,"[6] and Blunt re-attributed the drawing in a New York private collection to Mellin at that time. The attribution of the RISD sheet to Mellin has been accepted by all subsequent authorities.

The draftsmanship reflects the essential differences between the sometimes confused drawing styles of Poussin and Mellin (see [22]). An essentially abstract, decorative, and calligraphic sense of contour line, reflecting Mellin's origins in Lorraine, is complemented by a broadly applied use of wash that sets the figures in defined planes of space, holding them frozen in time. Even more evident in the more classical, later compositional studies for the painting, this fundamental character to Mellin's drawings is visible in the RISD drawing. Mellin's use of wash along with his shorthand definition of figures' faces and draperies tends to belie the mass of subjects, giving a balloonlike, decorative weightlessness to forms, an effect (and intention) quite different from Poussin's.

NOTATIONS: None

WATERMARK: None

PROVENANCE: E. Calando, Paris, second half 19th century (Lugt 837); (H. M. Calmann, London, 1954); Mrs. Murray S. Danforth, Providence

LITERATURE: "Accessions of American and Canadian Museums, October-December 1954," *Art Quarterly* XVIII, 2 (1955): 201; Blunt 1966, 31, no. 38 (mentioned); Doris Wild, "Charles Mellin ou Nicolas Poussin," *Gazette des Beaux-Arts* LXIX, 1176 (1967): 28, 31-33, fig. 71; Friedlaender and Blunt 1939-1974, V: 71 (mentioned); Jacques Thuillier, "Charles Mellin 'tres excellent peintre,'" *Les Fondations nationales dans la Rome pontificale* (Rome, 1981), 610, 633, fig. 12.

EXHIBITIONS: Toronto et al. 1972-1973, 24, 182, no. 90, pl. 12; Providence et al. 1983, 101-102, no. 32.

1. Jacques Thuillier, "Peintres français en Italie au XVIIe siècle: treize Lorrains en Italie," *Annuaire du Collège de France 1981-82* LXXXII: 691-702.

2. Repr. Wild 1966, 187, fig. 11.

3. The essential reference for documentation on Mellin's career remains Jacques Bosquet, "Un Rival Inconnu de Poussin: Charles Mellin, dit 'le Lorrain,'" *Annales de l'Est* VI (1955): 3-35; on this project see esp. 12-15.

4. See Thuillier 1981, figs. 12-17, 19.

5. Erich Schleier, "Charles Mellin and the Marchesi Muti," *Burlington Magazine* CXVIII, 885 (1976): 838, 841-843.

6. In *Nicolas Poussin, Actes du Colloque International*, ed. André Chastel (Paris, 1960), I: 71-116, esp. 81-83.

25. *The Presentation of the Infant Jesus in the Temple*
Pen and brown ink and brown wash, over traces of graphite, 208 x 150 mm (8-1/8 x 5-15/16")
Metropolitan Museum of Art, Harry G. Sperling Fund, 1981, 1981.15.5

This drawing is preparatory for a painting commissioned from Mellin in 1643 by SS. Annunziata in Naples and completed in 1645. Destroyed by fire in 1757, the painting is documented in a rare etching (Bartsch XX.5). We already have had reason to consider this composition in relation to [22]. The recently rediscovered Metropolitan drawing is one of two studies by Mellin, the other in a Paris private collection, certainly associated with the Mellin painting. A third study of the subject formerly in a New York collection and recently acquired by the Getty Museum (Figure 22a) is attributed by Blunt to Poussin, but with reservations, considering the possibility of Mellin's authorship.[1] Recently, as noted in [22], George Goldner has reasserted the attribution to Poussin for the Getty drawing, claiming that it is a drawing of the artist's "mature style." He further has suggested that the Fogg drawing [22], although similar, may be by a follower, and has stated that the differences in the compositions amount in the Fogg drawing to a diminishing of "the carefully orchestrated balance of form and tone, thereby reducing the . . . visual and intellectual concentration."[2] As discussed in [22], I am not persuaded by Goldner's observations regarding the Fogg drawing; rather I see both the Getty and the Fogg drawings as by Poussin. Thuillier, Rosenberg, and Wild accept the attribution of all four sheets to Mellin, as does Jacob Bean in his recent collection catalogue.

The Paris sheet is reproduced together with the other two drawings in Thuillier's 1981 article.[3] Apparently yet another, very finished compositional drawing existed in Bologna in the eighteenth century, as it served as the source for an aquatint by Francesco Rosaspina in 1784. The commission has been further considered by Thuillier in a recent exhibition catalogue,[4] where the etching (no. 98 in that catalogue) and the Paris preparatory study (no. 97) are discussed at length. Thuillier suggests that Mellin was thinking of both Reni's *Purification of the Virgin* (1638/39), then in Modena and now at the Louvre, as well as Reni's *The Circumcision* (1638/39)[5] in San Martino at Siena in developing his final composition. The work is even more indebted, however, to two works by Vouet: *The Circumcision* in Sant'Arcangelo a Segno in Naples, sent there by Vouet from Rome by 1626, and especially Vouet's great *Presentation of Jesus in the Temple* painted in Paris in 1641 for the Jesuits and now at the Louvre. That painting was reproduced in a contemporary engraving, bearing Cardinal Richelieu's crest, by Michel Dorigny.[6]

In reconstructing the chronology of these drawings in relation to the final painting, as known from the etching and a description in 1749 by Charles-Nicolas Cochin in his *Voyage d'Italie* (published 1756), another unattributed print should be considered that might be related to the composition's evolution. Stephen Pepper has published an engraving of a *Presentation of the Virgin*, at the Albertina, which he suggests may represent a lost painting by Reni of about 1638.[7] This print seems rather to be based on a Mellin composition for the *Presentation of the Virgin* closely related to the group of drawings and prints for *The Presentation of the Infant Jesus in the Temple.*

The tentative sequence would then be as follows: (1) the Metropolitan drawing, which places the figures on the steps leading up to the columned porch of the temple, leaving the foreground bare except for the steps themselves, with figures coming up from the right and left rear; (2) the drawing in the French private collection, in which the group has been reversed in orientation from the paintings and the Metropolitan drawing, the action has been moved forward on the steps underneath the columned porch, and the artist has introduced the reclining figure of a woman with two children on the foreground steps (that figure derived from a drawing for an unrelated subject);[8] (3) the "Poussin" drawing at the Getty Museum (Figure 22a) in which the composition has been reversed back, the foreground figure

replaced by a serving youth bearing a vessel, the figures lead in from the left and right foreground to the central figure of the priest, and the arch in the background, which had been partially obscured by the building, is now unobstructed; (4) a missing stage represented by the Albertina print of the *Presentation of the Virgin* (composition reversed again), in which Mellin combined motifs from that composition with *The Presentation of the Infant Jesus*–the youth now is posed, facing us, as in the final Naples composition of *The Presentation of the Infant Jesus,* and is clearly holding a basket containing two doves being studied and stroked by Joachim, who kneels next to him, the figures grouped concentratedly in the foreground before the priest and Anna; (5) the composition as reflected in the print by Rosaspina, very similar (in reverse) to the final composition as known from the anonymous etching, but with minor differences in the background, which may constitute simply the printmaker's editing. In the anonymous etching of the final composition, the youth in the foreground holds a sacred book. The Albertina print clarifies the genesis of the gestures of Joseph and a secondary figure who reach up behind the focal group of Mary, the priest, and Christ, to catch a dove. That interplay is known to have existed in the final painting, as described by Cochin. The host of angels on a cloud appears overhead.

If the Fogg drawing [22] were to fit in this complicated sequence, it would constitute an alternative before stage 3, the Getty drawing, that we also accept as by Poussin. However, the other two drawings cited (the present Metropolitan drawing and that in Paris) share a calligraphic, outline pen-and-ink drawing style; planar, abstract construction of figures in space; fluid use of wash within those contours to enhance the static and linear, nonmassive articulation of figures that denies their weight (discussed in [22] and [24]), characteristics that I do not find in the Fogg drawing. If the Fogg and the Getty drawings are indeed by Poussin, then, the compositional schemes reflected in those drawings–either directly or through a lost further study or painting by Poussin–apparently served as compositional inspiration at a critical phase in the evolution of Mellin's Naples painting design.

NOTATIONS: Inscribed in pen and brown ink at lower left: *Poussin*

WATERMARK: None

PROVENANCE: Hubert Marignane (Paris and Menton, b. 1921, Lugt 1343a, and H within an M, not in Lugt); (sale, Geneva, Nicolas Rauch, June 11-15, 1960, no. 309); (Galerie de Bayser, Paris, 1981)

LITERATURE: *The Metropolitan Museum of Art, Annual Report of the Trustees* (New York, 1980-1981), 27; Pierre Rosenberg, "Notes on Some French Seventeenth-Century Drawings: Saint-Igny, Vignon, Mellin, Millet and Others," *Burlington Magazine* CXXIV, 956 (1982): 698 n. 21; Bean 1986, 173, no. 187.

EXHIBITIONS: Paris 1980, *Exposition de dessins et sculptures de maîtres anciens, 1980,* Galerie de Bayser, no. 30.

1. Friedlaender and Blunt 1939-1974, V: 76, no. 396.

2. Goldner 1988, 186, no. 83.

3. Jacques Thuillier, "Charles Mellin 'très excellent peintre,'" *Les Fondations nationales dans la Rome pontificale* (Rome, 1981), 617-618, 665-667, figs. 52-54.

4. Rome Nancy 1982, 266-269.

5. See D. Stephen Pepper, *Guido Reni* (New York, 1984), 281, no. 174, pl. 204; 283, no. 180, pl. 208.

6. See Crelly 1962, 184, no. 79, fig. 15; 197-198, no. 104, fig. 75.

7. Pepper 1984, 283 (under no. 180), fig. 49.

8. See Rome Nancy 1982, 264-265, no. 96.

26. *The Arch of Constantine*
Black chalk with gray and brown washes on light tan paper, 95 x 153 mm (3-3/4 x 6")
Fogg Art Museum, Harvard University, Friends of the Fogg Art Museum Funds, 1967.34

Claude Lorrain is one of the greatest draftsmen in the history of French art, yet his graphic style is most profoundly indebted neither to Lorraine (although he worked briefly at Nancy for Claude Deruet between 1625 and 1627, executing illusionistic architectural frescoes, now lost) nor Italian (although he spent almost his entire active career, 1627-1682, continuously in Rome) sources, but to his exposure to Northern European artists working in Rome and Naples in the 1620s and early 1630s. H. Diane Russell has reproposed, however, the suggestion first published by George Meaume that Claude may have made six etched copies after *Les Grandes Misères de la guerre* by his countryman Jacques Callot, datable she suggests to the early 1630s, thus after proofs.[1] This argument recently has been firmly rejected by Lino Mannocci.[2]

Drawing was a central activity in Claude's artistic life, serving not only as a means of working out compositions and studying individual elements and figures, but also of recording–with occasional variations and the differences incumbent in the effects and possibilities of diverse media–the compositions of his paintings. The prime source of the latter is the celebrated *Liber Veritatis* at the British Museum, which documents virtually all his major paintings of 1637-1682, including some works of ca. 1635/36 and earlier.[3] Claude also noted his observations during his trips about Rome and the Campagna in a wonderful range of sketches and finished drawings. The artist did not apply these nature studies directly to his paintings; rather, the latter reflect a synthesis of his observations in an idealized context. Claude treasured his drawings, seems to have been reluctant to part with them, and is known to have given away or sold only about a dozen sheets (over 1,100 survive), executing drawings for his own use and pleasure, as Marcel Roethlisberger has noted. Filippo Baldinucci informs us that on Claude's death, his studio contained five or six large books of drawings of "views from nature . . . and some bundles of loose sheets," while the artist's estate inventory records no less than twelve books of drawings besides the *Liber Veritatis*.

In recent years Claude's graphic work has been the subject of much research, the most prominent figures associated with which are Roethlisberger–whose catalogues raisonnés of drawings and paintings (including his 1977 updating in *L'opera completa di Claude Lorrain*, 2nd, rev. ed., 1986) and related articles constitute basic resources for scholarship–Michael Kitson, and H. Diane Russell, whose historic exhibition in Washington and Paris 1982-1983 assembled paintings, etchings, and drawings, and provided a unique opportunity to study the artist's development in a comprehensive manner. Our two most important, if not entirely consistent, early sources on Claude are the accounts of Sandrart and Baldinucci, which have been thoroughly analyzed by Roethlisberger in both of his catalogues raisonnés.[4]

Orphaned at the age of twelve, after reputedly receiving early training as a pastry cook, Claude arrived in Rome between 1613 and 1623, where he received artistic instruction from the landscape painter and designer of illusionistic landscapes, Agostino Tassi, himself a pupil of Paul Bril. Claude's early surviving prints and drawings date to the late 1620s and early 1630s, by which time the influences of Tassi, Sandrart, Goffredo Wals, Bartholomeus Breenbergh, Herman van Swanevelt, and Paul Bril, while visible, had been integrated into his own style. Claude's early pen-and-ink landscape drawings (Figures 26a, 26b), with their loose, energetic use of pen and wash to create dramatic contrasts and choice of outdoor subject matter, recall specifically the art of Breenbergh, as Roethlisberger has noted; while the compositional design, the shaded foreground repoussoir, and brilliantly lit middle ground look to the example of Bril. Sandrart, who knew Claude well in Rome ("my closest neighbour and house-companion") until 1635, told how they would go about in Rome as well as into the Campagna and to Tivoli, Frascati, and Subiaco together to draw and execute paintings on paper and cloth from nature. Nonetheless, Claude's depictions of Roman ruins are relatively rare. His depiction of the *Campo Vaccino* of about 1636, as Kitson has pointed out,[5] relies on a composition by Swanevelt (who seems to have had a parallel development and with whom he lived for a while) of 1631 (Cambridge, Fitzwilliam Museum). Swanevelt

Figure 26a. Claude Gellée, *View of the Tiber at Rome*. Kansas City, Missouri, Nelson Gallery-Atkins Museum.

Figure 26b. Claude Gellée, *A River View*. Formerly Fort Worth, Texas, Kimbell Art Museum.

also painted an *Arch of Constantine* (Dulwich) slightly later.

As Russell has aptly described Claude's attitude to classical antiquities in Rome, Claude was powerfully influenced by his milieu, especially by the light and the *vedute* in the countryside, but the architecture that he drew and studied was approached freely, inspiring his own "variations," which in essence were quite different from Poussin's careful studies. Not an antiquarian by nature or temperament, Claude found in the monumentality of ancient and Renaissance architecture and ruins the vocabulary to express his own highly imaginative, noble settings. As Russell has commented, Claude was not interested in a nostalgic presentation of the ruins of a classical past, rather in recreating a fully present world of "stately grandeur and beauty."

Acquired by the Fogg Art Museum in 1967, the present drawing's earlier provenance remains unclear. It was purchased from Hans Calmann, who in 1957 had acquired eight sheets from the Odescalchi (subsequently Wildenstein) Album.[6] He also acquired at auction the Animal Album (which Calmann subsequently dismantled) from the Odescalchi family. Over the years that dealer has also carried Claude drawings from other sources. Notes at the Fogg suggest that the Fogg sheet derives from Calmann's dealings with the Odescalchi family. Yet the type and dimensions of that sheet do not correspond to the Wildenstein Album, nor does it seem to have formed part of the Animal Album, auctioned at Christie's in November 1957, whose contents are summarized by Roethlisberger in *Claude Lorrain, The Drawings* (see [27]).[7] The Odescalchi inventory of 1713 also cites an album with 152 landscape drawings, the present status of which is unclear. Thus, the provenance suggested by the Fogg, extending back to Queen Christina of Sweden, Don Livio Odescalchi, and the Odescalchi family, must remain doubtful.

The Fogg drawing is noteworthy for its manipulated viewpoint, discussed by Roethlisberger in his drawings catalogue. The view is taken from the north and apparently includes the echoing architectural ruins of the Claudian aquaduct or the Palatine, in the right background, and the apse of a church on the far left. The church, as Roethlisberger notes, never existed, although the tavern beneath, based on the evidence of prints, did stand in the seventeenth century. The Arch of Constantine first appears in Claude's paintings in the *Pastoral Caprice with the Arch of Constantine* (*Liber Veritatis* 115, The Grosvenor Estate, apparently dated 1651, although the *Liber Veritatis* drawing is datable to 1648).[8] However, Claude made studies of various sites, as we have seen, early in his career, incorporating architectural elements throughout his painted corpus. Furthermore, two studies associated with *Liber Veritatis* 115 are datable distinguishably to the late 1630s and about 1650.[9]

Roethlisberger dates the Fogg drawing 1635-1650, but a dating closer to the earlier date seems likely based on the schematic, rough chalk style. The parallel, planar compositional format and the nondramatic, noncontrasting use of wash – reflecting Claude's concern less with dynamic, energized composition or with the archaeological recording of the subject than with the capturing of the visual effect of the subtle distribution of light – distinguish the drawing from his earliest work. The Fogg sheet resembles the earlier of the two British Museum drawings of the subject, as well as drawings in the Tivoli sketchbook and other sheets dating between 1635 and 1640.[10] The dating of Claude's drawings on entirely stylistic grounds, however, is deceptively difficult, as major scholars in this field have attested.

NOTATIONS: None

WATERMARK: Mounted down

PROVENANCE: See comments in text. (London art market 1957?); (Hans Calmann, London, by 1961)

LITERATURE: Roethlisberger 1968, I: 121, no. 142, II: pl. 142.

EXHIBITIONS: St. Petersburg, Jacksonville, Fla., 1971, *Remnants of Things Past*, Museum of Fine Arts, Cummer Gallery of Art.

1. See Washington Paris 1982-1983, 316-320, nos. 10-15.

2. Lino Mannocci, *The Etchings of Claude Lorrain* (New Haven and London, 1988), 287-289, nos. R.1-6.

2. See Kitson 1978.

3. Their biographies, together with other relevant critical passages, are reproduced in translation in Roethlisberger 1961, I: 47-63; see also Russell's discussion of the sources and Claude's career (Washington Paris 1982-1983, 47-59).

5. Michael Kitson, "Swanevelt, Claude Lorrain et le Campo viccino," *La Revue des Arts* VIII, no. 5 (1958): 215-220.

6. See [29, 30], and comments [33], where they are listed; see also Roethlisberger's footnote discussion of these extracted drawings in (1971, 9 n.), and in his short catalogue *The Claude Lorrain Album in the Norton Simon, Inc., Museum of Art* (Princeton: [Institute for Advanced Study], 1973), 11.

7. Roethlisberger 1968, I: 58. The album is discussed in [27].

8. See discussion in Kitson 1978, 124-125, no. 115.

9. Roethlisberger 1968, I: 150, no. 290(v); 255, no. 656a. See also the British Museum studies of the Arch of Constantine, a stylistically comparable pen-and-ink study of about 1635-1640 (122, no. 144), and one of 1645-1650 (254, no. 655).

10. E.g., Roethlisberger 1968, I: nos. 137, 439, 450r, 514.

27. *Cattle*
Red chalk and light brown-gray wash over graphite indications, 108 x 175 mm (4-1/4 x 6-15/16")
Museum of Fine Arts, Boston, William E. Nickerson Fund, 1959.964

This sheet is derived from a compilation of individual drawings in the Odescalchi collection, predominantly animal studies, which Roethlisberger names "The Animal Album." The album included most of the more than eighty animal studies–over fifty of cattle–that survive by the artist. Many of the sheets originally may have come from one or more of the artist's sketchbooks. Of the sixty four drawings that were auctioned at Sotheby's in 1957–when the album was sold (subsequently dismantled)–over half, thirty-eight, were of cattle (oxen), with thirteen of other animals (goats, deer, sheep, and mules), while the rest were nature studies. The cattle are commonly depicted in simple profile or front or back view on horizontal ground. With certain variations, most are of the dimensions of the Boston drawing.

As Roethlisberger notes, the sequence of the drawings in the album was arbitrary, with numbering applied to their paper mounts in the late eighteenth or early nineteenth century (the Boston drawing was numbered *19*). Roethlisberger dates the album to about 1635 to 1645, except the last eight sheets of nature studies, which he dates to 1669.[1] As he observes, with rare exception Claude did not use his animal drawings directly for his paintings. Roethlisberger cites only two such direct borrowings from the album, despite the fact that every landscape painted by the artist includes animals. Claude apparently sketched them for personal study. Thus, although only once among the drawings in the album does the artist illustrate animals of different species together, in the paintings cattle usually appear with other animals and in a greater variety of poses.

Despite Roethlisberger's dating, Russell has suggested that some of the cattle drawings, including the Boston drawing, could be earlier, dating from the late 1620s to 1635. As both scholars acknowledge, the dating of these small studies is very difficult; for example, an earlier dating of a loosely and rapidly drawn pen-and-ink sketch of an isolated ox from the Animal Album, with sharp light-to-dark contrasts and swift hatching strokes (Album no. 40),[2] seems likely. On the other hand, the drawing is remarkably similar in technique and must have been done at about the same date as a study of *Herdsmen and Cattle* at The Santa Barbara Museum of Art (from the Animal Album, no. 36).[3] That drawing is closely related to two drawings in the *Liber Veritatis* (nos. 36 and 60), works of 1639 and 1642.[4] The weighty and volumetric forms of the cattle and the dappled, atmospheric flow of light over their forms in the Boston drawing, so similar to the studies of cattle formerly in the Witt collection[5] and to cattle in *Liber Veritatis* 27 and 36 (dating to 1637/38 and 1639),[6] as well as to the study of the ox in the foreground of the drawing of *View Outside Piazza del Popolo in Rome* (formerly Wildenstein/Odescalchi Album, ca. 1640)[7] would support a dating of the Boston drawing to the later 1630s, close in date to *The Arch of Constantine* [26].

NOTATIONS: None

WATERMARK: None

PROVENANCE: Queen Christina of Sweden, Rome; Cardinal Decio Azzolini, Rome; Don Livio Odescalchi, Duke of Bracciano, Rome; Odescalchi family; (London, Sotheby's, November 20, 1957, no. 67); (H. M. Calmann, London)

LITERATURE: Roethlisberger 1968, I: 141, no. 241, II: pl. 241.

EXHIBITIONS: Washington Paris 1982-1983, 212, no. 12.

1. See Roethlisberger 1968, I: 57-59.

2. Ibid., I: 235, no. 235; Washington Paris 1982-1983, 211, no. 11.

3. Roethlisberger 1968, I: 139, no. 225. Also see *European Drawings in the Collection of The Santa Barbara Museum of Art*, ed. Alfred Moir (Santa Barbara, 1976), 58-59. Both drawings may, in turn, be related to a drawing at Stockholm, no. 37 from the Animal Album (Roethlisberger, no. 226).

4. See Kitson 1978, 74-75, 89.

5. Roethlisberger 1968, I: nos. 240, 244; also sale, London, Sotheby's, February 19, 1987, lot 287.

6. See Kitson 1978, 69, no. 27, 74-75, no. 36; Roethlisberger 1968, I: 132, no. 183; 161, no. 328.

7. Originally from the Tivoli book (Roethlisberger 1968, I: 193, no. 448). See also Roethlisberger 1971, 16, no. 9.

28. *Two Frigates*
Pen and brown ink and wash over graphite indications, 319 x 224 mm (12-1/2 x 8-13/16")
The Art Institute of Chicago, The Charles H. and Mary F. S. Worcester Collection, 1947.75

Early in his artistic training, Claude must have been exposed to the genre of marine painting, as not only Agostino Tassi, but also Paul Bril, Goffredo Wals, and Filippo Napoletano, with whom Claude worked in Rome and Naples before 1625, executed paintings of sea scenes for the decorations of the Palazzo Odescalchi ai SS. Apostoli (1623-1628), the *corridoio* of Urban VIII in the Palazzo del Quirinale (1630-1632), and especially the Palazzo Doria Pamphili (1635).[1] The close rapport in compositional perspective, line drawing, and use of wash between drawings of galleons attributed to Napoletano and those of Claude has been discussed in the literature.[2] Yet Claude only drew four surviving drawings of large ships.

The Chicago drawing is strikingly similar to a drawing of virtually the same dimensions (318 x 224 mm) at the Louvre of *Two Ships in a Storm*.[3] The Louvre drawing, in turn, is closely related to drawings in the *Liber Veritatis* for lost marine paintings (nos. 33, 72, and 74, dated by Kitson to 1638/39, 1643, and 1643, respectively).[4] A ship with fully spread sails, as in the Chicago and Paris drawings, only occurs in *Liber Veritatis* 29, a *Harbor Scene* for a lost painting dating to 1638. There also exists an etching by Claude closely associated with the Paris drawing *The Tempest, with a Shipwreck* (Blum 12; Mannocci 35),[5] undated on the print, but dated variously from the mid- to late 1630s. When the Chicago and Louvre drawings are compared with an earlier composition with frigates, the etching *The Tempest* (Blum 1; Mannocci 6)[6] of 1630, the economy of draftsmanship, enhanced architectonic monumentality and

mass, the clarification of forms, and more controlled articulation of space and depth are immediately apparent.

A third drawing of a ship that can be closely associated with the Chicago drawing and bears a signed inscription very similar to this sheet is at the British Museum.[7] That sheet can be dated, due to a sketch on the verso of the Orsini castle at Palo, to 1638/39, when Claude visited the site. Both the London and the Chicago drawings formed part of the Campagna book, a group of twenty-five nature drawings of about the same dimensions from an original group of about sixty numbered by the artist, signed at the bottom of the recto *Claudio fecit*.[8] Roethlisberger suggests a dating of about 1638/39 for the book, although several of the sheets are dated to ca. 1640 in the catalogue raisonné. The Louvre drawing may also have once been part of the Campagna book. Some of the drawings still bear the artist's numbering in the lower right recto and/or (a differing numbering system) the verso.

Roethlisberger has stated that the Chicago drawing is numbered *49*. In his 1938 catalogue, Daniel C. Rich read the faint writing to the right of the artist's signature to be the numbers *'37*, that is, 1637. David Chandler's recent reexamination of the sheet at the conservation laboratory at the Art Institute, however, revealed that the number following the name is *41*. That another sheet from the Campagna book, a drawing at the British Museum preparatory for *Liber Veritatis* 53 (of 1640/41),[9] clearly bears the artist's number, *41*, on the lower right center recto, would at first glance tend to support the assumption that the number on the Chicago drawing is a date. On other sheets in the Campagna book, it is not unusual for the artist's numbering to have been erased, trimmed, or otherwise lost, potentially explaining why this is the only number on the Chicago sheet. On the other hand, none of the drawings from the Campagna book are known to bear a date. Furthermore, Claude seems to have changed numbering systems: for example, the British Museum drawing bearing the number *41*, carries on the verso the number *38* changed to *39*, while the number *59* appears on the recto of two different drawings from the Campagna book.[10] If the inscription is not to be read as a date, the sheet would appear to date, in any case, to about 1638/39-1641. As Roethlisberger has noted, the artist must have executed many other studies of ships, now lost.

Roethlisberger observed that the two ships are moving in opposite directions under full sail as one would find normally only at high sea, unlikely to have been seen by Claude. Both the Chicago and Louvre drawings were probably done after other pictures, graphic sources, or models; Roethlisberger singles out engravings after Pieter Brueghel the Elder as possible sources. Examination of the underdrawing in the Chicago drawing indicates changes in the positioning and details of the ship at left and the flag and upper masts of the ship at right.

NOTATIONS: Inscribed by artist in brush and brown wash on recto, lower left center at base: *Claudio fecit 41*

WATERMARK: Mounted down

PROVENANCE: Rev. Henry Wellesley, Oxford; (sale, London, Sotheby's, June 25 ff., 1866, no. 847, acc. to Roethlisberger); Adalbert Freiherr von Lanna, Prague; Henry Oppenheimer, London; (sale, London, Christie's, July 10-14, 1936, no. 419); Charles H. and Mary F. S. Worcester, Chicago

LITERATURE: *The Vasari Society for the Reproduction of Drawings by Old Masters*, 2d ser., pt. 1 (Oxford, 1920): no. 11, pl. 11; *Apollo* XXIV (July 1936): 60; W. A. M., "Henry Oppenheimer–A Collector and His Ways," *London Studio* XII (1936): 118, 127; Daniel C. Rich, *Catalogue of the Charles H. and Mary F. S. Worcester Collection of Paintings, Sculpture and Drawings* (Chicago, 1938), 93, no. 101; *French Drawings, Masterpieces from Seven Centuries* (Chicago, 1955-1956), 21, no. 32 (mentioned); *Emporium* CXXX (July 1959): 28; Paris 1960, 16, no. 21 (mentioned); Roethlisberger 1968, I: 179, no. 396, II: pl. 396; Joachim 1977, 21 (1D11); Washington Paris 1982-1983, 224, no. 23 (mentioned).

EXHIBITIONS: London 1932, *French Art, 1200-1900*, Royal Academy of Arts, Burlington House (1933, Commemorative Catalogue, no. 583), no. 698; Rotterdam et al. 1958-1959, 37-38, no. 19, pl. 26; New York 1963, *Master Drawings from The Art Institute of Chicago*, Wildenstein, no. 37, pl. 15.

1. See Teresa Pugliatti, *Agostino Tassi tra conformismo e libertà* (Rome, 1977), pls. 80-83, 106, and especially pls. 107-116; Marco Chiarini, "The Importance of Filippo Napoletano for Claude's Early Formation," in *Claude Lorrain 1600-1682: A Symposium, Studies in the History of Art*, XIV, ed. Pamela Askew (Washington, D.C.: National Gallery of Art, 1984), 13-25, esp. 13-18.

2. See Chiarini 1984, fig. 4,

3. Roethlisberger 1968, I: 179-180, no. 397; see also Washington Paris 1982-1983, 224-225, no. 23.

4. Kitson 1978, 73, 96-99.

5. Repr. Washington Paris 1982-1983, 391-393, no. 44. Also, the five states and discussion in Lino Mannocci, *The Etchings of Claude Lorrain* (New Haven, London, 1988), 210-216, no. 35.

6. Repr. Washington Paris 1982-1983, 306-308. no. 4. Also, the seven states and discussion in Mannocci 1988, 50-57, no. 6.

7. Roethlisberger 1968, I: 148, no. 282.

8. Discussed in ibid., 59-61.

9. Its verso is connected with *Liber Veritatis* 54 of 1641 (Roethlisberger 1968, I: 180-181, no. 401).

10. Ibid., 183, nos. 407, 410.

29. *Pastoral Landscape*
Black chalk, pen and brown ink, and brown wash with touches of white gouache and underdrawing in black chalk, also stains of green and brown paint in the upper right, 232 x 333 mm (9-1/8 x 13-1/4″)
Yale University Art Gallery, James W. Fosburgh, B.A. 1933, Mary C. Fosburgh Fund, 1981.108

Claudian landscapes display a harmony of idealization with credibility achieved through naturalistic details, a device which had characterized the baroque reform of Roman painting in the first decades of the seventeenth century. As we have noted, Claude's early landscapes were powerfully influenced by Northern landscape painters working in Rome and by Tassi. Toward 1640, however, Claude's compositions assume a more balanced, less dramatic, and more reflective character of simpler, less comprehensively detailed definition. This is reflected not only in his paintings but also in the distinctive realm of his drawn landscape compositions. A greater classicism in landscape influenced by Domenichino and Annibale Carracci is evident.[1]

Claude's figures are perceived as inextricable elements within a greater expressive whole. To an extraordinary degree, paralleled by such Venetian painters as Giorgione and the aged Titian, the idea of the subject is conveyed by the landscape and substantially *is* the embodied feeling evoked by the landscape. Even pure landscape studies based on Claude's studies of the countryside acquire a certain monumentality, evoking less a sense of sublime vastness than of stillness and stability. Generally, Claude's studies of nature record a specific site, however formalized, while his paintings are creative, poetic syntheses of his experiences in the Campagna. As Roethlisberger has observed, the Yale drawing is carefully composed in two dominant planes, and while less sketchy and spontaneous than the drawings generally described as "nature studies," neither is it as complex nor as spatially developed as the compositional drawings carefully executed for paintings, to which about fifteen sheets in the Wildenstein Album belong. Roethlisberger thus defines the highly finished and signed Yale drawing as belonging to an independent group of sheets framed in pen and ink, which may have been executed as finished works in their own right, or, as he has called them, "pictorial drawings."[2]

Claude's seemingly informal, lyrical, and atmospheric renderings of the living experience of nature appealed to a broad spectrum of clientele, and the Yale drawing, as a detached sheet from the so-called Wildenstein Album (see also [30, 33]), has an interesting provenance that has been discussed thoroughly by Roethlisberger.[3] Briefly, the sheet until recently was among those in an album of sixty drawings owned by Norton Simon since 1969. Previously it had belonged to the dealer Georges Wildenstein, who had purchased it in 1960. Eight sheets were detached from the series in 1957 by the dealer Hans Calmann, when the album was in the collection of the Odescalchi family, who had owned it at least since the early eighteenth century. It was recorded in an inventory of 1713 of the collection of Don Livio Odescalchi, nephew of Pope Innocent XI; it then contained eighty-one sheets. The album of drawings had been assembled either by Claude's studio on the artist's death in 1682 or, less probably, by the artist himself in the last years of his life (no drawing after 1677 is included in the album). The high and finished quality of most of the drawings in the album indicates that the sheets were selected to form an exquisite anthology presenting a stylistic and subject spectrum to entice a buyer. Although Claude himself may have chosen the drawings, this seems unlikely. The high proportion of figural studies (fifteen out of sixty) reflects a conscientious editing of sheets, but the original sequence of the album, unlike the *Liber Veritatis,* was totally arbitrary and nonchronological. Several sheets were cropped, and on two occasions related studies for paintings were separated. As noted in another entry, we know of Claude having parted with only about a dozen of his drawings. The Odescalchi Album (known subsequently as the Wildenstein Album),

therefore, probably was formed between 1682 and 1713 by Claude's heirs or members of his studio. By tradition, it entered the great drawings collection of Queen Christina of Sweden, who resided in Rome from 1655 until her death in 1689. Her collection passed to Cardinal Decio Azzolini, who died two months later, and his heirs would have sold the album to Don Livio Odescalchi.

For reasons of conservation the remaining sheets were detached from their glued backings and binding in 1970 and reassembled in chronological order. In 1981 Simon broke up the remainder of the album, and fifty-three of the sixty sheets were made available for acquisition. When the Yale drawing was removed from its mount, the inscription and date on the verso were discovered; previously Roethlisberger had dated the sheet later, to the second half of the 1640s. In retrospect, the date of 1639 is indeed reflected in the composition. In landscape drawings of 1630-1635 (here we follow Diane Russell's chronology), illustrated in Figures 26a and 26b, Claude was strongly influenced by the art of Bril and other Northern painters in Rome. A dramatic composition is established by a radical juxtapositioning of a foreground established by a dark repoussoir against a brightly lit middle ground, the spatial transition to which is often ambiguous. In the Yale drawing the composition is carefully laid out in two parallel, clearly divided planes separated by water. The artist has still relied on a rather dramatic contrast in lighting and the repoussoir of the tree in the left foreground to distinguish the spaces and enhance the sense of depth within a relatively limited implied recession, yet the flow of space is clear and credible. The style is quite similar to the *Hilly Countryside* from the album of about 1640,[4] and both may record sites around Marino. Roethlisberger also relates the drawing to another landscape study in the Wildenstein Album, *The Villa of Maecenas at Tivoli*, of about the same date.[5] Against this dramatic, noble landscape richly worked up in brush and wash, Claude has indicated with great subtlety and mixed media the hazy, cloudy sky. The composition, its orientation reversed, is close to that of *Liber Veritatis* 39, also datable to 1639.[6]

NOTATIONS: Inscribed by the artist on verso center bottom in black chalk: *Claud IV / fecit 1639*

WATERMARK: At center, undecipherable

PROVENANCE: Estate of the artist; (Queen Christina of Sweden, Rome, by tradition); (Cardinal Decio Azzolini, Rome, by tradition); Don Livio Odescalchi, Duke of Bracciano, Rome; Odescalchi family; Georges Wildenstein, Paris, 1960; Norton Simon (Norton Simon, Inc., Museum of Art, Pasadena, Calif., 1969); (New York art market, 1980)

LITERATURE: Marcel Roethlisberger, *Claude Lorrain, The Wildenstein Album* (Paris, 1962), 28, no. 46, pl. 46; idem 1968, I: 244, no. 624, II: pl. 624; idem 1971, 18-19, no. 16, pl. 16.

EXHIBITIONS: San Francisco 1970, *Drawings by Claude Lorrain—The Norton Simon Album*, California Palace of the Legion of Honor; Zurich 1971, *Claude Lorrain: 60 Zeichnungen*, Kunsthaus; Los Angeles, 1972, *The Claude Lorrain Album in the Norton Simon, Inc., Museum of Art*, Los Angeles County Museum of Art, cat. by Marcel Roethlisberger, 23, no. 16, fig. 16; Princeton et al. 1973-1974, *The Claude Lorrain Album in the Norton Simon, Inc., Museum of Art*, The Art Museum, Princeton University, Fogg Art Museum, Smith College Museum of Art, William Hayes Ackland Memorial Art Center, Allen Memorial Art Museum, Wellesley College Museum, cat. by Marcel Roethlisberger, no. 16; Pasadena 1975-1976, 1977, 1979, Norton Simon Museum of Art; New Haven 1984, *French Drawings: Recent Acquisitions*, Yale University Art Gallery.

1. See Clovis Whitfield, "Claude and a Bolognese Revival," in *Claude Lorrain 1600-1682: A Symposium, Studies in the History of Art*, XIV, ed. Pamela Askew (Washington, D.C.: National Gallery of Art, 1984), 83-91.

2. See Roethlisberger 1962, 8.

3. See Roethlisberger 1968, I: 65-66; also idem 1971, 6-8.

4. Roethlisberger 1971, 17, no. 11; also idem 1968, I: 271, no. 708.

5. Roethlisberger 1971, 15-16, no. 7; idem 1968, I: 211, no. 512.

6. Roethlisberger 1968, I: 165, no. 342; Kitson 1978, 76-77, no. 39.

As in the Cleveland drawing [31], the artist has organized the composition in an essentially planar structure (despite the diagonal procession) with a powerfully defined foreground, the trees establishing depth and scale.

The augmented use of wash and the role of chalk, which replaces pen line to define forms softly on the colored paper, however, contribute to an even greater sense of an independent and poetic pictorial essay, despite the connection with *Liber Veritatis* 119. This has prompted Roethlisberger, citing the differences in proportion and effect to the final painting, even to suggest in his 1968 catalogue raisonné that the signed sheet may have served as "an autonomous pictorial drawing," executed during the creation of the painting.[4] The architecture of the round temple of Apollo at Delphi and the flanking palace is barely visible through the mist, and the foreground processional group of figures preceded by musicians, darkly silhouetted against the evocative, rose-toned paper in the drawing, is much reduced in scale and set in the middle ground in the painting. It is likely, as Russell has suggested, that the Venice and Morgan drawings are two among other, lost studies for the painting by the artist. The addition of the large framing trees on the left and the enhanced prominence of the trees in the middle ground in the Morgan drawing, when compared to the final painting to which in these details the Morgan sheet is compositionally closer, suggest that the Venice drawing precedes it. It is unclear, however, whether the Morgan drawing was designed with a view to the development of the final composition or to focus specifically on the figure grouping and tonal values.

NOTATIONS: Inscribed by the artist on the verso in pen and brown ink: *IVR Claude Gelee*

WATERMARK: Six-pointed star

PROVENANCE: Sir Charles Greville, 1763-1832 (Lugt 549); George Guy, fourth Earl of Warwick, Warwick, 1818-1893 (Lugt 2600); (his sale, London, Christie's, May 20, 1896, lot 74); Charles Fairfax Murray, London; J. Pierpont Morgan, New York

LITERATURE: Fairfax Murray 1905-1912, III: no. 76; Eckhard Knab, "Die Zeichnungen Claude Lorrains in der Albertina," *Alte und Neue Kunst* II, 4 (1953): 146, no. 18 (mentioned); idem, "Der heutige Bestand an Zeichnungen Claude Lorrains im Boymans Museum," *Bulletin Museum Boymans* VII, 4 (1956): 112; Roethlisberger 1961, I: 295, LV 119, no. 2; *L'Ideale Classico del Seicento in Italia e la Pittura di Paesaggio* (Bologna, 1962), 246, no. 98 (mentioned); Eckhard Knab, "Appreciation of Michael Kitson's Paper: Stylistic Problems of Claude's Draftsmanship," *Studies in Western Art,* III (Princeton, 1963): 114, pl. XXVIII, 4; idem, *Claude Lorrain und die Meister der Römischen Landschaft im XVII. Jahrhundert* (Vienna, 1964), 74, no. 90 (mentioned), 78, no. 95 (mentioned); Roethlisberger 1968, I: 264, no. 683b, II: pl. 683b; idem, *L'Opera Completa di Claude Lorrain* (Milan, 1975), III: no. 187 (mentioned).

EXHIBITIONS: New York 1919, *Drawings from the J. Pierpont Morgan Collection,* New York Public Library, 4; Buffalo 1935, *Master Drawings Selected from the Museums and Private Collections of America,* Albright Art Gallery, 46, no. 46; New London, Conn., 1936, *Fourth Anniversary Exhibition: Drawings,* Lyman Allyn Museum, no. 56; New York 1981a, no. 54; Washington Paris 1982-1983, 162, 250, no. 45; New York 1984, no. 20.

1. See Roethlisberger 1961, I: 293-297, LV 119, also Washington Paris 1982-1983, 162-166, no. 39.

2. Roethlisberger 1968, I: 263-264, no. 683.

3. Ibid., 264, no. 683a; see L. Gowing, "Nature and the Ideal in the Art of Claude," *Art Quarterly* XXXVII, 1 (1974): 96.

4. See discussion in Roethlisberger 1968, I: 264, no. 683b.

33. *Panoramic View from the Sasso near Rome*
Pen and brown ink and brown wash with white gouache and white chalk over traces of black chalk and graphite, 163 x 402 mm (6-7/16 x 15-13/16") [uneven]
The Art Institute of Chicago, The Helen Regenstein Collection, 1980.190

This drawing was first published by Roethlisberger in 1973, who defined the site as the Sasso, a 300-meter (985-foot) rocky rise overlooking the coast and a two-hour walk north of Rome, in the area of Santa Severa. Russell notes that it is about ten miles south of Civitavecchia. The view is specified by Roethlisberger as looking southwest over Monte Bischero. He further identified the drawing as originating in the Odescalchi Album (subsequently known as the Wildenstein Album). As noted in [29], at the time of its appearance in the possession of Georges Wildenstein in Paris, the album contained sixty drawings and seventy-two pages. In a 1713 inventory of the Odescalchi collection, the album is described as containing eighty-one sheets, a number also written on the top of the first page when the volume was still bound. It is known that dealer Hans Calmann removed eight sheets from the album in 1957, and Roethlisberger has identified them.[1] Thus, the rediscovery of nine more drawings from the album, to which the Chicago drawing belongs, identifies seventeen of the remaining twenty-one drawings from the original album. Presumably, thirteen drawings were separated at a date prior to 1960, although their status at the time that Calmann extracted eight sheets in 1957 remains obscure. The nine drawings appeared in the London art market in the early 1970s.

This breathtaking sheet is one of five surviving Claude drawings of the Sasso, taken from different sites and executed over several years. The earliest two[2] are crisp, linearly defined studies, the former executed in pen and ink with wash and the latter in pen and ink, of a farm complex, with the Sassone Rock rising in the background of the latter. Both of these studies, Roethlisberger argues by analogy, date to about 1645. Two further studies, one in Rotterdam and the other in Haarlem,[3] executed more sketchily with a broader, more atmospheric use of wash, also depict the Sasso. The former, dated by the artist 1649, is reminiscent of the Chicago sheet in its monumental, panoramic view out to the sea and its use of tones of brown wash applied in horizontal fields to convey the overcast and haze, but unlike the Chicago drawing it does not incorporate a foreground repoussoir to establish space and scale. The Haarlem drawing, more detailed and episodic, is taken from a different site and includes the Palazzo di Sasso and the hermitage of S. Antonio, which is located on the crest of the rock and is presumably the site from which the Chicago drawing was executed.

The Chicago drawing is remarkably similar in compositional organization, with its foreground repoussoir, its perspective view, its use of wash, and its pictorial sensibility, to a panoramic view of Tivoli formerly in the Wildenstein Album and dated by the artist 1651,[4] although the latter effectively relies on the inherent textural qualities of chalk to convey the perceptual experience of forms seen in sunny haze. On the other hand, the monumental, yet evocatively atmospheric Chicago drawing is quite different in effect from the dryer, later style of a similar, broad, horizontal panorama on blue paper, a landscape of an extended view over the Campagna at the Teyler Museum at Haarlem,[5] datable to the early 1660s. Roethlisberger dates the Chicago drawing to 1649-1655; Russell to about 1650-1655, which seems correct.

The extraordinary power of this image, enhanced by its unusual horizontal orientation and dimensions, is as dependent on the sure and sweeping brushwork of the evocative, subtly differentiated planes of wash as on the chosen view. Those washes convey the sense of a late afternoon light sifting through an overcast sky of varying density. With great daring the artist has composed the view almost entirely in horizontal bands, modified by the subtly arched stonework of the wall that draws us into the landscape, by the vertical touch of the figure in the right foreground, and by the gentle rise of Monte Bischero dotted with trees. In a manner reminiscent of Chinese painting, the surface of the distant sea is evoked in the lightest flow of the ink brush, and the artist has been inspired both to animate gently this contemplative composition and to draw us into its depth by the touch of white highlighting. As Russell has observed, the forms in the landscape are more suggested than defined. The drawing, certainly conceived as a finished pictorial statement in its own right, is framed by the artist in pen and ink, as are many of the drawings that formerly constituted the Wildenstein Album.

NOTATIONS: Inscribed by the artist in pen and brown ink on the verso: *la sasso Claudio Gillee / IV fecit*

WATERMARK: None

PROVENANCE: Estate of the artist; (Queen Christina of Sweden, Rome, by tradition); (Cardinal Decio Azzolini, Rome, by tradition); Don Livio Odescalchi, Duke of Bracciano, Rome; Odescalchi family; (Artemis, London, in the 1970s); Helen Regenstein, Chicago

LITERATURE: Marcel Roethlisberger, "Neun Zeichnungen von Claude Lorrain," *Du* XXXIII (July 1973): 508, 516-517; Martha Tedeschi, *Great Drawings from The Art Institute of Chicago: The Harold Joachim Years 1958-1983* (Chicago, 1985), 84-85, no. 32.

EXHIBITIONS: Washington Paris 1982-1983, 244, no. 40.

1. They are identified in Roethlisberger 1968, I: nos. 56, 471, 584, 754, 812, 906, 907, 1079.

2. Ibid., 243-244, nos. 622, 623 verso.

3. Ibid., 260, nos. 670 and 671, respectively.

4. Ibid., 271, no. 707; Roethlisberger 1971, 24, no. 32.

5. Roethlisberger 1968, I: 327, no. 878.

37. *Ornamental Decoration*
Pen and brown ink and brown wash and white gouache over traces of black chalk, 85 x 129 mm (3-3/8 x 5-1/16")
The Art Institute of Chicago, Leonora Hall Gurley Memorial Collection, 1922.175

Charles Errard worked among the most notable French artists of his time and was handsomely rewarded in patronage in Paris and Rome, playing a critical role in the development of both the Académie Royale de Peinture et de Sculpture in France and the Académie de France in Rome. Other than some decorative ceiling panels in Paris and Rennes, his painted corpus remains virtually unknown, although individual paintings which continue to be rediscovered help define his style.[1] What is known of his artistic production, predominately ornamental, is documented primarily by engravings by him and after his designs. The authoritative and only modern reference on his life and career remains Thuillier's admirable study in the *Revue de l'art.*[2]

Errard received his early training from his father, of the same name, who worked from 1615 for Marie de Medici in Paris. In 1627 Errard accompanied his father to Rome, where he obtained the patronage of the French ambassador to the Papal court. According to Sandrart, who knew him in Rome, Errard also received a pension from Louis XIII and executed numerous copies of works by Titian. In 1633, together with Claude Mellan and Claude Lorrain, he entered the Accademia di San Luca, of which Vouet had been principe prior to his return to France. During this time Errard also became acquainted with Fréart de Chambray, brother of Paul Fréart de Chantelou (who later became Poussin's great friend and patron). Errard devoted himself to the study and copying of the various monuments, reliefs, and sculptures of Roman antiquity, as well as works of the Renaissance. In 1638, during a visit to Paris, Errard gained the patronage of Sublet de Noyers, the surintendant des bâtiments, and on his return to Rome, continued his studies. Errard returned to Paris in 1643, as noted in Poussin's correspondence with Chantelou, where he became peintre ordinaire du roi.

With the death of Louis XIII, Errard followed his patron, the once-powerful Sublet (who died in October 1645) into retirement, decorating his residence at Dangu, and illustrated various books, including an edition of Palladio's *Four Books on Architecture,* for Fréart de Chambray (published 1650), and the *Treatise on Painting* by Leonardo (published 1651). The latter was based on drawings supplied by Poussin. By 1646, however, Errard already had regained powerful patrons in Paris, including Cardinal Mazarin, who ultimately commissioned him to decorate various royal chambers. In 1647 he was awarded the May painting for Notre-Dame in Paris, and in 1648 he was one of the founders of the Académie Royale de Peinture et de Sculpture, based on the model of the Accademia di San Luca in Rome, in reaction to the restrictive pressures of the old guild. His rise in authority within the Académie Royale was checked in 1661 by the ascendance of Colbert and Le Brun.

In 1666 Errard returned to Rome as first director of the new Académie de France in Rome, going back to France in 1673, only to return once again to Rome to reassume his position there in 1675, now enhanced by the unique honor of also being appointed director of the Académie Royale (*in absentia,* of which Le Brun was the chancellor). During the 1670s he also served as principe of the Accademia di San Luca.

As noted above, during his first extended sojourn in Italy, Errard copied the principal monuments of antiquity and the decorations of Roman palazzi. Funded by the crown in these researches, he became a principal authority of decorative grotesques of antiquity and the Renaissance in Paris precisely during a period of their vogue, as Madeleine Jarry has discussed.[3] His expertise in these matters is reflected in series of engravings by him and/or after his designs. "Les divers Trophées dediés à la Serenissime Reine Christine de Suede par Charles Errard, peintre du roi" of 1651 were engraved by R. Lochon and derived by Errard from designs

of Polidoro da Caravaggio. Another series of engravings dedicated to Queen Christina appeared in the same year: "Divers Ornamens dediés à la serenissime reine Christine de Suede, par Charles Errard, peintre du Roi." These prints seem to be more personal in inspiration, and the Chicago drawing clearly is closely related to the charming decorative devices that appear within the prints (Figures 37a, 37b).

The artist may have modified and applied these decorative schemes in his designs for tapestry decorations into the next decade, as Jarry has argued, but the relation of the Chicago drawing to the 1651 engravings is striking. Errard's drawing style, with clear, precise contours and parallel shading, the white heightening in the Chicago drawing applied to enhance the sculptural three-dimensionality, reflects the years of study and training in Rome. Other identifiable drawings by him include a pen-and-brown-ink study of a *Roman Vase with Bacchus Relief* at Frankfurt, the *Holy Family* of 1647 in red chalk at the Ecole des Beaux-Arts, an *Allegorical Frontispiece,* pen and gray ink and wash with white gouache and black chalk, at the Albertina, an *Angel Chorus* in pen and brown ink and white gouache over paper prepared with gray wash at the Bibliothèque Nationale, and a late *Project to a Memorial to Queen Christina of Sweden* (who died the same year as the artist),[4] the latter, at Stockholm, executed in pen and ink, wash, and white gouache in a very tight and precise manner. Other attributed prints and drawings are reproduced in Thuillier's article.

All Errard's figures are characterized by the same highly formalized, "chiseled" features and powerfully sculptural shading in regularized parallel strokes. The highlighting, when applied, is employed specifically to enhance the plasticity of forms. Errard's drawings express the dominant aesthetic concerns of the Académie under the leadership of Colbert and Le Brun in the teaching of drawing–both in its inspiration, beginning with the study of sculpture and decorative elements of antiquity, and in its clearly contoured and shaded rendering of subjects (see Introduction).

Figure 37a. Charles Errard, *Ornamental Design from "Divers Ornamens."* Paris, Bibliothèque Nationale.

NOTATIONS: Inscribed on recto, upper right, in graphite: *41*

WATERMARK: Mounted on laid paper

PROVENANCE: Sir Joshua Reynolds, London, 1723-1792 (Lugt 2364); A. M. Champernowne, Totnes, South Devon, b. 1871 (Lugt 153); William F. E. Gurley, Chicago

LITERATURE: Joachim 1977, 16, no. 1C5.

EXHIBITIONS: None.

1. E.g., see Jean-Claude Boyer and Arnauld Brejon de Lavergnée, "Une commande de tableaux à des artistes français et italiens à Rome en 1639," *La Revue du Louvre et des Musées de France* XXX, 4 (1980): 231-239.

2. Jacques Thuillier, "Propositions pour Charles Errard, peintre," *Revue de l'art* nos. 40-41 (1978): 151-172.

3. Madeleine Jarry, "La Tenture des Rinceaux," *L'Oeil* no. 105 (September 1963): 12-19, 66.

4. See Frankfurt 1986-1987, 38-40, no. 27; Thuillier (*Revue de l'art*) 1978, 153, fig. 6; Rosenberg 1971, 89, fig. 16; and Bjurström 1976, no. 387, respectively, for these works.

Figure 37b. Charles Errard (engraved by René Lochon), *Ornamental Design from "Divers Ornamens."* Paris, Bibliothèque Nationale.

38. *Landscape with Two Figures (Study of "Elijah and His Servant See a Cloud Rising from the Sea" by Francesco Grimaldi)*
Red chalk, 324 x 270 mm (12-3/4 x 10-5/8")
Bowdoin College Museum of Art, Gift of Miss Susan Dwight Bliss, 1956.24.241

Gaspard Dughet was Roman by birth and never traveled outside of Italy, yet he is included in this exhibition as a French artist by "adoption." His father, Jacques Dughet, was a pastry cook, apparently in the service of the baron Gaspard de Morant, and it was due both to the natural inclination of Dughet from early childhood to drawing, attested by Baldinucci, and the intimate connection of his family with Poussin, who in 1630 married Dughet's sister Anne, that Dughet was able to advance as an artist. Between 1631 and 1635, Dughet served an apprenticeship and lived with Poussin, and it is relevant that it was precisely at this period, as Sandrart recalls, that Poussin, Claude, van Laer, and Sandrart would meet and discuss their doings and travel into the Campagna to draw after nature. The young Dughet, who was fond of hunting and fishing and evinced a preference for landscape painting from the beginning of his training, apparently synthesized stylistic characteristics of a variety of landscape painters including compositional devices of Paul Bril and Filippo Napoletano, a concern for the effects of light from Claude, and Venetianisms through his master and brother-in-law, Poussin. By the late 1630s, following his travels to Milan, Perugia, and Florence, Dughet's painting style reveals a further influence of the more structured landscape tradition of Bologna, and the artist clearly studied landscapes by Annibale Carracci and Domenichino. As Marie-Nicole Boisclair has noted,[1] this is precisely the same time at which one can see the influence of Bolognese models in the art of Claude.

However, Dughet continued to inform these more symmetrical, balanced, and idealized landscapes of the 1640s with a more complicated rhythm and naturalistic detail. As early as 1635, Dughet executed landscape frescoes in Rome at the Palazzo Muti-Bussi, reflecting the same influences of Bril, Tassi, and Napoletano that had informed the early work of Claude. His first major public fresco commission in Rome, however, one whose

success assured his future career, was that of the decoration of a series of chapels in the venerable church of San Martino ai Monti, executed in two series. The precise dating of the first seven small landscapes, dealing with events in the life of the prophet Elijah, remains the subject of some controversy, while the sequence of the second part of the contract is relatively secure. Essentially, however, the frescoes were completed between the end of 1647 and 1651.[2] Two frescoes in the Elijah cycle were executed by Giovanni Francesco Grimaldi prior to his departure for France, where he is recorded in 1649 (he was paid for them in June 1648): *Elijah and His Servant See a Cloud Rising from the Sea* and *Elijah Crossing the Jordan*. Apparently Dughet succeeded him in the commission. Grimaldi was a prestigious fresco and landscape painter, particularly as the Bolognese artist was closely associated with the venerated Annibale Carracci and especially Domenichino, whose work he emulated. As we have noted, Dughet himself was working in a style influenced by Bolognese painting during this period, and his succession to Grimaldi certainly encouraged this trend in his work on the cycle. Yet, as Ann Sutherland has noted, Dughet's style is distinct from Grimaldi's rather frigid, derivative Bolognese style.[3] Dughet's compositions at San Martino ai Monti are consistently more spacious in conception, less clearly defined in recession and scale, more animated in the diagonal interlocking of spatial planes, and more sensitive and subtle in the characterization of light penetrating and defining foliage.

These considerations are particularly relevant to the Bowdoin Dughet drawing, as it closely records, in the medium of red chalk, Grimaldi's composition. It has been suggested in earlier literature that Dughet and Grimaldi worked in collaboration at San Martino (indeed, Dughet executed the small fresco of *Elijah Ascending into Heaven* above Grimaldi's large fresco *Elijah and His Servant See a Cloud Rising from the Sea,* probably at the same time), and that the evidence of another, now-lost, but known drawing by Dughet associated with Grimaldi's fresco indicates that Grimaldi executed his fresco after a design furnished by Dughet.[4] According to this scenario, the Bowdoin drawing, which faithfully records the final composition, defines the final idea for the composition, while the other, now-lost landscape drawing, in black chalk on blue paper—a freer interpretation of the landscape that focuses on the middle ground and excludes the figures—represents an earlier schema, modified by Dughet and Grimaldi. As David Becker has so clearly observed,[5] however, Johanna Heideman's thesis that Dughet, who in 1647 was working on the small frescoes above Grimald's paintings, was more likely executing a study (the lost drawing) after Grimaldi makes more sense.[6] After all, Grimaldi was a distinguished figure, the elder and far more recognized artist, working on two large wall frescoes in 1647, for which he was well paid. It is hardly likely that he would work after designs by the younger, less well-known Dughet. According to this alternate thesis, the Bowdoin drawing represents a complete study after Grimaldi's painting, followed by the looser variant (lost drawing).

The medium of these two drawings is also significant. Red chalk was not commonly used by Dughet (see, however, [41]). Boisclair, however, has identified and published compositional drawings in this medium throughout Dughet's career.[7] As Marco Chiarini has noted,[8] Dughet's use of the medium, especially at this period in his career, may reflect the influence of Domenichino and the Bolognese school, as red chalk was preferred by that school. Thus, the choice of red chalk for the Bowdoin drawing was doubly apposite, as it reflects his study of Bolognese landscape and provided him a medium, that is, chalk, eminently suited to make a rapid record of the design and its compositional structure, without dwelling on details. The second, freer study in black chalk on colored paper, which was ultimately to be his own prefered medium, embodies his personal, looser, and more spacious recasting of the landscape. Moreover, excluding one sheet, the other surviving studies associated with the commission (see [39]) and preparatory for his own frescoes are executed in pen and brown ink and wash, a medium that he no doubt inherited from his apprenticeship with Poussin and which he almost completely abandoned after San Martino ai Monti.

The other known drawing executed in black and white chalk and associated with the San Martino commission, a sheet surviving at Chatsworth (see discussion, [39]), has been proposed by Chiarini as a derivation from the fresco, *Elijah Anointing Hazael, King of Syria, and Iehu, King of Israel.* Thus, like the lost black chalk drawing, it also should be seen outside the direct developmental sequence in composing the frescoes. Heideman has observed that the lost drawing related to the Grimaldi fresco of *Elijah and His Servant See a Cloud Rising from the Sea* (1 Kings 18:43-44) does not include the iconographically important cloud of mist rising from the sea (symbolizing the Coming of Mary). This is also true of the Bowdoin drawing. It is difficult to imagine the artist laying out the fresco design without the basic iconographic elements of the composition, especially as the drawings are landscapes. On the other hand, the Frankfurt and Fogg [39] pen-and-ink drawings for the fresco *Elijah Anointing Hazael* and other preparatory drawings for the cycle do not include the figures (indeed, none of the preparatory drawings associated with the cycle do, except the drawing at Chatsworth, which may be a variant record or proposed reinterpretation of the subject by the artist of the fresco *Elijah Anointing Hazael;* see comments, [39]). Becker and Heideman also argue that there is no sea in the respective drawings, critical to the iconography of the subject.[9] They see rather a group of buildings or city on the distant horizon. This seems to be the case, but cannot be established definitively, as from reproduction the lost drawing may indicate the reflection of those buildings beneath them, that is, an outcropping of a city over the coastline. The Bowdoin drawing is even more ambiguous. Becker's proposal that the Bowdoin drawing is after the Grimaldi fresco, as designed by Grimaldi, and that the lost drawing presents a further, freer development of the landscape is convincing.

NOTATIONS: Inscribed in pen and black ink on recto lower right: *gaspr*[?]; lower left: *9*

WATERMARK: Fleur de lys within double circle (mounted down)

PROVENANCE: Susan Dwight Bliss, New York

LITERATURE: Toronto et al. 1972-1973, 157, no. 46 (mentioned); Boisclair 1986, 198, 376, no. 94a. (mentioned), fig. 138.

EXHIBITIONS: Brunswick, Me., et al. 1985-1986, 134-135, no. 62.

1. See Boisclair's useful summarization of Dughet's life and painting career (1986, 17-71).

2. For the extensive bibliography and discussion of the problematic documentation, see Ann B. Sutherland, "The Decoration of San Martino ai Monti," *Burlington Magazine* CVI, 731 (1964): 58-69, and CVI, 732 (1964): 115-120; Johanna Heidemann, "The Dating of Gaspard Dughet's Frescoes in San Martino ai Monti in Rome," ibid. CXXI, 929 (1980): 540-546; Boisclair 1986, 45-50, 193-194, nos. 83-98.

3. Sutherland 1964, 64-65; both the Grimaldi fresco and Dughet's fresco for which [39] is preparatory are repr. as figs. 17 and 15.

4. Ann Sutherland Harris, "A Lost Drawing by Gaspard Dughet for a Fresco by Giovanni Francesco Grimaldi," *Burlington Magazine* CX, 780 (1968): 142-145, fig. 42. The Bowdoin drawing is not mentioned.

5. See Becker in Brunswick, Me., et al. 1985-1986, no. 62, 135.

6. Heideman 1980, 544.

7. Boisclair 1986, e.g., nos. 5, 165, 177, 318, 342, 360, 361, 362, 406, figs. 9, 205, 221, 353, 376, 400, 402, 404, 442.

8. Marco Chiarini, "Gaspard Dughet: Some Drawings Connected with Paintings," *Burlington Magazine* CXI, 801 (1969): 753.

9. On the iconography of the cycle, see Susan J. Bandes, "Gaspard Dughet and San Martino ai Monti," *Storia dell'Arte* 26 (1976): 45-60.

39. *A Road Through a Wooded Landscape (Study for "Elijah Anointing Hazael, King of Syria, and Jehu, King of Israel")*
Pen and brown ink and brown wash, 305 x 280 mm (12 x 11")
Fogg Art Museum, Harvard University, Gifts for Special Uses Fund, 1964.82

This pen-and-ink landscape study by Dughet, which Rosenberg has described within the artist's corpus as "un superbe exemple de cette manière," is one of several drawings and a modello associated with Dughet's large fresco described as *Elijah Anointing Hazael*, King of Syria and Jehu, King of Israel (1 Kings 19:15-16). The text in the Bible simply records God instructing Elijah to anoint the future kings in the wilderness of Damascus. The act itself is not described, and indeed, Elisha is chronicled anointing Jehu in Two Kings 9. Boisclair has suggested that the depiction of the subject may be influenced by Two Kings 8.7-15, in which Hazael comes to Elisha outside of Damascus and pleads for the life of the ill Syrian King Benhadad, only to be told by Elisha that he will become king, leading to Hazael's murder of the king.[1]

The fresco is part of the important commission of decorations for the church of San Martino ai Monti on which the artist worked between 1647 and 1651, and which has been discussed in [38]. The documentation of payments, which is not specific and must be analyzed in terms of amounts and sequence, would indicate that the fresco was paid for in April 1649, as Sutherland has shown.[2] Besides the drawing at the Fogg, another pen-and-ink study for the fresco survives at Frankfurt. That sheet, a very loose pen-and-ink sketch, is clearly a more preliminary study, the artist setting down in broad planes of wash against the white of the sheet, roughly characterized by pen and ink, the basic compositional units of the design in space.[3] As noted in [38], Dughet executed virtually all his preparatory drawings for his own frescoes in the San Martino ai Monti cycle in pen and brown ink and wash, a medium that he no doubt inherited from his apprenticeship with Poussin and which he almost completely abandoned after San Martino ai Monti. In the Fogg drawing and especially the drawing in Frankfurt, the use of that medium in a style and structural intent complementary to Poussin's during Dughet's apprenticeship (about 1630-1635), defining principal masses and establishing space primarily with wash, line drawn in with a pen, is clear.[4]

With a speed and seeming spontaneity that suggest that the Frankfurt drawing was created outdoors, after nature (on Dughet's study of drawing in the Campagna see comments, [38]), that drawing differs from the composition of the Fogg drawing in its more vertical format and the central element of a depression (a pond?) subsequently abandoned. On the other hand, as Chiarini has noted, the distant mountain in the Frankfurt drawing more closely resembles the profile of that in the final fresco. In all other respects, including perspective, the landscape of the Fogg drawing is quite close to the final fresco, and is likely an elaboration and refinement of the Frankfurt composition, executed in the studio. Neither drawing includes any figures.

The issue of subject matter is particularly relevant to the interpretation of a drawing at Chatsworth and the modello at Hamburg. In the Chatsworth black and white chalk drawing that includes two small figures halfway up the path, the composition is even closer to the fresco in detail than the Fogg drawing, although the contour of the hillock on the right is somewhat different and the perspective is altered. Chiarini, citing these differences, considers the Chatsworth sheet to be a derivation by the artist after the fresco. Boisclair suggests that the Chatsworth sheet depicts the subject of Hazael encountering Elisha on the road to Damascus. She then sees the modello at Hamburg, which shows two figures, one kneeling in supplication, facing the descending saint, the figures occupying approximately their positions in the fresco, as a clarification of the subject matter in the Chatsworth drawing. Her chronology is therefore Frankfurt-Cambridge-Chatsworth-Hamburg-fresco.

The final fresco, however, does not represent the Hazael story, at least as found in the Bible (and Dughet follows the biblical narratives closely in his other biblical frescoes in the cycle). The Bible explicitly states that Hazael went out with a present for Elisha, "all kinds of goods of Damascus, forty camel loads" (2 Kings 8). None of the suggestions, including the traditional title, explains the seeming presence of two prophets in the fresco. An alternate possibility is that the artist, after experimenting with the possibilities in the different biblical narratives for the anointing of the kings, synthesized the stories on the road to Damascus and invented (of necessity to meet the iconographic requirements of Filippini, prior general of the Carmelite Order who commissioned the frescoes, and the prior general's friend the theologian J. B. de Lezana) a depiction of a simple act of Elijah anointing the two kings, accompanied by Elisha. The instruction to anoint all three (including Elisha as a prophet) is found in 1 Kings 19.

As Boisclair has shown, de Lezana's description of the fresco, ambiguous on the roles of the prophets in the anointing of Hazael and omitting reference to Jehu, only adds to the confusion.[5] Susan J. Bandes has argued that Elijah is the figure depicted with the mantle apart from the other figures—that is, seen returned after his ascension to witness the fulfillment by Elisha of the prophecy revealed to him[6]—and asserted that such was de Lezana's understanding, as well.[7] In any case, the two figures in the Chatsworth drawing do not appear to be prophets (or a prophet and Hazael), as neither is attired in the prophet's mantle described in the Bible and evident in the frescoes. Thus the Chatsworth drawing may indeed lie outside the sequence in the development of the composition (Frankfurt-Cambridge-Hamburg-fresco), as Chiarini suggested.

NOTATIONS: None

WATERMARKS: (Mounted down in Mariette mount)

PROVENANCE: P. J. Mariette, Paris, 1694-1774 (Lugt 1852); (mark not in Lugt, lower left corner); (W. R. Jeudwine, London)

LITERATURE: Theodore Crombie, "Naldini to Nasmyth," *Apollo* LXXIX, 27 (1964): 421-422, fig. 3; Benedict Nicolson, "Notes on Current and Forthcoming Exhibitions," *Burlington Magazine* CVI, 734 (1964): 240, fig. 73; "Accessions of American and Canadian Museums, July-September 1964," *Art Quarterly* XXVII, 4 (1964): 496, 503; Ann Sutherland Harris, "A Lost Drawing by Gaspard Dughet for a Fresco by Giovanni Francesco Grimaldi," *Burlington Magazine* CX, 780 (1968): 142; Pierre Rosenberg, *Mostra di disegni francesi da Callot a Ingres* (Florence, 1968), 40, no. 33 (mentioned); Marco Chiarini, "Gaspard Dughet: Some Drawings Connected with Paintings," *Burlington Magazine* CXI, 801 (1969): 753; Toronto et al. 1972-1973, 156-157, no. 45 (mentioned); Johanna Heideman, "The Dating of Gaspard Dughet's Frescoes in San Martino ai Monti in Rome," *Burlington Magazine* CXXII, 929 (1980): 544; Boisclair 1986, 197, 376, no. 94 (mentioned), fig. 129; Frankfurt 1986-1987, 47, no. 34 (mentioned).

EXHIBITIONS: London 1964, *Exhibition of Landscapes of the Grand Tour,* Alpine Club Gallery, cat. by W. R. Jeudwine and Yvonne Ffrench, no. 10, pl. III; New York 1978, *Romance and Reality,* Wildenstein & Co.

1. Boisclair and Susan J. Bandes discuss the ambiguities of the iconography and documentary references. See Boisclair 1986, 197-198, no. 94; Bandes, "Gaspard Dughet and San Martino ai Monti," *Storia dell'arte* XXVI (1976): 56.

2. Ann B. Sutherland, "The Decoration of San Martino ai Monti—I," *Burlington Magazine* CVI, 731 (1964): 65-66.

3. See the entry no. 34 in Frankfurt 1986-1987, 47-48; both of these drawings, the fresco, and the Chatsworth drawing and Hamburg modello discussed below are reproduced in Boisclair 1986, figs. 126-130.

4. See comments, [15] and Blunt 1979, 33 40.

5. Boisclair 1986, 197-198, no. 94.

6. Bandes 1976, 56.

7. Boisclair 1986, 197 198, no. 94; Bandes 1976, 56.

40. *Landscape with Horseman in the Foreground*
Black and white chalk on tan paper (faded from blue), 317 x 425 mm (12-1/2 x 16-3/4")
E. B. Crocker Collection, Crocker Art Museum, 1871.350

This drawing was first published by Rosenberg in 1970 and is one of six fine drawings at the Crocker by Dughet, all executed in black chalk, rediscovered by Rosenberg, and published in 1969 and 1970 in articles by Marco Chiarini and him (this drawing not specifically cited by Chiarini). A highly finished composition, it is not related to any known painting by the artist; nonetheless, a general dating for the sheet may be suggested on the basis of its stylistic similarity to other chalk drawings by Dughet in Sacramento, Düsseldorf, and London. Recent scholarship, notably the work of Francesco Arcangeli, Chiarini, Eckhard Knab, Luigi Salerno, Marie-Nicole Boisclair, and Christian Klemm has enabled us to define the broad contours of the artist's stylistic development in paintings and drawings.[1]

After the work at San Martino ai Monti [38-39], Dughet virtually abandoned the use of pen and ink and focused on the dynamic, soft, and more chromatically rich medium of black chalk, often with white highlighting, on tan or blue green paper. This permitted the artist in the 1650s to articulate a more atmospheric approach to landscape, indebted to the example of Salvator Rosa. As Chiarini notes, this character is reflected in a freely drawn technique, with broadly hatched and zigzag strokes, permitting uncovered areas of the paper to convey the sense of brightly lit surfaces. Dughet also relied on contrasts created through the use of shadow and long arching strokes contrasted with short hatching ones to emphasize the plasticity of elements in the landscape and to energize the composition.

Among the most famous mature examples

of this type of drawing is the study at Düsseldorf (FP 4740)[2] for the *Landscape with Elijah and the Angel* (sometimes called "Abraham [or Moses] and the Angel"), a highly dramatic and Rosa-inspired landscape. In this work, the viewer's eye is drawn effectively through the middle ground into the distant landscape, barely perceptible through the atmosphere, with geometrically defined points of architecture in the middle ground helping to anchor the composition. The sheet is datable to about 1657-1660, according to Arcangeli, and about 1660 according to Boisclair, after Dughet's frescoes at the Palazzo Camillo Pamphili (1658/59). Dughet's late style, typified by the Sacramento drawing, is reflected in a more atmospheric, less detailed, and sculptural vision of nature, the soft black and white chalk still evoking the sense of light striking forms, but without the dramatic contrasts found in his earlier work, and as Chiarini has noted, without the clear definition of planes and spatial recession found in drawing of the previous decade. Indeed, in Dughet's latest drawings, dating from 1672 and his fresco commission at the Palazzo Borghese to the end of his life, structure is built up in short parallel strokes of soft black chalk, sometimes enhanced with white chalk, creating tonal, blocklike interlocking planes in space. In a manner that anticipates the late style of Cézanne, the strokes create a rhythmic unity across the paper, unifying the composition, as in the late Düsseldorf drawings (FP 4721, FP 4896).[3] Remarkably, Dughet also is able to achieve this effect in a late red chalk drawing [41].

The Sacramento drawing, the tonal subtlety of which must have been extraordinary before the paper faded, would seem to date approximately at the time of Dughet's works at the Galeria Colonna and the Palazzo Borghese, about 1670-1672. Stylistically it falls between the preparatory drawing at the British Museum (BM 1946.7.13.1120) for the *Landscape with Fishermen and Bathers* in the Queen's Collection, the Ottawa *Rocky Landscape* (14690) for the Galeria Colonna, and the previously mentioned sheet in Düsseldorf (FP 4721), preparatory for a fresco on the second mezzanine of the Palazzo Borghese.

NOTATIONS: None

WATERMARK: None

PROVENANCE: (Rudolf Weigel, Leipzig); Edwin Bryant Crocker, Sacramento

LITERATURE: Pierre Rosenberg, "Twenty French Drawings in Sacramento," *Master Drawings* VIII, 1 (Spring 1970): 32-33, 39 n. 14, fig. 1; *Master Drawings from Sacramento* (Sacramento, 1971), 151; Toronto et al. 1972-1973, 157, no. 45 (mentioned).

EXHIBITIONS: None

1. Francesco Arcangeli's essay and datings in *L'Ideale classico del seicento in Italia e la pittura di paesaggio* (Bologna, 1962); Marco Chiarini, "Gaspard Dughet: Some Drawings Connected with Paintings," *Burlington Magazine* CXI, 801 (1969): 750-754; Eckhard Knab, "Observations about Claude, Angeluccio, Dughet, and Poussin," *Master Drawings* IX, 4 (1971): 367-383; Luigi Salerno, "La cronologia di Gaspard Dughet," *Etudes d'art français offertes à Charles Sterling* (Paris, 1975), 227-236; Marie-Nicole Boisclair, "Gaspard Dughet: une chronologie revisée," *Revue de l'art* no. 34 (1976), 29-56; Boisclair 1986; and Christian Klemm, *Gaspard Dughet und die ideale Landschaft* (Düsseldorf: Kunstmuseum, 1981), 7-30.

2. See Klemm 1981, 4, 42, no. 16.

3. See ibid., 19, 45, nos. 20, 21.

41. *View of Tivoli*
Red chalk, 345 x 516 mm (13-5/8 x 20-3/8)
North Carolina Museum of Art, Gift of Mr. and Mrs. Doak Finch, G.63.19.1

This magnificent landscape drawing was previously attributed to Watteau; the proper attribution was first recognized by Rosenberg in 1972. It is a preparatory study for *Panoramic Landscape of Tivoli*, a painting formerly in the collection of the Palazzo Colonna in Rome and now at the National Gallery in London. That picture has been dated by Francesco Arcangeli to 1670,[1] a dating generally accepted, although Boisclair observes that the picture might be dated as late as the Borghese frescoes, to 1671/72. The drawing differs from the final painting in its proportions, and the view presented in the painting is wider on both sides and at the base. On the other hand, the composition is extended at the top. Thus, although as Rosenberg has noted, the figures on the extreme left and right (as well as the two dogs) are missing in the drawing, this seems to be the result of the distinctive cropping of the composition. The two figures in the lower right of the foreground and the figure on the extreme left in the drawing appear virtually in the identical poses as in the painting. Although Dughet often executed his preparatory compositional drawings without figures or with the figures in different poses, there are examples throughout his career of drawings with the figures posed as in the paintings.[2] This raises a different issue, namely to what extent such large, handsome, and highly finished sheets were truly designed as preparatory drawings and whether they might have served as modified records, presentation sheets, or autonomous works.

Another distinctive aspect to the Raleigh drawing is the fact that it is executed in red chalk. As noted earlier (see [38], especially n. 7), Dughet used red chalk relatively rarely, depending primarily on the tonally rich medium of black and white chalk, often on blue-green paper. Pen-and-ink drawings apparently are extremely rare after his work in San Martino ai Monti (an exception would seem to be a drawing at Cape Town, related to a painting datable to 1669/70).[3] Another late red chalk drawing by the artist is at Princeton (inv. 68-1), a study of a *Tempest* datable to 1672-1675.[4] The medium of red chalk, not as atmospherically soft or variable as black chalk, is nonetheless used with brilliant mastery to convey the palpable flow of light and shadow across the landscape, and the transitional middle tone draws the eye through the vista and unites the composition as much as the diagonal format.

It is interesting to compare this late work of about 1670 with the Bowdoin drawing [38] of about 1647. In the former, the artist, drawing in broad, loose strokes and crosshatching, is primarily influenced by the Bolognese school, and forms are sculpturally boded in clear outlines and powerful, vivid strokes. In the Raleigh drawing, much as in the black and white chalk drawing from Sacramento [40], a strongly geometrical sensibility – building up forms in tonal units created by short, closely drawn parallel strokes creating tonal, blocklike interlocking planes receding through space, and defining architectural elements with an almost-Poussinesque abstraction – again recalls the style of the late Cézanne. As in the Sacramento drawing, these tonal fields of series of short strokes of chalk create a rhythmic unity across the large sheet.

NOTATIONS: None

WATERMARK: None

PROVENANCE: English private collection; (Central Picture Galleries, New York); Mr. and Mrs. Doak Finch, Thomasville, N.C.

LITERATURE: *Art Quarterly* XXV, 4 (1962): 417; "Accessions of American and Canadian Museums, April-June, 1963," *Art Quarterly* XXVI, 3 (1963): 360; *A Catalogue of Drawings and Watercolors, North Carolina Museum of Art, Raleigh* (Raleigh, 1969), 70-71, no. 130; *Gaspard Dughet called Gaspar Poussin, 1615-1675* (London, 1980), 45, no. 22 (mentioned); Boisclair 1986, 274, 377, no. 342 (mentioned), fig. 376.

EXHIBITIONS: Winston-Salem, N.C., 1963, *Collectors' Opportunity,* Gallery of the Public Library of Winston Salem and Forsyth County, 52; Toronto et al. 1972-1973, 48, 157, no. 46, pl. 50.

1. Francesco Arcangeli, *L'Ideale classico del seicento in Italia e la pittura di paesaggio* (Bologna, 1962), 289, no. 119.

2. E.g., in Boisclair 1986, the following: Edinburgh, National Gallery of Scotland, inv. 1720 (fig. 191), 1656/57; Berlin, Staatliche Museum, inv. K.d.Z. 15028 (fig. 204); a private collection in New York (fig. 205), both datable to 1657; Sacramento, Crocker Art Museum, 1871.354 (fig. 311), 1664-1668; Sacramento, Crocker Art Museum, 1871.246 (fig. 344) and 1871.353 (fig. 347), 1667/68; Frankfurt, Städelsches Kunstinstitut, inv. 442 (fig. 353), 1669-1671; Düsseldorf, Kunstmuseum, inv. FP 4724 (fig. 390), 1671-1673; Paris, Ecole des Beaux-Arts, inv. 878 (fig. 400), 1671-1673.

3. National Gallery of South Africa, inv. 324, repr. in Boisclair 1986, fig. 381.

4. Ibid., fig. 442.

Dominique Barrière

MARSEILLES CA. 1610/20 - ROME 1678

42. *Study for a Title Page*
Pen and brown ink, brown wash, over graphite indications, traced with a stylus for transfer, verso prepared with red chalk (within portrait medallion, five strips of paper with traces of pen and ink and graphite on paper beneath), 347 x 234 mm (13-5/8 x 9-1/4″)
Bowdoin College Museum of Art, Bequest of James Bowdoin III, 1811.136

David Becker first recognized this sheet as a study for the title page to Barrière's 1647 publication of twenty-two etched plates, consisting of title page, dedication, preface, eight views of the Villa Aldobrandini and its gardens, the papal family's country residence at Frascati, ten further plates of the Domenichino frescoes at the villa, and a plan of the Villa Aldobrandini and its surrounding countryside. As he notes, our information on the artist is scarce. We remain uncertain of Barrière's birthdate in Marseilles, although he was established in Rome by 1643 (perhaps as early as 1640), where he died in 1678.

The limited documentary references to the artist include three letters by François Chappuys.[1] In 1666 the artist is mentioned as copying the designs of chandeliers at St. Peter's on commission, while in 1676, Chappuys writes of him:

Mr. Barrière faict des paysages au pair des grands hommes et n'a point d'autre manière que le naturel qui est la dernière perfection du Peintre. Il en a desseigné à la plume sur le velin qui pourroient tenir leur rang parmi les choses rares que le Roy a dans son Cabinet.

On November 16, 1678, in a third letter by Chappuys, Barrière is mentioned as dead, "et nous n'avons personne à Rome de cette force pour l'architecture et pour les paysages." Recently, Roethlisberger has published a group of mostly previously unknown pen-and-ink drawings of classical landscapes and ports by Barrière and has further clarified the

Figure 42a. Dominique Barrière, *Title Page to "Villa Aldobrandina Tusculana."* London, Courtauld Institute of Art.

artist's artistic identity in relation to Claude in Rome ca. 1646-1651.[2]

On the actual title page (Figure 42a), the portrait medallion bears the engraved likeness of Louis XIV, then nine years of age, to whom the work is dedicated. As Becker notes, on the printed title page the work is dated 1647, and Barrière signed the plate as designer, draftsman, and printmaker. Barrière maintained commemorative ties with France, recording the funerary ceremonies for Cardinal Mazarin, published in Rome in 1661, and the fireworks in honor of the birth of the dauphin the following year. However, the artist seems to have been most famous as a designer of landscapes and panoramic views, working in styles and genres common to Claude and Silvestre. In the 1640s Silvestre was executing the topographical and villa and garden views for which he gained celebrity (see [43] and especially [44]). Indeed, Barrière's panoramic vista of Rome of 1649 (related drawings to which survive at Stockholm and the Morgan Library)[3] must be understood in the context of Silvestre's accomplishment, as described in [43]. Although Barrière's topographical views continue in a tradition that, as in the case of Silvestre, had been well established in French art by Callot, he also demonstrated an ability to respond to contemporary classicist currents, specifically to the art of Claude, as seen in Barrière's smaller landscapes and marine subjects. The latter include two suites of prints executed in 1646 and 1651.

Roethlisberger's recently published discussion and reproduction of thirty drawings by the artist – the topographical drawings in Stockholm and New York, and twenty-eight pen-and-ink independent drawings of landscapes and marine subjects formerly bound in an album – have significantly expanded our knowledge of the artist's work. These drawings, executed at about the same dates (ca. 1646-1651) as the Bowdoin drawing (ca. 1647) reflect the contemporary influence of Claude in their compositional conceptions, while retaining Callot's more calligraphically meticulous handling of pen and ink.[4] The album included a highly finished pen-and-ink title page with marine symbols, also, as in the Bowdoin drawing, with a blank medallion.[5] That title page also lacked the monogram of the artist conventionally inscribed by him on his other small pen-and-ink landscapes from the album, presumably because, as in the cases of the panoramic view of Rome and the Bowdoin drawing, an elaborate inscription was intended to be inscribed in the actual engraving plate. The port and marine subjects in the Roethlisberger group[6] are remarkably in the spirit of Claude's and Agostino Tassi's marine works of the 1630s (see [28]; also Claude's Louvre drawing of *Two Ships in a Storm* and the related prints cited and discussed in that entry). Barrière apparently also painted landscapes, since, as Roethlisberger has discovered, one is cited in the 1657 inventory of the collection of Cardinal Pietro Paolo Avila in Rome, together with those of Dughet, Claude, Filippo Napoletano, and Jan Both.

Becker has identified the iconography of the Bowdoin drawing: a figure of Painting, with her implements by her side, within the gardens of the Villa. As Becker notes, the drawing differs from the final, reversed title page in details: antique figures on the urn at left, a scene of the combat of Hercules with the bull on the base to the fountain visible beneath her arm, and the figures of Leda and the swan in the distant wall fountain replaced by just a reclining figure. There are also other minor decorative alterations.

NOTATIONS: Inscribed in graphite on tablet: *VILLA / ALDOBRAN / DINA / TUSCULANA / sine varij / illius Hortorum / et fontium / prospectus;* (a further identification in English on mount in graphite: *The Villa Aldobrandina, belonging to the Pamphili family, is near the Church of S. Domenico on Monte Quirinale;* also, in graphite, over the inscription: *96*

WATERMARK: Mounted down

PROVENANCE: James Bowdoin III, Boston

LITERATURE: H. Johnson, *Catalogue of the Bowdoin College Art Collections,* pt. 1, *The Bowdoin Drawings* (Brunswick, Me., 1885), no. 96; *Bowdoin Museum of Fine Arts, Walker Art Building – Descriptive Catalogue of the Paintings, Sculpture and Drawings and of the Walker Collection,* 4th ed. (Brunswick, Me., 1930), no. 96.

EXHIBITIONS: Brunswick, Me., et al, 1985-1986, 186-187, no. 87.

1. Published in *Archives de l'art français* I (1851-1852): 151-158.

2. Marcel Roethlisberger, "Dessins de Barrière et de Guíllerot," *Gazette des Beaux-Arts* CIX, 1419 (1987): 139-151.

3. See Bjurström 1976, nos. 115-116; also New York Edinburgh 1987, 55, no. 28 (the two halves of the Stockolm study, which is in reverse to the print – as is the case with the Bowdoin sheet – now joined); Roethlisberger *(Gazette)* 1987, 148, fig. 29 (the Morgan Library drawing).

4. See Roethlisberger *(Gazette)* 1987, 142-145, figs. 3-19.

5. Ibid., 140, fig. 1.

6. Ibid., 146-147, figs. 20-27.

43. *A View of Venice*
Graphite, brush and brown and blue ink washes on prepared vellum, 168 x 472 mm (6-5/8 x 18-9/16")
Art Gallery of Ontario, Purchase, Estate of William N. McIlwraith, 1969, 69/29

Israël Silvestre was born in Nancy to a family of Scottish origin that had settled in Lorraine in the early sixteenth century. His father, Gilles, married the daughter of Claude Henriet, court painter, and was the first of a long succession of Silvestres to become artists, concluding with an E. de Silvestre, who wrote a family biography in the nineteenth century.[1] Israël was also related to an important Paris print seller, his uncle Israël Henriet, the publisher of the works of Jacques Callot and Stefano della Bella, and painter and draftsman to Louis XIII. Probably in 1631, certainly by the mid-1630s, his uncle brought Silvestre to Paris. In 1661 Silvestre inherited the business.

As H. Granville Fell has observed, Silvestre, the most celebrated French topographical engraver of his time, was fundamentally influenced by his exposure to the prints of Callot and della Bella.[2] The artist must have known della Bella personally in Paris in 1642. A prodigious printmaker with a corpus of over one thousand prints, Silvestre had a profound influence on the development of the graphic representation of topographical views. His specialization, as has often been noted, suited him perfectly for the patronage of Louis XIV, who employed the artist to record the various royal residences, important landmarks and monuments, castles, sites of battle victories, and cityscapes of the expanded royal domain. A magnificent album of seventy-six drawings executed on royal commission in the 1660s, in pen and brown ink and wash over black chalk, some incised for transfer, of "Divers veües de plusieurs Endroitie considérables dessinées au naturel" (inv. 33010-086), recording royal gardens, palaces, fêtes, and cityscapes in Champagne and Lorraine, is one of the treasures of the Cabinet des dessins at the Louvre. (Several sheets from this remarkable album have been reproduced.)[3] Naturalized in 1661, Silvestre was named dessinateur et graveur du roi in 1663, elected to the Académie Royale in 1670, and in 1673 became drawing master to the dauphin (as that other Lorraine native, Deruet, had been to Louis XIII). He died at the age of seventy, in the Louvre, where he had lived since 1668.

Although Silvestre's influence on the development of topographical renderings and the role of the sponsorship of Louis XIV in the flourishing of this genre is not to be underestimated, that tradition in Lorraine and French art had already been well established by Callot in such works as *Gardens of the Palace at Nancy* (Lieure 566), *Square at Nancy* (Lieure 589), the *View of the Pont Neuf* and *View of the Louvre* (Lieure 668, 667), and the great war prints of *The Siege of Breda* (Lieure 593) and *The Siege of La Rochelle* (Lieure 665), among others.

Silvestre visited Italy about 1638-1641, 1643/44, and 1653/54. It was there, in 1639, that he published his first set of engravings. While Silvestre's pen-and-ink drawings, often noted for their exactitude, can be dry, his watercolor and wash drawings combine his concern with precision in recording with a greater spontaneity and directness, no doubt encouraged by the use of the brush. The Toronto drawing derives from an album of thirty-seven sheets sold from the collection of the earl of Abingdon in 1935; with one exception all the drawings record views of Italy. Thirty-five of the drawings are by Silvestre. One, a view of the Campo Vaccino, in the collection of the Institut Néerlandais in Paris, is signed. The other two drawings from the album are signed and dated (1640 and 1641) views of Rome by Dominique Barrière (see [42]). The drawings depict views of Rome and its environs, Loreto, Florence, and Venice, and are now dispersed throughout the world.[4] Four other drawings from the album are at the Fogg, including [44], another is at Yale (Figure 44b), and a breathtaking study of the Ponte Vecchio in Florence, executed in gray, green, and pink wash over graphite, is at the Metropolitan Museum. The researches of Henry A. Millon have precisely dated one of the drawings from the album, a view from the Vatican, at the Fogg Art Museum, to the spring of 1641, on the basis of construction and scaffolding depicted in the square.[5] Similarly, a drawing from the album of a *View of St. Peter's from the South* (now at the Ashmolean Museum, Oxford) must date to 1639 on the evidence of the recorded construction. The circumstantial evidence indicates, therefore, that all the drawings date to his first trip to Italy (although it is conceivable that the album was formed from drawings composed during both the first and second trip; see [44]).

As the Fogg drawing of the Piazza San Pietro so powerfully demonstrates, recording the view from the cupola of St. Peter's with such immediacy, the works were drawn on the spot, *en plein air*. The Toronto drawing similarly seems to be drawn from a height, that afforded by the campanile of San Giorgio Maggiore, overlooking the Bacino and Piazza San Marco, but with creative imagination, as if from an even greater height. Silvestre executed over a dozen prints of Venice, several of which appear in a series of twelve views of Rome and Venice (not dated). Of these, the *Altra Veduta della due: Piazza di St. Marco visto dell. orloge*[6] comes closest to the Toronto drawing, but as Thuillier has noted, the angle is different and the etching is almost certainly based on another, lost drawing. Indeed, the Toronto drawing is from a much greater height and distance. Although the print encompasses the waterfront from the Zecca to Palazzo Ducale, the drawing, which looks down on the cupolas of San Marco and the distant Alps, extends from the Frari on the left to the unfinished indications of the prison and the Riva degli Schiavoni on the right. The drawing depicts the long façade of the granary with its gabled roofs, before it was altered in the nineteenth century. David MacTavish has ingeniously suggested that since Silvestre was right-handed, working diligently from left to right, the drawing is incomplete at right because he had to interrupt his work, vacating his vantage point from the top of the campanile of San Giorgio as the afternoon

came to an end. While the artist may have been interested essentially in the view extending only as far as the Palazzo Ducale (the terminus at right of the etching), the fact that the Alps and the buildings behind the piazzale are only roughed in would support the theory of interruption. In any case, the study clearly was based on observation from nature.

While topographical views of Venice extend back to the end of the fifteenth century, with the views of Reeuwich and de Barbari, Silvestre's is less panoramic than these early views, yet seeks from its elevated perspective to place the portion of the city on which he focuses in context and setting. Topographical documentation of Venice is his main concern, subordinating landscape to architecture. In distinction to slightly older contemporary topographical draftsmen such as Wenceslaus Hollar, Silvestre shows a fine sensitivity to evoking the visual splendor of the setting through the sensitive use of wash, limiting his palette to balance the picturesque impression with the documentary record. The result has been termed by Thuillier, "sans doute la plus raffinée de toutes les pièces que contennait l'Album Abingdon."[7] Walter Vitzthum recognized in the drawing an antecedent to the picturesque *vedute* of Van Wittel and Carlevarjs.

NOTATIONS: On verso, in black ink: 311.

WATERMARK: On vellum

PROVENANCE: Earl of Abingdon; (sale, London, Sotheby's, July 17, 1935, part of lot. 5); (P. & D. Colnaghi, London); Sir Bruce S. Ingram, Chesham, b. 1877 (Lugt 1405a, marked twice, once with the "A"); Mme. J. C. Prost; Germain Seligman, New York (collection mark)

LITERATURE: *The Illustrated London News*, December 10, 1949, p. 898; "Recent Accessions of American and Canadian Museums, January–March 1970," *Art Quarterly* XXXIII, 3 (1970): 324; Rome Nancy 1982, 352, 362-363, no. 129 (mentioned), 369, no. 133 (mentioned), 370.

EXHIBITIONS: London 1935, *Exhibition of Drawings of Rome and Italy in the XVIIth Century by Israël Silvestre (1621-1691)*, P. & D. Colnaghi & Co., no. 3; London 1949, *Landscape in French Art*, Royal Academy of Arts, no. 526; Toronto 1970, *Drawings in the Collection of the Art Gallery of Ontario*, Art Gallery of Ontario, cat. by Walter Vitzthum, no. 27, pl. 13; Toronto et al. 1972-1973, 99, 210-211, no. 134, pl. III; Providence 1978, *The Origins of the Italian Veduta*, Bell Gallery, Brown University, 59, no. 45, fig. 45; Toronto 1981-1982, *The Arts of Italy in Toronto Collections: 1300-1800*, Art Gallery of Ontario, cat. by David MacTavish, Katharine Lochnan, et al., 60, no. 58.

1. E. de Silvestre, *Israël de Silvestre et ses descendants* (Paris, 1869).

2. H. Granville Fell, "Drawings by Israël Silvestre, 1621-1691," *Connoisseur* XCVII (January 1936): 18 f.

3. *Collections de Louis XIV* (Paris: Orangerie, 1977), nos. 250-251, 298-300.

4. For a summary of locations and bibliography of the album, see Rome Nancy 1982, 362-363, no. 129.

5. Henry A. Millon, "An Early Seventeenth Century Drawing of the Piazza San Pietro," *Art Quarterly* XXV, 3 (1962): 229-241.

6. No. 10 in the suite, Le Blanc 42, see Rome Nancy 1982, no. 133.

7. Rome Nancy 1982, 369.

44. *Fountain of the Dragons, Villa d'Este at Tivoli*
Pen and brown ink, graphite and pink, light green and brown washes, 203 x 333 mm (8 x 13-11/16")
Fogg Art Museum, Harvard University, Bequest of Frances L. Hofer 1979.59b

This drawing, like the preceding entry, is derived from the album formerly in the possession of the earl of Abingdon. The subject was etched by Silvestre (Figure 44a) as no. 12, numbered in the lower right in the etching (80 x 123 mm, Le Blanc 67), of a suite of twelve prints titled *Alcune vedute di Giardini e Fontane di Roma e di Tivoli, Diseg. te e Intalg. te per Israell Silvestro* and focused entirely on modern edifices. The series was published by Pierre Mariette in Paris in 1646, with the titles in Italian. As Thuillier has noted, its success was sufficient to inspire a copy in reverse published in Germany. In principle, therefore, the drawing could date from either Silvestre's first (1638/39-1641) or second (1643/44) trip to Italy (see the discussion in [43]), and the dating of other drawings from the album associated with Silvestre's studies of fountains and palaces in the environs of Rome is still unclear. In connection with another such drawing at the Fogg Art Museum, the *Villa Lodovisi* (1939.24), Agnes Mongan and P. J. Sachs have suggested that the majority of the drawings of churches and palaces in Italy were executed during the artist's second trip to Italy, in 1643/44.[1] Similarly, Egbert Haverkamp-Begemann has observed that the Yale drawing of the *Villa Giulia* (1953.35.1; Figure 44b), also from the album and formerly in the collection of Philip Hofer, might date from Silvestre's subsequent trips to Italy. The circumstantial evidence strongly suggests that most, if not all, of the drawings date from the first trip, and that even at that early date he was designing topographical views from nature with the intention of producing prints (see comments, [43]).[2]

Figure 44a. Israël Silvestre, *La Fontana de Dragoni a Tivoli*. Paris, Bibliothèque Nationale.

Figure 44b. Israël Silvestre, *Villa Giulia*. New Haven, Connecticut, Yale University Art Gallery.

Nonetheless, the possibility exists that the study does date to the second trip, since the *terminus ante quem* established by the print is 1646.

This drawing is one of two views of the Villa d'Este that formed part of the Abingdon album. The other, *Alley of the Hundred Fountains, Villa d'Este, Tivoli,* also entered the collection of Philip Hofer in 1935 and was given to Harvard in 1979 (Fogg Art Museum, 1979.59A).[3] The latter was also preparatory to an etching from the same series (Le Blanc 57). The architectural complex of the Villa d'Este, built as a pleasure retreat for the Cardinal Ippolito II d'Este between 1560 and 1572, is the subject of a comprehensive monograph.[4] In the drawing, Silvestre has included four statues at the base of the stairwell, works that were sold from the estate in the second half of the eighteenth century. These ancient statues were augmented to six in the print, although a later seventeenth-century engraving by Giovanni Francesco Venturini confirms that there were indeed four. The influence of Callot, noted in the previous entry, is evident in the manner in which the artist adds the staffage of small figures and animals ambling through the gardens in the consequent etching, no doubt to animate the rather dry and symmetrically simplified print.

As in the case of the *View of Venice,* the drawing is distinguished from its realization in etching by the directness of having been executed on site, the use of washes to convey atmospheric effects and to unify the composition, and its detailing, including, as Thuillier originally observed, the specificity of the statuary, ballustrades, and other ornamental architectural details (simplified in the etching); the natural outburst of foliage (regularized in the print); and the playful element of the water spouting from the mouths of the dragons (eliminated in the print). They also serve to contrast the freshness and vividness of his studies, in which topographical documentation is balanced with the concern for aesthetic harmony and unity encouraged by the fluid media of colored washes, with the more fastidious and dry results achieved in the smaller etchings.

The considerably larger dimensions of the drawings suggest that they were conceived as quasi-autonomous studies as well as records of the sites visited during his travel. It is tempting to propose that the highly detailed drawings were intended, beyond their use for prints, to be assembled in an album, much as his later Louvre album (see [43]). No such commission can be cited for these early drawings, however. Besides the 1660s royal commission of the Louvre album, Silvestre received one from Colbert in 1665 for drawings of fortifications in Lorraine and the Ardennes.

NOTATIONS: None

WATERMARK: None

PROVENANCE: Earl of Abingdon; (sale, London, Sotheby's, July 17, 1935, part of lot 5); (P. & D. Colnaghi, London, sold 1935); Philip Hofer, Cambridge, Mass.

LITERATURE: Rome Nancy 1982, 372-373, no. 136 (mentioned).

EXHIBITIONS: London 1935, *Exhibition of Drawings of Rome and Italy in the XVIIth Century by Israël Silvestre (1621-1691),* P. & D. Colnaghi, no. 24; San Francisco 1940, *Master Drawings: An Exhibition of Drawings from American Museums and Private Collections,* Golden Gate International Exposition, 24, 65, no. 97b; Cambridge, Mass., 1984, *Master Drawings and Watercolors: The Hofer Collection,* Fogg Art Museum, cat. ed. by Konrad Oberhuber and William W. Robinson, 34-35, 101, no. 24b, pl. 24b.

1. A. Mongan and P. J. Sachs, *Drawings in the Fogg Museum of Art* (Cambridge Mass., 1940), I: 315, no. 595, III: fig. 303.

2. See also Henry A. Millon, "An Early Seventeenth Century Drawing of the Piazza San Pietro," *Art Quarterly* XXV, 3 (1962): 230, 235.

3. Repr. in Cambridge, Mass., 1984, 34-35, no. 24a, pl. 24a.

4. D. R. Coffin, *The Villa d'Este at Tivoli* (Princeton, 1960).

Jacques Courtois

Saint Hippolyte 1621 - Rome 1676

45. *Cavalry Scene*
Recto: pen and brown ink and brown wash, 222 x 348 mm (8-3/4 x 13-11/16"), irregular
Verso: a drawing by another hand in red chalk Museum of Art, Rhode Island School of Design, Gift of Mr. Walter Lowry, 56.180

Although relatively unknown today, in his century Jacques Courtois was considered the outstanding battle painter of the era. The eighteenth-century art biographer Lione Pascoli compared him to Raphael, and Bernini admired his intensity and realism. Courtois received his initial training from his father, Jean-Pierre, but by the age of fifteen he had arrived in Milan, accompanied by his younger brother Guillaume [46, 47]. He remained in Italy virtually the rest of his life.

During his youth in Milan, Courtois was patronized by the Spanish militaryman, Baron Vattaville, and served with the Spanish troops, drawing landscapes and battle scenes. This period was followed by travel to Bologna – providing contact with Reni and Albani – Florence, and Siena, where he came into contact with various French and Dutch artists. These brief contacts, however, did not profoundly influence his adult style, and by 1640, at just nineteen years of age, Courtois resided in Rome. There he came into contact with the group of Dutch and Dutch-influenced realist genre painters known as the Bamboccianti, notably Pieter van Laer and Michelangelo Cerquozzi. Cerquozzi (himself known in his lifetime as the "Michelangelo of the Battles"), over twenty years Courtois's senior, seems to have encouraged Courtois, for Filippo Baldinucci, in his biography of the former, records an anecdote about Cerquozzi being secretly summoned to give his opinion on a trial battle scene painted by Courtois for the father of Cardinal di Carpegna. He so warmly praised the work that he made Courtois into a popular success in Rome.[1] Sandrart, who knew Cerquozzi before 1635, speaks of him as a battle painter, but outside of his collaboration with Jacques Courtois and Jan Miel (among others) on the etched illustrations for Famiano Strada's *De Bella Belgico* in 1647 and one other painting of the same year, his chronology remains virtually undefined. This is unfortunate, since the relationship between Cerquozzi and Courtois therefore remains obscure. Nonetheless, one rarely finds the innovative low, natural perspective and proximity to battle in Cerquozzi's work that one finds in many of Courtois's drawings and some of his paintings.

Ironically, Callot, whom the artist could not have known personally, seems to have influenced Courtois's style far more profoundly than these contacts, especially before the mid-1650s, when Salvator Rosa's example altered Courtois's style. Deborah Johnson has dated the RISD drawing to about 1640-1647, noting Callot's strong influence. She further has suggested that Courtois's typical fine, "wiry" contour line may reflect his career as a printmaker. Certainly that aspect of his corpus, his choice of genre and the rapid recording style of on-site pen drawing it encouraged, and his affiliation with the Bamboccianti would foster both his study of Callot and his tendency to draw in rapid, scribbling pen stroke with broad, vibrant brush strokes of wash. The similarity of their drawing styles and animated use of wash to create dynamic chiaroscuro, modeling figures with slight variations of ink tones and evoking dramatic spatial depth, is apparent when the Courtois *Calvary Scene* is compared to *An Army Leaving a Castle* by Callot at the Getty Museum (Figure 45a).[2] Even in this relatively early Courtois drawing, however, a stronger sense of physical mass and presence informs Courtois's quick sketch, complemented by the simpler, more geometrically secure compositional structure: a triangle composed of the foreground plane and receding diagonals into depth.

Courtois's own conviction regarding the function and character of his drawings, expressed in a letter to his close friend Vanghetti in September 1667, is revealing. He refused to do the drawings asked for by his friend, noting that except for those executed in his youth for Vattaville in Milan, he never executed drawings, "except for a few brief sketches before beginning a painting, and these are of no use to anyone but myself, because they are only ideas, and I cannot be

bothered to finish them, etc."[3] Baldinucci informs us that after preliminary sketches, the artist roughed out his paintings on the canvas itself. It is therefore not surprising that no painting can be associated directly with this sheet, although the sinuous, basically triangular composition and isolated motifs appear in various paintings. Johnson has isolated a drawing at the Louvre (Figure 45b) of the same dimensions and stylistic period, which she sees as related to this sheet. She describes both as depicting a battle aftermath, possibly associated with the same commission. She also draws attention to the equestrian woman on the extreme left, whom she interprets as a hostage. The Louvre drawing, however, appears preparatory for a different subject, one similar to the *Battle Scene* from the late 1640s at the Doria Gallery, Rome.[4] Drawings and paintings of battling or marching soldiers with plumed equestrian officers are common in Courtois's work.

Johnson persuasively compares the style of the RISD drawing with a drawing associated with Courtois's etching of *The Capture of Oudenarde* for the project of illustrating the second volume of *De Bello Belgico,* published in 1647.[5] Courtois's style changes after the death of his wife in 1654 and, following considerable travel in Italy and Germany, his return to Rome, where he was ordained in the Jesuit order in 1657. Johnson enumerates these changes: the Rosa-influenced romantic temper, the looser "looping line to define cloud and ground," and the prominent cross that appears on sheets after becoming a Jes-

Figure 45a. Jacques Callot, *An Army Leaving a Castle*. Malibu, California, J. Paul Getty Museum.

Figure 45b. Jacques Courtois, *Battle Scene*. Paris, Louvre.

uit. Other characteristics of this period are the broader, even more massive forms, the less sharply contrasted use of washes, and the employment of parallel, hatching strokes to model forms. Among the many drawings of this period, noteworthy are the drawings from the Bellori album, acquired by that art critic from the Jesuits after Courtois's death. These are now at the Louvre and British Museum. Other such sheets include some recently accessioned drawings from the Baderou bequest at Rouen,[6] and in the United States, three drawings at the Cincinnati Art Museum.

NOTATIONS: Inscribed in upper right corner in red chalk: *76*; on verso, sketch of horses and two sketches of riders, one with head and neck of a horse, in red chalk; inscribed on verso in red chalk, bottom center: *Gamelin* (preceded in pencil by the letter *J*); continuing in dark brown ink: . . . *Ne en 1738 à Carcassone–Mort en 1803;* various scribbles in pen and brown ink beneath the preceding

WATERMARK: None

PROVENANCE: Walter Lowry, New York

LITERATURE: None

EXHIBITIONS: Toronto et al. 1972-1973, 44, 148, no. 32, pl. 45; Providence et al. 1983, 108-111, no. 34.

1. Filippo Baldinucci, *Notizie dei professori del disegno da Cimabue in qua (1682-1728),* 6 vols. (Florence, 1974), IV: 522-523.

2. For presentation and discussion of the Getty drawing, see Goldner 1988, 148-149, no. 63.

3. Quoted from Edward L. Holt, "The British Museum's Phillips-Fenwick Collection of Jacques Courtois's Drawings and a Partial Reconstruction of the Bellori Volume," *Burlington Magazine* CVIII, 760 (1966): 349. Further archival letters to this effect by the artist are quoted by Anna Maria Guiducci throughout her article on the Badereu collection drawings, "A propos de quelques dessins du Bourguignon," *Etudes de la Revue du Louvre et des Musées de France, I, La donation Baderou au Musée de Rouen, Ecole Français* (Paris, 1980), 36-41.

4. See Edward L. Holt, "The Jesuit Battle-Painter: Jacques Courtois (le Bourguignon)," *Apollo* LXXXIX, 85 (1969): 220, fig. 17.

5. The print and drawing are reproduced in ibid., 217, fig. 12, 219, fig. 13, respectively.

6. See Holt 1966, 345-350; see also Rosenberg 1971, col. pl. XII; and Guiducci 1980, 36-41, respectively.

Guillaume Courtois

Saint-Hippolyte 1628 - Rome 1679

46. *Dock Scene*
Red chalk, 274 x 404 mm (10-13/16 x 16-1/4")
Verso: *Studies of Figures*
The Art Institute of Chicago, Leonora Hall Gurley Memorial Collection, 1922.168

Guillaume Courtois, known by the Italianization Guglielmo Cortese (and, like his brother [45], called "il Borgognone," after his region of origin), accompanied his elder brother Jacques to Milan in 1636. Unlike that of Jacques, however, Guillaume's style fundamentally was molded by the art of Italy, especially the work of his master, Pietro da Cortona, and toward the 1670s, by his contemporary and friend Carlo Maratti, as Courtois's eighteenth-century biographer Lione Pascoli observed. Courtois also was influenced by his exposure in Rome to a diverse group of other leading Italian Baroque painters of midcentury, including Lanfranco, Mola, Preti, and Bernini, for whom he executed decorative commissions.[1] Several of his religious compositions also reflect the strong impression of Raphael.

Guillaume Courtois specialized more in religious subjects than the battle pieces that dominated Jacques's production, but also produced portraits and mythological works, and worked at various times in collaboration with his brother and Gaspard Dughet. The essential and well-illustrated, if somewhat outdated, reference for the careers of both of the brothers remains F. A. Salvagnini's *I pittori Borgognoni Cortese (Courtois) e la loro casa in Piazza di Spagna,*[2] despite confusions in attributions. Recent scholarship, notably the work of Dieter Graf, Erich Schleier, Walter Vitzthum, Ann Sutherland Harris, and Simonetta Prosperi Valenti Rodinò, however, has helped define the stylistic development of Guillaume Courtois as a draftsman, aided particularly by the important repositories of his graphic corpus at Rome.[3]

The young Courtois accompanied his

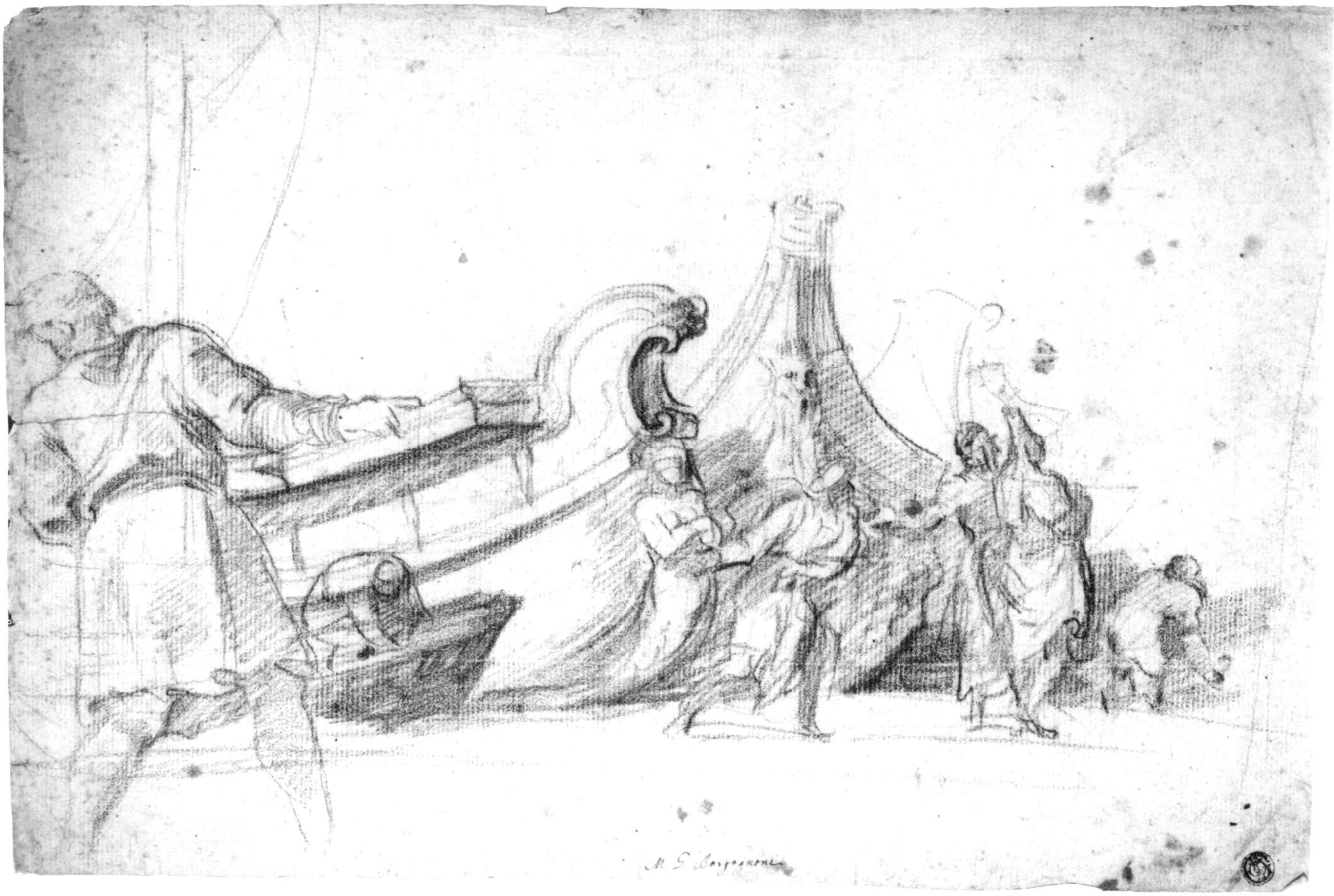
M. G. Borgognone

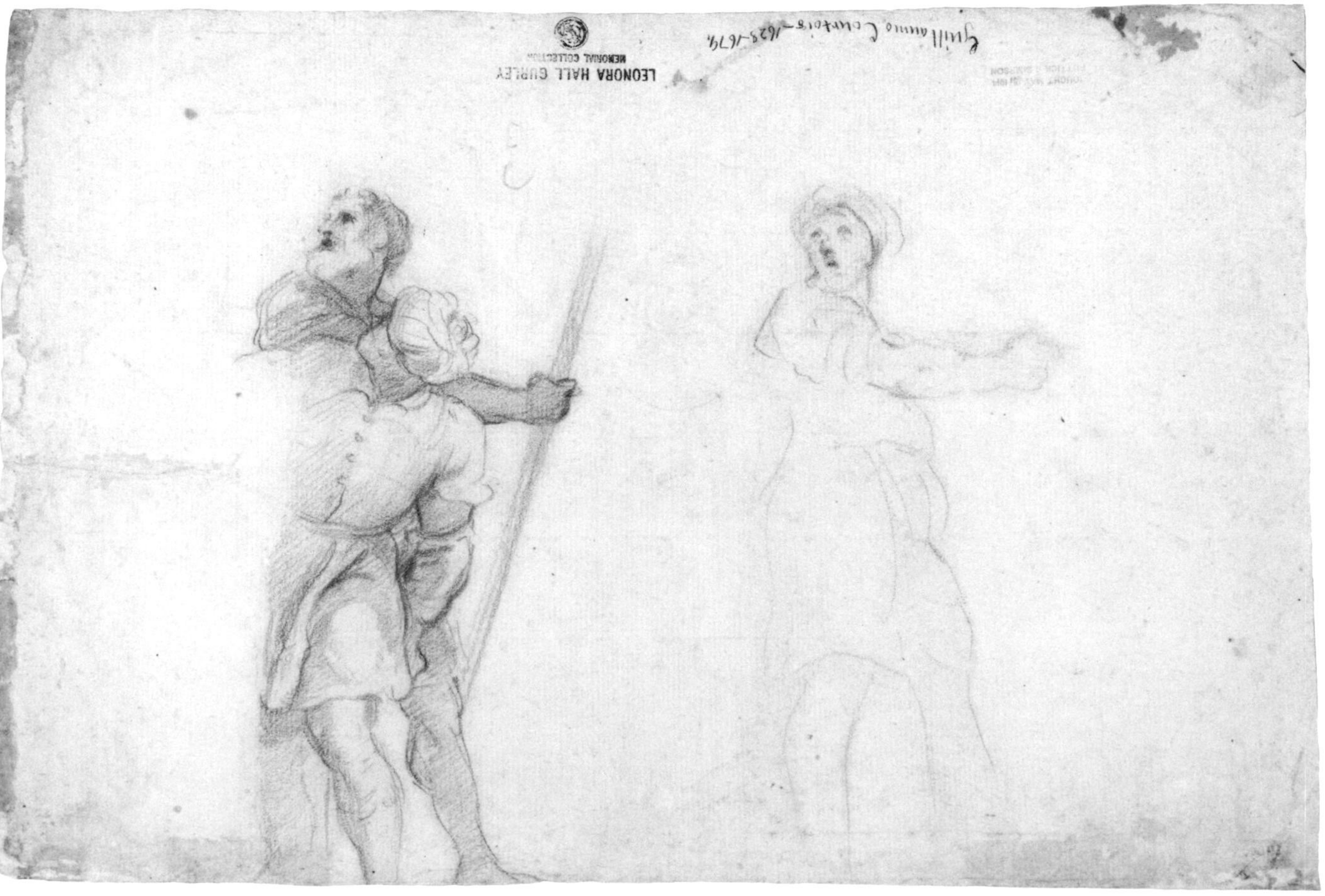
LEONORA HALL GURLEY
MEMORIAL COLLECTION

older brother, Jacques, to Rome in 1639/40, and through the efforts of his brother entered the studio of Pietro da Cortona, where he became one of the finest of the assistants, executing for da Cortona frescoes in SS. Luca e Martina in 1650 and vault decorations in the Sala dei Paesi in the Palazzo Pamphili in Rome (1651-1654).[4] Courtois established his reputation on the basis of decorations for the church of San Marco in Rome, for which he was recommended and warmly praised by da Cortona, who encouraged his career, according to Pascoli.[5] In the later 1650s, after the death of Bernini's collaborator, Guidobaldo Abbatini, in 1656, the execution of the paintings in several architectural projects of Bernini was assigned by Bernini to Courtois, and in the period of the late 1650s and early 1660s the influence of Bernini is evident in Courtois's graphic style. As Schleier has so perceptively commented, the collaboration with Bernini underlines a significant distinction between Courtois's drawing style and that of da Cortona, and Bernini's influence may extend back before their collaboration, even to the artist's first independent commission at San Marco.[6] As Schleier states, as opposed to da Cortona's other leading disciple, Ciro Ferri, whose style becomes increasingly elegant and refined, Courtois's figures become increasingly heavy and massive, with a monumental vigor also reminiscent of Preti. Gradually Courtois's style evolves into one more fluid but also more generalized and abstract in its definition of figures.

The Chicago drawing is stylistically related to several works dating approximately to the early 1660s. A red chalk drawing of a *Battle Scene* in the Kunstmuseum at Düsseldorf has been dated by Graf[7] to this period on the basis of analogy to frescoes by Courtois executed after 1659 for the Congregazione Prima Primaria al Collegio Romano in Rome,[8] where he worked together with his brother. Graf also relates to the Düsseldorf drawing a thesis print of *Theology* after a design by Courtois derived from his fresco painting of the *Battle of Joshua* executed in the Quirinal Palace in 1656/57.[9] The handling of parallel strokes of hatching to convey shadow, the weight of contour line, the darker accents of chalk to define forms in space, and the proportions of the figures in the Düsseldorf drawing are quite similar to those in the Chicago sheet. The Chicago drawing also appears close in date to Courtois's painting in Besançon of *The Good Samaritan,* in which the figure of the youth being paid to aid the injured man is posed virtually identically, the torso of the upper back similarly shaded, to the figure on the left in the Chicago drawing.[10]

Regarding the subject matter of the Chicago drawing, Prosperi Valenti Rodinò reproduces two paintings datable to the 1660s of subjects derived from the *Aeneid* (*Venus Giving Arms to Aeneas* and *Aeneas and Dido Fleeing the Tempest*).[11] The Chicago drawing likely concerns a classical theme, as evidenced by the attire of figures, including what appears to be a Phrygian cap on one the figures, and the fantastic profiles of the ships, possibly inspired by da Cortona's decorations at the Palazzo Pamphili (see *Aeneas Arrives at the Mouth of the Tiber* in the Galleria Pamphili, executed 1651-1654, when Courtois was working under da Cortona).[12] The specific subject of the Chicago study remains uncertain. The sheet is clearly fragmentary as at least one other prominent, apparently focal, figure would have existed at left. That it depicts yet another subject drawn from the *Aeneid* is worth consideration. It could represent, for example, the opening of Book III of the *Aeneid.* The figures on the verso could also be associated with the *Aeneid*–for example, Aeneas and Anchises could be the figures on the left–except that the younger figure is not attired in armor.

NOTATIONS: Inscribed recto, center base, in pen and brown ink: *M. G. Borgognone*; on verso, top center, in pen and brown ink: *Guillaume Courtois–1623-1679.*

WATERMARK: Fleur-de-lys in a circle (46 mm diameter), centered on chain line, surmounted by a small half-circle

PROVENANCE: (Bought May 15, 1914, Puttick and Simpson: the preceding stamped on verso); W. F. E. Gurley, Chicago (stamped recto and verso)

LITERATURE: Joachim 1977, 13, no. 1B5; Simonetta Prosperi Valenti Rodinò, *Disegni di Guglielmo Cortese (Guillaume Courtois) detto Il Borgognone nelle collezioni del Gabinetto Nazionale delle Stampe* (Rome, 1979), 20-21, fig. 8.

EXHIBITIONS: None

1. See Erich Schleier, "Aggiunte a Guglielmo Cortese detto Il Borgognone," *Antichita Viva* IX, 1 (1970): 3-25.

2. Published Rome, 1937.

3. See Prosperi Valenti Rodinò 1979 and Dieter Graf, *Master Drawings of the Roman Baroque from the Kunstmuseum Düsseldorf* (London and Edinburgh: Victoria and Albert Museum, 1973). Also idem, *Kataloge des Kunstmuseums Düsseldorf. Hanzeichnungen. III. Band 2/1-2, Die Hardzeichnungen von Giglielmo Cortese und Giovanni Battista Gaulli* (Düsseldorf, 1976).

4. See Simonetta Prosperi Valenti Rodinò, "L'Attivita giovanile di Guglielmo Cortese per i Pamphili," *Paragone* no. 321 (1976): 29.

5. For Pascoli's discussion of the artist, see Leoni Pascoli, *Vite de'pittori, scultori, ed architetti moderni,* 2 vols. (Rome, 1730), I: 149-154.

6. Erich Schleier, "A propos du 'Bon Samaritain' de G. Courtois," *La Revue du Louvre* XXII, 4-5 (1972): 320-321; see also Ann Sutherland Harris, "Guglielmo Cortese: Some Early Drawings and Lost Works," *Master Drawings* X, 4 (1972): 361.

7. Graf 1973, no. 18; also idem 1976, III: 2/1, p. 53, no. 109; III: 2/2, p. 83, fig. 149.

8. For the paintings, see Francesco Alberto Salvagnini, *I pittori Borgognoni Cortese (Courtois) e la loro casa in Piazza di Spagna* (Rome, 1937), pls. XLII-XLIV, XLVIII-XLIX; there repr. as Jacques Courtois.

9. Prosperi Valenti Rodinò 1979, 59, fig. 16.

10. The painting is reproduced with preparatory drawings in Schleier 1972. Schleier dates the painting to the 1660s.

11. Prosperi Valenti Rodinò 1979, 12-13, figs. 9-10.

12. Giuliano Briganti, *Pietro da Cortona* (Florence, 1962), pl. 249.

47. *Study for a Portrait of a Man*
Red chalk, 332 x 254 mm (13-1/8 x 10")
Metropolitan Museum of Art, Harry G. Sperling Fund, 1975, 1975.60

The Metropolitan portrait was first recognized as a work by Courtois by Ann Sutherland Harris and confirmed by Erich Schleier, as published in the catalogue of Lorna Lowe. Guillaume Courtois's work in portraiture remains ill-defined, although several examples of his paintings and drawings in this genre have been isolated, and Dieter Graf and Erich Schleier have published two paintings and a drawing, associated with the artist's earliest work in the mid-1650s.[1] These early portraits (one of the Venetian ambassador Nicolò Sagredo, in the sacristy of San Marco in Rome, being associated with Courtois's important, independent commission at San Marco given Courtois by Sagredo) reflect the early influence of Bernini's bravura, noted in [46]. The specificity and naturalism of the figures, the characterization of their psychologically pressing and weighty presences, are quite different from the more generalized and idealized Van Dyckian figure in the Metropolitan drawing.

Prosperi Valenti Rodinò has related the present sheet to a red chalk study of a prelate in Rome (inv. F.C. 127091),[2] and the drawings are indeed close in pose and drawing style, and in the generalized rendering of the features and articulation of drapery. Studies of an angel on the verso of the Rome drawing, apparently preparatory for a painting of the apotheosis of a saint (known through a modello in Madrid),[3] are stylistically similar to studies for the *Adoration of the Magi* and *San Giovanni Gualberto Trampling the Heresies* (1661-1663)[4] and further support a later dating of the Metropolitan drawing, perhaps to the early 1660s.

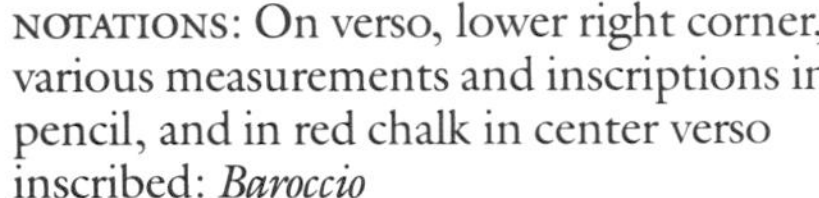

NOTATIONS: On verso, lower right corner, various measurements and inscriptions in pencil, and in red chalk in center verso inscribed: *Baroccio*

WATERMARK: A sun with a face and extending rays, centered on chain line, within a circle

PROVENANCE: (Lorna Lowe, London, 1975)

LITERATURE: *Old Master Drawings Presented by Lorna Lowe* (London, 1974), no. 15, pl. 5; *The Metropolitan Museum of Art, Annual Report of the Trustees* (1974-1975), 51; Simonetta Prosperi Valenti Rodinò, *Disegni di Guglielmo Cortese (Guillaume Courtois) detto Il Borgognone nelle collezioni del Gabinetto Nazionale delle Stampe* (Rome, 1979), 87, no. 198 (mentioned); Bean 1986, 76, no. 77.

EXHIBITIONS: New York 1975, *European Drawings Recently Acquired, 1972-1975,* Metropolitan Museum of Art, cat. by Jacob Bean, no. 37.

1. Dieter Graf and Erich Schleier, "Some Unknown Works by Guglielmo Cortese," *Burlington Magazine* CXV, 849 (1973): 801, figs. 44, 46, 47.

2. Prosperi Valenti Rodinò 1979, 87, no. 198, repr. p. 226.

3. Repr. in ibid., 19, fig. 6.

4. See ibid., 41-42, nos. 50-55, esp. no. 52, repr. p. 141.

III. The Ascendance of Paris

48. *Portrait of a Lady (Cathérine-Charlotte de la Trémoille, Princesse de Condé?)*
Black, red, ochre, and white chalks,
290 x 232 mm (11-1/2 x 9-1/8″)
Ian Woodner Family Collection, WCI-55

The popularity of the drawn portrait in France, which became virtually a specialization by the end of the sixteenth century, traces back to the uncompromising naturalism of the head studies of Jean Fouquet. Per Bjurström has ably summarized the development of the portrait-type in French drawing of the sixteenth century.[1] In the art of Jean Clouet, peintre et valet de chambre to Francis I, the influence of the Italian Renaissance is reflected in a degree of idealization and softening of features. As Bjurström has noted, the underdrawing in Clouet's portraits, executed commonly in silverpoint, establishes the specifics of outline of the face and the essential volumes, while the loosely applied parallel strokes of black chalk complete the portrait–adjusted in a Florentine-inspired manner in width and darkness to establish the sculptural contours, and complemented in red chalk to highlight features. In this way, unlike his contemporary Holbein, the artist deemphasized outline in favor of mass and volume.

Clouet thus established a portrait type, isolating the head and drapery of the bust, that was carried on in drawings by his son François Clouet, who established himself in Paris and succeeded his father as peintre du roi in 1541. Although François's elegant, decorative, and psychologically distancing portrait paintings are reminiscent of Bronzino's and often include more of the figure, his drawings adhere to his father's compositional conventions. His Mannerist portraits, while adopting the techniques of his father, eschew the psychological depth of Jean's works to emphasize position, clothing, and coiffure. They present sweetened, more regularized features, and lack the force and directness of his father's portraits. In a society where a person was defined primarily in terms of one's role and position at court as defined by fashion, François Clouet's more impersonal likenesses were very popular. Contour line more strongly asserts itself, and the detailed attention to a naturalistic rendering of drapery and decorative elements combined with the previously mentioned aspects of his style tie François Clouet to the International Mannerist movement.[2]

In this context we can appreciate the accomplishment and limitations of François Quesnel, arguably the most talented of François Clouet's followers. Although decorative emphasis on line and a further abjuring from psychological contact with the subject, a hieratic aloofness of the sitter, make Quesnel's portraits seem even more abstract than Clouet's, his innovative use of *trois crayons* to suggest natural flesh tones and the passage of light, while decoratively highlighting features of costume, eye color, and glossy lips distinguishes his work and creates a contrary tension of naturalism and close definition. No doubt his coloristic sensibility as a painter contributed to this approach. Quesnel's father, Pierre Quesnel, was a painter, attached to the court of James V of Scotland, and the family moved to France in 1572, attached to the courts of Henry III and Henry IV.

The Woodner portrait is a superb example of Quesnel's drawing style. The subject has been identified as Cathérine-Charlotte de la Trémoille (1565-1629), the wife of Henri I de Bourbon, prince de Condé and duc d'Enghien. As detailed in the Schab catalogue, Henri was a general of the Protestant forces that opposed Henry III. Excommunicated in 1585, he died in 1588 under suspicious circumstances, implicating his wife, whom he had married in 1586 and who was also descended from a distinguished French line. On the basis of insufficient evidence Cathérine-Charlotte was not found guilty of poisoning him, but she lived in seclusion at Saint-Jean d'Angely until Henry IV had her cleared of charges by the parlement of 1596.

The identification of the sitter has been confirmed primarily from an engraving by Jaspar Isaac–representing her in her old age yet with remarkably similar features–datable to the 1620s.[3] Goldner has analyzed comparative drawings referred to in the earlier literature and supposedly of the same subject by Quesnel or his contemporaries. Among these, three bear no resemblance to the engraving and the Woodner drawing.[4] A fourth sheet resembles the subject but is dated to about 1600 by Louis Dimier,[5] while if the subject is the same, the dating should be at least ten years later. Goldner notes yet another drawing by Quesnel, dated 1587, of an anonymous subject, for whom, according to Dimier, "M. Bouchot propose l'identité de la princesse de Condé, Charlotte de la Trémoille."[6] Goldner includes it among the portraits not resembling the Woodner drawing's subject. On the basis of reproduction, however, I believe the subject to be the very same as that in the Woodner sheet, though possibly slightly younger and slimmer. Miriam Stewart of the Fogg Art Museum has noted that the sitter's costume is datable to 1585-1595, and as it is not a widow's attire, and she was in any event unlikely to have had a portrait made during her self-imposed seclusion, a dating of about 1588, based on the resemblance of the drawing dated 1587, seems likely.

NOTATIONS: None

WATERMARK: A large cluster of grapes, very similar to Briquet 13196

PROVENANCE: Henri du Bouchet de Bournonville, Paris; his brother, Jean-Jacques du Bouchet de Villeflix; Charles Wickert, Paris; (his sale, Paris, Galerie Georges Petit, May 3, 1909, lot no. 43); Edward M. Hodgkins, Paris; (Duveen Brothers, 1941); (William H. Schab Gallery, New York, 1960)

LITERATURE: Loys Delteil, *Catalogue de crayons français du XVI siècle, composant la collection de M. Ch. W*** (Galeries Georges Petit)* (Paris, 1909), no. 43; Etienne Moreau-Nélaton, *Les Clouets et leurs émules* (Paris, 1924), III: 153, no. 19; Louis Dimier, *Histoire de la peinture de portrait en France au XVIe siècle* (Paris and Brussels, 1925), II: 244, no. 136 (1006); Axelle de Gaigneron, "Ian Woodner, amateur américain de réputation mondiale, commente quelques oeuvres majeures de sa collection," *Connaissance des Arts no.* 310 (December 1977): 106; Munich 1986, pp. XXV, 252, no. X, pl. X.

EXHIBITIONS: Toledo 1941, *French Drawings and Water Colors,* Toledo Museum of Art, no. 3; New York et al. 1971-1972, no. 55; Malibu et al. 1983-1985, 138-139, no. 55; Madrid 1986-1987, 222-223, no. 87.

1. New York Edinburgh 1987, 16-19.

2. For an overview of the essential and extensive group of sheets and albums of portrait drawings of the sixteenth and early seventeenth century preserved at the Bibliothèque Nationale, see the works by Louis Dimier and Jean Adhémar cited in this entry and [49]; also Adhémar's exhibition catalogue for the Bibliothèque Nationale, *De François I à Henri IV, Les Clouets et la cour des rois de France* (Paris, 1970).

3. Ambroise Firmin-Didot, *Les Graveurs des portraits en France,* I (Paris, 1875-1877), 352, no. 982.

4. Dimier 1925, II: 230, 232, nos. 60 [930], 73 [943]; also an anonymous portrait by the so-called "Anonyme Lecurieux" so-inscribed, 158, no. 22 [651]; repr. in Jean Adhémar, "Les portraits dessinés du XVIe siècle au cabinet des estampes," *Gazette des Beaux-Arts* LXXXII, 1256 (1973): 141, 177, 146, nos. 112, 443, 460, respectively.

5. Dimier 1925, II: 251, no. 180 [1050]; Adhémar 1973, 155, no. 231.

6. Dimier 1925, II: 234, no. 81 [951]; Adhémar 1973, 178, no. 460.

Lagneau (or Lanneau)

ACTIVE EARLY 17TH CENTURY

49. *Portrait of a Bearded Man*
Black and red chalk with white chalk heightening, 403 x 273 mm (15-7/8 x 10-3/4")
Ian Woodner Family Collection, WCI-56

The name "Lagneau" or "Lanneau" is applied to an anonymous artist (or artists) who, unlike Quesnel and Dumonstier, seems to have specialized in the picturesque portrayal in chalk of figures drawn from the lower and middle classes. The appellation derives from two references to "Lanneau" in the verses of *Livres des peintures* by the seventeenth-century collector Michel de Marolles and an inventory identification "Lagneau" by Marolles of his album of portrait and caricature drawings now at the Bibliothèque Nationale (Na 21b rés.), sold to the king in 1677. One of the drawings also has an inscription in pen and ink, datable to the seventeenth century. The album is reproduced by Jean Adhémar, who sees in the collection of portraits, character studies, caricatures, records of unusual types (e.g., Russian visitors), saints, and angels, an artist's studio model book.[1] On the basis of the Marolles album, other sheets have been attributed to Lagneau. A separate album of portrait drawings (now in the Louvre) that belonged to the collector Gatteaux includes a sheet in the same style and is dated 1625 on its verso.[2]

The present state of research on Lagneau, the various theories as to the attributions under that name, and the possible datings and purposes of the sheets have been admirably presented in summary by Dominique Cordellier.[3] In brief, the artist has been placed from the end of the sixteenth century by Bénézit and Béguin to the second half of the seventeenth century by Thuillier, who believes that the artist "costumed" colorful subjects, the infirm from the "petites maisons" of the period, in archaistic attire.[4] A Lagneau portrait drawing in the style of the present sheet in the Woodner collection,[5] however, bears a watermark of an *AM* with quatrefoil, identical to that found in a sheet by Dionys Calvaert (Antwerp, 1574-1619), now in the Louvre, also suggesting the possibility, first proposed by François-Georges Pariset, that Lagneau was an artist of the early seventeenth century, originating to the east, perhaps in Holland, and associated with the school of Leyden. Pariset notes that Marolles mentions Lagneau in his verses in the *Livres des peintres* between artists from Champagne and Lorraine. As no archival documentation of the artist has been traced, there have been various attempts to identify him with David Lagneau, physician to Louis XIII; Jacques Lagneau, a Parisian engraver active about 1660; the Lagneaus of Verneuil, of whom a Nicolas was born in 1594; the Lagneaus of Lyon, of whom a painter Claude Challau called Lagneau was active about 1650; and a sculptor, Jacobus Lagneau.

As Cordellier has noted, J. Guiffrey and P. Marcel, in their inventory of the drawings at the Louvre, saw three different artists active among the *Lagneau* drawings there, while Anthony Blunt and Benedict Nicolson saw two groups of drawings, one with origins in Lorraine, in the more realist circle of Georges de La Tour, the other more caricatural studies originating in Paris among several hands.[6] As Cordellier further records, I. Novoselskaia suggested that all the sheets derive from a single active studio and that differences in style can be attributed to differences in intention—whether the works were intended as portraits or popular caricatures. Such a free interpretation of the latter group would correspond to the Abbé Marolles's own statement that, "Lanneau n'y faisoit pas bien les choses à fond/Mais tout de fantaisie en diverses postures."[7]

Recently Konrad Oberhuber and Nicole Harris have suggested a further refinement in the attribution of these sheets.[8] They have argued that the drawings generally assigned to Lagneau can be organized into three different phases of the same career. The earliest group is the most linear in style, employing stumped chalk to soften shadows. Two drawings in this style from a further album at the Bibliothèque Nationale, the so-called Album Sainte-Geneviève,[9] as well as a drawing in a New York private collection, and the ex-Steiner drawing, now in the collection of the National Gallery of Art (Figure 49a), represent this period. The most mature drawings are the dark, richly drawn sheets that

form the Marolles album, drawings which, as Oberhuber notes, depict figures with great freedom of movement and gesture, with loose, bold chalk strokes. Between these two extremes is the second group, to which the Woodner sheet belongs, in which the drawing is more refined and restrained in gesture and in execution. Other examples of this style can be found in the Album Sainte-Geneviève and the Album Gatteaux. As Pariset found a date of 1625 on the verso of one of the sheets in this style from the Album Gatteaux, and further dated sheets from the Album Marolles between 1630 and 1645 on the basis of their dependence on certain Dutch prints,[10] Harris's and Oberhuber's datings would complement the meager documentation available. Oberhuber has noted that a further group of stiff portraits and genre drawings in the Bibliothèque Nationale, inscribed *Lanneau del,* and at Stockholm could be late shop drawings, rather than, as Blunt has suggested, being the true Lagneau drawings. The origin of these rather stiff portrait sheets thus continues to be debated between Lorraine and Paris.[11]

Michael Miller, in the Vienna, Munich, and Madrid Woodner catalogues, also places the Woodner drawing among the softer, serious portrait drawings constituting Harris and Oberhuber's second group. Harris cites other examples of this group among the fifteen Lagneaus formerly in the Eugène Rodrigues collection, as well as the *Portrait of an Old Man* at the Musée de Dijon and the *Man with a Large Hat* at the Louvre. Other drawings in this second style are the *Portrait of an Old Man* at The Art Institute of Chicago (1979.648) and the drawing of *A Smiling Old Woman* at the Louvre.[12]

The handling of drawing in the Marolles album suggests that some of the differences in sensitivity of draftsmanship may indeed, as Novoselskaia suggested, be accountable to different markets, or more specifically, the

Figure 49a. Lagneau, *Portrait of a Bearded Man in Doublet and Skull Cap*. Washington, D.C., National Gallery of Art.

tastes of patrons. In some drawings the red chalk is applied sensitively to the features, including the lips, eyes, and wrinkles. In others, it is applied quite roughly and crudely in sharp hatching strokes or curls, and these differences do not always divide according to type. Looking at the careful shading in no. 737 (using Adhémar's numbering), for example, it is clear that the roughness of highlighting in red chalk is intentional. Perhaps the studio sometimes did a final "touching up" to the sheets. The same artist, who in no. 705 could render lines in red and yellow chalk with delicacy, could apply the rough red chalk curling line in no. 708. Furthermore, red chalk is always on top when it is applied roughly or crudely, but not always when applied sensitively. The more delicate applications in lips, eyes, and wrinkles are often beneath or mixed with black chalk.

NOTATIONS: None

WATERMARK: Mounted down

PROVENANCE: (Schaeffer Galleries, New York, 1955)

LITERATURE: *Art Quarterly* XVIII, 3 (1955): iii; Konrad Oberhuber, ed., *Renaissance and Baroque Drawings from the Collections of John and Alice Steiner* (Cambridge, Mass., 1977), 130, no. 50 (mentioned).

EXHIBITIONS: New York et al. 1971-1972, no. 56; Vienna 1986, *Die Sammlung Ian Woodner*, Graphische Sammlung Albertina, 176-177, no. 76; Munich 1986, 176-177, no. 76; Madrid 1986-1987, 230-231, no. 91.

1. Jean Adhémar, "Les portraits dessinés du XIVe siècle au cabinet des estampes, deuxième partie," *Gazette des Beaux-Arts* LXXXII, 1259 (1973): 341-350.

2. For the seminal discussion of the complicated problem of attribution and the issue of the identification of this mysterious undocumented artist, see François-Georges Pariset, "Bellange et Lagneau ou le Maniérisme et le Réalisme en France après 1600," *Latin American Art, and the Baroque Period in Europe, Studies in Western Art, Acts of the Twentieth International Congress of the History of Art,* III (Princeton, 1963), 129-141.

3. Dominique Cordellier in Paris 1984a, 22-23, no. 17.

4. Pers.com.; also cited in Emmanuelle Brugerolles, *De Michel-Ange à Gericault, Dessins de la donation Armand-Valton* (Paris, 1981), 262, no. 130.

5. See New York et al. 1971-1972, no. 57.

6. See Anthony Blunt, "Georges de La Tour at the Orangerie," *Burlington Magazine* CXII, 833 (1972): 524.

7. Cited from the abbé de Marolles's verse reference to the artist in his *Livre des peintres* in Pariset 1963, 129.

8. Nicole Harris in *Renaissance and Baroque Drawings from the Collections of John and Alice Steiner,* ed. Konrad Oberhuber (Cambridge, Mass., 1977), 128-130, no. 50; Konrad Oberhuber in Cambridge, Mass., et al. 1980, 36-37, no. 1.

9. Repr. in Adhémar 1973, nos. 772-773.

10. Pariset 1963, 131, 139.

11. Adhémar 1973, 349, nos. 774, 776-778; Bjurström 1976, nos. 466-496; one of three drawings at Stockholm in the early style, is also reproduced in New York Edinburgh 1987, 80-81, no. 44. Bjurström apparently accepts Blunt's thesis in both idem 1976 and New York Edinburgh 1987. Blunt (*Burlington*) 1972, 524; idem, "Drawings at Waddesdon Manor," *Master Drawings* XI, 4 (1973): 363, no. 2.

12. Sale, Muller, Amsterdam, July 12-13, 1921, nos. 213-224; *Dessins français des XVIIe et XVIIIe siècles des collections du Musée de Dijon* (Dijon, 1960), 13, 49, no. 1, pl. 1; P. Lavalleé, *Le dessin français du XIVe au XVIe siècle* (Paris, 1930), pl. 78 (Louvre, inv. RF 849), and Paris 1984a, no. 17, respectively.

Daniel Dumonstier

PARIS 1574 - PARIS 1646

50. *Portrait of an Ecclesiastic Wearing a Biretta*
Black, red and yellow-brown chalk, 414 x 354 mm (16-15/16 x 13-15/16")
National Gallery of Canada, 6,555

Daniel Dumonstier was the son of Cosme Dumonstier, the nephew of the portraitists in chalks Pierre Dumoutier and Etienne Dumoustier (who were favored by Catherine de Medici), the grandson of the celebrated Fontainebleau artist Geoffrey Dumoustier (court painter to Henry II), and the great-grandson of the illuminator Jean Dumoustier. Coming from a distinguished French artistic dynasty, Daniel Dumonstier confined his work to the production of portraits in the Clouet tradition and format, recording with vigor and directness, if less elegant aloofness and abstracting generalization of form than François Clouet and François Quesnel, the likenesses of members of the court, the upper ranks of the clergy, and the haute bourgeoisie. He was a popular portraitist and peintre du roi, who Félibien cites in his *Entretiens* for "la parfaite resemblance qu'il donnoit à ses Portraits," as well as for his interest in music, his extensive library, and his extraordinary literary memory, all of which endeared him to the court.[1]

Dumonstier's art is the culmination of the tradition of the portrait bust executed primarily in black and red chalk that we have traced back to the art of Jean and François Clouet (see [48]) and, in this sense, synthesizes the frank observation of the earlier artist with the effective use of media, convention of pose, and highly finished production of the latter. Yet Dumonstier's work transcends the psychologically evasive, linear, stylized elegance of artists of the Mannerist generation to create figures of bolder, three-dimensional modeling and assertively expressed, individualized personality. With that noted, it should be admitted that he also relied on certain conventions in the even, unaccented

strokes and uniform tonalities of the chalks, the rather heavy nontransparent drawing of eyes, the dense monotone shadows, and the outlining of forms that limits the spontaneity of his figures and reflects a portrait type at the end of its evolution. As Dimier has noted,[2] although there are individual precedents in the art of Pierre Dumoutier, Daniel first standardly enlarged the dimensions of portrait crayon busts to the handsome proportions of the present sheet. Working on a relatively large scale, creating rapidly executed portraits in a venerable stylistic convention, and possessing a winning personality, Daniel Dumonstier was patronized by the leading French society of his time. By 1602 already titled peintre du roi and appointed peintre de la reine in 1604, he also held various other positions in the royal household, being appointed painter to Duc Gaston d'Orléans as late as 1630.

The subject of the Ottawa drawing has thus far defied definitive attribution, although he has been associated with distinguished personages indeed. A. E. Popham summarized the evidence in his catalogue of the Ottawa collection, noting that the drawing's subject resembles (although he is not conclusively identical) a portrait drawing that appeared in the Boussac sale in Paris.[3] That drawing of a man of about the same age with a slightly narrower face, wearing the same attire with a biretta, was identified in the Paris catalogue as preparatory for an engraving by Lasne of Cardinal Richelieu. A 1633 engraving of the cardinal wearing a biretta, executed by Isaac Briot, represents an older man with many lines around his eyes, and as Gerard Régnier has noted in the 1969-1970 exhibition catalogue, if the image is of Richelieu, it would be a rare, very early portrait just after his accession in 1622. In truth, however, the facial type and features bear only a generic similarity to the cardinal, and despite the distinctive nose and common moustache and beard, the rounded younger facial type and curling hair suggest someone other than the often-portrayed visage of the cardinal. It is perhaps worth noting in this context Félibien's recollection of Dumonstier's celebrity for the "parfaite resemblance" that the artist gave to his portraits. Régnier also has suggested Alphonse Du Plessis de Richelieu, cardinal of Lyon and brother of the celebrated cardinal (his features recorded in an engraving of 1636 by Mellan), as the subject of the Dumonstier drawing. A comparison of features with the Mellan portrait print, however, indicates that the subject cannot be Alphonse de Richelieu either, a rejection confirmed to me orally by Gilles Chomer of Lyon on the basis of further images of the cardinal there.[4] Régnier has noted a further suggestion by E. H. L. Jennings that the drawing represents Jean-François de Gondi (1584-1654), cousin to the powerful Jean-François Paul de Gondi, cardinal de Retz, to the latter of whom the drawing bears no resemblance whatsoever.

Whoever the subject is, however, the drawing ranks among the artist's most accomplished, intense, and vivid portraits.

NOTATIONS: None

WATERMARK: Partially mounted down

PROVENANCE: (P. & D. Colnaghi, London, 1956)

LITERATURE: Kathleen M. Fenwick, "The Collection of Drawings," *The National Gallery of Canada Bulletin* II, 2 (1964): 1, 8, fig. 9; Popham and Fenwick 1965, 140-141, no. 201.

EXHIBITIONS: New York 1959, *French Master Drawings from the XVI to XX Centuries, A Loan Exhibition,* Charles E. Slatkin Gallery, no. 6; Toronto 1968, *Master Drawings from the Collection of the National Gallery of Canada,* Art Gallery of Ontario, no. 21; London 1969, *European Drawings from the National Gallery of Canada,* P. & D. Colnaghi & Co., Ltd., 26-27, 63, no. 41, pl. 41; Florence 1969, *Da Dürer a Picasso, Mostra di disegni della galleria nationale del Canada,* Uffizi, 43-44, no. 29, pl. 30; Paris 1969-1970, *De Raphaël à Picasso, Dessins de la Galerie nationale du Canada,* Louvre, 46-47, no. 39, pl. 18.

1. Félibien 1666-1688, V: 262.

2. Louis Dimier, *Histoire de la peinture de portrait en France au XVIe siècle,* I (Paris and Brussels, 1924), 193.

3. Paris, May 10-11, 1926, lot 12, repr. p. 37.

4. Pers.com.; reproduced in Maxime Préaud, *Inventaire du fonds français, Graveurs du XVIIe siècle,* vol. 17, *Claude Mellan* (Paris: Bibliothèque Nationale, 1988), 131, no. 192; also Mellan's portrait drawing of the subject, repr. in Sotheby's, London, November 3, 1988, lot 60.

Jean Boucher

Bourges 1575 - Bourges 1633

51. *Study of a Kneeling Male Nude, with Arms Crossed*
Black chalk and white chalk heightening on prepared tan-washed paper, 305 x 203 mm (12 x 8″)
Private collection, New York City

Jean Boucher of Bourges was born on August 20, 1575, not 1568 as traditionally stated. At an unknown date he traveled to Rome, where he is recorded in 1596 and 1600 by his own inscriptions on drawings after various Italian artists and the antique. He returned to Bourges in 1598/99 and, after revisiting Rome, is known to have returned to France by November 1600.[1] According to Thaumas de la Thaumassière in his 1689 *Histoire de Berry,* Boucher also visited Rome briefly in 1621 and 1625, although the artist is documented in Bourges at the beginning of the former year, at the end of 1622, and in both 1624 and 1626.

Boucher is known for the many altarpieces he painted for churches in Berry and central France. His drawings—at the Musée du Berry at Bourges (where most of his drawings, formerly in the Chennevières collection, are housed), the Musée des Beaux-Arts at Rouen, the Louvre, the Ecole des Beaux-Arts in Paris, and the Metropolitan Museum of Art—reflect his study of the antique, Raphael, the artists of the Countermaniera (notably Muziano, Pulzone, and the Cavaliere d'Arpino), and even apparently Caravaggio in Rome (as reflected in a student's studio drawing). Boucher also studied the earlier Mannerism of Fontainebleau, which Thuillier has shown the artist visited in 1602 (on the basis of a signed and dated drawing after a Raphael then there).[2] Thus, Boucher's style is one of transition from a tighter-drawn, more Mannerist figure type toward, as Thuillier has described it, a simpler, more solid, and less virtuoistic style reminiscent of Sassoferrato. The most extensive study of the

Figure 51a. Jean Boucher, *Study of a Male Nude Seen from Behind*. Rouen, Musée des Beaux-Arts.

Figure 51b. Jean Boucher, *The Decollation of St. John the Baptist*. Bourges, Musée du Berry (right exterior wing of a triptych).

Figure 51c. Jean Boucher, *Adoration of the Magi*. Bourges, Musée du Berry, in depository at the Cathedral.

career of Jean Boucher remains that of Philippe de Chennevières, although Thuillier has reconsidered the artist's graphic work in three important recent contributions.[3]

The New York drawing is particularly interesting as a study from life of a nude and is closely related to a drawing at Rouen, formerly in the Baderou collection, of the same nude subject, seen walking from behind. Virtually having the same measurements (298 x 201 mm), it is executed in the same media on identically prepared paper and identically signed in black chalk (Figure 51a). In discussing the Rouen drawing, Thuillier notes the extraordinary significance of the nude study, an "accademia dal vivo," which he characterizes as one of the very first studio academy studies of the nude in the history of French art.[4] Another remarkably fresh and natural study of a nude, notably a female nude which Thuillier has suggested as the first study of the female nude in the studio by a French painter, is preserved at Bourges, Musée du Berry.[5] All these studies are similarly signed by the same hand as those drawings bearing personalized and dated inscriptions, and all are stylistically attributable to the artist. The drawings at Bourges appear to descend from the artist's studio and include studies for paintings. Thuillier suggests that the artist may have signed the drawings at a later date, when the sheets in the studio were being collated, to distinguish them from works by students. Other academy studies of the same male model, with curly hair and moustache and beard, posed nude or with a loincloth in diverse poses, executed by Boucher and his studio, survive at the Musée du Berry in Bourges, although the artist also used other male models. Thuillier has suggested that this practice of studying from the nude model, still unusual in France in the early part of the century, may have attracted Pierre Mignard from Troyes to study with Boucher in Bourges about 1624.

On the verso of the sheet to which this drawing is mounted is written in pencil:

Etude pour le Tableau de l'adoration des Bergers à la chapelle St Joseph / Nicolas–Carthusien de la Cathédrale à Bourges ou plus tôt pour la décollation de St. Jean Baptiste peint en grisaille sur le

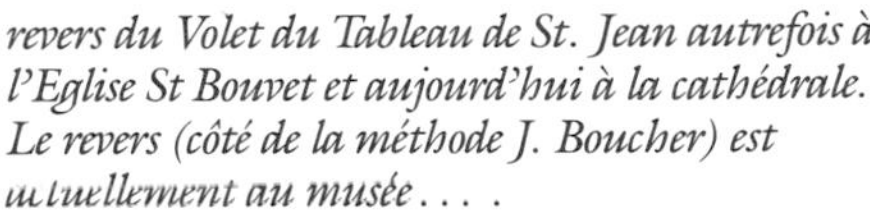

revers du Volet du Tableau de St. Jean autrefois à l'Eglise St Bouvet et aujourd'hui à la cathédrale. Le revers (côté de la méthode J. Boucher) est actuellement au musée. . . .

The inscription would appear to date to about 1984, since a reference to the Rouen catalogue of 1984 by the same hand in pencil appears on the base center of the recto of the mount. On the mount in the upper right corner, in pen and brown ink, is the ancient numbering: *73*. Comparable numbering can be found on the sheets featuring the same model at Bourges.[6] Thuillier has suggested that the drawing may be preparatory for the figure of St. John the Baptist in the grisaille right exterior wing (Figure 51b; preserved at the Musée du Berry) for the altarpiece of *The Decollation of St. John the Baptist* in Bourges cathedral, a work datable to 1630.[7] The pose of a kneeling praying figure could, of course, have been applied to a variety of religious compositions, and is also, for example, reminiscent of that of the kneeling magus in the *Adoration of the Magi* in Bourges, in depository at the Cathedral from the Musée du Berry (1622; Figure 51c),[8] but both the specific figure and the shading are remarkably similar to those (reversed) in the 1630 grisaille. The only other drawing by Boucher in the United States, the study of *A Kneeling King of France Holding the Scepters of Royal Authority* at the Metropolitan Museum (Figure 51d),[9] has been dated by Thuillier to the same period and tentatively associated by him with a lost altarpiece of St. Louis for the Jacobin church in Bourges of 1628.[10]

NOTATIONS: Signed by artist in black chalk on recto left center: *boucher*

WATERMARK: Mounted down on laid paper

PROVENANCE: Private collection, France; (sale, Hôtel Drouot, Paris, February 4, 1987, lot no. 19); (W. Mark Brady & Co., Inc., New York)

Figure 51d. Jean Boucher, *A Kneeling King of France Holding the Scepters of Royal Authority*. New York, Metropolitan Museum of Art. Rogers Fund, 1960. (60. 142.1)

LITERATURE: Pierre Rosenberg, "Bourges and Angers, Jean Boucher" (exhibition review), *Burlington Magazine* CXXX, 1029 (1988): 956, fig. 97.

EXHIBITIONS: none

1. The Louvre drawing, *Reclining Male Nude*, after Raphael (RF 35515), signed *Boucher me fecit Romae 1600*, is reproduced in Paris 1984a, 18-19, no. 12. An important, updated biographical chronology of Boucher is presented in Jacques Thuillier, *Jean Boucher* (Bourges: Musée du Berry; Angers, Musée des Beaux-Arts, 1988), 35-42.

2. See *Raphael et l'art français* (Paris: Grand Palais, 1983), 81, no. 27. The drawing, a study of two heads after Raphael's *Holy Family* is reproduced in Thuillier 1988, 182-183, no. D6. The studio study after Caravaggio's *St. John the Baptist* at the Doria Gallery in Rome is reproduced in ibid., 228-229, no. Da6.

3. Philippe de Chennevières in *Recherches sur la vie et les ouvrages de quelques peintres provinciaux de l'ancienne France*, II (Paris, 1850), 85-120; Jacques Thuillier, "Fontainebleau et la peinture française du XVIIe siècle," *Actes du colloque international sur l'art de Fontainebleau* (Fontainebleau and Paris, 1975), 250-255; also, idem, "Du 'maniérisme romain à l'atticisme' parisien: Louis Brandin, Jean Boucher, Pierre Brébiette, Laurent de La Hyre," *Etudes de la Revue du Louvre et des Musées de France, I. La Donation Baderou au Musée de Rouen. Ecole française* (Paris, 1980), 25-26, 29-30. Also see idem 1988, which is now the essential, standard reference, presenting 27 drawings by the artist and 23 from his studio.

4. Thuillier 1980, 25-26, fig. 2; also discussion in Foissy-Aufrère 1984, 14, no. 4. Thuillier presents Boucher's studies from live models (1988, 186-195, nos. D8-D14). For studio studies, see ibid., 232-236, nos. Da7-Da13.

5. Reproduced in Thuillier 1975, 255, fig. 6, discussed 253. Also see idem 1988, 186-187, no. D8.

6. Thuillier 1988, 192-194, nos. D12-D13; idem 1980, 30 n. 26.

7. See Thuillier 1988, 130-135, no. 35. The badly damaged painting is signed and dated 1630.

8. See ibid., 110-111, no. 23.

9. Bean 1986, 45, no. 40.

10. See Thuillier 1988, 208-209, no. D21.

Georges Lallemant

NANCY CA. 1575 - PARIS 1636

52. *A Bearded Man Seated on a High Chair*
Brown pen and ink and blue wash, with some black chalk indications, on buff paper, 341 x 221 mm (13-1/8 x 8-1/4") [uneven]
Museum of Fine Arts, Boston, Gift of Peter A. Wick, 1955.1004

Despite a reputation as the most prominent artist in Paris between Rubens's visit and Vouet's return and the fact that he was the teacher, for varying lengths of time, of such eminent painters as Laurent de La Hyre, Philippe de Champaigne, Michel Dorigny, and Nicolas Poussin, Georges Lallemant remains an ill-defined figure in the history of French art. Although Pariset and Robert Le Blant have published significant documentation for Lallemant's life and career,[1] such visual evidence as we have of his work, in the few surviving identifiable paintings, tapestry work, and prints by or after him, indicates a style of transition between the elongated calligraphic elegance and flat patterning inspired by the sixteenth-century Mannerism of the second school of Fontainebleau and, as Pariset has observed, the art of Jacques Bellange. A further influence, evident in boldly defined, dense forms of bright colorism, is that of Northern painting. The recent exhibition at Meaux and its associated catalogue have further clarified Lallemant's career and style as a painter.[2]

In 1616 in a request for French naturalization, Lallemant is noted as a native of Nancy resident in Paris for fifteen years. In the painting *The Echevins of Paris*,[3] monumental foreground subjects (these foreground portrait figures having been repainted, as both Charles Sterling and Bernard de Montgolfier have noted)[4] are counterposed with elements of Mannerism recalling the second school of Fontainebleau, notably the statuary figures in the background of the Virgin, St. Denis, and St. Geneviève. The specific influence of Frèminet is apparent in works executed for the church of Saint-Nicolas-des-Champs in Paris, specifically the vault decoration of the *Assumption* in the chapel of Merry de Vic, executed toward 1620, and the altarpiece of the *Pietà* of the same date. In an *Adoration of the Magi* (Leningrad, Hermitage; see the anonymous etching published by Jean Ganière after Lallemant, Figure 52a)[5] of about 1620, the influence of Bellange in composition, elongated non-weighty, figure type, strained perspective, and technique is even more palpable in the print than in the painting. The artist received two commissions for May paintings for Notre-Dame in Paris (in 1630 and 1633); the former, *St. Peter and St. John Healing the Lame*, is recorded in a print by Brébiette.

One of Lallemant's last works, recently rediscovered, is the *Descent of the Holy Spirit* painted for the church of Saint-Ouen at Rouen, signed and dated 1635. In it his Mannerist aesthetic is somewhat moderated by the pressures of a more contemporary aesthetic. The richly colored figures are more weighty, and brightly colored drapery responds more credibly–yet still with a degree of calligraphic autonomy–to the forms it clothes. The subjects are set symmetrically before a stage of grand architecture. However, the incoherent perspective, in which the foreground figures seem to "slide up" the canvas, and the ovoid features and elongated limbs of the bodies still look back to an earlier inspiration.[6] Many of the artist's figure studies were reproduced in prints by Buesinck. A peintre en ordinaire du roi, the artist died in 1636. His estate inventory of April 2-12, 1636, indicates many surviving sketches and drawings.[7]

As already noted in the context of the *Adoration of the Magi*, the art of Bellange profoundly influenced Lallemant's work. This influence is most manifest in Lallemant's graphic work– indeed, he explicitly based two compositions on Bellange etchings. Pariset explored this connection in convincing detail in his 1954 article publishing both the Boston and [53] Ottawa drawings.[8] As Pariset, Christopher Comer, and Alvin L. Clark have noted, this dependence on Bellange's types and figures is often moderated by a greater physicality of figure type–probably inspired more by the work of Fréminet than of direct Italian models–and a coarser, more naturalistic facial detailing.[9] Furthermore, especially in the drawings and Lallemant's secure, autograph etching, *The Beheading of Christ*,[10] the

drapery, defined in simple broad strokes, does not cling to the bodies as in the work of Bellange, but rather creates independent patterns. Similarly, the patterns of curling hair and beards in Lallemant's drawings, the feathers in hats, the accoutrements of costume (all defined in parallel curving strokes, with the quality of autonomous, somewhat academic calligraphic patterns), the limp unstructured bodies, and ambiguous gestures are distinctive.

One of the most famous of Lallemant's drawings is the *Seduction Scene* at the Musée Lorrain, Nancy,[11] and as Pariset has commented, the figure in the Boston drawing appears "the brother" of the bearded man in a feathered hat in the Nancy sheet. They are apparently sitting on the same arcanely foreshortened high chair (the composition is cut off just below the chair's seat in the Nancy drawing). The drawing in Nancy is also executed in a rust-brown ink with blue wash. The quickly drawn figure in the Boston drawing is treated more perfunctorily, with fewer details, than that in the Nancy sheet, and although it could originate in the studio of the artist, its cruder character more likely reflects the less studied, more spontaneous nature of the study. Besides resembling the Nancy sheet and the Ottawa drawing in line drawing, figure and facial type, and definition of drapery, the Boston drawing resembles the hand of the pen and wash *Holy Family* at the Louvre (Figure 52b),[12] a drawing by Lallemant reproduced in a chiaroscuro woodcut by Buesinck inscribed, *G. Lalleman Inven. L. Businck scul. 1623.*[13] Both Pariset and Comer have accepted the Boston drawing.

Thus, the Boston drawing bears the characteristics of Lallemant's style as itemized by Pariset: limp body, soft undefined fabric, rounded wrists, thin locks and hollow ringlets of hair, the heightening of blue wash, broad but nervous strokes, and short, overabundant, parallel hatching.[14] The context into which this drawing and [53] might adhere was suggested by Pariset in relation to the *Seduction Scene*. He noted lost inventions by Bellange for theatrical characters of the type from the French or Italian companies that traveled through Lorraine and France and engravings of 1612 by Crispin de Passe after Bellange, thereby explaining the characters and costumes of this drawing,

Figure 52a. After Georges Lallemant, *Adoration of the Magi*. Paris, Bibliothèque Nationale.

Figure 52b. Georges Lallemant, *Holy Family*. Paris, Louvre.

and especially [53].[15] These studies, possibly inspired by Bellange's example, could have served as rapid reference studies for more worked-out compositions.

Traces of black chalk indicate various minor changes in the drawing from the original sketching, ranging from the knobs of the chair to the contour of the subject's left foot. More interestingly, there are traces of other chair legs, one extending through the arm of the chair. None of Lallemant's compositions indicate more than a perfunctory and unscientific interest or understanding in perspective, the artist sometimes building up layers of figures pressed close to the picture plane with no coherent perspective scheme or system of scale. Nonetheless, the drawing of the chair in the Boston drawing is particularly perplexing. It is apparent that the crossbar of the chair arm was added after the chair legs were drawn, and the artist simply may have confused this detail, rendering the seat of the chair as the side. He then left the confusion unresolved by not drawing the lower front leg of the chair in pen and ink, possibly because of the quick in-studio, recording nature of the study. The washes are tonally differentiated with some subtlety, conveying transitions and contours of drapery and figure and of cast shadows, sometimes extending forms into space undefined by line drawing. This is a common characteristic of Lallemant's use of wash (see, e.g., Figure 52b).

NOTATIONS: None

WATERMARK: None

PROVENANCE: None

LITERATURE: François-Georges Pariset, "Georges Lallemant émule de Jacques de Bellange," *Gazette des Beaux-Arts* XLIII, 1024 (1954): 305, 307, fig. 10.

EXHIBITIONS: None

1. François-Georges Pariset, "Documents sur Georges Lallemant," *Bulletin de la Société de l'histoire de l'art français* (1952): 169-176; Robert Le Blant and François-Georges Pariset, "Documents sur Georges Lallemant," ibid. (1961): 183-192.

2. Meaux 1989, repr. eight works by or attributed to Lallemant, 118-137, nos. 28-35. These entries and text are by Patrick Ramade and Denis Lavalle (no. 31).

3. Musée Carnavalet, Paris.

4. See Charles Sterling, "Quelques oeuvres inédites des peintres Millereau, Lallemand, Vignon, Sacquespée et Simon François," *Bulletin de la Société de l'histoire de l'art français* (1953): 108.

5. Also repr. in connection with a version at Lille, Musée des Beaux-Arts, repr. in Meaux 1989, 120, no. 28.

6. Rouen 1984a, 86-88, no. 8.

7. Bernard de Montgolfier, "Georges Lallemant," *Bulletin de la Société de l'histoire de l'art français* (1967): 49-54; Michel Dargaud, "Un Tableau retrouvé de Georges Lallemant dans l'église Saint-Nicolas-des-Champs de Paris," ibid. (1974): 17-20; Patrick Ramade, "Une tapisserie retrouvée de Georges Lallemant," ibid. (1980): 56, fig. 7 (cut down?), further works by the artist cited and repr. 53-57; also Sylvie Béguin, "A propos d'un dessin de l'Ermitage," *Scritti di storia dell'arte in onore di Federico Zeri,* I (Milan, 1984), 499-504; Rouen 1984a, 86-88, no. 8; also see Wolfgang Stechow, "Ludolph Buesinck, a German Chiaroscuro Master of the Seventeenth Century," *Print Collector's Quarterly* XXV (1938): 392-419; also idem, "Catalogue of the Woodcuts of Ludolph Buesinck," ibid. XXVI (1939): 348-359, respectively.

8. Pariset 1954, 299-308.

9. Christopher Comer, "Dessins de maîtres lorrains du XVIIe siècle," *Etudes de la Revue du Louvre et des Musées de France, I. La Donation Baderou au Musée de Rouen. Ecole française* (Paris, 1980), 20; and Alvin L. Clark, *From Mannerism to Classicism: Printmaking in France, 1600-1660* (New Haven, 1987), 32-33.

10. Repr. in Clark 1987, 33, no. 12.

11. Repr. in Pariset 1954, 304, fig. 6; also Jean Vallery-Radot, *Le Dessin français au XVIIe siècle* (Lausanne, 1953), 181, pl. 14.

12. See Paris 1984a, 21, no. 15.

13. Repr. in Stechow 1938, 396.

14. Pariset 1954, 303.

15. Ibid., 299, 305-306, fig. 1.

53. *Young Man with a Cat*
Recto: pen and brown ink with traces of red chalk; 242 x 173 mm (9-1/2 x 6-13/16"), [uneven]
Verso: *Three Studies of a Man's Leg;* red chalk
National Gallery of Canada, 17,678

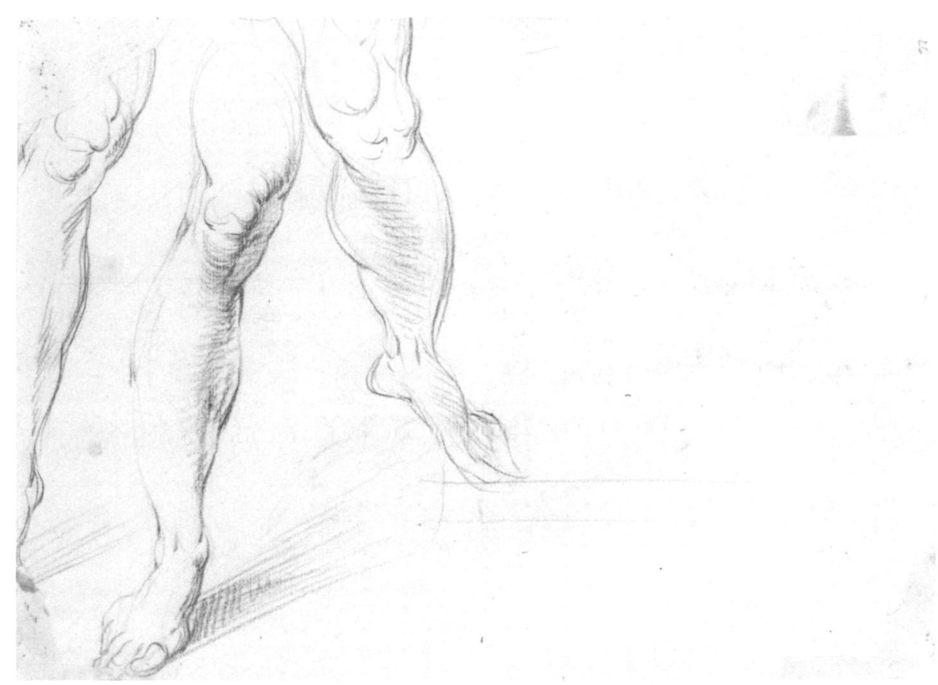

This vivid, swiftly drawn, and animated study, executed with such bravura, was first exhibited as a work by Bellange in 1938, but was reattributed as "Lallemant?" (i.e., Lallemant or his studio) by Pariset in 1953. As Pariset noted at that time, the Ottawa drawing shares with [52] Lallemant's characteristic use of sweeping calligraphic flourishes, short hatching, and rounded lines, and the many other characteristics described in [52]. There seems little reason to doubt the attribution, as the figure of the youth is drawn very much in the style of the more finished figures in Lallemant's *Seduction Scene* at the Musée Lorrain, Nancy,[1] and Lallemant's more detailed and finished study, probably preparatory for an etching, of a *Warrior* at the Louvre (Figure 53a). The red chalk studies of legs on the verso of the Ottawa drawing are closely related in drawing style and definition to the latter. The Ottawa youth in his elaborate costume is seated as in the Boston drawing on a high chair, and the subject is drawn summarily, almost dashed on the paper.

Although this drawing could also have originated in the studio of the artist, its cruder character more likely reflects the more spontaneous nature of a study, as in the case of the Boston drawing. Of all the drawings known to me that are attributed to Lallemant, this one comes closest in drawing style to the black chalk *Dancer with Tambourine* attributed to Bellange [7], especially in the hatching strokes; facial details of mouth, nose, and eyes; billowing hollow curls; and hands—yet, the attribution of the former drawing to Bellange still appears defensible for the reasons cited in that entry.

Regarding the extraordinary subject of the Ottawa sheet, as already noted, Lallemant may have been guided by his study and recording of theatrical figures, as suggested by Pariset. More specifically the seemingly strange conceit of the figure holding a cat wrapped in swaddling sheets may whimsically depict a common proverb of the time, such as, "il ne faut pas réveiller la chat qui dort."

Figure 53a. Georges Lallemant, *Warrior*. Paris, Louvre.

NOTATIONS: Inscribed on recto, upper left corner in pen and brown ink: *75.;* lower right corner, a partial paraph(?); on verso, upper right corner: *26*

WATERMARK: Very similar to Briquet 1854 (French, late 16th-early 17th century)

PROVENANCE: (Unidentifiable partial paraph, recto, lower right, similar to Lugt 2957[?]); Dr. Ludwig Burchard; (Stefanie Maison, London, 1974)

LITERATURE: François-Georges Pariset, "Georges Lallemant émule de Jacques de Bellange," *Gazette des Beaux-Arts* XLIII, 1024 (1954): 305, 307, fig. 11.

EXHIBITIONS: Bristol 1938, *French Art 1600-1800,* Bristol Museum and Art Gallery, 11, no. 26.

1. Repr. Pariset 1954, 304, fig. 6; also Jean Vallery-Radot, *Le Dessin français au XVIIe siècle* (Lausanne, 1953), 181, pl. 14.

Jacques Foucquier (Foucquières) ANTWERP CA. 1590 - PARIS 1659

54. *Landscape*
Brush and brown wash over traces of black chalk indications (restored in the upper right corner), 249 x 359 mm (9-3/4 x 14-1/8")
National Gallery of Canada, 6,557

Jacques Foucquier was a landscape draftsman of notable talent and facility, but of limited imagination and application, who ultimately was overwhelmed by the contemporary stylistic currents and the artistic giants against whom he found himself in competition. The essential and only modern extended study on the artist remains Wolfgang Stechow's 1948 article; yet, Foucquier was the subject of an appreciation in Mariette's *Abécédario,* as well as an early biography by Antoine-Joseph Dézallier d'Argenville, a discussion by Félibien within his life of Poussin in the *Entretiens,*[1] and other early mentions–including a notable, scathing letter by Poussin, written in Paris in 1641 to Paul Fréart de Chantelou, mentioned below.

Mariette, who knew the twenty-six Foucquier drawings owned by Crozat and who owned others himself–including arguably the most beautiful of Foucquier's drawings, the watercolor and gouache *Brook Between Wooded Banks*[2]–declared Foucquier to be one of the greatest of all landscapists, who excelled at representing the passages into forests. Singling out the artist's landscapes executed in pen and wash, Mariette noted Foucquier's ability to impart the optical sensibility of specific fauna and to convey rich light effects and contrasts, with forms receding in space, through the application of light wash without outlines. He observed that the artist executed such drawings (and his description certainly applies to the Ottawa study) with light washes over light indications of his first ideas in black chalk. Mariette concluded that, "M. de Piles a grande raison de regarder Fouquier comme le Titien des Flamands. Je suis sur cela entièrement de son avis."[3] Extraordinary praise from such a connoisseur!

Foucquier was born around 1590 in Antwerp. Félibien claimed he was a student of Jan Breughel, and Roger de Piles credited Joos de Mompers, while Mariette suggested Rubens, with whom we know Foucquier worked. As Stechow observed, Foucquier absorbed their diverse styles, as well as those of van Coninxloo and Keuninck, and later in France the classicistic influences of Claude, Poussin, and Dughet. Foucquier was, in short, an artist who could adapt to and synthesize a broad range of landscape styles with significant sophistication. After working in Antwerp, Brussels, and Heidelberg, he arrived in France in 1621, possibly accompanying Rubens, with whom he had collaborated. There Foucquier was presented to Louis XIII, who sent him to Provence, granting him a monopoly in Southern France for painting city plans and landscapes to be installed in the Long Gallery of the Louvre. Extraordinary laziness, ascribed by early authors to a monumental ego and a desire to live like nobility, resulted in his having by 1632 sent only two paintings to Paris from Toulon. Thus, when Poussin arrived in Paris in late 1640 and was commissioned to prepare designs for the decoration of the Long Gallery (1400 feet long by 28 feet wide), he was faced with a disgruntled artist who felt that a commission was being stolen and who must have felt intimidated. As Poussin wrote to Chantelou on August 19, 1641, "Le baron Fouquières [a biting witticism as the artist was not titled] est venu me trouver avec sa grandeur accoutumée . . . ." Finding it strange that he had not been told of the revised plans for the Long Gallery, Foucquier stated that the king and Sublet de Noyers had stipulated that Foucquier's works were to be the principal ornaments of the space and that the rest therefore amounted to "seulement des incidents. J'ai [Poussin] bien voulu vous [Chantelou] écrire ceci pour vous faire rire." All the early sources through the eighteenth century allude to Foucquier's emulation of nobility, even that he painted without ever taking off his sword. After Poussin's departure, Foucquier's career continued to decline, with apparently all artistic production ceasing after about 1650; he died in virtual penury and oblivion in 1659. Nonetheless, as Stechow has noted, Foucquier was a landscape artist of great sensitivity, whose work by the early 1620s rivaled that of

Joos de Momper and van Coninxloo.

Although it is difficult to reconstruct a chronology of Foucquier's works after the mid-1620s, with so few surviving, it is clear that from the 1630s onward, Foucquier was increasingly influenced in his paintings and drawings by what Stechow describes as the "Carracci-Bril trend" and the landscape works of Claude, Dughet, and Poussin. The Ottawa drawing (as described admirably by Chennevières: "Paysage: au premier plan, à gauche, massif d'arbres, lisière de forêt; au second plan, par delà un lac, tour antique, au fond des montagnes; à droite, bouquet d'arbres") is a mature work, reflecting Claudian inspiration in its composition and style (including such details as the antique tower in the right middle ground). It is also close in compositional organization and subject, and in the loose yet assured use of wash, to a drawing in Hannover, Landesmuseum, yet not quite as late as the previously mentioned ex-Mariette Louvre drawing or the inscribed Dézallier d'Argenville collection drawing in the Albertina.[4] Another Dézallier d'Argenville collection drawing similarly inscribed to the drawing in Ottawa is at the Louvre.[5] On both the Albertina and Louvre drawings, however, the inscription, apparently by the same hand as the Ottawa drawing, spells the name "Fouquieres" (see the comments under provenance). The Albertina sheet–a very Claudian work, reminiscent of the Lorraine artist's work in the 1640s–is a dramatic pen and-wash drawing with a low horizon, quite brilliantly drawn in broad yet subtly defined washes, the pen and ink outlining trees, staffage, and clouds. The sheet is less summary and more refined, as Stechow observes, in its uses of wash than earlier works by the artist, and features high contrasts of lighting. It is therefore probably slightly later than the Ottawa sheet. Besides the Hannover drawing, the Ottawa drawing also seems close in date to another study at the Louvre, both in its composition and its use of washes to define foliage.[6] Yet for all its Claudian inspiration, the drawing retains strong Flemish characteristics in the densely wooded path with its luxuriant vegetation and richly differentiated cast shadows on the left.

NOTATIONS: Inscribed in pen and brown ink on recto at center base of sheet: *Fouquier*

WATERMARK: Mounted and laid down on heavy laid paper

PROVENANCE: Antoine-Joseph Dézallier d'Argenville, Paris, 1680-1765 (Lugt 2951, numbered 1566). Traditionally Lugt 2951 was assigned to Pierre Crozat, Paris, 1665-1740; however, in his 1956 supplement, Lugt noted that the Crozat drawings acquired by Tessin, now at Stockholm, do not bear the paraph. In 1984 the Louvre published drawings bearing the paraph as "paraphe non identifié." Recent research has proven that the paraph is that of Dézallier d'Argenville. Those drawings bearing numbers from roughly 2430 to 3554 comprise works by French artists, while those numbered from 1462 to about 2430 are by Northerners. See Jacqueline Labbé and Lise Bicart-Sée, "Antoine-Joseph Dézallier d'Argenville as a Collector of Drawings," *Master Drawings* XXV, 3 (1987): 276-281. See also information under Lugt 669 (another drawing by Foucquier from the same collection, Lugt 2951, apparently bearing the number 1569, is in the Albertina, inv. 8365, discussed in the text. The cited Louvre drawing is numbered 1576); (Guichardot, Paris, according to Chennevières); Marquis Philippe de Chennevières, Paris and Bellesme, 1820-1899 (Lugt 2072); Louis Deglatigny, Rouen, 1854-1936 (Lugt 1768a); (H. M. Calmann, London, 1956)

LITERATURE: Chennevières 1894-1899, XV: 41; Popham and Fenwick 1965, 142-143, no. 205; Eric M. Zafran, *Master Drawings from Titian to Picasso, The Curtis O. Baer Collection* (Atlanta, 1985), 97, no. 53 (mentioned).

EXHIBITIONS: None

1. Wolfgang Stechow, "Drawings and Etchings by Jacques Foucquier," *Gazette des Beaux-Arts* XXXIV, 982 (1948): 419-434; Mariette 1853-1859, II: 255-259; A.-J. Dézallier d'Argenville 1762, III: 315-317; Félibien 1666-1688, IV: 272-276.

2. Repr. in Rosenberg 1971, pl. XIX; see Paris 1984a, 37-38, no. 37.

3. Mariette 1853-1859, II: 259.

4. Repr. in Stechow 1948, 427, fig. 8, 431, fig. 11, respectively.

5. Repr. Frits Lugt, *Musée du Louvre. Inventaire général des dessins des écoles du nord, Ecole Flamande,* I (Paris, 1949), 63, no. 661, pl. LXIII.

6. Repr. in Stechow 1948, 433, fig. 13; also Lugt, *Musée du Louvre,* 1949, 63, no. 659, pl. LXIV.

Simon Vouet

PARIS 1590 - PARIS 1649

55. *St. Peter Healing the Sick with His Shadow*
Brush and brown and gray wash over black chalk indications on tan-washed paper, squared in red and black chalk, 362 x 222 mm (14-1/4 x 8-3/4")
The Art Museum, Princeton University, Gift of Frank Jewett Mather, Jr., 1953-103

Simon Vouet ranks among the outstanding artistic talents in an age of genius. One of the most influential masters of French painting of the seventeenth century, he also was among the leading figures in Rome during his residency in Italy. Trained by his father, Laurent, an obscure Parisian painter, Vouet's talents were recognized at an early age, for at fourteen he was sent to London to execute a portrait. At the age of twenty-one he went with the French ambassador to Constantinople. With his arrival in Venice at the end of 1612 and his journey to Rome in late 1613, his career dramatically advanced; he was pensioned by the king in 1618. William Crelly's classic monograph,[1] still the standard consideration of Vouet, presents a solid overview of the artist's painting career, although it has become slightly outdated especially for the succeeding Paris years; the work reproduces only five drawings, however. Barbara Brejon de Lavergnée's 1987 catalogue raisonné with an introductory essay on the drawings by the artist at the Louvre and in worldwide public collections thus also has become an essential reference.

Residing in the quarter of San Lorenzo in Lucina, Vouet was surrounded by many of the leading and promising Italian and French artists in Rome. By 1620 he was living with his younger brother Aubin, also an artist. Although he briefly traveled to Genoa and elsewhere in Italy, he remained in Rome until his return to France in 1627, as premier peintre du roi with lodgings at the Louvre. Vouet's career in Rome was highly successful. He painted for several churches there,

including a 1624 commission at St. Peter's (destroyed in the eighteenth century), as well as executing important commissions for Genoa and Naples (see [25]). In 1624 he was elected principe (director) of the Accademia di San Luca, the Roman Academy. Although the artist painted a few Caravaggesque genre paintings in Italy, most of his production was religious, allegorical, or mythological. Even his early work, indebted to Caravaggio and that artist's followers, displays a rich colorism, reflecting in part Vouet's appreciation of Veronese. Vouet comes to eschew brilliant, Caravaggesque contrasts of light in favor of a lighter, more decorative approach to composition. These qualities, conjoined with an idealized figure type and grand classical compositional scheme, derived primarily from Lodovico Carracci's two disciples Guercino and Reni, fundamentally informed his mature style.

These concerns are important for reconstructing Vouet's early drawing style and his use of wash, a medium he rarely used and only between 1620 and 1635. As Brejon de Lavergnée has noted, the use of wash as a technique was restricted to the study of complete compositions facilitating the artist's study of light and massing of forms. Wash was never used for his more common single figure and detail studies. These tended to be executed in black chalk with white highlight. His standard technique of studying a single figure and then a detail (such as a hand) based on study from nature may reflect the influences of Annibale Carracci and Lanfranco on Vouet's generally more weighty and deliberate figure drawing style. The Princeton wash drawing is, apparently, one of only two surviving drawings from the artist's Italian period.

Rosenberg in 1977 first recognized the relationship between the Princeton drawing (previously published by Blunt as *The Pool of Bethesda,* which he rejected as by Poussin, attributing the sheet as French, seventeenth century) and a French painting in the collection of the Uffizi, *St. Peter Healing the Sick with His Shadow.* That painting, which had languished in obscurity under an attribution to La Hyre by analogy to La Hyre's 1635 version of the subject,[2] was rejected by Rosenberg as a work by La Hyre, but the identity of the artist, whom he characterized as

French, born about 1610-1620, influenced by Vouet, Poussin, La Hyre, and Le Sueur, eluded him. He asserted, however, that the canvas and the drawing, probably a study by the same hand, were the work of a young artist whose style had not yet consolidated. Jean-Pierre Cuzin suggested that the painting might be by Simon Vouet, as the figures and colors were similar to those found in his early Italian works, or by his brother, Aubin (see Aubin's *La Mort de Saphire et d'Ananie,* painted for Notre-Dame in Paris in 1632). In 1979 Cuzin further suggested that the Uffizi painting could relate to the 1624 commission for the altarpiece for the Chapel of the Canons at St. Peter.[3]

At the suggestion of Cuzin, Barbara Brejon de Lavergnée reconsidered the attribution of Simon Vouet, first tentatively accepting the Princeton drawing in the entry for the Louvre drawing of the *Assumption of the Virgin* of 1629 in the catalogue of the 1984 Louvre exhibition *Dessins du XVIIe siècle* (a drawing executed in red chalk and gray wash). In her 1987 catalogue raisonné, she explained in detail why she accepts both the painting and the Princeton study as preparatory for the original projects for the 1624 commission for St. Peter's in Rome, for which Vouet received a supplementary payment in 1627 after completion of an altered subject, the painting probably constituting a bozzetto for the first commission. The subject of the commission was altered in 1625 to one more suitable when the *Pietà* of Michelangelo was placed there, and the revised commission, the *Adoration of the Cross,* was completed just prior to Vouet's return to France. Although it was destroyed when an attempt was made to move it in the early eighteenth century, that commission can nonetheless be reconstructed and the artist's style examined on the basis of surviving fragments of the bozzetto, modelli, and documentary material as presented by Schleier and Cuzin. Rosenberg, however, has recently stated that he remains "cautious" regarding the attribution of the Princeton sheet to Vouet.[4]

As the documents of 1625 and 1627 indicate,[5] Vouet "haver già fatto le fatiche del quadro di S. Pietro, che sanava con l'ombra per mettere nel Choro de Canonici" (1625), received a supplement to his payment in 1627, "percé gl'è convenuto farvi doppia fatica, per rispetto, ch'essendogli da principio stato commesso, che devesse nella Tavola rappresentare l'Ombra di S. Pietro, per la quale haveva di già fatto con molto studio tutti li disegni necessarij, doppo gli fu ordinato . . . ." He was well advanced in the first commission when he was reassigned the second, and the unfinished painting of that subject recorded in inventories of 1639 and 1649 of Vouet's possessions was almost certainly that first commission. The presence of the canvas in Vouet's studio explains the similarities in conception of the paintings of the 1630s by Aubin Vouet and La Hyre, cited above.

Cuzin, in his article on the painting and the drawing, has elaborated on the stylistic and compositional similarities between the altarpiece and other works of the period—such as the *Circumcision,* at Naples, and *The Clothing of St. Francis,* in Rome—which anticipate its more developed use of staircase and integrated, dramatic gestural movement of figures.[6] Cuzin notes that although still employing a luminism derived from Caravaggio, Vouet was also responding to the art of Annibale Carracci (the *St. Roche Distributing Alms,* then in Reggio Emilia), Reni, and especially Lanfranco, as well as Veronese. Both Cuzin and Brejon de Lavergnée have commented on the similarity in defining the complexly posed, rounded, and sculptural foreground figures in the Uffizi painting and figures in those two Italian pictures by Vouet. In this connection Cuzin further alludes to the figure of the Madonna in the Genoa *Crucifixion* and the figures of apostles in the lower portion of the *Assumption* at Saint-Nicolas-des-Champs in Paris of 1629.[7] By analogy with the modelli surviving from Vouet's ultimate commission for St. Peter's and from documentary evidence, it is not surprising that a bozzetto (Uffizi) and an unfinished final canvas (lost, inventoried in his studio) as well as at least one compositional drawing survive.

Specifically regarding the Princeton drawing, it is executed in a manner unusual but not unprecedented in the artist's early graphic corpus, indeed in a manner that one might expect from his Roman years. Cuzin has compared the composition of the drawing with the painting at the Uffizi, noting that it confirms that the canvas has been cut down both at the right and left and from the top, as is manifest from the internal evidence of the painting (although we cannot be sure that the drawing represents the precise final intentions of the artist). The use of rapidly applied planes of wash and the underdrawing in black chalk, which complements rather than defines the wash, especially in the figures at the right, anticipates his use of wash and red chalk in the preparatory drawing for the *Assumption* at the Louvre of 1629 and the Berlin-Dahlem Kupferstichkabinett study for the *Last Supper* at Loreto,[8] both complete compositions crossed for transfer. As Cuzin observes, the Louvre drawing is distinguished from the Princeton sheet by the more animated and broken lines of red chalk and the contrast with gray wash; however, the Berlin drawing is closer in effect. In both, the sure and fleet strokes of wash in broad fields and the manner of indicating the face with four points of wash to indicate eyes, nose, and mouth is striking, especially between the Virgin in the Louvre drawing and the St. Peter in the Princeton sheet. This convention of shorthand carries into later full compositional chalk and chalk with brown wash drawings of the 1630s (as Rosenberg has pointed out, these are relatively rare, see [56]; also the *David Playing His Harp Before Saul* at the Ashmolean Museum, Oxford of the early 1630s).[9]

The Princeton sheet provides critical testimony of Vouet's drawing style in Rome. The other drawing attributed to this period, a study for the left half of the *Allegory of the History of the House of Savoy,* at Reims,[10] is in ruinous condition. The sheet has been heavily redrawn. The composition itself is recorded in a print after Vouet by Claude Mellan. The Princeton sheet is particularly interesting as it places Vouet within a context of comparable use of wash applied broadly to define figures summarily and complementary sketchy chalk underdrawing employed in Rome at that time by other French artists, notably Charles Mellin and Poussin (with ultimate precedents in the art of Callot and Lorraine). Both artists knew Vouet in Rome. Mellin is described by Félibien as a pupil of Vouet (i.e., "Charles Meslin, le Lorrain," see comments, [24]; according to Bousquet he may be the "Carlo pittore" who resided with Vouet in 1623),[11] and Poussin is documented in the same house as Vouet in the stati d'anime of 1624. Poussin's earliest training in a style influenced by Lorraine and the second school of Fontainebleau, under the tutelage of Lallemant, would seem to have more directly affected his earliest use of wash than any influence by Vouet, but as Oberhuber has demonstrated, Poussin rapidly absorbed and synthesized a broad range of styles during his first six years in Rome.

NOTATIONS: Old inscriptions in brown ink on recto, center bottom: *N. Poussin;* right bottom: *N. 133*

WATERMARK: Mounted down

PROVENANCE: Marquis Charles de Valori, Paris, 1820-1883 (Lugt 2500); BF [not identified] (Lugt 366); Frank Jewitt Mather, Jr., Princeton, N.J., 1868-1953 (Lugt 1853a)

LITERATURE: Friedlaender and Blunt 1939-1974, V: 88; Pierre Rosenberg, *Pitture francese nelle collezioni pubbliche fiorentine* (Florence, 1977), 109, no. 60 (mentioned); Jean-Pierre Cuzin, "Pitture francese nelle collezioni pubbliche fiorentine," *Antologia di Belle Arti* 1, 4 (1977): 371; Ross 1983, 23; Paris 1984a, 28, no. 23 (mentioned); Brejon de Lavergnée 1987, 19, 20, 33, 42-43, no. 1; Jean-Pierre Cuzin, "Un chef-d'oeuvre avorté de Simon Vouet: le 'Saint Pierre et les malades' commandé pour Saint-Pierre de Rome," *"Il se rendit en Italie," Etudes offertes à André Chastel* (Paris, 1987), 359-370, fig. 1.

EXHIBITIONS: Princeton 1983, *Sixteenth- to Eighteenth-Century French Drawings from the Permanent Collection,* The Art Museum, Princeton University.

1. Crelly 1962, chap. 2, pp. 19-48, devoted to the Italian phase. See also commentary in *Valentin et les Caravagesques français* (Paris: Grand Palais, 1974), 202-239.

2. See Pierre-Marie Auzas, "A propos de Laurent de La Hire," *La Revue du Louvre* XVIII, 1 (1968): 4, figs. 1, 2.

3. Repr. in Rosenberg 1966, 136-137, no. 139; Jean-Pierre Cuzin, "Jeunes gens par Simon Vouet et quelques autres," *La Revue du Louvre et des Musées de France* XXIX, 1 (1979): 28, n. 16).

4. See Erich Schleier's three articles: "A Bozzetto by Vouet, Not by Lanfranco," *Burlington Magazine* CIX, 770 (1967): 272-276, figs. 13-14; "Vouet's Destroyed St. Peter Altar-Piece: Further Evidence," ibid. CX, 787 (1968): 573-574, figs. 50-53; "Two New Modelli for Vouet's St. Peter Altar-piece," ibid. CXIV, 827 (1972): 91-92, figs. 41-45; also Cuzin 1987, 359-370. In his recent review of Barbara Brejon de Lavergnée's catalogue raisonné, Rosenberg has stated, regarding the attribution of the Princeton drawing to Vouet, that "This [Cuzin's] hypothesis is tempting, but we remain cautious," in *Master Drawings* XXV, 4 (1987): 415.

5. Georgette Dargent and Jacques Thuillier, "Simon Vouet en Italie," *Saggi e Memorie di storia dell'arte,* IV (Venice, 1965), 37-38.

6. Crelly 1962, figs. 15, 17.

7. Ibid., figs. 12, 45.

8. Brejon de Lavergnée 1987, II (full-page repr.), 43-44, nos. I, III; Cuzin 1987, figs. 5, 7.

9. Brejon de Lavergnée 1987, 91, no. XLVIII.

10. Repr. in ibid., 43, no. II.

11. See Jacques Bousquet, "Documents sur le séjour de Simon Vouet à Rome," *Mélanges d'Archéologie et d'Histoire publiés par l'Ecole française de Rome* (Rome, 1952), 287-300, esp. 292, no. 3; also idem, "Un rival inconnu de Poussin: Charles Mellin, dit 'le Lorrain' (1597-1649)," *Annales de l'Est* VI (1955): 7.

56. *The Greeks at the Table of Circe (Ulysses and Circe)*
Black chalk with white chalk highlights on beige-brown paper, 327 x 434 mm (12-7/8 x 17-1/16")
Fogg Art Museum, Harvard University, The Alpheus Hyatt Fund, 1955.24

Rosenberg has identified this drawing as a preparatory study for a painting in a decorative cycle by Vouet, the series now lost but eight designs for which survive in tapestries at the Château de Cheverny. The subject, The Greeks at the Table of the Sorceress Circe, is also known through tapestries at Besançon and the Palais de Justice at Riom, as Rosenberg noted.[1] These tapestries, in turn, are presumed to derive from Vouet's decorations for the upper gallery of the Hôtel de Bullion in Paris. Félibien states that the series of paintings illustrating the story of Ulysses was executed between 1634 and 1635, confirmed by a contract of March 1634. The commissioned works were, according to Félibien, "des plus considérables que Vouët ait faits."[2] Claude de Bullion, the surintendant des finances and a minister of state under Louis XIII, was immensely wealthy, and his Paris mansion by the Le Vaus was also decorated by Philippe de Champaigne, Jacques Blanchard, and Jacques Sarrazin (who also decorated his country house at Wideville).

A thorough discussion of the decorative project for the Hôtel de Bullion is presented by Crelly, and Barbara Brejon de Lavergnée considers the Ulysses cycle, on the basis of the tapestries and surviving preparatory drawings, in her catalogue raisonné.[3] Crelly notes that according to the eighteenth-century sources,[4] there were fifteen paintings derived from the *Odyssey* along the walls, fourteen along the long walls, executed in formats of large ovals and smaller squares, and an end wall painting. Eight of these are

recorded in the tapestries (two of the subjects specified by Sauval in 1724, appear in the tapestries); there are no surviving engravings of the compositions. Nineteen further scenes from the *Odyssey* decorated the ceiling.

The Fogg drawing described by Sauval as *Ulysse à la table de Circé,* corresponds quite closely to the tapestry design.[5] In both, one of the Greeks has already been converted into a swine. The positioning of the servant behind Circe, the figure and serving utensils on the right, and various details of the architecture and subtleties of poses of the accessory figures have not been finalized in the Fogg sheet. The dog in the left foreground eating from the dropped platters and the figure behind the column at the extreme left in the painting do not appear in the drawing, if one is to trust that the tapestry is an accurate record of the painting. As Rosenberg has observed, the general composition, however, is scarcely modified, and as stylistically the tapestries seem to reflect Vouet's style in the early 1630s, we may assume that it reflects the important commission.

Brejon de Lavergnée recently has published further confirmation of the correlation between the paintings and the tapestries in her catalogue raisonné. Fifteen of the ceiling paintings from the cycle were later owned by the architect Charles de Wailly. Sold in Paris November 24, 1788, the auction livret both lists the subjects and indicates when a painting had been "traduit en tapisserie." The compositional influence of Veronese's banquet scenes on Vouet is remarkably strong in the architectural setting and such details as the servants, the utensils, and in the final painting, the vignette of the dog. This decorative grandiloquence of Veronese, not without precedence in Vouet's art, would have been in keeping with the magnificent setting and sumptuousness of the Hôtel de Bullion.

In his 1972 catalogue, Rosenberg speculated that the extremely busy and popular painter, "soon overwhelmed with commissions," quickly laid out the outline sketch of the composition for the weaver (the tapestry runs in the same direction as the drawing). Along this line of reasoning, the drawing could also have formed the basis of a complete cartoon executed by the shop. The relation of the study, still unresolved in its details, to the extremely important painting commission for Bullion by Vouet, which the early sources never question as autograph, would seem to contradict this line of argument, however. Rather, it seems more likely, on the admittedly slim evidence of Vouet's compositional drawings for *St. Peter Healing the Sick with His Shadow* [55], the Reims fragment of the study for the *Allegory of the History of the House of Savoy,* the Louvre *Assumption,* and the Berlin *Last Supper* (see references in [55]), that full compositional sketches in preparation for a painting or print, as rare as they are among the surviving corpus, may have been more common in Vouet's early working method. In Italy the artist may have worked both in full compositional designs and individual figure studies, and may have gradually abandoned the former procedure in France. Thus, the Fogg drawing may represent an advanced stage in working out the composition for the painting. The sheet is executed in black chalk with traces of white highlights, Vouet's common media of choice.

NOTATIONS: Recto, center base in pen and brown ink: *Simon Vouet;* lower right corner in pencil: *36;* on verso, various numerical inscriptions in brown ink and graphite

WATERMARK: Mounted down

PROVENANCE: (Hyman Swetzoff)

LITERATURE: Pierre Rosenberg, "Dessins français du XVIIe et du XVIIIe siècles dans les collections américaines," *L'Oeil* nos. 212-213 (August-September 1972): 10-11, fig. 1; Brejon de Lavergnée 1987, 86, no. XLI.

EXHIBITIONS: Toronto et al. 1972-1973, 20, 222-223, no. 148, pl. 4; Tokyo 1979, *European Master Drawings of Six Centuries from the Collection of the Fogg Art Museum,* The National Museum of Western Art, no. 60.

1. Toronto et al. 1972-1973, 223. Also see M. Fenaille, *Etat général des tapisseries de la Manufacture des Gobelins* (Paris, 1913), I: 329-334.

2. Félibien 1666-1688, IV: 84.

3. Crelly 1962, 102-106; and Brejon de Lavergnée 1987, 85-88, nos. 62-65, XLI, XLII.

4. H. Sauval, *Histoire et recherches des antiquités de la ville de Paris,* II (Paris, 1724), 192-193, and A. N. Dézallier d'Argenville, *Voyage pittoresque de Paris* (Paris, 1765), 151.

5. See Rosenberg *(L'Oeil)* 1972, 10, fig. 2; also (partial) Brejon de Lavergnée 1987, 87.

---

57. *Two Women (Two Studies of a Female Figure, Seen in Profile and in Bust)*
Black chalk with white chalk highlights on gray-brown paper (brown paint stains), 399 x 248 mm (15-11/16 x 9-3/4")
Yale University Art Gallery, 1961.66.34

Although these studies do not appear to relate directly to any known composition by the artist, either for a painting or a tapestry, stylistically they can be placed in the 1630s, probably 1630-1635. In relation to the Yale drawing, it is worth recalling that the origins of Vouet's Carraccesque study of posed live models extend back to his Roman years; as early as 1621 the artist opened a studio there and engaged live models for drawing exercise. Typically a full study of a figure is juxtaposed on the same sheet with a detailed study of the model, in this case the upper torso and head posed in an alternate attitude rather than a close examination of a limb, and this may reflect that the model was used for two different figures on this occasion (see below). According to Haverkamp-Begemann, Crelly originally attributed the sheet (pers.com.) to the workshop or studio of Vouet, but the drawing has been accepted by both Rosenberg and Barbara Brejon de Lavergnée, the latter describing it as "de très belle qualité."

In a 1964 manuscript, "Dessins français du 17e siècle au Musée de l'Université de Yale" (at Yale), Rosenberg noted a similarity between the figure in profile in the sheet and the figure of the standing woman in the left foreground in Vouet's *The Finding of Moses,* a tapestry designed by Vouet as part of a commission of eight Old Testament themes ordered by Louis XIII to decorate the Louvre. Six of them are recorded in a series of engravings by François Tortebat executed in 1665.[1] That comparison may also be extended to the frontal bust figure in the drawing and the woman bending over to the right of the standing figure in the tapestry.

Félibien places Vouet's designs for the tapestries among the first works undertaken by the artist on his return to France; indeed, it is the first commission mentioned by Félibien as undertaken by the artist after he had settled in Paris. As Crelly notes, the designs for the tapestries are splendid and imposing decorative compositions influenced by Veronese. Vouet's *The Finding of Moses* specifically recalling Veronese's version at the Prado. They are thus much in the spirit of the design of [56]. Crelly notes that the tapestry at Strasbourg of *Lot and His Daughters* from the series is signed and dated 1633, indicating that work extended well into that decade.

The Yale drawing is very similar to several drawn studies, all executed in black chalk with white chalk highlights, of that period. As Haverkamp-Begemann noted, the execution and facial type are strikingly close to a *Standing Young Woman Raising Her Skirt* at the Rijksmuseum in Amsterdam.[2] The use of the chalk strokes to define shadow and highlight, the drawing of the hands, and the shorthand conventions for facial features and hair are remarkably similar. Comparable analogies can be cited for the drawing, shading, and highlighting of drapery, and the articulation of hands, feet, and hair with a sheet at the Courtauld Institute of Art, *Studies of a Female Kneeling and Turned to the Left*,[3] preparatory for the kneeling mother stopping the executioner in the tapestry *The Judgment of Solomon* from the same series. In contrast, among later sheets the figures tend to be drawn in a more columnar, rounded, and sculptural aesthetic, with greater monumentality of form, less complicated drapery, and more simplified and idealized figure types, the forms less pressed to the picture plane. The drawing and shading of the face in profile in the Yale drawing is similar to that in the *St. John Mourning at the Cross of Christ* at Stockholm (also on heavy brown-gray paper),[4] a drawing preparatory for a *Crucifixion* painted for Anne of Austria and recorded in an engraving by Pierre Daret, dated 1638. The advance in the artist's assertion of figural volume and mass in the later Stockholm drawing, however, is evident.

NOTATIONS: Inscribed on recto, lower right corner, in pen and brown ink: *Simon Vouet;* beneath the former a partially illegible series of numbers: *51---*

WATERMARK: Two intertwined serpents (see Briquet 4432-4446)

PROVENANCE: John Percival, first earl of Egmont; John T. Graves; Robert Hoe, New York; (sale, New York, Anderson Auction Co., April 15-19, 1912, Library of Robert Hoe, part III, A-K, NO. 949); Yale University Library

LITERATURE: Haverkamp-Begemann and Logan 1970, I: 18-19, II: pl. 6; Brejon de Lavergnée 1987, 90-91, no. XLVII.

EXHIBITIONS: New Haven 1988, *French Drawings from the Permanent Collection, 1600-1800,* Yale University Art Gallery.

1. Repr. in Crelly 1962, 230, no. 157 C, fig. 99.

2. Repr. Brejon de Lavergnée 1987, 90-91, no. XLVI, who places the sheet immediately before the Yale drawing in her catalogue. Unfortunately that drawing also cannot be associated with a known commission.

3. Repr. in ibid., 64-65, no. XXI.

4. Repr. in color in New York Edinburgh 1987, 75, no. 39; also Brejon de Lavergnée 1987, 113-114, no. LXIX.

---

58. *Creusa Fleeing Troy*
Black chalk heightened with white chalk on blue paper, 276 x 203 mm (10-7/8 x 8")
National Gallery of Art, Ailsa Mellon Bruce Fund, 1971.17.3

The subject of this spectacular drawing, formerly assumed to represent *Rachel and the Household Gods,* was recognized by Frederick Cummings as a study for the painting *Aeneas and His Family Fleeing Troy* (Figure 58a) that first reappeared in an auction (through the dealers Frank Lombrail et Jean-Pierre Ceucquam) at Saint-Maur, December 11, 1985. The painting, which represents the narrative described in the *Aeneid* II: 671-729, is an important addition to the corpus of the artist. In a letter to the National Gallery of Art of October 28, 1986, Barbara Brejon de Lavergnée wrote, "Le dessin de Washington est sans aucun doute de la main de Vouet . . . c'est une très belle étude et le tableau passe en vente à Sainte-Maur, que j'avais vu, est egalement de très bonne qualité et sans participation d'atelier."

The drawing is typical of the artist's working method in preparation for a painting, in which a figure is studied in pose, then a portion of the figure (hands, face, etc.) is reexamined in detail on the same sheet, all drawn with bold black chalk hatching and white heightening. It is worth recalling that the origins of Vouet's Carraccesque study of posed live models extends back to his Roman years; as early as 1621 the artist opened a studio there and engaged live models. The pose of Creusa is remarkably close to that in the final painting, but this is not unusual among the artist's surviving preparatory drawings. Nora Desloge, curator of European art at San Diego, informs me that the painting has been cropped on the left side, although not on the right. The internal evidence suggests that the picture was cut down on the left only a couple of inches. Thus, the figure of Creusa in the painting originally would apparently have more closely corresponded to the drawn figure, although in the study Creusa's left shoulder and torso are not blocked by the figures of Aeneas and Anchises as in the painting.

Clearly, this beautiful sheet is a mature work of the artist. *Creusa Fleeing Troy* seems to me a late drawing toward 1640, with its enhanced sculptural roundness of form, classicizing features, monumental simplified forms, and broad rough strokes of chalk. The lattermost consideration, however, which does not reflect a fundamental developmental change in the artist's modes of conception and execution, must be approached with caution. As Barbara Brejon de Lavergnée has noted, Vouet was capable of altering his application of chalk strokes according to subject, varying from a soft, *estompée* application of chalk in female nudes to animated nervous strokes in his drawing of putti, to vigorous, broad, and highly contrasting strokes in rendering the limbs of monumental figures in movement.[1] His use of chalk tends to distinguish itself from its Italian sources of inspiration (see comments, [55]) in the greater weight and deliberation Vouet brings to his figure studies. In her catalogue raisonné Brejon de Lavergnée places the sheet among drawings dating to circa 1640. Arnauld Brejon de Lavergnée, however, tentatively has suggested an earlier dating for the painting, placing it in the early 1630s, because of what he sees as indications of Caravaggesque lighting in the raking light of the background (pers.com. to the San Diego Museum of Art). Crelly has informed the San Diego Museum of Art that he would date the painting between 1635 and 1640. On the basis of photographic comparison and examination of transparencies, however, the San Diego painting seems to me close in date to *Artemisia Supervising the Building of the*

Figure 58a. Simon Vouet, *Aeneas and His Family Fleeing Troy*. San Diego, California, San Diego Museum of Art.

Mausoleum (Stockholm, Nationalmuseum),[2] a work dated by Crelly to around 1640.

Vouet enjoyed using toned paper, employing brown, tan, blue, and green-blue paper throughout his career, a Northern Italian sensibility that complemented his Carraccesque mode of figure and detail study, Reni-influenced figure types, and Lanfrancesque choice of media. The role of the art of Bologna and Venice on the graphic art of France in this period remains a promising subject for more detailed study, especially given the influence of Vouet on such collaborators and pupils as Jacques Sarrazin, Michel Dorigny, Eustache Le Sueur, and Charles Le Brun.

NOTATIONS: None

WATERMARK: None

PROVENANCE: (Sale, London, Sotheby's, March 23, 1971, no. 107); (Yvonne Tan Bunzl, London)

LITERATURE: *Annual Report, The National Gallery of Art* (Washington, D.C., 1972), 43; Brejon de Lavergnée 1987, 137, no. XCIX.

EXHIBITIONS: Toronto et al. 1972-1973, 98, 223-224, no. 149, pl. II; Washington 1974, *Recent Acquisitions and Promised Gifts, Sculpture, Drawings, Prints,* National Gallery of Art, 95, no. 52; Washington 1978, *Master Drawings in the National Gallery of Art and Promised Gifts,* National Gallery of Art, 67.

1. See Brejon de Lavergnée 1987, 30.

2. Repr. Crelly 1962, 217, no. 142, fig. 181.

59. *Putto*
Black chalk with white chalk highlights on tan-brown paper, 194 x 128 mm (7-5/8 x 5″)
Private collection, San Francisco

With this sheet and [60], we enter the realm of drawings in which the distinctions between Simon Vouet and his son in law, the talented engraver and painter Michel Dorigny, become a consideration. As the outstanding expert on Vouet and Dorigny, Barbara Brejon de Lavergnée has commented, "The distinctions between the works of the two artists are not always easy to make . . . [and] the distinction between master and collaborator is also difficult and delicate in the face of drawings which have been classified under the name of Simon Vouet – and are, in fact, very close to his style – but which nonetheless can be related to works by Dorigny."[1] The similarities between the artists are particularly strong during the collaborative period of the 1640s, before Dorigny developed the more classicizing, conventionally rounded forms with smoother regularized features, more insipid expressions, and finer, more regularized hatching that often give his figures the character of porcelain or plaster casts (see also comments, [60]).

Joseph Goldyne first recognized that this drawing, in the art market under the quite untenable attribution to Charles-Nicolas Cochin, le jeune (1715-1790), might well be a

Figure 59a. Simon Vouet, *Spring*. Zurich, Galerie Bruno Meissner.

Figure 59b. Simon Vouet, *Summer*. Zurich, Galerie Bruno Meissner.

Figure 59c. Simon Vouet, *Study of Three Putti*. Cambridge, Massachusetts, The Fogg Art Museum, Harvard University, Louise Haskell Daly Fund and Friends of the Harvard University Art Museums, 1984.601.

work by Simon Vouet. This charming study of a putto or amor is clearly a working drawing in which the artist has modified the pose of both the torso and the legs, especially the infant's right leg. The upper leg and thigh were originally conceived in a raised position, then lowered and further altered, resulting in multiple outlines. Although the surface is slightly abraded on the left, the assertive strokes of chalk and the pinched, spirited features of the putto recommend attribution to Vouet. The broadly drawn, weighty figure of the putto is very similar to that of the infant on the right in the decorative panel *Spring* (Figure 59a). That painting is one of two (Figure 59b) surviving large (90 x 124 cm) panels from a series of *Seasons* designed by Vouet to decorate the cabinet of Claude le Ragois de Bretonvilliers, secretary to Louis XIII, in his new Paris mansion (built between 1637 and 1643). For the cabinet Vouet also painted an *Allegory*, now in the Louvre, and reproduced in a print by Dorigny dated 1646, providing a likely *terminus ante quem* for the decorations.[2] The putto's arms in the drawing are apparently engulfed in swags or drapery, both of which elements appear in the painting, although without obstructing more than one arm of a child. Indeed, the pose and figure type are so similar between the drawing–in which the artist was still working out the final pose and composition–and the painting, that if not specifically in preparation for *Spring*, one is tempted to speculate that the study may be associated with one of the two lost panels.

A drawing of putti by Vouet at the Fogg Art Museum,[3] sometimes–although unconfirmably–associated with the decoration of the Hôtel de Bretonvilliers (Figure 59c), is apparently related to the present drawing, featuring putti presumably on a stone ledge and posed to hold fruits or flowers, drawn with a similar redrawing and reworking of contours and stances. In the outlining and drawing of face and hair, the use of white heightening in broad sharp strokes, the shifting multiple lines of black chalk defining contours, as the artist explores the turning motion of the figures in space, the chubby yet psychologically focused faces of the infants, the heavy torsos and thighs that seem to respond to their internal mass, and the enhanced sculptural depth of the twisting forms, the present work also is related to drawings of the late 1630s or early 1640s associated with the Hôtel de Bretonvilliers project and other commissions of the period, such as the studies at the Louvre.[4]

NOTATIONS: Lower left recto in graphite: 137

WATERMARK: Mounted down

PROVENANCE: Antoine-Joseph Dézallier d'Argenville, Paris, 1680-1765 (Lugt 2951, numbered 2470). Traditionally Lugt 2951 was assigned to Pierre Crozat, Paris, 1665-1740; however, in his 1956 supplement, Lugt noted that the Crozat drawings acquired by Tessin, now at Stockholm, do not bear the paraph. In 1984 the Louvre published drawings bearing the paraph as "paraphe non identifié." Recent research has proven that the paraph is that of Dézallier d'Argenville–those drawings bearing numbers from roughly 2430 to 3554 comprise works by French artists. See Jacqueline Labbé and Lise Bicart-Sée, "Antoine-Joseph Dézallier d'Argenville as a Collector of Drawings," *Master Drawings* XXV, 3 (1987): 276-281. See also information under Lugt 669; (Zeitlin & Ver Brugge, Los Angeles, 1968).

LITERATURE: None

EXHIBITIONS: None

1. Barbara Brejon de Lavergnée, "New Light on Michel Dorigny," *Master Drawings* XIX, 4 (1981): 447-448.

2. See Crelly 1962, 111-112.

3. Brejon de Lavergnée 1987, 143, no. CV.

4. Ibid., 112, 119-120, nos. 97 (where a vigorously drawn putto by Vouet appears on a sheet glued to another sheet so as to face a similar study by Dorigny, providing a dramatic juxtaposition of the stylistic difference between master and disciple), 103, 106, especially, 108, among others.

60. *Decorative Motif of a Cartouche Supported by Putti Before Female Hermae Holding a Garland*
Black chalk with traces of heightening with white chalk on gray-buff paper, 345 x 142 mm (16-5/8 x 5-5/8″)
Lent by Professor Alfred Moir, Santa Barbara

This charming drawing is apparently associated with an engraved title page/frontispiece by Michel Dorigny for a suite of five numbered prints illustrating Vouet's now-lost paintings of 1644 for the queen's vestibule at Fontainebleau. Dorigny, who entered Vouet's studio by 1638, formed an enduring relation with the premier peintre du roi, marrying the artist's younger daughter in 1648. In 1638 alone Dorigny executed thirteen prints after designs by Vouet, and in the course of his career executed over ninety such reproductive works. The engraving (Figure 60a) is dedicated to François Sublet de Noyers, to whom Paul Fréart de Chantelou, Poussin's great friend, patron, and correspondent, was secretary. The date of the print, 1644, is intriguing, because Sublet de Noyers, surintendant des bâtiments, artistic adviser to Richelieu (who died in December 1642), and no friend of Mazarin, fell into disgrace in April 1643, retiring to Dangu, only to be resummoned in the fall, several months after the death of Louis XIII (in May) and the establishment of the Regency, to be further humiliated and dismissed from all his royal posts by the crown, by the beginning of 1644.[1] Thus, the commission and the plate listing his defunct titles must predate, however marginally, the inscribed date, which coincides with the date Vouet actually worked at Fontainebleau. Relevant to the attribution of this drawing (that I know only from a photograph at the time of publication), which, while very similar, obviously differs in details from the printed image, is the statement: "Haec Inventa ac Opificia ipsius auspiciis coepta ac elaborata

Figure 60a. Michel Dorigny (after Simon Vouet), *Frontispiece to "Porticus Reginae in Arcis Fontis-Bellaquae Vestibulo Picturae & Ornatus."* Paris, Bibliothèque Nationale.

Figure 60b. Michel Dorigny, *Bacchanal with Nymph, Satyr, and Putti*. London, British Museum.

Simon Vouet Pictor Regius." (This invention, moreover crafting of this very work was conceived and elaborated by Simon Vouet, peintre du roi.) Thus Vouet is specifically credited with the conception and execution of the design, which he is further recognized for developing and elaborating in the process of its realization.

Although the drawing styles of the two artists are remarkably similar during the period of the 1640s, as noted in [59] (see also the discussion of Dorigny, [98-99]), Dorigny's figures tend to be psychologically insipid and doll-like. Parallel chalk strokes conveying shadow are more regularized and abstract, less clearly connected with the organic flow of the figure, the more subtle perception in atmosphere of light and shadow, or the conviction of movement. Dorigny's more conventionalized figures tend to be drawn with harder, more defined outlines, circular eyes, and standardized accented indications of noses and lips than in Vouet's chalk drawings. This is evident when the Moir drawing is compared with a black chalk study by Dorigny at the British Museum of a *Bacchanal* (Figure 60b) for a print in reverse of the engraver's own invention.[2]

The drawing of the putto on the lower right base of the Moir drawing is very similar in both pose and the drawing of limbs and features to a study at the Louvre by Vouet of a putto holding a palm and resting his hand on the head of a bird.[3] That drawing, appropriately enough, is executed on the verso of a study for Triton in the *Neptune and Amphitrite,* one of the series of now-lost paintings by Vouet, for the queen's vestibule at Fontainebleau. This series consisted of four wall paintings representing the four elements and an oval ceiling composition apparently depicting *Phoebus Apollo*. It was for the publication of these works–executed in 1644 and, as noted, engraved by Dorigny[4]–that Dorigny executed the title page for which the Moir drawing was evidently preparatory. The influence of the school of Fontainebleau on Vouet's ornamental design is evident in the compartmentalized format of the drawing with its hermae, garlands, and cartouche, influence even more strikingly evident a couple of years later in Vouet's grotesque designs for the queen's bath chamber at the Palais Royal, known through 1647 engravings by Dorigny.[5] Professor Moir informs me that Barbara Brejon de Lavergnée, whose pioneering work has so enhanced our understanding of Vouet as draftsman and helped clarify both the painting and chalk drawing styles of Michel Dorigny, orally confirmed the attribution of this drawing to Vouet when she saw it several years ago.

NOTATIONS: None

WATERMARK: Mounted down

PROVENANCE: (sale, London, Sotheby's, March 17, 1975, lot no. 38, repr. p. 52)

LITERATURE: None

EXHIBITIONS: None

1. See Jacques Thuillier's discussion of the political machinations and artistic implications in his *Nicolas Poussin* (Paris, 1988), 218-221.

2. For a discussion of this drawing and of Dorigny and Vouet drawings in general, see Barbara Brejon de Lavergnée, "New Light on Michel Dorigny," *Master Drawings* XIX, 4 (1981): 445-455, esp. 445-446, pl. 29; also, idem, "Contributions à la connaissance des décors peints à Paris et en Ile-de-France au XVIIe siècle: le cas de Michel Dorigny," *Bulletin de la Société de l'histoire de l'art français* (1982): 69-83; and on distinguishing Dorigny's chalk drawings among those by Vouet and his atelier in the Cholmondeley album, see idem 1987, esp. 182-191, nos. 222-241, among others; also, on the British Museum drawing, formerly attributed to Carpioni, see Nicolas Turner, *Italian Baroque Drawings (British Museum. Prints and drawings series)* (London, 1980), 134-135, no. 58, with a correcting erratum by the author.

3. Inv. RF 14722 v., black chalk with white heightening, 202 x 198 mm; see Brejon de Lavergnée 1987, 144-145, no. 138 verso.

4. Robert-Dumesnil 94-99; Roger-Armand Weigert, *Bibliothèque Nationale. Département des éstampes. Inventaire du fonds français. Graveurs du XVIIe siècle*, III (Paris, 1954), 486, nos. 94-99; on the commission, see also Crelly 1962, 123, 260-261, no. 251, figs. 165-169.

5. See Crelly 1962, figs. 161-163.

61. *The Martyrdom of Two Saints*
Pen and brown ink and gray and brown wash with highlights in white gouache and traces of black chalk underdrawing, squared for transfer in pen and brown ink, on blue-green paper, 190 x 140 mm (7-7/16 x 5-1/2")
Cooper-Hewitt Museum, The Smithsonian Institution's Museum of Design, 1931-64-118

Highly regarded as both a painter and a printmaker in the seventeenth and eighteenth centuries—establishing a successful career in both Rome and Paris—and a founding member of the Académie Royale, Perrier fell into obscurity in the nineteenth century. It was only with the publication of Walter Vitzthum's still-fundamental article in 1965 on Perrier's drawings[1] that modern scholarship on the artist, the stylistic influences on his career, and his corpus of surviving works commenced. Vitzthum's article and his related studies[2] were shortly succeeded by a series of other important articles.[3] Among them, the research of Erich Schleier, supplemented by such exhibitions as the 1984 Louvre *Dessins français du XVIIe siècle* and the Dublin *Le Classicisme Français*,[4] have helped redefine the artist.

All the early biographers—Félibien, Bellori, Mariette, and Dézallier d'Argenville—agree on the essential outlines of Perrier's career. The son of a jeweler near Lyon, he received his early education in that city before moving to Rome, where he lived between 1625 and 1629/30. In Rome he assisted Giovanni Lanfranco in the decoration of Sant'Andrea della Valle (1625-1627). For Lanfranco he executed the etching of Agostino Carracci's *Last Communion of St. Jerome*, which served Lanfranco in his famous claim that Domenichino had merely plagiarized the Carracci painting in his version of the subject. Perrier's *The Stoning of St. Stephen*[5] reflects Lanfranco's influence on the dramatic composition and figure type of the young artist. Perrier certainly came to know the works of Vouet and Poussin among the French artists in Rome at that time, and he studied the architectural settings in the frescoes of Domenichino.

Returning to France by 1630, Perrier stopped in Lyon, where he executed commissions for the Chartreuse, including a *Beheading of St. John the Baptist*, before arriving in Paris where he worked in collaboration with Vouet. In 1631/32 he executed paintings after Vouet's designs in the chapel of the Château de Chilly. Although capable of approximating Vouet's style, the artist also worked independently; in the *Sacrifice of Iphigenia*,[6] as Thuillier has observed, his work is distinctive from Vouet's in lacking the lyricism, fluid rhythm, decorative sumptuousness, and sensuality. He transformed Vouet's style into a more direct and simple, powerful prose, while maintaining the colorism and broader figure type.

Between 1635 and 1645 Perrier returned to Rome, where he decorated the gallery of the Palazzo Peretti.[7] This second stay in Rome led predictably to a greater classicism in his style. Indeed, during that period he produced two important series of prints, the *Segmenta nobilium signorum et statuarum que temporis dentum invidium evase* of 1638, a volume of one hundred etchings of the finest reliefs in the city, and *Icones et segmenta illustrium e marmore tabularum que Romae* of 1645, a deluxe sequel focusing on reliefs. Both works are accurate sets of reproductions that served artists into the nineteenth century.[8] The cooler, more classicizing, and sculpturally posed compositions of these years—where the contemporary influences of Pietro da Cortona and Poussin are conjoined with those of Raphael (whose frescoes in the Villa Farnesina Perrier etched) and antiquity—are reflected in such paintings as *Moses Striking the Rock*, *Adoration of Golden Calf*, and *Plague of Athens*.[9] As Schleier has shown, Perrier also continued to study the work of Annibale Carracci in the Farnese Gallery during this period.

Perrier's final years in Paris, 1645-1650, were dominated by major decorative commissions, notably the vault of the Hôtel La Vrillière (the Banque de France, his paintings now known through copies) and, in 1646/47, the Cabinet de l'amour at the Hôtel Lambert, where the artist continued in the cooler, classicizing mode of his late Roman years. A large album of drawings, the so-called Perrier

Album at the Louvre, carefully studied by Vitzthum and Louis-Antoine Prat,[10] was executed primarily by an assistant working intimately with the artist, although a few of Perrier's own drawings also appear in it. The drawings reproduce compositional studies and paintings by Perrier from his second Roman period and his last years in France, together with studies of works from antiquity and by Algardi, the Carracci, Lanfranco, and Titian–works that interested the artist and his studio. The album thus provides valuable insight into his career and studio method. It also includes a study by the anonymous copyist of a work by Le Vau dating eight years after Perrier's death.

As we turn to Perrier's drawings, the graphic style of Vouet, whose influence is evident in chalk single figure and compositional studies[11]–and it is worth recalling the mutual influence of Lanfranco on the chalk styles and figure study modes of the artists (see comments, [55])–is distinct from the pen-and-ink-and-wash style of Perrier, which is more influenced by Poussin. Nonetheless, as Vitzthum notes, the graphic structure and the sense of light and volume found in both Lanfranco's and Vouet's drawings are absent from the more mechanical and flatter forms of Perrier, even in chalk. Vitzthum has characterized the essential qualities of Perrier's pen-and-ink drawing style: elongated figures; relatively dry, thin, and scratchy pen strokes especially in rendering limbs; shading executed in short parallel strokes and wash; abbreviated short strokes used for eyes and mouth; short parallel strokes for fingers and toes; and zigzag contours for drapery, which is simplified and generally follows the contours of the figure.

Figure 61a. François Perrier, *Salome Receiving the Head of John the Baptist*. Paris, Louvre.

As Vitzthum further observes, while Perrier's compositional style was powerfully influenced by a variety of inspirations during his years in Rome, Poussin seems profoundly to have influenced Perrier's pen style during Perrier's first Roman period (Vitzthum, who discusses their contact during that time, compares a drawing traditionally attributed to Poussin, a study for the 1630/31 *Kingdom of Flora*,[12] convincingly argued by Oberhuber to be a copy,[13] probably by the same hand as the so-called Marino drawings, a collection at Windsor Castle traditionally attributed to the young Poussin). The drawing style is remarkably close. One may compare the present sheet with Poussin's study for *Apollo and the Muses on Parnassus* at the Getty (Figure 15b). The possible influence of Testa during Perrier's second Roman period also deserves further consideration.

The Cooper-Hewitt drawing, as Rosenberg has noted, is very similar in both composition and pen-and-wash work, together with the use of white gouache particularly in the faces, to a drawing of the *Martyrdom of St. Margaret*, as well as, more generally, the *Sacrifice of Polyxenes*, both at the Albertina.[14] It is also closely related to the Louvre study for *Salome Receiving the Head of John the Baptist* (Figure 61a), recently recognized among anonymous French drawings and identified by Prat,[15] and a variant drawing of that subject at the Victoria and Albert Museum (D 801-1887, 220 x 160 mm, pen and brown ink, gray and brown wash and white gouache on blue-green paper). These works are all crossed for transfer. In a recent article, Prat dated the Louvre *Salome*, the Albertina *Polyxenes*, and the Cooper-Hewitt sheet to Perrier's second Roman period, about 1638-1645, a point which he reconfirmed in 1988 (pers.com.).

In connection with the Cooper-Hewitt drawing, Gilles Chomer kindly has referred me to the 1975 published colloquium on Baroque art in Lyon, which included inventories of paintings formerly in churches of Lyon.[16] François Perrier's brother, Guillaume Perrier, a mediocre artist, was commissioned to paint the decor, including various altarpieces in diverse chapels and forty-four small biblical and devotional paintings in the sacristy for the convent of the Minimites. Guillaume, recorded in Mâcon from 1623, moved to Lyon around 1640, where he died in 1656. Chomer has mentioned to me that in a private collection and in Stuttgart he has found drawings by François Perrier corresponding precisely to the paintings by Guillaume Perrier as described in the 1791 inventory of A. Hennequin and J. Janin (Guillaume is misnamed Claude Perrier in that inventory).[17] He has suggested to me that the Cooper-Hewitt drawing may relate to a lost painting by Guillaume and that François sent compositions to his brother. The proposed chronology of the Cooper-Hewitt drawing fits in this scheme, although a dating of the work to Perrier's return from Rome, when he passed through Lyon on his way to Paris, is not inconceivable. Alternatively, the drawing may represent an unexecuted other subject in the extensive series of paintings by Guillaume. Thus, a similar subject is cited in the inventory: "une Ste Vierge martyre à genoux regardant un ange descendant du ciel avec une palme et une couronne de fleurs, lequel épouvante les bourreaux etlles met en fuites." Another represents St. Blandine exposed in an amphitheater to beasts.[18] Chomer has found a drawing by Perrier of the St. Blandine subject. These references to "Blandine" and "bourreau" are noteworthy for the inscriptions on the Cooper-Hewitt drawing.

Notations: Inscribed by artist(?) in pen and brown ink on recto, upper left: *Lempereur*; at lower right: *Le bourreau*; at lower extreme right: *Les Chreti . . .*; at center base (rendered partially illegible by a waterstain) the inscriptions seem to read: *St petr.de.sco . . . / St Blandina*

Watermark: Mounted down

Provenance: Juan Jorge Peoli, New York, 1825-1893 (Lugt 2020); (also indicated on verso of mount a reference to a sale, --- *23, 1875, no. 251*); Sarah and Eleanor Hewitt, New York

Literature: Sheila Ffolliott, "A New Baroque Drawing of the Martyrdom of St. Lawrence," *The Minneapolis Institute of Arts Bulletin* LXI (1974): 49-50, fig. 5; Louis-Antoine Prat, "Quelques nouveaux dessins de François Perrier (1590-1650)," *Bulletin de la Société de l'histoire de l'art français* (1981): 57; Frankfurt 1986-1987, 24, no. 14 (mentioned).

Exhibitions: Toronto et al. 1972-1973, 24, 193-194, no. 108, pl. II.

1. Walter Vitzthum, "Zuschreibungen an François Perrier," *Walter Friedlaender zum 90. Geburtstag* (Berlin, 1965), 211-216.

2. Notably, Vitzthum, "L'Album Perrier du Louvre," *L'Oeil* no. 125 (May 1965): 20-25; also "La Galerie de l'Hôtel La Vrillière," ibid., no 144 (December 1966): 24-31.

3. Erich Schleier, "Affreschi di François Perrier a Roma," *Paragone* 217/37 (1968): 42-54; idem, "Quelques tableaux inconnus de François Perrier à Rome," *Revue de l'art* no. 18 (1972): 39-46; Jacques Thuillier, "Dijon. Musée des Beaux-Arts: II Deux tableaux de François Perrier," *La Revue du Louvre et des musées de France* XXII, 4/5 (1972): 307-314; Prat 1981, 51-57; and Pierre Rosenberg's several publications, including his entry in Toronto et al. 1972-1973 for this drawing and Paris et al. 1982, 299-300.

4. Paris 1984a, 34-37, nos. 32-36; and Sylvain Laveissière, *Le Classicisme Français, Masterpieces of Seventeenth Century Painting* (Dublin: National Gallery of Ireland, 1985), 50-52, nos. 28-29.

5. Rome, private collection, repr. in Schleier 1972, 38-40, frontis., figs. 1-3.

6. Dijon, Musée des Beaux-Arts, repr. in Thuillier (*Revue du Louvre*) 1972, 308, fig. 3.

7. See the discussion of this period in Schleier 1968.

8. For a discussion of these influential prints, see the recent article, Pierre Cadet, "Les estampes françaises du XVIIe siècle d'après les bas-reliefs antiques," *Gazette des Beaux-Arts* CXII, 1439 (1988): 250-260.

9. The former two in the Capitoline Museum, Rome; the latter in Dijon, Musée des Beaux-Arts, repr. in Thuillier (*Revue du Louvre*) 1972, 310-312, figs. 6-8.

10. Vitzthum (*L'Oeil*) 1965, 20-25; Prat 1981, 53.

11. E.g., the *Chronos Cutting Cupid's Wings* at Frankfurt, repr. in Frankfurt 1986-1987, 24-25, no. 15; the Louvre *Reaching Male Nude*, repr. in Paris 1984a, 35-36, no. 34; and the Albertina *Bust of a Dead Youth*, repr. in Rosenberg 1971 pl. VI.

12. Friedlaender and Blunt 1939-1974, III: 35, no. 214.

13. See Konrad Oberhuber, *Poussin: The Early Years in Rome* (Fort Worth: Kimbell Art Museum, 1988), 30-31, 353, no. D188 copy.

14. Repr. in Vitzthum, "Zuschreibungen an François Perrier," 1965, figs. 1, 8.

15. See Prat 1981, 56 57, fig. 14; also Paris 1984a, 37, no. 36.

16. Daniel Ternois, "Les tableaux des églises et des couvents de Lyon," *L'Art Baroque à Lyon. Actes du Colloque, Lyon, 27-29 Octobre 1972* (Lyon, 1975), 201-288.

17. See ibid., 262-269.

18. Ibid., 265.

62. *Christ in the House of Mary and Martha*
Pen and brown ink and brown-gray wash over traces of graphite, crossed for transfer in graphite, on tan paper, 208 x 166 mm (8-3/16 x 6-7/16")
Metropolitan Museum of Art, Gift of John Morton Morris, 1986.346

The essential qualities of Perrier's pen-and-ink drawing style, found in the Cooper-Hewitt drawing [61] and the drawings with which it was compared, are also visible here: the elongated figures; the shading in short, parallel strokes and wash; abbreviated short strokes for eyes and mouth; short parallel strokes for fingers and toes; and the zigzag contours of drapery, which is simplified and generally follows the contours of the figure. The present sheet[1] also contains interesting genre details of a bourgeois domestic interior, relatively rare among Perrier's surviving works.[2] In a letter to Louis-Antoine Prat of May 1988, I inquired whether he knew of any related painting of the subject, suggesting that it would date together with the Cooper-Hewitt drawing [61], which he dated about 1638-1645. In his reply, although he knew of no related work, Prat concurred with my dating, stating: "Je suis d'accord avec votre datation, celui du Cooper-Hewitt étant peut-être légèrement anterieur à l'autre."

Without the use of white gouache and in the even simpler, broader figure style and pen work of this sheet, the Poussinesque influence on the style of Perrier is even more apparent (see comments, [61]; cf. Figure 15b).

It is tempting again to speculate whether this sheet, like the Cooper-Hewitt drawing, might be associated with Guillaume Perrier's work for the Minimites (see comments, [61]), since Guillaume executed such an extensive number of biblical subjects for them, including the forty-four small Old and New Testament and devotional subjects for the sacristy. *Christ Visiting the House of Mary and Martha,* however, does not appear among those listed in Hennequin's and Janin's inventory.[3]

NOTATIONS: Inscribed by artist(?) in pen and brown ink in lower left corner: *F. perier*

WATERMARK: Mounted down

PROVENANCE: (mount inscribed: Coll.n Fachot); (sale, Paris, Hôtel Drouot, April 29, 1986, no. 54)

LITERATURE: None

EXHIBITIONS: None

1. I am very indebted to the late Lawrence Turčić for bringing my attention to this recently acquired drawing, which has only appeared, reproduced, in the Hôtel Drouot auction catalogue, and was unknown before that time.

2. See the Louvre drawing of the *Holy Family,* repr. in Walter Vitzthum, "L'Album Perrier du Louvre," *L'Oeil* no. 125 (May 1965): 24, fig. 5.

3. Daniel Ternois, "Les tableaux des églises et des couvents de Lyon," *L'Art Baroque à Lyon. Actes du Colloque, Lyon, 27-29 Octobre 1972* (Lyon, 1975), 264-269.

63. *Study for a Sculpture for the Château at Wideville: "Autumn"*
Recto: red chalk; 178 x 73 mm (7 x 2-7/8")
Verso: *Figure Study Sketches* by the artist, including a Madonna and Child (?), kneeling figures, the head and back of a figure extending forward, a seated figure (Madonna and Child?), and a male figure bending forward; black chalk
Cooper-Hewitt, The Smithsonian Institution's Museum of Design, 1931-64-242

Jacques Sarrazin and the Anguier brothers were the leading sculptors of the mid-seventeenth century in France. This period in sculpture – if not as brilliant as the later century, dominated as it was by Puget, Girardon, and Coysevox – nonetheless achieved a distinction in a classical repertory of figure decoration and monumental design that reflects sophisticated knowledge of current stylistic developments in Rome. Sarrazin received his preliminary training in Paris under Nicolas Guillain, but his influential classical style was developed in Rome, where he lived from about 1610, returning to France by 1628. Notably he worked with Domenichino and possibly with Maderno in the Stanza di Apollo at the Villa Aldobrandini at Frascati (1619–1621), and with Domenichino in several commissions thereafter. As Blunt has noted, Sarrazin also was in contact with the sculptors Francesco Mochi, Pietro Bernini, and François Duquesnoy, and clearly studied classical sculpture in Rome.

The impact of Sarrazin's exposure to the art of Domenichino was profound, as Richard Spear has indicated.[1] His stucco work at Sant'Andrea della Valle and San Lorenzo in Miranda, figures after designs by Domenichino at Sant'Andrea and related atlantes at San Lorenzo,[2] anticipates Sarrazin's celebrated caryatids (actually executed after his designs by Gilles Guérin) for the decoration of Lemercier's Pavillon de l'Horloge at the Louvre of 1641. The latter have been described by Blunt as "the first works of French classicism in sculpture, and . . . thus the exact parallel to the work of Poussin and François Mansart at the same moment in the other two arts."[3] Sarrazin was also a painter, his works until recently only known through reproductive prints by his contemporaries and documentary accounts. Thuillier has

Figure 63a. Pierre Daret (after Jacques Sarrazin), *Autumn*. Paris, Bibliothèque Nationale.

Figure 63b. Jacques Sarrazin, *Study for a Statue of a Nymph and Amor*. Rouen, Musée des Beaux-Arts.

identified a painting by the artist, *The Holy Family with St. François de Paule*,[4] that reveals a style in the 1640s influenced by Vouet and reflects knowledge of Bourdon and La Hyre – a style a bit heavy and banal as in his sculpture.

Sarrazin worked closely with Vouet in France and probably knew the artist in Rome. His figure types in the 1630s bear a generic resemblance to those of Vouet with whom he worked on several decorative cycles and whose niece he married. As Thuillier points out, however, Sarrazin's forms and rhythms of drapery and movement are more stable and calm than Vouet's. The return of Jacques Stella to Paris in 1634 and Poussin's visit between 1640 and 1642 only confirmed a more classicizing tendency in Sarrazin's art. Contrary to Vouet, Sarrazin was one of the founding members of the Académie Royale in 1648. The basic references on Sarrazin remain the lectures of Guillet de Saint-Georges read to the Académie in Paris on December 3, 1689.[5] Marthe Digard's 1934 monograph on the artist has been supplemented by a study by Jacques Thirion of a terracotta *Madonna and Child* and other religious sculptures by the artist in the collection of the Louvre.[6]

The Cooper-Hewitt drawing, discovered by Rosenberg, who also recognized its subject, is apparently a study for one of the four seasons executed in sculpture for the château at Wideville, the collaboration of the architect Lemercier, Le Nôtre, Vouet, and Sarrazin, for Claude de Bullion, surintendant des finances for Louis XIII (see comments, [56]). Sarrazin worked at Wideville, where he decorated the house, gardens, and grotto/nymphaeum, execution of the latter by one of his studio assistants, Philippe de Buyster.[7] The project extended from 1632 into the decade; the sculpture for which the drawing is preparatory, dated by Digard to about 1632, is recorded in a print dated 1642 by Pierre Daret (Figure 63a). As Rosenberg comments, the print is a virtual mirror-image of the composition of the drawing, except that Bacchus looks down in the print and the pose of the faun is slightly different. The print, identified as Autumnus and specifically stating "Opus Iacobi Sarazin in AEdibus D. de Bullion a Videville," would seem to confirm that the print records an actual sculpture by Sarrazin, rather than a design.

In 1642 Daret executed a set of prints of all four seasons after sculptures by Sarrazin. Three, according to his inscriptions, are derived from statues at the château at Wideville; one, Summer (Ceres), is from the project for Louis Hesselin, for the Château de Chantemesle. Spring is personified by Venus, and Winter by Diana. The statues seem to correspond well to Sarrazin's style. The original figures are all lost, according to Marguerite Charageat, who reproduces all the prints and related later works by the artist.[8] Digard, however, indicates that the identification and purpose of the statues may be more difficult to interpret.[9] The prints, executed about ten years after the statues, indeed do not reproduce any of the figures on the façade of the château or the seven known garden statues, according to Digard.[10] While one might not expect exactitude (although Daret's 1640 print after the terracotta in the Louvre is a meticulous reproduction in reverse),[11] Digard points out that there is no correspondence to the surviving sculptures and proposes that the prints record an early model for the niches that had to be adapted to the narrowness of the space. Digard suggests that the actual statues on the façade may illustrate the Hours of the Day. Mariette suggested that the figures were so-engraved and titled as a set by Daret to make a salable suite.[12] Yet, the drawing indicates that Daret probably made no change from the sculptures, which he identified as executed by Sarrazin.

We must not forget, however, that some of the works are indeed lost. In 1689 Guillet de Saint-Georges wrote, "Il fit alors quattre figures de pierre, représentant les quatre Saisons, posées à Videville auprès de Poissy, dans la maison de M. Bullion, surintendant des finances."[13] At the time of Bullion an avenue of twelve or fourteen mythological statues, executed by Buyster after Sarrazin, led to the nymphaeum, of which the seven cited by Digard survive. Marie-Pierre Foissy-Aufrère has suggested that the Rouen *Study for a Statue of a Nymph and Amor* may have been designed for one such figure (Figure 63b).[14]

Stylistically the drawing is influenced by Vouet [56, 57]; the hatching stroke, the small head, pointed chin, hairstyle, and full body

Figure 63c. Jacques Sarrazin, *Two Sculpture Studies of Virtue and Vice*. London, British Museum.

Figure 63d. Jacques Sarrazin, *Two Studies for a Sculpture*. Paris, Louvre.

are even more apparent in the black chalk study for a *Nymph* (Figure 63b) of about the same date and, as we have noted, possibly for the same project, at Rouen (note also the inscription in pen and brown ink). Yet there is an essentially different aesthetic concern from Vouet's–that of a sculptor–reflected in Sarrazin's drawing style, especially in his drafting of contours and handling of shading. Sarrazin is primarily concerned with the visualization of the flow of light across forms. Contours tend to be far more broken up and shifting than in Vouet's drawings; the shorter, more accented, and incisive strokes aggressively mark the paper so as to bring out those details that either emerge in light or capture shadow within shimmering atmosphere, the light stabilizing the forms. His work in pen and ink (Figures 63c, 63d) functions much the same with even sharper contrasts. In all the drawings the artist has considered the figures within the spatial context established by their pedestals.

All of them, as well as [64], bear in the same ancient hand the pen-and-brown-ink inscriptions of *Sarrasin*. In the case of the Metropolitan drawing of the *Triumph of Silenus* (Figure 64a) the inscription reads *Sarasin*. The British Museum drawing provides an opportunity to compare these inscriptions with the artist's own inscriptions, and the initial reaction is that the hand may indeed be the same. Clearly the "signatures," however, were applied at a separate date from execution of the designs, possibly at about the same time, and they may record a late inventory of autograph drawings in the studio by the artist.

NOTATIONS: Recto: inscribed (signed?) in pen and brown ink lower left: *Sarrasin*; upper left in black chalk: *13*; verso: in various hands diverse numerical and letter inscriptions

WATERMARK: None

PROVENANCE: Sarah and Eleanor Hewitt, New York

LITERATURE: Bjurström 1976, no. 659 (mentioned); Cambridge, Mass., et al., 1980, 44, no. 4 (mentioned); Foissy-Aufrère 1984, 34, no. 32 (mentioned); Paris 1984a, 38, no. 38 (mentioned); Bean 1986, 246, no. 280 (mentioned); New York Edinburgh 1987, 85, no. 81 (mentioned); Brejon de Lavergnée 1987, 14.

EXHIBITIONS: Toronto et al. 1972-1973, 22, 209-210, no. 133, pl. 7; New York 1981, *Sculptors' Drawings Over Six Centuries 1400-1950,* The Drawing Center, cat. by Colin Eisler, no. 20.

1. Richard E. Spear, *Domenichino,* 2 vols. (New Haven and London, 1982), I: 196, 254-255, 267.

2. Ibid., II: figs. 304-306, 317-318.

3. Blunt 1982, 316, repr. fig. 264.

4. Jacques Thuillier, "Un peintre oublié: le sculpteur Jacques Sarazin," *Album Amicorum J. G. Van Gelder* (The Hague, 1973), 321-325, figs. 11-13.

5. Guillet de Saint-Georges 1854, I: 115-126.

6. Marthe Digard, *Jacques Sarrazin, son oeuvre–son influence* (Paris, 1934); Jacques Thirion, "A propos d'une nouvelle terre cuite: Sculptures religieuses de Jacques Sarrazin, au musée du Louvre," *La Revue du Louvre et des musées de France* XXII, 3 (1972): 145-154.

7. Pierre Chaleix, "L'Equipe de Jacques Sarrazin aux Châteaux de Wideville et de Maisons," *Bulletin de la Société de l'histoire de l'art français* (1966): 121-126.

8. Marguerite Charageat, "Abraham Bosse et Jacques Sarazin," *Gazette des Beaux-Arts* LXXVIII/XV, 878 (1936): 373-377, figs. 2-7.

9. Digard 1934, 135-138.

10. Façade statues repr. in ibid., pl. XIV, nos. 1, 4.

11. See Thirion 1972, 147, fig. 3.

12. Mariette 1853-1859, V: 179-180.

13. Saint-Georges 1854, 121.

14. Foissy-Aufrère 1984, 33-34, no. 32.

64. *The Element Fire*
Black chalk, heightened with white chalk on tan paper; red chalk line borders on original sheet and additions made to regularize the sheet (along base and upper corners; sheet originally hexagonal); 126 x 303 mm
(4-15/16 x 11-15/16")
Private collection, New York

Philippe de Chennevières identified the subject of this drawing as "Neptune(?) sur son char, entouré de petits Génies maritimes," but it is actually a presentation of Jupiter seated in the clouds with his thunderbolt and accompanied by an eagle and four putti. The sketch is a preparatory study related to the decoration of the Château Maisons-Lafitte (Seine-et-Oise), for which Sarrazin supervised the decoration executed primarily by his three assistants, Guérin, Buyster, and van Obstal.[1] A masterpiece of architecture by Mansart, the building was begun in 1642 for René de Longuiel, marquis de maisons and surintendant des finances. Although the main structure was completed by 1646, the decoration campaign preoccupied Sarrazin through 1651.

This decoration is for the vestibule. The vault of that space is supported by pilasters, above which at each corner a large eagle is placed, its wings extended (a pun on the name Longueil and the emblem of the marquis). The reliefs, still in place in the curved pendentives–sort of semicircular tympana, extending into the vault above the bays of each wall–represent the four elements personified by Jupiter, Juno, Neptune, and Ceres. Jupiter with his thunderbolts embodies fire. Although no modelli associated with the work survive, it is not unlikely that the artist prepared the general designs, leaving his assistants with freedom to work out details in this large, complex, and demanding overall commission. As Blunt has noted, the decorative work reflects a diversity of

Figure 64a. Jacques Sarrazin, *Triumph of Silenus*. New York, Metropolitan Museum of Art. Rogers Fund, 1961. (61.161.3)

styles. The finished relief, executed in Chantilly stone, is very close to the rather sketchy yet lucid drawing in conception. One difference, as noted by Ian Wardropper in his entry to Eisler's 1981 catalogue, is that Jupiter's left leg, only preliminarily sketched in and bent back to the body in the drawing, extends to the left with the other leg in the relief.[2]

Although considerations of Sarrazin's graphic style have been discussed in [63], the artist's concern with the articulation of broad, rounded monumental forms stably set in light and pockets of shadow is even more assertively expressed in this drawing than in the previous sheet of about ten years earlier. With his sharply accented, angular strokes of black chalk, the artist seeks to define the general, underlying structure of bone and flesh while conceiving of the forms in broad masses. Much of the same effect is achieved in the Metropolitan black chalk drawing, apparently of the same period, of the *Triumph of Silenus* (Figure 64a).

NOTATIONS: Inscribed (signed?) recto, upper left in pen and brown ink: *Sarrasin* (see comments, [61])

WATERMARK: Mounted down

PROVENANCE: Marquis Philippe de Chennevières, Paris and Bellesme, 1820-1899 (Lugt 2073); (his sale, Paris, April 4-7, 1900, no. 464); Charles Saunier, Paris; (Wildenstein, 1972)

LITERATURE: Chennevières 1894-1899, XI: 259; Bean 1986, 246, no. 280 (mentioned); Brejon de Lavergnée 1987, 14.

EXHIBITIONS: Cambridge, Mass., et al. 1980, 19, 43-44, no. 4; New York 1981, *Sculptors' Drawings Over Six Centuries 1400-1950*, The Drawing Center, cat. by Colin Eisler, no. 21.

1. Pierre Chaleix, "L'Equipe de Jacques Sarrazin aux Châteaux de Wideville et de Maisons," *Bulletin de la Société de l'histoire de l'art français* (1966): 121-126.

2. For a brief commentary and a reproduction see Marthe Digard, *Jacques Sarrazin, son oeuvre—son influence* (Paris, 1934), 158, pl. XVI; for the general outlay of the vestibule, showing the vault, corner, and bay with the relief of *The Element Water* (Neptune with his trident and Nereids), see Blunt 1982, 218, fig. 178.

Claude Vignon

TOURS 1593 - PARIS 1670

65. *The Penitent St. Peter*
Red chalk and pen, crossed for transfer and incised guideline indications evident about the figure's shoulders, hands, and arms, and along the edge of the cock and claw, with brown ink margins; 187 x 273 mm (7-3/8 x 10-3/4")
Collection of Mr. Leo Steinberg

Claude Vignon's life extended well into the seventeenth century, yet the stylistic tenets of his work were synthesized primarily from artists to whom he was exposed during his years in Rome, ca. 1616-1622,[1] a diverse group including the Roman followers of Caravaggio, Elsheimer, and Lastman (Rembrandt's master), together with those aspects of Late Mannerism as he knew them in the Parisian milieu of Fréminet, Lallemant, and in the prints of Callot. The artist's early Roman prints and paintings reflect a conflation of his earlier study of Mannerist and Fontainebleau painters and printmakers, especially Lallemant (see Figure 52b), of Caravaggio, the young Vouet (after whose Caravaggesque *Two Lovers* in the Palazzo Pallavicini Vignon executed an etching in 1618), and the Northern Caravaggisti in Rome. Although he also responded to the art of Ribera (whose work he could have known in Naples or during his two trips to Spain in the 1620s) and was superficially influenced by Rubens's figure types from the mid-1620s into the early 1640s, Vignon's acidly brilliant colorism, his shifting broken surfaces, rich impastos, elongated figures, and strange perspective scheme continued to evolve from the style he had previously formulated in Rome, with the Lallemant-influenced Late Mannerist currents reasserting themselves even more forcefully on his return to Paris.[2] Received into the Académie Royale in 1651, Vignon's work never reformed into the dominant classicist rhetoric of his later contemporaries, but persisted, virtually *in vacuo*, in the distinctly

Figure 65a. Claude Vignon, *The Penitent St. Peter*. London, British Museum.

syncretistic Mannerist-Caravaggesque-Elsheimer/Lastman vernacular he developed in the 1620s. Wolfgang Fischer's study and catalogue raisonné of his paintings and the commentary of Arnauld Brejon de Lavergnée and Jean-Pierre Cuzin remain the essential references on the artist's painting career,[3] but Rosenberg has fundamentally contributed to our understanding of the artist as a draftsman. Paola Pacht Bassani also has published on the artist's drawings.[4]

This drawing was first discovered in London by Leo Steinberg, who related it to the print of the same subject (Figure 65a). Notably the print, virtually of the same dimensions as the sheet, reproduces the composition without any significant changes except in details of the drapery. The drawing has been incised for transfer, and the print is inscribed indicating that Vignon invented the composition, painted it, and engraved it. Variant compositions of the subject published by Mariette record works "pinxit" by Vignon, but engraved by Couvay, Rousselet (related to a painting in a Paris private collection), or Lochon;[5] only this version was also engraved by the artist, and the Steinberg drawing must be the surviving preparatory sheet for the plate.

The dating of Vignon's graphic corpus is not straightforward, as the artist's style did not appreciably alter in a dramatic fashion. His earlier drawings, including the Louvre pen-and-ink study, and his 1619 print of the *Adoration of the Magi*[6] reveal a "free and sketchy" manner, less "heavy and insistent" than his later work, as Rosenberg has observed. The vivid hatching strokes and sharp, light-to-dark contrasts tie him more closely with his Late Mannerist roots, but also reflect the character of the medium of pen and ink over chalk. Nonetheless, in earlier chalk drawings, such as the Louvre *Standing Young Woman* (Figure 65b),[7] the artist seems to demonstrate less concern with mass and textured surfaces than in later chalk drawings datable to the 1640s ([66, 67], Figures 66b, 67b).[8] The Steinberg drawing appears to be earlier than either [66] or [67], and can be related in format and composition to paintings of *St. Anthony* (Semur, Museum) and the Stanford *St. Peter Penitent*, works which reflect the influence of Ribera. On the basis of stylistic comparison with dated works, Fischer tentatively has proposed a dating to the mid-1620s for the former painting, but one can state with certainty only that the drawing and print date from the artist's French period, and probably pre-date [66] and [67], which can be associated with prints from the 1640s.

Figure 65b. Claude Vignon, *Standing Young Woman*. Paris, Louvre.

NOTATIONS: None

WATERMARK: Not entirely decipherable; pattern of grapes

PROVENANCE: (London, art market)

LITERATURE: Pierre Rosenberg, "Notes on Some French Seventeenth-Century Drawings: Saint-Igny, Vignon, Mellin, Millet and Others," *Burlington Magazine* CXXIV, 956 (1982): 697 n. 11.

EXHIBITIONS: None

1. As Arnauld Brejon de Lavergnée and Jean-Pierre Cuzin have observed (*Valentin et les Caravagesques français* [Paris: Grand Palais, 1974], 185-186), the precise dating of Vignon's residences in Paris and Rome are difficult to isolate on the basis of conflicting documentation, but his Roman sojourn is probably datable to about 1616-1622; in January 1623, he was in Paris, where he married Charlotte de Leu.

2. On the stylistic impact of Vignon's return to France on the artist, see Pierre Rosenberg's comments in "A Vignon for Minneapolis," *The Minneapolis Institute of Arts Bulletin* LVII (1968): 7-16.

3. Wolfgang Fischer, "Claude Vignon (1593-1670)," *Nederlands Kunsthistorisch Jaarboek* XIII (1962): 105-148; and ibid. XIV (1963): 137-182; and Arnauld Brejon de Lavergnée and Cuzin 1974, 185-200, esp. 185-188.

4. Among their publications, see especially Pierre Rosenberg's seminal article, "Some Drawings by Claude Vignon," *Master Drawings* IV, 3 (1966): 289-293, and Toronto et al. 1972-1973, 220-221, no. 145; and Rosenberg (*Burlington*) 1982, 693-694; also Paola Pacht Bassani, "A proposito di alcuni disegni di Claude Vignon," *Paragone* no. 377 (1981): 12-24. Finally on the painting corpus, see Rosenberg's comments on Vignon's Italian period in his article "Un tableau de Vignon," *La Revue du Louvre et des musées de France* XVIII, 1 (1968): 37-44; and on Vignon's French period, his 1968 article on the Minneapolis painting; and Paris et al. 1982, 331-333.

5. Related to a painting of *St. Peter Repentant* at Stanford University Museum and Art Gallery, repr. in Rosenberg (*Minn. Bull.*) 1968, 14, fig. 6; also Paris et al. 1982, 375, fig. 1.

6. Fischer 1962, 25-26, fig. 26; Rosenberg (*Master Drawings*) 1966, 290, fig. 3; also, idem 1971, 88, fig. 6; and Paris 1984a, 43, no. 45.

7. See Paris 1984a, 44, no. 47.

8. Also see *Drawings from The National Gallery of Ireland* (New York: Wildenstein, 1967), 16, 17, nos. 25 (*Portia*), 26 (*Paulina*), for the 1647 series of *La galerie des femmes fortes,* among others.

---

66. *St. Helen with the True Cross*
Red chalk, pen and brown ink with brown wash on cream paper; 327 x 215 mm (12-7/8 x 8-1/2″)
Fogg Art Museum, Harvard University, The Louise Haskell Daly Fund and Friends of the Harvard University Art Museums Funds, 1984.598

This sheet was first published by Rosenberg, who discussed it in detail in his 1972 catalogue, noting its relation to the print by Rousselet (Figure 66a), engraved in the same direction as the drawing. The drawing differs from the print in several details. St. Helen, the mother of Constantine, on the basis of a dream ordered excavations that led to the discovery of the True Cross. The figure is shown on a raised ground representing Calvary. John Richardson notes that Germain Seligman contended that the same subject served as the model for the figure holding a cross in Vignon's *Christian Faith*, a painting formerly in the Seligman collection. That work depicts a young girl, seated, embracing the Cross, and holding further Christian attributes: the papal tiara, the silver and gold keys of the Church, and a laurel sprig. She is also richly attired.

This beautiful drawing testifies to the concern of the artist, especially in his mature works, in conveying rich and subtly defined textures and surfaces. In a manuscript at the Fogg Museum, Richardson aptly observes, "Vignon has developed the textural details and the play of light and shadow in this drawing by the use of vibrations of the pen over varying shades of sanguine and bistre wash, thereby creating an effect of considerable vitality. . . . " Stylistically, the drawing must be close in date to [67], Figure 67b, and drawings associated with his illustrations for Pierre Le Moyne's *La galerie des femmes fortes*, published in 1647. The complete, large, folio volume contains a frontispiece by Charles

Audran after Pietro da Cortona, and twenty engraved portraits after Vignon. Among these is the British Museum's recently acquired *La Dame Chrétienne* (Figure 66b).[1] The British Museum sheet bears an inscription and date on the mount, which although by another hand, thus hardly firm documentation, adds to the confusion over dating Vignon's drawings: *Claude Vignon, 1630. fec.t.* The hand is a somewhat generic, formal calligraphic script, as found on print inscriptions.

The British Museum sheet, besides its relation to the Fogg drawing, is also closely related to [67], *Cleobolus.* As Rosenberg has pointed out regarding the Cooper-Hewitt *Cleobolus,*[2] we know through documentation that the New York drawing would have been created about 1640. The British Museum drawing is executed in red and black chalk (and is of virtually the same dimensions as the Fogg and Cooper-Hewitt sheets) and appears to be of the same model. Three other drawings from that series—*La Monime* at the Louvre,[3] *Camma* at Rugby, Rugby School,[4] and *Joan of Arc*[5] executed in red and black chalk—also appear to use the same model. The two studies, for the same series, of *Porcia* and *Paulina* (in Dublin,[6] described as red chalk and pencil; see [67]), also of virtually the same dimensions as the Fogg and Cooper-Hewitt sheets, are less evidently after the same model but are similar. Yet a further lovely red and black chalk drawing in a French private collection[7] might be a study for an unexecuted print of the same period for the same series, as Rosenberg has suggested. It is likely that Vignon repeated a generic female type for the series; the type reappears often in his work. Whether he ultimately depended on a model is speculative, but as the father of thirty-four children(!),[8] he hardly lacked for subjects.

It is noteworthy that these drawings are more highly finished than [65], which the

Figure 66a. Gilles Rousselet (after Claude Vignon), *St. Helen*. Paris, Bibliothèque Nationale.

Figure 66b. Claude Vignon, *La Dame Chrétienne*. London, British Museum.

artist apparently used for his print. None of these sheets, however, is incised or crossed for transfer, as is [65]. More likely, executed in the same direction as the prints, they served as presentation drawings, varying only slightly from the engravings. The greater animation and humanity of the figures in the drawings even suggest that they might precede the prints rather than being copies after them. Guillet de Saint-Georges apparently indicated such a sequence in reference to the series of the *Seven Sages of Greece* and *Seven Wonders of the World*.[9] The Fogg drawing, however, is remarkable in its orchestrated use of washes, ink, and chalk to create such a vivid, richly tactile, and sensuous, vibrant image, comparable to that in the Darmstadt *Vision of St. Leo*, a drawing dated by Schleier to 1642-1648.[10]

NOTATIONS: On recto lower left signed by artist in pen and brown ink: *Vignon int f.*

WATERMARK: A coat of arms

PROVENANCE: (Art market, Paris); Germain Seligman, New York

LITERATURE: Pierre Rosenberg, "Some Drawings by Claude Vignon," *Master Drawings* IV, 3 (1966): 290, 293 n. 17, pl. 25; Richardson 1979, no. 82.

EXHIBITIONS: Toronto et al. 1972-1973, 97, 220-221, no. 145, pl. 1; Los Angeles 1976, 130-131, no. 142.

1. 1983-6-25-2, which appeared in the sale at the Hôtel Drouot, Paris, on June 22, 1956, and is referred in to Rosenberg's 1966 article as being in London in 1958.

2. Rosenberg (*Master Drawings*) 1966, 292 n. 7; see comments, [67].

3. Repr. ibid., pl. 23.

4. Repr. Paolo Pacht Bassani, "A proposito di alcuni disegni di Claude Vignon," *Paragone* no. 377 (1981): fig. 27a.

5. Pierre Rosenberg, "Notes on Some French Seventeenth-Century Drawings: Saint-Igny, Vignon, Mellin, Millet and Others," *Burlington Magazine* CXXIV, 956 (1982): 697, fig. 52.

6. Repr. in *Drawings from The National Gallery of Ireland* (New York: Wildenstein, 1967), 16-17, nos. 25, 26, pls. 25, 26.

7. *Figure of a Woman*, repr. in Rosenberg (*Master Drawings*) 1966, pl. 28b.

8. Reduced to twenty-four by A. Jal, *Dictionaire critique de biographie et d'histoire* (Paris, 1872), 1267-1269.

9. Guillet de Saint-Georges 1854, I: 278

10. See Erich Schleier, "La vision de Léon Ier, un dessin inconnu de Claude Vignon," *La Revue du Louvre et des musées de France* XXIII, 6 (1973): 349-354, repr. 350, fig. 2, engraved in reverse by H. David, 351, fig. 3; also repr. in Bassani 1981, fig. 35.

---

67. *Cleobolus*
Red chalk and graphite on cream colored paper; 320 x 207 mm (12-5/8 x 8-1/8")
Cooper-Hewitt Museum, The Smithsonian Institution's National Museum of Design, 1958-143-6

Pierre Rosenberg first published this signed drawing in 1966, recognizing its relation to a print by Jean Couvay (Figure 67a). According to Rosenberg and files at the Cooper-Hewitt, Jacob Bean arrived independently at the same attribution (unpublished) when he saw the drawing in 1961. It had previously borne an untenable traditional attribution to Vien. In the same article Rosenberg reproduced a painting of *Cleobolus* representing the very same figure in the same landscape, produced in Vignon's studio, now in a French private collection.[1] Rosenberg notes that the panel constituted part of a series that depicted the Seven Sages of Greece. These sages were printed in an engraved series (averaging 315 x 215 mm) by Jean Couvay after Vignon ("Vignon Inventor") for Mariette: *Bias, Chilon, Cleobolus, Periander, Pittacus, Solon,* and *Thiolas*. The studio paintings embodied another, more vertical format of the theme, presumably forming the decorative cycle in a private house, and neither the drawings of the subjects nor paintings were cited in the inventory of the artist's studio. The drawing, painting, and engraving of *Cleobolus* are all oriented in the same direction. That the drawing preceded the print (Figure 67a) could be inferred from Guillet de Saint-Georges.[2] As Rosenberg further notes, the dating of the drawing can be closely framed, as Couvay (born in Arles in 1622) executed the prints for Mariette, and the plates for the engravings were in the inventory of Pierre Mariette I wife's estate on April 12, 1641, following her death that year.[3] Thus the drawing can be dated to about 1640.

On stylistic grounds the drawing seems

Figure 67a. Jean Couvay (after Claude Vignon), *Cleobolus*. Paris, Bibliothèque Nationale.

Figure 67b. Claude Vignon, *Charlemagne*. Paris, Louvre.

close in date to the *St. Helen* [66], the drawings to which it is related in style (see Figure 66b), and the *Charlemagne* at the Louvre (Figure 67b).[4] In all these mature, finished drawings a technical bravura and the evocative allusion to rich textures and surfaces, comparable to Vignon's brilliant colorism and impasto in his animated painted compositions, tend to divert us both from the limitations he demonstrates in perspective, where he relies on dramatic contrasts of scale, and the awkward articulation of anatomy, notably in the rather flaccid, disproportionate, broad, and inorganically conceived arms, hands, and feet of his figures.

NOTATIONS: Virtually illegible inscriptions in pen and brown ink on recto, lower left: *di mano di incis*[?] . . . ; signed by artist in pen and brown ink, lower right, which has been burned: *Vignon int f.* (see [66])

WATERMARK: "H.G." within a circle, with "3E" above

PROVENANCE: (London art market, early 20th century); Hugh Cassel, New York

LITERATURE: Pierre Rosenberg, "Some Drawings by Claude Vignon," *Master Drawings* IV, 3 (1966): 289-290, 292 nn. 4-9, pl. 22; Paola Pacht Bassani, "A proposito di alcuni disegni di Claude Vignon," *Paragone* no. 377 (1981): 18, fig. 27b.

EXHIBITIONS: New York 1963, *Old Master Drawings from the Cooper Union Museum*, Barnard College, no. 26 (checklist); Jacksonville, St. Petersburg, Fla., 1969-1970, *Age of Louis XIII*, Cummer Gallery, St. Petersburg Museum of Fine Arts.

1. Rosenberg (*Master Drawings*) 1966, 289, fig. 1.

2. "Les estampes des Sept sages de la Grèce et celles des Sept merveilles du monde, qui sont d'après ses dessins . . . " in Guillet de Saint-Georges 1854, I: 278.

3. Roger-Armand Weigert, *Bibliothèque Nationale. Département des estampes. Inventaire du fonds français. Graveurs du XVIIe siècle*, III (Paris, 1954), 210.

4. Louvre, inv. 33274, 316 x 213 mm, a sheet aggressively drawn in red chalk.

68. *St. Philip Neri Buying Clothes for Children*
Pen and brown ink and brown-gray wash over preliminary drawing in black chalk, traced and incised for transfer; 241 x 156 mm (9-1/2 x 6-1/8")
Yale University Art Gallery, 1961.65.79

Relatively little modern literature exists on the artist Jacques Stella, despite his being a figure of artistic prominence in his time, painter to Cardinal Richelieu, important patron and friend of Poussin, and the fountainhead of a family printmaking enterprise. The artist's life was discussed at length by Félibien and Mariette. The most important recent work on the artist remains the thoughtful and sensitive discussion of his career by Thuillier. Gail Davidson also has contributed immensely to our understanding of Stella as a depictor of genre subjects (see [69-71]), and Gilles Chomer has discussed aspects of the artist's work in Lyon.[1]

Born in Lyon in 1596, Stella was the son of a painter of Flemish origin, François Stellaert, and of Claudine de Masso. His father died in 1606. The young Stella could have studied under Horace Le Blanc. Lyon was located on the route to Italy, and the youth could also have known the works of a range of artists passing through, including the young Poussin. In 1616 Stella traveled to Florence, where Callot was establishing his career (on the connections between Florence and the court of Lorraine, see comments, [9]). There, Stella concentrated on the production of religious paintings and small pictures painted on semiprecious stones and marble that integrate the natural veining into the design,[2] a specialization he continued to exploit well into his years in Rome. In 1622, after the death of Duke Cosimo II, Stella left Florence, but rather than returning to his homeland, as did Callot, he traveled to Rome, where he resided for nearly twelve years. His profound friendship with Poussin is recorded in commissions by Stella (six paintings, one lost; the earliest being the ca. 1637 *Rinaldo and Armida*, and the last being the 1657 *The Infant Bacchus Entrusted to the Nymphs;* Figure 23a) and important surviving correspondence by Poussin. (Stella also could have met Poussin during the latter's earlier, abortive trip to Rome, which ended in Tuscany.) Besides his production of paintings – his work on stone and copper attracting by 1632 the patronage of Cardinal Barbarini – Stella also established himself as a popular draftsman and engraver. Both his work in painting on stone and his talent as an engraver reflect the impact of his years in Florence.

In 1634 Stella accompanied the French ambassador, the Maréchal Créqui to Venice and Lombardy, continuing to Lyon (1635), which he revisited on several occasions, and to Paris. There he gained the official patronage of Richelieu, was awarded the Order of Saint-Michel (1644), a significant annual pension, the position of peintre du roi, and residence at the Louvre. He also was awarded various prominent religious commissions throughout France. Among these was an altarpiece, *Christ Among the Doctors* (1640-1642), for the Novitiate Church of the Jesuits in Paris, part of a commission for three paintings which he shared with no less than Vouet and Poussin, the latter then in Paris.

Stella also continued an active career as an illustrator and engraver, working closely with his niece, Claudine Bouzonnet-Stella. Félibien and Mariette inform us that the artist enjoyed spending his winter evenings executing sets of drawings, some of which were prepared for execution as prints by his nieces and nephew.[3] Stella died in 1657, leaving no children. However, his sister, Jeanne, who had married an engraver, Etienne Bouzonnet, had three daughters and one son – Françoise, Antoinette, Claudine, and Antoine – all of whom became engravers and reproduced works after designs by Jacques, among others. Of these descendants, Claudine was the most talented.[4] As Davidson has observed, Claudine Bouzonnet-Stella's will, executed forty years after her uncle's death, lists over a thousand drawings by Jacques Stella owned by the family.[5]

Stella's earliest Italian works, as Thuillier has shown, reflect a study and appreciation of late sixteenth-century painting in Florence, works by the late Maniera followers of Vasari and the reformers at the turn of the century, conjoined with a native, genre observation of details. In Rome, however, his evident study of works of antiquity resulted in what Rosenberg has termed "large sculptural figures with heavy faces . . . bathed in a cold abstract light."[6] Back in France, his colors became even colder and more brilliant, and his forms even more idealized and doll-like, yet with a highly personal sensitivity to naturalistically depicted genre details

Figure 68a. Jacques Stella, *The Stabbing of Paolo de Bernardis*. New Haven, Connecticut, Yale University Art Gallery, Gift of Philip Hofer.

and staffage figures. Lacking the profound analysis of passions and human motivations that Poussin imparts, Stella's focal figures are painted with strongly asserted sculptural roundness, set in architectonically constructed compositions, especially in the period in which Poussin's influence appears most strongly, about 1642-1657. Yet, Stella's mature style in France retains a more lyrical, less severely disciplined, at times almost "balletic" sensibility reminiscent of La Hyre (see comments, [73]).

St. Philip Neri Buying Clothes for Children is one of a series of nine drawings preserved at Yale, illustrating different moments from the life of the saint. The series has been analyzed and discussed in detail by both Haverkamp-Begemann and Rosenberg.[7] As these authors have noted, all nine drawings are elaborately signed, six mentioning Stella's nationality, two citing his birthplace, four dated 1629 and two 1630, and one, the present sheet, stating that he was living in Rome. Rosenberg cites other sheets from the Roman period, through 1633, bearing such elaborate inscriptions.

Haverkamp-Begemann has divided the drawings of the life of St. Philip Neri into two distinct sets: one group consists of six drawings of approximately the same dimensions, executed in brown wash with a margin at the base for inscriptions, and all the dated drawings, including the present sheet, belong to this group; the second set encompasses the other three drawings of slightly smaller scale, executed in brown ink and blue wash with no apron for captions. The drawings are all incised with a stylus for transfer, and three of them (originating from both sets) employ variants of the term "inventor," further suggesting that the drawings were preparatory for prints.

According to Félibien, Stella executed paintings for the canonizations (1622) of Sts. Philip Neri, Theresa of Avila, Isidore, and Ignace, and "plusieurs desseins qui ont été gravez."[8] Four prints published by Christian Sas in a series of forty-five engravings illustrating the life of St. Philip Neri, issued as a book, *Vita di S. Filippo Neri*, are after Stella, the rest being engraved by Luca Ciamberlano after alternate sources, as recently shown by Elena Parma Armani. In 1972 Rosenberg noted the location of several of the surviving drawings attributed to Ciamberlano in his entry on another drawing in the Yale series.[9] However, in a thorough discussion of drawings in the Biblioteca Vallicelliana, Rome, used for the Ciamberlano engravings (several reproduced), Parma Armani suggested an attribution for a group of the preparatory drawings, related to the work of Cristoforo Roncalli, to his assistant, Bartolomeo Cavarozzi.[10] The four Stella designs published in this set as prints are a title page, signed in the lower left *J. Stella inventor*, consisting of a simple, hagiographic portrait of the saint, and three episodes from the saint's life, all made after designs in the second group of Yale drawings.[11]

Noting the continued influence of Florentine art during this period, Rosenberg has cited specifically that of Jacopo Ligozzi in relation to the *Stabbing of Paolo de Bernardis* (Figure 68a) from the series. Stella also evidently studied the work of Domenichino in Rome, and in examining Stella's designs one is reminded in the direct simplicity of narrative – more naturalistic than Domenichino's – of the figure types and compositional structure of Domenichino's cycle on the life of St. Cecilia at San Luigi dei Francesi in Rome (1612-1615).

The present drawing and others constituting the first group, although traced for transfer, are not reproduced as prints. As Haverkamp-Begemann has published, the episode depicted in this drawing is recorded in Pietro Giacomo Bacci's *Vita di S. Filippo Neri Fiorentino* of 1622. Parma Armani has shown that drawings of episodes in the life of the popular saint, and illustrations going back to the *Vita* of Gallonio published in Rome in 1608, were appropriated for some of the engravings by Ciamberlano, who edited and synthesized episodes and elaborated backgrounds. Several related drawings on the life of St. Philip from the Biblioteca Vallicelliana, among those executed by the same hand and used for the Ciamberlano group, were not used for the engravings.[12] The image of a rapidly drawn-together cycle responding to popular demand thus emerges, and Parma Armani cites an extended series of paintings and published illustrations of the life of the saint in the years between his death in 1595 and canonization in 1622.

In the present drawing, the saint is shown buying clothing for the ill-clad children of Rome's poor, while in the background he appears again in a religious procession with the children. The relation of the drawing to a commissioned printing is unclear, and examination of the undated series of prints published by Sas further complicates the issue. His book constitutes an illustrated sequential biography, each image augmented with a subtext of the depicted major event in the life and canonization of the saint.

Most of the images are signed *L. C.* (or *Lucas Ciamb. Urbino*) and *Christianus Sas Sculp.* Plate no. 45 by Ciamberlano – "Concurre molto popolo al suo corpo prima che si sepelisca" – is the only unnumbered plate without any text in the apron and appears to be an alternate design supplied by the engraver for plate no. 39. The implication is that Ciamberlano supplied Sas with multiple designs for illustration.[13] Stella, who according to Félibien, the testimony of Claudine's 1697 will, and the many prints executed after his designs, clearly enjoyed producing drawings for prints and may have submitted alternative designs for Sas's consideration. Commissioning multiple artists to execute or "update" designs for a single series of prints hardly seems economical, but the submissions might have been in competition for prints that were, after all, to be published with acknowledgment of the designer(s) in a bound set on the life of a recently deceased and canonized saint of enormous popularity in Rome. The series of drawings at the Biblioteca Vallicelliana includes preliminary studies, preparatory

Figure 68b. Jacques Stella, *The Massacre of the Innocents*. Princeton, New Jersey, The Art Museum, Princeton University. Museum purchase, Laura P. Hall Memorial Fund.

drawings, and subjects never engraved. This still leaves unanswered, however, why all the Stella sheets are incised for transfer.

Stella executed other such highly finished series after his return to Paris. The most celebrated preserved set is the twenty-two drawings of the *Life of the Virgin*, cited by Félibien, engraved by Antoinette Bouzonnet-Stella and subsequently by Polanzani in 1756, reissued in 1783, with further copies engraved before the end of the eighteenth century by Alessandro Mocchetti. The drawings themselves were originally mentioned in the 1697 will of his heir, Claudine Bouzonnet-Stella (who apparently inherited his studio in the Louvre as well). The drawings were cited by Rosenberg in his 1972 exhibition catalogue[14] in the English private collection of Lady Beythswood, and in 1975 Davidson cited them in the collection of Christopher Methuen-Campbell. Blunt also has provided a thorough documentation of their history and the relevant extracts from Claudine's will in his important 1974 article, in which he reproduced two drawings, a related painting signed and dated 1641 by the artist, and prints by Polanzani and Mocchetti. The sheets were auctioned from the "property of a gentleman" in separate sales at Christie's.[15] Several of them were purchased by a New York dealer, and through that party or directly from the sale, individual drawings from that series have recently entered several public collections in the United States and Canada, including the Metropolitan Museum, Morgan Library, The Art Museum at Princeton University, the Art Gallery of Ontario, and the Snite Museum at Notre Dame (Figures 68b, also 69b, 69c).

NOTATIONS: Inscribed by the artist on the recto of the sheet in the apron beneath the design: *Jacobus Stella Gallus Lugdunensis 1629 faciebat Rom*

WATERMARK: Mounted down

PROVENANCE: John Percival, first earl of Egmont (1683-1748); John T. Graves; Robert Hoe, New York; (sale, New York, Anderson Auction Co., April 15-19, 1912, Library of Robert Hoe, Part III, A-K, no. 949); Yale University Library

LITERATURE: Haverkamp-Begemann and Logan 1970, I: 11-13, 14; II: pl. 11.

EXHIBITIONS: None

1. Jacques Thuillier, "Poussin et ses premiers compagnons français à Rome," *Nicolas Poussin, colloque international,* ed. André Chastel (Paris, 1960), I: 96-114, pls. 65-84; Davidson 1975, 147-157; and Gilles Chomer, "Jacques Stella, 'pictor Lugdunensis,'" *Revue de l'art* no. 47 (1980): 85-89.

2. For examples, see Paris et al. 1982, 318-319, nos. 98-99, repr. pp. 106-107; also Christopher Wright, *Masterpieces of Reality: French 17th Century Painting* (Leicester, 1985), 68, fig. 152, p. 142, no. 52.

3. Discussed in Davidson 1975, 148.

4. See Anthony Blunt, "Jacques Stella, the de Masso Family and Falsifications of Poussin," *Burlington Magazine* CXVI, 861 (1974): 745-751.

5. Davidson 1975, 147.

6. Rosenberg in Paris et al. 1982, 318.

7. Toronto et al. 1972-1973, 211-212, no. 135.

8. Félibien 1666-1688, V: 266.

9. Toronto et al. 1972-1973, 212.

10. Elena Parma Armani, "I quadretti di S. Filippo Neri e un'ipotesi per Bartolomeo Cavarozzi disegnatore," *Studi di storia delle arti* II (1978-1979): 131-148.

11. These three are in Haverkamp-Begemann and Logan 1970, I: 15-16, nos. 22-24, pls. 27 and 44, repr. in ibid., II: pls. 9, 12; the last, illustrating the *Stabbing of Paolo de Bernardis*, also discussed in Toronto et al. 1972-1973, 211-212, no. 135, repr. p. 25, pl. 13.

12. See Parma Armani 1978-1979, 137-142, esp. 138.

13. Parma Armani's publication of an alternate group of drawings – only some of which, always from the same viewpoint, were used for the engravings in the *Vita* – tends to support this thesis; see ibid., 138.

14. Toronto et al. 1972-1973, 211.

15. Blunt (*Burlington*) 1974, 745-751, figs. 42-47; Christie's, London, December 9, 1986, lots 122-132; idem, New York, January 13, 1987, lots 102-112.

69. *Christ at the Column*
Black chalk, pen and brown ink, gray wash, white gouache on light gray-toned paper [perhaps some later heightening on Christ's robe]; 250 x 197 mm (9-7/8 x 7-3/4") [slight additions on four sides of the drawing]
Fogg Art Museum, Harvard University, The Louise Haskell Daly Fund and Friends of the Harvard University Art Museums Funds, 1984.595

The relation of this beautiful drawing to Stella's corpus is both an interesting and convoluted one. The drawing is reproduced, in reverse, in an unsigned print virtually certainly executed by Claudine Bouzonnet-Stella (Figure 69a). The unique, unaltered impression of that print at the Bibliothèque Nationale is inscribed *J. Stella in.* In another, later impression in the collection of Jacques Thuillier, the inscription has been altered to read *N. Poussin pinx.*[1] The relation of the print (and the drawing) to Stella's cycle of thirty paintings devoted to the Passion, ten executed in engravings by Claudine Bouzonnet-Stella (from a series of thirteen), and all cited in her 1697 will, was discussed by Blunt.[2] As Blunt has clarified, Claudine mentions in her will thirty small "tableaux de la Passion de Notre Seigneur peints par mon oncle," stating later that she has engraved ten of them (itemized) and asking her heir, Michel de Masso, to complete the project. Of the total number of thirteen ultimately executed (three anonymously), one set of proofs survive with the inscription, *J. Stella in et pinx,* but the inscription was later changed to read on subsequent sets, *N. Poussin pinx.*

None of the paintings from the series of thirty (cited in an auction of 1771) approaches the subject of this drawing. Presumably, then, the drawing and associated print lie outside that series. Furthermore, as Blunt has pointed out, there is stylistic evidence that the present drawing and the associated print probably do not belong to the Passion series. The scale of the figures does not at all match.[3] Indeed, the dimensions of the prints do not correspond to each other either (average 465 x 355 mm for the suite vs. 277 x 192 mm for the print of *Christ at the Column*).

Although Richardson has dated the drawing to ca. 1635, a later dating seems justified on the basis of the far more sophisticated modeling and shading of forms and varied use of the pen than in the ca. 1630 St. Philip Neri series ([68], Figure 68a). The classical restraint in the composition, figure types, and organization may reflect the study of Renaissance models in prints. Among these sources should be cited Giulio Romano and, of course, Sebastiano del Piombo's fresco in the Borgherini Chapel of S. Pietro in Montorio, the latter in the same orientation as the drawing and opposite that of the print. Other prominent classical examples available to Stella included Marco Dente's *Entellus and Dares,* an engraving after a design by Giulio, itself based on the Roman marble fragment of *Boxers* at the Vatican, and Adamo Scultori's *The Flagellation* after the Sebastiano fresco.[4]

Thuillier dates this infusion of classical influence–which he cites specifically in connection with the Passion series, the print related to the Fogg drawing, and the painting of *Jesus Among the Doctors* at the church of Notre-Dame des Andelys (1640-1642, Stella's famous painting originally for the Novitiate Church of the Jesuits in Paris)–to the period 1642-1657.[5] The drawing style is much closer to the series of the *Life of the Virgin,* of the early 1640s, discussed at length in [68] and in Blunt's 1974 article (see figures 68b, 69b, 69c). In a 1975 article on Stella's genre drawings, Davidson associated the drawing of *Christ at the Column,* then in the Seligman collection, with the Ashmolean and Metropolitan genre drawings in style, noting the similarities in postures, grimaces, and figures (see comments, [70]; Figure 70b). The drawings are datable to the 1650s for reasons discussed in succeeding entries. The sheet seems earlier than those more broadly and loosely drawn compositions, however. Nevertheless, the tighter drawing style, may also reflect to some degree the differences in subject matter and function of the sheets (see, e.g., the late drawing [73]). A tentative dating to the 1640s is therefore sug-

gested, between the Giulio Romano-influenced, slightly tighter, harder drawing style of the ex-Seligman *Noli Me Tangere* (Figure 69d) signed and dated 1638,[6] and *The Mystical Marriage of St. Catherine* [73], tentatively dated to the early 1650s.

A final twist in the history of the composition, and possibly the drawing itself, can be traced to Montreal. In 1837 Antoine-Sébastien Plamondon painted a *Christ at the Column* as part of a series on the subject of the Passion for Notre-Dame de Montréal. The painting is now in the Montreal Museum of Fine Arts. Based on Stella's composition, it reproduces the design in the same orientation as the original drawing, expanding it and introducing a still life, as Rosenberg has noted.[7] The composition is not reversed as in the print by Claudine Bouzonnet-Stella, and this has prompted Yves Lacasse to suggest that Plamondon might have known a painting for which the Fogg drawing might be preparatory. As we have seen, however, there is no clear evidence that such a painting ever existed. It is more likely that Plamondon simply reversed the composition of the engraving to the more traditional orientation found in the drawing and other depictions.

Figure 69a. Claudine Bouzonnet-Stella (after Jacques Stella), *Christ at the Column*. Paris, Bibliothèque Nationale.

Figure 69b. Jacques Stella, *Joseph and Mary Registering for the Census*. New York, Margot Gordon Collection.

Figure 69c. Jacques Stella, *Presentation of the Infant in the Temple*. Toronto, Art Gallery of Ontario.

Figure 69d. Jacques Stella, *Noli Me Tangere*. Cambridge, Massachusetts, The Fogg Art Museum, Harvard University, Louise Haskell Daly Fund and Friends of the Harvard University Art Museums, 1984.597.

NOTATIONS: On verso of mount references in pencil to the Poynter and Solomon collections (the latter with monogram)

WATERMARK: Mounted down

PROVENANCE: Claudine Bouzonnet-Stella, Paris(?); Sir Edward J. Poynter, London; (sale, London, Sotheby, Wilkonson and Hodge, April 24-25, 1918, lot no. 232); Mrs. Abraham Solomon, New York; (sale, London, Sotheby's, December 13, 1966, lot no. 74); Germain Seligman, New York (Seligman collection mark, recto lower right corner)

LITERATURE: Pierre Rosenberg, "Six tableaux de Plamondon d'après Stella, Cigoli, Mignard et Jouvenet," *M* (review of the Montreal Museum of Fine Arts), II, 4 (1971): II, fig. 6; Toronto et al. 1972-1973, 213, no. 136 (mentioned); Davidson 1975, 149-151, fig. 4; Richardson 1979, no. 75; Yves Lacasse, *Antoine Plamondon (1804-1895): Le Chemin de Croix de l'église Notre-Dame de Montréal* (Montreal, 1983), 102, n. 141.

EXHIBITIONS: New York 1967, *Master Drawings* (Jacques Seligmann & Co.), 4-5, no. 34.

1. Repr. in Jacques Thuillier, "Poussin et ses premiers compagnons français à Rome," *Nicolas Poussin, colloque international*, ed. André Chastel (Paris, 1960), I: opposite 73, fig. 31; the alteration discussed 110 n. 139, 112.

2. Anthony Blunt, "Jacques Stella, the de Masso Family and Falsifications of Stella," *Burlington Magazine* CXVI, 861 (1974): 746-777.

3. For further information, see ibid., esp. 745-747; also for an illustration of an engraving from the set, fig. 40; the prints are listed in Roger-Armand Weigert, *Bibliothèque Nationale, Département des Estampes. Inventaire du Fonds français. Graveurs du XVIIe siècle,* II (Paris, 1951), 82, nos. 15-25 (set), p. 83, no. 26 (print related to the Fogg drawing).

4. Both reproduced in Bruce Davis, *Mannerist Prints, International Style in the Sixteenth Century* (Los Angeles, 1988), 78-79, no. 21, and 126-127, no. 44, respectively.

5. See Thuillier 1960, 110 n. 139, pl. 80.

6. For a discussion of this sheet (1984.597, graphite, brown pen and ink, traces of red chalk, and white gouache on tan paper, 230 x 252 mm), see Toronto et al. 1972-1973, 25, 212-213, no. 136, pl. 14; also, Richardson 1979, no. 76.

7. Rosenberg (*M*) 1971, 10-11.

70. *Six Crouching Men*
Graphite and gray wash on cream paper; 158 x 243 mm (6-1/4 x 9-9/16")
Private collection, New York

This drawing is one of a group of fourteen genre studies by Stella formerly in the collection of the French eighteenth-century collector Paignol-Dijonval, inaccurately listed in the catalogue raisonné of his collection as by Antoine Stella, the nephew of Jacques Stella and an engraver (see comments, [68]). In her 1975 article, Davidson clearly distinguishes the styles of the two artists and reproduces Antoine's graphic work.[1] Other drawings from this set are in the same New York private collection [71], at the Fogg Art Museum (Figure 70a), the Metropolitan Museum (Figure 70b), Bowdoin College (Figure 70c),[2] another private collection [72], and the Ashmolean Museum.[3]

Davidson further has demonstrated that these sheets are almost certainly among those of the same dimensions cited in Claudine Bouzonnet-Stella's 1697 will as in a bound sketchbook that included sixty-four sheets "dessiné de mon oncle diversse actions de figures prise sur le naturel. . . ."[4] Davidson suggests that the brown ink inscription of *Stella* found on these sheets may have originated with Claudine. The top of the present sheet, as Davidson notes, has been slightly cropped, and its size differs slightly from that of the other sheets and the listing in the Paignon-Dijonval catalogue ("9 pouces sur 6 pouces"). According to Davidson, a yellow border was at one time applied to the group of drawings, probably by Paignon-Dijonval, but such a border remains only on the Metropolitan drawing.

Davidson's 1975 article is the standard reference for graphic works by the artist as a designer of genre subjects. Clearly the figures in the present drawing are drawn by the same hand as those in the Fogg and the Metropolitan sheets. The same generalized rounded features and bulky forms, use of contour line to define the forms and broad planes of wash to set them in space, and the evident interest in doing these naturalistic studies of everyday activities in order to study figures in a range of poses are common to all the drawings. The similar-looking figures suggest that although inspired by activities about him, Stella probably executed the sheets in series in his studio. The vividness of some of the subjects would tend to confirm that they were based on direct observation (see especially [72]).

As in the Ashmolean and Fogg drawings, gray wash and diagonal hatching in graphite are used in juxtaposition to enhance texture and tone. The work in graphite and the contrasts in wash animate these stolid, rounded, rather sculptural figures. All the sheets in the series have been dated by Oberhuber and Schreiber to the 1650s, a dating now accepted by Davidson, who in her original article had suggested a dating to the 1630s. Stella's use of graphite, singled out for comment by Davidson, is much less exceptional a medium by midcentury than it would have been in the 1630s, but his creative use of it to animate the drawing, providing shading and texture in applying it over the wash, is noteworthy.[5]

As Davidson points out, the subject of this drawing is likely that of dice players and is so identified in Bénard's 1810 catalogue, although one cannot see the game in progress. She has related the sheet to a 1657 print from a series on children's games by Claudine Bouzonnet-Stella, *Dice Game,* in which four of the children in the engraving are posed as four of the men are in the drawing, but reversed. Stella's scenes of everyday life may be seen both within the contexts of the artist building up a repertoire of staffage for the background of his narrative paintings and prints—elements of this already can be seen in his 1629/30 St. Philip Neri drawings, dealing with a nearly contemporary subject [68]—and the current European interest in such genre subject matter. Peasant genre subjects achieved a certain vogue, not only in Flanders and the Netherlands—in the art of the Ostade, Teniers, van Vliet, Saftleven, and Rembrandt's genre prints of the 1630s—and among the Bamboccianti in Italy, but also in French art and theater of the 1640s. Thuillier has explored this subject,[6] noting the popularity of the Dutch and Italian low-life painters and printmakers in France in the 1640s and 1650s, as well as

Figure 70a. Jacques Stella, *Card Players*. Cambridge, Massachusetts, The Fogg Art Museum, Harvard University, Anonymous Gift, 1974. 20.

Figure 70b. Jacques Stella, *Five Men Moving a Block of Stone*. New York, Metropolitan Museum of Art. Rogers Fund, 1962. (62.130.3)

Figure 70c. Jacques Stella, *Two Mothers and Their Children*. Brunswick, Maine, Bowdoin College Museum of Art.

such natives as the brothers Le Nain, Sébastien Bourdon (whose genre work successfully imitated the Bamboccianti and who had returned to France in 1637), and such lesser masters as Jean Michelin and the Maître aux béguins in midcentury.

NOTATIONS: Inscribed on recto, lower left, in pen and brown ink: *Stella;* on verso of mount, lower left, in graphite: *A. Stella 2816 1302;* verso, upper left: *2519/2*

WATERMARK: Mounted down

PROVENANCE: Claudine Bouzonnet-Stella, Paris(?); Paignon-Dijonval, Paris; Charles-Gilbert Vicomte Morel de Vinde, Paris; (Shickman Gallery, New York)

LITERATURE: Bénard 1810, pt. 1, p. 123, part of no. 2816; Toronto et al. 1972-1973, 213, no. 137 (mentioned); Davidson 1975, 148, 151, pl. 12; Brunswick, Me., et al. 1985-1986, 185, no. 86 (mentioned); Bean 1986, 250, no. 284 (mentioned).

EXHIBITIONS: Cambridge, Mass., et al. 1980, 45-48, no. 5a.

1. See Davidson 1975, 152-153, fig. 7.

2. Ex-Chennevières collection, see Brunswick, Me., et al. 1985-1986, 185, no. 86.

3. Repr. in Davidson 1975, pl. 10; also in Jean Vallery-Radot, *Le dessin français au XVIIe siècle* (Lausanne, 1953), 146 (as Antoine).

4. Davidson 1975, 153, 157 n. 48.

5. See Cambridge, Mass., et al. 1980, 48; Davidson 1975, 148, 155 n. 12.

6. See Paris 1978-1979; also Thuillier and Albert Châtelet, *French Painting from Le Nain to Fragonard* (Geneva, 1964), 13-25, esp. 20-21.

71. *Old Soldier Seated and Smoking with a Companion*
Pen and brown ink, black chalk, and gray wash on cream paper; 168 x 246 mm (6-5/8 x 9-7/16")
Private collection, New York

The history, provenance, and artistic context of this drawing are the same as that of [70] (discussed in depth there). The drawing, which otherwise might also be interpreted to represent hunters in conversation, is described in Bénard's 1810 catalogue of the Paignon-Dijonval collection as "un vieux soldat assis et fumant, et un vieux soldat assis et s'ennuyant."[1] Such an identification is made probable by comparison with contemporary Dutch and French genre scenes, notably Matthieu Le Nain's *Soldiers Playing Cards* at the Barber Institute of Fine Arts, Birmingham.[2]

The enlivening calligraphic use of pen and ink here sharply defines the contours of the foreground soldier smoking his pipe, contributing to the interest of the composition by animating the sheet and focusing our attention on him. The contemplative figure on the right subtly recedes in space, defined in the softer media of chalk and wash. The pen and ink also contribute psychologically to the sheet, making the figure at left seem more taut and expressive.

Far from the picturesque, mannered caricatures of Callot (e.g., [10]), Stella represents his low-life subjects as contemplative human beings, integrating them into the contemporary social framework by making their experience psychologically accessible to the viewer. His use of a middle range of shadows, as though the forms are seen in natural outdoor light, contributes to the quietude and naturalness of the depiction. The setting of the figures is only cursorily suggested by the wall at left and the rocks. Clearly the figures themselves, their poses and expressions, are his concerns. The two soldiers closely resemble figures in the drawings from the same group at the Ashmolean, the Fogg, and the Metropolitan Museum (Figures 70a, 70b), and a comparable combined use of media is found in [72] and the Metropolitan and Bowdoin drawings.

NOTATIONS: Inscribed on recto, lower right, in pen and brown ink: *Stella*; on verso, on backing, in graphite: *2820* [crossed out twice]; *1305; 938* [underlined]; *original drawing by A. B. Stella*; also, in blue ink: *2974* [encircled]

WATERMARK: Mounted down

PROVENANCE: Claudine Bouzonnet-Stella, Paris(?); Paignon-Dijonval, Paris; Charles-Gilbert Vicomte Morel de Vindé, Paris; (Chiltern Art Gallery, London)

LITERATURE: Bénard 1810, pt. 1, p. 123, part of no. 2820; Davidson 1975: 148, 152, pl. 14, Brunswick, Me., et al. 1985-1986, 185, no. 86 (mentioned); Bean 1986, 250, no. 284 (mentioned).

EXHIBITIONS: Cambridge, Mass., et al. 1980, 45-48, no. 5b.

1. See Davidson 1975, 149.

2. Repr. in Paris 1978-1979, 250-251, no. 47.

72. *Three Peasant Women*
Pen and brown ink and gray wash, over black chalk; 167 x 241 mm (6-9/16 x 9-1/2")
Private collection

This delightful study, reminiscent of the genre prints of Adriaen van Ostade, apparently is an amusing study from life of two market women in a heated quarrel, while a third woman holding an infant–and from her facial expression clearly holding her own opinions on the subject of the fight–looks on. The drawing seems inspired after an even more specific incident than the two preceding figure-and-pose studies, whose natures seem more in the character of assembled repertoires of poses and action from nature for artistic reference. The present sheet recalls the description in Claudine Bouzonnet-Stella's 1697 will of the drawings as "diversse actions de figures prise sur le naturel . . . " (see comments, [70]).

Here, we are far from the world of such sixteenth-century depictors of low-life vignettes as Brueghel, where the figures serve primarily as naturalistically observed figure types, automata acting out prescribed moralistic allegories and narratives. Neither are they Callot's characters of caricature and derision. Rather the subjects are viewed with the objective recording of social class–here perhaps infused with, as Moir has described it, a touch of "indulgent condescension," if not bemused reproach, as expressed in the face of the woman at left.

The poses set down in black chalk, over which the artist has then applied pen and wash, are marvelous in their vivid expression of the women's states, especially the figure on the right, with her hands set at her waist, her left heel raised. Parallels to the figure types and situation exist not only in Dutch art of the period, and the work of the Bamboccianti, but also in the French art of Le Nain and Michelin.[1] As this drawing has the same dimensions as the other sheets in the series, and executed in the same media as the sheets at the Metropolitan and Bowdoin and [71], we can see again how the artist relies on his crisp pen-and-ink drawing to enliven his figures over extensive underdrawing in black chalk, which clearly was used rapidly to capture the essential composition.

NOTATIONS: On verso on backing: *Stella x 10/No 2816*

WATERMARK: IHS with letters AB

PROVENANCE: Claudine Bouzonnet-Stella, Paris(?); Paignon-Dijonval, Paris; Charles-Gilbert Vicomte Morel de Vinde, Paris; (acquired from the art market, 1983)

LITERATURE: Bénard 1810, pt. 1, p. 123, part of no. 2816.

EXHIBITIONS: New Haven et al. 1986, *Old Master Drawings from the Collection of John and Alice Steiner,* Yale University Art Gallery, Santa Barbara Museum of Art, Springfield Museum of Fine Arts, Muscarelle Museum of Art (The College of William and Mary), cat. ed. by Alfred Moir, 138-139, no. 58.

1. See Paris 1978-1979, nos. 34, 82, and 83.

73. *The Mystical Marriage of St. Catherine*
Pen and black ink, gray wash, and white gouache on beige paper; 280 x 320 mm (11-1/16 x 12-11/16")
Fogg Art Museum, Harvard University, The Louise Haskell Daly Fund and Friends of the Harvard University Art Museums Funds, 1984.596

This drawing is almost certainly the one described by Bénard.[1] Davidson first discovered the correlation, noting that the current measurements of the sheet vary only slightly in dimensions, and she suggested that the drawing could have been slightly cropped, although the old mount makes this unlikely. Nonetheless, the description in the 1810 Paignon-Dijonval collection catalogue corresponds very closely. In 1972 Rosenberg noted that the drawing is related to a painting of *The Mystic Marriage of St. Catherine* (Figure 73a), falsely signed Verdier and dated 1689, which he more recently has given to Claudine Bouzonnet-Stella.[2] That painting, in turn, closely reproduces (or is reproduced by) an engraving by Claudine Bouzonnet-Stella.[3] The inscription of the print, dedicated to the duc de Créqui, states, in part, *Hanc ce desponsatarum Virginum Effigiem a Jacobo Stella debiti... Claudia Stella.* The print and painting alter the composition rather significantly from that of the drawing–expanding it, adding angels, putti, architectural elements, and still-life details, and shifting several of the figures and landscape elements–so that it is possibly after a related drawing by Stella rather than this one precisely, although the inscription suggests that liberties were taken with the source. A painting of this subject by Jacques Stella, now lost, is cited in the F. de Villars sale at Hôtel Drouot, Paris, March 13, 1868.

Richardson has dated this drawing to about 1650. The forms do appear to be drawn more broadly and less meticulously hatched and highlighted, with greater mastery, control, and freedom, than those in [69], and the Atticism of Stella's mature compositional style is fully developed in this sheet. *Atticism*–the wonderfully evocative term devised by Bernard Dorival and Jacques Thuillier–expresses the aesthetic concerns of the group of artists who about 1640-1660 articulated a general stylistic sensibility reflecting the influence of Poussin and "classicism" on the evolving Baroque style in France, a synthetic ideal described by Thuiller as one of elegance and clarity echoing the most refined aesthetics of antique art. Practitioners included La Hyre, Bourdon, and Le Sueur.

The present composition ultimately looks back to Venetian sixteenth-century precedents in the art of Titian and, particularly, Veronese–sources that the artist could have experienced directly or through the prints of Agostino Carracci–but the vernacular is clearly one fundamentally affected by Stella's profound sensitivity to the art of Poussin and La Hyre.

Richardson has related the figures in this drawing to those that appear in the artist's *Holy Family* of the 1650s at the Musée des Augustins in Toulouse. The compositional and figure style seems remarkably similar to my mind to those found in two paintings of *The Holy Family with St. John,* one of about 1650 in Cherbourg, Musée des Beaux-Arts, and another, now lost, signed and dated 1651.[4] Although a dating to the early 1650s is therefore suggested, we should keep in mind Rosenberg's apt caution regarding the difficulty in establishing a chronology of Stella's works within this Atticist period (i.e., about 1642-1657). Writing of Stella's paintings– and it seems equally true of his drawings–Rosenberg has observed that the artist's development in this period "was not, apparently, a linear one."[5]

Figure 73a. Claudine Bouzonnet-Stella (attributed to François Verdier), *The Mystic Marriage of St. Catherine*. Norfolk, Virginia, Chrysler Museum.

NOTATIONS: None

WATERMARK: Mounted down on 18th-century mount

PROVENANCE: Claudine Bouzonnet-Stella, Paris(?); Paignon-Dijonval, Paris(?); Charles-Gilbert Vicomte Morel de Vinde, Paris(?); Germain Seligman, New York

LITERATURE: Bénard 1810, pt. 1, p. 123, no. 2815; Toronto et al. 1972-1973, 213, no. 136 (mentioned); Davidson 1975, 149, 155-156 n. 21; Richardson 1979, no. 77.

EXHIBITIONS: New York 1962, *Master Drawings,* Jacques Seligmann & Co., no. 34.

1. "Marriage de Ste Catherine; des Anges à droite forment un concert; le fond est un paysage: ce dessin est gracieux, et très-bien fait à l'encre de la Chine sur papier blanc; 1.15 p. sur 12 po," with an inaccurate attribution to Antoine Stella; see comments on the Bénard inventory of the Paignon-Dijonval collection in [70].

2. See Toronto et al. 1972-1973, 213; Paris et al. 1982, 372, no. 10, as an original Claudine Bouzonnet-Stella; also reproduced as Verdier in the earlier catalogue, Robert L. Manning, *Vouet to Rigaud* (New York: Finch College Museum of Art, 1967), no. 51.

3. Roger-Armand Weigert, *Bibliothèque Nationale. Département des Estampes. Inventaire du Fonds français. Graveurs du XVIIe siècle,* II (Paris, 1951), 85, no. 40.

4. Both reproduced in Pierre Rosenberg, "Tableaux français du XVIIe siècle," *La Revue du Louvre et des musées de France* XXIX, 5/6 (1979): 401-402, figs. 1, 2.

5. Paris et al. 1982, 321.

Claude Mellan

ABBEVILLE 1598 - PARIS 1688

74. *Portrait of a Bearded Old Man*
Black and red chalk, 128 x 87 mm (5 x 3-7/16")
The Art Institute of Chicago, Gift of Mr. and Mrs. Everett D. Graff, 1958.556

Long neglected by scholarship despite his reputation as a printmaker, Claude Mellan recently has been the subject of several important publications of varying focus and length. Barbara Brejon de Lavergnée has studied Mellan's drawings and his relation to Vouet in two articles.[1] She also has published a more comprehensive study of his drawing style and a more thorough consideration of his prints and drawings in connection with an exhibition at the Bibliothèque Nationale.[2] Quite recently Maxime Préaud completed an authoritative catalogue raisonné of Mellan's prints, illustrating those in the collection of the Bibliothèque Nationale,[3] the first such since Montaiglon's work in 1856 and Wengström's article of 1924.[4] Complementary research on the artist as a painter has been essayed by Arnauld Brejon de Lavergnée and Jean-Pierre Cuzin, and by Erich Schleier, who rediscovered a *St. Bruno,* generally accepted to be a work by the artist.[5] The fundamental source on Mellan's life and career remains Mariette's remarkably extensive and conscientiously researched biography.[6]

Mellan received his initial training in Abbeville, from an artist named Joly, and subsequently in Paris. As Mariette notes, in the absence of any documentation of his early career, we might conjecture that he received his Parisian training in printmaking from Thomas de Leu or, more likely, Léonard Gaultier, the only printmakers of any note practicing the art in Paris at the time.[7] Mariette sees Gaultier's influence in Mellan's first signed print, a frontispiece for a theological treatise of 1619.[8] In 1624 Mellan traveled to Rome, about the same time as Poussin, intending to work with printmaker Francesco Villamena, who died, however, in July 1624. Mellan also executed prints at this time after designs by Cristoforo Roncalli. We know that Mellan attended the Accademia di San Luca of which Vouet became principe (see comments, [55]). It is not surprising that the young artist turned to the leading figure in the French community in Rome, and we know from the stati d'anime of that city that in 1625 he lived in the same house as Vouet. Although Mellan remained in Rome until 1636, Vouet's influence (the elder artist returned to Paris in 1627) during Mellan's first few years in the city proved to be decisive in molding his style. Between 1624 and 1627 Mellan engraved numerous compositions after Vouet and, of his own invention, a portrait of Vouet's wife, Virginia da Vezzo (executed in 1626, the year of their marriage). A black chalk drawing preparatory for the print survives in Frankfurt.[9]

During his Roman years, especially the latter ones, Mellan seems to have executed a number of paintings, compositions of which are recorded in prints by the artist, who confirmed by inscription that they were painted. After his return to Paris, however, he devoted the rest of his long career to prints and drawings, actively entering the artistic circles of that city, becoming close friends with Jacques Sarrazin and his family. In 1642 Louis XIII accorded Mellan lodgings at the Louvre, where he resided the remainder of his life, becoming by 1657 the official engraver of the king (Louis XIV), together with Robert Nanteuil. Mellan married in 1654. His last dated print, a *Penitent St. Peter*, was executed in 1687.

Mariette observes that Vouet taught Mellan.[10] Although many of Mellan's drawings are executed in a combination of red and black chalk, Barbara Brejon de Lavergnée notes that Mellan also restricted himself to black chalk, especially in official portraits intended to be engraved. His many drawn portraits in France include the most important figures in the cultural and political life of that country between 1640 and 1660. As indicated elsewhere in this catalogue (see especially comments, [48, 50]), there was a venerable tradition, still active, of such drawn portraiture in Paris and in the royal court. In her articles and recent catalogue, Brejon de Lavergnée has synthesized the essential characteristics that distinguish Vouet's and Mellan's portraiture from earlier examples of the genre in French art: a striking sense of verisimilitude of the figure seen

in bust, complemented by a sense of animation conveyed by the passage of shadows across the face of the subject; the sense of stilled motion; and the sense of penetration into the subject's psyche by the specific attitude and pose in which the face is set. This immediacy, heightened by the use of both red and black chalk, undoubtedly owes its inspiration to Italian examples available in Rome in the 1620s, including the earlier work of Federigo Zuccaro and Ottavio Leoni, the portraiture and figure studies of the Carracci school, the innovations in lighting of the Caravaggisti, and conceivably the early work of Bernini. Brejon de Lavergnée notes that the artist executed his portrait drawings *ad vivum*, executing more careful studies afterward, often in black chalk, for engraving. Nearly 80 of his 150 known portrait drawings apparently were executed independent of printmaking,[11] and most of them date to Mellan's Italian period.

Distinguishing Mellan, in turn, from Vouet is the former's more delicate and precisely detailed rendering of features in small scale, perhaps reflecting his printmaker's sensibility, with a less monumental, sculptural effect. Brejon de Lavergnée asserts that in Paris, the artist abandoned the use of sanguine, concentrating his drawn corpus in the media of black chalk and pastel, the figures becoming defined more softly and smoothly, less detailed and more abstract in the 1640s. In the 1650s, his increasingly fractured and finer handling of black chalk is reflected in his almost pencil-like drawing method.[12] This evolution is shown in Brejon de Lavergnée's 1987 *Cahiers du dessin français* volume and in the well-rounded collection at the Hermitage, reproduced in her 1985 article.[13]

In this context the Chicago drawing can be seen to fit into the Italian period of the artist's career, as first suggested by Rosenberg in 1972, and must be very close in date to the *Portrait of a Man* (so-called *Self-Portrait*) at the Rijksmuseum, Amsterdam, formerly in the Seligman collection,[14] the *Portrait of Marcello Giovanetti*[15] (both executed in black and red chalk), and the red chalk *Portrait of Simon Vouet* at the Louvre.[16] All are datable to about 1627. (One may also refer to the Hermitage black chalk *Portrait of Joseph Truillier*, dated to 1626.)[17]

As Rosenberg noted, the Chicago drawing formed part of a group of thirteen Mellan drawings sold from the Groult collection in 1952. Eight of them were reproduced (including the Chicago drawing and the Amsterdam portrait mentioned above, no. 18) in the Charpentier sales catalogue; all were listed as "école française." None of the drawings, all of which were executed in either red chalk or black and red chalk, were reproduced in prints, and all appear close in date. Several of the other subjects also appear in ruffs, and it is noteworthy, as Rosenberg has observed, that before returning to France in 1627, Vouet executed a series of portraits of men in ruffs. More recently the relevant portraits of this early period in Vouet's career have been investigated and reproduced by Jean-Pierre Cuzin.[18]

NOTATIONS: Inscription on verso, lower left in graphite: *A*.

WATERMARK: None

PROVENANCE: Camille Groult, Paris; (sale, Paris, Charpentier, March 21, 1952, lot no. 19); Germain Seligman, New York (his mark on verso of sheet)

LITERATURE: Joachim 1977, 23, no. 1E5.

EXHIBITIONS: Toronto et al. 1972-1973, 19, 181-182, no. 89, pl. 3.

1. Barbara Brejon de Lavergnée, "Portraits de poètes italiens par Simon Vouet et Claude Mellan à Rome," *Revue de l'art* no. 50 (1980): 51-57; idem, "Some New Pastels by Simon Vouet: Portraits of the Court of Louis XIII," *Burlington Magazine* CCXXIV, 958 (1982): 689-693.

2. Brejon de Lavergnée 1987; and *L'oeil d'or Claude Mellan, 1598-1688* (Paris: Bibliothèque Nationale, 1988). See also her study on portrait drawings by Mellan in the collection of the Hermitage: "Portraits dessinés de Claude Mellan conservés au musée de l'Ermitage," *Gazette des Beaux-Arts* CV, 1392 (1985): 15-28.

3. Maxime Préaud, *Bibliothèque nationale. Département des Estampes. Inventaire du fonds français. Graveurs du XVIIe siècle*, vol. 17, *Claude Mellan* (Paris, 1988).

4. Gunnar Wengström, "Claude Mellan: His Drawings and Engravings," *Print Collector's Quarterly* XI, 1 (1924): 10-43.

5. Arnauld Brejon de Lavergnée and Jean-Pierre Cuzin in *Valentin et les Caravagesques français* (Paris, 1974), 68-76, nos. 18-19; and Erich Schleier, "A Proposal for Mellan as a Painter: The *Saint Bruno* for Cardinal Alphonse de Richelieu," *Burlington Magazine* CXX, 908 (1978): 511-515.

6. Mariette 1853-1859, III: 321-377. Note the opening two sentences of his biography of the artist:

Mellan excelloit à dessiner à la Sanguine, mêlée de crayon noir, de petits portraits, dont la touche est précieuse et pétille d'esprit. Il étoit, en cela, l'imitateur de Vouet, qui en faisoit dans ce genre et avec le même succès.

7. See Alvin A. Clark, Jr., *From Mannerism to Classicism: Printmaking in France, 1600-1660* (New Haven, 1987), 31-32, nos. 9-11.

8. Préaud 1988, 174, no. 288.

9. See ibid., 137, no. 205; also Frankfurt 1986-1987, 18, 20, no. 10; also Rosenberg 1971, 82-83, pl. XII.

10. Mariette 1853-1859, III: 327:
Il lui recommanda avant tout de dessiner et de soumettre à cette étude toutes les autres, persuadé, et avec raison, que cette partie, qui est le fondement de la peinture, le doit être aussi de la gravûre.

11. See B. Brejon de Lavergnée 1988, 15.

12. Ibid., 16.

13. B. Brejon de Lavergnée 1985, 15-28 (the 42 drawings are catalogued and reproduced, 19-25); Bjurström 1976, nos. 553-604.

14. Repr. Brejon de Lavergnée 1987, no. 2; another version of the drawing, also in black and red chalk, exists at the Musée d'Abbeville, and yet another, according to Toronto et al. 1972-1973, in a private French collection, all autograph.

15. Paris, private collection, repr. in B. Brejon de Lavergnée 1980, 55, fig. 10.

16. Repr. in ibid., 56, fig. 13; also Paris 1984a, 61, no. 73.

17. Repr. B. Brejon de Lavergnée 1985, 19, no. 1.

18. Jean-Pierre Cuzin, "Jeunes gens par Simon Vouet et quelques autres, Notes sur Vouet portraitiste en Italie," *La Revue du Louvre et des musées de France* XXIX, 1 (1979): 15-29.

Jean de Saint-Igny

ROUEN CA. 1600 - PARIS AFTER 1649

75. *Four Gentlemen and a Page in a Courtyard*
Pen and brown ink with traces of underdrawing in graphite; 239 x 209 mm (9-7/16 x 8-1/4")
Metropolitan Museum of Art, New York; Rogers Fund, 1954. 54.142

Only in the last decade, thanks to the research of Rosenberg and, especially, Comer,[1] have the career and works of this artist from Rouen begun to emerge from unfortunate neglect. Painter, draftsman, and printmaker, Saint-Igny was apprenticed in Rouen in 1614, where he petitioned to establish a confraternity dedicated to St. Luke in 1631, and was declared a master in 1635. By 1629, however, he already was installed in Paris where he received a commission for the Couvent des Augustins in 1632, and where he apparently worked much of his life. He returned to Rouen at least twice, in 1638/39 and 1641, and is recorded in Paris in 1649.

As Rosenberg has noted, a number of Saint-Igny's paintings throughout Europe and in the United States have been recognized and studied in recent years,[2] and they encompass a variety of genres – religious, historical, mythological, and allegorical. His only three signed and dated paintings are executed in grisaille: *The Assumption, Adoration of the Shepherds,* and *Adoration of the Magi,* all of 1636.[3] These paintings, together with the small *Allegory of Air* at Rouen,[4] his *Triumphal Procession of Anne of Austria and the Young Louis XIV* at Vassar College, Poughkeepsie, of about 1645,[5] and other works, permit us to identify a painter who belonged to a generation sensitive to the styles of the second school of Fontainebleau, the art of Lorraine – especially as expressed in the prints of Bellange – and Northern, Flemish innovations in Paris between 1610 and 1630. It is, therefore, not surprising to recognize an affinity between Saint-Igny's art and the styles of Jacques Bellange, Jacques Callot

Figure 75a. Abraham Bosse (after Jean de Saint-Igny), *Illustration from "Le Jardin de la noblesse française."* Paris, Bibliothèque Nationale.

Figure 75b. Abraham Bosse (after Jean de Saint-Igny), *Illustration from "Le Jardin de la noblesse française."* Paris, Bibliothèque Nationale.

(according to Philippe de Pointel, the printmaker Pierre-François Basan owned a pen drawing by Saint-Igny copying Callot's *Carrying of the Cross*), Georges Lallemant, and Claude Vignon. Besides executing etchings in his own right, Saint-Igny worked closely with engravers. Probably toward 1625/26, certainly by about 1630, he produced with Isaac Briot *Elemens de Pourtraiture ou La metode de representer et pourtraire toutes les parties du corps humain par le Sieur de S. Igny,* published in Paris. Saint-Igny also worked with the celebrated Abraham Bosse, who executed two major publications, *Le Jardin de la noblesse française dans le quel se peut cueillir leur manierre de vettements* in 1629, and *La Noblesse Française à l'église* of 1630, after designs by Saint-Igny.

The study of Saint-Igny's drawings traditionally has begun with a group of quite small drawings mounted on larger sheets, executed in pen and brown ink, in the Musée des Beaux-Arts in Rouen,[6] which, while they do not directly correspond to any known engravings by or after the artist, include sheets clearly related to the abovementioned works. In 1981 the publication of a drawing in a German private collection as by Bellange in a catalogue by Reinhard Schleier, however, brought about a reassessment of Saint-Igny's drawing style in chalk. The drawing of a kneeling female figure[7] bears an inscription that subsequently was recognized by Rosenberg[8] as the signature of Saint-Igny. This led to the reattribution of other drawings in that same collection and, more fundamentally, an appreciation that the artist's work in red chalk was far freer and looser, more animated, than his work in pen and ink. The implications of this discovery are explored in [76].

The Metropolitan drawing traditionally has been attributed to Saint-Igny, and although there is not a precise correspondence to known prints after the artist, as in the cases of several of the small Rouen pen-and-ink drawings, both in style, figure types, and composition, the Metropolitan sheet relates very closely to prints by Abraham Bosse from the series *Le Jardin de la noblesse française* of 1629 (Figures 75a, 75b). In this carefully prepared pen-and-ink study the artist's pen work more closely resembles the élan of Callot (see [11, 14]) than the calligraphic freedom of Bellange (see [4]), the fantastic patterning of Lallemant (see [52, 53]), or the brio of the early pen-and-ink style of Vignon. A greater affinity to the styles of Lallemant and Vignon is evident in his paintings and in the verve of his red chalk drawings, and the moderating of Mannerist influences by Abraham Bosse, born in Tours in 1602,[9] can perhaps be seen in this drawing.

NOTATIONS: Inscribed in pencil on verso of old backing along base: *De Saint Igny 1770;* in another hand at center: *no 3100)*

WATERMARK: None

PROVENANCE: Paignon-Dijonval, Paris; Vicomte Morel de Vinde, Paris; Henry Scipio Reitlinger, London; (Reitlinger sale, London, Sotheby's, April 14, 1954, lot no. 343); (P. & D. Colnaghi, London, 1954)

LITERATURE: Bénard 1810, pt. 1, p. 133, no. 3100; J. Hedou, *Jean de Saint-Igny* (Rouen, 1887), 46; *The Metropolitan Museum of Art, Annual Report of the Trustees, 1954-1955* (New York, 1955), 18; Rosenberg 1971, 87, fig. 4; Toronto et al. 1972-1973, 11; Bjurström 1976, no. 658 (mentioned); Paris et al. 1982, 317; Rouen 1984a, 120; Bean 1986, 246, no. 279; New York Edinburgh 1987, 52, no. 25 (mentioned).

EXHIBITIONS: London 1954, *Exhibition of Old Master Drawings,* P. and D. Colnaghi and Co., no. 16.

1. I am profoundly indebted to Christopher Comer for sharing his research on Jean de Saint-Igny with me and for providing me with a manuscript of a draft of his as-yet unpublished entry about a Saint-Igny drawing for a forthcoming catalogue and exhibition devoted to the Polakovits bequest at the Ecole des Beaux-Arts in Paris. Much of the material in this entry and especially [76] reflects his discoveries and observations.

2. See Paris et al. 1982, 317.

3. Illustrated with further analysis of the artist by Pierre Rosenberg in Rouen 1984a, 120-124, nos. 20-22.

4. Repr. in Rosenberg 1966, 120-121, no. 122, also in grisaille.

5. Repr. Paris et al. 1982, 195, 317-318, no. 97.

6. Several are reproduced in Foissy-Aufrère 1984, 18-20, nos. 12-14.

7. Repr. Reinhard Schleier, *Neue Zeichnungen alter Meister* (Muenster, 1981), 83-89, no. 40.

8. Pierre Rosenberg, "Notes on Some French Seventeenth-Century Drawings: Saint-Igny, Vignon, Mellin, Millet and Others," *Burlington Magazine* CXXIV, 956 (1982): 694-695, 697, fig. 51.

9. See, for example, that artist's *Polexandre* in Stockholm, repr. in Bjurström 1976, no. 164; and New York Edinburgh 1987, 53, no. 26.

76. *The Sense of Taste*
Red chalk; 260 x 194 mm (10-1/4 x 7-5/8")
The Pierpont Morgan Library, New York
Purchased as the gift of Mr. Walter C. Baker, 1953.2

The publication of Rosenberg's article in *Burlington Magazine* in 1982,[1] in which a red chalk drawing in a German private collection,[2] formerly attributed to Bellange and stylistically associated with a broad group of drawings, including the present sheet, standardly assigned to the master from Lorraine, was recognized to bear the signature of Saint-Igny, has led to the reattribution of other drawings in that same collection. More fundamentally the reattribution of those sheets has prompted a reappraisal of Bellange's and Saint-Igny's work in red chalk.

Comer has shown that the tradition of attributing these red chalk male and female head studies to Bellange goes back only a little over sixty years to the attribution of the red chalk drawing of a woman smelling a rose, *The Sense of Smell* (Figure 76a).[3] That drawing is part of a series of the Five Senses to which the Morgan drawing also belongs on the basis of its fluid style. The attribution of *The Sense of Smell,* made by Pierre Lavallée and subsequently published in his *Le dessin français du XIIIe au XVIe siècle,*[4] led to the recognition and attribution by Paul Wescher of drawings by the same hand in Berlin devoted to the senses of *Sight* and *Hearing,*[5] while the Morgan drawing, representing *Taste,* also attributed to Bellange by Eva Steiner on this basis, clearly belonged to the same group.[6] A drawing representing the fifth sense, *Touch,* has yet to be identified.

Subsequently, in 1938, as Comer has reconstructed the history of these attributions, Lavallée added to this group two profile studies, one of a young man and the other of a young woman, in the Robien collection in Rennes.[7] Other attributions have followed

Figure 76a. Jean de Saint-Igny, *The Sense of Smell*. Paris, Ecole Nationale Supérieure des Beaux-Arts.

Figure 76b. Jean de Saint-Igny, *Study of a Young Courtier*. Cambridge, Massachusetts, The Fogg Art Museum, Harvard University, Gifts for Special Uses Fund, 1960. 671.

Figure 76c. Jean de Saint-Igny, *Illustration no. 17 from "Elemens de Pourtraiture."* Paris, Bibliothèque Nationale.

Figure 76d. Jean de Saint-Igny, *Study of the Bust of a Halbardier*. London, British Museum.

Figure 76e. Jean de Saint-Igny, *Illustration no. 21 from "Elemens de Pourtraiture."* Paris, Bibliothèque Nationale.

Figure 76f. Jacques-Charles de Bellange, *Kneeling Woman*. Paris, Ecole Nationale Supérieure des Beaux-Arts.

along these arguments, notably by Pariset.[8] Comer has counted no less than forty-one drawings of heads or busts in red chalk that belong to this group and have been attributed to Bellange up to the present time, more than one-third of Bellange's corpus as a draftsman. Most recently a further group of drawings attributed to Bellange, one of which, *The Head of a Bohemiènne,* recently entered the collection of the Ecole des Beaux-Arts, appeared in auction in London.[9] One of the figures in this group, as Comer has pointed out, is dressed in attire that became fashionable well after Bellange's death. Not only is the attribution of such sheets to Bellange, without exception, traceable only to this century, but Comer also has determined that whenever watermarks were discovered on the attributed sheets, they were of French, not Lorraine, origin.

Once the drawings have been parted from their "traditional" attributions and analyzed anew, their relation to the corpus of Saint-Igny is not surprising. Comer has associated several of these head studies with Saint-Igny's *Adoration of the Shepherds* and *Adoration of the Magi*[10] (pers.com.). Comer also has associated two red chalk drawings of heads in the German private collection[11] with Saint-Igny's *Elemens de Pourtraiture ou La metode de representer et pourtraire toutes les parties du corps humain par le Sieur de S. Igny,*[12] a suite of thirty-eight prints (see comments, [75]), suggesting that the drawings are preparatory for the suite. Certainly the drawing at the Fogg Art Museum traditionally attributed to Bellange (Figure 76b) is either a preparatory work directly associated with the series (Figure 76c, no. 17 in the suite) or, at least, is a related production by the same hand. The same is true of a quite similar head of a youth in the Robien collection in Rennes,[13] a drawing in Rouen[14] (Comer relates this drawing to no. 14 in the suite, to which it is very close), and a drawing at the British Museum (Figure 76d). The latter appears to bear an inscription along its upper edge by the same hand as found on the drawing in the German private collection. Although the Morgan drawing belongs to a different series, one devoted to the five senses, it also appears related to the studies that resulted in the suite of *Elemens* (e.g., Figure 76e, no. 21 in the suite). In marking the transition from chalk to brush, the *Allegory of Air* at Rouen[15] reflects the same far freer and looser, more animated handling. The hands are similarly enlarged,

Figure 76g. Jean de Saint-Igny, *Diana*. Toronto, Art Gallery of Ontario.

and the idiosyncratic proportions, with contracted upper torso, are the same. The chalk style is quite different from Bellange's more continuously fluid and organic late red chalk style, as evident in his *Kneeling Woman* at the Ecole des Beaux-Arts (Figure 76f), or in black chalk, pen and ink, and washes [6]. This more flamboyant, abstract, and somewhat disjointed chalk style, reflecting a draftsmanship closer to Lallemant and a Paris-Rouen axis, is therefore that of Saint-Igny, rather than the master from Lorraine. In this connection I illustrate the red chalk drawing of *Diana* in the collection of the Art Gallery of Ontario in Toronto, and identifiable as yet another drawing by Saint-Igny (Figure 76g).

While some of these red chalk head and bust studies are less animated in execution, the faces articulated almost entirely in contour and tending to splay across the paper surface, Saint-Igny's hand appears the most reasonable attribution in our present state of knowledge. The reattribution of the lovely, charming Morgan Library drawing to Saint-Igny not only confirms the need for a reconsideration of the other, related drawings and their attributions, but also the necessity of reappraising the importance and stature of Saint-Igny as a major draftsman of seventeenth-century France.

NOTATIONS: On verso, in pencil: various numerical inscriptions; notation: *Rotstifftskizze*

WATERMARK: Partial, indecipherable name (six letters)

PROVENANCE: A. Freiherr von Lanna, Prague, 1836-1909 (Lugt 2773); Enghert, Vienna; Dr. Arthur Feldmann, Brünn; (Charles E. Slatkin Gallery, New York)

LITERATURE: Eva Steiner, "Zu Jacques Bellange," *Mitteilungen der Gesellschaft für vervielfältigende Kunst* LV, 2-3 (1932): 47; Paul Wescher and Jacob Rosenberg, "Bellange-Zeichnungen im Berliner Kupferstichkabinet," *Berliner Museen* LIV, 2 (1933): 37; F. B. Adams, Jr., *Fourth Annual Report to the Fellows of the Pierpont Morgan Library* (New York, 1953), 62-63; Helen Comstock, "The Connoisseur in America," *Connoisseur* CXXII, 533 (1953): 134; *The Pierpont Morgan Library, A Review of Acquisitions 1949-1968* (New York, 1969), 131; Rosenberg 1971, 81, pl. II; François Bergot, *Dessins de la Collection du Marquis de Robien conservés au Musée de Rennes* (Paris, 1972), 60, no. 78 (mentioned); Toronto et al. 1972-1973, 132, no. 5 (mentioned); Reinhard Schleier, *Neue Zeichnungen alter Meister* (Muenster, 1981), 85.

EXHIBITIONS: Rotterdam et al. 1958-1959, 34-35, no. 13, pl. 12; New York 1984, no. 12.

1. Pierre Rosenberg, "Notes on Some French Seventeenth-Century Drawings: Saint-Igny, Vignon, Mellin, Millet, and Others," *Burlington Magazine* CXXIV, 956 (1982): 694-695, 697, fig. 51.

2. Repr. Schleier 1981, 83-89, no. 40; it is a figure of a kneeling woman.

3. As already noted, many of the observations made here, especially regarding the history of attributions of red chalk drawings of heads and busts, and the essential distinction of hands between Bellange and Saint-Igny, reflect the work and suggestions of Christopher Comer.

4. Pierre Lavallée, *Le dessin français du XIIIe au XVIe siècle* (Paris, 1930), 123-124, pl. LXXIV.

5. Wescher and Rosenberg 1933, 36-37, fig. 1.

6. The drawings *Sight*, *Hearing*, and *Smell* are reproduced in Schleier 1981, 85-86, figs. 40a-c.

7. See Bergot 1972, 59-60, nos. 77-78, pl. XIX.

8. See, for example, François G. Pariset, "Dessins de Jacques de Bellange," *La Critica d'arte* VIII (1950): 341-355, esp. 341-344, figs. 280-283.

9. Sales, Christie's, London, March 20, 1973, lots 40-46; Christie's, London, March 26, 1974, lots 109-115.

10. For reproductions of these paintings, see Rosenberg 1966, 118-119, nos. 120-121; also idem, in Rouen 1984a, 120-124, nos. 20-22, including the *Assumption* at Fecamp.

11. Schleier 1981, 89, 95, nos. 42, 45.

12. Probably published in Paris ("A Paris chez François l'Anglois dit Chartres") about 1625/26, certainly by about 1630.

13. Bergot 1972, 59-60, no. 77, pl. XIX.

14. Repr. in Foissy-Aufrère 1984, 16-17, no. 9.

15. Repr. Rosenberg 1966, 120-121, no. 122, in grisaille.

77. *Project for the Painted Decoration of the Galerie of the Château de Tanlay*
Pen and dark brown-black ink, brown wash, partially oxidized white gouache highlights, on tan-washed paper; 268 x 220 mm (10-9/16 x 8-5/8")
The Art Museum, Princeton University, Bequest of Dan Fellows Platt, 1948-458

A friend, correspondent, and follower of Poussin, this little-known artist has been studied by Thuillier and Hermann Voss.[1] Vuibert also is mentioned, albeit in passing, by Félibien, who notes that the artist "travaillé sous Vouet." The reference is vague as to whether he worked under Vouet in Rome or subsequently in Paris. At some point after 1624 Vuibert was in Rome, where he executed a print of Duquesnoy's statue of *St. Andrew* in 1629. Further suites of prints in 1635 attest to his continued presence in Rome, but by 1639 he was in Paris, as documented by a dated engraving executed by Vuibert in that city. Thuillier has described Vuibert's style immediately on his return to France as one influenced by Domenichino and Poussin but also responding to the Parisian sensibility for a distilled, cool elegance, resulting in an affinity to La Hyre [82-87]. This is hardly a surprising development. In Rome Vuibert executed prints after Domenichino's *Martyrdom of St. Andrew* and works by Raphael, so he was well prepared to assume a position among the vanguard of artists working in an "Atticist" style in Paris in the 1640s and 1650s.

Indeed, we know that Vuibert was closely tied in correspondence and friendship not only with Poussin himself, who charged him with designs for the Grande Galerie of the Louvre after that artist's return to Rome, and after whose *Entombment of Christ* he executed a print in 1643, but also with Poussin's confidants, Fréart de Chantelou and his brother Fréart de Chambray. In 1642 Vuibert was appointed a peintre ordinaire du roi and granted lodgings at the Tuileries, possibly in connection with his anticipated role in the execution of Poussin's plans for the decoration of the Louvre. The surviving paintings and prints after his compositions that have been published by Thuillier and Voss, especially those of the 1640s and 1650s, close in date to the Princeton drawing, reflect a further distillation of the Rome-inspired influences of Raphael (here Voss sees an analogy between Vuibert and Sassoferrato), Domenichino, and Poussin. Poussin's impact is even more evident after that master's 1640-1642 visit to Paris. In the Atticist ambience of Paris in the 1640s (see introduction and [73]), these influences are recast with a certain delicacy and elegance of figure poses and facial types, more refined and restrained, indeed courtly, than in the classicism of Domenichino, Poussin, or even Le Sueur. In Vuibert's last masterworks, the ceiling soffits to the choir of the Couvent de la Visitation at Moulins,[2] his study of the architectural devices of the Carracci school in the Palazzo Farnese is evident, as it is in the Princeton drawing, but those trompe-l'oeil devices are severely and austerely simplified, distilled, and modified by the examples of Poussin's sober architectural vocabulary in the Chantelou *Seven Sacraments* and Poussin's plans for the Grande Galerie.[3] The similarities to the plans for the Grande Galerie are even closer for the gallery walls and vault at Tanlay.[4]

The present drawing has been thoroughly analyzed by Bertrand Jestaz. As indicated by the ornate inscriptions on the verso, revealed when the drawing was removed from its mount in 1979, the sheet illustrates the plan to be followed for the decoration of one of the end walls of the gallery in the château of Tanlay. The verso is signed by Vuibert, by Nicolas Colbert (representing the general comptroller of finances), by Michel Particelli (who had bought the château in 1642 and had it rebuilt by Le Muet), and by a notary named Parque. The drawing is one of four that accompanied the contract and set the accepted decoration. This plan, retained by the artist, is the only drawing thus far identified. The contract itself, dated February 15, 1646, survives in the Archives Nationales in Paris.

The design was intended to provide the trompe-l'oeil illusion of marble and stucco work, executed in fresco in the vestibule. (The medium was not stipulated in the con-

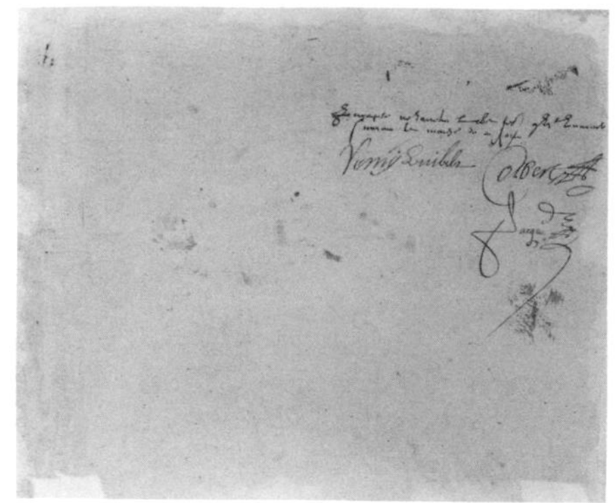

tract for the gallery.) As Jestaz notes, the work, restored, survives, and a view of the gallery looking toward the opposite end wall (which appears identical to the design except for the substitution of a female classical deity *[Fecundia]* for the male figure in the niche on the opposite wall) is reproduced in L. Hautecoeur, *Histoire de l'architecture classique en France*,[5] where the influence of Poussin's and his studio's designs for the decoration of the Grande Galerie at the Louvre are apparent both in the wall designs and in the vault. Because the Princeton drawing is the only one by the artist thus far discovered, it is important in the dating and understanding of Vuibert's corpus, the identification of his drawing style (albeit in a highly finished mode pursuant to a contract), and the study of a rare surviving decorative project of a gallery of that period.

NOTATIONS: Inscribed on verso, in pen and brown/black ink: *paraphe ne varietur le 15e feb M VIc quarante [. . .] / suivant le marche de ce jour;* beneath which are the following signatures: *Rémy Vuibert/ Colbert/ Parque*

WATERMARK: None

PROVENANCE: Dan Fellows Platt, Englewood, N.J., 1873-1938 (Lugt 750a, on former mount)

LITERATURE: Bertrand Jestaz, in Ross 1983: 38.

EXHIBITIONS: Princeton 1983, *Sixteenth- to Eighteenth-Century French Drawings from the Permanent Collection,* The Art Museum, Princeton University.

1. Jacques Thuillier, "Pour un peintre oublié: Rémy Vuilbert," *Paragone* IX, 97 (1958): 22-41; and Hermann Voss, "Neues zum Werk von Rémy Vuibert," *Zeitschrift für Kunstgeschichte* XXIV, 2 (1961): 177-183.

2. Thuillier 1958, figs. 22-26.

3. See Friedlaender and Blunt 1939-1974, IV: 11-24, and illustrated associated copy drawings; also Blunt 1979, 150-154.

4. Cited further in this entry and reproduced in L. Hautecoeur, *Histoire de l'architecture classique en France,* I (III): *L'architecture sous Henri IV et Louis XIII,* II (Paris, 1967), 922, fig. 432.

5. Ibid., 922, fig. 432.

Jacques Blanchard

PARIS 1600 - PARIS 1638

78. *Charity*
Black chalk and brown wash, with a black ink framing line; 189 x 217 mm (7-7/16 x 8-9/16")
Fogg Art Museum, Harvard University, Bequest of Meta and Paul J. Sachs, 1965.233

Jacques Blanchard is distinguished as a painter by a rich, appealing coloristic palette, quite distinctive from the cool tonalities of Vouet. Blanchard's broad, sensual figure style–reflecting Venetian and Bolognese influences–endeared him to his contemporaries and the eighteenth century. He was dubbed the "French Titian" by Claude Perrault at the end of the seventeenth century (and Félibien had earlier noted the influence of that master on Blanchard), an appellation that has clung to the artist, reflecting appreciation for that broadly brushed and tactilely evocative colorism.

Blanchard's stylistic influences were, in actuality, varied and diversely integrated throughout his career. After initial training in Paris with his uncle, the late Mannerist painter Nicolas Bollery, Blanchard apprenticed in Lyon with Horace Le Blanc, a disciple of Lanfranco. In 1624 the artist traveled to Rome, arriving in October of that year, and departed for Venice in mid-1626. In 1628 Blanchard left Venice, where he had achieved patronage and recognition but limited financial advantage. He stopped in Turin that same year before arriving in Lyon, where he executed several commissions extending into 1629. The artist settled permanently in Paris in the latter year, entering the guild there, marrying, and achieving a popular success in a variety of specializations, including portraiture, decorative painting, and religious, mythological, and allegorical subjects.

According to Thuillier, in 1634 (rather than, as Sterling has suggested, around 1633), the artist decorated the lower gallery of the Hôtel de Bullion with mythological subjects painted in oil on the walls, illustrating the months of the year.[1] According to Henri Sauval in 1724,[2] these now-lost mythological images of metamorphosis were highly regarded, and "on dit que Titien n'aurait pas été au-de-là." This project was executed virtually contemporarily with Vouet's commission to paint the upper gallery of the same mansion (see comments, [56]). At the time of Blanchard's death in November 1638 (of "fluxion de poitrine" according to Félibien), he had been appointed a peintre ordinaire du roi and had established a reputation, distinguished from Vouet and his school, for his warm vibrant colorism, and more spontaneous, Venetian-inspired painting style, which, as Sterling has noted, was a true precursor to the Venetianism and sensuality of eighteenth-century French painting.

Sterling's fine work on Blanchard (and his brother) provides the foundation for any research on the artist, augmented by Rosenberg's important emendations to Sterling's catalogue and further rediscovered works,[3] and the documentary material brought to light by Thuillier and by Richard Beresford.[4] The resulting image, derived from the documented and proposed extended chronological progression of Blanchard's works, is a complex and subtle one. It reflects the artist's ability to synthesize a variety of contemporary and sixteenth-century influences, emphasizing different sources in individual works executed at virtually the same dates. These sources include contemporary artists to whom he was exposed during the time he spent in Venice and passing through Turin (1626-1628), as well as the masters of the Venetian Cinquecento; thus, the impact of Titian, Tintoretto, and Veronese, as well as Bassano, is conjoined with that of such contemporary figures as Fetti, Strozzi, and Liss. Concurrently, Blanchard retained from his experience of the Bolognese-dominated realm of Roman painting, during 1624-1626, the imprints of Domenichino, Lanfranco, and the precedents of Annibale and Lodovico Carracci. He turned interchangeably to all of them for compositional schemes, figure types, and colorism, in constantly varying *mélanges,* as evidenced in the more than ninety paintings and drawings, surviving or recorded in prints, by this prolific and popular artist, who died in his prime.

The subject of *Charity* depicted with infants was a popular one for the artist in his maturity. Sterling has suggested that this popularity reflects the contemporary activi-

ties of St. Vincent de Paul on behalf of homeless children, resulting in the 1638 establishment of a foundling home in Paris by the Dames de la Charité.[5] Rosenberg, noting Blanchard's predilection for "frieze-like Venetian-style composition accentuated by diagonal lighting . . . robust sensuality . . . animating his own women with an earthy voluptuousness more akin to the women of Rubens or Jordaens,"[6] alternatively has suggested that the subject served as "a pretext for Blanchard to display his talent for depicting placid, full-figured, dark-haired women on whom he bestows as much tenderness as sensuality."[7] The artist returned to the subject on multiple occasions in paintings (of which five versions survive) and drawings. The compositions of the paintings and drawings are recorded.[8] In an inventory of Blanchard's household at the time of the death of his first wife (July-August 1637), a painting on canvas of *Charity,* valued at 18 pounds (no. 22) is noted. The painting does not reappear in the inventory taken at the time of his death, in November 1638. The 1660 inventory of the famous friend and patron of Poussin, Jean Pointel, records a *Charity* by Blanchard, evaluated at 150 pounds, probably the version now at the Louvre, of which two copies exist in the possession of the Louvre, as well as a version in a private New York collection.[9]

The Fogg drawing was first attributed to Blanchard at the suggestion of Tancred Borenius according to Agnes Mongan, who published it in the 1940 catalogue of drawings in that collection. It bears an ancient inscribed attribution, possibly in seventeenth-century hand, to Poussin, although there is little basis for the attribution. In 1947 Denys Sutton related the drawing to a painted version of Charity in the collection of the Courtauld Gallery (formerly Viscount Lee of Fareham) and particularly to another version recorded in a seventeenth-century engraving by Antoine Garnier, stating that the Fogg drawing corresponded precisely to the latter design.[10] Friedlaender and Blunt repeated the Blanchard attribution and connection of the drawing with the then-Lee-of-Fareham picture.

In a May 7, 1958, letter to Mongan at the Fogg Museum, Sterling forcefully rejected these associations. Noting that the Fogg drawing actually does not correspond to either of those works, he observed that after comparison with the seventy engravings after Blanchard, he was unable to find a compositionally exact correspondence with any of that artist's works. He noted, however, that the Fogg drawing is closest to the Louvre *Charity,* suggesting it might be a study for it. Since the Louvre *Charity* was reproduced in a print by Pierre Daret of 1636, that date provides, according to Sterling, a *terminus ante quem* for the Fogg drawing also.

In a 1961 article, Sterling reconfirmed both the dating and correspondence of the Fogg drawing to the Louvre painting of *Charity* (the painting is no. 52 in Sterling's catalogue raisonné; the drawing is no. 54), dating both about 1635/36. The sheet has been cited as an autograph Blanchard by all subsequent authors. Sterling comments in his article that if the Fogg drawing is not a direct study for either the Louvre painting (which has a different outdoor setting, five infants, rather than four, posed differently, and the figure of Charity looking back), or the version recorded by Garnier (yet another outdoor setting with three infants in yet other poses, a lamb, and a more reclining figure of Charity), then it nonetheless must be contemporary due to the analogous composition, the similar diagonal grouping of figures, the comparable setting of ruins and trees, and the analogous translucent shadows. The latter are achieved in the Fogg drawing by means of golden washes.

In both the Louvre and Fogg versions the composition, designed as in a classical sculptural relief, is perceptually rendered in a Venetian mode, the forms in the Fogg drawing softly emerging through wash from a palpable atmosphere. In the present sheet the figures are partially defined purely through the softly modeling medium of chalk, as their contours are bleached out in the brilliant light of day. Blanchard drawings are rare, yet the Fogg possesses a second sheet by that master, published and discussed by Rosenberg in his 1972 catalogue,[11] a decorative frieze

Figure 78a. Jacques Blanchard, *A Coronation with Allegorical Figures*. Cambridge, Massachusetts, The Fogg Art Museum, Harvard University, Marian H. Phinney Fund, 1967, 4.

of *A Coronation with Allegorical Figures* (Figure 78a). At that time, Rosenberg stated that these were the only two drawings by the artist in North American collections. I know of no further drawings by the artist that have entered American collections since then.

NOTATIONS: Inscribed on recto, lower left center, in pen and brown ink: *Poussin*

WATERMARK: Mounted down

PROVENANCE: Unidentified mark on verso of mount: an "L" surmounted by a crown within an oval, but different from Lugt 1708b; (P. & D. Colnaghi, London, 1929); Paul J. Sachs, Cambridge, Mass.

LITERATURE: Agnes Mongan and Paul J. Sachs, *Drawings in the Fogg Museum of Art* (Cambridge, Mass., 1940), I: 305, no. 573, III: fig. 290; Denys Sutton, *Exhibition of French Painting of the XVIIth Century (Wildenstein's)* (London, 1947), no. 3 (mentioned); Friedlaender and Blunt 1939-1974, II: 25, no. 151 (mentioned); Paris 1960, 15, no. 18 (mentioned); Charles Sterling, "Les peintres Jean et Jacques Blanchard," *Art de France* I (1961): 92-93, no. 54, fig. 54; Toronto et al. 1972-1973, 133, no. 6 (mentioned); Sylvain Laveissière, *Le Classicisme Français: Masterpieces of Seventeenth-Century Painting* (Dublin, 1985), 5, no. 3 (mentioned).

EXHIBITIONS: Providence 1933, Faunce House, Brown University; New York 1947, Century Club; Zanesville, 1950, Art Institute; Detroit 1951, *French Drawings of Five Centuries from the Collection of The Fogg Art Museum, Harvard University*, cat. by Agnes Mongan, no. 5; Roswell, N.M., 1951, Roswell Museum.

1. For a more comprehensive consideration of this commission see Jacques Thuillier, "Documents sur Jacques Blanchard," *Bulletin de la Société de l'histoire de l'art français* (1976): 85-87.

2. Henri Sauval, *Histoire et recherche des antiquités de la ville de Paris* (Paris, 1724), II: 194.

3. Charles Sterling, "Les peintres Jean et Jacques Blanchard," *Art de France* I (1961): 77-118; Pierre Rosenberg, "Quelques nouveaux Blanchard," *Etudes d'art français offertes à Charles Sterling* (Paris, 1975), 217-225.

4. Thuillier 1976, 81-94; Richard Beresford, "Deux inventaires de Jacques Blanchard," *Archives de l'Art français* XXVII (1985): 107-134.

5. Sterling 1961, 92, no. 52.

6. Paris et al. 1982, 222-223.

7. Ibid., 225, no. 5.

8. In Sterling 1961, 92-93, nos. 52, 53, 54, 56, 58, 59; also sale, New York, Sotheby's, June 11, 1981, lot no. 128, dated "163-", formerly in the collection of Bob Jones University Museum; also, the highly finished late drawing at Stockholm, repr. in Bjurström 1976, no. 135; and New York Edinburgh 1987, 83, no. 47.

9. For a thorough discussion of the related works, see Laveissière 1985, 5, no. 3; also Paris et al. 1982, 225, no. 5.

10. Repr. in Sterling 1961, nos. 56, 53.

11. Toronto et al. 1972-1973, 30, 133, no. 6, pl. 24.

Philippe de Champaigne

BRUSSELS 1602 - PARIS 1674

79. *Louis XIII Receiving the Duc de Longueville into the Order of the Saint-Esprit, May 14, 1633, at Fontainebleau, in the Presence of Claude de Bullion, Chancellor, Claude Bouthillier, Grand Treasurer, Charles Duret, Registrar, and Michel de Beauclères, Provost*

Pen and brown ink and gray wash on off-white paper; 279 x 352 mm (11 x 13-7/8")
Fogg Art Museum, Harvard University, Gift in part of Melvin R. Seiden and Purchase in part from the Marian H. Phinney Fund, 1988.419

Philippe de Champaigne was born and initially trained in Flanders as a landscape painter by Jacques Foucquier (see [54]), although no landscape by Champaigne survives before the 1650s. Leaving his native country in 1621 for Italy, perhaps in the company of Foucquier, Champaigne stopped in Paris and never continued on. At that time there was an active community of Flemish artists working in Paris, most notably Frans Pourbus, while in Antwerp Rubens was executing the cycle of the *Life of Marie de Medici* for the Queen Mother at Luxembourg Palace. In 1621 Champaigne entered into a collaborative relationship in the studio of Georges Lallemant—as opposed to the apprenticeships of Poussin (who was in the studio at the time and with whom the artist developed a friendship) and La Hyre. Although we do not know the exact date of his departure from that shop, in 1625 Champaigne executed an ex-voto, *Le Prévôt et les Echevins de la Ville de Paris implorant sainte Geneviève* (Church of Montigny-Lencoup, Seine-et-Marne), after drawings by Lallemant.[1] He also worked on the decoration of the Luxembourg Palace with Poussin under the supervision of the painter Nicolas Duchesne. After visiting Brussels briefly in 1627, Champaigne returned to Paris definitively early in 1628, marrying, becoming naturalized, and being named peintre de la

reine in that year. He received commissions from Louis XIII and the order of Carmelites in Paris as well. The artist gained the patronage of Cardinal Richelieu, whom he often depicted, and whose residence he decorated, together with Vouet, with the *Gallery of Famous Men* as well as other ensembles (about 1631-1635).

Champaigne had an active and successful career in the service of the court and the city of Paris, and was a founder of the Académie Royale in 1648. He also maintained an active career as a painter of religious pictures, becoming from 1646 closely associated with the Jansenists and their severe lifestyle. The power of observation that informs his naturalistic figure style joined with a Flemish sensibility to a crystalline, intense local colorism and clear lighting distinguish his work from his Italian-influenced contemporaries. His severely and carefully ordered compositions, his restrained appeal to emotion, and still, simple poses of figures are, to quote Blunt, "as true a reflexion of the rationalism of French thought as the classical compositions of Poussin in the 1640s."[2] The standard monograph and catalogue raisonné on the artist is the extensive two-volume 1976 work by Bernard Dorival.[3]

The present drawing, discovered subsequent to Dorival's publication, has been accepted by him in correspondence dated October 14, 1981, in the archives at the Fogg. Champaigne drawings are quite rare and generally constitute detailed preparatory studies for his paintings. As such, they tend to be rather hard and cold. Using the point of the brush accompanied by wash, Champaigne can achieve, as in this sheet, an effect of translucent, shimmering drapery. The drawing is a preparatory study for a painting of 1634 commissioned by Louis XIII for the church of the Couvent des Grands Augustins in Paris. That commission is mentioned by both Félibien and Guillet de Saint-Georges.[4] Since the duke was the first lay chevalier to receive the collar and mantle of the order and to take its vows of allegiance, the occasion was of political significance, and the ceremony was depicted with much pomp, with the duke in the presence of the king and an entourage of officers of the order. The king was raised in the final painting on a dais. Although he is shown seated in the drawing, a brief arclike notation over his head indicates his ultimate intended height. Earlier depictions of the subject had shown the monarch isolated with the new member; thus, Champaigne's composition was novel. Two replicas, executed with the help of his studio, were prepared by Champaigne for Claude de Bullion (on Bullion see [56, 63, 78]) and Claude Bouthillier. Although Dorival believes the original to be lost, the two replicas survive at Toulouse (Musée des Augustins) and Troyes (Musée des Beaux-Arts).

Other differences between the Fogg drawing and the final paintings include the absence of the altar visible at the far right in the painting, the backdrop of wall hangings with the fleur-de-lys, and the gestures of the king and the duke. In the drawing, the duke has one hand on the Bible held by Claude de Bouillion, as does the king, while in the painting the duke has placed both hands on a miniature representing the first chapter of the order on January 1, 1579, as depicted by Guillaume Richardière, and the king's left hand is placed over the duke's right one. Interestingly, Champaigne virtually repeated this composition over thirty years later in the 1665 painting, now lost, but known through a copy by Jean-Baptiste van Loo at the Musée de Peinture et Sculpture at Grenoble, *Louis XIV Receiving Philippe d'Anjou in the Order of the Saint-Esprit, June 8, 1654, in the Cathedral of Reims. . . ,*[5] shifting the pose of the recipient from right to left of center. On general stylistic grounds the Fogg drawing may be compared to the crisp, brittle pen-and-ink outlining, the drawing of faces and hair, and the definition of columnar falling drapery in wash in a drawing at the Ecole des Beaux-Arts in Paris, *Louis XIV, Anne of Austria, and Philippe d'Anjou Presented to the Trinity by Sts. Benoit and Scholastique.*[6] While pen and ink define in detail the contours of figures in Champaigne's drawings, wash is critical in animating forms and in conveying space and volume through the movement of varied shadows.

As Dorival has observed (in his letter),

however, the Fogg drawing still reflects Champaigne's early study with Lallemant and the impact of his exposure to the late Mannerism of the second school of Fontainebleau. Specifically and in comparison with the previously cited 1625 ex-voto, *Le Prévôt et les Echevins de la Ville de Paris implorant sainte Geneviève,* after drawings by Lallemant (Dorival 144), Dorival cites the elongation of fingers, the quite small heads in proportion to the attenuated bodies of the figures, and the calligraphic drawing of the hair. I also find these characteristics, however, in the later Ecole des Beaux-Arts drawing. Nonetheless, the Fogg drawing does reflect a greater dependence and emphasis on the independent character of pen-and-ink line, not fully integrated with the use of wash as one finds in the artist's more mature drawings.

In a not very effective combination with the wash, the artist even applies hatching and zigzag strokes of pen to indicate shadows in this relatively early drawing. Drawings from the 1640s and 1650s show a more complete integration of line with wash and even a masterful supplanting of the former by brush point.[7] In the later Chicago drawing [80] of 1654, one still finds the articulation of attenuated body and small head, which, as noted in an earlier discussion of the figures of Claude Lorrain, may reflect a contemporary aesthetic of ideal elegant proportions. (On elongated figure proportions and the ideal aesthetic of the noble race in the mid-seventeenth century, see comments, [30]). In this regard it is noteworthy that the 1654 Chicago composition is based on a composition of approximately twenty years earlier, depicting Louis XIII in the same coronation robes, and known through a painting by the studio of Champaigne now in the Royal Collection, Windsor Castle.[8]

NOTATIONS: None

WATERMARK: None

PROVENANCE: (Sale, Paris, Hôtel Drouot, January 28-29, 1980, lot no. 26); (Artemis Fine Arts Ltd., London, 1982); Seiden & de Cuevas, Inc., New York

LITERATURE: None

EXHIBITIONS: London 1982, *Master Prints and Drawings, 15th to 19th Centuries,* Artemis Group, David Carritt Ltd., David Carritt Ltd., 34-35, no. 17.

1. See Mlle. Hériard-Dubreuil, "A propos d'un tableau exécuté par Philippe de Champaigne d'après les dessins de Georges Lallemant: 'Le Prévôt et les Echevins de la Ville de Paris implorant sainte Geneviève,'" *Bulletin de la Société de l'histoire de l'art français* (1952): 14-22; also Bernard Dorival, *Philippe de Champaigne 1602-1674, La vie, l'oeuvre, et le catalogue raisonné de l'oeuvre* (Paris, 1976), II: 83-84, 425, no. 144, pl. 144.

2. Blunt 1982, 258.

3. Dorival 1976; to this, however, should be added the corrective review by Anthony Blunt which includes further attributions: "A New Book on Philippe de Champaigne," *Burlington Magazine* CXIX, 893 (1977): 574-579.

4. For a full discussion of the painting and its two replicas by Champaigne and his studio—one executed for Claude de Bullion and now at the Musée des Augustins, Toulouse; the other, for Claude Bouthillier at Troyes—as well as a reduced modello or copy in an Irish private collection, see Dorival 1976, II: 101-102, 433, nos. 179-181, pls. 179-181; for further information on the subjects and their attire in the painting as well as the 1665 version with Louis XIV, mentioned in the text below, see Diana de Marly, "Philippe de Champaigne and Dress," *Burlington Magazine* CXII, 808 (1970): 461-462, figs. 41-42. For the history of representations of the ceremony, see Jean Vergnet-Ruiz, "Les peintures de l'ordre du Saint-Esprit," *La Revue du Louvre et des Musées de France* XII, 4 (1962): 155-164. On the Grenoble painting, see Germaine Barnaud, "Note sur un tableau de Philippe de Champaigne du musée de Grenoble," *La Revue du Louvre et des Musées de France* XXIV, 3 (1974): 179-182.

5. Repr. in Dorival 1976, II: 173-174, 470, no. 367, pl. 367; see also idem, "Un portrait de Louis XIV par Philippe de Champaigne," *La Revue du Louvre et des Musées de France* XXI, 2 (1971): 71-73, fig. 4; a variant of this composition, after Champaigne, with a slightly modified composition and format, in a private collection in Mexico City in 1963, was published by Blunt *(Burlington)* 1977, 577, 579, fig. 57.

6. Repr. in Dorival 1976, II: 106-107, 435, no. 189, pl. 189, a work of about 1645/46.

7. For example, [80]; the highly finished *The Vision of St. Bruno and His Companions* of 1654 at the Petit Palais, repr. in Rosenberg 1971, 83, pl. XVII; *Sts. Gervais and Protais Reveal Themselves to Ambrose of Milan* of 1657, Stockholm, Nationalmuseum, repr. in Bjurström 1976, no. 301, and New York Edinburgh 1987, 84, no. 48 (Dorival 114); and more highly developed rendering of the same composition at the Louvre, *Sts. Gervais and Protais Reveal Themselves to Ambrose of Milan,* repr. in Paris 1984a, 72-73, no. 91.

8. Repr. in Blunt *(Burlington)* 1977, 577, fig. 60.

---

80. *Portrait of Louis XIV*
Brush and gray ink and gray wash with touches of graphite (red tint on surface resulting from contact with moistened red chalk from another sheet that transferred accidentally onto the present drawing); 265 x 206 (10-1/2 x 8-1/8")
The Art Institute of Chicago, Charles Deering Collection, 1927.3915

This drawing was first recognized as a work by Philippe de Champaigne by Rosenberg, who published and exhibited it in his famous 1972 exhibition. As Rosenberg suggested and Dorival confirmed, the drawing illustrates the young king Louis XIV in his coronation robes. This ceremony took place at Reims on Sunday, June 7, 1654. Based on a printed description of the ceremonies published in Reims in 1654, Dorival has proposed that the composition may illustrate the king after the banquet in the episcopal palace when Louis XIV "repris le Sceptre et la Main de Justice," which together with Charlemagne's crown had been set on the table during the meal. Actually, however, the composition may be more established than Dorival suggests, since Blunt has published a painting in the Royal Collection at Windsor Castle from the studio of Champaigne in a more vertical format showing Louis XIII in the same coronation robes, posed almost identically, except that he does not hold the staff with the hand of justice or reach toward the crown and scepter, which are similarly set on a brocade-covered table to his left.[1] As Blunt further notes, the Windsor Castle painting would appear to have a provenance traceable to the Royal Palace at Fontainebleau at least as early as 1688. Thus, Champaigne was presumably reworking an established prototype, a modus operandi in official portraiture which we have already noted, [79].

Another portrait of Louis XIII in the same coronation robes is preserved in the collec-

tion of the Louvre,[2] a work dated by Dorival to 1637, and apparently contemporary to the Windsor picture. It shows the monarch seated on the same chair as appears in the background of the Chicago drawing, holding the scepter, and reaching with his hand to his crown as shown in the Chicago drawing. The crown is placed on an apparently identical brocaded pillow bearing the fleur-de-lys and set on the same table. Louis XIII is seated on a dais, and Louis XIV in the Chicago drawing apparently is standing on one, as indicated by the fall of the drapery on the far left.

As observed in [79], gray wash can play a critical role in defining forms and conveying space and volume through the movement of varied shadows in Champaigne's drawings, and this character of wash, accompanied by a softer, more fluid definition of forms, is particularly evident in some of the artist's later drawings. In contrast to [79], in drawings from the 1640s and 1650s, he achieved a more complete integration of line with wash, and even supplanted stylus with brush. This drawing and the various sheets in preparation for the composition *Sts. Gervais and Protais Reveal Themselves to Ambrose of Milan* of 1657 – several of which are cited individually in [79, n. 7] – embody this mature style. Together with a brush-and-wash study over traces of black chalk of *Sts. Gervais and Protais* in the Fryszman collection in Boulogne-sur-Seine, which also corresponds closely to the style of draftsmanship in the Chicago drawing, they are reproduced by Keith Andrews.[3] Rosenberg and Dorival also associate the drawing style of the Chicago sheet, with its use of gray wash applied broadly over black chalk, with the Louvre study for the 1648 *Last Supper*,[4] the highly finished *The Vision of St. Bruno and His Companions* of 1654 at the Petit Palais,[5] a preparatory drawing in a private French collection for the ca. 1656 *The Resurrected Christ Releasing the Souls in Purgatory*,[6] and the Louvre drawing of about 1660 of *St. Ambrose Finding the Relics of Sts. Gervais and Protais*.[7]

We have observed that in the Chicago drawing as in the Fogg drawing ([79]) are found the articulation of attenuated body and small head – a feature common throughout Champaigne's full-length official portraiture and his religious painting and which, as noted in an earlier discussion of the figures of Claude Lorrain, may reflect an aesthetic of ideal elegant proportions (see comments and references, [79] and [30]) – also evident in the earlier Windsor portrait of *Louis XIII in Coronation Robes*. Champaigne maintained the position of peintre et valet de chambre ordinaire du roi under Louis XIV that he had held under Louis XIII. Dorival has written about his portraiture of that monarch.[8]

NOTATIONS: None

WATERMARK: Crown over a coat of arms with pascal lamb, similar to Heawood 2842 (Holland, 1649)

PROVENANCE: Unidentified paraph, verso lower center in pen and brown ink; "De Lancey Collection" according to an inscription on the old mount; Charles Deering, Chicago, b. 1852 (Lugt 516, on old mount)

LITERATURE: Bernard Dorival, *Philippe de Champaigne 1602-1674, La vie, l'oeuvre, et le catalogue raisonné de l'oeuvre* (Paris, 1976), II: 108-109, 436, no. 193, pl. 193; Joachim 1977, II,: no. 1A8; Anthony Blunt, "A New Book on Philippe de Champaigne," *Burlington Magazine* CXIX, 893 (1977): 579.

EXHIBITIONS: Toronto et al. 1972-1973, 31, 144, no. 24, pl. 25.

1. See Blunt *(Burlington)* 1977, 577, 579, fig. 60.

2. Dorival 1976, II: 103-104, 433, no. 183, pl. 183.

3. Keith Andrews, "Etudes preparatoires de Philippe de Champaigne pour les tapisseries de Saint-Gervais," *Revue de l'art* no. 14 (1971): 78-79, figs. 4, 5, 9 (see esp. figs. 9 and 4); for the preparatory drawing in Stockholm, Nationalmuseum, see Bjurström 1976, no. 301, and New York Edinburgh 1987, 84, no. 48 (Dorival 114).

4. Repr. in Paris 1984a, 71-72, no. 90.

5. Repr. in Rosenberg 1971, 83, pl. XVII.

6. Repr. in Dorival 1976, II: 10, 398, no. 7, pl. 7.

7. Repr. in Andrews 1971, 77, fig. 3; Dorival 1976, II: 68, 420, no. 116, pl. 116.

8. Bernard Dorival, "Un portrait de Louis XIV par Philippe de Champaigne," *La Revue du Louvre et des Musées de France* XXI, 2 (1971): 67-79.

Pierre Patel the Elder

PICARDY CA. 1605 - PARIS 1676

81. *Classical Ruins in a Landscape (Preparatory Study for "Landscape with Journey to Emmaus")*
Black and white chalk on brown paper;
228 x 228 mm (9 x 9")
The Chrysler Museum, Museum Purchase, 84.180

Pierre Patel the Elder was virtually contemporary with Claude Lorrain, whose influence can be seen in the exclusively landscapist work of this artist. Indeed, Mariette described Patel as the "Claude Lorrain de la France." Patel's atmospheric and elegiacal views of idealized vistas, sited with classical monuments and ruins of antique temples, evoke views of the Campagna by Poussin and Claude. Ironically, Patel never visited Italy himself, and again, his works must be understood in terms of the Atticist tastes and extraordinary reputation of Claude Lorrain and Poussin by midcentury in Paris (on "Atticism," see introduction and [73]). Rosenberg has aptly described Patel's style as "halfway between the heroic, lyrical style of Poussin and Claude and the more spontaneous style of the Northern artists . . . , who were more direct in their approach to nature."[1] Mariette and Rosenberg also have underlined the influence of La Hyre [82-87] in Patel's work, Mariette specifically alluding to "sa façon de feuiller, presque sans aucune variété et trop idéale." He saw this as Patel's only point of reproach, a characteristic in which Mariette believed that Patel apparently conformed to the contemporary style of La Hyre, while Rosenberg mentions the influence on Patel of La Hyre's cool lighting.

Apprenticed to Vouet, Patel entered the community of painters of Saint-Germain-des-Près after 1632, and subsequently was received into the Académie de St. Luc. Although a co-signatory to the unification between that Académie and the Académie Royale in 1651, he does not appear ever to have become a member of the latter. Besides

Figure 81a. Pierre Patel the Elder, *Landscape with Journey to Emmaus.* Norfolk, Virginia, Chrysler Museum.

Figure 81b. Pierre Patel the Elder, *Study for "Landscape with Journey to Emmaus."* © Crocker Art Museum, Sacramento, California.

creating a significant corpus of independent paintings, the artist was involved in several important decorative projects. His most famous decorative commissions were in collaboration for the celebrated project for the Hôtel de Lambert,[2] including his work in the Cabinet de l'amour (1647-1650), where two of his landscapes were juxtaposed with those of Swanevelt, Mauperché, and Asselyn, and the Chambre des Muses, where he executed the background to Le Sueur's *Muses* (1652-1655, see [97]). Patel also worked on the decoration of the queen's apartment at the Louvre (1660), complementing paintings by Romanelli.

The present drawing is one of two preparatory studies for the painting *Landscape with Journey to Emmaus,* signed and dated 1652—the same year Patel collaborated with Le Sueur in the Hôtel Lambert—also in the collection of the Chrysler Museum (Figure 81a). The other sheet, a drawing of the entire composition at the Crocker Art Museum (Figure 81b),[3] is virtually identical to the painting, as Rosenberg has observed. The figures, however, are set rather differently. The staffage of the Sacramento drawing are replaced by Christ, two pilgrims, and a goatherd with his flock in the Chrysler painting. As Rosenberg comments, "The central figures are, for Patel, merely an excuse to give the picture a religious title."[4] The Chrysler drawing is a study for the left half of the composition, differing from the painting in its absence of figures and architectural ruins in the foreground, and other more subtle differences. It is typical of Patel's work in its softly defined, atmospheric, vanishing background and in its use of black chalk with white highlighting on brown paper.[5]

NOTATIONS: None

WATERMARK: Mounted down

PROVENANCE: Nathaniel Hone, London, 1718-1784 (Lugt 2793); Charles Lambert, London (according to a notation by Esdaile on the verso of the mount); William Esdaile, London, 1758 1837 (Lugt 2617); with his attribution to Patel and numbers *81* and *294* on the recto of the mount and *P.81, N.81* on the verso of the mount); (sale, London, Christie's, June 24, 1840, part of lot 1215); (sale, London, Christie's, July 10, 1973, lot no. 125); (Adolphe Stein, London); (sale, London, Christie's, July 4, 1984, lot no. 100)

LITERATURE: Paris et al. 1982, 297, no. 78 (mentioned); Jefferson C. Harrison, *French Paintings from The Chrysler Museum* (Norfolk, Va., 1986), 5-6, no. 3 (mentioned), fig. 3.

EXHIBITIONS: London 1975, *Master Drawings Presented by Adolphe Stein,* H. Terry-Engell, no. 82, pl. 66.

1. Paris et al. 1982, 297.

2. See Jean Pierre Babelon et al., *Le Cabinet de l'Amour de l'Hôtel de Lambert* (Paris, 1972).

3. See Toronto et al. 1972-1973, 47, 192, no. 106, pl. 48.

4. Paris et al. 1982, 297.

5. For other examples, see Paris 1984a, 111-112, nos. 147-148; also Rosenberg 1971, 83-84, pl. XVIII.

Laurent de La Hyre

Paris 1606 - Paris 1656

82. *A Scene from "La Gerusalemme Liberata": Tancred Mourns Clorinda*
Black chalk with white chalk heightening on tan paper; 298 x 415 mm (11-3/4 x 16-7/16")
The University of Michigan Museum of Art, 1970/2.89

After centuries of undeserved neglect, the reputation of Laurent de La Hyre recently has been restored through the efforts of Rosenberg and Thuillier. Having obtained a copy of their long-awaited monograph on the artist as this catalogue went to press, it has been impossible to integrate fully their essential observations into this text. Their book also served as the catalogue for a 1989 exhibition.[1]

Laurent de La Hyre was born in 1606 in Paris, the son of the painter Etienne de La Hyre, who worked in the late Mannerism of the second school of Fontainebleau; thus, the younger La Hyre (the eldest of eleven children, several of whom became artists) was well-grounded in the works of Dubois, Dubreuil, and Fréminet (see [1-3]), as well as the earlier precedents of Rosso and Primaticcio. Around 1624, La Hyre briefly entered the studio of Georges Lallemant [52-53], the preeminent artist in Paris before Vouet's return. La Hyre only remained there, however, for a few months, according to his biographers.[2] Guillet de Saint-Georges's seventeenth-century notes on artists who became members of the Académie Royale[3] mention that La Hyre, after studying with his father,

alla ensuite étudier à Fontainebleau, d'après les ouvrages du fameux peintre André Primatice, . . . M. de la Hire, à son retour de Fontainebleau, dessina de son invention plusieurs suites d'histoires dans la manière du Primatice. En ce temps-là, M. Lallemand étoit à Paris en réputation d'un très-habile peintre. M. de la Hire passa quelques mois dans son école, mais il s'en retira pour s'exercer

Figure 82a. Laurent de La Hyre, *A Scene from "La Gerusalemme Liberata": Battle Between the Christians and the Saracens*. Ann Arbor, Michigan, The University of Michigan Museum of Art, 1970/2.87.

en son particulier à faire de grands tableaux qui tenoient toujours du goût des ouvrages de Fontainebleau.[4]

The Ann Arbor drawing is one of three related compositions in the collection associated with the story of Tancred and Clorinda from *Gerusalemme Liberata* (Figures 82a, 82b).[5] All the drawings are executed on sheets of about the same dimensions, and all presumably originally belonged to the same series of "douze autres desseins aussi en pappier rehaussé de blanc contenant l'*Histoire de Tancrède et de Clorinde*," mentioned in the inventory of the artist's estate. Rosenberg and Thuillier, based on stylistic indications, place the series, together with drawings from other histories executed in the same media and also mentioned in the inventory of the estate,[6] in this early phase of the artist's career when he was still fundamentally influenced by the draftsmanship, figure types, and compositions of the second school of Fontainebleau (see [1-3]). While Rosenberg dated the Ann Arbor drawings before 1630 in his 1972 catalogue, Rosenberg and Thuillier further refined that dating in their 1985 catalogue. There they suggest that these early series date to the early to mid-1620s, before the artist's modification of this late Mannerist-inspired style toward one more monumental and ample with realist details complementing La Hyre's elegantly posed figures, an opinion confirmed in their recent monograph.[7] In La Hyre's more mature works, figures are set in less atmospheric, more crisply lit settings that contribute to their sense of solidity in grander architectural contexts (as in [83, 84] and associated figure illustrations, datable to the mid-1630s).

The comparison of these early drawings with Dubois's drawings for the story of Theagenes and Chariclea [2] is, of course, striking; as noted in [1], Dubois himself illustrated the *Gerusalemme Liberata* with eight episodes from the history of Clorinda at Fontainebleau. There is, however, in La Hyre's early drawings, a more substantial, three-dimensional evocation of rounded figures in space. Another, stylistically related series, mentioned in the inventory, is the *Histoire de Sirus, Panthée et d'Abradatte* (Figure 82c, from a series of eleven), which Rosenberg and Thuillier place among the early drawings in their 1985 catalogue. The relation of the Bibliothèque Nationale drawing to a painting at the Chicago Art Institute raises the issue of the dating and relation of these sheets, which clearly must predate the increasingly Atticist clarity of [83] and [84] and the Chicago painting, to the Chicago and other related, later works.

The legend of Panthea was handled by La Hyre in the mid- to latter 1630s, as illustrated in a print after the artist by Daret as the frontispiece to a 1639 publication of a play, and in two surviving paintings (one in Chicago and another in Montlucon), a modello, and a

Figure 82b. Laurent de La Hyre, *A Scene from "La Gerusalemme Liberata": Tancred and Clorinda*. Ann Arbor, Michigan, The University of Michigan Museum of Art, 1970/2.88.

Figure 82c. Laurent de La Hyre, *A Scene from "Histoire de Cyrus": Panthée et Abradatte*. Paris, Bibliothèque Nationale.

Figure 82d. Laurent de La Hyre, *A Scene from "Histoire d'Admet et d'Alceste": Hercules Bringing Alcestis Back from Hades*. Paris, Bibliothèque Nationale.

drawing. They all apparently illustrate episodes from François Tristan L'Ermite's play *Panthée,* staged in 1638.[8] Rosenberg, however, dates the Chicago painting as early as 1636/37. French publications of the ancient Greek play appeared as early as 1571, while contemporary versions appeared in 1608 and 1610. Furthermore a 1624 publication of *Panthée* by Hardy (first staged in 1604) probably inspired the artist.[9] In costumes and setting the Bibliothèque Nationale drawing is quite close to the Chicago composition. Nonetheless in more normative proportions, clarity of light, and more pronounced compositional order, the Chicago painting would seem to accord well with a somewhat later dating. Did the artist approach the legend in the 1620s in accord with the contemporary taste for "precious" literature and the evident interest in the play, only to be able to return to it fortuitously in the context of Tristan L'Ermite's play, updating his earlier compositions, documented as a series in his studio at the time of his death?

The Michigan drawing of *Tancred and Clorinda* clearly dates closely to another drawing at Ann Arbor, *Sts. Germain of Auxerre and Geneviève* (Figure 84a),[10] a preparatory study for a painting at the Hermitage dated 1630, but the Clorinda sheet is evidently earlier in its closely related but even more Mannerist, softer, and less rounded articulation of figures and its less monumental, structured, and depth-oriented perception of space.[11] Thus, this early dating for the Michigan sheets seems confirmed on stylistic evidence. I also reproduce a drawing from yet another stylistically related series also mentioned in the inventories taken at La Hyre's death, *Histoire d'Admet et d'Alceste où de la fidellité* (e.g., *Hercules Bringing Alcestis Back from Hades;* Figure 82d, from a series of eleven), evidently close in date.

The present drawing apparently illustrates Tancred's extended, tearful lament over the tomb of Clorinda, whom he had fatally stabbed, the climax of Book XII of Tasso's extended and complicated epic. Apparently accompanied by Peter the Hermit (although in the epic no mention is made of the hermit's presence at the tomb), the hero stands by the tomb, ungraced by sculpture but executed in fine stone (XII: 94), bursting into tears and lamenting his beloved's death (XII: 96-99).

NOTATIONS: None

WATERMARK: Mounted down

PROVENANCE: (As Rosenberg has suggested, the drawing is possibly among the four folios of drawings by La Hyre mentioned in the inventory taken after his death on Tuesday, January 30, 1657 [Paris, Archives Nationales, Minutier Central, XX, 309]: "Item douze autres desseins de l'*Histoire de Tancrède et de Clorinde,* prises la somme de quatre livres, cy . . . IV lt"; Hamilton Easter Field, New York, 1873-1922 (Lugt 872a); (sale, New York, Anderson Auction Co., December 10, 1918, lot no. 112 ["twelve drawings by *La Hyre for La Gerusalemme Liberata*"] there wrongly ascribed as from the Mariette Collection: the notation in pencil on the old mount reads: *La Hyre / Jerusalem Delivrée / coll. Mariette*), Edward Sonnenschein, Chicago; Cranbrook Academy of Art, Bloomington Hills.

LITERATURE: Toronto et al. 1972-1973, 170, no. 70 (mentioned); Mary Cazort Taylor, *European Drawings from the Sonnenschein Collection* (Ann Arbor, 1974), 19, 61, no. 51; Rosenberg and Thuillier 1988, 117, no. 5.

EXHIBITIONS: None

1. Rosenberg and Thuillier 1988, which was published in connection with a 1989 exhibition at Grenoble, Rennes, and Bordeaux.

2. Thuillier and Rosenberg have worked extensively on this important and appealing artist, whom Rosenberg has aptly termed "the most illustrious representative of Parisian Atticism, . . . [an] exceptionally charming, poetic, and refined artist" (Paris et al. 1982, 247).

Besides their mutual work on the drawings of La Hyre, published in *Cahiers du dessin français. / no. 1. Laurent de La Hyre 1606-1656* (Paris, 1985), and Jacques Thuillier's published lectures on the artist in *Annuaire du Collège de France 1980-1981, Résumé des cours et travaux* (Paris, 1981), 641-648, 743-749, see Rosenberg and Thuillier 1988, 83-93, for a complete biographical chronology of the artist.

3. Guillet de Saint-Georges 1854.

4. Ibid., I: 105.

5. See comments in Provenance; also Toronto et al. 1972-1973, 32, 170-171, no. 70, pl. 26, illustrating the Ann Arbor *Tancred and Clorinda* from the series and discussing the group; also all three drawings are presented and discussed in Mary Cazort Taylor, *European Drawings from the Sonnenschein Collection and Related Drawings in the Collection of the University of Michigan Museum of Art* (Ann Arbor, 1974), 18-19, 60-61, nos. 49-51; the other drawing at Ann Arbor is *Battle Between The Christians and The Saracens,* Figure 82a. A related composition to the latter of the same dimensions, presumably from the same series, is in the Musée des Beaux-Arts in Rouen, ex-Baderou collection, repr. in Rosenberg and Thuillier 1985, no. 4. Another drawing from

the series in a private French collection is published in the same catalogue, no. 5.

6. The relevant portions of that inventory are reproduced in Rosenberg and Thuillier 1985; also Georges Wildenstein, "Inventaire de Laurent de La Hire," *Gazette des Beaux-Arts* XLIX, 1060-1061 (1957): 341-343.

7. See Rosenberg and Thuillier 1988, 115; on this early Fontainebleau-influenced style in his drawings, see also their incisive comments on p. 44.

8. See Paris et al. 1982, 149, 248-249, no. 31.

9. See discussion in Rosenberg and Thuillier 1988, 119.

10. Also in Toronto et al. 1972-1973, 33, 171, no. 71.

11. The two sheets can be compared on facing pages in ibid., 32-33.

83. *The Annunciation*
Black chalk, black ink and brush, gray wash, brown wash, with white chalk highlights on off-white paper toned with brown wash; 255 x 222 mm (10 x 8-3/4")
Fogg Art Museum, Harvard University, The Louise Haskell Daly Fund and Friends of the Harvard University Art Museums Funds, 1984.605

This drawing, first described by Chennevières, mentioned by Rosenberg, and illustrated by Richardson, is a work of the artist's early maturity. It is distinguished from [82] by its greater clarity of space, more structured and classical setting, and broad rounded figures defined by a more clearly directed diagonal lighting–characteristics of La Hyre's work during his Paris years, prior to the return of Stella and Poussin and the advent of a more Italianate classicism in his work. During this period of early maturity, La Hyre's still somewhat elongated figures are drawn with the tapering hands and fluid drapery reflecting the lingering influence of Fontainebleau (and Lallemant), but are more staid and naturalistic, more plastically conceived than in his earliest works. In La Hyre's paintings of the 1630s, as in the two May paintings of 1635 and 1637, together with their modelli and related projects,[1] the rounded figures in their flowing drapery are placed in strongly structured settings. More Mannerist and less mature and monumentally conceived than [84], which is closely related to the May paintings (1635, 1637), the *Annunciation* would seem closer in date to a painting in the Louvre commissioned for the Capuchin church in the Marais, *Nicolas V Before the Body of St. Francis of Assisi*,[2] a signed and dated work of 1630. In that painting the architectural setting, as Blunt has noted, still functions much as in the panels of the Galerie d'Ulysse at Fontainebleau. A dating for the Fogg drawing of the early 1630s,

between that commission and the May paintings, seems reasonable.[3]

With its classical (but not yet severe and classicistic as in the 1640s) interior, its shading strokes of black chalk, and previously mentioned Mannerist persistencies, the drawing is stylistically extremely close to a compositional study of the *Annunciation* at the Louvre,[4] which must be of the same date. As Richardson has noted, one of the more curious aspects of the Fogg composition (in reverse to the closely related Louvre sheet) is its unusual orientation from right to left, the Virgin placed on the left. The composition is traditionally represented in the other direction, except rarely for altar wings. Richardson notes that the drawing might be reversed for reproduction in an engraving; on the other hand, however, it is the angel's right hand that is raised in greeting to the Virgin, which is the correct and immutable orientation for the gesture. The composition is reminiscent of Venetian prototypes in the works of Titian and Veronese, although La Hyre never traveled to Italy. It is possible that he referred to sources in reproductive prints, adjusting the gestures and ultimately the entire composition.[5] Indeed, as Blunt has argued,[6] the artist obviously was influenced by Venetian art in the 1630s, examples of which were readily accessible in Parisian private collections, particularly those of Cardinal Richelieu, who became a patron of the artist at the end of the decade, and the duke of Liancourt.

NOTATIONS: None

WATERMARK: None

PROVENANCE: Private collection, Austria (according to Philippe de Chennevières); Marquis Philippe de Chennevières, Paris and Bellesme, 1820-1899 (Lugt 2073); (sale, Paris, Hôtel Drouot, April 4-7, 1900, included in lot no. 261?); Germain Seligman, New York (his collection mark); Seiden & de Cuevas, Inc., New York

LITERATURE: Chennevières 1894-1899, XIV: 261-262; Toronto et al. 1972-1973, 172, no. 72 (mentioned); Richardson 1979, no. 41; Paris 1984a, 75, no. 95 (mentioned); Rosenberg and Thuillier 1985, no. 13; idem 1988, 168, no. 81.

EXHIBITIONS: None

1. See Pierre-Marie Auzas, "A propos de Laurent de La Hire," *La Revue du Louvre et des Musées de France* XVIII, 1 (1968): 3-6, figs. 1-5; also idem, "Les Grands 'Mays' de Notre-Dame de Paris," *Gazette des Beaux-Arts* XXXVI, 992 (1949): 177-200; also, idem, "Précisions nouvelles sur les mays de Notre-Dame de Paris," *Bulletin de la Société de l'histoire de l'art français* (1953): 40-44.

2. See Auzas 1968, 10, fig. 14; also Rosenberg and Thuillier 1988, 151-153, no. 63.

3. Rosenberg and Thuillier 1988 date the sheet "proche de 1630" (p. 168).

4. Paris 1984a, 75, no. 95; both this sheet and the Fogg drawing are reproduced on facing pages in Rosenberg and Thuillier 1985, nos. 12-13. They also appear together in idem 1988, 168, nos. 80, 81.

5. For example, the Titian composition of the *Annunciation* at San Salvatore in Venice, recorded in reverse, comparable to the orientation of the Fogg La Hyre drawing, in the print by Cornelius Cort, Hollstein V.41.23, repr. in *Immagini da Tiziano. Stampe dal sec. XVI al xec. XIX dalle collezioni del Gabinetto Nazionale delle Stampe* (Rome, 1976), 37-38, no. 26. For examples and discussion of comparable and contemporary reference to Venetian prototypes in the art of Mellin in Rome, see [24].

6. Blunt 1982, 248.

84. *A Bishop Ministering to the Sick*
Black chalk and gray wash; 267 x 200 mm (10-9/16 x 7-7/8")
Fogg Art Museum, Harvard University, The Louise Haskell Daly Fund and Friends of the Harvard University Art Museums Funds, 1984.585

Jacques Dupont suggested that this drawing, described by Chennevières as "Eveque secourant un pestiféré," is a sketch for La Hyre's May painting of 1635 at Notre-Dame in Paris, *Saint Peter Healing the Sick,*[1] a proposal repeated by Richardson. Besides the original work, an oil sketch for that painting survives at the Louvre. As noted earlier, however, in the discussion of the Princeton early Vouet drawing of this subject (see [55]), La Hyre may well have had the opportunity to refer to Vouet's unfinished version for St. Peter's in Rome, which Vouet apparently carried with him to Paris.[2] Those quite similar compositions are distinctive, however, from the present work, in which a bishop is shown ministering to the ill, apparently giving food or alms.

The composition seems more closely related to the preparatory study at University of Michigan (Figure 84a) for the painting, *Sts. Germain of Auxerre and Geneviève,* signed and dated 1630, at the Hermitage.[3] In comparison to that drawing, closer stylistically to [83], the enhanced clarity of light and monumentality of the present sheet encourage me

Figure 84a. Laurent de La Hyre, *Study for "St. Germain of Auxerre and St. Genevieve."* Ann Arbor, Michigan, The University of Michigan Museum of Art, 1970/2.86.

Figure 84b. Laurent de La Hyre, *The Presentation of the Virgin in the Temple*. London, British Museum.

to date this drawing somewhat later. In its softer and atmospheric, more Mannerist, and less sculptural definition of forms, Figure 84a might fall between between [82] and [84]. Furthermore, the Fogg drawing appears stylistically intermediate in date, on the same grounds, between [83] and a drawing at the British Museum, *The Presentation of the Virgin in the Temple* (Figure 84b), preparatory for the painting dated 1636, now at the Pushkin Museum in Moscow.[4] In these compositions, as well as the 1635 May picture and the 1637 May painting of *The Conversion of St. Paul*,[5] the artist relies on a diagonal zigzag into depth of the strongly and diagonally lit compositions.

It should be noted, however, that I do not propose a dogmatic chronology on these stylistically akin drawings of the 1630s. Rosenberg and Thuillier date this sheet to 1630, contemporary with the Ann Arbor drawing and marginally earlier than [83].[6] As they note, the Harvard drawing may reflect a more meditated formulation of a related subject than the rapidly sketched design presented in the Ann Arbor drawing, thus making the sheets close in date. Indeed, Rosenberg and Thuillier entitle the Fogg drawing, "Saint Germain faisant l'aumône," although there is no known painted composition by La Hyre of the subject. The costumes and facial types are identical to the Leningrad painting and the Ann Arbor drawing, and Rosenberg and Thuillier suggest that the Fogg drawing embodies a first compositional scheme for the commission of the Jacobins in 1636 (the Leningrad painting) subsequently rejected for the more commanding subject of St. Germain encountering St. Geneviève.

La Hyre's knowledge and response to sixteenth-century Venetian painting, alluded to in [83], deserves further study; for example, his 1637 May painting seems to reflect knowledge of Titian's *Death of St. Peter Martyr*, and architectural constructions reminiscent of Veronese are evident in [83] and this sheet.

In the drawings of this period washes are used with great sophistication along with black chalk to create luminous sharp images, at once sensuously apprehensible with dramatic diagonals enhanced by shading. His simple, architectonic compositional constructions reject the Baroque rhetoric of Vouet. It is interesting to compare this drawing and the London sheet of La Hyre's early maturity (Figure 84b) – before the enhanced classicism of the 1640s led to a greater severity of composition and colder classicist idealization of figure type – with the contemporary Italianate drawing of Mellin [25], the classicism and handling of wash in [22], and La Hyre's own work in the later 1640s, [86]. Rosenberg and Thuillier note the existence of an ancient highly finished copy of this drawing in the collection of the Bibliothèque Nationale.

NOTATIONS: (On verso of old mounting: *Eust. Le Sueur*)

WATERMARK: Two fleurettes and initials in an oblong enclosure

PROVENANCE: Bourguignon de Fabregoules, Aix-en-Provence; Charles-Joseph-Barthelemi Giraud, Aix-en-Provence; Flury-Hérard, Paris, about 1860 (Lugt 1015, numbered no. 595, the history of the previous collectors also presented here); (sale, Paris, Blaisot, May 13-15, 1861, lot no. 194); Marquis Philippe de Chennevières, Paris and Bellesme, 1820-1899 (Lugt 2073); (sale, Paris, Hôtel Drouot, April 4-7, 1900, no. 262); Louis Deglatigny, Rouen, 1854-1936 (Lugt 1768a); (sale, Paris, Hôtel Drouot, March 7, 1951); Germain Seligman, New York (his collection mark); Seiden & de Cuevas, Inc., New York

LITERATURE: Chennevières 1894-1899, XIV: 261; Toronto et al. 1972-1973, 172, no. 72 (mentioned); Richardson 1979, no. 42; Rosenberg and Thuillier 1985, no. 9; idem, 1988, 157, no. 64.

EXHIBITIONS: New York 1953, *French 17th Century Paintings and Drawings*, Jacques Seligmann & Co., 23, no. 11.

1. On the subject of the "Tableaux de mai," religious paintings dedicated to the Virgin and commissioned annually by the cathedral in honor of the month of May, and La Hyre's commissions of 1635 and 1637, see Pierre-Marie Auzas, "A propos de Laurent de La Hire," *La Revue du Louvre et des Musées de France* XVIII, 1 (1968): 3-6, figs. 1-5; also idem, "Les Grands 'Mays' de Notre-Dame de Paris," *Gazette des Beaux-Arts* XXXVI, 992 (1949): 177-200; also, idem, "Précisions nouvelles sur les mays de Notre-Dame de Paris," *Bulletin de la Société de l'histoire de l'art français* (1953): 40-44.

2. See Jean-Pierre Cuzin, "Un chef-d'oeuvre avorté de Simon Vouet: le 'Saint Pierre et les malades' commandé pour Saint Pierre de Rome," *"Il se rendit en Italie," Etudes offertes à André Chastel* (Paris, 1987), 359-370.

3. Rosenberg and Thuillier 1988, 158, no. 66.

4. Ibid., 194, nos. 130-131.

5. The two May paintings and their related oil studies/variants, are repr. in Auzas 1968, 4, 5, figs. 1-4.

6. Rosenberg and Thuillier 1988, 157, no. 64; also 158-159, nos. 65-66.

85. *The Crucified Christ as the Tree of Life with Monks and Nuns*
Black chalk and touches of pen and brown ink over pencil; 311 x 464 mm (12-1/4 x 18-1/4")
The Cleveland Museum of Art, Delia E. Holden Fund, 72.98

Chennevières's description of this drawing reflects its complex and imposing character:

Grande composition mystique. J. C. crucifié à un arbre qui pousse des branches et des feuilles; au-dessus de la tête du Christ, le Saint-Esprit; sur une forte branche, au dessous du Christ, à gauche, sont groupés des religieux, représentants de tous les ordres monastiques, tous invoquant le Seigneur, et tenant, les uns des palmes, les autres des livres; sur une branche correspondante, à droite, devaient se grouper de même des religieuses de tous les ordres; mais ce côté-là n'est qu'indiqué, de même que deux séries pareilles, qui devaient occuper des branches inférieures.

Actually the drawing appears to depict monks from the same, ostensibly Franciscan-style order; the one figure not wearing a hood is possibly a priest. The nuns, only sketched in, seem to be attired in identical habits. A single figure on the lower left plane in an elegant ruff and, notably, facing forward, may be a lay officer of the order or patron. That the drawing would illustrate monks in this admittedly unusual iconographic context would not be surprising, however, given both the tradition of the *arbor crucis,* or Tree-Cross, and La Hyre's own history of commissions from the Capuchins, an order of Friars Minor that broke away from the Franciscans in 1525.

The monks in the drawing indeed appear to be Capuchins, with characteristic long pointed hoods and beards. An austere order, they sought to live rigorously in virtual imitation of the life of St. Francis, devoting themselves to poverty, prayer, contemplation, and good deeds. Their habits were made from the poorest cloth, and even the use of sandals was discouraged. Furthermore, in imitation of Christ and St. Francis, the friars were encouraged to grow beards. Such attributes are apparent particularly in the friar to the immediate right of the trunk, with his patched and ragged habit, bare feet, and beard. The order, which devoted its public activities to charitable deeds, was quite popular in France and played a prominent role, together with the Jesuits, in halting the advance of Protestantism. St. Francis de Sales, who first invited the Capuchins into Geneva in 1572, was among their most notable advocates and cited them in his 1609 *Introduction to the Devout Life.* The nuns wear habits that correspond to the Franciscan order and may well be Capuchinesses, an autonomous order founded in 1538, also popular at this time in France.

The image of the Tree-Cross appears beginning in the twelfth century and becomes more common in the fourteenth century (e.g., the fresco of the tree with the Crucified Christ of the Order of the Franciscans at S. Croce in Florence by the School of Giotto). The tree is clearly intended to refer to the Tree of Life. The dove of the Holy Spirit hovers over Christ, and the complete composition, for which the drawing is presumably preparatory, may well have included God the Father above. Although it is not uncommon to find the twelve apostles and/or prophets who foretell the coming of Christ in the branches of the tree, the depiction of the monks and nuns of an order is quite extraordinary. It may be a reflection of the seventeenth-century pietistic mysticism which in spiritual exercises and devotions encouraged the believer to identify with the suffering of Christ. The Jesuit Louis Richeome, whose works deeply influenced St. Francis de Sales, for example, wrote in his popular *Pilgrim of Loreto,* "Contemplation is more than meditation, and as it groweth and springeth upon it many tymes, as the braunch doth upon the body of the tree, or the flowre upon the branch."[1] These spiritual guides urged the devotee to contemplate the mysteries precisely by imagining oneself as present at the event, thereby evoking feelings that can through grace provide understanding.[2]

The drawing provides a fascinating comparison with [12], Callot's *The Holy Trinity in the Tree of Life, Adored by Franciscans,* a work of about ten years earlier. That image (drawing and subsequent print) may well have been designed for or on special commission from the Third Order of St. Francis, and the present sheet may have been created in a similar specific context. The history of La Hyre's association with the Capuchin order is extensive. The artist, who, as Guillet de Saint-Georges noted, lived in the Marais du

Temple, executed several commissions for the church of that order. His first major public commissions and successes–a painting in the Louvre of *Nicolas V Before the Body of St. Francis of Assisi,*[3] a signed and dated work of 1630, and a now-lost *Martyrdom of St. Bartholemew*–were executed for the convent of the Capuchins in the Marais. Subsequent commissions for the order included an *Assumption* for the main altar of the church of the Capuchins de la rue Saint-Honoré now in Arras, probably the fine *Adoration of the Shepherds* at the Musée des Beaux-Arts in Rouen (both of 1635), a *Nativity* for the Capuchins at Valognes, and a *Crucifixion* for the Capuchins at Fécamp. Indeed, major commissions from the order continued virtually until the artist's death, the fine *Descent from the Cross* of 1655 being executed for the Capuchin Order in Rouen.[4]

The drawing at The Cleveland Museum of Art has been dated to about 1635-1640, which seems confirmed by comparison with the black chalk preparatory study at Windsor Castle for the Rouen *Adoration of the Shepherds* of 1635.[5] In the Windsor Castle drawing we find a comparable use of chalk softly shading forms in parallel strokes, drapery defined in the same broad folds (quite differently from his works of the later 1640s and beyond), and figure drawing distinctive from the softer, more atmospheric early works or the more porcelain-smooth surfaces of his later drawings. The essential features are defined in a few accented strokes (compare, for example, the hooded shepherd at the far left of the Windsor drawing with the figures in the Cleveland example). On the other hand, the severe symmetry and careful perspectival ordering of the composition suggest a slightly later dating. Rosenberg and Thuillier recently have dated the drawing more specifically to 1639, comparing the figure of Christ with that of La Hyre's etched Crucifixion of 1639. Indeed, the figures are strikingly alike.[6] They also have suggested that if not for an unrecorded major decorative project for the Capuchin order, perhaps for a refrectory, the drawing may be preparatory for a print or a book illustration.

In the present drawing we find the same balance of naturalistic detail and sensuous apprehensibility with architectonic, simple compositional structure typical of La Hyre's works of the mid-1630s to early 1640s prior to the enhanced classicism, severe composition, and colder classicistic idealization of figure types characteristic of his mature Atticism of the 1640s.

NOTATIONS: None

WATERMARK: A coat of arms with a crown

PROVENANCE: Marquis Philippe de Chennevières, Paris and Bellesme, 1820-1899 (Lugt 2073); (sale, Paris, Hôtel Drouot, April 4-7, 1900, no. 261); (sale, Hôtel Drouot, Paris, February 23, 1972, no. 27); (Zeiferheld and Co., New York)

LITERATURE: Chennevières 1894-1899, XIV: 261; Rosenberg and Thuillier 1988, 198, 212, no. 157.

EXHIBITIONS: Cleveland 1973, *The Year in Review for 1972,* The Cleveland Museum of Art, cat. *The Bulletin of The Cleveland Museum of Art* LX (1973): 76, 111, no. 193.

1. First published in Paris in 1604, and subsequently republished in multiple editions, including one in English in Paris in 1629. The quotation from the English edition is cited from Louis L. Martz, *The Poetry of Meditation* (New Haven and London, 1962), 17.

2. For fascinating discussions of these practices in general conduct and their influence on contemporary literature, see Martz, 1962, esp. 1-96. Also, specifically in the French context and more generally in time frame, Henri Brémond, *A Literary History of Religious Thought in France,* trans. K. L. Montgomery, 3 vols. (London, 1928-1936). Also, a work that includes excerpts from contemporary writings, as well as those of St. Francis de Sales: Massimo Marcocchi, *La Spiritualità tra giansenismo e quietismo nella Francia del Seicento* (Rome, 1983).

3. See Pierre-Marie Auzas, "A propos de Laurent de La Hire," *La Revue du Louvre et des Musées de France* XVIII, 1 (1968): 10, fig. 14.

4. For the two paintings in Rouen, see Rosenberg 1966, 68-71, nos. 53, 55; also, Jacques Thuillier in Rouen 1984a, 94-96, no. 12.

5. Repr. in Rosenberg and Thuillier 1985, no. 14.

6. Rosenberg and Thuillier 1988, 212, no. 157; *Crucifixion* repr. 211, no. 156.

---

86. *The Presentation in the Temple*
Black chalk and gray wash, 447 x 291 mm (17-9/16 x 11-7/16")
National Gallery of Art, Julius S. Held Collection, Ailsa Mellon Bruce Fund, 1984.3.14

This sober and monumental study, preparatory for a commission of 1648, is characteristic of the mature Atticism of La Hyre's works of the 1640s, works that Rosenberg characterizes as embodying "stillness and grandeur." Atticism expresses the aesthetic concerns of the group of artists who between about 1640 and 1660 articulated a general stylistic sensibility reflecting the influence of Poussin and "classicism" on the evolving Baroque style in France, a synthetic ideal described by Thuillier as one of elegance and clarity echoing the most refined aesthetics of antique art. Besides La Hyre, practitioners included Stella, Bourdon, and Le Sueur.

A comparison with [84] and figure 84a testifies to the change in La Hyre's style in the years following Poussin's visit to Paris (1640-1642) from the relatively painterly and atmospheric style of the 1630s. This difference is strikingly confirmed when the composition is compared with La Hyre's 1634 *Presentation.*[1] The Washington drawing demonstrates how differently and more linearly and specifically, less broadly and optically, he articulated drapery and how much more ideally, sculpturally, and classicistically he then portrayed figures. Abjuring the more dramatic lighting, greater emotional intensity, and Mannerist elongation of limbs and associated media of black and white chalk of his early work, La Hyre seeks a cooler, more severe compositional harmony and classical paradigm. Similarly the grand, antique Roman architectural setting, before which the protagonists are carefully set, is meticulously defined in foreshortened perspective. An even larger and somewhat more firmly and awkwardly drawn version–an ancient copy–

of the same composition, with minor variations from the Washington drawing, much more fastidiously detailed (suffering from abrasion), survives at the Louvre.[2] That version studiously copies the painted composition by the artist in ruinous condition at the parish church of Châteaurenard, recently identified and published by Rosenberg and Thuillier. The painting is signed and dated 1648.[3]

Both works testify to the interest of the artist in his later years in geometrical perspective, a concern confirmed by La Hyre's role as chief supporter and advocate of the engraver Abraham Bosse as first instructor of perspective for the Académie Royale in May 1648. Bosse's multiple publications on mathematical perspective, dating from the 1640s to the late 1660s, arguing perspective as a mathematical standard by which the visual characteristics of a composition should be determined, was, as Martin Kemp has noted, distinct from the more ambiguous role of intuitive sense in Leonardo's treatise on painting. That treatise was known in France in abridgements and manuscript forms earlier in the century (indeed, Cassiano Pozzo gave Chantelou such a copy when the latter came to escort Poussin to France in 1640) and in the published, translated text of 1651 of Roland Fréart Sieur de Chambray, Chantelou's brother, illustrated by engravings after Poussin. Poussin, however, was hardly an admirer of the Leonardo treatise. Bosse's works were also distinctive from the more than a dozen other treatises published in France in this period that treated perspective essentially as a preliminary study for artists.[4] It is also noteworthy that perspective illusion was an interest of Richelieu, who, as Elizabeth Milroy notes in the 1979 Held collection catalogue, commissioned his residence Revil to be decorated with both landscape and architectural perspectives in the later 1630s.[5]

Milroy has commented on the supposed relationship between the ex-Held drawing and the oil sketch in the Held collection, which was thought to be a modello for a lost or unexecuted altarpiece. Actually the Held modello appears to be an independent composition, situated before a temple, outdoors, dating to about 1648-1653(?).[6] As noted in [84] and [87], it was not uncommon for La

Figure 86a. Laurent de La Hyre, *Cephalus Receiving the Spear and Hound from Procris*. New York, Metropolitan Museum of Art. Fletcher Fund, 1972. (1972.224.4)

Hyre to prepare highly finished drawings and oil modelli for important commissions.[7] Noteworthy among them are the highly finished black chalk and gray wash studies for the suite of tapestries on the life of St. Stephen, executed about 1645-1650, seventeen drawings as well as six preparatory studies or variants of which are preserved at the Louvre and other museums.[8] Several are remarkably similar in drawing execution, Atticist style, and architectural, perspectival concerns to the present sheet, and Rosenberg and Thuillier tentatively date those drawings to 1646/47.[9] The drawing style and compositional structure of the Washington drawing are also closely analogous to the drawing at the Ashmolean Museum, Oxford, of *Cornelia, the Mother of the Graci, Refusing the Crown of Ptolomy,* for the painting in Budapest dated 1646.[10] Another outstanding American-owned drawing dating to the mid- to later 1640s is La Hyre's *Cephalus Receiving the Spear and Hound from Procis* (Figure 86a), a design for a cartoon for a suite of six tapestries, datable to 1644.[11]

Sometimes the differences between these advanced compositional studies and the surviving paintings are notable, as in the Chicago *Mercury and Herse* for the 1649 painting at Epinal.[12]

NOTATIONS: On recto, center base, inscribed in black chalk (by artist?): -- *[pour?] Raison;* recto, lower right corner in pen and brown ink: *La Hire;* on verso, lower right in pen and brown ink: *Damery/1757;* on verso, center, in pen and brown ink: *Charlottegarrault* [or --genault]

WATERMARK: None

PROVENANCE: Unidentified collection mark (PB with crown, stamped in reddish-brown ink); Chevalier de Damery, Paris, about 1803? (Lugt 2862); J. B. de Graaf, Amsterdam, 1742-1804 (Lugt 1120, on old mount); Count J. P. van Suchtelen, St. Petersburg, 1751-1836 (Lugt 2332); (sale, Vienna, Dorotheum, June 2, 1964, lot no. 270); Mr. and Mrs. Julius S. Held, Williamstown (his collection mark, *H, J,* and *S* in monogram, in black ink, on verso); inscriptions on the old mount also refer to Damery, Van Suchtelen, and J. B. Glowry

LITERATURE: Toronto et al. 1972-1973, 172, no. 72 (mentioned); Rosenberg and Thuillier 1985, no. 44; idem 1988, 278, no. 242.

EXHIBITIONS: Binghamton, N.Y., et al. 1970, *Selections from the Drawing Collection of Mr. and Mrs. Julius S. Held,* University Art Gallery (State University of New York at Binghamton), Williams College Museum of Art, The Museum of Fine Arts, Ackland Memorial Art Center, Art Gallery, University of Notre Dame, Allen Memorial Art Museum, Vassar College Art Gallery, 18, no. 62; Hartford et al. 1973-1974, *One Hundred Master Drawings from New England Private Collections,* Wadsworth Atheneum, Hopkins Center Art Galleries (Dartmouth College), Museum of Fine Arts, Boston, cat. by Franklin W. Robinson, 48-49, no. 17; Burlington, Vt., et al. 1979, *Master Drawings from the Collection of Ingrid and Julius S. Held,* The Robert Hull Fleming Museum, The Sterling and Francine Clark Art Institute, The Dartmouth College Collections, Bowdoin College Museum of Art, The Art Gallery of Ontario, The John and Mable Ringling Museum of Art, cat. by Laura Giles, Elizabeth Milroy, and Gwendolyn Owens, 28-29, no. 16.

1. Rosenberg and Thuillier 1988, 182-183, no. 113.

2. 503 x 316 mm, repr. facing this drawing in Rosenberg and Thuillier 1985, no. 45; also see idem 1988, 278-279, no. 243c, where the Louvre drawing is described as a copy.

3. Rosenberg and Thuillier 1988, 279, no. 243.

4. On the disputes at midcentury regarding perspective, the authority of Leonardo's treatise and Bosse, see Martin Kemp, " 'A Chaos of Intelligence': Leonardo's 'Traité' and the Perspective Wars in the Académie Royale," *"Il se rendit en Italie": Etudes offertes à André Chastel* (Paris, 1987), 415-426.

5. Burlington, Vt., et. al. 1979, 29.

6. The Held modello is published with this tentative dating in Rosenberg and Thuillier 1988, 307, no. 271.

7. See Pierre-Marie Auzas, "A propos de Laurent de La Hire," *La Revue du Louvre et des Musées de France* XVIII, 1 (1968): 3-12, and specifically regarding the two May paintings of 1635 and 1637, figs. 1-5.

8. See Paris 1984a, 76-77, nos. 96-97. For a complete discussion and presentation, see Rosenberg and Thuillier 1988, 250-265, nos. 206-228.

9. See esp. Jean Guiffrey and Pierre Marcel, *Inventaire général des Dessins du Musée du Louvre et du Musée de Versailles. Ecole française,* VII (Paris, 1912), 84-87, nos. 5573, 5575, 5576, 5577, 5578, 5580, 5581; Paris 1984a, 76, no. 96; also Rosenberg and Thuillier 1985, nos. 36a, 36b, 38, 39, 40, 41. On the dating of the drawing presented by idem 1988, see 253-254.

10. Repr. Rosenberg and Thuillier 1985, no. 33; both are reproduced and discussed in idem 1988, 266-267, nos. 229-230.

11. See Bean 1986, 150, no. 149. See Rosenberg and Thuillier 1988, 240-241, for discussion of dating of the series, and 242-243, nos. 200-206.

12. See Toronto et al. 1972-1973, 134, 172, no. 72, pl. 28. The Epinal painting is also reproduced with commentary on La Hyre's late style in Pierre Rosenberg and Jacques Thuillier, "*The Finding of Moses* by La Hyre," *Bulletin of The Detroit Institute of Arts* XLIX, 2 (1970): 27-31, esp. 30. See also idem 1988, 290-291, nos. 253, 254.

87. *Rhetoric*
Black chalk, 235 x 270 mm (9-3/16 x 10-5/8″)
Fogg Art Museum, Harvard University,
The Louise Haskell Daly Fund and Friends of the Harvard University Art Museums Funds, 1984.586

This lovely and problematic drawing, wrongly described in the Seligman collection as *Dialectics*, is related to a commission datable to 1649/50—a painted series illustrating the liberal arts. The complex history of this series was discussed by Rosenberg in relation to *Allegory of Music* at the Metropolitan Museum and has been newly clarified by Rosenberg and Thuillier in their recent monograph.[1] Essentially, as Rosenberg among others has observed, diverse series on the subject of the liberal arts are referred to by three early sources. In a biography of his father by Philippe de La Hyre, that author mentions a suite of seven paintings representing the liberal arts.[2] Guillet de Saint-Georges confirms this description in his *Mémoires inédits*. Another series is mentioned by Dézallier d'Argenville, who describes such a set illustrating the seven liberal arts in Rouen.[3] In their just-published monumental monograph on the artist, Rosenberg and Thuillier have proposed a well-reasoned clarification, based on these sources and other documentation of sales. Apparently only one complete, conceptualized series existed, that commissioned by Gédeon Tallement, maître des requêtes, whose Paris hôtel was in the Marais du Temple. Signed and dated copies of individual works from the cycle, but not a complete other set, were also created.[4]

The classic canon of the seven liberal arts consists of the trivium (grammar, rhetoric, and logic) and the quadrivium (arithmetic, geometry, astronomy, and music). Ten paintings survive, previously thought related to both series, three now classified by Rosenberg and Thuillier as copies.[5] They are, as itemized by Rosenberg and Thuillier: *Music* of 1649 (formerly the inscription misread as 1648) at the Metropolitan Museum (which originally included two putti with instruments, now at Dijon); *Astronomy*, 1649, Musée des Beaux-Arts d'Orléans; *Geometry*, 1649, French private collection (a second *Geometry*, a copy dated 1649, Museum of Art, Toledo); *Rhetoric*, 1650, Bürgenstock Castle, Switzerland (to which the present drawing is related);[6] *Dialectic* (or Logic), 1650, Bürgenstock Castle, Switzerland; *Grammar*, 1650, National Gallery, London; (a second *Grammar*, a copy dated 1650, Walters Art Gallery, Baltimore); *Arithmetic* (wrongly previously identified as architecture, although architecture is not a liberal art), 1650, in the Hannema Collection, Heino, the Netherlands (a second, variant *Arithmetic*, a copy, Walters Art Gallery, Baltimore).

This itemization of the paintings and quite plausible reconstruction of the circumstances of the original commission by Rosenberg and Thuillier are directly related to the function, status, and attribution of the present drawing. This division resolves the dilemma confronting Rosenberg in his 1982 catalogue when he suggested two sets of paintings, the later Rouen series, datable to 1650. At that time, he proposed, based on the relatively inferior quality of the replicas, that they belonged to the second series, at least several canvases of which were executed not by Laurent de La Hyre, but by Louis de La Hyre (1629–1653), his younger brother. One signed and dated painting by Louis is known, a *Madonna and Child with Saints* (1651) at the Musée des Beaux-Arts in Rouen. The style of that picture, differing from Laurent in its greater hardness and stiffness of execution,[7] seemed analogous to him to the handling of the Baltimore and Toledo paintings,[8] lacking the refined elegance and poetic atmosphere of the *Allegory of Music* and the London picture.[9] The issue of attribution of these copies, however, is obscured by the dearth of surviving works by Louis and the breadth of production by other members of the family as well as the studio itself, recently studied by Rosenberg and Thuillier.[10]

In 1988 Rosenberg and Thuillier classified these works simply as copies. What does this scenario suggest regarding the Fogg drawing? In his mention of the sheet in 1972, Rosenberg had inserted a caution. In their new monograph, Rosenberg and Thuillier firmly

reject the attribution of the Fogg drawing to La Hyre, going so far as to state that despite its "bonne qualité," it is an exacting copy of the Bürgenstock painting, and "est entièrement différent de celui de La Hyre." The Fogg drawing is indeed noteworthy in its extraordinarily detailed, almost fastidious execution. This sort of highly finished handling is also evident in the Louvre variant of [86] now also classified by Rosenberg and Thuillier as a copy[11] (see comments in that entry).

Also noteworthy is that the drawing virtually exactly repeats, with only very slight variations in details, the composition of the Bürgenstock painting. Yet the quality and authority of the draftsmanship and the subtle handling of shading in the drawing argue against its preemptory dismissal as a work by Laurent de La Hyre. It is included here in the hope that its juxtaposition with other secure works by the artist may settle the issue. As Laurent was commissioned to execute a series, working, as Rosenberg has observed, apparently in close collaboration with his brother between about 1648 and 1653 and with an active studio, the drawing may have served as a careful *ricordo* of the first composition, since we know that copies of various works were made.

The depiction of *Rhetoric* in the Fogg drawing and in the Swiss painting is a conflation of the two descriptions of the proper attributes of the figure as presented by Cesare Ripa.[12] There the figure is described as a lovely woman, richly attired, her head nobly adorned, pleasant, with (uniquely according to the second description) her right hand open and her left hand, holding a book, symbolizing prolonged study. The artist has added the attribute of the caduceus in her left hand altering the scepter, which symbolizes Rhetoric's dominion over all spirits, by adding snakes. Elsewhere in Ripa the caduceus is associated with wisdom (as in *felicitas publica*) and appears in Ripa's description of Sicily—where the art of oratory originated—as symbolizing: "la facondia che [i Siciliani] hanno nel parlare, & che con la forza del loro ingegno, fossero inventori del l'arte oratoria. . . . "[13] Thus it complements the symbolism of the book.

NOTATIONS: (The words *ORNATUS PERSUASIO* on the hem of the robe of the figure)

WATERMARK: Mounted down

PROVENANCE: Jules Dupan, Geneva, first half 19th century (Lugt 1440); (his sale, Paris, March 26, 1840, p. 116, no. 1438); Germain Seligman, New York; Seiden & de Cuevas, Inc., New York

LITERATURE: Benedict Nicolson (editorial) "New National Gallery Acquisitions," *Burlington Magazine* CV, 724 (1963): 295 n. 3; Toronto et al. 1972-1973, 172, no. 72 (mentioned); Richardson 1979, no. 45; Rosenberg and Thuillier 1988, 301, no. 263c.

EXHIBITIONS: None

1. Paris et al. 1982, 250-251, no. 33; Rosenberg and Thuillier, 1988, 292-302, nos. 255-263.

2. Repeated in the biography in Mariette 1853-1859, III: 42-51. The description reads: *Il y a aussi, dans le Marais du Temple, dans une maison qui appartenoit autrefois à M. Tallement, maistre des requestes, sept tableaux représentant les sept ars libéraux qui font l'ornement d'une chambre; les figures ne sont pas entières; elles sont grandes comme nature, et ces tableaux sont ornés d'architecture et accompagnés d'enfants* (48-49).

3. A.-J. Dézallier d'Argenville 1762, IV: 66.

4. Rosenberg and Thuillier 1988, 292-294.

5. For their complete discussion and reproductions of the paintings, including "copies," see ibid., 292-302, nos. 255-263.

6. See also, W. Hügelshofer, *Le Bürgenstock* (Geneva, 1967), 136-137.

7. See Rosenberg 1966, 73, no. 59.

8. See Paris et al. 1982, 353-354, nos. 10, 6; Rosenberg and Thuillier 1988, 295, 298, 300, nos. 256c, 260c, 261c.

9. Repr. in Pierre-Marie Auzas, "A propos de Laurent de La Hire," *La Revue du Louvre et des Musées de France* XVIII, 1 (1968): 12, fig. 18; Rosenberg and Thuillier 1988, 299-300, no. 261.

10. For an invaluable discussion and reproductions of works by or attributed to the various members of the La Hyre family, including Louis, and of works by La Hyre's apprentices, see Rosenberg and Thuillier 1988, 59-71.

11. See ibid., 278-279, no. 243c.

12. Cesare Ripa, *Iconologia* (Rome, 1603), 433. The author specifically states: "portando nel lembo della veste scritte queste parole: *ornatus persuasio* . . . Le parole, ornatus & persuasio, insegnanon l'offitio del Rettorico, ch'è d'instruire altrui a parlare convenientemente per persuadere."

13. Ibid., 154, 288.

Jean Cotelle the Elder

MEAUX 1607-PARIS 1676

88. *Design for the Decoration of a Ceiling*
Pen and brown ink, gray and dark gray wash, over traces of black chalk, with touches of red chalk, 355 x 257 mm (14 x 10-1/8")
National Gallery of Canada, 4,442

Of Jean Cotelle the Elder, Félibien succinctly noted, "Il estoit pratique & intelligent pour les ornemens."[1] Félibien also informs us that Cotelle received his initial training as a student of Laurent Guyot, and he worked extensively at the Tuilleries before his death in 1676. We know that Guyot was appointed peintre du roi pour les tapisseries in 1610, and that Cotelle's first employment was as a designer at the royal tapestry factory of Gobelins. He also was a pupil and assistant to Simon Vouet.

After 1633 Cotelle was active as a painter. His fame rests as a ceiling designer; he painted ceilings with mythological subjects at the Hôtel de Rohan, the Tuilleries, the Louvre, and Fontainebleau, being appointed peintre de roi in 1650 and entering the Académie Royale the following year. About 1669 he completed the decoration of the Château de Plessis-Belville (begun by Charles Le Brun) with the assistance of Nicolas Loir. Twenty-two of Cotelle's ceiling designs are reproduced in *Livre De divers Ornemens pour Plafonds, Cintres Surbaissez, Galleries et autres. De l'Invention de Jean Cotelle, Peintre ordinaire du Roy*, published about 1660 and dedicated to Anne de Rohan, princesse de Gueméné, and Cotelle's first patron. The engravings were executed by Jean Boulanger and François Poilly.

The Ottawa drawing derives from an album of architectural studies and ornamental designs formerly in the collection of Pier Leone Ghezzi, the celebrated Roman eighteenth-century caricaturist. Several drawings from that album, executed by Ghezzi and Ludovico Sassi after their own designs and those of Pietro da Cortona, formerly in the Blunt collection, are discussed

and reproduced in a 1941 exhibition publication of the Courtauld Institute.[2] The album was a compendium, evidently only partly executed by Ghezzi. As Popham first observed, a portfolio of drawings by Cotelle – eight of which are signed and fifteen of which correspond to the *Livre De diverse Ornemens,* in the collection of the Ashmolean Museum at Oxford (probably assembled in the studio of Inigo Jones and formerly in the collection of the architect James Gibbs), chiefly ceiling designs – is clearly by the same hand as the present drawing. Four different dates appear among the Ashmolean drawings, ranging from 1639 to 1654.

According to Karl Parker, one of the sheets in the Ashmolean album, no. 66, bears the same monogram as that on the Ottawa drawing ceiling design (CAV), but with a different coronet.[3] However, the monogram design of that drawing, recently reproduced by Peter Thornton, is not identical. Thornton has associated the monogram that appears in the Ashmolean portfolio, which in reality differs slightly both in the articulation of letters and foliate ornament, with Cotelle's first patron, Anne de Rohan, suggesting that the Ashmolean sheet is a proposal for the Hôtel de Rohan in Paris, executed in the 1630s. He reproduces the Oxford drawing and another sheet bearing the same monogram – both sheets also differing slightly from the Ottawa drawing in their coronets – together with a color reproduction of another Cotelle drawing, executed in pen and ink and watercolor, from the Ashmolean album.[4]

Comparison, however, does confirm the authority of the attribution of the Ottawa sheet to Cotelle. Mary Cazort Taylor has identified the monogram as referring to César, duc de Vendôme, and Alexandre, grand prior of France.[5] The two brothers, she notes, inhabited the old Hôtel de Vendôme. She suggested that the coronet might be that of César. In 1685 Louis XIV purchased the site from the current duke, then bankrupt, and in 1698, the hôtel razed, a revised plan for a square by Mansart was begun, resulting in

the celebrated Place Vendôme. We do not know if the ceiling design was specifically intended for or executed in the old hôtel. The ornamental designs and figures of putti are quite similar to those in two drawings in the collection of the Kunstbibliothek Berlin.[6] Several motifs of the Ottawa drawing are repeated in a further drawing at the Louvre, a project for the decoration of a ceiling for the Tuilleries (inv. 1772 RF).[7] Thornton dates the previously mentioned pen-and-watercolor drawing from the Ashmolean album, to which the Ottawa and Berlin drawings appear quite closely related in designs and tightness of execution,[8] to the 1640s. The drawing compares strikingly in its geometric motifs and tight execution with the decoration projects of about that date by Vuibert [77] and Dorigny [99], further documenting the taste in decoration patterns at midcentury.

NOTATIONS: The drawing, which has been cut vertically into two sheets and rejoined at center, is attached to a sheet of hand laid paper from an album and numbered *76,* in pen and brown ink, in the upper right corner

WATERMARK: Mounted down

PROVENANCE: Pier Leone Ghezzi, Rome (from an album collected and partly drawn by Ghezzi in Rome about the middle of the 18th century, including other decorative patterns and architectural sketches, several of which are now at the Courtauld Institute, formerly in the collection of Anthony Blunt, the album sheets numbered by Ghezzi); (H. Burg, London, 1938)

LITERATURE: Popham and Fenwick 1965, 147-148, no. 209; Eckhart Berckenhagen, *Die Französischen Zeichnungen der Kunstbibliothek Berlin* (Berlin, 1970), 79, 80, nos. Hdz. 3211, Hdz. 2657 (mentioned); *100 of the Finest Drawings from Polish Collections* (London, 1980), no. 22 (mentioned).

EXHIBITIONS: Regina 1968, *The French as Seen Through Their Art,* Norman MacKenzie Gallery, 10 (and cover); London 1969, *European Drawings from the National Gallery of Canada,* P. & D. Colnaghi, 27, 63, no. 42, pl. 42; Paris 1969-1970, 48-49, no. 41.

1. Félibien 1666-1688, V : 286.

2. *Exhibition of Architectural and Decorative Drawings* (London, 1941), nos. 6, 17-22, 24, 29, 40; see p. 10, pl. 1.

3. See K. T. Parker, *Catalogue of the Drawings in the Ashmolean Museum,* I (Oxford, 1938), 185-206, no. 395 [1-127], for an example of a ceiling design from the album, pl. LXX.

4. See Peter Thornton, *Seventeenth-Century Interior Decoration in England, France and Holland* (New Haven and London, 1978), 38, fig. 44, also 405 n. 44, see also 72, fig. 78, and pl. VI (opp. p. 120).

5. Mary Cazort Taylor in Paris 1969-1970.

6. Repr. in Berckenhagen 1970, 79, 80, nos. Hdz. 3211, Hdz 2657.

7. Repr. in Jean Guiffrey and Pierre Marcel, *Inventaire général des Dessins du Musée du Louvre et du Musée de Versailles. Ecole française,* IV (Paris, 1909), 8-9, no. 2727.

8. See Thornton 1978, pl. VI [opp. p. 120].

Jean Daret

BRUSSELS 1613 OR 1615 - AIX-EN-PROVENCE 1668

89. *Study for Christ as Mediator*
Graphite, 173 x 173 mm (6-13/16 x 6-13/16")
Metropolitan Museum of Art, Gift of Jean-Pierre Selz and Seiferheld and Company, 1967, 67.39

In the 1978 exhibition at the Musée des Beaux-Arts, Palais Longchamp in Marseille, devoted to seventeenth-century artists of Provence, Rosenberg reproduced for the first time twenty-four designs by Jean Daret, selected from French public and private collections. He listed in the introductory notes to those entries[1] other drawings known by the artist, thus providing an essential reference point for the attribution of further sheets. In the same catalogue Rosenberg provided an invaluable summary of the previous bibliography and present state of knowledge of the artist and his surviving works.[2] Chennevières, an important early source on Daret, claimed to have owned more than twenty drawings by the artist, fifteen of which were also reproduced by Rosenberg.[3] Although several of the sheets among those assembled in Marseille can be associated with specific projects ranging in date from 1642 to 1667, reflecting an artist whose graphic style changed little over the years, many others remain without association with known projects and commissions. To this latter group both of the drawings at the Metropolitan Museum (Figure 89a) can be added. The Metropolitan Daret drawings are the only ones thus far identified in North American collections.

Although most of Daret's production consisted of religious compositions, the artist also executed mythological and bucolic themes both in paintings and drawings, as well as portraiture.[4] Even in designing sensual mythological themes, however, Daret's draftsmanship reflects a meticulous and nervous contour line and close parallel hatching or, complementarily, clean, narrow,

Figure 89a. Jean Daret, *The Risen Christ between the Virgin and St. Joseph, Appearing to St. Peter and Other Apostles*. New York, Metropolitan Museum of Art. Rogers Fund, 1961. (61.136.3)

carefully defined planes of wash, reminiscent of the work of his fellow Brussels-born colleague, Philippe de Champaigne [79-80].

Daret received his initial training with van Obstal in Brussels, but traveled to Italy, probably to Rome, as the influences of Domenichino and Reni on his later compositions in Aix have long been recognized. An early portrait[5] suggests a parallel development and possible familiarity with the works of Le Sueur, Blanchard, and Bourdon (as Rosenberg has observed), as well as knowledge of Guercino (as Sterling has suggested), and an exposure to the followers of Caravaggio. Chennevières, noting the influences of the Bolognese styles of Domenichino and Reni, states that Daret "s'était pénétré de leur souffle et de leur lumière."[6] By 1637, probably earlier, Daret was settled in Aix, where he remained and established a large and profitable studio. Following a visit by Louis XIV to Aix in 1660, Daret visited Paris, where the artist's brother, Pierre Daret, was an active engraver (producing in his career over six hundred prints!). As Rosenberg explains, Daret probably became a member of the Académie Royale while working on decorative commissions in Paris. He remained in Paris into 1663 and possibly through 1664, before returning to Aix with the position "peintre du roi et de son Académie Royale."

The present drawing is very similar in handling of contour lines and hatching to a red chalk drawing recently acquired by the Louvre (Figure 89b),[7] probably of the figure of Simon of Cyrene, as suggested by Dominique Cordellier. While, as in the Louvre drawing, the sheet retains those qualities we noted in common with the drawing style of Champaigne, the typically careful and closely drawn, slightly tentative and soft, fragile, almost tender strokes of chalk nonetheless assert a figure of sculptural roundness and volume. The artist's evident concern with foreshortening and poses is reflected by the repeated studies in the Louvre drawing. The artist has made slight alterations in the poses of the hands and the angle of the face in the Metropolitan drawing. According to an early biographer, Pierre-Joseph de Haitze,[8] Giovanni-Francesco Romanelli knew and admired Daret's work in which "perspective is so well and so accurately observed." In his biography of Daret, Chennevières-Pointel speaks of a ruined *Transfiguration* fresco after Raphael's, for the priors of the Confraternity of Corpus Domini. It is tempting to associate the present drawing with that project or another of the same theme (as the drawing is described by Chennevières in April 1895 as "pour un Sauveur assis sur des nues"),[9] although the pose is different from Christ's in Raphael's work, the figure seated on a bank of clouds rather than standing, turned to gaze to the right rather than frontally upward.

FIGURE 89b. Jean Daret, *Study of Kneeling Male (Simon of Cyrene?)*. Paris, Louvre.

NOTATIONS: None

WATERMARK: Mounted down

PROVENANCE: (According to Philippe de Chennevières, "De la collection [J.-F.] Portes d'Aix"); Marquis Philippe de Chennevières, Paris and Bellesme, 1822-1899 (Lugt 2073); (his sale, Paris, Hôtel Drouot, April 4-7, 1900, part of lot no. 99); (Jean-Pierre Selz and Seiferheld and Company, Paris)

LITERATURE: Chennevières 1894-1899, IV: 21; idem, VI: 264; *The Metropolitan Museum of Art, Annual Report of the Trustees, 1966-1967* (New York, 1967), 59; Pierre Rosenberg, in *La peinture en Provence au XVIIe siècle* (Marseille, 1978), 43; Bean 1986, 85, no. 87.

EXHIBITIONS: None

1. Rosenberg in Marseille 1978, 42-53, nos. 59 to 81 bis.

2. Ibid., 34-36.

3. Ph. de Chennevières-Pointel, *Recherches sur la vie et les ouvrages de quelques peintres provinciaux de l'ancienne France*, 4 vols. (Paris, 1847-1862), I: 43-83.

4. For paintings, see Rosenberg in Marseille 1978, 39, nos. 49 *(Allegory of Spring)* and 51 *(Diana and Callisto)*; for drawings, see ex-Baderou collection in Rouen, Musée des Beaux-Arts; and the two studies of *Venus and Adonis*, in Foissy-Aufrère 1984, 47-48, nos. 50-51.

5. *Self-Portrait*(?), signed and dated 1636, at the Hermitage, repr. in Rosenberg in Marseille 1978, 36, no. 44.

6. Chennevières-Pointel 1847-1862, I: 44.

7. See Rosenberg in Marseille 1978, 51, no. 77, then in the art market in Aix; also Paris 1984a, 87, no. 111.

8. Pierre-Joseph de Haitze, *Les Curiosités les plus remarquables de la ville d'Aix* (Aix-en-Provence, 1679), quoted by Chennevières-Pointel in 1847-1862, I: 57, also in Paris et al. 1982, 241.

9. Chennevières-Pointel 1847-1862, I: 59, quote in Chennevières 1894-1899, VI: 264.

Thomas Blanchet

PARIS 1614 - LYON 1689

90. *Half Figure of a Woman Holding a Pair of Shears*
Red chalk heightened with white chalk on brown paper, 270 x 160 mm (10-11/16 x 6-5/16") overall; an irregular vertical strip cut to conform to the sleeve of the figure has been added on the left, measuring approximately 30 mm (1-1/8")
Metropolitan Museum of Art, Rogers Fund, 1965, 65.159

Thomas Blanchet, known as the "Le Brun of Lyon," actually was born in Paris, establishing himself in Lyon permanently only two years after his return to France in 1653 from a sojourn in Italy. Nonetheless, it was in Lyon that he achieved his success, remaining the leading painter there until his death. Blanchet received his initial training as a sculptor in the studio of Jacques Sarrazin (see [63, 64]), who advised him to turn to painting and architectural design, because of the artist's "foiblesse de son tempérament," according to Dézallier d'Argenville. While in Rome, Blanchet painted perspectives and architectural designs, associating with the Bolognese sculptor Alessandro Algardi, as well as with Poussin and Sacchi. According to Sandrart, Blanchet was introduced to grand decorative cycles by Sacchi, whose decoration of the vault of San Luigi dei francesi was executed in 1653, just before Blanchet's departure. Blanchet clearly was influenced by the art of the Bolognese school, notably Annibale Car-

racci's work at the Palazzo Farnese, as well as by Sacchi's and Pietro da Cortona's work at the Palazzo Barberini. Da Cortona's great decorative scheme served as a basis for Blanchet's decoration of the Salle de la Nomination at the Hôtel de Ville in Lyon, and the drawing style of da Cortona's studio influenced Blanchet's pen-and-ink drawing method. His vision of Michelangelo's ceiling painting was one filtered through Bolognese and da Cortona-esque seventeenth-century eyes.

Blanchet's Roman experience thus complemented his natural orientation and early training in sculpture and an emphasis on three-dimensional, plastic values in painting. He settled in his adopted city in 1655, collaborating with the official painter of the city, Germain Panthot, who had succeeded Horace Le Blanc in 1637, and who worked primarily in a miniaturist vein and as a portraitist. (Blanchet ultimately succeeded Panthot to that post in 1675.) Between 1655 and 1672, Blanchet worked on the extensive series of projects encompassed by the decoration of the Hôtel de Ville, his works tragically destroyed in great part by a fire in 1674. He also worked for various churches in Lyon and executed other public and private commissions. In 1676, in collaboration with Antoine Coysevox, he founded an "école académique du dessin" in Lyon, established along the principles of the Bolognese, Carracci academy. It opened with Colbert's approval in 1677. As Sylvain Laveissière has noted, Blanchet also was well regarded in Paris, where he executed the May painting of 1663 for Notre-Dame and was accepted into the Académie Royale in 1676.[1] Jennifer Montagu has contributed to our knowledge of his drawings.[2]

According to Jacob Bean's 1986 catalogue, it was Montagu who suggested (in a letter of November 8, 1984) that the figure with shears in the Metropolitan drawing, which may represent Atropos, one of the three Fates, might be associated with the figure of Atropos in the now-destroyed decoration on the north wall of the staircase of the Hôtel de Ville in Lyon. Bean notes, "The contract for these decorations was signed in August 1661, while our drawing bears the date 1660." Nonetheless, the artist, who maintained such a dominance on municipal commissions, may well have been preparing designs and plans for the project during the preceding year. The documents for the commission specify details of colors and composition and orders that "le tout conformément aux desseins faictz par ledit sieur Blanchet."[3]

Following the initial commission for the Salle des Fêtes, begun in 1655, Blanchet (with Panthot) had been commissioned to decorate the Salle du Consulat in 1659; thus, the artist could anticipate and be preparing the detailed drawings of his proposal (comparable to surviving drawings at Stockholm and the modello at Lyon for the ceiling of the Salle des Fêtes) in 1660. The north wall of the stairway, which was destroyed in the same 1674 fire that razed the Salle des fêtes, is described in early sources and by François Fortis.[4] The decoration of the great staircase was devoted to the great fire that had engulfed the ancient city, as described by Seneca. The iconography of the decoration, composed in three parts, with two lateral panels and the grand vault (13 x 11 meters), is described by Ling. The surviving portions, executed in oil and grisaille, were significantly damaged in 1674, restored in 1759, and damaged in another fire in 1803. The Furies, in various guises, reappear throughout the decoration, and the influences of Guercino, Reni, Sacchi, and Annibale Carracci are evident. Bean further notes that a similar figure of Atropos appears in the 1675 commissioned decorations of the Salle de la Nomination, although reversed and altered somewhat in pose.[5]

Through its broad and plastically modeled figure, recalling classical sculpture, and the use of red chalk with white heightening, the drawing reflects the formative influence of Bolognese artists in Rome on Blanchet's chalk style. As Blanchet's drawings are rare, this signed and dated drawing[6] is quite important. For a comparable chalk drawing by the artist executed in a similar style, one may refer to the black-and-white chalk study of the *Virgin and Child* at the Louvre.[7] His "scratchy" pen-and-ink drawings– executed with animated close, parallel strokes and assertive outlines–recall other influences from his Italian years, particularly, in these characteristics and the highly movemented figures, Pietro da Cortona.[8]

NOTATIONS: Signed and dated in pen and brown ink at lower margin, recto: *Thomas Blanchet in. Lugduni 1660*

WATERMARK: Lined

PROVENANCE: Antoine-Joseph Dézallier d'Argenville, Paris, 1680-1765 (Lugt 2951, numbered 2730). Traditionally Lugt 2951 was assigned to Pierre Crozat, Paris, 1665-1740; however, in his 1956 supplement, Lugt noted that the Crozat drawings acquired by Tessin, now at Stockholm, do not bear the paraph. In 1984 the Louvre published drawings bearing the paraph as "paraphe non identifié." Recent research has proven that the paraph is that of Dézallier d'Argenville– those drawings bearing numbers from roughly 2430 to 3554 comprise works by French artists. See Jacqueline Labbé and Lise Bicart-Sée, "Antoine-Joseph Dézallier d'Argenville as a Collector of Drawings," *Master Drawings* XXV, 3 (1987): 276-281. See also information under Lugt 669; (Feist Gallery), purchased in New York, 1965

LITERATURE: *The Metropolitan Museum of Art, Annual Report of the Trustees, 1965-1966* (New York, 1966), 75; Bean 1986, 25, no. 10.

EXHIBITIONS: None

1. Sylvain Laveissière *Le Classicisme français–Masterpieces of Seventeenth Century Painting* (Dublin, 1985), 7.

Besides the unpublished 1982 dissertation by L. Galactéros, at Lyon, Blanchet's bibliography includes L. Charvet, "Recherches sur la vie et les oeuvres de Thomas Blanchet, peintre et architecte," *Réunion des Sociétés des Beaux-Arts des départements,* 17e session (1893), 85-169; Chou Ling, *Thomas Blanchet, sa vie, ses oeuvres et son art* (Lyon, 1941); and L. Galactéros de Boissier, "Thomas Blanchet, la Grande Salle de l'Hôtel de Ville de Lyon," *Revue de l'art* no. 47 (1980): 29-42; also, Lucie Galactéros, "Restitution du décor originale de la grande salle des fêtes de l'Hôtel de Ville de Lyon au XVIIe siècles," *L'Art baroque à Lyon. Actes du colloque (1972). Université Lyon II. Institut d'histoire de l'art* (Lyon, 1975), 361-373.

2. Notably her important article on the group of his sheets in Stockholm: Jennifer Montagu, "Thomas Blanchet: Some Drawings in the Nationalmuseum, Stockholm," *Gazette des Beaux-Arts* LXVI, 1158-1159 (1965): 105-114; Bjurström 1976, nos. 137-157; and Lucie Galactéros de Boissier, "Dessins de Thomas Blanchet dans les collections publiques françaises," *La Revue du Louvre et des Musées de France* XXV, 5-6 (1975): 323-331.

3. Repr. in Charvet 1893, document no. IX, 150-152; also in Chou Ling 1941, app. 8, pp. 101-102.

4. François Fortis, *Voyage pittoresque et historique à Lyon,* 2 vols. (Paris, 1821), 377 ff.; see also Claude François Ménéstrier, *Eloge historique de la ville de Lyon* (Lyon, 1669), pt. IV, pp. 16 ff., for description of the entire decorative campaign.

5. See Chou Ling 1941, 28-33, figs. 3, 4, 5, 7, 8, 9, 12 and 14-15, for reproductions of decorations mentioned.

6. Cf. signature with those repr. in Charvet 1893, 101.

7. Repr. Galactéros de Boissier 1980, 324, fig. 4.

8. Antoine Joseph Dézallier d'Argenville wrote of him: "Ses études sont à la sanguine rélévée de blanc de craie avec des hachures croisées; la correction, la belle pensée, des draperies bien jettées & des têtes variées, annoncent Thomas Blanchet" (A.-J. Dézallier d'Argenville 1762, IV: 121).

Sébastien Bourdon

MONTPELLIER 1616 - PARIS 1671

91. *The Crucifixion*
Pen and brown ink, brown wash, traces of black chalk, 358 x 267 mm (14-1/8 x 10-1/2")
The Art Museum, Princeton University, Gift of Frank Jewett Mather, Jr., 1951-96

The mercurial career of Sébastien Bourdon, his facility in embracing a range of contemporary styles with equal mastery–ranging from the genre scenes of the Bamboccianti, to the sensitivity to light in landscapes of Claude, to the more cerebral compositional concerns and organizational principles of Poussin–along with his adventuresome life, make him among the most interesting figures in seventeenth-century French art; yet, a modern monograph of the artist remains to be written. Guillet de Saint-Georges's manuscript, compiled in the late seventeenth century, remains a useful, fundamental biographical reference,[1] as does Félibien.

Born in Montpellier, Bourdon received his early training in Paris from Jean Barthélemy. Leaving Paris at the age of fourteen, he moved on to Bordeaux and to Toulouse, where he entered the military, before traveling to Rome in 1634. There he responded to and worked in the styles of a surprisingly wide range of artists, including Pieter van Laer, Claude Lorrain, Poussin, Andrea Sacchi, and Castiglione, before fleeing from Rome in 1637, having been denounced as a Protestant by a fellow artist to the Roman Inquisition. He returned to France by way of Venice, and the impact of Venetian color and the inclusion of Venetian pictorial elements, especially from the art of Veronese, are evident in Bourdon's later works. He arrived in Paris later that year and established himself there, where he executed works in the late 1630s and early 1640s noteworthy for their animated, Baroque compositions.[2] He also produced numerous bambocciate. By the mid-1640s subsequent to Poussin's 1640-1642 visit to Paris, Bourdon's style more clearly reflects the influence of Poussin in the architectonic organization of his compositions in strongly asserted horizontals and verticals, and defined parallel planes of space. Poussin's works in Parisian collections, notably Richelieu's, even before 1640, and in Rome, would have been known to Bourdon,

Figure 91a. Sébastien Bourdon, *Study for "The Martyrdom of St. Peter."* Cambridge, Massachusetts, The Fogg Art Museum, Harvard University, Louise Haskell Daly Fund and Friends of the Harvard University Art Museums, 1984. 583.

Figure 91b. Sébastien Bourdon, *Crucifixion*. Paris, Louvre.

but Poussin's stay in Paris during the early 1640s evidently served as a powerful catalyst.

A founding member of the Académie Royale in 1648, Bourdon ultimately became one of its rectors in 1655. From 1652 to 1654 he visited Sweden at the invitation of Queen Christina, where he executed portraits as her court painter. His mature work following his return is marked by an even more geometrically structured Poussin-influenced style and idealized landscapes, yet with a distinctive, broadly, and loosely applied palette energized by pastel and even acidly brilliant colors. Bourdon returned for a brief period to Montpellier (having received a commission in 1656/57 from the city for a *Fall of Simon Magus* for the cathedral), but after being physically attacked by the local painters whose careers he threatened, Bourdon returned to Paris. There he continued to work in a style strongly influenced by Poussin. In 1663 Bourdon decorated the now-destroyed gallery of the Hôtel Bretonvilliers (see [59]), those allegorical medallions now known through surviving drawings.[3] His lecture to the Académie Royale in 1668, in principle a consideration of Annibale Carracci's *Stoning of St. Stephen,* actually is an address on the theoretical underpinning of color and light, and a not-altogether-successful or well-received attempt to apply criticism based on a Poussinesque concept of modes to Carracci.[4] His classicist lectures to the Académie on Poussin and the antique in 1667 and 1670 underline this aesthetic.

The authoritative rapidity of his pen and a seemingly instinctive and impetuous application of washes are evident throughout his career, even in the more disciplined and structurally expressive drawings of the 1650s and 1660s, but dramatically so in drawings of the late 1630s and early 1640s. Dézallier d'Argenville characterized Bourdon's drawings as "pleins de feu, & d'une liberté qui enchante."[5] Rosenberg (who cites other drawings by the artist in North American collections in his 1972 entry on this sheet) has dated the Princeton drawing to the years immediately succeeding Bourdon's return to Paris from Rome, and both the forceful, spontaneous, and impulsive pen-and-wash work and the Baroque, diagonal composition confirm such a dating. So also does the drawing's affinity with the handling of wash and dramatic, fluctuating light-dark contrasts in the preparatory studies for the *Martyrdom of Saint Peter* at the Louvre,[6] and the even looser, freer drawing at the Fogg (Figure 91a).

The Princeton composition is evidently closely related to a study for the *Crucifixion* at the Louvre (Figure 91b), apparently a reworking and simplification of the former in which the three crosses are reduced to the one bearing Christ with its attendant ladder, the foreground grouping surrounding the Madonna at the foot of the Cross still centrally placed, the figure of Christ shifted diametrically from facing right to facing left. Rosenberg also relates the Princeton sheet to another formerly in the Paignon-Dijonval collection, catalogued by Bénard.[7] Although no painting after either the Princeton or the Louvre drawing is known, as observed by Ross, the Louvre drawing served as the basis for a print by Chaveau (Bibliothèque Nationale, Da 32a. fol. 5).

NOTATIONS: None

WATERMARK: Mounted down

PROVENANCE: Earl Spencer, Althorp, 18th century (Lugt 1530), Frank Jewett Mather, Jr., Princeton, N.J.

LITERATURE: Ross 1983: 7, 43.

EXHIBITIONS: Toronto et al. 1972-1973, 37, 140-141, no. 18, pl. 34; Princeton, 1983, *Sixteenth- to Eighteenth-Century French Drawings from the Permanent Collection,* The Art Museum, Princeton University, cat. by Barbara T. Ross

1. Guillet de Saint-Georges 1854, I: 87-103.

2. E.g., his 1643 May painting for Notre-Dame, *The Martyrdom of St. Peter,* preparatory drawings for which survive at the Louvre, another at the Ecole des Beaux Arts in Paris, yet another at the Fogg Museum (Figure 91a), and a modello in the Trugman collection in Los Angeles.

3. See comments in Cambridge, Mass., et al. 1980, 50, no. 6.

4. See H. W. van Helsdingen, "Summaries of Two Lectures by Philippe de Champaigne and Sébastien Bourdon Held at the Paris Académie in 1668," *Simiolus* XIV, 3/4 (1984): 163-178.

5. A.-J. Dézallier d'Argenville 1762, IV: 96.

6. Repr. in Paris 1984a, 99-100, nos. 130-131; also Jean Guiffrey and Pierre Marcel, *Inventaire général des dessins du Musée du Louvre et du Musée de Versailles. Ecole française,* II (1908), 100-101, nos. 1631-1632.

7. Bénard 1810, pt. I, p. 118, no. 2698.

92. *The Adoration of the Shepherds*
Black chalk heightened with white chalk on brown paper, with added framing lines in pen and black ink, 364 x 270 mm (14-5/16 x 10-5/8")
Metropolitan Museum of Art, Rogers Fund, 1961, 61.166.1

This enchanting chalk study appears to date, as in the case of the preceding pen-and-ink drawing [91], between the late 1630s and the early 1640s conjoining Bourdon's study of Poussin with strong Venetian influences, notably Veronese, and Castiglione. In 1967 Robert Manning suggested that the Metropolitan drawing was closely related in composition and pictorial elements to a painting then owned by Jacques Seligmann & Co., *The Adoration of the Magi*,[1] for which a preparatory study exists at the Louvre;[2] indeed, the painting adopts certain monumental elements present in the Metropolitan drawing, notably the Roman arch and the broken ionic column, that do not appear in the Louvre drawing, while the three works share many features of design. Notable, also, despite the important differences in media, is the manner in which the artist conveys comparable values of tone and light in paint, chalk, and wash. Nonetheless, the New York sheet clearly represents an *Adoration of the Shepherds*, while the painting and the Louvre drawing depict an *Adoration of the Magi*. Bourdon generally preferred to employ pen and wash, yet, as Roseline Bacou and Jacob Bean have noted,[3] among Bourdon's finest drawings are those in chalk. In such expressive sheets as the Metropolitan drawing and the Louvre red chalk study for the *Descent from the Cross*,[4] the painting for Saint-Benoît in Paris, now preserved at the Louvre, the artist's poetical sensibility, conveyed so effectively by the colorism of his paintings, is most evident in the graphic work.

NOTATIONS: None

WATERMARK: Mounted down

PROVENANCE: Germain Seligman, New York (his collection mark); (Jacques Seligmann & Co, Inc.); (purchased in New York in 1961)

LITERATURE: *The Metropolitan Museum of Art, Annual Report of the Trustees, 1961-62,* (New York, 1962), 66; Robert L. Manning, *Vouet to Rigaud* (New York, 1967), no. 38 (mentioned); Toronto et al. 1972-1973, 141, no. 18 (mentioned); Bean 1986, 49, no. 44.

EXHIBITIONS: None

1. Repr. in Manning 1967, no. 38.

2. Repr. Paris 1984a, 101, no. 132; also Jean Guiffrey and Pierre Marcel, *Inventaire général des dessins du Musée du Louvre et du Musée de Versailles. Ecole française,* II (1908), 98-99, no. 1612.

3. Paris 1960, 28, no. 50.

4. Repr. in Paris 1984a, 103, no. 135; also in Paris 1960 (not reproduced).

93. *A Landscape with Classical Buildings by a River*
Brush and brown ink with white gouache heightening, over red chalk, 149 x 187 mm (5-15/16 x 7-5/16")
Metropolitan Museum of Art, The Port Royal Foundation, Inc., Gift, 1984, 1984.51.2

Demonstrating a brilliant coloristic tour de force in Bourdon's use of washes and chalk, this masterful landscape study, which cannot convey its truly stunning impact in black-and-white reproduction, is also an exemplar of the increasingly Poussiniste character of Bourdon's mature compositional style. It is little wonder that when the drawing appeared in the 1811 Spencer sale, it was characterized as "A classical landscape, in the great style of Nicolo Poussin . . . ." As noted previously (see [91]), by the mid-1640s, subsequent to Poussin's visit to Paris, Bourdon's style more clearly reflects Poussin's influence in the evident architectonic organization of compositions in strongly asserted horizontals and verticals and defined parallel planes of space, and the Metropolitan drawing is a superb example of this style.

In appreciating this sheet one is reminded of Mariette's pertinent commentary:

Bourdon . . . reflechissoit peu; plein de feu et de facilité, il inventoit et executoit avec une étonnante rapidité; il produisoit aisement une infinité de compositions differentes sur un mesme sujet. C'est surtout dans ses paysages que l'on remarque la fécondité de son génie; ce sont des pays enchantés où l'on se promene agréablement, et où il regne une espèce de desordre dans les sites qui ne laisse pas de plaire.[1]

Although thus far a specific painted or engraved composition to which the Metropolitan drawing is specifically related has not been isolated, the severe classicism of the setting, the geometric forms of the architectural elements—which so complement the stable,

Figure 93a. Sébastien Bourdon, *Rest on the Flight into Egypt*. Paris, Bibliothèque Nationale.

Figure 93b. Sébastien Bourdon, *Finding of Moses*. Long Island, Mr. and Mrs. Charles J. Eisen Collection.

massive, yet abstract ordering of the composition – and the strongly coloristic sensibility of the drawing all reflect the artist's work after about 1650, especially toward 1655 and beyond. To this period can be dated the following paintings: *Christ and the Children* in the Louvre (a variant of which is at The Art Institute of Chicago), *The Finding of Moses* in the Washington National Gallery of Art, and *Figures in a Landscape* in the collection of Mr. and Mrs. Kirk Askew, Jr.[2] All these designs are profoundly indebted to compositions by Poussin, and Bourdon's stylistically related print of *The Rest on the flight* (Figure 93a) refers to Poussin's *Holy Family on the Steps* (see [21]), painted in 1648 for the French collector Nicolas Hennequin. Tancred Borenius referred in 1923 to the drawing's "remarkable resemblance" in its arrangement of planes to Bourdon's *Landscape with the Return of the Ark* at the National Gallery in London. The same reforming sensibility in figure drawing, characterized by a more geometrical, abstractly structured, and classicist figure structure is evident in the lovely *Finding of Moses* from the Mr. and Mrs. Charles J. Eisen collection (Figure 93b; the Eisen drawing providing a stylistic comparison with the earlier chalk drawing [92]).[3]

NOTATIONS: Inscribed in pen and brown ink at lower left, recto: *Bourdon;* (on verso of mount in pencil: *S. Bourdon;* below that: *Lord Spencer / Strawberry Hill coll.;* other notations)

WATERMARK: Lined

PROVENANCE: Earl Spencer, Althorp, 18th century (Lugt 1532); (Spencer sale, London, T. Philipe, June 10-17, 1811, lot no. 98); Archibald G. B. Russell, London and Swanage, b. 1879 (Lugt 2770a); (Russell sale, London, Sotheby's, May 22, 1928, no. 98); 7th Earl Spencer, Althorp; 8th Earl Spencer, Althorp (both according to dealer); (Richard Day, London); (purchased in London in 1984)

LITERATURE: Tancred Borenius, "Drawings in the Collection of Mr. Archibald G. B. Russell," *Connoisseur* LXVI (May 1923): 7, 10, fig. XI; *The Metropolitan Museum of Art, Annual Report of the Trustees, 1983-1984* (New York, 1984), 24; Bean 1986, 50, no. 46.

EXHIBITIONS: Paris 1925, *Le paysage français de Poussin à Corot,* Petit Palais, 105, D. 382; London New York 1983, *Exhibition of Fifty Old Master Drawings* (Baskett and Day), no. 36.

1. Mariette 1853-1859, 1: 170.

2. For the Louvre work, see commentary and repr. in Sylvain Laveissière, *Le Classicisme français, Masterpieces of Seventeenth Century Painting* (Dublin, 1985), 11-12, no. 7, pl. 7; for *The Finding of Moses,* see Paris et al. 1982, 112, 229-230, no. 11; and for the Askew *Figures in a Landscape,* see Eunice Williams, *Gods and Heroes, Baroque Images of Antiquity* (New York: Wildenstein & Co., 1968-1969), no. 1, pl. 48.

3. Repr. in Toronto et al. 1972-1973, 38, 141, no. 19, pl. 35; see also Gail S. Davidson, *Drawing the Fine Line: Discovering European Drawings in Long Island Private Collections* (Hillwood Art Gallery, Long Island University, 1986), 32-33.

94. *Diana*
Black chalk with white chalk highlights on grayish-brown paper, 377 x 233 mm (14-7/8 x 9-3/16")
The Art Museum, Princeton University, Gift of Margaret Mower for the Elsa Durand Mower Collection, 1964-40

One could hardly imagine a sharper contrast in the life styles of leading French artists in the period studied in this exhibition than that between adventurous Sébastien Bourdon and Eustache Le Sueur, an artist, trained under Vouet, who never left France. Le Sueur was highly regarded by his contemporaries and by eighteenth-century critics.[1] Until quite recently the most noteworthy modern research has been that of Marguerite Sapin on Le Sueur's paintings and drawings, and the exhibition catalogue of the Besançon collection of drawings.[2] Alain Merot's new and superb monograph on the artist, however, has dramatically rehabilitated our understanding of Le Sueur's cultural context, career, and through documentation and research, his corpus.[3]

Le Sueur was born to a modest Parisian family, and by about the age of fifteen had entered into apprenticeship in Vouet's studio. His earliest canvases—a series of paintings illustrating the arcane Venetian 1499 narrative by Francesco Colonna, *Hypnerotomachia Poliphili*[4]—while profoundly indebted to Vouet, already reveal a greater refinement and elegance in the depiction of figures and evocation of sensuality, and a finer and richer harmony in colorism. Complementarily, Le Sueur's earliest chalk drawings, among them the drawings at Besançon and Vienna for the Le Mans *Polyphilo Attending the Triumph of Bacchus*,[5] are indebted to Vouet—indeed, they are derived from Vouet's decoration of the Hôtel Séguier. However, they also indicate a truly Raphaelesque sensibility to contour and form,

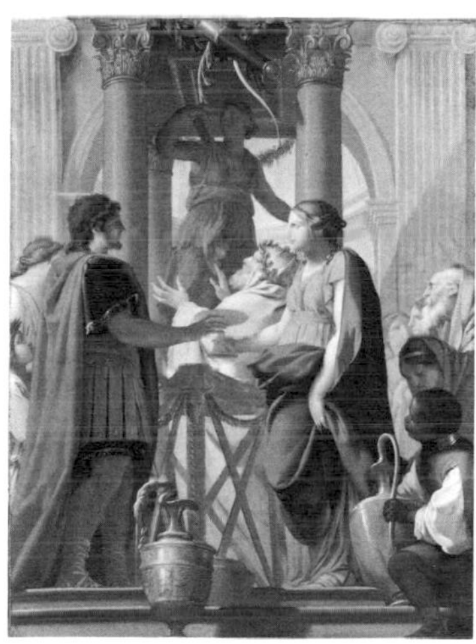

Figure 94a. Eustache Le Sueur, *Sacrifice to Diana*. Boston, Massachusetts, Museum of Fine Arts.

remarkable in a young artist who never left France.

Le Sueur's direct exposure to Raphael's works in the royal collections and through prints, and his acquaintance in Parisian collections with paintings by Poussin–whom Le Sueur could have known as a quite young man during Poussin's 1640-1642 visit (there is, however, no mention of Le Sueur in any of Poussin's surviving correspondence)–had a profound impact on the sensibility and increasingly classicistic, refined vernacular of the artist. In the later 1640s and 1650s, he employed a cooler and more sophisticated palette than Vouet, turning increasingly to opalescent whites and brilliant local colors, and drawing figures of less sensually evocative and broad proportions, more classical, refined, and Raphaelesque.

Having joined the painters' guild in 1645, Le Sueur separated from it to become a founding member of the Académie Royale in 1648. Between those years he executed his astonishing series of twenty-one paintings on the Life of St. Bruno for the Carthusian cloister in Paris. Now at the Louvre, those works firmly established his reputation. Besides commissions for various churches in Paris, including the 1649 May painting for Notre-Dame, the artist was also an active decorative painter, most notably in the Cabinet de l'amour and Chambre des muses at the Hôtel Lambert, where he worked between 1647 and his death in 1655.[6]

The Princeton drawing, clearly based on the ancient Roman marble, the so-called *Diane Chasseresse,* already in the Louvre during Le Sueur's lifetime, is among the earliest drawings by the artist and can be associated with the painting *Sacrifice to Diana* (Figure 94a). Sapin has suggested that the drawing is actually preparatory for the painting *St. Paul at Ephesus* at the Louvre, Le Sueur's 1649 May painting, where the statue is only partially visible in the deep background.[7] In the Louvre painting the statue is placed in a niche rather than beneath a baldacchin as in the Boston picture. Tracy Cooper has suggested the possibility that the drawing served both paintings. Merot's association of the sheet with the Boston painting, which both he and Thuillier date "un peu avant 1645,"[8] seems more convincing, both on the basis of the comparatively less mature, more tentative draftsmanship in the drawing (which is strikingly similar to the draftsmanship of the Besançon study of the woman for *Polyphilo Attending the Triumph of Bacchus*)[9] and the closer similarity in the pose and drapery of the figure in the drawing with that in the Boston painting, compared to the Diana in the background of the later Louvre painting. In the composition of the Boston painting, the very focus is the statue of Diana, while in the 1649 Louvre painting the sculpture is but partially obscured, distant architectural staffage. Indeed, the sculpture of Diana was added to the Louvre painting after the Algiers and London modelli of that picture.[10] In the Boston painting it is set on a base beneath a baldacchin and before an arch opening onto a vault. One can reconstruct an evolution of the compositional scheme, especially for this artist renowned for his interest in architecture and perspective: he enhanced the drama in the painting by pulling apart the arch/niche in the Princeton drawing, from the figure, as to set the sculpture monumentally enframed in space at the center. In the drawing and the Boston painting there are similar low vantage points. The setting of the original marble in the Salle des Antiques at the Louvre at that time (placed there by Henry IV in 1602 and moved to Versailles by Louis XIV ca. 1643; a bronze copy also existed at Fontainebleau) also may be reflected in the Princeton sheet.

Merot has cast serious doubt, correctly, on a second drawing, at Besançon, submitted by Sapin as related to the Boston painting,[11] noting its later and harder, more classicist style. He suggests that it is a pastiche in the style of Le Sueur dating to around 1650. Cooper has proposed that the draftsmanship of the Princeton drawing be compared with the study at the Louvre for the muse Clio, preparatory for the Cabinet des Muses in the Hôtel Lambert, and thus datable to about 1652, although nonetheless dating the Princeton sheet to about 1638-1645. The style of the Louvre drawing (Figure 97a),[12] however, is markedly more sculptural and volumetric, with a surer sense of contour, anatomical proportion, and a greater debt to a Raphaelesque ideal than the Princeton sheet.

NOTATIONS: Inscribed in pen and brown ink, lower left recto: *Le Sueur*

WATERMARK: Mounted down

PROVENANCE: (Purchased from Jacques Seligmann & Co., New York, 1964, by Margaret Mower)

LITERATURE: Toronto et al. 1972-1973, 179, no. 84 (mentioned); Marguerite Sapin, "Contributions à l'étude de quelques oeuvres d'Eustache Le Sueur," *La Revue du Louvre et des Musées de France* XXVIII, 4 (1978): 250 n. 10; Tracy E. Cooper, in Ross 1983, 26, 46; Merot 1987, 180-181, no. D. 5, fig. 35.

EXHIBITIONS: Princeton 1968, *The Elsa Durand Mower Collection of French and Italian Drawings,* The Art Museum, Princeton University, no. 14; New York 1969, *Gods and Heroes: Baroque Images of Antiquity,* Wildenstein & Co., cat. by Eunice Williams, no. 22, pl. 34; Princeton 1983, *Sixteenth- to Eighteenth-Century French Drawings from the Permanent Collection,* The Art Museum, Princeton University.

1. Dézallier d'Argenville observed in his biography of Jacques Blanchard [78], that: "La France compte parmi ses peintres un Titien ainsi qu'un Raphaël," referring in the latter case to Le Sueur. Mariette's eloquent accolade of Le Sueur deserves repetition:
. . . sans autre secours que son heureux génie, il se fit lui-même une manière qui plus sage, plus pure & plus élevée, approche tellement de celle de Raphael, qu'on le prenaroit moins pour le disciple de Vouet, que pour celui de ce Peintre tout divin. Il y a eu entre ces deux grands hommes, Raphaël & M. le Sueur, une conformité parfaite. Tous deux respectoient le goût de l'antique, & l'avoient pris pour modéle; ils avoient la même idée du beau; la même simplicité, la même noblesse regnoient dans l'arrangement de leur drapperies; les soins pour se rendre habiles, n'ont pas été moindres chez l'un que chez l'autre. . . . Si Raphael a bien entendu l'Architecture, s'il a été un observateur rigide des regles de la Perspectivé, l'illustre le Sueur n'y a pas été moins soumis. L'on voit encore sur plusieurs de ses Desseins, les échelles perspectives tracées, & toutes les opérations nécessaires, pour poser chaque figure à la place qu'elle devoit occuper dans son tableau. . . . Il semble que la mort en enlevant Raphaël & M. le Sueur presqu'au même âge, & dans le tems qu'ils commençoient à peine à paroître dans le monde, ait voulu rendre complet le paralléle de ces deux grands hommes que nous avons ébauché.
In P. J. Mariette, *Description sommaire des desseins des grands maistres d'Italie, des Pays-Bas et de France, du cabinet de feu M. Crozat, Avec des Réflexions sur la maniere de dessiner des principaux peintres* (Paris, 1741), 121.

2. See Sapin 1978, 250 n. 10; also idem, "Précisions sur l'histoire de quelques tableaux d'Eustache Le Sueur," *Bulletin de la Société de l'histoire de l'art français* (1984): 53-88; and Barbara Brejon de Lavergnée and Alain Merot, *Simon Vouet–Eustache Le Sueur, Dessins du Musée de Besançon. Collections du Musée no. 5* (Besançon, n.d. [1984]).

3. Merot 1987.

4. See *Sea Gods Paying Homage to Love* of 1645 at the Getty Museum and Rosenberg's commentary in Paris et al. 1982, 150, 270-271, no. 50; also, the *Polyphilo Attending the Triumph of Bacchus* at Le Mans, repr. and discussed by Merot in Meaux 1989, 191-193, no. 56.

5. Sapin 1978, 242, figs. 2, 3; Merot 1987, 164, nos. D.2, 3(?), also repr. with the painting in Meaux 1989, 192-193, no. 56.

6. See *Le cabinet de l'amour de l'Hôtel Lambert*, Musée du Louvre. Les Dossiers du Département des peintures (Paris, 1972); also, Nathalie Rosenberg-Henderson, "Le Sueur's decorations for the Cabinet des Muses of the Hôtel Lambert," *Art Bulletin* LVI, 4 (1974): 555-570; also, Merot 1987, 257-280.

7. Merot 1987, 237-241, no. 85, fig. 296.

8. In Brejon de Lavergnée and Merot 1984, Merot accepts the painting as between 1642 and 1645, with "encore un léger doute," repeated as "sans être absolument certain," but included among the accepted works by the artist by Merot in his 1987 catalogue raisonné.

9. Repr. in ibid., no. 35; Merot 1987, no. D2; also Meaux 1989, 191-193, no. 56.

10. There are two surviving modelli for the *St. Paul at Ephesus*, one at the Musée National des Beaux-Arts in Algiers and the other at the National Gallery, London. See Merot 1987, 236-237, nos. 83-84, fig. 292. The two modelli differing in details of figures and setting from the final version are virtually identical to each other. Merot reproduces the Algiers modello. The London version is reproduced in "Notable Works of Art Now on the Market," *Burlington Magazine* CI, 681 (December 1959): suppl. pl.x.

11. Sapin 1978, 243-244, fig. 5; Besançon inv. 1751; see Brejon de Lavergnée and Merot 1984, no. 44; Merot 1987, 422, DB.7.

12. See Merot 1987, 274, D.251, fig. 374; also, Paris 1984a, 96-97, no. 124.

95. *Study of the Figure of Christ for "Christ Healing the Blind Man"*
Black chalk with white chalk highlights on beige paper (the upper and lower edges have been slightly enlarged with additional strips of beige-brown paper; the entirety laid down on early 19th-century paper), 335 x 181 mm (13-3/16 x 7-1/4")
Fogg Art Museum, Harvard University, The Louise Haskell Daly Fund and Friends of the Harvard University Art Museums Funds, 1984.593

As Rosenberg has recognized and published, this drawing is a preparatory study for the painting *Christ Healing the Blind Man* at Sans Souci in Potsdam.[1] That painting was engraved by Louis Surugue in 1714 (Figure 95a). Three other associated drawings survive: one, of a figure of "with curly hair,"[2] the blind man with arms extended, in Leningrad; and the other two (another, variant study of Christ with a study of the kneeling blind man on the verso, and a study of two standing figures) at the National museum in Stockholm.[3] All the drawings are executed in black chalk, Le Sueur's preferred medium, although the Swedish drawings are also heightened with white chalk. As Guillet de Saint-Georges tells us, the painting was executed for the sculptor Simon Guillain, who was a rector of the Académie Royale. Rosenberg states that it was acquired by Frederick the Great in 1756, thence taken to Sans Souci. The sub-

Figure 95a. Louis Surugue (after Eustache Le Sueur), *Christ Healing the Blind Man*. Paris, Bibliothèque Nationale.

Figure 95b. Eustache Le Sueur, *Study for "The Return of Tobias."* Cambridge, Massachusetts, The Fogg Art Museum, Harvard University, Louise Haskell Daly Fund and Friends of the Harvard University Art Museum, 1984. 591.

Figure 95c. Eustache Le Sueur, *Study of a Draped Seated Man for "St. Louis Healing the Sick."* Paris, Ecole Nationale Supérieure des Beaux-Arts.

Figure 95d. Eustache Le Sueur, *Study of the Bound Figure of St. Gervais.* New York, Metropolitan Museum of Art. Rogers Fund, 1972. (1972.224.5)

ject, as Guillet de Saint-Georges observed in his 1690 notes to the Académie Royale, appears in John 9, taking place in Jerusalem. The subject is sometimes mistakenly described as *The Healing of the Blind Man in Jericho*. The depiction does not correspond to the *Healing of the Blind Men at Capernaum* (Matthew 9: 27-31) either, which involves the healing of two men indoors.

The earliest mention of the painting, that of Guillet de Saint-Georges, is unclear as to the dating of the picture, although it is mentioned after Le Sueur's May painting of 1649.[4] Although Rosenberg, suggesting comparison with Poussin's 1650 version of the subject at the Louvre (and both works synthesize Raphaelesque motifs from that master's tapestries), proposes a dating of about 1650 for Le Sueur's composition as well, both Thuillier and Merot believe that the composition should be dated a bit earlier, toward 1646/47. Merot concludes, however, that a secure dating would be between 1645 and 1650. A dating between the 1646 *Baptism of Christ* formerly at Potsdam[5] and the profoundly Raphaelesque modelli (London, National Gallery; Algiers, Musée des Beaux-Arts) and final May painting of *St. Paul Preaching at Ephesus* of 1649[6] seems stylistically compelling.

Merot compares the painting with the cycle of the *History of Tobias* executed for the decoration of the Hôtel de Fieubet in Paris toward 1647, including the *Return of Tobias* at the Louvre, for which a lovely preparatory drawing, formerly in the Seligman collection, is now at the Fogg Museum (Figure 95b). As in that cycle, and other works generally of the period, Merot sees an ongoing search by Le Sueur for greater volume and simplicity in design. Certainly this concern is evident when the present drawing, so close in pose and monumental presence to the final painting, is compared with the more animated, presumably earlier study at Stockholm, in which the figure of Christ dynamically leans forward, reaching out with one hand while he holds his robes together with the other. The final versions of the Christ as seen in the Fogg drawing and Pottsdam painting, with his authoritative, simple gesture, magisterial presence, and full, uncomplicated folds of drapery (so similar also to the figure of Darius in the 1649 *Darius Having Opened the Tomb of Nitrocus* at Leningrad),[7] "annoncent le style sévère de *Saint Paul à Ephèse,*" as Merot has observed.[8] Yet the figure does not yet possess the amplitude and spatial breadth and volume that one can associate with Le Sueur's chalk figure studies from the 1650s. This is apparent when the sheet is compared with the preparatory study at the Ecole des Beaux-Arts in Paris for the draped, seated man in the Tours *St. Louis Healing the Sick* of 1654 (Figure 95c; an autograph replica of this drawing, lightly retouched, exists at The Art Institute, Chicago).[9]

In the Fogg sheet Le Sueur has concentrated on the simplified rendering of the columnar volume and drapery of the figure. The artist has not yet achieved, however, that balance between the evocation of textures, surfaces, and light effects, and the simplified description of volumes found in his exquisitely beautiful late masterpiece, the study at the Metropolitan Museum of Art for the bound figure of St. Gervais for the tapestry cartoon, preserved at the Louvre, of *Sts. Gervais and Protais, Conducted before Astasius, Refusing to Sacrifice to Idols,*[10] datable to about 1652 (see Figure 95d).

NOTATIONS: None

WATERMARK: Mounted down

PROVENANCE: Lebrun(?); (his sale, Paris, April 11, 1791, part of lot no. 318?); Jean Gigoux, Paris; Henri Baderou, Rouen; Germain Seligman, New York (his collection mark); Seiden and de Cuevas, Inc., New York

LITERATURE: Pierre Rosenberg, "Dessins français du XVIIe et du XVIIIe siècles dans les collections américaines," *L'Oeil,* nos. 212-213 (August-September 1972): 11, fig. 3; Bjurström 1976, no. 532 (mentioned); Richardson 1979, no. 54; Merot 1987, 222-223, no. D.184, fig. 254.

EXHIBITIONS: Toronto et al. 1972-1973, 36, 179-180, no. 86, pl. 31.

1. Repr. in Rosenberg (*L'Oeil*) 1972, II, fig. 4; also, Merot 1987, 222-223, no. 71, fig. 251.

2. As described by O. A. Fe, "Le Sueur's Drawings in the Hermitage Museum," *Art-Historical Proceedings of the Hermitage* VI (1961): 270.

3. The Stockholm drawings are reproduced in Merot 1987, nos. D.186-188, figs. 252-253, 255; also Bjurström 1976, nos. 531-532.

4. Guillet de Saint-Georges 1854, I: 168.

5. Repr. in Merot 1987, no. 72, fig. 256.

6. See ibid., 236-237, nos. 83-85, figs. 292, 296; and comments, [94] n. 10.

7. Repr. in ibid., 235-236, no. 82, fig. 285.

8. Ibid., 223.

9. See Toronto et al. 1972-1973, no. 87, pl. 32; on the Paris drawing, see Merot 1987, no. D.337, fig. 464, also Emmanuelle Brugerolles, *De Michel Ange à Gericault, Dessins de la donation Armand-Valton* (Paris, 1981), 280-281, no. 139.

10. See Merot 1987, 303, no. D.296, fig. 414.

96. *Lucius Albinus, Fleeing Rome with His Family, Cedes His Chariot to the Vestal Virgins*
Pen and brown ink and brown wash squared for transfer in graphite, 266 x 189 mm (10-1/2 x 7-7/16")
The Pierpont Morgan Library, III,85a

The painting is only known through surviving preparatory drawings, isolated by Merot (Figures 96a-96c, among others).[1] The subject, derived from Plutarch, depicts the respect and piety of Albinus. With Rome threatened by the Gauls he has prepared to flee with his family, but seeing the Vestal virgins attempting to escape by foot, Albinus removes his family from the chariot to provide for the virgins. Guillet de Saint-Georges's 1690 notes to the Académie Royale provide, however, a thorough description of the commission:

Dans une maison de la rue de Saint-Louis au Marais, M. le Sueur fit pour M. de Guénégaud, trésorier de l'épargne, un tableau de cheminée où il a peint une action mémorable sur la piété du paganisme, arrivée anciennement auprès de Rome, quand la ville fut prise et saccagée par les Gaulois. Le peintre fait paroître Lucius Albinus qui, s'étant sauvé et conduisant un chariot chargé de sa femme, de ses enfants et de ses effets les plus précieux, rencontre les Vestales effrayées qui, étant à pied, se sauvoient avec le feu sacré et tout ce qui étoit essentiel à leur culte. Aussitôt Albinus fait descendre du chariot sa femme et ses enfants, et l'ayant débarrassé du reste, y fait monter les Vestales et facilite leur évasion. Ce qui est tiré du premier livre de Valère Maxime, du premier livre de Florus, et de Plutarque dans la vie de Furius Camillus.[2]

The same subject was also treated in a painting by Sébastien Bourdon of about 1647, also described by Guillet de Saint-Georges,[3] reproduced in reverse (?) in an engraving by L. A. Brebes (Figure 96d). Obviously it is quite similar to Le Sueur's composition, although in a horizontal for-

Figure 96a. Eustache Le Sueur, *Study of a Vestal Virgin*. Paris, Louvre.

Figure 96b. Eustache Le Sueur, *Study of a Man Controlling a Horse*. Paris, Louvre.

Figure 96c. Eustache Le Sueur, *Study of a Leaning Woman with a Child*. Paris, Louvre.

Figure 96d. L. A. Brebes (after Sébastien Bourdon), *Lucius Albinus, Fleeing Rome with His Family, Cedes His Chariot to the Vestal Virgins*. Paris, Bibliothèque Nationale.

mat and reflecting Bourdon's more abstract and geometric compositional style. Merot points out that the Le Sueur painting was undoubtedly a pendant to the picture also painted for Claude de Guénégaud in 1647 of *Caligula Depositing the Ashes of His Mother and His Brother in the Sepulcher of Their Ancestors*,[4] which also, if historically ironic, deals with ancient Roman piety. Thus the picture– and the preparatory drawings–date from about 1646-1648, a period in which the styles of Poussin and Raphael profoundly influenced the art of Le Sueur to turn from the more Vouet-modeled compositional and figural work of the early 1640s. According to Merot, Rosenberg in 1979 considered the drawing a copy; however, Merot, who reproduced the sheet prominently in his catalogue raisonné, considers the drawing an advanced preparatory study of the composition, relating it to various pen-and-ink-and-wash studies for the *Life of St. Bruno* cycle (1645-1648) and the *Resurrection of Tabitha* (1647) in Toronto at the Art Gallery of Ontario. He specifically cites a pen-and-ink study for that picture in the Louvre,[5] which he notes was once also wrongly assigned as a drawing after Le Sueur.

The two sheets, clearly by the same hand, reflect the artist's evident weaker hand when working in a more linear and nervous contour drawing style in pen and ink, reminiscent of Poussin, than in his more favored and comfortable medium of chalk. The sheet may also be compared with a pen-and-ink study in a Paris private collection for the Potsdam *Baptism of Christ* of 1646,[6] partially retouched and formerly attributed to Poussin, and particularly to the Louvre pen-and-ink studies for the St. Bruno cycle,[7] dating to the same period. In all these sheets the line work becomes at times virtually autonomous. Its function is not so much the accurate, precise defining of contours and volumes, or hair, manes, limbs, and hands; rather the animated flow of the stylus rapidly records the entire compositional conception, aided by quickly applied broad planes of wash.

These studies, focusing on an overall view of the composition and general lighting effects, evidently served a different function for the artist than the more precise and carefully rendered individual and group figure studies in chalk (e.g., Figures 96a-96c, and the Lausanne figure study for the *Lucius Albinus* painting,[8] very close in pose to the virgin with the jar on the far right of the Morgan drawing). It was in chalk that the artist could investigate textures, surfaces, and the subtleties of lighting. It is worth recalling that having been trained in Vouet's studio, Le Sueur would have had extensive experience (see comments, [56, 57, 58]) in the use of black chalk for figure and group studies as it would have been a habitual method of study. Merot has noted that the Morgan drawing is extremely important in documenting the compositional scheme (or a developed compositional scheme) for the lost painting, and has served as the matrix about which the other drawings associated with the painting (figure studies executed in chalk) have been recognized.

NOTATIONS: None

WATERMARK: Mounted down

PROVENANCE: J. D. Lempereur, Paris, 1701-1779 (Lugt 1740); Marquis de Lagoy, Aix-en-Provence, 1764-1829 (Lugt 1710); Baudoin (his collection mark? see comments below under A. Bourduge); (his sale, Paris, March 11, 1786, part of lot no. 741, p. 187, "Albinus et sa Famille descendant de son Char pour y faire monter les Vestales, par E. Le Sueur . . . à la plume et au bistre"); A. Bourduge, Paris, about 1800 (?, collection mark varies from that in Lugt 70, the Morgan Library lists provenance as A. D. Bérard, Paris, d. 1873, Lugt 75, from which the mark also varies even more. Could the mark be an unrecorded one of Baudoin? It is the same as that on [101]); Thomas Dimsdale, London, 1758-1823 (Lugt 2426, on verso of original mount); Charles Fairfax Murray, London; J. Pierpont Morgan, New York

LITERATURE: New York 1984, no. 27; Merot 1987, 229-230, D.199, fig. 271.

EXHIBITIONS: None

1. I am very grateful to Alain Merot for drawing my attention to this study at the Morgan Library and discussing with me the related drawings for the lost painting with which the New York drawing is associated. He has, since that time, published this material in his fine monograph on the artist (Merot 1987, 229-231, no. 78, nos. D.199-206, figs. 271-276).

2. Guillet de Saint-Georges 1854, 1: 163-164.

3. Ibid., 91.

4. Hampton Court, see Merot 1987, 228-229, no. 77, fig. 260.

5. Ibid., 226, no. D.191, fig. 262.

6. Ibid., no. D.189, fig. 257.

7. Ibid., no. D.132 (for no. 52), fig. 173; D.140 (for no. 54), fig. 182; and, especially, D.137 (for no. 53), fig. 178.

8. Ibid., no. D.206, fig. 274.

97. *Head of a Woman*
Black chalk with white chalk highlighting on buff paper, 131 x 101 mm (5-3/16 x 4")
The Art Institute of Chicago, Leonora Hall Gurley Memorial Collection, 1922.227

Pierre Rosenberg first published this lovely study of a woman's wreathed head, noting that it could be a preliminary study for one of the muses in the Chambre des Muses in the Hôtel Lambert (1652-1654, a dating confirmed by Merot), for which associated paintings are now in the collection of the Louvre,[1] although, as he also indicated at that time, the Chicago study cannot be directly associated with any of the paintings. Nonetheless, as comparison with the famous black and white chalk study of *Clio* (Figure 97a) illustrates [2] the Chicago drawing, in its marmoreal classicism and simply defined, broad volume, is datable to this period. As both Rosenberg and Merot have observed, the same head, but crowned, appears in the *Allegory of Magnificence* in Dayton, painted for the king in 1654/55.[3] As Merot has aptly commented, however, in placing the Chicago drawing among the "dessins isolés," the type of head is characteristic of the artist in this period and appears in many paintings; thus, it is impossible definitively to associate it with any specific subject.

NOTATIONS: None

WATERMARK: None

PROVENANCE: Dr. H. Wellesley, Oxford (according to an inscription on the old mount); R. Johnson, Manchester and Chislehurst, d. about 1877 (Lugt 2216); (Puttick and Simpson; stamp in maroon, not in Lugt, "Bought Nov 6, 1914/Puttick and Simpson"); William F. E. Gurley, Chicago (his collection mark, not in Lugt)

LITERATURE: Dominique Vasseur, "*Mansuetude* by Eustache Le Sueur," *Bulletin of the Art Institute of Chicago* LXXI, 4 (1977): 10-11, fig. 4; Joachim 1977, 19, no. 1D6; Merot 1987, 337, no. D.381, fig. 506.

EXHIBITIONS: Toronto et al. 1972-1973, 35, 179, no. 85, pl. 30.

1. See Nathalie Rosenberg Henderson, "Le Sueur's Decorations for the Cabinet des Muses of the Hôtel Lambert," *Art Bulletin* LVI, 4 (1974): 555-570; also, Merot 1987, 257-280.

2. See Merot 1987, 274, no. D.251, fig. 374; also Paris 1984a, 96-97, no. 124; see also the studies for *Erato* and *Terpsichore* at the Ecole des Beaux-Arts in Paris, repr. in Merot 1987, 274, 276, nos. D.253, D.256, figs. 378, 385, and Emmanuelle Brugerolles, *De Michel-Ange à Gericault, Dessins de la donation Armand-Valton* (Paris, 1981), 272-275, nos. 135-136. Brugerolles, unlike Rosenberg Henderson and Merot, identifies the figure of Erato as Polymnie; however, see Rosenberg Henderson 1974, 565, 567, fig. 19.

3. Merot 1987, 314-315, no. 182, fig. 445.

Figure 97a. Eustache Le Sueur, *Clio*. Paris, Louvre.

98. *Study of a Female Figure Seated by a Globe, for the Muse Urania in the Ceiling Decoration for the Pavillon de la Reine, Château de Vincennes*
Black chalk heightened with white chalk on brownish paper; the irregular upper margin made up with additions; the lower right quarter made up with the globe completed by another hand; the head study pasted down onto the sheet from another paper, 293 x 380 mm (11-1/2 x 14-15/16")
The Metropolitan Museum of Art, Rogers Fund, 1970. 1970.242.1

Michel Dorigny was born to a family of minor officeholders and clerics in Saint-Quentin, near the Flemish border. In 1630 his father placed him in a five-year apprenticeship with Georges Lallemant in Paris. During this period, working under a master whose studio also had seen Nicolas Poussin, Philippe de Champaigne, and Laurent de La Hyre, Dorigny may have executed his first prints. By 1638 he had entered the studio of Simon Vouet, where he formed an enduring relation with the premier peintre du roi, in 1648 marrying Vouet's second daughter. In 1638 alone Dorigny executed thirteen prints after designs by that master and in the course of his career executed over ninety such reproductive prints, being authorized by the king, after Vouet's death, to print and publish engravings after his works. Dorigny also executed engravings after works by Sarrazin. In March 1663 Dorigny became a member of the Académie Royale, dying not quite two years later. Rosenberg's important early work on Dorigny has been advanced by the documentary findings of Valérie Théveniaud and the pioneering efforts of Barbara Brejon de Lavergnée, which have helped define the artist as painter and decorator, as well as draftsman, notably in the medium of chalk, in which his work through the 1640s so closely emulates that of Vouet.[1] The close relationship between their chalk drawing styles is also considered in [59] and [60].

Although the Metropolitan drawing was traditionally given to Solimena, an artist favored by Mariette (who owned this sheet), in his 1979 publication Jacob Bean doubted such an attribution, stating that, "This drawing appears at first glance to be the work of a French artist of the seventeenth century, very close to Vouet."[2] This perceptive observation was confirmed by Brejon de Lavergnée two years later, when she recognized the sheet as a study for the Muse Uranus in the ceiling decoration *Parnassus* (destroyed during World War II)[3] in the guard room of the Pavillon de la reine at the Château de Vincennes. The project is datable to the late 1650s to about 1660. The Pavillon de la Reine was constructed by Le Vau at the commission of Cardinal Mazarin and completed in 1659. In the same publication, she identified and published two other drawings associated with the same commission, one of Apollo, at the Musée des Beaux-Arts at Dijon, and the other of a putto with laurel wreaths, from the Cholmondeley album at the Louvre.[4] Although attached from another sheet, the study of the head on the upper left of the Metropolitan drawing, executed on the same type of paper stock, clearly is intended for Urania, as is the torso study to the right. This method of "patching" also occurs in [99].

As Brejon de Lavergnée has observed, Dorigny seems to have preferred working in pen and ink when executing broad compositional studies, while relying on black chalk, sometimes with white highlight, for his specific figure studies. He thus combined his training in Lallemant's studio and as a printmaker, where pen and ink would have been the dominant medium, with the characteristic study method in Vouet's studio, in which Dorigny appears to have played a major role. By the later 1650s, however, Dorigny's figure style, although still dependent in its conception of general type on Vouet, had distinguished itself. While maintaining Vouet's study method of investigating figures, then restudying heads or hands on the same sheet (see comments, [56-58]), Dorigny's figures have gained substantial mass and solidity, and to quote Brejon de Lavergnée, "the forms are larger and more balanced, the muscles strong and rounded, the hands large and square, the necks powerful, the profiles pronounced and solid, and finally, the stroke is incisive and decided."[5] The enhanced sculp-

tural monumentality and balance of Dorigny's work in this period undoubtedly reflect the dominant classicism in Paris, revealing, as Brejon de Lavergnée has suggested, not only the impact of the recently deceased Le Sueur but also, perhaps, the contemporary work of Le Brun.

NOTATIONS: (Inscribed with pen and black ink within a cartouche on the Mariette mount: *FRANCISCUS SOLIMENA*)

WATERMARK: Mounted down

PROVENANCE: Pierre-Jean Mariette, Paris, 1694-1774 (Lugt 2097); (P. & D. Colnaghi, London); (purchased in London in 1970)

LITERATURE: *The Metropolitan Museum of Art, Annual Report of the Trustees, 1970-1971* (New York, 1971), 16; Jacob Bean, *17th Century Italian Drawings in The Metropolitan Museum of Art* (New York, 1979), 272, no. 359; Barbara Brejon de Lavergnée, "New Light on Michel Dorigny," *Master Drawings* XIX, 4 (1981): 453-455, pl. 38; Bean 1986, 99, no. 102.

EXHIBITIONS: None

1. Valérie Théveniaud, "Michel Dorigny (1617-1665). Approches biographiques," *Bulletin de la Société de l'histoire de l'art français* (1982): 63-67; B. Brejon de Lavergnée 1981, 445-455; also, idem, "Contributions à la connaissance des décors peints à Paris et en Ile-de-France au XVIIe siècle: le cas de Michel Dorigny," *Bulletin de la Société de l'histoire de l'art français* (1982): 69-83; idem 1987, esp. 182-191, nos. 222-241, among others.

2. Bean 1979, quote from 272, no. 359.

3. Repr. from archival photographs by B. Brejon de Lavergnée 1981, 452-453, figs. 12-13.

4. Ibid., 453-455, pls. 39-40; also Brejon de Lavergnée 1987, 185-186, no. 230.

5. B. Brejon de Lavergnée 1981, 454.

99. *Design for a Wall Decoration*
Pen and brown ink with blue, green, red and yellow watercolor, on irregularly cut paper split in two halves and rejoined on another sheet, itself mounted. (The drapery of the reclining woman top left is composed on four further patches of paper), 376 x 433 mm (14-13/16 x 17"), irregularly cut
Bowdoin College Museum of Art, 1956.24.273

This drawing, the coloristic charm of which cannot be adequately sensed in black-and-white reproduction, was discovered by Rosenberg, who first published it, noting its characteristic assertive pen style, with rapid hatching strokes, and the simplified, rounded eye sockets. We have noted these characteristics also in the art of Dorigny's first master, Georges Lallemant [52-53], but in Dorigny's instance they are executed with far more discipline and the draftsmanly care of an engraver. In the same publication, Rosenberg lists other pen-and-ink drawings by Dorigny in the United States and Europe, including one ceiling study, then in the collection of Anthony Blunt and now at the Courtauld Institute (Figure 99a). It is particularly similar in execution to the present sheet, and Blunt in a 1964 catalogue considered it "almost certainly a design for the decoration of the Château de Vincennes"[1] (datable to about 1660; see [98]).

David Becker notes that the Bowdoin

Figure 99a. Michel Dorigny, *Ceiling Study*. London, Courtauld Institute Galleries (Blunt Collection).

Figure 99b. Circle of Michel Dorigny, *Wall Decoration Study*. On loan, Cambridge, Massachusetts, The Fogg Art Museum, Harvard University Art Museums, Vermeer Associates (BVI), Ltd., 120. 1980.

drawing provides no internal evidence relating it to a specific commission and suggests that the drawing may have been intended for an engraved model, although no related print has been discovered. The pattern-book character of the Courtauld drawing and multiple contemporary examples of such models in the work of Cotelle (see comments, [88]), considered together with the medium of pen and ink and the close hatching strokes evocative of engraving found in the Dorigny sheets, suggest such an intention. The pattern-booklike conflation of diverse decorative schemes on the same sheet further confirms this proposed function.

The drawing may have served the function of providing alternative decorative patterns for patrons' consideration, within Dorigny's studio. This would explain the addition of watercolors and the absence of identifying iconography or family emblems. The strong compartmentalization and heavy framing of decorative panels, as well as the decorative patterns and motifs in the Bowdoin sheet, are notably similar to those executed by Dorigny in his commission for a ceiling decoration at the Hôtel Lauzun (constructed in 1656/57, thus datable to the late 1650s). They also recall his slightly earlier decoration of a ceiling for Cardinal Mazarin, now in the Cabinet des Estampes at the Bibliothèque Nationale, Paris, recognized by Rosenberg and published by Brejon de Lavergnée. To the latter, another ceiling study by Dorigny at the Musée Condé in Chantilly (with comparable fruited garland swags) appears also to be closely related. Furthermore, a pen-and-ink study of *The Triumph of Venus* at the Musée des Beaux-Arts in Orléans for the decoration at the Hôtel Lauzun, as well as pen-and-ink studies at the Château de Vincennes, are clearly by the same hand as the Bowdoin sheet. The drawings share the conventions of figures, cursive outlines, clear contours, tight parallel hatching strokes to express shadow, circular eyes, and manner of indicating noses and lips.[2]

This seems an appropriate opportunity to publish another sheet (Figure 99b), classified among the anonymous seventeenth-century French drawings on extended loan at the Fogg Art Museum from the Vermeer Associates BVI (Ltd.) collection (no. 120.1980, 295 x 189 mm, executed in black chalk and pen and brown ink), the attribution of which to the studio of Dorigny merits further consideration.

NOTATIONS: An inscription along the base of the sheet, below the design on the original sheets, has been cut off; inscribed in pen and brown ink on the sheet onto which the two sheets are mounted, cut to extend in strips below on either side: on the lower left: *Simon Vouet pinxit*; on the lower right: *Mich.l Dorigny feci*[t]

WATERMARK: Mounted down

PROVENANCE: Susan Dwight Bliss, New York

LITERATURE: None

EXHIBITIONS: Toronto et al. 1972-1973, 42, 155-156, no. 43, pl. 41; Brunswick, Me., et al. 1985-1986, no. 88.

1. Anthony Blunt in *The Sir Anthony Blunt Collection* (London: Courtauld Institute Galleries, 1964), 15, no. 48.

2. For a discussion of these decorative cycles and reproductions of the ceilings and the Chantilly, Orléans, and two of the Vincennes drawings, see Barbara Brejon de Lavergnée, "Contribution à la connaissance des décors peints à Paris et en Ile-de-France au XVIIe siècle: le cas de Michel Dorigny," *Bulletin de la Société de l'histoire de l'art français* (1982): 69-83, esp. figs. 8-12, 15, 18, 20, 23-26; also, illustrations accompanying idem 1987, 183-186, nos. 225, 228, 229, 231, at the Louvre.

Charles Le Brun

PARIS 1619 - PARIS 1690

100. *Study for "Fame Revealing Cardinal Richelieu"*
Black chalk heightened with white chalk on buff paper, 255 x 404 mm (10-1/16 x 15-13/16")
National Gallery of Canada, 6,318

Charles Le Brun was an artist of prodigious talent and energy, sponsored in his youth by Chancellor Séguier and subsequently by Richelieu (who commissioned his work for the decoration of the Palais Cardinal [now Palais Royal] in 1641), Mazarin, Colbert, and both Louis XIII and Louis XIV. Le Brun worked closely in his youth with both Vouet and Poussin, accompanying the latter on his return to Rome in 1642, only to go back to France in 1645 to ascend rapidly to the stature of the nation's leading master. In 1666 he became the premier peintre du roi and soon was charged with practically all official artistic enterprises in France, encompassing the major decorative schemes at Versailles. Le Brun was an extraordinarily active draftsman. Over three thousand of his drawings survive at the Louvre alone. An active founder of the original Académie Royale in 1648, he also became all-powerful chancellor of Colbert's Académie Royale as reconstituted between 1661 and 1663, and in 1683, its director. Thus, he was a virtual dictator of the arts.

In biographical notes about members of the Académie Royale, composed in the late seventeenth century, Guillet de Saint-Georges devotes a quite lengthy and informative first chapter to Le Brun.[1] Among more modern sources treating the period in the artist's career which falls within the parameters of the present exhibition, the research of Henri Jouin in 1889 and of Blunt laid the foundation. The indefatigable efforts of Thuillier and Montagu, especially in the 1963 Versailles exhibition, have been indispensable. That exhibition not only brought together a tremendous range of material, but also played a fundamental role in the reassessment of twentieth-century attitudes toward

the artist, and its catalogue constitutes an essential resource. A 1977 publication by Gilles Chomer also has focused on the early period of Le Brun's career.[2]

Until recently, the Ottawa drawing was attributed to Vouet and mounted vertically. Popham suggested that the figure was a discarded study for one of the winged figures blowing a trumpet in *Hope, Venus and Cupid Trying to Pluck the Wings of Time*.[3] Besides the fact of the reverse orientation of the figures, their poses and shading differed substantially, even when the drawing was turned by ninety degrees. This unsatisfactory attribution was resolved when the sheet was recognized by Montagu[4] as preparatory for the figure of Fame in Le Brun's composition, engraved in reverse by Michel Lasne, for the thesis of Jean Ruzé d'Effiat, *Allégorie de la puissance et de l'intégrité de Richelieu*, dedicated to Richelieu and dated 1642 (Figure 100a).[5] As Brejon de Lavergnée notes, "The movement, the position of the figure, and even the technique derive from the art of Vouet, and Le Brun prepares his figures just as Vouet did. But the roundness and amplitude of the forms, united with an individual sense of line, speak for the young Charles Le Brun."[6]

Even in this early drawing, emphasized contour lines and more aggressive assertion of three-dimensionality distinguish Le Brun's work. The artist had received his earliest training, beginning in 1632, in the studio of François Perrier, but Séguier sent him to Vouet, probably about 1634. In this context it is worth recalling Guillet de Saint-Georges's observation that the artist's earliest works were executed in pen and ink.[7] Indeed, his portraits executed in this medium first brought Le Brun to the attention of Séguier. Pen and ink and wash were Perrier's favored media (see [61, 62]), while black and white chalk studies were preferred by Vouet. Unfortunately no securely attributable pen-and-ink drawings from this early period, before the artist visited Rome, survive. (The attribution of the drawing of *The Dead Christ* at the Art Institute of Chicago to Le Brun does not appear tenable to me, and in any case the Louvre painting of the subject dates to the Roman period.)

Thus the media, the nature of the study–examining the figure, then a single limb, and the broad figure type–all reflect the influence of Vouet (see comments, [56-58]); furthermore, relevant to this sheet is Chomer's observation that in the round facial types of this pre-Roman period Perrier's lingering influence can be seen.[8] How far Le Brun has come in assimilating Vouet's style by 1642 is evident when the female figure and drapery in the design for the thesis are compared with his small, juvenile painting *St. Geneviève Before Paris*. This signed work datable to the mid-1630s, formerly in the Baderou collection and now at the Musée des Beaux-Arts in Rouen (Figure 100b), is indebted to the model of Perrier.

Designing thesis frontispieces was an important aspect of Le Brun's early career, serving to assist his increasing renown. Guillet de Saint-Georges states that, beginning in 1638 with a design highly regarded at court, celebrating the birth of Louis XIV, Le Brun began to be sought out for designs for theses. Jouin states, "Les premiers ouvrages de Le Brun lui ayant acquis un véritable renom, des dessins de thèses lui furent demandés de toutes parts."[9] At this time, students in the four faculties of the University of Paris would publish their theses, standardly with an allegorical frontispiece and dedication to a high authority. Le Brun designed several such works by 1642, including that of Jean Ruzé d'Effiat.[10]

In the upper portion of the print, the allegory presents the cardinal on a throne surrounded by Minerva, Fame, a Genius, and an allegory of Magistrature. Below his throne and on the left, Force is depicted overcoming Heresy, Ignorance, and Fraud, while Hope sits on the right side of the print. At the base of the print are various symbols of Richelieu, including a ducal coronet, cardinal's hat, a reference to the Grand Admiralty of France, and the two figures of Mars and Apollo, symbolizing the personal attributes of the cardinal.[11] A drawing for the lower section of the design, executed in black chalk and black and gray wash, over traces of red chalk, formerly in the collection of Anthony Blunt, is now at the Metropoli-

Figure 100a. Michel Lasne (after Charles Le Brun), *Title Page of the "Thesis of Jean Ruzé d'Effiat: Allégorie de la puissance et de l'intégrité de Richelieu"* (partially reproduced). Paris, Bibliothèque Nationale.

Figure 100b. Charles Le Brun, *St. Geneviève before Paris*. Rouen, Musée des Beaux-Arts.

tan Museum (Figure 100c).[12] Another associated drawing, for one of the caryatid figures in the print (not featured in Figure 100a, a cropped reproduction of the engraving) was acquired by the Morgan Library in 1987. It is executed in black chalk and black wash, incised for transfer. Jean Ruzé d'Effiat was abbé of Saint-Sernin at Toulouse, brother of Cinq-Mars, who was executed at the order of Richelieu for treason in 1642. Thus, this commission presumably preceded that turn of events.

The Ottawa drawing's relation to the print recently has been discussed by W. McAllister Johnson. He notes that in the correct orientation, the shading of the figure of Fame in the Ottawa drawing makes sense. It did not do so previously. Furthermore, the shading corresponds quite closely with that in the print (as is also the case in the Metropolitan drawing). As Weigert and Préaud cite, Mariette wrote of the figure of Fame, "La Renommée publie tant de Vertus et le Génie de la France invite le Ministre à continuer de prendre soin de l'administration de son gouvernement." Thus, Richelieu (who died in December 1642) is exhorted to continue his enlightened custody of the governance of France.

The trumpet and drapery are only cursorily indicated in the drawing. Johnson perceptively observes that the absence of Fame's right arm in the drawing is explained by the print, where the figure is depicted flying away from the viewer diagonally into the picture space so as to pull back the curtain from before the right side of the cardinal's baldachin throne. Reciprocally, to the left, the Genius of France flies diagonally forward, lifting the curtain from before the left side, presenting the cardinal with an orb decorated with three fleurs-de-lys. The drawing, executed when the artist was about twenty-two years old, is a remarkable statement of his youthful accomplishment and assimilation of Vouet's work immediately prior to visiting Rome. It also provides a fascinating comparison with a remarkably similarly posed figure of Fame blowing a trumpet in a drawing executed by the artist twenty-four years later (see comments, [102]).

NOTATIONS: On recto, lower left corner: traces of an undecipherable inscription in black chalk

WATERMARK: Grapes, similar to Heawood 2100

PROVENANCE: (H. M. Calmann, London, through Paul Oppé, 1955)

LITERATURE: "Accessions of American and Canadian Museums, January-March, 1955," *Art Quarterly* XVIII, 3 (1955): 307; Popham and Fenwick 1965, 142, no. 203; Barbara Brejon de Lavergnée, "New Attributions Around Simon Vouet," *Master Drawings* XXIII-XXIV, 3 (1986): 348, pl. 1.

EXHIBITIONS: Florence 1969, *Da Dürer à Picasso. Mostra di disegni della Galerie Nazionale del Canada,* Uffizi, 44, no. 30, fig. 33; Toronto et al. 1972-1973, 21, 224-225, no. 151, pl. 6; Vancouver 1988-1989, *Master Drawings from the National Gallery of Canada,* Vancouver Art Gallery, National Gallery of Canada, National Gallery of Art, catalogue published by the National Gallery of Art, Washington, D.C., 156-157, no. 48.

1. Guillet de Saint-Georges 1854, 1: 3-72.

2. Henri Jouin, *Charles Le Brun et les arts sous Louis XIV. Le premier peintre, sa vie, son oeuvre, ses écrits, ses contemporains, son influence, d'après le manuscrit de Nivelon et de nombreuses pièces inédites* (Paris, 1889); Anthony Blunt, "The Early Works of Charles Le Brun," *Burlington Magazine* LXXXV, 496-497 (1944): 165-173, 186-195; Jacques Thuillier and Jennifer Montagu, *Charles Le Brun 1619-1690, peintre et dessinateur* (Versailles, 1963) (Thuillier composed the introduction, preface, and bibliography, and selected and catalogued the paintings, while Montagu chose and wrote entries for the drawings); Gilles Chomer, "Charles Le Brun avant 1646: Contribution aux problèmes de sa formation et de ses oeuvres de jeunesse," *Bulletin de la Société de l'histoire de l'art français* (1977): 93-107. Also see Jennifer Montagu, "The Unknown Charles Le Brun: Some Newly Attributed Drawings," *Master Drawings* I, 2 (1963): 40-47, an important article that focuses on Le Brun's evolving graphic style in the 1640s. On painted corpus of his early period, besides Blunt's work, see Bernard de Montgolfier, "Charles Le Brun et les confréries parisiennes," *Gazette des Beaux-Arts* LX, 1096-1097 (1960): 323-342.

3. For the painting in Bourges, see Crelly 1962, 152, no. 12, fig. 135; also recorded in a 1646 engraving by Dorigny (Robert-Dumesnil 103).

4. Jennifer Montagu, a letter to the museum (January 31, 1984, curatorial files). The attribution was cited and subsequently published by Barbara Brejon de Lavergnée in Brejon de Lavergnée 1986, 348. This letter is again cited in Vancouver 1988-1989, 157 n. 1.

5. Figure 100a provides the only reproduction available but does not show the central section of the engraving. For a reproduction of the entire image, refer to Daniel Wildenstein, "Les oeuvres de Charles Le Brun d'après les gravures de son temps," *Gazette des Beaux-Arts* LXVI (1965): 53, no. 284. The print is cited, under Lasne, with Pierre-Jean Mariette's explanatory text in Roger-Armand Weigert and Maxime Préaud, *Bibliothèque Nationale. Département des estampes. Inventaire du fonds français. Graveurs du XVIIe siècle,* VII (Paris, 1976), 283, no. 748, and it was so published as by Le Brun by Barbara Brejon de Lavergnée in 1986.

6. B. Brejon de Lavergnée 1986, 348.

7. Guillet de Saint-Georges 1854, 1: 3-5.

Figure 100c. Charles Le Brun, *Study for the "Allegory in Honor of Cardinal Richelieu."* New York, Metropolitan Museum of Art. Harry G. Sperling Fund, 1974. (1974.106)

8. Chomer 1977, 93, 95.

9. Jouin 1889, 29.

10. The design, however, dated before 1642 by Jouin on the basis of the ca. 1700 manuscript of Claude Nivelon, *Vie de Charles Le Brun et description detaillée de tous ses ouvrages*, preserved at the Bibliothèque Nationale (ms. fr. no. 12987, fol. 13), also see Jouin 1889, 29-30, 595-596.

11. Pierre-Jean Mariette identified the figures about Richelieu as:
Religion qui lui inspire de faire observer les loix; l'Erreur, l'Ignorance et l'envie sont terrassées par la force de sa Prudence. Sa sagesse et son intrépidité dans la conduite de la guerre sont exprimées dans la figure de Pallas, ayant auprès d'elle une femme appuyée sur un [sic] *ancre, ce qui designe la navigation rétablie*. . . .
For further reference to the print and the presentation of Mariette's complete, slightly varying interpretation of the subject, see the text, under Lasne, in Roger-Armand Weigert and Préaud 1976, VII: 283, no. 748.

12. See Bean 1986, 147, no. 157; also Blunt (*Burlington*) 1944, 169, pl. IIIa.

101. *Study of a Man Clinging to a Rock for "Moses and the Brazen Serpent"*
Red chalk on tan paper, 446 x 286 mm (17-1/2 x 11-1/4")
E. B. Crocker Collection, Crocker Art Museum, 1871.421

This dynamic study is one of several surviving preparatory drawings for Le Brun's painting of *Moses and the Brazen Serpent*. According to Guillet de Saint-Georges, Le Brun executed two versions of the painting, one in a small format for his friend, the Parisian collector Lenoir, and a second version, done very quickly, "au premier coup," for the refectory of the Tiers order of Saint-François in Paris.[1] The single surviving version, at the City Art Gallery, Bristol (Figure 101a),[2] presumably is that painted for Lenoir. In 1963 Thuillier, on stylistic grounds and concurring with the earlier indication of Claude Nivelon in his extended biographical manuscript of ca. 1700 (preserved at the Bibliothèque Nationale), argued a now generally accepted date for this painting of 1649/50.

Between 1642 and 1645 Le Brun, who accompanied Poussin back to Rome, studied contemporary Baroque currents in Rome and classical sculpture, as well as executing copies of works by Raphael and Reni for his patron, Chancellor Séguier. Poussin's influence is clearly sensed in works executed after Le Brun's return to France. The Bristol painting embodies those stylistic features that define Le Brun's style in the years immediately following his return to Paris in 1646. It integrated Poussin's contemporary mode of compositional organization, characterized by complex yet clear groupings of rhetorically posed figures about a central focus (one need only consider Poussin's contemporary *Moses Striking the Rock* at Leningrad, sent by the artist to Paris to Jacques Stella in 1649, as an example), with dynamic, highly energized subject matter.

Other studies for the painting include two in red chalk heightened with white at the Louvre (Figure 101b, and another in red chalk of a collapsing nude female figure),[3] and one in red chalk heightened with white, at the Hessisches Landesmuseum, Darmstadt, of the two men collapsing and writhing in the right foreground of the painting.[4] The Darmstadt male figures are drawn with short "molding" strokes about the face and beards, dynamic poses emphasized through strongly drawn contours, and short parallel hatching strokes modeling muscle, as one finds in the Louvre male study (Figure 101b) and the Sacramento drawing. The Crocker sheet is still reminiscent of Vouet in both its varied use of chalk strokes in modeling and shading, and the manner in which the figure and more detailed studies of his face and limbs are essayed on the same sheet (see comments, [56, 58, 100]). It is a method that can be traced to the academic practices of the Carracci. It is also a mode of study that would have been further reinforced by Le Brun's sojourn in Rome, where the use of red chalk also would have been more common.

Yet Le Brun's emphasized contour lines and his more aggressive assertion of three-dimensionality, as noted in the even earlier example [100], distinguish his work from Vouet's. Furthermore, Le Brun's firmer sense for well-defined limbs and expressive, detailed analysis of facial features, so eloquently manifest in his meticulous studies of hand and face in the Sacramento drawing, characterize his graphic style. These characteristics, which developed into his studies of facial expression and types, most notably articulated in his "Conférence sur la physiognomie de l'homme dans ses rapports avec celle des animaux" (delivered to the Académie Royale September-November, 1668, and March 28, 1671), are undoubtedly in part indebted to his exposure in Italy and France to the work of Pietro Testa. Thus, Le Brun's concern in rendering the human figure more exactingly accurate in its weight and volume is among the fundamental distinctions between his chalk drawings of the 1640s and Vouet's, especially after Le Brun's return from Italy. He pursued these concerns even at the cost of losing some of the fluid grace and beauty of Vouet's figures. This progressive development is evident as one proceeds from [100] to [102].

Figure 101a. Charles Le Brun, *Moses and the Brazen Serpent*. Bristol, City Art Gallery.

As Rosenberg has noted, Montagu has singled out other drawings, among those at the Louvre, related to this composition.[5] All these drawings are figure or drapery studies. In his 1972 entry on this drawing, Rosenberg cites other drawings by the artist in North American collections; Sacramento itself possesses other drawings attributed to the artist.[6]

NOTATIONS: None

WATERMARK: Mounted down

PROVENANCE: Pierre-Jean Mariette, Paris, 1694-1774 (Lugt 1852); (his sale, Paris, November 15, 1775 [as noted by Pierre Rosenberg, part of lot no. 1183, "six belles Etudes de Figures nues et drapées, à la sanguine," bought for 39 livres by Tersan]; Charles-Philippe Campion de Tersan, Paris; A. Bourduge, Paris(?) (the collection mark differs slightly from that in Lugt, see also the collection mark on [96], where the issue of this collection mark is discussed under *provenance*); Edwin Bryant Crocker, Sacramento.

Figure 101b. Charles Le Brun, *Study for "Moses and the Brazen Serpent."* Paris, Louvre.

LITERATURE: Pierre Rosenberg, "Twenty French Drawings in Sacramento," *Master Drawings* VIII, 1 (1970): 32, no. 8, pl. 27.

EXHIBITIONS: Sacramento 1971, *Master Drawings from Sacramento*, The E. B. Crocker Art Gallery, 1971, 26, 106, 155, no. 65; Toronto et al. 1972-1973, 39, 173-174, no. 75, pl. 36.

1. Guillet de Saint-Georges 1854, 1: 9.

2. See Jacques Thuillier and Jennifer Montagu, *Charles Le Brun 1619-1690, peintre et dessinateur* (Versailles, 1963), 33, no. 14; also Christopher Wright, *Masterpieces of Reality: French 17th Century Painting* (Leicester, 1985), 115, no. 21.

3. Repr. in Thuillier and Montagu 1963, 165, no. 61; see also repr. 167, no. 62.

4. Also ex-Mariette collection, repr. in *Le Cabinet d'un Grand Amateur, P.-J. Mariette, 1694-1774* (Paris, 1967), 147, no. 241.

5. Jean Guiffrey and Pierre Marcel, *Inventaire général des Dessins du Musée du Louvre et du Musée de Versailles. Ecole française,* VIII (Paris, 1913), nos. 7371 verso, 7636, 7637, 8070 (all of the preceding in red chalk heightened with white), and 8072 (in red, black, and white chalk).

6. See Toronto et al. 1972-1973, 174-176, nos. 76-78; also, Sacramento 1971, 155, nos. 417-422.

102. *Fame with a Portrait of Mazarin*
Black and red chalk, gray wash (with brown ink framing line on three sides) on light tan paper. The drawing has been incised for transfer as for a print, but neither the portrait, the putto supporting it, nor the lettered inscription have been incised. The verso of the sheet has been coated with red chalk, 187 x 205 mm (7-5/16 x 8-1/16")
Fogg Art Museum, Harvard University, The William C. Heilman Fund, 1954.5

Although this drawing carried an attribution to Puget until 1961, according to a note on the label on the back of the frame, Blunt attributed the sheet to Le Brun. As Rosenberg has noted, the drawing is preparatory for the upper portion of the composition engraved by Gilles Rousselet (Figure 102a). It was recognized by Montagu as the frontispiece of the *Elogia Julii Mazarini Cardinalis* by Gilles Menage, et al. (Paris, 1666).[1] In a note dated April 1974, Montagu observes that the head in the lower right of the drawing is that of History writing on the back of Time.

In the final print, the wording on the banner carried by the figure of Fame—who in her other hand supports the victoriously wreathed putto with the portrait of Mazarin—is altered from the title (which, together with the sketched portrait, is the only area of the drawing not incised for transfer) to the self-directed assertion, "Famam qui terminat

Figure 102a. Gilles Rousellet (after Charles Le Brun), *Frontispiece to "Elogia Julii Marzarini."* Paris, Bibliothèque Nationale.

astris." The latter is a quotation from Vergil's *Aeneid*.[2] Complementing that citation, Mazarin's portrait is enframed in stars, also evident in the Fogg drawing which bears the earlier inscription. In the lower right of the drawing, corresponding to the print, are the classical ruins of the Colosseum, appropriately for the Italian-born cardinal statesman who only permanently installed himself in Paris from Rome in 1640. Mazarin succeeded Richelieu in 1642 (remaining first minister until his death on March 9, 1661), and played an active role in encouraging the influx of Italian art, both before and during his ministry.[3] Under Mazarin's administration financial misjudgments precipitated the temporary estrangement of the bourgeoisie from the crown and the crisis of the Fronde (1648-1653), but also, consequent to the collapse of that rebellion, all power was effectively centralized under the king during the later years of Mazarin and under Colbert.

The drawing itself provides a fine opportunity to visualize the development of Le Brun's drawing style over the twenty-four-year interval that separates this figure of Fame from that in the 1642 thesis dedicated to Richelieu [100]. Most striking is the extraordinary enhancement, indeed the comparatively aggressive assertion of a sculptural, three-dimensional form dramatically moving through space in the later drawing. Also evident is the firmer, more secure defining of contours in a few assertive strokes, the energetic hatching strokes of shading synthesized with wash, and the more classicistically modeled and idealized figure types, all evidence of a shift away from Vouet's style toward a more Italianate ideal of monumental grandiloquence.

NOTATIONS: Inscribed in black chalk on recto, lower right corner: Puget; (on the banner, in the artist's hand: *ELOGIE / DEL / CARDINAL / MAZARINI)*

WATERMARK: None

PROVENANCE: John Thane, London, 1748-1818 (Lugt 1544); W. Young Ottley, London, 1771-1836 (Lugt 2665); (Castano Gallery, Boston)

LITERATURE: Pierre Rosenberg, "Le Brun at Versailles," *Master Drawings* I, 3 (1963): 55, pl. 38.

EXHIBITIONS: Tokyo 1979, *European Master Drawings of Six Centuries from the Collection of the Fogg Art Museum,* The National Museum of Western Art, no. 64.

1. The engraving is mentioned – inaccurately as a thesis engraving – in the ca. 1700 manuscript biography by Claude Nivelon, *Vie de Charles Le Brun et description détaillée de tous ses ouvrages*, preserved at the Bibliothèque Nationale, ms. fr. no. 12987, fol. 283-284; see Jennifer Montagu, "The Church Decorations of Nicodemus Tessin the Younger," *Konsthistorisk Tidskrift* XXXI, 1-2 (1962): 17, 27 nn. 50-52.

2. *Aeneid,* I: 287 (altered, as Montagu explains, from the subjunctive case "terminet," which in the original work referred to the still-living Aeneas); see Montagu 1962, 27 n. 52.

3. See Madeleine Laurain-Portemer, "Mazarin Militant de l'art Baroque au temps de Richelieu (1634-1642)," *Bulletin de la Société de l'histoire de l'art français* (1975): 65-100.

Robert Nanteuil

REIMS 1623 - PARIS 1678

103. *Portrait of Rol. Burin*
Graphite on vellum, 170 x 122 mm (6-3/4 x 4-13/16")
Mr. and Mrs. Jeffrey E. Horvitz

Although most famous today as a superb and indefatigable engraver of portraits (221, out of a corpus of 230 prints), Robert Nanteuil was also a fine draftsman, celebrated in his own time for his drawings and in his later years for his pastels. His subjects included many of the most important figures of his age, especially Louis XIV, whose image he engraved no less than eleven times, the last occasion only a few days before his own death in December 1678. By 1660 the artist had executed several portraits of Cardinal Mazarin, as well as engravings of the ducs de Bouillon, Mercoeur, Nemours, Beaufort, d'Epernon, and Condé, as well as pastel portraits of such literary figures as Mme de Sévigné and Mlle de Scudéry. The already-popular portraitist's career was secured, as Louis Metcalfe and Diane Russell have pointed out, by the reception at court of a remarkably vivid pastel portrait of the monarch executed in 1662.[1] Clearly, for all the subtle insight into both the physical and psychological characteristics and posture of his subjects, Nanteuil's works also flattered, a difficult balance that must have pleased his subjects.[2]

Nanteuil had entered into Louis XIV's service as dessinateur et graveur ordinaire du roi in 1658. It was largely through his prestige that the status of engravers as academic artists of the liberal arts with the privileges of painters was granted by Louis XIV in 1660.

An educated man – having studied philosophy at the Jesuit college in his native Reims – Nanteuil has left us various writings. They include some rather indifferent poetry that nonetheless endeared him to the court and Paris literary circles,[3] observations on his method of drawing and of studying his sub-

jects, and his philosophy of portraiture. His biography and artistic observations were also recorded in his later years by his faithful assistant, the Florentine, Domenico Tempesti. Although the essential modern study of Nanteuil's prints remains that by Charles Petitjean and Charles Wickert, two essential studies on Nanteuil as a draftsman are by T. H. Thomas (1914) and Yane Fromrich (1957).[4]

By his own account, Nanteuil began as a youth to draw his classmates and to engrave even during classes–copying works of Callot Lasne, and Mellan–having been trained by the local engraver Nicolas Regnesson, whose sister he married in 1647. Leaving college in 1645, Nanteuil devoted the next two years to drawing portraits, settling in Paris in 1647, where he continued to execute portrait drawings, in pen, pencil, and pastel. While crayon-chalk portraiture had a venerable tradition in France, traceable to Fouquet and including such artists featured in this exhibition as Quesnel, Lagneau, and Dumonstier ([48-50]; see, especially comments, [48]), that tradition, while still recently active, had all but died out with these artists. Nanteuil's work constitutes both a continuum and a transition to the eighteenth-century penchant for pastel portraits.

His earliest work, almost miniaturist in sensibility and characterized by minute detailing of features, gives way in his later works to a broad sense of design and contour, and images of subtle psychological insight are balanced with attention to detail. He achieved this through an extended study of his subjects, capturing typical expressions and body language over multiple sittings. Nanteuil's early work shows his attention to Dutch and Flemish portraiture and the acute observations of an engraver. It was fitting that he worked for Philippe de Champaigne and Abraham Bosse in these early years, with whose technical discipline and exactitude in rendering subjects he would have been in natural sympathy.

This drawing is at once both typical and innovative as an example of the artist's earliest work in Paris. He has executed the drawing in his standard medium of pencil on vellum. Regrettably, the surface is somewhat abraded and rubbed, softening the originally crisp, precise graphite indications. Nonetheless, the portrait already demonstrates a sensitivity in rendering the subtleties of passing shadows, the apparently typical pose of the head and the features of the face, a disciplining of the details of drapery and hair to the overall contour and portrayal of the figure–characteristics so masterfully achieved in [104].

A stiffness in execution lingers in this early work, drawn at a period when the artist still executed portraits in pencil on vellum and in pen and ink openly by the cemetery of the Innocents near the Sorbonne.[5] The composition, however, is innovative for the artist, who had already established his convention of portraying the figure in bust (not showing the hands), usually designed in an oval format converted in engravings to the illusion of a frame. As in the precisely contemporary drawing in pencil on vellum of John Evelyn,[6] the figure is shown in bust in three-quarter pose, without recourse to the oval format, and with far greater control over his medium, sophistication in rendering light effects, and naturalistic detailing yet animation of figure than in his naïve, miniaturist, labored Louvre drawing of an old woman of only two years earlier.[7] The Horvitz portrait sheet conveys far more of the individual personality and reflects a greater sensitivity, even on this small scale, to volumes, textures, and mass than the early Louvre drawing. The early 1648 drawing still looks back to such prototypes as Lagneau and Dumonstier. The 1650 drawings more closely resemble the work of Claude Mellan (see [74]).

The fine inscription on the Horvitz drawing is particularly interesting. The sheet is among the many early pencil portraits not reproduced in a print. A second pencil drawing, also on vellum and of precisely the same dimensions, signed, dated, and dedicated with the identical, autograph inscription, exists in the collection of the British Museum (Figure 103a). The highly finished sheets, bearing their elegant inscriptions, were almost certainly commissioned by Burin for his two sisters, each to receive an original. The *D.D.Dicatq.* that follows the dedicatory inscription to Burin's "beloved sisters" (*Sorori*

Figure 103a. Robert Nanteuil, *Portrait of Rol. Burin*. London, British Museum.

Amantissime) confirms this, as it is an abbreviation commonly inscribed on prints that may be interpreted as *D[ono] D[edit] D[edicavit]*. The Horvitz drawing and [104] reflect the impress of Philippe de Champaigne's portraiture on Nanteuil at this time.

NOTATIONS: Signed, dated, and inscribed by artist in graphite on recto in apron below image: *Rob. Nanteuil Faciebat An.o 1650. / Sorori Amantissime Rol. Burin / D. D. Dicatq. / 1650*

WATERMARK: On vellum

PROVENANCE: (Mark Brady, New York)

LITERATURE: None

EXHIBITIONS: None

1. Louis R. Metcalfe, "Robert Nanteuil (1630-1678)," *Print Collector's Quarterly* I, 5 (1911): 549; and H. Diane Russell's brochure, "Robert Nanteuil: Portrait Engraver to the Sun King" (Washington, 1985).

2. As Mlle de Scudéry wrote to him:

Nanteuil en faisant mon image
A de son art divin signalé le pouvoir,
Je hais mes traits dans mon miroir,
Je les aime dans son ouvrage.

Quoted from Metcalfe 1911, 541.

3. Several examples, including verses addressed to the queen and Queen Mother on pastels he executed of them, are published by Mariette 1853-1859, IV: 34-37.

4. Charles Petitjean and Charles Wickert, *Catalogue de l'oeuvre gravé de Robert Nanteuil*, intro. by François Courbain (Paris, 1925), 2 vols.; see also Metcalfe 1911, 525-561; T. H. Thomas, "The Drawings and Pastels of Nanteuil," *Print Collector's Quarterly* IV, 4 (1914): 327-361; and Yane Fromrich, "Robert Nanteuil, dessinateur et pastelliste," *Gazette des Beaux-Arts* XLIX, 1059 (1957): 209-218.

5. See Fromrich 1957, 210.

6. Evelyn collection, Wotton House, Surrey; repr. in Fromrich 1957, 211, fig. 2; also, Jean Vallery-Radot, "Dessins de Mellan et de Nanteuil appartenant à des collections particulières d'Angleterre," *Bulletin de la Société de l'histoire de l'art français* (1954): 30.

7. Repr. in Fromrich 1957, fig. 1; also Thomas 1914, 335; also Lise Duclaux, *Musée du Louvre. Cabinet des dessins. Inventaire général des dessins. Ecole française,* XII (Paris, 1975), 15-16, no. 7.

104. *Marin Cureau de la Chambre*
Graphite on vellum, 137 x 109 mm (5-3/8 x 4-5/16") oval
National Gallery of Art, Rosenwald Collection, 1943.3.9130

The Washington portrait drawing is preparatory for a print of about 1656, which notes, as do many of Nanteuil's engravings, that the subject was studied *ad vivum* (Figure 104a).[1] It is typical of his early pencil style, composed in an already characteristic mode, with the bust, not including hands, set within an oval. It is also typical in its use of pencil on vellum, and like many of the surviving works in this medium, has suffered from rubbing, becoming somewhat blurred. Nonetheless, Nanteuil's finesse in rendering subtleties of shading in middle values and the crispness of drapery–expressively unified by the diagonal contour of the figure–without ever sacrificing the dominance of the psychologically rich portrayal of the face is remarkable. Indeed, one recalls the ancient *topos* that the subject's lips seem about to speak.

The work marks a notable advance in Nanteuil's sophistication and technical mastery over [103]. The subject of the drawing and print is Marin Cureau de la Chambre (ca. 1594-1669), physician to Louis XIII. A highly regarded scientist, physician, and naturalist, he wrote works on optics, medicine, and Platonic philosophy. He delivered the eulogy address on Richelieu to the Académie fran-

Figure 104a. Robert Nanteuil, *Marin Cureau de la Chambre*. London, British Museum.

çaise in Paris, which he had entered under the patronage of Chancellor Séguier in 1635. He was a founder of the Académie des sciences in 1666. Although neither the drawing nor the print are dated, according to Wickert and Petitjean,[2] a handwritten note on a proof of the print in Mariette's collection stated that it was engraved in 1656, a date stylistically accepted by Robert-Dumesnil and by Wickert and Petitjean. They indicate five states for the print, engraved in reverse of the drawing.

NOTATIONS: None

WATERMARK: On vellum

PROVENANCE: Lessing J. Rosenwald, Philadelphia (acquired in 1929)

LITERATURE: Yane Fromrich, "Robert Nanteuil, dessinateur et pastelliste," *Gazette des Beaux-Arts* XLIX, 1059 (1957): 213, fig. 4; Ruth Fine, *Lessing J. Rosenwald: Tribute to a Collector* (Washington, 1982), 125 (mentioned), no. 41, fig. 41a.

EXHIBITIONS: Buffalo, 1935, *Master Drawings: Selected from the Museums and Private Collections of America,* Albright Art Gallery, no. 44; Rotterdam et al. 1958-1959, 41, no. 27, pl. 27; Toronto et al. 1972-1973, 46, 184-185, no. 95, pl. 47; Washington Oberlin 1985, 1987, *Robert Nanteuil: Portrait Engraver to the Sun King,* National Gallery of Art, Allen Art Museum, brochure by H. Diane Russell, no. 19.

1. Charles Petitjean and Charles Wickert, *Catalogue de l'oeuvre gravé de Robert Nanteuil,* I (Paris, 1925), 211-212, no. 93; II: pl. 93.

2. Ibid., I: 212.

105. *Portrait of a Man (Charles Perrault?)*
Pastel and black chalk (with wax binding), heightened with white chalk on brownish paper, 277 x 228 mm (10-7/8 x 9") oval
Fogg Art Museum, Harvard University, Gift of Mrs. Herbert N. Strauss, 1957.183

This exquisite pastel portrait embodies those qualities of subtle yet vivid portraiture for which Nanteuil was so celebrated in his time. His method of execution is recorded through his own writings and observations, as well as a manuscript kept by his assistant Domenico Tempesti. In his early pastels, the artist began by laying in the form with the firmer black chalk, to which colors were subsequently added, being rubbed in (a traditional method). By the late date of the Fogg portrait, however, Nanteuil's approach is far freer and more painterly, creating an overall, atmospheric tonality consonant with the mood and stature of the figure. The colored chalks and white heightening are applied with a freshness and vividness that anticipate the achievements of the eighteenth-century pastellistes.

This monumental and three-dimensional, independent study of the subject posed with such confidence and ease–and there does not appear to be any engraving by Nanteuil associated with the sitter–corresponds to Tempesti's descriptions of the artist's working method in his later years.[1] Tempesti described how Nanteuil would first interview his sitters, gaining a sense of their characters, overall appearance, typical expressions and gestures. He then would set the appropriate lighting and lay in the oval of the face, with black chalk, then the eyes and mouth. Nanteuil would have the sitters stand and then return to their seat so as to catch the pose of the body and the natural set of the head. He would often jest with his subjects to get them to relax, while recording the animated effect of a passing smile and its effect on the muscles of the face. From the outlines, Nanteuil proceeded to lay in the more subtle contours, then the hair, and finally the colors, working in broad fields, then subtly adjusting tones. All this was done over several sittings: a first, in which the general sketch was executed; a second, in which the face was completed and the overall composition laid out and harmonized; and a third, in which the final touches ("les belles touches," as Nanteuil called them) were added while the artist checked his work anew against the subject.[2]

This portrait probably represents Charles Perrault–an intellectual, assistant to Colbert, contrôleur des bâtiments du roi, and most celebratedly, author of "Les Contes de ma Mère l'Oie" (Mother Goose). The subject's features and even the pose (in reverse) are remarkably similar to those in an engraving of 1675 by Etienne Baudet after a 1665 portrait by Le Brun.[3] Another, less strikingly similar image of Perrault is one by Edelinck in 1694, after Tortebat (Robert-Dumesnil 292). A further image, in the Louvre, asserted in some of the literature to be a depiction of Charles Perrault, is dated 1656 and attributed to Philippe de Champaigne. It portrays two men and is inscribed "Mansard" and "Perrault." In an article in 1949, Hélène Adhémar identified the figure on the right as Charles Perrault.[4] The figure resembles the subject of the Fogg drawing only in a general manner, not definitively. In a letter to the Fogg Museum of March 1962 (curatorial files), Yane Fromrich doubted whether the sitter in the Fogg drawing was truly Perrault. More recently, Bernard Dorival, who rejects the attribution to Philippe de Champaigne of the Louvre painting, has argued forcefully that the double portrait does not depict Charles Perrault at all, but Jean Perrault. Dorival has further suggested that the companion figure in the Paris picture might be Abraham Girard.[5] Thus, although the strong possibility remains that the Fogg drawing indeed portrays Charles Perrault, the identity of the sitter of this wonderful pastel must remain conjectural. If the date on the ancient mount is correct, the drawing was executed in the last year of Nanteuil's life. This pastel portrait thus draws a handsome and apposite curtain on the stage of this exhibition, while anticipating developments of the next century in French art.

Notations: On verso in pen and brown ink: *320 / 160* [crossed out]; on mount in pen and brown ink: *Robert Nanteuil del. avril* [aout?] *1678;* also, on mount in graphite: *Robert Nanteuil Del.*

Watermark: Bunch of grapes with stem, 52 mm long, between chain lines

Provenance: None

Literature: None

Exhibitions: New York 1961-1962, *Elements of Modern Painting,* Guggenheim Museum; Tokyo 1979, *European Master Drawings of Six Centuries from the Collection of the Fogg Art Museum,* The National Museum of Western Art, no. 63.

1. Recorded in the Tempesti manuscript, now in Venice, and translated into French: *Opinions, Maximes et Conseils de Robert Nanteuil, recueuillis par son élève Domenico Tempesti,* cited and broadly quoted from by T. H. Thomas, "The Drawings and Pastels of Nanteuil," *Print Collector's Quarterly* IV, 1 (1914): 327-361, esp. 348-360. For further bibliographical information on Nanteuil's and Tempesti's writings, see Charles Petitjean and Charles Wickert, *Catalogue de l'oeuvre gravé de Robert Nanteuil,* I (Paris, 1925), 409-411.

2. Tempesti's account is restated in Thomas 1914, 350-358.

3. Repr. Daniel Wildenstein, "Les oeuvres de Charles Le Brun d'après les gravures de son temps," *Gazette des Beaux-Arts* LXVI (1965): 40, no. 212.

4. Hélène Adhémar, "The So-Called 'Portrait of Mansard and Claude Perrault' by Philippe de Champaigne," *Journal of the Warburg and Courtauld Institutes* XII (1949): 200, pl. 36a; also repr. in *European Master Drawings of Six Centuries from the Collection of the Fogg Art Museum* (Tokyo, 1979), no. 63.

5. Bernard Dorival, *Philippe de Champaigne 1602-1674. La vie, l'oeuvre, et le catalogue raisonné de l'oeuvre,* II (Paris, 1976), 327-328, no. 1774, pl. 1774.

Dominique Barrière – b. Marseilles, about 1610-1620; d. Rome 1678. Established in Rome by 1643. Was a printmaker, specializing in landscape and topographical views, similar in sensibility to Israël Silvestre.

Jacques-Charles de Bellange – b. (La Mothe?) about 1574; d. Nancy 1616 (early 1617?). Trained in Nancy by Louis Loys, beginning 1595, and probably by Claude Henriet. Also worked in Nancy with Jacques Danglus, 1601/02. Visited Fontainebleau in 1608 and 1614. Active court painter and designer, but most celebrated as a printmaker, in which medium active between 1610 and 1616, working in a distinctive late Mannerist vernacular.

Jacques Blanchard – b. Paris, 1600; d. Paris, 1638. Trained in Paris by his uncle, Nicolas Bollery; completed training in Lyon with Horace Le Blanc, 1620-1623. In Rome, 1624-1626; Venice, 1626-1628; Turin and Lyon, 1628/29; returned to Paris, 1629. By time of death, appointed peintre ordinaire du roi. Highly regarded as a colorist and for his spontaneous, Venetian-inspired painting style. Came to be known as the "French Titian."

Thomas Blanchet – b. Paris, 1614; d. Lyon, 1689. Initially trained as a sculptor in the studio of Jacques Sarrazin, who advised him to turn to painting. In Rome, 1647-1653, where influenced by Poussin and Sacchi; settled in Lyon by 1655. Collaborated with Germain Panthot on decoration of Hôtel de Ville (1655-1672); official town painter after death of Panthot, 1675. Leading painter of the city, called "Le Brun of Lyon." Entered Académie Royale in 1676, submitting reception piece in 1681.

Jean Boucher – b. Bourges, 1575; d. Bourges, 1633. Traveled to Rome at unknown date, there at least twice between 1596 and 1600. Influenced by Countermaniera artists, later by Vouet. In France by November 1600. May have visited Rome again briefly between 1621 and 1625. Visited Fontainebleau in 1602. Notable early native practitioner of studying live models in studio. Trained Pierre Mignard. Active local career, including important church commissions.

Sébastien Bourdon – b. Montpellier, 1616; d. Paris, 1671. Trained in Paris by Jean Barthélemy. Left Paris for Bourdeaux, then Toulouse, 1630, at age fourteen, joining military. Traveled to Rome, 1634, responding to broad range of artists, including Bamboccianti, Claude, and Poussin. Fled Inquisition in Rome 1637, returning to France by way of Venice. In Paris, 1637; founding member in 1648 of Académie Royale. Later work strongly influenced by Poussin. 1652-1654, in Sweden as court painter to Queen Christina. 1655, elected a rector of Académie Royale. Briefly visited Montpellier, 1656/57. Delivered important discourses on Poussin, the Carracci, and the antique, 1667, 1668, 1670.

Jacques Callot – b. Nancy, 1592; d. Nancy, 1635. Contracted to local goldsmith, Demenge Crocq, in 1607. Traveled to Italy between 1608 and 1611. Learned engraving in Rome from Philippe Thomassin and collaborated with Antonio Tempesta. In Florence, 1612. Created new etching techniques and modified tools. Worked with Parigi and Cantagallina. After death of Cosimo II in 1621, returned to Nancy. Active, highly influential career as printmaker and designer, both for court of Lorraine and prominent foreign patrons, including the French and Spanish crowns and Richelieu. For commission from Queen Isabella of Spanish Netherlands, visited Breda in 1625/26 and 1627. Visited Paris in 1631.

Philippe de Champaigne – b. Brussels, 1602; d. Paris, 1674. Trained in Brussels by Jacques Foucquier. Arrived in Paris 1621, working with the young Poussin on the decoration of the Palais Luxembourg. Worked for Georges Lallemant and Nicolas Duchesne. Visited Brussels in 1627, returning definitively to Paris, 1628, at which time named peintre de la reine. Recipient of prominent commissions from the church, the crown, and Richelieu. Official painter for the magistrates of Paris. Noteworthy for penetrating portraiture and sober religious works. Founding member of Académie Royale in 1648. From 1646, closely associated with the Jansenists.

Jean Cotelle the Elder – b. Meaux, 1607; d. Paris, 1676. Initial training with Laurent Guyot, peintre du roi pour les tapisseries. First worked as designer at factory of Gobelins. Also student of and assistant to Vouet. Active independent career as a painter after 1633, receiving important royal decorative commissions. Appointed peintre du roi in 1650; entered Académie Royale 1651. Celebrated as ornamental designer, many of whose designs were engraved and published.

Guillaume Courtois – b. Saint-Hippolyte, 1628; d. Rome, 1679. Accompanied elder brother, Jacques to Milan, 1636. Traveled to Rome with his brother, 1639/40. Entered studio of Pietro da Cortona. Influenced by artists of Roman scene at mid-century. Worked for Bernini. Friend of Carlo Maratti. Executed broad range of works, specializing in religious subjects, but also mythological and historical painting and portraiture, as well as battle scenes.

Jacques Courtois – b. Saint-Hippolyte, 1621; d. Rome, 1676. Received initial training from his father. Traveled to Milan with his younger brother, Guillaume, in 1636. Early work drawing battle and military scenes. Also traveled during this period to Bologna, in contact with Reni and Albani; Florence and Siena, where contacted French and Dutch artists. In 1640 in Rome. Associated with Bamboccianti. Visited Siena, Florence, Fribourg, and Venice. Most celebrated battle painter of his time. Entered Jesuit order in 1657.

Jean Daret – b. Brussels, 1613-1615; d. Aix-en-Provence, 1668. Initial training with Anthon van Obstal in Brussels, subsequently traveling to Italy, probably including Bologna and Rome. Influenced by Domenichino, Reni, and Guercino, among others. By 1637, settled in Aix, where maintained large, profitable studio. Visited Paris 1660-1663/64, probably joining the Académie Royale. Brother of prominent Paris engraver Pierre Daret.

Claude Deruet – b. Nancy, about 1588; d. Nancy, 1660. Apprenticed to Bellange in 1605. By 1613 in Rome, where studied under Tempesta and the Cavaliere d'Arpino. By 1619 returned to Lorraine, succeeding Bellange in Nancy as court painter and director for festivals. Active career in both Nancy and Paris. Drawing master to Louis XIII. Master of Claude Lorrain, 1626/27. Executed important commissions for dukes of Lorraine as well as for Richelieu and Anne of Austria. During the 1640s and 1650s the artist turned increasingly toward Paris for his commissions. Specialized in courtly decorations, fantastic pageant designs, and mythological and allegorical painting, as well as portraiture.

Michel Dorigny – b. Saint Quentin, 1617; d. Paris, 1665. Apprenticed to Georges Lallemant in Paris, 1630-1635. 1638, entered studio of Simon Vouet, marrying his second daughter in 1648. Formed enduring relationship with Vouet and was active as reproductive printmaker in Vouet's studio from the outset. Also active as decorative painter, working in a style approximating Vouet's. 1663, entered Académie Royale.

Ambroise Dubois – b. Antwerp, about 1543; d. Fontainebleau, 1614. Arrived in Paris at age of 25 and in 1601 became a French subject. Strongly influenced by style of school of Fontainebleau, as well as by early training in Antwerp. Married daughter of court painter, Jean d'Hoey. 1606, appointed peintre de la reine. Active and prominent career as decorator of royal chambers at Fontainebleau.

Gaspard Dughet – b. Rome, 1615; d. Rome, 1675. Born to French family in Rome. The brother-in-law of Nicolas Poussin, who trained him and in whose household he lived, 1631-1635. Also associated with Claude and Northern landscape painters working in Rome in 1630s, including Sandrart, van Swanevelt, van Laer, and others. Traveled to Bologna, Milan, Perugia, and Florence in later 1630s, before settling in Rome, specializing in landscape painting. Active career as fresco painter and decorator, most notably at San Martino ai Monti in Rome, 1647-1651, and various Roman palazzi. Celebrated as landscape painter.

Daniel Dumonstier – b. Paris, 1574; d. Paris, 1646. Son of painter Cosme Dumonstier, nephew of Pierre Dumoutier and Etienne Dumoustier, portraitists in chalks. Popular portraitist at court, where he was a peintre du roi by 1602 and peintre de la reine in 1604. Produced portraits in the Clouet tradition and format. Appointed painter to the Duc Gaston d'Orléans in 1630.

Charles Errard – b. Nantes, 1606-1609; d. Rome, 1689. Trained by father, who worked for Marie de Medici in Paris from 1615. In 1627, accompanied his father to Rome. In 1633, became member of Accademia di San Luca in Rome, together with Mellan and Claude. Student of antiquities. Visited Paris, 1638, where gained patronage of Sublet de Noyers, before returning to Rome. Back in Paris, 1643, becoming peintre ordinaire du roi. Gained prominence as illustrator and engraver. By 1646 won patronage of Mazarin. In 1648 one of founders of Académie Royale. 1666, returned to Rome as first director of the Académie de France in Rome. In Paris 1673. Returned to Rome, 1675, also serving, *in absentia*, as director of Académie Royale. Engraved classicistic decorative devices.

Jacques Foucquier – b. Antwerp, about 1590; d. Paris, 1659. Possibly trained by Jan Breughel or Joos de Mompers. Worked with Rubens, traveling from Antwerp to Brussels and Heidelberg, before arriving in France, 1621, possibly accompanying Rubens. Sent by Louis XIII to Provence to paint landscapes and city plans, settling in Toulon. Returning to Paris to work on the Long Gallery of the Louvre, his commission was reassigned to Poussin by 1641. Also executed independent landscapes, first of Flemish inspiration, but influenced from the 1630s increasingly by the Carracci tradition and Bril, as well, later, as by Claude, Dughet, and Poussin.

Claude Gellée – b. (near) Chamagne, 1600; d. Rome, 1682. Celebrated and profoundly influential landscape painter, draftsman, and etcher. Traveled to Rome in his teens, where entered the service of Agostino Tassi, a pupil of Paul Bril, who trained him. Between 1619 and 1622 visited Naples, staying with the painter Goffredo Wals. Around 1625/26 visited Nancy, working briefly for Claude Deruet, before returning definitively to Rome. Influenced by Northern landscape painters and Bolognese school, later by his friend Poussin. Renown led to commissions by leading international political figures of his time, including Popes Urban VIII and Alexander VII; King Philip IV; the Prince Pamphili; Cardinals Massimi, Pamphili, and Colonna; and many others. His *Liber Veritatis,* preserved at the British Museum, is an exquisite record book of drawings of his painted compositions begun ca. 1635 until shortly before his death. Produced over 1,200 surviving drawings and 300 paintings, primarily inspired by nostalgic views of the Campagna and lyrical interpretations of the Golden Age of antiquity, the vision becoming increasingly monumental and idealized.

Lagneau – Active early seventeenth century. Name applied to an anonymous artist (or artists) based on verse and inventory references by the seventeenth-century collector Michel de Marolles. Specialized in the picturesque portrayal in chalks of figures from the lower and middle classes. One album collection of these portrait drawings, now at the Louvre, includes a dating of 1625 on one sheet. Training and career remain in dispute.

Laurent de La Hyre – b. Paris, 1606; d. Paris, 1656. Son of painter Etienne de La Hyre, practitioner of the style of second school of Fontainebleau. Subsequently traveled to Fontainebleau, where studied works by Primaticcio, among others, on his own initiative. Further trained by Georges Lallemant, whose studio he entered for a few months, about 1624. Early works powerfully influenced by Fontainebleau aesthetic. During 1630s and, especially after Poussin's visit to Paris from 1640-1642, increasingly classical caste to idealized figures with more normative proportions and more severely structured compositions. Became advocate for

instruction in perspective for the Académie Royale, of which he was a founding member in 1648. Executed May paintings for Notre-Dame in Paris, 1635 and 1637. Active association with the Capuchin order, involving many commissions in Paris. Also active career as printmaker.

Georges Lallemant – b. Nancy, about 1575; d. Paris, 1636. Probably received training in Nancy with Claude Henriet; by 1601 was established in Paris. The most prominent artist in Paris between Rubens's visit and the return of Vouet, his studio was attended for varying lengths of time in the 1620s by Laurent de La Hyre, Philippe de Champaigne, Michel Dorigny, and Nicolas Poussin. Clearly influenced by the art of the second school of Fontainebleau and his native Lorraine, especially the work of Bellange, while also capable of responding to the influx of Flemish art. May paintings for Notre-Dame in Paris, 1630 and 1633. Executed church commissions in Paris and Normandy. Also talented etcher.

Charles Le Brun – b. Paris, 1619; d. Paris, 1690. Received early training, beginning in 1632, with François Perrier. Sent by Chancellor Séguier to studio of Simon Vouet, about 1634, who influenced his early work. By 1638 acquired reputation as designer of theses. In 1642 traveled to Rome with Poussin; returning to France, via Lyon, in 1645. In Paris, 1646. Influenced by Poussin and other artists of contemporary Roman ambience. Executed two May paintings for Notre-Dame in Paris, 1647 and 1651. Also achieving fame for his decorative commissions. Founder of Académie Royale de Peinture et de Sculpture in 1648 and ultimately named its chancellor in 1663. Served as director from 1683. Appointed director of the Royal Factory of Gobelins, 1663. Favored artist of Colbert, officially named premier peintre du roi in 1664 (earlier references, extending back to 1658). Actively involved in the institutionalization and artistic instruction at the Académie Royale under Colbert. 1674-1686, Le Brun and his studio actively involved in the decoration of major public chambers and galleries at the Louvre (Galerie d'Apollon, 1661) and Versailles. The death of Colbert in 1683 temporarily jeopardized Le Brun's position, being rejected by Colbert's successor, Louvois, in favor of Mignard, but Le Brun maintained the favor of Louis XIV, who was greatly impressed by decoration of Hall of Mirrors, completed end of 1684. Also at Versailles, Le Brun decorated Escalier des Ambassadeurs (completed by 1679, destroyed 1752), the Salons de la Guerre and de la Paix (1686), among other projects. Devoted later years to production of more moderately sized easel pictures in the tradition of Poussin.

Eustache Le Sueur – b. Paris, 1616; d. Paris, 1655. By age fifteen apprenticed to Vouet, who powerfully influenced his style. Never left France, but exposed to art of Italian Renaissance in Paris collections. Influenced by Poussin, especially after latter's visit to Paris, 1640-1642. Joined the guild of painters (*maîtrise*) in 1645, but resigned and became founding member of Académie Royale in 1648. Executed important series of paintings on Life of St. Bruno for Carthusian cloister in Paris during these years. May painting for Notre-Dame in Paris, 1649. Prominent role in decoration of Hôtel Lambert in Paris, 1647-1655.

Claude Mellan – b. Abbeville, 1598; d. Paris, 1688. Important printmaker. Received earliest training in Abbeville from Joly, subsequently in Paris, probably in studio of Thomas de Leu or Léonard Gaultier. 1624, traveled to Rome. In same residence as Vouet, 1625. Profoundly influenced by Vouet. Remained in Rome until 1636. Close friendship with sculptor Jacques Sarrazin. In 1642 granted lodgings at the Louvre, remaining there the rest of his life. By 1657 was appointed official engraver of the King, Louis XIV, a position shared with Robert Nanteuil. Active career as printmaker and illustrator. Also active as portrait draftsman.

Charles Mellin – b. Lorraine (probably Nancy), 1597; d. Rome, 1649. Trained in Nancy, arriving in Italy about 1620; certainly in Rome by 1622. Most important early commission was at San Luigi dei Francesi, in Rome, 1630, defeating Poussin and Lanfranco. Worked in Monte Cassino, 1636/37, as well as in Naples in the 1640s. Style was molded by Vouet and Lanfranco, but also by Domenichino and especially Poussin.

Robert Nanteuil – b. Reims, 1623; d. Paris, 1678. Noted engraver and *pastelliste* of portraits, whose subjects included many of the most important figures in France of his age. Educated at Jesuit college; also a writer and poet. Trained by local engraver, Nicolas Regnesson. Settled in Paris in 1647, executing portrait drawings in traditional style, working in early years in Paris for Philippe de Champaigne and Abraham Bosse. Became dessinateur et graveur ordinaire du roi in 1658, developing a close relation with the Louis XIV, whose image he engraved eleven times, the last only a few days before Nanteuil's death. Through his prestige, engravers were licensed as academic artists by the monarch in 1660.

Pierre Patel the Elder – b. Picardy, about 1605; d. Paris, 1676. Classicist landscape painter strongly influenced by mature work of Claude Lorrain as well as by Northern landscape painters, and, to some degree, Poussin, although never visited Italy. Also responded to La Hyre's example in Paris. Apprenticed to Vouet, entering guild after 1632. Co-signatory to unification of guild's Académie de St. Luc with the Académie Royale in 1651, although he never joined the latter. Active in the decoration of the Hôtel Lambert in Paris and the apartment of the queen at the Louvre.

François Perrier – b. Saint-Jean-de Losne (also mentions of his birthplace as Mâcon or Salins), 1590; d. Paris, 1650. Painter and engraver. Trained in Lyon. In Rome, 1625-1629/30 and assisted Giovanni Lanfranco in decorating Sant'Andrea della Valle. Executed for Lanfranco famous etching of Agostino Carracci's *Last Communion of St. Jerome*. Also appreciated works in Rome of Vouet and Poussin. 1630, in Lyon, en route to Paris. There he collaborated with Vouet, 1631/32, working much in that artist's style. 1635-1645, in Rome, where his style became more classicist. There he produced two important series of prints documenting major antique reliefs and sculptures in Rome (*Segmenta nobilium*..., 1638; *Icones et segmenta illustrium*..., 1645). In Paris, 1645-1650; was a founding member of Académie Royale in 1648. Worked on Hôtel Lambert decoration.

Nicolas Poussin – b. Les Andelys, 1594; d. Rome, 1665. Preeminent French painter of the century. Introduced to painting in youth by Quentin Varin. Studied, probably, with Noël Jouvenet in Rouen, then Ferdinand Elle and Georges Lallemant in Paris, after about 1612. Collaborated with Philippe de Champaigne in Paris on decoration of Palais Luxembourg. 1623, executed *Death of the Virgin* for Notre-Dame, Paris (now lost). Through encouragement of Italian poet Marino, at court, traveled to Rome (third attempt), 1624. Earliest works evince Mannerist influence, including battle scenes. Studied works of Titian, Raphael, antiquity, but especially Domenichino, in whose "accademia" Poussin studied life drawing. Also worked outdoors with Claude Lorrain and Northern painters. Patronage of Cardinal Francesco Barberini and his librarian, Cassiano dal Pozzo, highly important. First major success: *Death of Germanicus* (completed 1628), followed by critically less well received *Martyrdom of St. Erasmus* for the Vatican (1628). Specialized in easel paintings for cognoscenti in Rome and Paris. Early 1630s, production of elegiacal *poesie.* Mid-thirties, period of greater classical rigor; rendering two versions of the *Rape of the Sabines* and series of four bacchanals with triumphant processions for Cardinal Richelieu (1634-1637). In later 1630s developed theory of modes, expressed in letter of 1647. Execution of first series of *Seven Sacraments* for Cassiano dal Pozzo and of Louvre *Et in Arcadia Ego.* Summoned to Paris in late 1640, where he remained until September 1642. Received commissions for two altarpieces, two works for Richelieu, and the decoration of the Long Gallery of the Louvre. Formed friendships with French neo-stoics. Arrived in Rome at end of 1642. 1644-1648, produced second series of *Seven Sacraments* for Paul Fréart de Chantelou. Late 1640s and 1650s worked on stoic subjects and somber, architectonically constructed landscapes. Among last works are *Four Seasons* of 1660-1664.

François Quesnel – b. Edinburgh, 1543; d. Paris, 1619. His father was painter to the court of James V of Scotland. The family immigrated to France in 1572, where François entered the service of Henry III and Henry IV. Worked in style approximating François Clouet. Specialized in chalk and pastel portraits, but also made designs for tapestries and coins In 1609 drew a plan of Paris on twelve sheets, printed by Pierre Valet.

Jean de Saint-Igny – b. Rouen, about 1600; d. Paris, after 1649. Apprenticed in Rouen in 1614, where petitioned to establish a confraternity of St. Luke in 1631. Declared a master in 1635. By 1629, however, in Paris. Commission in Paris for Couvent des Augustins, 1632. In Rouen 1638/39, 1641; recorded in Paris, 1649. Worked in Paris with Abraham Bosse, printmaker and expert in perspective, and Isaac Briot. Also executed his own prints. Responded to second school of Fontainebleau and art of Lorraine; thus, style evidently strongly influenced by Bellange, Lallemant, and Vignon, as well as Flemish sources.

Jacques Sarrazin – b. Noyon, 1592; d. Paris, 1660. One of leading sculptors of mid-seventeenth century France. Trained in Paris under Nicolas Guillain, but formed by experience in Italy, about 1610-1628, when returned to France. Worked with Domenichino and possibly Maderno at Villa Aldobrandini at Frascati (1619-1621). Extensive subsequent collaboration with Domenichino, including at Sant'Andrea delle Valle. In contact in Rome with Mochi, Pietro Bernini, and Duquesnoy. Worked at Louvre, Pavillon de l'Horloge, 1641. Other prominent commissions include château at Wideville, Château de Chantemesle, and Château Maisons-Lafitte. Also worked closely with Vouet in France. Founding member of the Académie Royale in 1648.

Israël Silvestre – b. Nancy, 1621; d. Paris, 1691. Prominent topographer and landscape printmaker. Grandson of Claude Henriet, court painter to Lorraine, and nephew of Paris printseller Israël Henriet, publisher of works of Callot and Stefano della Bella. By mid-1630s in Paris. Would have met della Bella in Paris in 1642. Visited Italy about 1638-1641, 1643/44 and 1653/54. Celebrated for topographical views of Italy and France, including Venice, Florence, Rome, and the gardens and fountains of Rome and Tivoli. Commissioned by Louis XIV to record various royal residences, important landmarks, monuments, sites of battle victories, and cityscapes. Became French subject in 1661. Named dessinateur et graveur du roi in 1663. Granted lodging in the Louvre, 1668. Appointed drawing master to the Dauphin, 1668. Elected to Académie Royale in 1670.

Jacques Stella – b. Lyon, 1596; d. Paris, 1657. Son of painter of flemish origins, François Stella. Probably studied under Horace Le Blanc. 1616, traveled to Florence, where executed small paintings, was acquainted with Callot, and worked for Cosimo II. 1622, left Florence for Rome, where he remained nearly twelve years. Gained patronage of Cardinal Barberini. Established profound friendship with Nicolas Poussin, whom he also commissioned for paintings. Active career as painter and engraver. In 1634 accompanied French ambassador to Venice and Lombardy, continuing on to Lyon (1635) and Paris. Gained official patronage of Cardinal Richelieu, title of peintre du roi, and granted lodgings at the Louvre. Awarded the Order of Saint-Michel, 1644. Also continued active career as illustrator and engraver. Influenced by Florentine and Roman Countermaniera. Later, in France, worked in a classicistic style close to that of La Hyre and Le Sueur. His genre studies tie him to the Bamboccianti, also with such contemporary French painters as the Le Nains.

Claude Vignon – b. Tours, 1593; d. Paris, 1670. Early training in Paris, reflected in influences of second school of Fontainebleau and Lallemant. In Rome, about 1616-1622. Evident study of Caravaggio and his followers in Rome, where also began active career as etcher. Traveled to Spain twice in the 1620s. Probably acquainted with the art of Ribera. By 1623 in Paris. Worked in distinctively syncretised Mannerist-Caravaggesque-Elsheimer/Lastman vernacular. Yet also responded to colorism of Venetian painting and art of Fetti and Guercino. Worked in broad range of genres and received patronage of both Richelieu and Louis XIII. Entered Académie Royale in 1651.

Simon Vouet – b. Paris, 1590; d. Paris, 1649. One of the outstanding and most influential artistic talents in his age in France. Trained by his father, Laurent, gaining recognition in youth as portraitist. Traveled at age twenty-one with ambassador to Constantinople. Arrived in Venice, 1612. In Rome, late 1613/14, pensioned by the king in 1618. Became exponent of Caravaggesque style. 1620/21, worked for Doria family in Genoa, returning to Rome. In 1624 elected principe of Accademia di San Luca in Rome. Also established life-drawing classes in his studio. Commissioned to execute an altarpiece for the Vatican, 1624. Returned to Paris in 1627, with title premier peintre du roi. Received extensive patronage, including decoration of royal residences, the palace of Cardinal Richelieu, the Hôtels Bullion and Séguier, châteaux of Chilly and Wideville, and for tapestry designs. Also many commissions for the church. Studio became largest and most influential in Paris. Among those working in it were Le Sueur, Le Brun, Dorigny, Patel, and Mignard. Perrier also served as his assistant. Later Roman style and works in France reflected the influence of the Bolognese – notably Annibale Carracci, Reni, and especially Lanfranco – and Venetian schools. Vouet's dominance of French painting even survived the temporary eclipse threatened by Poussin's visit to Paris in 1640-1642. Opposed Académie Royale, siding with the guild (*maîtrise,*) presiding as "principe" at the opening session in spring 1649 of the Académie de St. Luc, formed by the guild to rival the Académie Royale.

Rémy Vuibert – b. Troyes(?), about 1600; d. Moulins, 1652. After 1624 in Rome, where executed prints between 1629-1635 after Duquesnoy, Domenichino, and Raphael. In 1639, recorded in Paris. Influenced by Domenichino and Poussin, with whom he maintained friendship and correspondence, but also responded to contemporary Parisian style of La Hyre. Charged by Poussin with executing the Long Gallery of the Louvre, after Poussin's designs, when the latter returned to Rome. Appointed peintre ordinaire du roi, 1642, with lodgings at Tuileries. In architectural decorations the inspiration of the Carracci conjoined with Poussin.